中华成语探源

朱瑞玟 著

中国华侨出版社
北京

图书在版编目（CIP）数据

中华成语探源 / 朱瑞玟著. —北京：中国华侨出版社，2018.1

ISBN 978-7-5113-6648-1

Ⅰ.①中… Ⅱ.①朱… Ⅲ.①汉语—成语—研究 Ⅳ.①H136.31

中国版本图书馆CIP数据核字（2017）第064946号

中华成语探源

著　　者：朱瑞玟
出 版 人：刘凤珍
责任编辑：浦　约
封面设计：异一设计
文字编辑：单团结
美术编辑：宇　枫
经　　销：新华书店
开　　本：650毫米×940毫米　　1/16　　印张：60　　字数：968千字
印　　刷：北京德富泰印务有限公司
版　　次：2018年6月第1版　　2018年6月第1次印刷
书　　号：ISBN 978-7-5113-6648-1
定　　价：68.00 元

中国华侨出版社　北京市朝阳区静安里26号通成达大厦3层　　邮编：100028
法律顾问：陈鹰律师事务所
发 行 部：（010）88866079　　传　真：（010）88877396
网　　址：www.oveaschin.com
E－m a i l：oveaschin@sina.com

如发现印装质量问题，影响阅读，请与印刷厂联系调换。

前　言

作为汉语言中的璀璨明珠，成语与博大精深的中华文明一脉相承，因此对于成语渊源的研究和探索是十分有意义的。

成语有很大一部分是从古代相承沿用下来的，大都有一定的出处。但总的来说，很多成语仍存在源头不清、源头不准，甚至没有源头的情况。对成语出处的探索，需要对古代典籍有广泛的涉猎乃至深入的研究，因此探索源头是成语研究者最为重视的一项工作。近代改良派政治家、文学家谭嗣同曾慨叹溯源之难，他说："曩读武侯'淡泊明志'二语，疑为道家语，然不知所出。后遇《淮南子》，惟'志'作'德'，以为即刘安语矣；及读《文子》，乃知是老子语。"

谭嗣同谈到的这种情况在今天仍是一个突出问题。例如成语"不可思议"，一般以北魏杨衒之的《洛阳伽蓝记·永宁寺》"佛事精妙，不可思议"作其源头，但事实上，早在三国时代的汉文译本《维摩诘经》中就有"诸佛菩萨有解脱名不可思议"句，因此，当以《维摩诘经》为其源。又如成语"飞蛾投火"，有些辞书以《梁书·到溉传》"如飞蛾之赴火，岂焚身之可吝"为其源，更有指明清小说为其出处的。但考证起来，很早就传入汉土的《涅槃经》中已有"汝等今昔兴建是意，犹如飞蛾投于火"之句，而《涅槃经》较晚的蓝本，也早在刘宋时就出现了。

本书以考源求实为重点，对汉语成语的词义、词形、用法在历代文献中的演变进行了严谨而细致的梳理，从数千种古代典籍中广泛搜罗例证，并汲取了汉语学界特别是成语学界近年的研究成果，考证翔实，释义精

1

当，具有很强的知识性、工具性与资料性。无论从学术研究还是应用方面，都堪称出色。

全书所收成语条目没有按一般成语辞典的模式依音序排列，而是按照成语的出处，把古籍分为"儒家经典""道教典籍""佛教典籍""诸子与哲学""历史著作""科学著作""艺术著作""笔记与小说""诗词歌赋""历代散文"十大类，每一大类又分为若干小部分，使读者能由此透视各种文化与汉语成语的关系，从而系统地了解相关的知识。每则成语条目中均包括释义、例句和出处。

特别是"辨正"栏，很明确地提出不少流行的成语辞典中其源头时代偏晚的现象，帮助读者准确了解许多成语的源头。这种独具匠心的排列方式，还原了语言尤其是汉语成语与文化关系极为密切的本来面貌。它让人直观而真切地体味到，多数成语，原本只是典籍中的某些词句而已，经不断征引、锤炼、演化，才成为今天所谓的"成型的习用语"。

对成语流变的梳理，是本书的一个重要特色。它不仅进一步丰富了成语的表现形态，还让我们非常清晰地了解到成语发展变化的历史轨迹。如成语"反求诸己"，最早出自《论语·卫灵公》中的"君子求诸己，小人求诸人"，孟子在此基础上将之变成了四字格的"反求诸己"（语见《孟子·公孙丑》），后来朱熹在《答刘子澄》中则又变化出"反求诸身"。从这里我们可以看到一条成语的词形在不同历史时期的流变。在词义上，基于流变过程的梳理，则能让我们既知其今义，又能穷本溯源，探幽烛微，从而更深入地理解此成语。如成语"隔岸观火"，今天大都理解为置身事外而采取旁观的态度，对人急难不加救助。但考其本源，则语出唐代诗人乾康《投谒齐己》诗"隔岸红尘忙似火，当轩青嶂冷如冰"，是指隔河看着对岸忙得热火朝天。

这是一本非常有特色、有新意的优秀辞书，全新设计，集阅读价值、研究价值、收藏价值于一体，它对帮助读者感受中华成语无穷的艺术魅力，领略中国传统优秀文化的精髓，以及提高读者的国学素养大有裨益，是成语爱好者的理想藏书。可谓雅俗共赏，弥足珍贵。

目 录

中华成语探源

中华国学精粹

典藏珍本

5

中华成语探源

中华国学精粹

典藏珍本

中华成语探源

中华国学精粹

典藏珍本

中华成语探源

中华国学精粹

典藏珍本

17

第四部分
诸子与哲学

《荀子》

《邓析子》

《慎子》

《尸子》

《商君书》

《韩非子》

中华成语探源

中华国学精粹

典藏珍本

中华成语探源

典藏珍本

中华国学精粹

变文

中华成语探源

中华国学精粹

典藏珍本

五代诗词

宋代诗词

第十部分
历代散文

汉代散文

47

第一部分

儒家经典

《大学》

悖入悖出

悖：不合道理。用不正当的手段得到的财物，也会被别人用不正当的手段拿去。也形容胡乱得来的钱又胡乱花掉。△清·杨潮观《吟风阁杂剧·汲长孺矫诏发仓》："就是悖入悖出，也须好去好来。谁知陪着我小忠小信，不得他大慈大悲。"

【出处】《大学》一〇："是故言悖而出者，亦悖而入；货悖而入者，亦悖而出。"

豁然贯通

豁然：开阔通达的样子；贯通：透彻地了解。形容一下子就明白了。△清·文康《儿女英雄传》一〇："恰才听了张家姑娘这番话，心中豁然贯通。"

【出处】《大学》五："至于用力之久，而一旦豁然贯通焉，则众物之表里精粗无不到。"

没齿不忘

原作［没世不忘］，后作［没齿不忘］没齿：终身。终身不忘。△明·吴承恩《西游记》七〇："长老，你果是救得我回朝，没齿不忘大恩！"

【出处】《大学》三："君子贤其贤而亲其亲，小人乐其乐而利其利，此以没世不忘也。"

日新月异

每天都在更新，每月都有变化。原指不断修养新品德。后形容不断发展、进步。△明·黄淳耀《陶庵集·陆翼王思诚录序》："诸子奋志进修，日新月异。"

【出处】《大学》二："汤之盘铭曰：'苟日新，日日新，又日新。'"汉·贾谊《治安策》："弃礼谊，捐廉耻，日甚，可谓月异而岁不同矣。"

如见肺肝

好像看见了肺和肝。比喻心思被看得清清楚楚。△阿英《晚清文学丛钞·大马扁》四："奈佘成各视他如见肺肝，任他说的天花乱坠，总如充耳不闻。"

【出处】《大学》六："人之视己，如见其肺肝然，则何益矣？"

生财有道

道：原则。原指开发财源有一定的原则。后形容善于经商，很会挣钱。△阿英《晚清文学丛钞·官场维新记》一四："生财有道利尽矿山，承乏无人差兼营务。"

【出处】《大学》一〇："生财有大道：之者众，食之者寡，为之者疾，用之者舒，则财恒足矣。"

生财之道

原指开发财源的原则，后指发财的门路、办法。△清·李伯元《官场现形记》三〇："调换营官更是统领一件生财之道：倘然出了一个缺，一定预先就有人钻门路，送银子。"

【出处】《大学》一〇："生财有大道：生之者众，食之者寡，为之者疾，用之者舒，则财恒足矣。"

十目所视，十手所指

十目、十手：表示人多。观看、监督的人很多。△宋·陆九渊《与严泰伯三首》一："十目所视，十手所指，庸敢有戏论乎？"

【出处】《大学》六："曾子曰：'十目所视，十手所指，其严乎？'"

无所不用其极

原指无处不用尽心力。后多指任何极端的手段都使出来。△老舍《四世同堂》六九："蓝东阳有了丰富的诗料，他无所不用其极的嘲弄、笑骂、攻击大赤包。"

【出处】《大学》二："是故君子无所不用其极。"

心不在焉

焉：于此。心不在于此。形容思想不集中。△老舍《四世同堂》八〇："在瑞宣心不在焉的时节，猛然看见她，他仿佛不大认识她了……"

【出处】《大学》七："心不在焉，视而不见，听而不闻，食而不知其味。"

心广体胖

胖：安泰舒适。或言其大。原指心境开阔坦荡，身体安泰舒适。后形容心情舒畅，身体健壮。△鲁迅《华盖集续编·记"发薪"》："大家现在都说'灾官''灾

3

官'，殊不知'心广体胖'的还不在少呢。"

【出处】《大学》六："富润屋，德润身，心广体胖。"

止于至善

至善：最完美的境界。达到最完美的境界，在最完美的境界之中。△鲁迅《而已集·黄花节的杂感》："倘使世上真有什么'止于至善'，这人间世便同时变了凝固的东西。"

【出处】《大学》一："大学之道，在明明德，在亲民，在止于至善。"朱熹注："止者，必至于是而不迁之意；至善，则事理当然之极也。"

《中庸》

半途而废

废：废止。半路上就停了下来。比喻事情还没有完成就不做了。△明·罗贯中《三国演义》一一四："臣已得祁山之寨，正欲收功，不期半途而废。"

【出处】《中庸》一一："君子遵道而行，半涂而废，吾弗能已矣。"涂：途。

并行不悖

悖：抵触。同时进行，不相抵触。△明·海瑞《启刘带川两广军门》："用兵安民，并行不悖。"

【出处】《中庸》三〇："万物并育而不相害，道并行而不相悖。"

不偏不倚

没有偏向，没有倾斜。原指既不过分，又无不及，是儒家提倡的一种处世哲学。后用来形容公正，不偏袒。也形容对原则问题不置可否，抱中立态度。也形容正中目标。△1.鲁迅《彷徨·高老夫子》："只要办理得人，不偏不倚，合乎中庸，一以国粹为归宿，那是决无流弊的。"2.清·吴趼人《二十年目睹之怪现状》九九："不料鄞县县大老爷从门前经过，这盆水不偏不倚，恰恰泼在县大老爷的轿子顶上。"

【出处】《中庸》二："仲尼曰：'君子中庸，小人反中庸。'"朱熹注："中庸者，不偏不倚，无过不及。"

即以其人之道，还治其人之身

即：就；道：方法；还：返。就用那个人对付别人的方法，反过来对付他自己。△鲁迅《二心集·"硬译"与"文学的阶级性"》："于骂人者则骂之，讥人者则讥之。这并不错，正是'即以其人之道，还治其人之身'，虽然也是一种'报复'，而非为了自己。"

【出处】《中庸》一三："故君子以人治人。"朱熹注："故君子之治人也，即以其人之道，还治其人之身。"

继往开来

继承前人的事业，为后人开辟道路。△老舍《四世同堂》三八："父亲是上足以承继祖父的勤俭家风，下足以使儿子受高等教育的继往开来的人。"

【出处】《中庸·序》："若吾夫子，则虽不得其位，而所以继往圣、开来学，其功反有贤于尧舜者。"

君子慎独

君子：人格高尚的人；独：独处。人格高尚的人注重修养，独处之时也很谨慎。△魏·曹植《卞太后诔》："祇畏神明，敬惟慎独。"

【出处】《大学》六："故君子必慎其独也。"

困知勉行

克服困难而得到知识，勉力行动去建立功业。△宋·朱熹《四书章句集注》："轻困知勉行谓不能有成，此道之所以不明不行也。"

【出处】《中庸》二〇："或生而知之，或学而知之，或困而知之，及其知之一也；或安而行之，或利而行之，或勉强而行之，及其成功一也。"朱熹注："以其等而言，则生知安行者，知也；学知利行者，仁也；困知勉行者，勇也。"

拳拳服膺

拳拳：恳切的样子；服：信服；膺：胸。衷心信服，牢记在心。△宋·楼钥《攻媿集·祭族兄心上人》："我恐不称，服膺拳拳。"

【出处】《中庸》八："得一善，则拳拳服膺而弗失之矣。"

人存政举

举：推。掌握政权的人在，

他的政治主张就能推行。△明·张居正《答河道吴自湖言蠲积逋疏海口》："以此知天下事无不可为之事，人存政举，非虚语也。"

【出处】《中庸》二〇："其人存，则其政举；其人亡，则其政息。"

人一己百

别人做一次，自己做一百次。形容不甘落后，用百倍的努力赶上别人。△从山区来的李大姐，以人一己百的精神苦读外语，终于攻克了这座"碉堡"。

【出处】《中庸》二〇："人一能之，己百之；人十能之，己千之。果能此道矣，虽愚必明，虽柔必强。"

肆无忌惮

肆：放肆；忌惮：顾忌。肆意妄为，无所顾忌。△清·李伯元《官场现形记》二四："这里归他一人独办，更可以肆无忌惮，任所欲为。"

【出处】《中庸》二："君子之中庸也，君子而时中；小人之中庸也，小人而无忌惮也。"

送往迎来

往：去。送走离去的人，迎接前来的人。指交往应酬。△汉·晁错《说文帝令民入粟受爵》："又私自送往迎来，吊死问疾，养孤长幼在其中。"

【出处】《中庸》二〇："送往迎来，嘉善而矜不能，所以柔远人也。"

我行我素

素：本来的，原有的。我按照我的惯例去做。△清·李伯元《官场现形记》五六："所以这件事外头已当着新闻，他夫妇二人还是毫无闻见，依旧是我行我素。"

【出处】《中庸》一四："君子素其位而行，不愿乎其外。素富贵行乎富贵，素贫贱行乎贫贱，素夷狄行乎夷狄，素患难行乎患难。"

无征不信

征：证明。没有经过证明，人们不相信。△明·李贽《复宋太守》："且无征不信久矣，苟不取陈语以相证，恐听者益以骇愕……"

【出处】《中庸》二九："上焉者，虽善无征，无征不信，不信，民弗从。"

喜怒哀乐

欢喜、恼怒、悲哀、快乐。泛指人的各种感情。△鲁迅《二心集·"硬译"与"文学的阶级性"》："'喜怒哀乐，人之情也'，然而穷人决无开交易所折本的懊恼，煤油大王哪会知道北京捡煤渣老婆子身受的辛酸……"

【出处】《中庸》一："喜怒哀乐之未发，谓之中；发而皆中节，谓之和。"

行远自迩

自：从；迩：近。走远路，要从最近的一步开始。表示事情进行有一定程序，由浅入深，循序渐进。△清·张伯行《国学录集粹》三："学者不可不志于远大，亦不可骤期乎远大。盖行远自迩，登高自卑也。"

【出处】《中庸》一五："君子之道，譬如行远必自迩，譬如登高必自卑。"

一轨同风

风：风俗。一致的车轨，相同的风俗。比喻国家统一。△唐·房玄龄《晋书·苻坚载记》上："敦至道以厉薄俗，修文德以怀远人。然后一轨九州，同风天下。"

【出处】《中庸》二八："今天下车同轨，书同文，行同伦。"《汉书·王吉传》："六合同风，九州共贯也。"

一孔之见

从一个小窟窿里所看到的。比喻狭隘、片面的见解。△毛泽东《中国革命的战略问题》："有一种人，抱着一技之长和一孔之见，再也没有进步……"

【出处】《中庸》二八："生乎今之世，反古之道。"郑玄注："反古之道谓晓一孔之人不知今王之新政可从。"

一言而尽

一句话就把意思表达完全了。△宋·陈师道《后山谈丛》三："人千言而尽，桦一言而尽。"

【出处】《中庸》二六："天地之道，可一言而尽也。"

隐恶扬善

隐讳别人的坏处，宣扬别人

的好处。△明·施耐庵《水浒传》三三："他和你是同僚官，虽有些过失，你可隐恶而扬善。"

【出处】《中庸》六："舜好问而好察迩言，隐恶而扬善。"

预则立，不预则废

立：成；废：败。事前有准备就成功，没有准备就失败。△毛泽东《论持久战》："'凡事预则立，不预则废'，没有事先的计划和准备，就不能获得战争的胜利。"

【出处】《中庸》二〇："凡事预则立，不预则废。"

至死不变

到死也不改变。△清·曹雪芹《红楼梦》七八："谁知他平生为人聪明，至死不变……"

【出处】《中庸》一〇："国无道，至死不变，强哉矫！"

《论语》

哀而不伤

悲哀而不过分伤心。形容诗歌、音乐等含优雅的哀调而感情适度，不过分。后比喻做事不过头。也形容神色悲哀，但不是真的伤心。△1.老舍《四世同堂》四三："她喜欢打扮，愿意有朋友，可是这都不过是一些小小的，哀而不伤的，青春的游戏。"2.明·凌濛初《二刻拍案惊奇》四："王爵与王惠哭做了一团，四个妇人也陪出了哀而不伤的眼泪。"

【出处】《论语·八佾》："《关雎》乐而不淫，哀而不伤。"

饱食终日

终日：度过一天。整天只是吃得饱饱的。形容无所事事。△鲁迅《花边文学·北人与南人》："北方人是'饱食终日，无所用心'……就有闲阶级而言，我以为大体是的确的。"

【出处】《论语·阳货》："饱食终日，无所用心，难矣哉！"

彼哉彼哉

他呀，他呀。表示鄙视某人之辞。△汉·桓宽《盐铁论·杂论》："车丞相即周、鲁之列，当轴处中，括囊不言，容身而去彼哉彼哉！"

【出处】《论语·宪问》："或问子产。子曰：'惠人也。'问子西。曰：'彼哉，彼哉！'"

屏气敛息

屏：抑止；敛：约束。抑制住呼吸，尽量不出声音。形容恭谨畏惧的情态。△清·李伯元《官场现形记》三八："瞿耐庵道：'太太说得是，说得是！'连连屏气敛息，不敢作声。"

【出处】《论语·乡党》："鞠躬如也，屏气似不息者。"疏："屏藏其气，似无气息者也。"

【辨正】一说，语出《五代史·李存进传》："魏人屏息畏之。"这里的"屏息"，即《论语》中的"屏气似不息"。考其源，当为《论语》。

屏气凝神

屏气：抑止呼吸；凝神：聚精会神。形容小心专注的情状。△清·刘鹗《老残游记》二："愈唱愈低，愈低愈细，那声音渐渐的就听不见了。满园子的人都屏气凝

神，不敢少动。"

【出处】《论语·乡党》："屏气似不息者。"

博施济众

济：接济，帮助。给很多人施舍和帮助。△清·李伯元《官场现形记》二七："就是你老弟，每月印结分的好，也不过几十两银子，还没有到那'博施济众'的时候，我也劝你不必出这种冤钱。"

【出处】《论语·雍也》："子贡曰：'如有博施于民，而能济众，何如？可谓仁乎？'"

不耻下问

不以向学问比自己差或地位比自己低的人请教为耻。形容虚心求教。△清·刘鹗《老残游记》七："阁下既不耻下问，弟先须请教宗旨如何。"

【出处】《论语·公冶长》："敏而好学，不耻下问。"

不教而诛

不进行教化，一有犯法的人就杀戮或惩罚。△清·李伯元《官场现形记》二四："宽之以期限，动之以利害，不忍不教而诛。"

【出处】《论语·尧曰》："不教而杀谓之虐。"

【辨正】一说，语出《荀子·富国》："不教而诛，则刑繁而邪不胜。"荀子的"不教而诛"即祖师孔子的"不教而杀"。考其源，当为《论语》。

不念旧恶

不记过去的怨仇，不计较以往的过错。△汉·韩婴《韩诗外传》一〇："百姓见之，必知君不念旧恶，人自安矣。"

【出处】《论语·公冶长》："伯夷、叔齐，不念旧恶，怨是用希。"

不求闻达

闻：闻名；达：显达。不求名声显赫。形容安于默默无闻的处境。△三国·诸葛亮《出师表》："苟全性命于乱世，不求闻达于诸侯。"

【出处】《论语·颜渊》："子张对曰：'在邦必闻，在家必闻。'子曰：'……在邦必达，在家必达。'"

不舍昼夜

舍：停留。日夜不停。原比喻时光不停地流逝。后比喻不分日夜地勤奋工作或学习。△东汉·班固《汉书·张敞传》："今陛下游意于太平，劳精于政事，矗矗不舍昼夜。"

【出处】《论语·子罕》："逝者如斯夫！不舍昼夜。"

不以人废言

以：因；废：废弃不用。不因人有缺点、错误，就否定他正确的意见。△宋·司马光《资治通鉴·唐则天后长安四年》："务以理为上，不以人废言。"

【出处】《论语·卫灵公》："君子不以言举人，不以人废言。"

不亦乐乎

不也很快乐吗？后多表示程度很深或事态很严重。△明·冯梦龙《醒世恒言》一六："好酒好食，只顾教搬来，吃得个不亦乐乎。"

【出处】《论语·学而》："有朋自远方来，不亦乐乎？"

不在其位，不谋其政

不在那个职位上，就不去考虑那个职位的事务。△阿英《晚清文学丛钞·中国现在记》六："卑职早就打算一个主意，想去回藩台去，又因为是'不在其位，不谋其政'，这种事搁在心上已有多年了。"

【出处】《论语·泰伯》："不在其位，不谋其政。"

察言观色

观察别人的言语和脸色，来揣度他的心意。△清·曹雪芹《红楼梦》三二："宝钗见此景况，察言观色，早知觉了七八分。"

【出处】《论语·颜渊》："夫达也者，质直而好义，察言而观色。"

成人之美

成全别人的好事。原指勉励并帮助别人为善。后指帮助别人实现其愿望。△鲁迅《华盖集·牺牲谟》："敝人向来最赞成一切牺牲，也最乐于'成人之美'……"

【出处】《论语·颜渊》："君子成人之美，不成人之恶，小人反是。"

成事不说

已经做了的事，不便再加以解释。后多表示已经过去的事情无须再计较。△清·吴敬梓《儒林外史》八："刻毕，刷印了几百部，遍送亲戚朋友……蘧太守知道了，成事不说，也就此常教他做些诗词。"

【出处】《论语·八佾》："成事不说，遂事不谏，既往不咎。"

川流不息

息：止息。河水不停地流淌。原比喻时光不停地流逝。后形容连续不断。△清·吴敬梓《儒林外史》二七："两个丫头川流不息的在家前屋后的走，叫的太太一片声响。"

【出处】《论语·子罕》："子在川上，曰：'逝者如斯夫！不舍昼夜。'"

从井救人

从：跟随。跟着落井者跳到井里去救人。原比喻徒然危害自己而对别人没有好处的行为。后多比喻冒险救人。△1.清·孔尚任《桃花扇》七："我虽至愚，亦不肯从井救人。"2.明·冯梦龙《醒世恒言》一〇："那岸上看的人，虽然有救捞之念，只是风水利害，谁肯从井救人。”

【出处】《论语·雍也》：“宰予问曰：‘仁者，虽告之曰，井有仁焉，其从之也？’”

大动干戈

干、戈：古代防身与进攻的武器。大规模地动用武力。后比喻大张旗鼓地做事。△清·李汝珍《镜花缘》三五：“刚才唐兄说国王必是暂缓吉期，那知全出意料之外，并且大动干戈，用兵征剿。”

【出处】《论语·季氏》：“邦分崩离析，而不能守也，而谋动干戈于邦内。”

大言不惭

说大话而不感到难为情。△清·曹雪芹《红楼梦》七八：“你念，我写。若不好了，我捶你的肉。谁许你先大言不惭的！”

【出处】《论语·宪问》朱熹注：“大言不惭，则无必为之志，而不自度其能否矣。”

待价而沽

沽：卖。等到价钱高时才卖。比喻等到适当的时机出来做官。△明·冯惟敏《邑斋初度自述》：“不图名，非干禄，无心也待价而沽。”

【出处】《论语·子罕》：“沽之哉！沽之哉！我待贾者也。”贾：价，指识货的商人。

箪食瓢饮

箪：古代盛饭的圆形竹器；瓢：舀水的器具，多用对半割开的匏瓜制成。一箪食物，一瓢水。指极简单的饮食。形容生活清苦。△清·蒲松龄《聊斋志异·盗户》：“日给箪食瓢饮，囚饿几死。”

【出处】《论语·雍也》：“贤哉，回也！一箪食，一瓢饮，在陋巷，人不堪其忧，回也不改其乐。贤哉，回也！”

当仁不让

让：推辞。面对合乎“仁”的事情，毫不推辞。形容遇到应该做的事就积极主动去做。△清·李伯元《官场现形记》一七：“人家骂小弟鱼肉乡愚，这句话仔细想来，在小弟却是当仁不让。”

【出处】《论语·卫灵公》：“当仁不让于师。”

道不同，不相为谋

走在不同道路上的人，不能在一起商量事情。比喻意见或志趣不同的人无法共事。△鲁迅《两地书》六六："我非不知银行之可以发财也，其如'道不同不相为谋'何。"

【出处】《论语·卫灵公》："道不同，不相为谋。"

道听途说

从路上听来，在路上传播。指传闻的、没有根据的话。△毛泽东《实践论》："世上最可笑的是那些'知识里手'，有了道听途说的一知半解，便自封为'天下第一'，适足见其不自量而已。"

【出处】《论语·阳货》："道听而涂说，德之弃也。"涂：途。

颠沛流离

颠沛：困顿，受挫折；流离：流转离散。形容生活困苦，到处流浪。△鲁迅《而已集·通信》："我所感到悲哀的，是有几个同我来的学生，至今还找不到学校进，还在颠沛流离。"

【出处】《论语·里仁》："造次必于是，颠沛必于是。"《汉书·蒯通传》："今刘项分争，使人肝脑涂地，流离中野，不可胜数。"

斗筲之器

斗：古代木制容器；筲：古代竹制容器。斗、筲一类的器物。比喻气量狭小、才识短浅的人。△宋·曾慥《类说》引《使辽录》："臣斗筲之器，不足道。"

【出处】《论语·子路》："噫！斗筲之人，何足算也！"

发愤忘食

努力工作或学习，连吃饭都忘记了。形容十分勤奋。△汉·韩婴《韩诗外传》二："有人亦乐之，无人亦乐之，亦可发愤忘食矣。"

【出处】《论语·述而》："发愤忘食，乐以忘忧。"

反求诸己

诸：之于。反过来要求自己。指查找自己的责任。△宋·朱熹《答刘子澄》二："愿老兄专以圣贤之言反求诸身，一一体察。"

【出处】《论语·卫灵公》：

"君子求诸己，小人求诸人。"

【辨正】一说，语出《孟子·公孙丑》上："发而不中，不怨胜己者，反求诸己而矣。"这显然是将孔子的"求诸己"，变成了四字格的"反求诸己"。考其源，当为《论语》。

犯而不校

犯：触犯；校：计较。受到触犯而不计较。原是儒家提倡的一种道德要求。后多形容为人宽厚，有教养。△鲁迅《论"费厄泼赖"应该缓行》："'犯而不校'是恕道，'以眼还眼以牙还牙'是直道。"

【出处】《论语·泰伯》："以能问于不能，以多问于寡，有若无，实若虚，犯而不校。"

犯上作乱

冒犯上司，引起骚乱。旧指反抗封建统治、打乱封建秩序的言行。△郭沫若《少年时代·反正前后》："在封建社会的教条之下束缚久了的人，最怕的是'犯上作乱，不忠不义'的罪名。"

【出处】《论语·学而》："不好犯上而好作乱者，未之有

也。"

斐然成章

斐然：有文采的样子；章：章法。又有文采，又成章法。形容文章写得好。△鲁迅《小说旧闻钞·序言》："一二小友以为此虽不足以饷名家，或尚非无稗于初学，助之编定，斐然成章……"

【出处】《论语·公冶长》："吾党之小子狂简，斐然成章，不知所以裁之。"

分崩离析

形容一个集团或国家分裂、离散。△唐·崔祐甫《上宰相笺》："孔明以分崩离析之时，事要荒割据之主……"

【出处】《论语·季氏》："邦分崩离析，而不能守也。"

夫子自道

夫子：古代对老师的称呼。老师说的是他自己。后表示本意是说别人，却正说着了自己。也表示借某事表白自己。△郭沫若《学生时代·创造十年》："就在那一年所做的《湘累》，实际上就是'夫子自道'。"

"子曰：'君子道者三，我无能焉：仁者不忧，知者不惑，勇者不惧。'子贡曰：'夫子自道也。'"知：智。

肤受之诉

肤受：切身；诉：诽谤。有关切身利害的诽谤。△清·吴趼人《二十年目睹之怪现状》一〇："你想外国人又不是包龙图，况且又不懂中国话，自然中了他的'肤受之诉'了。"

【出处】《论语·颜渊》："浸润之谮，肤受之诉，不行焉，可谓明也已矣。"

富贵浮云

把金钱和地位看得像飘浮的云。形容不为金钱和地位动心。△清·刘鹗《老残游记》六："自己一生契重名士，以为无不可招致之人，今日竟遇着一个铁君，真是浮云富贵。"

【出处】《论语·述而》："不义而富且贵，于我如浮云。"

割鸡焉用牛刀

焉：哪里。宰鸡哪里用得着杀牛刀？比喻做小事情不必花大力量。△明·罗贯中《三国演义》五："'割鸡焉用牛刀'？不劳温侯亲往。"

【出处】《论语·阳货》："割鸡焉用牛刀？"

过庭之训

过庭：古代子女早晚要经过庭院到父亲房中问安；训：教诲。经过庭院到父亲房中听取教诲。后指父亲的教诲。△晋·夏侯湛《抵疑》："仆也承门户之业，受过庭之训……"

【出处】《论语·季氏》："鲤趋而过庭。"鲤：孔子的儿子。

过犹不及

不及：不够。事情办得过火了，与做得不够一样，都不好。△汉·贾谊《新书·容经》："故过犹不及，有余犹不足也。"

【出处】《论语·先进》："过犹不及。"

好行小惠

惠：原作"慧"，聪明。原指喜欢卖弄小聪明。后指喜欢给人小恩小惠。△唐·房玄龄《晋书·殷仲堪传》："及在州，纲目不举，而好行小惠，夷夏颇安附之。"

【出处】《论语·卫灵公》："言不及义，好行小慧。"

何陋之有

有什么简陋呢？原表示不嫌环境恶劣。后也表示不嫌居室狭窄、简陋。△唐·刘禹锡《陋室铭》："南阳诸葛庐、西蜀子云亭，孔子云：'何陋之有？'"

【出处】《论语·子罕》："子欲居九夷。或曰：'陋，如之何？'子曰：'君子居之，何陋之有？'"

后生可畏

畏：敬畏。青年人值得敬畏。表示青年人能超过老年人，前程远大。△清·高鹗《红楼梦》八二："你这会儿正是'后生可畏'的时候。"

【出处】《论语·子罕》："后生可畏。焉知来者之不如今也？"

怀宝迷邦

宝：比喻才德；迷：迷乱，

混乱；邦：国家。有才德，却任其国家混乱。形容有才德而不为国家效力。△唐·姚思廉《陈书·后主本纪》："将怀宝迷邦，咸思独善？"

【出处】《论语·阳货》："怀其宝而迷其邦，可谓仁乎？"朱熹注："怀宝迷邦，谓怀藏道德，不救国之迷乱。"

患得患失

患：担心，忧虑。没有时担心得不到，得到了，又担心失去。后形容斤斤计较个人利害得失。△鲁迅《两地书》六十："既无'患得患失'的念头，心情也自然安泰，决非欲'骗人安心，所以这样说'的。"

【出处】《论语·阳货》："其未得之也，患得之；既得之，患失之。"

诲人不倦

诲：教导。不知疲倦地教导人。△清·曹雪芹《红楼梦》四八："圣人说，'诲人不倦'，他又来问我，我岂有不说的理！"

【出处】《论语·述而》："学而不厌，诲人不倦。"

惠而不费

惠：给人好处；费：损耗。给人好处而自己无所损耗。形容有实利而并不费钱、费事。△清·李伯元《官场现形记》五："谁知庄大老爷这笔款项情愿报效，只代子弟们求几个保举，更是惠而不费的事。"

【出处】《论语·尧曰》："子张曰：'何谓惠而不费？'子曰：'因民之所利而利之，斯不亦惠而不费乎？'"

祸起萧墙

萧墙：照壁，借指内部。祸乱发生于内部。△明·施耐庵《水浒传》二五："大家捏两把汗，暗暗地说道，这番萧墙祸起了。"

【出处】《论语·季氏》："吾恐季孙之忧不在颛臾，而在萧墙之内也。"

既来之，则安之

安：安顿。既然把他们吸引来了，就要把他们安顿下来。后表示既然来了，就在这里安下心来。△清·吴趼人《二十年目睹之怪现状》一〇二："但既来之，则安之，姑且住下再说。"

【出处】《论语·季氏》："远人不服，则修文德以来之；既来之，则安之。"

既往不咎

咎：责备。已经过去的事情，就不再责备了。表示不追究以前的错误。△明·吴承恩《西游记》三一："沙僧道：'哥哥，不必说了，君子人既往不咎。'"

【出处】《论语·八佾》："成事不说，遂事不谏，既往不咎。"

见利思义

见到有利可图的事，想到是否合乎道义。△三国·诸葛亮《将苑·谨侯》："律有十五焉……四曰廉，见利思义也。"

【出处】《论语·宪问》："见利思义，见危授命。"

见危授命

授：交付，给予。遇到危险而献出生命。后形容在危急关头勇于牺牲。△晋·陈寿《三国志·姜维传》："是以古之烈士，见危授命，投节如归，非不爱死也，固知命之不长而惧不得其所也。"

【出处】《论语·宪问》："见利思义，见危授命。"

见贤思齐

贤：贤人，有才德的人；齐：看齐，学习。见到有才德的人，就想向他学习。△南梁·徐勉《诫子崧书》："汝当自勖，见贤思齐，不宜忽略以弃目也。"

【出处】《论语·里仁》；"见贤思齐焉，见不贤而内自省也。"

见义勇为

看见合乎道义的事，就奋勇地去做。形容勇于做正义的事情。△老舍《四世同堂》二："她的责骂，多数是她以为李四爷对朋友们还没有尽心尽力的帮忙，而这种责骂也便成为李四爷见义勇为的一种督促。"

【出处】《论语·为政》："见义不为，无勇也。"

降志辱身

降低自己的意志，屈辱自己的身份。指违心地与世俗同流合污或委曲求全。△南朝宋·范晔《后汉书·袁绍传》："仁君当降志辱身，以济事为务。"

【出处】《论语·微子》："子曰：'不降其志，不辱其身，伯夷、叔齐与！'谓柳下惠、少连，'降志辱身矣言中伦，行中虑，其斯而已矣。'"

尽善尽美

尽：极。极好，极美。形容十分完美。△阿英《晚清文学丛钞·官场维新记》一："他那理财、练兵、殖民、保教以及工农商矿诸政，一切都井井有条，尽善尽美。"

【出处】《论语·八佾》："子谓《韶》：'尽美矣，又尽善也。'"

近悦远来

近处的人因得到好处而高兴，远方的人也闻风而来。是对政治清平的赞语。△唐·李征古《庐江宴集记》："当是时，烈祖皇帝犹秉吴政，筑大防以壅才俊，张宏网以罟英贤，近悦远来，云附影从。"

【出处】《论语·子路》："近者悦，远者来。"

浸润之谮

浸润：液体渐渐渗入，比喻言语逐渐发生作用；谮：诬陷，中伤。逐渐发生作用的谗言。△唐·吴兢《贞观政要·公平》五："阉竖虽微，狎近左右，时有言语，轻而易信，浸润之谮，为患特深。"

【出处】《论语·颜渊》："浸润之谮，肤受之诉，不行焉，可谓明也已矣。"

敬而远之

恭敬他，但是远离他。△老舍《四世同堂》三四："比他穷的人，知道他既是钱狠子，手脚又厉害，都只向他点头哈腰的敬而远之。"

【出处】《论语·雍也》："敬鬼神而远之。"

举一反三

举：提；反：反复推知，类推。提出一个，可以类推出三个。形容可以从一件事情知道许多类似的事情。△清·吴趼人《二十年目睹之怪现状》三四："我是凭着一卷《诗韵》学说话，倒可以有'举一反三'的效验。"

【出处】《论语·述而》："举一隅不以三隅反，则不复也。"隅：角落。

侃侃而谈

侃侃：理直气壮的样子。理直气壮地谈话。△老舍《四世同堂》五〇："他只好听着老人侃侃而谈，他自己张不开口。"

【出处】《论语·乡党》："与下大夫言，侃侃如也。"

克己复礼

克：克制，约束。约束自己，使言行合乎礼的要求。后形容使自己的言行合乎礼数。△魏·王粲《为刘荆州与袁尚书》："若仁君兄弟能悔前之缪，克己复礼，以从所欢，则弱者自以为强，危者自以为宁。"

【出处】《论语·颜渊》："克己复礼为仁。一日克己复礼，天下归仁焉。"

空空如也

空空：即悾悾，诚恳的样子；如也：古汉语形容词的后缀成分。原形容诚恳的情态。后形容空空的，什么也没有。△鲁迅《彷徨·在酒楼上》："楼上'空空如也'，但我拣得最好的座位，可以眺望楼下的废园。"

【出处】《论语·子罕》："有鄙夫问于我，空空如也。"

喟然长叹

喟然：感慨的样子。因感慨而深深地叹气。△汉·冯衍《自论赋》："时莫能听用其谋，喟然长叹，自伤不遭。"

【出处】《论语·子罕》："颜渊喟然叹曰：'仰之弥高，钻之弥坚。'"

乐山乐水

乐：喜爱。有人喜爱山，有人喜爱水。泛指人的爱好各不相同。△《二程全书·外书》七："乐山乐水，气类相合。"

【出处】《论语·雍也》："智者乐水，仁者乐山。"

乐而不淫

淫：放纵。快乐而不放纵。后多形容文艺作品表现爱情的欢乐而不流于淫荡。△宋·张炎《词源·赋情》："若能屏去浮艳，

乐而不淫，是亦汉、魏乐府之遗意。"

【出处】《论语·八佾》："《关雎》，乐而不淫，哀而不伤。"

了如指掌

了：明了，清楚。对情况非常清楚，好像可以指着手掌给别人讲解。形容对情况了解得非常清楚。△郭沫若《学生时代·今津纪游》："一到下山，就好像在滑冰的一样，周围的景色，应接不暇，来时的道路亦了如指掌。"

【出处】《论语·八佾》："或问禘之说。子曰：'不知也。知其说者之于天下也，其如示诸斯乎？'指其掌。"

六尺之孤

六尺：合现在市尺四尺多。身量未足的孤儿。指还没有成年的孤儿。△清·蔡元放《东周列国志》七："臣止为君亡国破，求保全六尺之孤耳！"

【出处】《论语·泰伯》："可以托六尺之孤，可以寄百里之命。"

苗而不秀

秀：植物抽穗开花。只长了苗

却没有抽穗开花。原比喻人资质聪明却不幸早夭。后比喻外表很好却没有真本领。△元·王实甫《西厢记》四："你原来苗而不秀，呸，一个银样蜡枪头！"

【出处】《论语·子罕》："苗而不秀者，有矣夫！"

名正言顺

名：名目，名义；正：正当。名义正当，道理才讲得通。△明·罗贯中《三国演义》二二："必须数操之恶，驰檄各部，声罪致讨，然后名正言顺。"

【出处】《论语·子路》："名不正则言不顺，言不顺则事不成。"

鸣鼓而攻之

击鼓进攻。比喻公开宣布罪状，加以谴责。△清·文康《儿女英雄传》三九："如今见我这样回来，他们竟自闭门不纳，还道我不是安分之徒，竟大家鸣鼓而攻之起来。"

【出处】《论语·先进》："非吾徒也。小子鸣鼓而攻之，可也。"

磨而不磷

磷：磨薄。磨了，却不变薄。

比喻意志坚定。△清·文康《儿女英雄传》二五："原来他老夫妻看准姑娘的性情纯正，心地光明……真有个磨而不磷、涅而不缁的光景。"

【出处】《论语·阳货》："不曰坚乎？磨而不磷；不曰白乎？涅而不缁。"

没齿不怨

没齿：牙齿脱落光了，指终身。终身没有怨言。△《鲁迅书信集·致许寿裳》："教部付之淘汰之列，固非不当，受命之日，没齿不怨。"

【出处】《论语·宪问》："饭蔬食，没齿无怨言。"

没世无闻

没世：死。死后没有名声。△魏·曹植《求自试表》："如微才弗试，没世无闻，徒荣其躯而丰其体，生无益于事，死无损于数。"

【出处】《论语·卫灵公》："君子疾没世而名不称焉。"

内省无愧

内省：自我反省。自我反省而问

心无愧。△宋·李觏《寄祖秘丞》："试言其所由，内省亦无愧。"

【出处】《论语·颜渊》："内省不疚，夫何忧何惧！"疚：内心惭愧不安。

能近取譬

譬：譬喻，打比方。原指能就近拿自己打比方。后多形容能从眼前的事实中选取例证。△元·脱脱《宋史·李谷传》："雅善谈论，议政事能近取譬，言多诣理，辞气明畅，人主为之耸听。"

【出处】《论语·雍也》："能近取譬，可谓仁之方也已。"

年富力强

年富：未来的年岁多；年轻，精力旺盛。△清·王夫之《与尔弼弟》："贤弟年富力强……"

【出处】《论语·子罕》："子曰：'后生可畏，焉知来者之不如今也？'"朱熹注："孔子言后生年富力强，足以积学而有待，其势可畏。"

年逾不惑

逾：超越；不惑：不再轻易被迷惑的年纪，指四十岁。年龄超过了四十岁。△明·沈德符《万历野获编·纳粟民生高第》："次年登进士，为庶常，显重于词林，其年且逾不惑久矣。"

【出处】《论语·为政》："三十而立，四十而不惑。"

年逾从心

逾：超越；从心：随自己的心意，做什么都能成功的年纪，指七十岁。年龄超过了七十岁。△宋·李昉《太平广记·辛黉逊》："年逾从心，犹多著述。"

【出处】《论语·为政》："七十而从心所欲，不逾矩。"

年逾耳顺

逾：超越；耳顺：听得进各种意见的年纪，指六十岁。年龄超过了六十岁。△唐·杨炯《伯母东平郡夫人李氏墓志铭》："夫人年逾耳顺，视听不衰。"

【出处】《论语·为政》："五十而知天命，六十而耳顺。"

匏瓜徒悬

匏瓜：葫芦；徒：空，白白地。好像一个葫芦，白白地悬吊着。比喻不被任用。△魏·王粲

《登楼赋》："惧匏瓜之徒悬兮，畏井渫之莫食。"

【出处】《论语·阳货》："吾岂匏瓜也哉，焉能系而不食？"

匹夫匹妇

匹：单独的，一个。一个男人，一个女人。泛指平民。△清·文康《儿女英雄传》一九："你又大了两年，倒不知顾眼前大义，且学那匹夫匹妇的行径……"

【出处】《论语·宪问》："岂若匹夫匹妇之为谅也，自经于沟渎而莫之知也。"

片言折狱

片言：偏言，单方面的话；折：断决，判决；狱：官司。根据单方面的话，就可以判决官司。后形容用简短的几句话就能判决官司。也泛指能用几句话来判别是非曲直。△1.宋·李昉《太平广记·赵和》引《唐阙史》："咸通初，有天水赵和者，任江阴令，以片言折狱著声。"2.明·卓人月《答詹曰至书》："所谕西江、金沙之异同，真足片言折狱。"

【出处】《论语·颜渊》："片言可以折狱者，其由也与？"

轻裘肥马

裘：皮袍。穿着轻暖的皮袍，乘坐着肥壮的马驾的车。后形容生活豪华。△唐·白居易《闲适》诗："肥马轻裘还粗有，粗歌薄酒亦相随。"

【出处】《论语·雍也》："赤之适齐也，乘肥马，衣轻裘。"赤：公西华，孔子的弟子；衣：穿。

求全责备

责：要求；备：完备，齐备。对人对事要求十全十美。△清·文康《儿女英雄传》一二："非我见你中了个举，转这等苦口求全责备……"

【出处】《论语·微子》："无求备于一人。"

【辨正】一说，语出《孟子·离娄》上："有求全之毁。"孟子晚于孔子；而且，孟子的"求全"不如孔子的"求备"更接近这条成语。考其源，应为《论语》。

求仁得仁

追求仁，实现了仁。后泛指实现了崇高的理想。△鲁迅《坟·论"费厄泼赖"应该缓行》："这样一

中华成语探源

中华国学精粹

典藏珍本

办，真所谓'求仁得仁又何怨'，我们的耳根也就可以清净许多罢。"

【出处】《论语·述而》："求仁而得仁，又何怨？"

人才难得

有才能的人很难得到。△晋·袁准《袁子》："使治乱制在一人之手，权重而人才难得，居此职，称此才者，未有一也。"

【出处】《论语·泰伯》："才难，不其然乎？"

人而无信，不知其可

一个人没有信用是不行的。△明·兰陵笑笑生《金瓶梅词话》五三："哥，'君子一言，快马一鞭'，'人而无信，不知其可也。'"

【出处】《论语·为政》："人而无信，不知其可也。"

人无远虑，必有近忧

人没有长远的考虑，一定会出现眼前的忧患。△明·兰陵笑笑生《金瓶梅词话》九："人无远虑，必有近忧，不如到官处断开了，庶杜绝后患。"

【出处】《论语·卫灵公》："人无远虑，必有近忧。"

任重道远

任：担当，承受。担子重，路程远。比喻任务艰巨，要经过长期奋斗。△唐·韩愈《昌黎集·省试颜子不贰过论》："知高坚之可尚，忘钻仰之为劳，任重道远，竟莫之效。"

【出处】《论语·泰伯》："士不可以不弘毅，任重而道远。"

三纲五常

封建礼教的道德标准。△《元曲选·萧淑兰情寄菩萨蛮》二："先生九经皆通，无书不读，岂不晓三纲五常之理？"

【出处】《论语·为政》何晏注引汉马融："所因，谓三纲五常。"朱熹《集注》："三纲，谓君为臣纲，父为子纲，夫为妻纲；五常，谓仁、义、礼、智、信。"

三思而行

三：再三。再三思考后才行动。形容做事慎重。△明·冯梦龙《醒世恒言》三："这十两银子，你做经纪的人，积攒不易，还要三思而行。"

【出处】《论语·公冶长》：

"季文子三思而后行。"

色厉内荏

色：神色；内：内心；荏：软弱。神色强横而内心软弱。△清·吴趼人《二十年目睹之怪现状》九五："向他随员中去打听消息，才知道他是个色厉内荏之流！"

【出处】《论语·阳货》："色厉而内荏，譬诸小人，其犹穿窬之盗也与。"

杀身成仁

为成全仁而被杀。后泛指为真理和正义而牺牲生命。△唐·李德裕《三良论》："自周汉迄于巨唐，杀身成仁，代有髦杰……"

【出处】《论语·卫灵公》："志士仁人，无求生以害仁，有杀身以成仁。"

升堂入室

堂：前厅；室：内室。由门外走进前厅，再从前厅走进内室。比喻学问或技能达到了高水平。△宋《宣和画谱·朱繇》："然升堂入室，世罕其人，独繇不唯妙造其极，而时出新意，千变万态，动人耳目。"

【出处】《论语·先进》："由也升堂矣，未入于室也。"

生荣死哀

荣：光荣，指受人崇敬。活着受人崇敬，死了使人哀痛。△唐·颜真卿《李公神道碑铭》："万乘致祭，千官送丧，生荣死哀，身殁名扬。"

【出处】《论语·子张》："其生也荣，其死也哀。"

胜残去杀

杀：死刑。战胜了残暴的人，使其不做恶事，从而废除了死刑。赞美教化的作用。△汉·董仲舒《举贤良对策》："故汉得天下以来，常欲善治，而至今不能胜残去杀者，失之当更化而不能更化也。"

【出处】《论语·子路》："善人为邦百年，亦可以胜残去杀矣。"

时不我与

与：给。时光不会再给我。指时光已逝，无可挽回。△汉·张衡《大司农鲍德诔》："命有不永，时不我与，天实为之，孰其能御？"

【出处】《论语·阳货》："日月逝矣，岁不我与。"

是可忍，孰不可忍

是：这；孰：什么。原指这样的事都能忍心去做，还有什么事不能忍心去做？后指这样的事能容忍，还有什么事不能容忍？表示绝不能容忍。△老舍《神拳》一："堂堂中华上邦……到现在，竟自屈膝自卑，叫外来的居上，是可忍，孰不可忍！"

【出处】《论语·八佾》："八佾舞于庭，是可忍也，孰不可忍也？"

适可而止

到了适当程度就停止。形容做事有分寸，不过分。△老舍《四世同堂》二七："她总以为儿媳妇的管法似乎太严厉，不合乎适可而止的中道。"

【出处】《论语·乡党》："不多食。"朱熹注："适可而止，无贪心也。"

述而不作

述：陈述，阐述；作：创作。只阐述前人的学说，自己没有创

见。△清·章学诚《文史通义·天喻》："孔子生于衰世，有德无位，故述而不作，以明先王之大道。"

【出处】《论语·述而》："述而不作，信而好古。"

顺理成章

理：事理；章：章法。原指作文遵循事理，自成章法。后形容说话、做事合乎情理。△鲁迅《华盖集·这回是"多数"的把戏》："从表面上看起来，满人的话，倒还算顺理成章，不过也只能骗顺民，不能骗遗民和逆民，因为他们知道此中的底细。"

【出处】《论语·宪问》："子闻之曰：'可以为文矣。'"朱熹注："文者，顺理而成章之谓。"

司马牛之叹

指没有兄弟而触发的感叹。△清·曹雪芹《红楼梦》四五："我虽有个哥哥，你也是知道的。只有个母亲，比你略强些。咱们也算同病相怜。你也是个明白人，何必作司马牛之叹？"

【出处】《论语·颜渊》："司马牛忧曰：'人皆有兄弟，我

独亡。'"亡：无。

斯文扫地

斯：这；文：指礼乐制度；扫地：比喻被清除。这礼乐制度被清除了。后比喻文化或文人被鄙弃，不受尊重。也形容文人不顾名节，自甘堕落。△1.清·吴趼人《二十年目睹之怪现状》三六："偏是他们那一班人，胡说乱道的，闹了个斯文扫地，听了也令人可恼。"2.清·陆玉书《谕讼师》诗："区区蝇头利几何，斯文扫地实自取。"

【出处】《论语·子罕》："天之将丧斯文也。"

死而后已

已：止。死了以后才停止。形容奋斗终生。△毛泽东《在延安文艺座谈会上的讲话》："做无产阶级和人民大众的'牛'，鞠躬尽瘁，死而后已。"

【出处】《论语·泰伯》："仁以为己任，不亦重乎？死而后已，不亦远乎？"

四海之内皆兄弟

四海之内：全国范围以内；

皆：都。全国人都是兄弟。后也指全世界的人都是兄弟。形容人与人之间亲密友爱的关系。△明·徐文长《英烈传》六："四海之内皆兄弟也，收了罢。"

【出处】《论语·颜渊》："四海之内，皆兄弟也。"

四体不勤

四体：四肢，两手和两脚。手脚不勤快。形容人懒惰。△唐·权德舆《数名诗》："四体苟不勤，安得丰菽粟？"

【出处】《论语·微子》："丈人曰：'四体不勤，五谷不分，孰为夫子？'"

驷不及舌

驷：四匹马拉的车；不及：赶不上。四匹马拉的车子，也赶不上舌头的速度快。形容话说出口就无法收回。△鲁迅《且介亭杂文·忆刘半农君》："我那时还以老朋友自居，在序文上说了几句老实话，事后，才知道半农颇不高兴了。'驷不及舌'，也没有法子。"

【出处】《论语·颜渊》："子贡曰：'惜乎，夫子之说君子也！驷不及舌。'"

随心所欲

欲：想要。原表示随着自己的心意，想要做什么都能成功。后形容随着自己的心意，想干什么就干什么。△清·曹雪芹《红楼梦》九："宝玉终是个不能安分守理的人，一味的随心所欲……"

【出处】《论语·为政》："七十而从心所欲，不逾矩。"

岁寒知松柏

岁寒：年终天气寒冷的时候。天气寒冷的时候，才了解松柏不畏寒冷的特征。比喻在危难困苦的环境下，才能考验出一个人的品质。△郭沫若《虎符》三："岁寒然后知松柏，没有经过患难，一个人的真面目实在也不容易知道。"

【出处】《论语·子罕》："岁寒，然后知松柏之后凋也。"

天纵之才

纵：放任。上天赋予的不可限量的才能。形容卓绝的才能。△唐·僧慧立《大慈恩寺三藏法师传》一〇："法师从容辩释，皆入其室、操其戈，取其矛、击其盾，莫不人人丧辙，解颐虔伏，称为此

公天纵之才，难酬对也。"

【出处】《论语·子罕》："固天纵之将圣，又多能也。"

听言观行

不仅听他说的话，还要察看他的行为。△南齐·萧子良《与孔中丞书》："凡闻于言必察其行，睹于行必求于理。"

【出处】《论语·公冶长》："始吾于人也，听其言而信其行；今吾于人也，听其言而观其行。"

通力合作

通力：一齐出力；合作：一起耕作。形容共同完成任务。△清·林则徐《亲勘海塘各二片》："所需经费，据该府正署各员，督率该属之华亭、奉贤、上海、南汇、青浦等县，分别捐廉，通力合作。"

【出处】《论语·颜渊》："有若对曰：'盍彻乎！'"朱熹注："周制，一夫受田百亩，而与同沟共井之人通力合作，计亩均收。"

莞尔而笑

莞尔：微笑的样子。形容微笑。△清·文康《儿女英雄传》

三九："果然志同道合，夫子自应莞尔而笑，不应喟然而叹了哇！"

【出处】《论语·阳货》："夫子莞尔而笑，曰：'割鸡焉用牛刀！'"

温故知新

故：旧。温习学过的知识，可以有新的体会和发现。△清·李伯元《文明小史》二五："不上一年，温故知新，五经均已读熟。"

【出处】《论语·为政》："温故而知新，可以为师矣。"

温良恭俭让

温和、善良、恭敬、节制、谦让。原是儒家提倡的五种美德。后表示温和而文雅。△毛泽东《湖南农民运动考察报告》："革命不是请客吃饭，不是做文章，不是绘画绣花，不能那样雅致，那样从容不迫，文质彬彬，那样温良恭俭让。"

【出处】《论语·学而》："夫子温良恭俭让以得之。"

文质彬彬

文：文采；质：实质；彬彬：配合适宜。文采和实质配合适宜。后形容人又文雅又朴实。也形容人文雅，有礼貌。△1.唐·魏征《隋书·文学传序》："若能掇彼清音，简兹累句，各去所短，合其所长，则文质彬彬，尽善尽美矣。"2.唐·苏颋《授崔谔之少府监制》："籍甚才名，文质彬彬。"

【出处】《论语·雍也》："质胜文则野，文胜质则史。文质彬彬，然后君子。"

闻一知十

听见一个，就知道十个。形容善于类推联想，非常聪明。△清·吴趼人《二十年目睹之怪现状》九九："虽然是他叔祖教导有方，也是他福至心灵……才得一变而为闻一知十的聪明人。"

【出处】《论语·公冶长》："回也闻一以知十，赐也闻一以知二。"

无适无莫

适：可；莫：不。原表示对事情无可无不可，以道义为标准。后形容没有亲疏、厚薄之分。△南朝宋·范晔《后汉书·李燮传》："时颍川荀爽、贾彪，虽俱知名而不相能，戮并交二子，情无适莫，世称其平正。"

【出处】《论语·里仁》："君子之于天下也，无适也，无莫也，义之与比。"

无可无不可

表示怎么样都可以。形容为人随和。△清·曹雪芹《红楼梦》五七："薛姨妈是个无可无不可的人，倒还易说。"

【出处】《论语·微子》："我则异于是，无可无不可。"

无求备于一人

备：完备。对于一个人，不能要求面面俱到，完美无缺。△东汉·班固《汉书·东方朔传》："举大德，赦小过，无求备于一人之义也。"

【出处】《论语·微子》："无求备于一人。"

无所不至

至：到。没有做不到的事。形容什么坏事都做。△清·曹雪芹《红楼梦》七二："旺儿那小子，虽然年轻，在外吃酒赌钱，无所不至。"

【出处】《论语·阳货》："苟患失之，无所不至矣。"

无所用心

用心：动脑子。没有动脑子的事情。形容什么正经事也不做。△宋·黄庭坚《书博弈论后》："涪翁放逐黔中，既无所用心，颇喜弈棋。"

【出处】《论语·阳货》："饱食终日，无所用心，难矣哉！"

无为而治

为：作为；治：安定，太平。自己从容安逸而使天下安定太平。后多指崇尚教化、不重刑罚，达到社会安定。△汉·张衡《西京赋》："高祖创业，继体承基，暂劳永逸，无为而治。"

【出处】《论语·卫灵公》："无为而治者，其舜也与？"

吾与点也

与：赞许，赞成；点：曾点，孔子的弟子。我赞成曾点的话。原表示赞成曾点描述的闲散潇洒的生活。后泛指赞成某人的意见。△元·脱脱《宋史·周敦颐传》：

"自再见周茂叔后，吟风弄月之后，有'吾与点也'之意。"

【出处】《论语·先进》："夫子喟然叹曰：'吾与点也！'"

恶紫夺朱

夺：乱；朱：红色。厌恶紫色混淆了红色。比喻厌恶以邪乱正、以邪压正。后形容邪恶超过了正义，邪说混淆了真理。△《元曲选·逞风流王焕百花亭》四："使不的你论黄数黑，遮不的你夺朱恶紫，快招成罪犯无辞。"

【出处】《论语·阳货》："恶紫之夺朱也；恶郑声之乱雅乐也，恶利口之覆邦家者。"

下愚不移

移：改变。原指下等的愚笨人是不能改变的。后形容人愚蠢而固执。△清·陈确《寄刘伯绳书》："手抄之后，辄复茫然，真可谓下愚不移。"

【出处】《论语·阳货》："唯上知与下愚不移。"知：智。

贤贤易色

贤贤：重视才德；易：轻视，不重视。重视才德，不重视姿色。

△元·王实甫《西厢记》四："我却待贤贤易色将心戒，怎禁他兜的上心来。"

【出处】《论语·学而》："贤贤易色。"

小不忍则乱大谋

忍：容忍；大谋：大事。不能容忍小事，就会坏了大事。△明·罗贯中《三国演义》一一七："'小不忍则乱大谋'，父亲若与他不睦，必误国家大事，望且容忍之。"

【出处】《论语·卫灵公》："小不忍，则乱大谋。"

兴灭继绝

兴：复兴；继：延续。使灭亡的诸侯国复兴，使衰亡的世家得以延续。后泛指振兴衰亡的事物。△东汉·班固《汉书·外戚恩泽侯表序》："自古受命及中兴之君，必兴灭继绝，修废举逸……"

【出处】《论语·尧曰》："兴灭国，继绝世，举逸民，天下之民归心焉。"

行不由径

行：走；由：顺；径：小路。不顺着小路走。比喻遵循正道，行为端方。后也指不在正路上走。比喻不遵循正道，行为悖谬。△1.清·文康《儿女英雄传》三三："站起来，就不慌不忙，斯斯文文，行不由径的走到上房来。"2.《列子·说符》："稽度皆明而不道也，譬之出不由门，行不从径也。以是求利，不亦难乎！"

【出处】《论语·雍也》："有澹台灭明者，行不由径，非公事，未尝至于偃之室也。"

朽木不雕

腐朽的木头不能雕刻。原比喻不求上进的人不堪造就。后泛指资质差的人没有培养前途。也比喻事物或局势糟得不可收拾。△宋·司马光《资治通鉴·梁元帝承圣二年》："夫木朽不雕，世衰难佐。"

【出处】《论语·公冶长》："宰予昼寝。子曰：'朽木不可雕也，粪土之墙不可圬也。'"圬：抹灰。

朽木粪墙

粪：粪便，借指污秽。腐朽的木头，污秽的土墙。比喻不堪造就的人或不可收拾的事物。△汉·班固《汉书·董仲舒传》："今汉继秦之后，如朽木粪墙矣。"

【出处】《论语·公冶长》："宰予昼寝。子曰：'朽木不可雕也，粪土之墙不可圬也。'"圬：抹灰。

血气方刚

血气：精力；方：正在，正当；刚：强。精力正旺盛。后多形容年轻人容易意气行事。△1.明·罗贯中《三国演义》六二："吾闻冷苞、邓贤乃蜀中名将，血气方刚。"2.宋·李昉《太平广记·东柯院》引《玉堂闲话》："又有巡官王昭纬，恃其血气方刚，往而诟詈。"

【出处】《论语·季氏》："及其壮也，血气方刚，戒之在斗。"

循序渐进

循：依照，按照；进：深入。按照一定的次序、步骤，逐步深入或提高。△宋·朱熹《答邵叔义》："读书穷理，积其精诚，循序渐进，然后可得。"

【出处】《论语·宪问》：

"下学而上达，知我者其天乎！"
朱熹注："此但自言其反己自修，循序渐进耳。"

循循善诱

循循：有步骤的样子；诱：引导。善于有步骤地引导。△鲁迅《集外集·〈奔流〉编校后记》："他们常有外客将日本的好东西宣扬出去，一面又将外国的好东西，循循善诱地输送进来。"

【出处】《论语·子罕》："夫子循循然善诱人。"

言必有中

说话能说到关键之处。△唐·令孤德棻《周书·武帝纪》上："性沉深有远识，非因顾问，终不辄言。世宗每叹曰：'夫人不言，言必有中。'"

【出处】《论语·先进》："夫人不言，言必有中。"夫：这或那。

言不及义

义：道理。说的话不涉及正经道理。后泛指没有意义的话。△清·吴趼人《二十年目睹之怪现状》一〇四："没有一个老成人在旁边，他

两个便无话不谈。真所谓言不及义，那里有好事情串出来！"

【出处】《论语·卫灵公》："群居终日，言不及义。"

言寡尤，行寡悔

寡；少；尤：过失，错误。说话很少有错误，做事很少后悔。形容犯错误少。△清·吴敬梓《儒林外史》一三："就日日讲究'言寡尤，行寡悔'，那个给你做官？"

【出处】《论语·为政》："言寡尤，行寡悔，禄在其中矣。"

洋洋盈耳

洋洋：宏大的样子。洪亮的音乐声充满耳际。后形容说话的声音悦耳动听。△清·归庄《静观楼讲义序》："今也名贤秀士，济济一堂，大义正言，洋洋盈耳。"

【出处】《论语·泰伯》："洋洋乎，盈耳哉！"

一仍旧贯

仍：依照；旧贯：旧例。一切依照旧例。△唐·房玄龄《晋书·殷仲堪传》："谓今正可更加

梁州文武五百，合前为一千五百，自此之外，一仍旧贯。"

【出处】《论语·先进》："仍旧贯，如之何？何必改作？"

一日之长

长：年龄大。年龄只大一天。形容年龄稍大或资格稍老。△清·吴敬梓《儒林外史》四四："老先生大位，公子高才，我老拙无能，岂堪为一日之长？"

【出处】《论语·先进》："以吾一日长乎尔，勿吾以也。"

一言以蔽之

用一句话来概括。△鲁迅《坟·论"费厄泼赖"应该缓行》："一言以蔽之：'党同伐异'而已矣。"

【出处】《论语·为政》："《诗》三百，一言以蔽之，曰：'思无邪。'"

一以贯之

贯：贯穿。一种思想贯穿整个学说。后形容一种思想贯穿始终。△明·归有光《震川别集·君子尊德性而道问学》："本末源流，一以贯之矣。"

【出处】《论语·里仁》："吾道一以贯之。"

以德报怨

德：恩德。用恩德回报怨恨。△战国·尸佼《尸子》："龙门，鱼之难也；太行，牛之难也；以德报怨，人之难也。"

【出处】《论语·宪问》："以德报怨，何如？"

以身作则

则：准则。用自己的言行做出榜样。△毛泽东《论联合政府》："艰苦奋斗，以身作则，工作之外，还要生产，奖励廉洁，禁绝贪污，这是中国解放区的特色之一。"

【出处】《论语·子路》："其身正，不令则行；其身不正，虽令不从……苟正其身矣，于从政乎何有？不能正其身，如正人何？"

以文会友

通过诗文来交朋友。△清·蒲松龄《聊斋志异·三仙》："昔日以文会友，今场期伊迩，不可虚此良夜。"

【出处】《论语·颜渊》：

"君子以文会友，以友辅仁。"

以直报怨

直：公正。用公正的办法回报怨恨。指对怨恨给以相应的回报。△清·文康《儿女英雄传》三九："老爷你平日常讲的，以德报德，以直报怨……"

【出处】《论语·宪问》："以直报怨，以德报德。"

异端邪说

异端：与"圣人之道"不同的主张，后泛指与正统思想相对立的主张；邪说：邪恶、有害的学说。指不符合正统思想而被认为有害的主张。△宋·苏轼《拟进士对御试策》："臣不意异端邪说，惑误陛下，至于如此。"

【出处】《论语·为政》："攻乎异端，斯害也已。"《孟子·滕文公》下："世微道衰，邪说、暴行有作……我亦欲正人心，息邪说。"

用行舍藏

用：任用；舍：不任用；藏：退隐。被任用就出来做事，不被任用就退隐。△汉·蔡邕《陈太丘碑文序》："其为道也，用行舍藏，进退可度。"

【出处】《论语·述而》："用之则行，舍之则藏。"

有教无类

类：类别。只有教育，没有类别。指无论对什么人都进行教育。△清·文康《儿女英雄传》三七："安老爷是有教无类的，竟薰陶得他另变了个气味了。"

【出处】《论语·卫灵公》："有教无类。"

有始有终

终：止。有开头，有收尾。形容做事坚持到底。△清·李汝珍《镜花缘》九四："我只喜起初是若花姐姐出令，谁知闹来闹去，还是若花姐姐收令，如此凑巧，这才算得有始有终。"

【出处】《论语·子张》："有始有卒者，其惟圣人乎？"卒：结束。

有则改之，无则加勉

勉：自勉。原指有缺点就改正，没有缺点就加以自勉。后指对别人的批评意见，提得对就改正，提得不对也要引起警惕，今后不犯这类错误。△毛泽东《论联合政府》："'有则改之，无则加勉'，这些中国人民的有益的格言，正是抵抗各种政治灰尘和政治微生物侵蚀我们同志的思想和我们党的肌体的唯一有效的方法。"

【出处】《论语·学而》："曾子曰：'吾日三省吾身。为人谋而不忠乎？与朋友交而不信乎？传不习乎？'"朱熹《集注》："曾子以此三者日省其身，有则改之，无则加勉，其自治诚切如此。"

愚不可及

及：赶上。愚蠢得别人赶不上。形容十分愚蠢。△鲁迅《朝花夕拾·范爱农》："我们醉后常谈些愚不可及的疯话，连母亲偶然听了也发笑。"

【出处】《论语·公冶长》："其知可及也，其愚不可及也。"知：智。

欲罢不能

罢：停止。想停止却做不到。△阿英《晚清文学丛钞·廿载繁华梦》二二："梁早田听了，暗忖自己办江州的煤矿，正自欲罢不能，

倒不如托冯少伍在马氏跟前说好些，乘机让他们办去……"

【出处】《论语·子罕》："夫子循循然善诱人，博我以文，约我以礼，欲罢不能。"

欲速不达

想要快，反而达不到目的。表示不能过于性急，脱离客观实际。△明·海瑞《又复刘大尹》："巡道有宽限期之议，生以为二三月可完报，不须六月；欲速不达，台端乞更酌之。"

【出处】《论语·子路》："无欲速，无见小利。欲速则不达，见小利则大事不成。"

怨天尤人

怨，尤：怨恨。怨恨天，怨恨别人。形容把不如意的事情归罪于客观。△鲁迅《坟·论"费厄泼赖"应该缓行》："要是说得苛刻一点，也就是自家掘坑自家埋，怨天尤人，全都错误的。"

【出处】《论语·宪问》："不怨天，不尤人。"

允执其中

允：适当；执其中：拿着中

间，借指公平。适当，公平。形容做得恰到好处。△鲁迅《二心集·非革命的急进革命论者》："因为别的一切，无一相合，于是永远觉得自己'允执厥中'，永远得到自己满足。"

【出处】《论语·尧曰》："天之历数在尔躬，允执其中。"

韫椟而藏

韫：藏；椟：匣子。把美玉收藏在匣子里。比喻怀才隐退。△清·蔡元放《东周列国志》五八："两位将军，有此神箭，当奏闻吾王，美玉不可韫椟而藏。"

【出处】《论语·子罕》："有美玉于斯，韫椟而藏诸？求善贾而沽诸？"

择善而从

从：跟，随。选择好的跟着。指选择别人好的言行学习。△唐·元稹《酬翰林白学士》诗："多闻全受益，择善颇相师。"

【出处】《论语·述而》："三人行，必有我师焉。择其善者而从之，其不善者而改之。"

朝闻夕死

早晨得知了"道"，晚上去死都可以。后泛指对真理热切地追求、向往。△南朝宋·刘义庆《世说新语·自新》："古人贵朝闻夕死，况君前途尚可，且人患志之不立，亦何忧令名不彰邪！"

【出处】《论语·里仁》："朝闻道，夕死可矣。"

直道而行

直道：正直之道。遵循正直之道做事。形容办事公正，没有偏私。△汉·刘向《战国策·秦策》三："使者直道而行，不敢为非。"

【出处】《论语·卫灵公》："斯民也，三代之所以直道而行也。"

志士仁人

志士：有节操的人；仁人：有仁爱之心的人。后泛指热爱祖国，为正义事业奋斗牺牲的人。△汉·韩婴《韩诗外传》二："勇士不忘丧其元，志士仁人不忘在沟壑。"

【出处】《论语·卫灵公》："志士仁人，无求生以害仁，有杀身以成仁。"

中庸之道

中：无过无不及；庸：平凡；道：原则。无过无不及、不偏不倚、调和折中的原则。儒家所提倡的道德要求。后多形容不偏不倚、调和折中的处世态度。△鲁迅《彷徨·幸福的家庭》："这既无闭关自守之操切，也没有开放门户之不安：是很合于'中庸之道'的。"

【出处】《论语·雍也》："中庸之为德也，其至矣乎！"

钻坚仰高

钻研坚实的，仰望高峻的。形容努力钻研，力求达到高水平。△汉·赵壹《非草书》："钻坚仰高，忘其罢劳。"

【出处】《论语·子罕》："仰之弥高，钻之弥坚。"

《孟子》

安富尊荣

安定，富足，尊贵，荣耀。后形容安于富裕安乐的生活。△清·曹雪芹《红楼梦》二："主仆上下都是安富尊荣。运筹谋画的竟无一个。"

【出处】《孟子·尽心》上："君子居是国也，其君用之，则安富尊荣。"

抱关击柝

抱关：把守城门；击柝：敲梆子巡夜。泛指职位卑下。△元·王恽《秋润全集·赠田生监河之召》："古人有志患不立，抱关击柝非所羞。"

【出处】《孟子·万章》下："恶乎宜乎？抱关击柝。"

彼一时，此一时

彼：那。那是一个时候，这是一个时候。表示时间不同，情况已经有了变化。△明·冯梦龙《警世通言》三一："若不是十五年折挫到如今，这些须之物把与他做一封赏钱，也还不够，那个看在眼里。正是彼一时，此一时。"

【出处】《孟子·公孙丑》下："彼一时，此一时也。"

不愧不怍

愧、怍：惭愧。没有为之惭愧

的事。形容问心无愧，正大光明。△清·薛雪《一瓢诗话》："诗道之不幸也如此，尚欲不愧不怍，侈言于人曰：'近体我薄为之，作诗庶几拟古。'"

【出处】《孟子·尽心》上："仰不愧于天，俯不怍于人。"

不为已甚

为：做；已甚：太过分。不做太过分的事。指对人的责罚适可而止。△清·李伯元《官场现形记》二七："凡事但求过得去，决计不为已甚。"

【出处】《孟子·离娄》下："仲尼不为已甚者。"

不违农时

违：违背，不遵照，不依从；农时：农作物的耕作时间。不耽误农作物的耕作时间。△汉·陆贾《新语·道基》："不违天时，不夺物性。"

【出处】《孟子·梁惠王》上："不违农时，谷不可胜食也。"

不无小补

补：补益。不是没有一点补益。表示多少有些帮助，多少能起

些作用。△清·李伯元《官场现形记》二八："穷得当卖全无，虽只区区四金，倒也不无小补。"

【出处】《孟子·尽心》上："夫君子所过者化，所存者神，上下与天地同流，岂曰小补之哉？"

不言而喻

喻：明白。不用说就能明白。△清·刘鹗《老残游记》二〇："当日在扬州与老残会过几面，彼此甚为投契，今日无意碰着，同住在一个旅店里，你想他们这朋友之乐，尽有不言而喻了。"

【出处】《孟子·尽心》上："仁义礼智根于心……施于四体，四体不言而喻。"

不虞之誉

虞：猜测，预料；誉：称誉。没有预料到的称誉。△清·俞万春《荡寇志·镜水湖边老渔跋》："尔为施耐庵者，何幸而邀此不虞之誉。"

【出处】《孟子·离娄》上："有不虞之誉，有求全之毁。"

采薪之忧

采薪：打柴；忧：忧患，借指

生病。有病，连柴也不能打了。自称有病的婉辞。△元·王实甫《西厢记》二："欲诣帐下，以叙数载间阔之情；奈至河中府普救寺，忽值采薪之忧。"

【出处】《孟子·公孙丑》下："有采薪之忧，不能造朝。"

恻隐之心

恻隐：对受苦难的人表示同情。同情心。△北齐·邢子才《为受禅登极赦诏》："故之恻隐之心，天地一揆；宏宥之道，今古同风。"

【出处】《孟子·公孙丑》上："由是观之，无恻隐之心，非人也。"

曾经沧海

沧海：大海。曾经经历过大海。比喻见过大世面。△清·舒元炜《红楼梦序》："辨酸咸于味外，公等洵是妙人；感物理之无常，我亦曾经沧海。"

【出处】《孟子·尽心》上："故观于海者难为水，游于圣人之门者难为言。"

【辨正】一说：语出唐·元稹《离思》诗："曾经沧海难为水，

除却巫山不是云。"这里，只是把孟子所说的"观于海者难为水"略加变化。考其源，当为《孟子》。

赤子之心

赤子：赤裸身体的人，指初生的婴儿。婴儿的心地。比喻心地纯洁。△清·高鹗《红楼梦》一一八："尧、舜、汤、禹、周、孔，时刻以救民济世为心，所谓赤子之心，原不过是'不忍'二字。"

【出处】《孟子·离娄》下："大人者，不失其赤子之心者也。"

出尔反尔

尔：你。原指出于你的态度，反过来用这样的态度对待你。后指说的是你，反悔的也是你。比喻言行前后矛盾，反复无常。△清·李伯元《官场现形记》五九："倘若不肯，也只好由他，我们不能做出尔反尔的事。"

【出处】《孟子·梁惠王》下："出乎尔者，反乎尔者也。"

出类拔萃

出、拔：超出；类：同类；

萃：草丛生的样子，比喻聚集在一起的人或物。超出同类，超过一般人。形容优异。△清·曹雪芹《红楼梦》四九："其中又见林黛玉是个出类拔萃的，便更与黛玉亲敬异常。"

【出处】《孟子·公孙丑》上："出乎其类，拔乎其萃。"

春风化雨

春风催动的雨。比喻良好的教育。△清·文康《儿女英雄传》三七："骥儿承老夫子的春风化雨，遂令小子成名，不惟身受者心感终身，即愚夫妇也铭佩无既。"

【出处】《孟子·尽心》上："君子之所以教者五，有如时雨化之者……"

绰有余裕

绰：宽绰；余裕：剩余。很宽绰，有剩余。原指进退的地步很宽，因而悠闲自如。后也形容能力或财力足够使用。△1.魏·王粲《为刘荆州与袁尚书》："仁君智数宏大，绰有余裕，当以大包小，以优容劣。"2.鲁迅《集外集拾遗·中国地质略论》："土人仅耕石田，于生计可绰有余裕焉。"

【出处】《孟子·公孙丑》下："我无官守，我无言责也，则吾进退岂不绰绰然有余裕哉？"

寸木岑楼

寸木：一寸高的木头；岑楼：尖顶的高楼。原比喻起点不同，比不出高低。后也比喻差距极大。△明·胡应麟《诗薮·外编》四："况以甲所独工，形乙所不经意，何异寸木岑楼，钩金舆羽哉！"

【出处】《孟子·告子》下："不揣其本而齐其末，方寸之木可使高于岑楼。"

大旱望云霓

望：盼望；霓：副虹，与虹同时出现而颜色排列顺序与之相反。大旱时盼望出现云、霓等下雨的征兆。比喻渴望解除困境。△郭沫若《学生时代·到宜兴去》："足足等了一个钟头的光景，而我们如大旱之望云霓一样，所等候的兵车却始终没有开来……"

【出处】《孟子·梁惠王》下："民望之，若大旱之望云霓也。"

箪食壶浆

箪：古代盛饭的圆形竹器；

浆：汤。用箪盛饭，用壶盛汤。形容百姓欢迎所爱戴的军队的情景。△明·罗贯中《三国演义》三一："时操引得胜之兵，陈列于河上，有土人箪食壶浆以迎之。"

【出处】《孟子·梁惠王》下："民以为将拯己于水火之中也，箪食壶浆，以迎王师。"

当务之急

当：当前；务：事情。当前急需办的事情。△清·李伯元《文明小史》三一："你要办商务学堂，这是当务之急，谁说你不是呢？"

【出处】《孟子·尽心》上："当务之为急。"

地丑德齐

丑：相类；齐：相等。国土大小相类；品德作风相同。形容彼此的条件一样。△明·胡应麟《诗薮·外编》二："大概鲁、卫之政，地丑德齐，莫能相尚矣。"

【出处】《孟子·公孙丑》下："今天下地丑德齐，莫能相尚。"

吊民罚罪

吊：慰问；罪：指有罪的统治者。慰问受苦的老百姓，讨伐有罪的统治者。△明·罗贯中《三国演义》三一："丞相兴仁义之兵，吊民伐罪，官渡一战，破袁绍百万之众……"

【出处】《孟子·滕文公》下："诛其君，吊其民，如时雨降，民大悦……"

独善其身

只搞好自身的修养。形容保持自身的节操。后也指只顾自己好而不顾大局。△后晋·刘昫《旧唐书·牛仙客传》："仙客既居相位，独善其身，唯诺而已。"

【出处】《孟子·尽心》上："穷则独善其身，达则兼善天下。"

饿殍遍野

饿殍：饿死的人。田野里到处都是饿死的人。形容很多人死于饥饿的惨状。△明·罗贯中《三国演义》一三："是岁大荒，百姓皆食枣菜，饿莩遍野。"

【出处】《孟子·梁惠王》上："庖有肥肉，厩有肥马，民有饥色，野有饿莩。"莩：殍。

翻然改图

翻然：快而彻底；图：打算。很快地转变过来，另作打算。△晋·陈寿《三国志·吕凯传》："将军若能翻然改图，易迹更步，古人不难追，鄙土何足宰哉？"

【出处】《孟子·万章》上："汤三使往聘之，既而幡然改。"幡：翻。

逢君之恶

逢：迎合。迎合国君的坏主意。△明·冯梦龙《古今小说》二二："其时有个佞臣伯嚭，逢君之恶，劝他穷奢极欲，诛谬忠臣。"

【出处】《孟子·告子》下："长君之恶其罪小，逢君之恶其罪大。"

俯仰无愧

俯：低头；仰：抬头。低头面对人，抬头面对天，都不惭愧。形容正大光明，没有亏心事。△清·李汝珍《镜花缘》七一："无论大小事，只凭了这个理字做去……就可俯仰无愧了。"

【出处】《孟子·尽心》上："仰不愧于天，俯不怍于人。"

负隅顽抗

负：依仗，依靠；隅：峈；山弯之处。依仗山弯，顽强抵抗。原指老虎凭借地势抗拒追捕。后比喻人不甘心失败，凭借险要地势顽强抵抗。△清·林则徐《弥渡出力员弁请奖折》："且保山正恃负峈之势，谓可抗拒官兵。"

【出处】《孟子·尽心》下；"有众逐虎，虎负峈，莫之敢撄。"撄：接触。

孤臣孽子

孤臣：被皇帝疏远的臣子；孽子：非正妻所生的儿子。指受压抑、被排挤的人。也泛指遭遇困厄的人。△1.宋·陆游《秋雨叹》诗："志士仁人万行泪，孤臣孽子无穷忧。"2.郭沫若《革命春秋·脱离蒋介石以后》："我一个人留在苏州，真正成了一个孤臣孽子了。"

【出处】《孟子·尽心》上："独孤臣孽子，其操心也危，其虑患也深。"

中华成语探源 中华国学精粹 典藏珍本

鳏寡孤独

鳏：鳏夫，老而无妻的男子；寡：寡妇，死了丈夫的女人；孤：孤儿，失去父亲的孩子；独：绝户，没有子女的老人。泛指无依无靠的人。△东汉·班固《汉书·黄霸传》："鳏寡孤独有死无以葬者，乡部书言，霸具为区处。"

【出处】《孟子·梁惠王》下："老而无妻曰鳏，老而无夫曰寡，老而无子曰独，幼而无父曰孤。此四者，天下之穷民而无告者。"

过情之誉

情：实情；誉：声誉。超过实际情况的声誉。△清·顾炎武《答王茂衍》："至乃多蒙奖借之言，或者谬采过情之誉，而自揣陋劣，何以克当？"

【出处】《孟子·离娄》下："故声闻过情，君子耻之。"声闻：声誉。

旱苗得雨

将要旱死的禾苗得到一场雨。比喻在危难中得到救助。△明·施耐庵《水浒传》五〇："天幸今得贤弟来此间镇守，正如'锦上添花，旱苗得雨'。"

【出处】《孟子·梁惠王》上："七八月之间旱，则苗槁矣。天油然作云，沛然下雨，则苗浡然兴之矣。"

好为人师

喜欢做别人的老师。形容不谦虚，以教导者自居。△明·李贽《答马历山》："虽各各著书立言，欲以垂训后世，此不知正堕在好为人师之病上。"

【出处】《孟子·离娄》上："人之患在好为人师。"

好勇斗狠

勇：勇武；斗狠：斗殴。喜欢打架斗殴。△清·梁绍壬《两般秋雨盦随笔·莫如用猛》："盖东莞之俗，好勇斗狠，急则治标，刑乱用重。"

【出处】《孟子·离娄》下："好勇斗很，以危父母，五不孝也。"很：狠。

浩然之气

浩然：正大刚直的样子；气：精神。正大刚直的精神。△明·汤显祖《牡丹亭》二："贫薄把人灰，且养就这浩然之气。"

【出处】《孟子·公孙丑》上："我善养吾浩然之气……其为气也，至大至刚，以直养而无害，则塞于天地之间。"

洪水猛兽

洪：大。造成灾害的大水，凶猛的野兽。比喻极大的祸害。△郭沫若《学生时代·创造十年续篇》："他们又反赤最力，把苏俄甚至广东都视为'洪水猛兽'……"

【出处】《孟子·滕文公》下："昔者禹抑洪水而天下平，周公兼夷狄，驱猛兽而百姓宁。"

鸿鹄将至

鸿鹄：天鹅。天鹅要飞过来了。指学下棋时总想着射天鹅的事。原指不专心学习。后也泛指另有所求。△宋·陈亮《谢安比王导论》："温一心以为有鸿鹄将至，故气不足以决之，而进退失据。"

【出处】《孟子·告子》上："一人虽听之，一心以为有鸿鹄将至，思援弓缴而射之。"

饥不择食

饥饿时不选择食物。指饥饿时什么食物都吃。也比喻情急时顾不得选择。△明·施耐庵《水浒传》三："鲁达自离了渭州，东奔西逃，急急忙忙，行过了几处州府，正是'饥不择食，寒不择衣，慌不择路，贫不择妻'。"

【出处】《孟子·公孙丑》上："饥者易为食，渴者易为饮。"

疾首蹙额

疾首：头痛；蹙额：皱眉。形容厌恶、痛恨的样子。△清·李伯元《文明小史》四八："一听到劝捐二字，百姓就一个个疾首蹙额，避之惟恐不遑，此中缘故，就在有信、无信两个分别。"

【出处】《孟子·梁惠王》下："百姓闻王钟鼓之声，管籥之音，举疾首蹙频而相告曰：'吾王之好鼓乐，夫何使我至于此极也？……'"举：俱，全；频：鼻梁。

己饥己溺

溺：被水淹没。好像自己挨

饿、自己被水淹一样。形容同情别人的苦难。多指当权者关心百姓的疾苦。△清·吴趼人《二十年目睹之怪现状》六〇："前回一个大善士，专诚到扬州去劝捐……愁眉苦目的样子，真正有'己饥己溺'的神情。"

【出处】《孟子·离娄》下："禹思天下有溺者，由己溺之也；稷思天下有饥者，由己饥之也。"

洁身自好

洁身：使自身纯洁；自好：自爱。形容保持自身纯洁，不同流合污。△清·方苞《四君子传·刘齐》："太学生虽有洁己自好者，而气概不足动人……"

【出处】《孟子·万章》上："或远，或近，或去，或不去，归洁其身而已矣。""乡党自好者不为。"

金声玉振

金：钟，一种铜制乐器；玉：磬，一种石制乐器。像钟发出声音，像磬在振荡。原指孔子德行全备，像奏乐一样，集众音之大成。后比喻才学精妙。△唐·杨炯《后周青州刺史齐贞公宇文公神道碑》："宏才大节，玉振金声，入当天子之右军，出临帝京之左辅。"

【出处】《孟子·万章》下："集大成也者，金声而玉振之也。"

尽力而为

用全部力量去做。△清·张集馨《道咸宦海见闻录》："一万米，须四万脚价，只好尽力而为耳。"

【出处】《孟子·梁惠王》上："以若所为求若所欲，尽心力而为之，后必有灾。"

久而久之

久：指久留。原指可以留下就留下。后形容经过了相当长的时间。△清·吴趼人《二十年目睹之怪现状》九九："久而久之，同寅中渐渐有人知道了，指前指后，引为笑话。"

【出处】《孟子·万章》下："可以速而速，可以久而久，可以处而处，可以仕而仕。"

久假不归

假：假借名目；归：实行。

原指长期假借名目而不实行。后指长期借用而不归还。△明·凌濛初《二刻拍案惊奇》二〇："那里分别是你的我的，久假不归，连功夫也忘其所以。"

【出处】《孟子·尽心》上："久假而不归，恶知其非有也？"

救焚拯溺

焚：烧；溺：被水淹没。拯救被火烧和被水淹的人。比喻救助陷于困境的人。△清·曹雪芹《红楼梦》三："且这贾政最喜的是读书人，礼贤下士，拯溺救危，大有祖风。"

【出处】《孟子·梁惠王》下："今燕虐其民，王往而征之，民以为将拯己于水火之中也。"

居移气，养移体

居：居住环境；移：改变；气：气质；养：奉养，指饮食；体：体质。居住环境可以改变人的气质，饮食条件可以改变人的体质。△明·冯梦龙《醒世恒言》三："此时朱重居移气，养移体，仪容魁岸，非复旧时面目……"

【出处】《孟子·尽心》上："居移气，养移体，大哉居乎！"

拒人于千里之外

把人拒绝在一千里之外的地方。形容态度傲慢、冷淡，使人远离自己。△清·李伯元《官场现形记》二五："刘厚守因预先听了黄胖姑先人之言，词色之间也就和平了许多，不像前天拒人于千里之外了。"

【出处】《孟子·告子》下："讪讪之声音颜色距人于千里之外。"讪讪：自满的样子；距：拒。

具体而微

具：有；体：大体；微：微薄。大体接近，但略嫌微薄。后形容大体具备而规模较小。△郭沫若《学生时代·创造十年续篇》："我自己素来是没有什么藏书的人，而当时的大夏大学更连具体而微都还说不上。"

【出处】《孟子·公孙丑》上："冉牛、闵子、颜渊，则具体而微。"

困心衡虑

衡：横，阻塞。心意困苦，思虑阻塞。形容费尽心思，艰苦思考。△元·贡师泰《玩斋集·送刘中守金事还京师序》："故善学之士，亦往往得于困心衡虑焉。"

【出处】《孟子·告子》下："困于心，衡于虑，而后作。"

来者不拒

对一切来人都不拒绝。△明·冯梦龙《古今小说》九："只是这班阿谀谄媚的……遣人殷殷勤勤的送来。裴晋公来者不拒，也只得纳了。"

【出处】《孟子·尽心》下："夫子之设科也，往者不追，来者不拒。"

【辨正】一说，语出《荀子·法行》："欲来者不距，欲去者不止。"荀子的生卒年代是公元前313年~公元前238年，而孟子生卒年代是公元前372年~公元前289年，早于荀子半个多世纪。因此，当以《孟子》为源。

廉贪立懦

立：独立。使贪婪的人廉洁，使懦弱的人有了独立的意志。形容巨大的感化力量。△宋·楼钥《攻媿集·见一堂集序》："一览此编，赫赫若前日事，真足以廉贪立懦也。"

【出处】《孟子·万章》下："故闻伯夷之风者，顽夫廉，懦夫有立志。"顽：贪。

流连忘返

流连：留恋，舍不得离去。留恋不舍，忘记了回去。△明·袁宏道《夷陵罗子华墓石铭》："遇山水佳处，乃流连忘反。"

【出处】《孟子·梁惠王》下："从流下而忘反谓之流，从流上而忘反谓之连。"

乱臣贼子

乱臣：叛乱的臣子；贼子：邪恶不孝的儿子。泛指心怀异志，乘机作乱的人。△孙中山《三民主义演讲》："人类中常发生许多乱臣贼子自相残杀。"

【出处】《孟子·滕文公》下："孔子成《春秋》，而乱臣贼子惧。"

茅塞顿开

塞：堵塞；顿：顿时。心里原来好像被茅草堵塞着，受到启发后顿时开朗了。形容忽然明白了。△明·吴承恩《西游记》六四："得三公之教，茅塞顿开。"

【出处】《孟子·尽心》下："今茅塞子之心也。"

明察秋毫

明：目光敏锐；察：看；秋毫：鸟兽秋天新长的细毛。眼睛能够看到鸟兽秋天新长出的细毛。形容目光敏锐。△鲁迅《两地书》三〇："现要高人一等的不受愚，还得仔细的'明察秋毫'才行。"

【出处】《孟子·梁惠王》上："明足以察秋毫之末，而不见舆薪。"舆：车。

摩顶放踵

摩：磨；放：破；踵：脚跟。磨伤了头顶，走破了脚跟。△明·徐光启《致鹿善继简》："以此鄙意益坚，虽摩顶放踵犹为之。"

【出处】《孟子·尽心》上："墨子兼爱，摩顶放踵，利天下为之。"

被发缨冠

被：披；缨：帽带。披着头发，散着帽带。表示来不及整理服饰仪容。后形容心情急切。△清·严复《救亡决论》："此种举动，岂英之前人曾受黑番何项德泽，不然，何被发缨冠如此耶？"

【出处】《孟子·离娄》下："今有同室之人斗者，救之，虽被发缨冠而救之，可也。"

妻离子散

夫妻分离，父子失散。形容一家人四下分散，不能团聚。△清·钱彩《说岳全传》一五："鬼泣神号悲切切，妻离子散哭哀哀。"

【出处】《孟子·梁惠王》上："父母冻饿，兄弟妻子离散。"

齐东野语

野语：乡下人说的土话。齐国东部的乡下人说的土话。比喻道听途说，没有根据的话。△鲁迅《两地书》二六："听说明的方孝孺，就被永乐皇帝灭十族，其一是'师'，但也许是齐东野语，我没有考查过这事的真伪。"

【出处】《孟子·万章》上："此非君子之言，齐东野人之语也。"

弃甲曳兵

甲：铠甲；曳：拖；兵：武

中华成语探源

中华国学精粹

典藏珍本

器。丢了铠甲，拖着武器。形容打败仗后狼狈逃跑的样子。△清·曾朴《孽海花》三二："想不到纶巾羽扇的风流，脱不了弃甲曳兵的故事，狂奔了一夜，败退不家站。"

【出处】《孟子·梁惠王》上："填然鼓之，兵刃既接，弃甲曳兵而走。"

弃如敝屣

敝：破；屣：鞋。像扔掉破烂的鞋子。比喻毫不可惜地抛弃。△宋·苏洵《衡论》上："捐数千里之地以畀之，如弃敝屣。"

【出处】《孟子·尽心》上："舜视弃天下犹弃敝屣也。"

求全之毁

全：保全；毁：毁谤。想要保全声誉，却受到毁谤。△清·曹雪芹《红楼梦》五："既亲密，便不免有不虞之隙，求全之毁。"

【出处】《孟子·离娄》上："有不虞之誉，有求全之毁。"

却之不恭

却：拒绝，推辞。拒绝或推辞，显得不恭敬。表示接受馈赠或邀请。△《鲁迅书信集·致高良富子》："如此厚赠，实深惶悚，但来从远道，却之不恭，因即拜领。"

【出处】《孟子·万章》下："却之却之为不恭，何哉？"

三年之艾

艾：艾草，叶有香气，干后可入药。晾了三年的艾草。比喻早就准备下来的应急之物。△宋·苏轼《次韵袁公济谢芎椒》诗："自笑方求三岁艾，不如长作独眠夫。"

【出处】《孟子·离娄》上："今之欲王者，犹七年之病，求三年之艾也。"赵岐注："艾可以为灸人病，干久益善，故以为喻。"

歃血为盟

歃血：把牲血或禽血、兽血涂在嘴唇上；为盟：结盟。古代盟会时，以血涂唇表示诚意。后泛指订立盟约。△明·罗贯中《三国演义》六九："五人对天说誓，歃血为盟。"

【出处】《孟子·告子》下："葵丘之会诸侯，束牲载书而不歃血。"

【辨正】一说，语出《左传·隐公七年》："歃如忘。"疏："歃，谓口含血也。"此未出现"盟"字，而《孟子》中"葵丘之会"的"会"，即"盟会"。因此，以《孟子》为源更当。

舍生取义

舍弃生命而选取道义。后形容为正义事业牺牲生命。△唐·房玄龄《晋书·梁王肜传》："肜位为宰相……当危事，不能舍生取义。"

【出处】《孟子·告子》上："生，亦我所欲也；义，亦我所欲也。二者不可得兼，舍生而取义者也。"

舍我其谁

舍：除去。除了我，还有谁？形容勇于承担重任。△清·李伯元《官场现形记》一："将来昌明圣教，继往开来，舍我其谁？"

【出处】《孟子·公孙丑》下："如欲平治天下，当今之世，舍我其谁也？"

深入人心

深深地进入人们心中。形容被人们深切地了解和信服。△清·蔡元放《东周列国志》二〇："且君新得诸侯，非有存亡兴灭之德，深入人心，恐诸侯之兵，不为我用。"

【出处】《孟子·尽心》上："仁言，不如仁声之入人深也。"

【辨正】一说，语出明·徐光启《刻紫阳朱子全书序》："二氏之说实深中人心。"这里的"深中人心"即孟子的"入人深"，是流而不是源。

声闻过情

声闻：名声。名声超过了实际情况。△《元曲选外编·阀阅舞射柳捶丸记》一："是以朝廷将老夫重任……谓之社稷之臣。老夫自笑，正所谓声闻过情，君子耻之。"

【出处】《孟子·离娄》下："故声闻过情，君子耻之。"

声音笑貌

原指美言和笑脸。后指言谈表情。△清·平步青《张厚斋集四书文》："局中诸公，性情心术，声音笑貌，一一如绘。"

【出处】《孟子·离娄》上："恭俭岂可以声音笑貌为哉？"

食前方丈

方丈：一丈见方。吃饭时，面

前一丈见方的地方都摆满了食物。形容生活奢侈豪华。△明·兰陵笑笑生《金瓶梅词话》四九："汤陈桃浪，酒泛金波，端的歌舞声容，食前方丈。"

【出处】《孟子·尽心》下："食前方丈，侍妾数百人，我得志弗为也。"

始作俑者

俑：古代殉葬用的土木偶像。第一个制作俑的人。指最早提倡用俑殉葬的人。比喻恶劣风气的开例者。△清·李汝珍《镜花缘》七九："当日不知哪个始作俑者，忽然用个'托'字，初学不知，往往弄成大病，实实可恨！"

【出处】《孟子·梁惠王》上："始作俑者，其无后乎！"

市井之徒

市井：街市，集市，古代做买卖的地方；徒：对人的贬称。原指做买卖的人。后指城镇里没有文化教养的粗陋的小市民。△清·蔡元放《东周列国志》三五："三百余人，皆里巷市井之徒，胁肩谄笑之辈。"

【出处】《孟子·万章》下："在国曰市井之臣，在野曰草莽之臣，皆谓庶人。"国：国都，泛指城市。

事半功倍

功：功效。只花一半的力气做事，却收到加倍的功效。形容费力少而收效大。△清·李伯元《官场现形记》二四："托他经手，一定事半功倍，老人家总不会给我当上的。"

【出处】《孟子·公孙丑》上："故事半古之人，功必倍之。"

视溺不援

溺：被水淹没；援：拉。看见有人被水淹，却不拉一把。比喻见到人有危难而不管不顾。△清·无名氏《赛红丝》五："视溺不援，在吾兄亦觉太忍。"

【出处】《孟子·离娄》上："嫂溺不援，是豺狼也。"

视如土芥

芥：小草。看得如同泥土和小草一样。比喻极端轻视。△清·袁枚《与林远峰书》："在祖父辛苦经营以贴之，在子孙视若土苴以散之。"

【出处】《孟子·离娄》下："君之视臣如土芥，则臣视君如寇仇。"

守身如玉

守：保持。保持自身的清白，如同无瑕的美玉。△清·王觥生《海陬冶游录续录·优人李吟香》："性高傲，守身如玉，不善逢迎，不计钱财……"

【出处】《孟子·离娄》上："守，孰为大，守身为大。"

守望相助

守：看守；望：瞭望。互相看守、瞭望，互相帮助。△阿英《晚清文学丛钞·情变》三："内地里乡下人家，至今还有点古风，同乡同里的，都还有点出入相友，守望相助的意思。"

【出处】《孟子·滕文公》上："出入相友，守望相助，疾病相扶持。"

水深火热

在深水里，在烈火中。比喻处境异常痛苦。△郭沫若《革命春秋·北伐途次》："使武昌城内二十万居民，为了你一个人受尽了四十天的水深火热的痛苦。"

【出处】《孟子·梁惠王》下："如水益深，如火益热。"

死得其所

所：处所。死时得到了适宜的处所。形容死得有意义、有价值。△毛泽东《为人民服务》："我们为人民而死，就是死得其所。"

【出处】《孟子·万章》上："得其所哉！得其所哉！"

似是而非

原指表面相似而实际上不一样。后也指好像对，其实不对。△清·李汝珍《镜花缘》一七："若不先将其音辨明，一概似是而非，其义何能分别？"

【出处】《孟子·尽心》下："孔子曰：'恶似而非者。'"

【辨正】一说，语出《后汉书·肃宗孝章帝纪》："夫俗吏矫饰外貌，似是而非。"这里，只是将三字格的"似而非"变成了四字格的"似是而非"。考其源，当为《孟子》。

中华成语探源

典藏珍本

中华国学精粹

袒裼裸裎

袒、裼：脱去上衣或敞开上衣；裸、裎：光着身子。形容人脱衣露体。后也比喻人粗俗，不文雅。△1.汉·马融《广成颂》："乃使郑叔、晋妇之徒，睽孤封刺，裸裎袒裼。"2.清·吴乔《围炉诗话》三："元、白有袒裼裸裎之容，阆仙有囚首垢面之状。"

【出处】《孟子·公孙丑》上："尔为尔，我为我，虽袒裼裸裎于我侧，尔焉能浼我哉？"浼：污染。

通功易事

功：成果；易：交换。互通成果，交换产品。△清·严复《辟韩》："于是通功易事，择其公且贤者，立而为之君。"

【出处】《孟子·滕文公》下："子不通功易事，以羡补不足，则农有余粟，女有余布。"羡：多余。

同流合污

流：流俗，颓靡的风俗；污：污世，污浊的社会。与流俗混同，与污世合一。后也指随着坏人干坏事。△1.宋·舒璘《谢张守举状》："吾心所得，虽不敢以古人自居，至同流合污，则有所不忍焉。"2.清·陈忱《水浒后传》二二："此数贼者同流合污，败坏国政。"

【出处】《孟子·尽心》下："同乎流俗，合乎污世。"

投其所好

投：迎合。迎合别人的爱好。△清·钱泳《履园丛话》一〇："德琏长于新乐府，当时为杨铁崖所称，故此卷所书乐府为多，岂亦投其所好耶？"

【出处】《孟子·公孙丑》上："智足以知圣人，污不至阿其所好。"阿：迎合。

枉尺直寻

寻：古代长度单位，一寻为八尺或七尺；枉：曲。屈曲为一尺，伸直为一寻。比喻在小处委屈，可求得较大的好处。△清·李渔《答周子》："弟虽贫甚贱甚，然枉尺直寻之事，断不敢为。"

【出处】《孟子·滕文公》下："枉尺而直寻，宜若可为也。"

枉己正人

枉：曲。自己行为不正，却去纠正别人。△宋·程颐《河南程氏遗书》四："则枉己者未有能直人者也。"

【出处】《孟子·万章》上："吾未闻枉己而正人者也。"

威武不屈

威：权势；武：武力。在权势和武力面前不屈服。形容节操高尚，意志坚定。△明·李开光《闲居集·李崆峒传》："夫二张八党，势焰熏天，立能祸福人，朝士无不趋附奉承者，崆峒独能明击之，助攻之，可谓威武不屈，卓立不群者矣。"

【出处】《孟子·滕文公》下："富贵不能淫，贫贱不能移，威武不能屈，此之谓大丈夫。"

为富不仁

要富，就不能仁。原指富与仁对立，不能并存。后形容唯利是图，不讲良心。△清·蒲松龄《聊斋志异·纫针》："富室黄某亦遣媒来。虞恶其为富不仁，力却之。"

【出处】《孟子·滕文公》上："阳虎曰：'为富不仁矣，为仁不富矣。'"

为仁不富

讲仁，就不能富。原指仁与富对立，不能并存。后形容心地善良而家境不富裕。△明·冯梦龙《警世通言》二五："施生虽是好人，却是为仁不富，家事也渐渐消乏不如前了。"

【出处】《孟子·滕文公》上："阳虎曰：'为富不仁矣，为仁不富矣。'"

为丛驱雀

丛：树林。为树林赶去了鸟雀。比喻把自己人推到敌人方面去。△清·蒲松龄《聊斋志异·恒娘》："朝夕而絮聒之，是为丛驱雀，其离滋甚耳！"

【出处】《孟子·离娄》上："为丛驱爵者，鹯也。"爵：雀；鹯：鹞鹰。

为渊驱鱼

渊：深水。为深水坑赶走了鱼。比喻把自己人推到敌人方面去。△清·李伯元《文明小史》

一三：“等到有了人才，又被这些不肖官吏任意凌虐，以致为渊驱鱼，为丛驱爵，想起来真正可恨！”

【出处】《孟子·离娄》上："为渊驱鱼者，獭也。"

闻过则喜

过：过错。听到别人指出自己的过错就感到高兴。形容虚心、诚恳地接受意见。△唐·韩愈《答冯宿书》："然子路闻其过则喜，禹闻昌言则下车拜。"

【出处】《孟子·公孙丑》上："子路，人告之以有过，则喜。"

五十笑百

笑：讥笑。在战场上往后逃跑了五十步的人，讥笑后退了一百步的人。比喻与别人有同样性质的问题却自以为比别人强，讥笑别人。△老舍《四世同堂》三八："他和瑞丰原来差不多，他看不起瑞丰也不过是以五十步笑百步罢了。"

【出处】《孟子·梁惠王》上："或百步而后止，或五十步而后止。以五十步笑百步，则何如？"

惜指失掌

惜：爱惜。因爱惜一个手指而失去了整个手掌。比喻因小失大。△唐·李延寿《南史·阮佃夫传》："又庐江何恢有妓张耀华，美而有宠。为广州刺史将发，要佃夫饮，设乐，见张氏，悦之，频求。恢曰：'恢可得，此人不可得也。'佃夫拂衣出户，曰：'惜指失掌邪？'遂讽有司以公事弹恢。"

【出处】《孟子·告子》上："养其一指而失其肩背，而不知也，则为狼疾人也。"狼疾：狼藉，胡涂。

习焉不察

习：习惯；焉：于之；察：觉察。对此习惯了，觉察不出问题。△清·梁章钜《浪迹丛谈·孙白谷》："此实传庭，又或误以为傅庭，耳食之徒，遂习焉弗察耳。"

【出处】《孟子·尽心》上："行之而不著焉，习矣而不察焉，终身由之而不知其道者，众也。"

先得我心

原指前人先得知了我所知道

的理义。后泛指前人的见解与自己的见解相合。△阿英《晚清文学丛钞·冷眼观》一五："偶忆江文通《别赋》，回忆素兰昨宵送我的一番情景，如在目前，真是古人已有先得我心之概。"

【出处】《孟子·告子》上："心之所同然者何也？谓理也、义也。圣人先得我心之所同然耳。"

先知先觉

先感知到，先感觉到。指认识事理比一般人早。也指认识事理比一般人早的人。△宋·陈亮《谢陈同知启》："古心古貌，读前辈未见之书；先觉先知，得累圣不传之学。"

【出处】《孟子·万章》上："使先知觉后知，使先觉觉后觉也。"

孝子贤孙

贤：有才德。孝顺的、有才德的子孙。△《元曲选·相国寺公孙合汗衫》二："更有那孝子贤孙儿女每打，早难道神不容奸，天能鉴察！"

【出处】《孟子·离娄》上：

"虽孝子慈孙，百世不能改也。"慈：孝养父母。

胁肩谄笑

胁肩：耸起肩膀，做出恭谨的样子；谄笑：为了奉承人而装出的笑脸。形容奉迎谄媚的丑态。△明·冯梦龙《警世通言》三二："初时李公子撒漫用钱，大差大使，妈妈胁肩谄笑，奉承不暇。"

【出处】《孟子·滕文公》下："胁肩谄笑，病于夏畦。"病：累。

挟山超海

挟：夹在腋下。把山夹在腋下越过大海。比喻根本做不到的事情。后也比喻威力极大。△1.清·李渔《笠翁偶集·富人行乐之法》："劝富人分财，其势同于挟山超海，此必不得之数也。"2.清·梁启超《少年中国说》："于此人也，而欲望以拿云之手段，回天之事功，挟太山超北海之意气，能乎不能？"

【出处】《孟子·梁惠王》上："挟太山以超北海，语人曰：'我不能。'是诚不能也。"

心悦诚服

服：服从，佩服。心情愉快地服从，诚心诚意地佩服。△清·李汝珍《镜花缘》二三："小弟若在两位才女跟前称了晚生，不但毫不委屈，并且心悦诚服。"

【出处】《孟子·公孙丑》上："以德服人者，中心悦而诚服也。"

行若无事

像没有发生什么问题似的照常做事。形容态度镇定，处之泰然或听其自然。△清·梁章钜《归田琐记·鳌拜》："以势焰熏灼之权奸，乃执于十数小儿之手，如此除之，行所无事，非神武天授，其孰能与于斯！"

【出处】《孟子·离娄》下："禹之行水也，行其所无事也。"

【辨正】一说，语出清·陈确《投当事揭》："禹之治水，行所无事，得其道故也。"孟子从"智"的角度肯定大禹治水，陈氏从"道"的角度肯定大禹治水；而对禹的态度气魄，用语基本相同。考其源，当然是《孟子》。

凶年饥岁

凶：灾。收成很坏或没有收成的灾年。△汉·韩婴《韩诗外传》三："虽遭凶年饥岁，禹汤之水旱，而民无冻饿之色。"

【出处】《孟子·公孙丑》下："凶年饥岁，子之民，老羸转于沟壑，壮者散而之四方者，几千人矣。"之（后）：往。

羞恶之心

羞恶：以恶为羞耻。羞耻心。△清·曹雪芹《红楼梦》六一："彩云听了，不觉红了脸，一时羞恶之心感发……"

【出处】《孟子·公孙丑》上："无羞恶之心，非人也。"

揠苗助长

揠：拔。用向上拔的方法，帮助禾苗长高。比喻急于求成，违反了事物的客观发展规律，反而把事情搞糟了。△宋·吕本中《紫微杂说》："学问工夫，全在浃洽涵养蕴蓄之久……揠苗助长，苦心极力，卒无所得也。"

【出处】《孟子·公孙丑》

上："宋人有闵其苗之不长而揠之者……苗则槁矣。"闵：忧伤。

言近旨远

旨：意义。言辞浅近而意义深远。△清·郑燮《郑板桥集》："板桥十六通家书，绝不谈天说地，而日用家常，颇有言近指远之处。"

【出处】《孟子·尽心》下："言近而指远者，善言也。"指：意思，意图。

掩鼻而过

捂着鼻子过去。形容对腥臭等气味的厌恶。△清·文康《儿女英雄传》三七："那程老夫子便算欠修饰，何至就惹得你大家掩鼻而过之起来。"

【出处】《孟子·离娄》下："西子蒙不洁，则人皆掩鼻而过之。"

仰事俯畜

仰：对上；事：事奉；俯：对下；畜：蓄，养。对上事奉父母，对下养活妻儿。泛指维持全家生计。△清·文康《儿女英雄传》一三："这几个门生，现在的立身

植品，以至仰事俯畜，穿衣吃饭，那不是出自师门。"

【出处】《孟子·梁惠王》上："明君制民之产，必使仰足以事父母，俯足以畜妻子。"

养生送死

送：送终。生时奉养，死后送终。△明·吴承恩《西游记》二七："又恐老来无倚，只得将奴招了一个女婿，养老送终。"

【出处】《孟子·离娄》下："养生者不足以当大事，惟送死可以当大事。"

夜以继日

黑夜接上了白天。形容日夜不停。△清·吴趼人《二十年目睹之怪现状》三七："因为近来笔底下甚忙……夜以继日的都应酬不下……"

【出处】《孟子·离娄》下："仰而思之，夜以继日；幸而得之，坐以待旦。"

一傅众咻

傅：教导；咻：吵闹，喧扰。一个人教导，很多人干扰。△清·陈确《答张考夫书》："与婆子言无阁

王，一傅众咻，祗自取困耳。"

【出处】《孟子·滕文公》下："一齐人傅之，众楚人咻之。"

一介不取

介：芥，小草。一根草都不拿。形容十分廉洁。△清·李伯元《官场现形记》四六："本大臣砥砺廉隅，一介不取。"

【出处】《孟子·万章》上："一介不以与人，一介不以取诸人。"

一毛不拔

毛：汗毛。一根汗毛不肯拔。原比喻毫不出力。后多形容非常吝啬。△清·李伯元《官场现形记》三九："不过他天生就的另外一种脾气，是朋友遇有急难，向他借钱，他是一毛不拔的。"

【出处】《孟子·尽心》上："杨子取为我，拔一毛而利天下，不为也。"

一暴十寒

暴：曝，晒。晒一天，冻十天。比喻劳作少而停歇多，勤奋时少而懈怠时多。多指没有恒心，不

能坚持。△明·朱之瑜《题安积觉逐日功课自实簿》："若一曝十寒，进锐退速，皆非学也。"

【出处】《孟子·告子》上："虽有天下易生之物也，一日暴之，十日寒之，未有能生者也。"

以邻为壑

壑：大水坑。把邻国作为排水的大水坑。比喻把灾祸或困难转嫁给别人。△毛泽东《整顿党的作风》："谁要是对别人的困难不管，别人要调他所属的干部不给，或以坏的送人，'以邻为壑'……这就完全失掉了共产主义的精神。"

【出处】《孟子·告子》下："禹以四海为壑，今吾子以邻国为壑。"

以羊易牛

易：换。原指用羊代替牛作祭品。后比喻用一个人顶替另一个人。△明·冯梦龙《醒世恒言》七："东床已招佳选，何知以羊易牛。"

【出处】《孟子·梁惠王》上："齐国虽褊小，吾何爱一牛？即不忍其觳觫，若无罪而就死地，故以

羊易之。"觳觫：因恐惧而发抖。

易地而处

易：交换；地：地位。彼此交换所处的地位。△魏·曹髦《少康·汉高祖论》："汉祖……若与少康易地而处，或未能复大禹之绩也。"

【出处】《孟子·离娄》下："禹、稷、颜子，易地则皆然。"

易如反掌

反：翻。像翻一下手掌那么容易。比喻极容易。△明·罗贯中《三国演义》二二："以明公之神武，抚河朔之强盛，兴兵讨曹贼，易如反掌……"

【出处】《孟子·公孙丑》上："武丁朝诸侯，有天下，犹运之掌也。"

于今为烈

现在更强烈。△鲁迅《坟·我们现在怎样做父亲》："中国旧理想的家族关系父子关系之类，其实早已崩溃。这也非'于今为烈'，正是'在昔已然'。"

【出处】《孟子·万章》下："殷受夏，周受殷，所不辞也；于

今为烈，如之何其受之？"

逾墙钻穴

逾：越；穴：洞。越墙，钻洞。指男女苟且之事。△明·冯梦龙《警世通言》三二："兄留丽人独居，难保无逾墙钻穴之事。"

【出处】《孟子·滕文公》下："钻穴隙相窥，逾墙相从。"

与人为善

原指帮助别人实现善。后多形容以善心待人。△清·李伯元《文明小史》九："我想你们教士也是与人为善，断不肯叫我为难的。"

【出处】《孟子·公孙丑》上："取诸人以为善，是与人为善者也。故君子莫大乎与人为善。"

源源不绝

源源：继续不断的样子；绝：断。连续不断。△郭沫若《少年时代·我的童年》："甚么《启蒙画报》、《经国美谈》……等书报差不多是源源不绝地寄来，这是我们课外的书籍。"

【出处】《孟子·离娄》下："原泉混混，不舍尽夜。"朱熹注："原泉，有原之水也；混混，

涌出之貌。"原：源。

源源而来

源源：继续不断的样子。连续不断地到来。△清·李伯元《南亭笔记·钱东平》："所入甚巨，故军饷有资，源源而来，取不尽而用不竭。"

【出处】《孟子·万章》上："欲常常而见之，故源源而来。"

缘木求鱼

缘：沿着，顺着；木：树。爬到树上去找鱼。比喻方向或方法不对，白费力气，达不到目的。△清·李汝珍《镜花缘》七："今处士既未立功，又未立言……忽要求仙，岂非'缘木求鱼'，枉自费力么？"

【出处】《孟子·梁惠王》上："以若所为，求若所欲，犹缘木而求鱼也。"若：你。

怨女旷夫

怨女：没有配偶的成年女子；旷夫：没有配偶的成年男子。△《元曲选·逞风流王焕百花亭》三："查梨条卖也，查梨条卖也……假若是怨女旷夫，买吃了成双作对。"

【出处】《孟子·梁惠王》

下："当是时也，内无怨女，外无旷夫。"

再作冯妇

冯妇：春秋时晋国人，善打虎，曾做"善士"停止了打虎，后见别人打虎，又上前去了。再做一次打虎人。比喻重操旧业。△鲁迅《而已集·反"漫谈"》："曾经有位总长，听说，他的出来就职，是因为某公司要来立案，表决时可以多一个赞成者，所以再作冯妇的。"

【出处】《孟子·尽心》下："晋人有冯妇者，善搏虎。卒为善士。则之野，有众逐虎……冯妇攘臂下车。"攘臂：捋起袖子。

知人论世

知：了解；论：分析；世：时代。原指为了解历史人物而分析他所处的时代。后也指鉴别人物好坏，议论世事得失。△1.元·刘壎《隐居通议·半山咏扬雄》："学者必知人论世而后可也。"2.阿英《晚清文学丛钞·中国现在记》楔子："虽抱着拨乱反正之心，与那论世知人之识，也不过空口说白话，谁来睬我？"

【出处】《孟子·万章》下：

"颂其诗，读其书，不知其人可乎？是以论其世也。"

专心致志

专心：心思专一；致志：意志集中于某事物。形容一心一意，精神集中。△《鲁迅书信集·致山本初枝》："我想如现在就专心致志做起来，一定能够成功。"

【出处】《孟子·告子》上："不专心致志，则不得也。"

自暴自弃

暴：害；弃：背弃。原指自己的言行背弃仁义道德，是害自己。后形容自甘落后，不求上进。△鲁迅《集外集拾遗·这是这么一个意思》："我向来是不喝酒的，数年之前，带些自暴自弃的气味也喝起酒来了，当时倒也觉得有些舒服。"

【出处】《孟子·离娄》上："自暴者，不可与有言也；自弃者，不可与有为也。言非礼义，谓之自暴也；吾身不能居仁由义，谓之自弃也。"

自以为是

是：正确。认为自己正确。形容不虚心。△清·李汝珍《镜花缘》八四："世人往往自以为是，自夸其能别人看着，口里虽然称赞，心里却是厌烦。"

【出处】《孟子·尽心》下："居之似忠信，行之似廉洁，众皆悦之，自以为是，而不可与入尧舜之道。"

自怨自艾

怨：悔恨；艾：改正。悔恨自己的错误，改正自己的错误。后单指悔恨自己的错误。△明·冯梦龙《醒世恒言》一七："过迁渐渐的自怨自艾，懊悔不迭。"

【出处】《孟子·万章》上："太甲悔过，自怨自艾。"

罪不容诛

诛：杀。罪恶极大，处以死刑都不能抵偿。△汉·张竦《为刘嘉作奏称莽功德》："兴兵动众，欲危宗庙，恶不忍闻，罪不容诛。"

【出处】《孟子·离娄》上："此所谓率土地而食人肉，罪不容于死。"

左右逢源

各方面都能遇到水源。比喻做事得心应手。△宋·张元干《跋苏庭藻隶书后二篇》："且饱读古人书,自然左右逢原……"

【出处】《孟子·离娄》下:"资之深,则取之左右逢其原。"原:源。

《诗经》

哀鸿遍野

鸿:大雁。哀鸣的大雁遍布田野。比喻到处都是流离失所、呻吟呼号的饥民。△清·汤斌《睢沐二邑秋灾情形疏》："今春卖儿卖女者,有售无受,以故哀鸿遍野,硕鼠兴歌。"

【出处】《诗·小雅·鸿雁》:"鸿雁于飞,哀鸣嗷嗷。"

爱莫能助

愿意帮助,但是力量达不到。△鲁迅《呐喊·端午节》:"……衙门里既然领不到俸钱,学校里又不发薪水,实在'爱莫能助',将他空手送走了。"

【出处】《诗·大雅·烝民》:"维仲山甫举之,爱莫助之。"

嗷嗷待哺

嗷嗷:大雁的哀鸣声;哺:喂食。大雁哀鸣着等待喂食。比喻人饥饿时急于求食的情状。后也泛指亟待援助。△1.阿英《晚清文学丛钞·中国现在记》九:"卑职母老子幼,一家八口,嗷嗷待哺。"2.郭沫若《学生时代·创造十年续编》:"文章尽可在别的刊物上发表,对于嗷嗷待哺的创造社的几种刊物却一字也不肯飞来。"

【出处】《诗·小雅·鸿雁》:"鸿雁于飞,哀鸣嗷嗷。"

跋前疐后

跋:踩;疐:跌倒。老狼往前走就会踩到下巴底下的悬瘤,往后退就会被尾巴绊倒。比喻进退两难。△清·纪昀《阅微草堂笔记·滦阳续录》:"无事之时,望影藏匿,跋前疐后,日不聊生。"

【出处】《诗·豳风·狼跋》:"狼跋其胡,载疐其尾。"胡:颔下的悬瘤。

跋山涉水

跋:在山上行走;涉:从水上经过。翻山越岭,蹚水过河。形容长途奔波的艰苦。△宋·王回《霍丘县驿记》：“虽跋山涉水，荒陋遐僻之城具宗庙社稷者一不敢缺焉。”

【出处】《诗·鄘风·载驰》：“大夫跋涉。”传：“草行曰跋，水行曰涉。”

白圭之玷

圭：古代帝王、诸侯举行仪礼时所用的一种玉器；玷：白玉上面的斑点。后比喻大体完美的人或事物存在的小缺点、小毛病。△鲁迅《且介亭杂文末编·关于太炎先生二三事》：“后来的参与投壶，接受馈赠……也不过白圭之玷，并非晚节不终。”

【出处】《诗·大雅·抑》：“白圭之玷，尚可磨也；斯言之玷，不可为也。”

百身何赎

身：自身；赎：抵换。用一百个自己这样的人，哪里能够把你换回来？后表示对死者极其沉痛的哀悼。△唐·白居易《祭崔相公文》：“丘园未归，馆舍先捐；百身莫赎，一梦不还。”

【出处】《诗·秦风·黄鸟》：“彼苍者天，歼我良人。如可赎兮，人百其身。”

【辨正】一说，语出南梁·刘令娴《祭夫文》：“一见无期，百身何赎。”刘氏只是将《诗》中的“如可赎兮，人百其身”变化为四字格成语。考其源，当为《诗》。

暴虎冯河

暴虎：空手打虎；冯河：徒步渡河。后比喻有勇无谋，冒险蛮干。△《元曲选·鲁斋郎》四：“俺张孔目怎还肯缘木求鱼，鲁斋郎他可敢暴虎冯河？”

【出处】《诗·小雅·小旻》：“不敢暴虎，不敢冯河。”

【辨正】一说，语出《论语·述而》：“暴虎冯河，死而无悔者，吾不与也。”这是孔子对子路说的话，其中引用了《诗》中的典故。考其源，当为《诗》。

俾昼作夜

俾：使。使白天成为黑夜。指晨昏颠倒。多形容因夜间寻欢作乐而白天睡大觉。△阿英《晚清文学丛钞·情变》四：“乡下人家不比上海，是通宵达旦，俾昼作夜的。”

中华成语探源

典藏珍本

中华国学精粹

【出处】《诗·大雅·荡》："式号式呼，俾昼作夜。"

必恭必敬

原指想到父母，一定肃然起敬。后形容十分恭敬。△老舍《四世同堂》三〇："两束礼物是由一个男仆拿着，必恭必敬的随在后边。"

【出处】《诗·小雅·小弁》："维桑与梓，必恭敬止。"

别具肺肠

另有一副心肠。指另有一种心计、企图。后多比喻居心不良。△清·吴趼人《二十年目睹之怪现状》三二："谁知这位景翼，竟是别有肺肠的，他的眼睛只看着老姨太太的几口皮箱，那里还有兄弟，竟然亲自去买了鸦片烟来，立逼着希铨吃了。"

【出处】《诗·大雅·桑柔》："自有肺肠，俾民卒狂。"

不安于室

不能安心地待在家里。指已婚女子有外心，搞婚外恋。也泛指妇女想离婚。△清·王韬《淞隐漫录·玉箫再世》："妹之夫夙习航海术，时行贾于东瀛，妹颇不安于室。"

【出处】《诗·邶风·凯风序》："卫之淫风流行，虽有七子之母，犹不能安其室。"

不得其所

得不到适当的安置。△东汉·班固《汉书·食货志》上："男女有不得其所者，因相与歌咏，各言其伤。"

【出处】《诗·曹风·下泉序》："曹人疾共公侵刻下民，不得其所，忧而思明王贤伯也。"

不分皂白

皂：黑色。分辨不出黑色和白色。比喻不问是非曲直。也比喻不问好坏。△1.明·冯梦龙《古今小说》三九："今即欲入郡参谒，又恐郡守不分皂白，阿附上官，强入人罪。"2.明·冯梦龙《古今小说》一："若干官宦大户人家，单拣门户相当，或是贪他嫁资丰厚，不分皂白，定了亲事。"

【出处】《诗·大雅·桑柔》："匪言不能，胡思畏忌。"笺："胡之言何也，贤者见此事之是是非非，不能分别皂白，言之于王也。"

不敢告劳

不敢向人诉说自己的劳苦。后多表示理应效劳。△清·刘坤一《禀张中丞》："本司不敢言病，不敢告劳，唯有得一日活，办一日事。"

【出处】《诗·小雅·十月之交》："黾勉从事，不敢告劳。"

不遑宁处

遑：闲暇。没有闲暇过安逸平静的日子。表示忙于做事，不得休息。△吴·韦昭《博弈论》："学如不及，犹恐失之。是以勉精厉操，晨兴夜寐，不遑宁处。"

【出处】《诗·召南·殷其靁序》："召南之大夫远行从政，不遑宁处，其室家能闵其勤劳，劝以义也。"

不可救药

病重得无法用药来医治。比喻人坏到无法挽救的地步或事情糟到无法挽回的程度。△1.老舍《四世同堂》六八："她看明白，他已无可救药了；至死，他也还是这么无聊！"2.宋·胡宏《皇王大纪论·文侯之命》："及其末年，怠惰放纵，不可救药，日以衰微。"

【出处】《诗·大雅·板》："多将熇熇，不可救药。"熇熇：火势炽烈。

不愧屋漏

屋漏：古代室内的西北角，是施设小帐以安放神主的地方，无人居住。在没有人的地方也不做有愧于心的事。△清·李伯元《官场现形记》二〇："我们讲理学的人，最讲究的是'慎独'工夫，总要能够念影无惭，屋漏不愧。"

【出处】《诗·大雅·抑》："相在尔室，尚不愧于屋漏。"

不稂不莠

稂：狼尾草；莠：狗尾草。原指没有野草。后比喻不成材，没出息。△清·高鹗《红楼梦》八四："第一要他自己学好才好；不然，不稂不莠的，反倒耽误了人家的女孩儿，岂不可惜？"

【出处】《诗·小雅·大田》："不稂不莠，去其螟螣。"

不遗葑菲

葑：蔓菁；菲：萝卜。原指不因蔓菁、萝卜的根部不好而把它们的茎、叶一起扔掉。后比喻对有可取之处的人要尽量任用。△清·赵翼《檐曝杂记·观总宪爱才》："前辈留意人材，不遗葑菲如此。"

【出处】《诗·邶风·谷风》："采葑采菲，无以下体。"

不忮不求

忮：嫉妒。不嫉妒，也不贪求。后形容为人淡泊。△南梁·萧统《陶渊明集序》："夫自衒自媒者，士女之丑行；不忮不求者，明达之用心。"

【出处】《诗·邶风·雄雉》："不忮不求，何用不臧？"臧：善。

采及葑菲

葑：蔓菁；菲：萝卜。摘采到蔓菁、萝卜之类。后比喻别人采纳了自己粗陋的意见。△清·李绿园《歧路灯》六三："弟见世兄浪滚风飘，又怕徒惹絮聒，今既采及葑菲，敢不敬献刍荛。"

【出处】《诗·邶风·谷风》："采葑采菲，无以下体。"

采兰赠芍

摘采兰花和芍药，互相赠送。指

相爱的男女互送鲜花。后也泛指相爱的男女互相赠送礼品。△清·吴敬梓《儒林外史》三四："怪道前日老哥同老嫂在桃园大乐！这就是你弹琴饮酒，采兰赠芍的风流了。"

【出处】《诗·郑风·溱洧》："士与女，方秉蕳兮……维士与女，伊其相谑，赠之以勺药。"蕳：兰花。

蚕食鲸吞

蚕食：像蚕吃桑叶那样一点一点地侵占；鲸吞：像鲸鱼吞食那样一下子吞并。比喻用各种方式侵占或侵略。△1.清·纪昀《阅微草堂笔记·滦阳消夏录》："汝兄遗二孤侄，汝蚕食鲸吞，几无余沥。"2.清·薛福成《代李伯相复黎参赞书》："俄人蚕食鲸吞，贪得无已，实无异战国之强秦。"

【出处】《诗·魏风·硕鼠序》："国人刺其君重敛，蚕食于民，不修其政。"疏："蚕食者，蚕之食桑，渐渐以食，使桑尽也。"《晋书·慕容晆载记》："宰割黎元，纵其鲸吞之势。"

惩前毖后

毖：谨慎，小心。惩处从前的

过失以为警诫，使以后谨慎小心，不致重犯。△明·张居正《答河道自湖计河漕》："当事诸公，毕智竭力，仅克有济，惩前毖后，预为先事之图可也。"

【出处】《诗·周颂·小毖》："予其惩，而毖后患。"

持盈保泰

盈：充满，指所取得的成就；泰：平安。保持所取得的成就而使平安无事。△郭沫若《十批判书·庄子的批判》："下级统治者用以自卫，使自己收到了持盈保泰的实惠。"

【出处】《诗·大雅·凫鹥序》："太平之君子，能持盈守成，神祇祖考安乐之也。"

充耳不闻

充：堵塞。堵住耳朵没听见。后形容故意不听。△阿英《晚清文学丛钞·官场维新记》九："这里袁伯珍只装做充耳不闻，一面出了告示，按户收起捐来。"

【出处】《诗·邶风·旄丘》："叔兮伯兮，褎如充耳。"褎：服饰华丽的样子。

出谷迁乔

乔：乔木，高大的树。原指鸟从深谷中飞出来，迁移到高大的树上栖息。后比喻地位上升。也比喻搬到好地方住。△唐·卢肇《除歙州途中寄座主王侍郎》诗："忽乔专城奉六条，自怜出谷屡迁乔。"

【出处】《诗·小雅·伐木》："出自幽谷，迁于乔木。"

出口成章

话说出来就是文章。原指说话有章法。后形容文思敏捷。△明·罗贯中《三国演义》七九："人皆言子建出口成章，臣未深信。"

【出处】《诗·小雅·都人士》："其容不改，出言有章。"

刍荛之见

刍荛：割草打柴的人，泛指草野鄙陋之人。草野鄙陋之人的见识。指自己的浅陋的意见。△清·李绿园《歧路灯》六："弟倒有一个刍荛之见，未必有当高明。"

【出处】《诗·大雅·板》："先民有言，询于刍荛。"

绰绰有余

绰绰：宽裕的样子。很宽裕，用不完。△清·吴趼人《二十年目睹之怪现状》五〇："并且继之家里钱多，就是永远没差没缺，他那候补费总是绰绰有余的。"

【出处】《诗·小雅·角弓》："此令兄弟，绰绰有裕；不令兄弟，交相为瘉。"令：善；瘉：因劳困而得的病。

耳提面命

提着耳朵，当面指点。形容恳切地教导。△清·李汝珍《镜花缘》八四："妹子虽不能及，但果蒙不弃，收录门墙之下，不消耳提面命，不过略为跟着历练历练……"

【出处】《诗·大雅·抑》："匪面命之，言提其耳。"

二三其德

德：心意。形容心意不专，反复无常。△清·蒲松龄《聊斋志异·阿英》："复闻郎家二三其德，背弃前盟。"

【出处】《诗·卫风·氓》："士也罔极，二三其德。"

风雨飘摇

在风雨中飘动、摇摆。原指鸟巢在风雨中摇摇欲坠。后比喻动荡不安。也形容刮风下雨的天气。△1.明·归有光《震川集·杏花书屋记》："孺允兄弟数见侵侮，不免有风雨飘摇之患；如是数年，始获安居。"2.郭沫若《学生时代·芭蕉花》："我现在离家已十二三年，值此新秋，又是风雨飘摇的深夜，天涯羁客不胜落寞的情怀……"

【出处】《诗·豳风·鸱鸮》："予室翘翘，风雨所漂摇。"

风雨如晦

晦：夜晚。风雨交加，天色昏暗得如同夜晚。比喻社会黑暗，环境险恶。△清·顾炎武《广宋遗民录序》："古之人学焉而有所得，未尝不求同志之人，而况当沧海横流，风雨如晦之日乎？"

【出处】《诗·郑风·风雨》："风雨如晦，鸡鸣不已。"

凤鸣朝阳

凤凰在太阳初升时鸣叫。指祥瑞之兆。后比喻有才能的人得到

旱魃为虐

旱魃：古代传说中制造旱灾的恶神。旱神肆行暴虐。形容旱灾非常严重。△清·沈德潜《旱》诗："今年旱魃复为虐，天高难问真梦梦。"

【出处】《诗·大雅·云汉》："旱既太甚，涤涤山川，旱魃为虐，如惔如焚。"

昊天罔极

昊：广大无边；罔：无，没有。广大的天空无边无际。比喻父母巨大的养育之恩。后也泛指抚育之大恩。△清·吴趼人《二十年目睹之怪现状》七四："亏得祖父抚养成人，以有今日！这昊天罔极之恩，无从补报万一，思之真是令人愧恨欲死。"

【出处】《诗·小雅·蓼莪》："父兮生我，母兮鞠我。拊我畜我，长我育我。顾我复我，出入腹我。欲报之德，昊天罔极！"

赫赫有名

赫赫：显著盛大的样子。有很大的名声。△清·陈忱《水浒后传》八："那柳陪堂原说住在南门城外，乐和却不知建康地面广阔，那姓柳的又不是赫赫有名之人，平时忽略，记不真他居住的街巷名色，海阔天远，那里去寻？"

【出处】《诗·小雅·节南山》："赫赫师尹，民具尔瞻。"

胡天胡帝

胡：惊怪；帝：神。非常惊怪，好像见到了天和神。原形容服饰、容貌极美。后泛指人或事物极美好，世所罕见。△清·褚人获《隋唐演义》八〇："禄山于奉觞进酒之时，偷眼看那贵妃的美貌……极是娇憨，自饶温雅；洵矣胡天胡帝，果然倾国倾城。"

【出处】《诗·鄘风·君子偕老》："胡然而天也？胡然而地也？"

惠然肯来

惠然：友好的样子。很友好，同意前来。△《鲁迅书信集·致许寿裳》："希君惠然肯来，则残腊未尽，犹能良觌，当为一述吾越学界中鱼龙曼衍之戏。"

【出处】《诗·邶风·终风》："终风且霾，惠然肯来。"郑玄笺："肯，可也；有顺心，然后可以来至我旁。"

急人之难

原指为兄弟的困难着急。后泛指热心帮助别人摆脱患难。△宋·吕祖谦《金华汪君将仕墓志铭》："君资廉直，急人之难，不避风雨。"

【出处】《诗·小雅·常棣》："脊令在原，兄弟急难。"脊令：鹡鸰，一种鸟。

鹡鸰在原

鹡鸰：一种鸟。鹡鸰在原野上飞鸣。比喻兄弟漂泊在外，遇到危难而急待援救。△鲁迅《彷徨·弟兄》："你还是早点回去罢，你一定惦记着令弟的病。你们真是'鹡鸰在原'……"

【出处】《诗·小雅·常棣》："脊令在原，兄弟急难。"脊令：鹡鸰。

教猱升木

猱：一种猴子。教猴子爬树。比喻教唆坏人做坏事。△阿英《晚清文学丛钞·中国现在记》三："虽是少数人代理国事，却不是少数人把持国事，怎么好藉口于天然不平等，替民贼

教猱升木呢？"

【出处】《诗·小雅·角弓》："毋教猱升木，如涂涂附。"

今夕何夕

夕：夜晚。今天这个夜晚是哪一天的夜晚？表示在喜庆的日子里，因兴奋、愉悦而忘了这天的日期。△唐·贾岛《友人婚杨氏催妆》诗："不知今夕是何夕，催促阳台近镜台。"

【出处】《诗·唐风·绸缪》："今夕何夕，见此良人！"

斤斤计较

斤斤：明察的样子，引申为苛刻、烦琐；计较：计算、比较。苛刻烦琐地计算、比较。形容在无关紧要的小事上过分计较。△鲁迅《彷徨·弟兄》："我真不解自家的弟兄何必这样斤斤计较，岂不是横竖都一样。"

【出处】《诗·周颂·执竞》："自彼成康，奄有四方，斤斤其明，钟鼓喤喤。"

进退维谷

维：语助词；谷：穷。前进和后退都会遇到困难。形容进退两难

的困境。△郭沫若《少年时代·黑猫》："正在那西藏问题紧急的时候……那进退维谷的尹昌衡才利用了征讨西藏的名目，作以退为进的应付。"

【出处】《诗·大雅·桑柔》："人亦有言，进退维谷。"

泾渭分明

泾水水清，渭水水浊，界限很清楚。比喻是非分明、好坏分明。△明·冯梦龙《古今小说》一〇："寻得一十四岁时，他胸中渐渐泾渭分明，瞒他不得了。"

【出处】《诗·邶风·谷风》："泾以渭浊，湜湜其沚。"湜湜：水清澈的样子；沚：水中的小块陆地。

兢兢业业

原形容畏惧的样子。后形容小心谨慎，丝毫不敢懈怠。△清·高鹗《红楼梦》一〇七："只愿儿子们托老太太的福，过了些时，都邀了恩眷，那时兢兢业业的治起家来，以赎前愆，奉养老太太到一百岁！"

【出处】《诗·大雅·云汉》："兢兢业业，如霆如雷。"

就地取材

就：因，随。就在原地取得材料。后表示就在自己所在之处选取人才或事物。△清·刘坤一《复李少荃中堂》："且此间风气不愿延请外省纂修，就地取材，安得人人班、马？"

【出处】《诗·豳风·七月》："蚕月条桑。"孔颖达疏："条其桑而采之，谓斩条于地，就地采之也。"

局天蹐地

局：腰背弯曲；蹐：两脚靠拢小步行走。在天下面弯腰曲背，在地上面小步行走。形容战战兢兢、局促不安的样子。△《鲁迅书信集·致杨霁云》："倘捉我去修公路，那就未免比作文更费力了，这真叫作局天蹐地。"

【出处】《诗·小雅·正月》："谓天盖高，不敢不局；谓地盖厚，不敢不蹐。"

临深履薄

面临深渊，脚踩薄冰。比喻小心谨慎，提心吊胆，唯恐出现问题。△东汉·班固《后汉书·杨终传》：“今君位地尊重，海内所望，岂可不临深履薄，以为至戒！”

【出处】《诗·小雅·小旻》：“战战兢兢，如临深渊，如履薄冰。”

陵谷变迁

山陵变成深谷，深谷变成山陵。原形容地震时的情状。后比喻世事翻天覆地的巨大变化。△明·叶盛《水东日记·于方保文山像赞》：“陵谷变迁，世殊事异，坐卧小阁，困于羁系，正色直辞，久而愈厉。”

【出处】《诗·小雅·十月之交》：“百川沸腾，山冢崒崩，高岸为谷，深谷为陵。”崒：猝然崩坏。

没大没小

原指不分尊卑、长幼。后指辈分低或地位低的人在尊长面前没有礼貌。△明·兰陵笑笑生《金瓶梅词话》七五：“恁不合理的行货子，生生把个丫头惯的恁没大没小，上头上脸的，还嗔人说哩！”

【出处】《诗·鲁颂·泮水》：“无小无大，从公于迈。”

梦寐以求

寐：睡。睡梦中都在寻求。

形容迫切地期待实现愿望。△南梁·沈炯《归魂赋》：“思我亲戚之颜貌，寄梦寐而魂求。”

【出处】《诗·周南·关雎》：“窈窕淑女，寤寐求之；求之不得，寤寐思服。”服：怀，慕。

靡不有初

靡：无。事情无不有开头。指任何事情都有个开头，却很少能到终了。△清·梁章钜《浪迹丛谈·双忠祠碑》：“死勤庙祀，载在典礼。靡不有初，阅世而圮。”

【出处】《诗·大雅·荡》：“靡不有初，鲜克有终。”

靡有孑遗

靡：无；孑：独，孤。没有留下一个。指遭受灾祸后没有遗留下来。△宋·华镇《云溪居士集·论礼》：“六经虽非完书，仅存者尚或过半；惟礼乐之篇，靡有孑遗。”

【出处】《诗·大雅·云汉》：“天降丧乱，饥馑荐臻……周余黎民，靡有孑遗。”

黾勉从事

黾勉：努力，勉力。努力做

事。△清·归庄《祭蒋路然文》："兄虽以窀穸未营，抱无涯之憾，而有急难之子，善述之子，必能黾勉从事，以慰之于九泉。"

【出处】《诗·小雅·十月之交》："黾勉从事，不敢告劳。"

明哲保身

明：聪明；哲：智慧。聪明而有智慧，能够保全自己。后指聪明人善于回避可能给自己带来危险的事。△郭沫若《少年时代·反正前后》："明哲保身的人预感到今天会发生甚么危险，在报到簿上偷偷地签了名，偷偷地溜走了。"

【出处】《诗·大雅·烝民》："既明且哲，以保其身。"

南箕北斗

南箕：指南箕四星，二十八宿之一；北斗：指北斗六星，二十八宿之一。比喻有名无实。△北魏·李崇《请减佛寺功材以修学校表》："今国子虽有学官之名，而无教授之实，何异兔丝燕麦、南箕北斗哉！"

【出处】《诗·小雅·大东》："维南有箕，不可以簸扬；维北有斗，不可以挹酒浆。"挹：舀。

弄璋之喜

璋：古代的一种玉器。指生了男孩。△明·朱之瑜《答奥村德辉书九首》八："嗣闻足下有弄璋之喜，佳儿岐嶷，兆于初生之日矣。"

【出处】《诗·小雅·斯干》："乃生男子，载寝之床，载衣之裳，载弄之璋。"

瓶罄罍耻

罍：古代的一种盛酒器，形状像壶；罄：尽。酒瓶空了，罍感到羞耻。比喻富人为穷亲戚羞耻。后形容关系密切，相互依存，一方困顿，另一方就感到愧恨。△晋·陈寿《三国志·吴质传》裴松之注引《魏略》："太子即王位，又与质书曰：'……今惟吾子，栖迟下仕，从我游处，独不及门。瓶罄罍耻，能无怀愧。'"

【出处】《诗·小雅·蓼莪》："缾之罄矣，维罍之耻。"

普天率土

普天：指普天之下，广大的天下面；率土：指率土之滨，大地的四边之内。后表示全国或整个天下。△明·沈德符《万历野获编·添注卫经历》："真如飞天野叉，择人而食，普天率土，无处不然。其蠹吏治害民生，真第一敝政。"

【出处】《诗·小雅·北山》："溥天之下，莫非王土；率土之滨，莫非王臣。"溥：普；率：循，沿。

欺人太甚

欺负人太过分了。指欺负人到了令人不能容忍的地步。△《元曲选·楚昭公疏者下船》四："某想伍员在临潼会上拳打蒯瞆，脚踢卞庄……欺人太甚！"

【出处】《诗·小雅·巷伯》："彼谮人者，亦已大甚！"大：太；谮：诬陷，中伤。

千仓万库

原指丰收之年储存粮食极多。后多形容极其富有。△明·王世贞《鸣凤记·鄢赵争宠》："收尽历年盐钞，做成一等人家，千仓万库实堪夸，不在陶朱之下。"

【出处】《诗·小雅·甫田》："乃求千斯仓，乃求万斯箱。黍稷稻粱，农夫之庆。"

【辨正】一说，语出《抱朴子·极言》："千仓万箱，非一耕所得。"实为晋人葛洪取《诗》之典而成四字格。考其源，自当为《诗》。

将伯无助

将：请；伯：长者。请长者帮助而不得。表示得不到别人的帮助。△明·徐光启《复黄宪副谷城先生》："但受事以来，百不应手，叩阍不闻，将伯无助，特欲以重任见委便为了事，事之成败不我顾矣。"

【出处】《诗·小雅·正月》："载输尔载，将伯助予。"

将伯之呼

将：请；伯：长者。呼请长者帮助。表示请人帮助。△清·文康《儿女英雄传》一二："便是朋友有通财之谊，也须谊可通财的，才可作将伯之呼。"

【出处】《诗·小雅·正月》："载输尔载，将伯助予。"

将伯之助

将：请；伯：长者。请长者来帮助自己。指别人对自己的帮助。△清·蒲松龄《聊斋志异·连琐》："夜间，女来称谢……女曰：'将伯之助，义不敢忘。'"

【出处】《诗·小雅·正月》："载输尔载，将伯助予。"

巧舌如簧

簧：簧片，指乐器里用铜等制成的发声薄片。灵巧的舌头像乐器里的簧片。形容能说会道，花言巧语。△唐·刘兼《诚是非》诗："巧舌如簧总莫听。"

【出处】《诗·小雅·巧言》："巧言如簧，颜之厚矣。"

切磋琢磨

切：把骨头加工成器物的工艺；磋：把象牙加工成器物的工艺；琢：把玉加工成器物的工艺；磨：把石头加工成器物的工艺。后比喻共同讨论、互相学习。△南梁·刘勰《刘子·贵言》："知交之于朋友，亦有切磋琢磨相成之义。"

【出处】《诗·卫风·淇奥》："有匪君子，如切如磋，如琢如磨。"

琴瑟之好

形容夫妻感情和谐。△清·胡承谱《杜孝廉妻》："适某氏望门新寡，怂恿委禽，涓吉合卺……既而琴瑟之好，逾于某氏。"

【出处】《诗·周南·关雎》："窈窕淑女，琴瑟友之。"《诗·小雅·常棣》："妻子好合，如鼓瑟琴。"

螓首蛾眉

螓：一种像蝉的昆虫。前额像螓一样宽宽的，双眉像蛾须一样又弯又长。形容女子容貌美丽。△清·曾朴《孽海花》一："大踏步走进一看，哪里有什么花，倒是个螓首蛾眉、桃腮樱口的绝代美人。"

【出处】《诗·卫风·硕人》："螓首蛾眉，巧笑倩兮，美目盼兮。"

鹊巢鸠居

喜鹊筑的巢被斑鸠占去居住。原比喻女子出嫁，以夫家为家。后比喻夺取、占据别人的东西。△清·魏源《海国图志叙》："教阅三更，地割五竺，鹊巢鸠居，为震旦毒。"

【出处】《诗·召南·鹊巢》："维鹊有巢，维鸠居之。"

人言可畏

流言是可怕的。△鲁迅《且介

亭杂文二集·徐懋庸作〈打杂集〉序》："阮玲玉算是比较的有成绩的名星，但'人言可畏'，到底非一口气吃下三瓶安眠药片不可。"

【出处】《诗·郑风·将仲子》："岂敢爱之，畏人之多言。仲可怀也，人之多言，亦可畏也。"

日就月将

就：成就；将：前进。天天有成就，月月有进步。形容学业日渐长进。△清·文康《儿女英雄传》三三："那公子却也真个足不出户，目不窥园，日就月将，功夫大进……"

【出处】《诗·周颂·敬之》："日就月将，学有缉熙于光明。"

日升月恒

恒：指上弦月逐渐趋于盈满。太阳正在升起，月亮渐趋盈满。比喻正当兴旺时期。△明·归有光《震川集·少傅陈公六十寿诗序》："德与年而俱进，如日升月恒。"

【出处】《诗·小雅·天保》二："如月之恒，如日之升。"

如花似玉

形容女子容貌十分美丽。△《元

曲选·金水桥陈琳抱妆盒》四："端的是赛阳台欺洛浦，生得来如花似玉。"

【出处】《诗·魏风·汾沮洳》："彼其之子，美如英……彼其之子，美如玉。"英：花。

如日方升

方：正在。好像太阳正在升起。比喻有远大的前途。△汉·张衡《冢赋》："如春之卉，如日之升。"

【出处】《诗·小雅·天保》二："如月之恒，如日之升。"

如日中天

好像太阳在天空的正中。比喻思想、学说之崇高，无可比拟。也比喻事物正在兴盛时期。△1.清·丘逢甲《岭云海日楼诗钞·为潮人士衍说孔教于鮀浦，伯瑶见访有诗，次韵答之》："重提孔子尊王义，如日中天万象看。"2.清·袁枚《与沈归愚宗伯》："客岁在苏，见尚书神明矍铄，如日方中。"

【出处】《诗·邶风·简兮》："日之方中，在前上处。"

如埙如篪

埙：古代一种泥制乐器，状如鸡蛋，上面有六个孔；篪：古代一种竹制乐器，状如笛子，上面有八个孔。好像埙、篪合奏。比喻兄弟和睦。也泛指相互配合得很和谐。△后晋·刘昫《旧唐书·穆宁·崔邠等传赞》："如埙如篪，不通不介，士行之美，崔氏诸子有焉。"

【出处】《诗·小雅·何人斯》："伯氏吹埙，仲氏吹篪。"

三星在户

三星：指二十八宿中的心星。心星进了家门。表示新婚。△清·文康《儿女英雄传》一〇："今夜正是月圆当空，三星在户……就对着这月光，你二人在门处对天一拜，完成大礼。"

【出处】《诗·唐风·绸缪》："绸缪束楚，三星在户。"

桑中之约

桑树林里的约会。指相爱男女幽会。△清·蒲松龄《聊斋志异·窦氏》："自此为始，瞰窦他出，即过缱绻。女促之曰：'桑中之约，不可长也……倘肯赐以姻好，父母必以为荣，当无不谐，宜速为计。'"

【出处】《诗·鄘风·桑中》："期我乎桑中，要我乎上宫。"

潸然泪下

形容流泪的样子。△宋·马廷鸾《碧梧玩芳集·题汪水云诗》："余展卷读甲子初作，微有汗出；读至丙子诸作，潸然泪下；又读至《醉歌》十首，抚席恸哭，不知所云。"

【出处】《诗·小雅·大东》："睠言顾之，潸焉出涕。"

深厉浅揭

厉：穿衣下水而涉；揭：撩起衣服涉水。遇到深水就穿着衣服下水蹚过去，遇到浅水就撩起衣服蹚过去。比喻根据不同的时间、地点，采取不同的行动。也泛指涉水的动作。△1.汉·张衡《应间》："深厉浅揭，随时为义。"2.清·李绿园《歧路灯》七三："坐在河滩，早已脱鞋解袜，准备深厉浅揭，好不欢欣踊跃。"

【出处】《诗·邶风·匏有苦叶》："深则厉，浅则揭。"

中华成语探源

中华国学精粹

典藏珍本

声闻九皋

皋：沼泽。鹤的鸣声传过了九个沼泽。比喻人名声极大。△南梁·萧统《锦带书十二月启·中吕四月》："敬想足下声闻九皋，诗成七步，涵蚌胎于学海，卓尔超群。"

【出处】《诗·小雅·鹤鸣》："鹤鸣于九皋，声闻于野。"

绳其祖武

绳：继续；武：迹。沿着祖先的足迹继续前进。指继承先辈的事业。△鲁迅《华盖集·忽然想到》："而辩护古人，也就是辩护自己。况且我们是神州华胄，敢不'绳其祖武'么？"

【出处】《诗·大雅·下武》："昭兹来许，绳其祖武。"

时和岁丰

社会安定，年景很好。△唐·房玄龄《晋书·周处传》："今时和岁丰，何苦而不乐耶？"

【出处】《诗·小雅·华黍序》："华黍，时和岁丰，宜黍稷也。"

实获我心

实在符合我的心意。表示别人的看法、说法、做法，完全与自己所想的相合。△明·王兆云《挥麈诗话·读书为文二说》："诵兹二说，实获我心。"

【出处】《诗·邶风·绿衣》："我思古人，实获我心。"

室迩人远

迩：近。房屋很近，里面的人却很远。原指男女思慕而不能相见。后也表示怀念远方的亲友。△1.汉·司马相如《琴歌二首》一："有艳淑女在闺房，室迩人遐毒我肠。"2.明·朱之瑜《答木下贞干书六首》三："前者虽不能时接芝眉，跻承珠玉，犹自谓室迩人远；今也相去千里，徒使人日惘惘耳！"

【出处】《诗·郑风·东门之墠》："其室则迩，其人甚远。"朱熹《诗集传》："室迩人远者，思之而未得见之词也。"

手舞足蹈

手舞动，脚跳动。形容高兴到极点的情状。△清·李伯元《官场现形记》四四："原来他此番得蒙制台赏坐，竟自以为莫大之荣宠，一时乐得手舞足蹈，心花都开。"

【出处】《诗·周南·关雎序》："情动于中，而形之于言。言之不足，故嗟叹之；嗟叹之不足，故永歌之；永歌之不足，不知手之舞之足之蹈之也。"

寿比南山

寿命比得上南山。形容长寿。△明·兰陵笑笑生《金瓶梅词话》五五："家里备的几件菲仪，聊表千里鹅毛之意，愿老爷寿比南山。"

【出处】《诗·小雅·天保》："如南山之寿，不骞不崩。"骞：亏。

鼠牙雀角

鼠长牙，雀生角。原比喻强暴的男人仗势欺人而同女人打官司。后泛指诉讼。△明·归庄《陈君墓表》："君为人长厚有信义，里中人皆从而辨曲直，有鼠牙雀角之讼，往往以君一言而解。"

【出处】《诗·召南·行露》："谁谓雀无角，何以穿我屋？……谁谓鼠无牙，何以穿我墉？"墉：墙。陈奂传疏："雀、鼠，喻强暴之男也；穿屋、穿墉，喻无礼也。"

率由旧章

率：遵循；由：沿袭。遵循和沿袭老章程。表示按照老规矩办事。△老舍《四世同堂》五二："只要亲友们还都平安，他的世界便依然率由旧章，并没有发生激烈的变动。"

【出处】《诗·大雅·假乐》："不愆不忘，率由旧章。"

硕大无朋

硕：大；朋：比。大得无可相比。形容极大。△"擂台"上，西瓜王亮出了他那硕大无朋、令人咋舌的西瓜。

【出处】《诗·唐风·椒聊》："椒聊之实，蕃衍盈升；彼其之子，硕大无朋。"

夙兴夜寐

夙：早；兴：起。早起晚睡。形容勤劳。△明·罗贯中《三国演义》一〇三："丞相夙兴夜寐，罚二十以上皆亲览焉。"

【出处】《诗·卫风·氓》："三岁为妇，靡室劳矣，夙兴夜寐，靡有朝矣。"

中华成语探源

典藏珍本

中华国学精粹

夙夜不懈

夙：早。白天黑夜不懈怠。形容勤奋。△晋·司马彪《续汉书·赵熹》："熹为卫尉，尽心事业，夙夜匪懈。"

【出处】《诗·大雅·烝民》："夙夜匪解，以事一人。"匪：非，不；解：懈。

琐尾流离

琐：细小，借指年幼；尾：末梢，借指年老；流离：即"鹠鹞"，一种"少好长丑"的鸟。鹠鹞鸟从年幼到年老，长相由美变丑。比喻处境由顺利转为艰难。△清·沈起凤《谐铎·雉媒》："若辈少昊氏之苗裔也。琐尾流离，鹠寄于此，与足下夙有机缘。"

【出处】《诗·邶风·旄丘》："琐兮尾兮，流离之子。"

他山攻玉

攻：治。别的山上的石头，可以用来雕琢玉。原比喻别国的贤才可以治理本国。后比喻别人帮助自己提高认识，改正自己的缺点、错误。△明·海瑞《启熊镜湖军门》："感公虚己下问，且自念他山之石，可以攻玉。"

【出处】《诗·小雅·鹤鸣》："它山之石，可以攻玉。"它：他。

他山之石

别的山上的石头。原比喻别国的贤才。后比喻能帮助自己提高认识的人或意见。△清·钱谦益《初学集·湖广提刑按察司佥事晋阶朝列大夫管公行状》："江陵之毁书院，或亦他山之石，而讲学聚徒，诚不可不慎也。"

【出处】《诗·小雅·鹤鸣》："它山之石，可以攻玉。"它：他。

逃之夭夭

逃："桃"的谐音。原指桃花盛开，后指逃跑。△清·吴趼人《二十年目睹之怪现状》七八："等各人走过之后，他才不慌不忙的收拾了许多金珠物件，和那位督办大人坐了轮船，逃之夭夭的到天津去了。"

【出处】《诗·周南·桃夭》："桃之夭夭，灼灼其华。"

涕泗交流

涕：眼泪；泗：鼻涕。眼泪鼻涕一齐流下来。形容痛哭的样子。△北齐·魏收《魏书·元顺传》："及上省，登阶上榻，见榻甚故，问都令史徐仵起。仵起曰：'此榻曾经先王坐。'顺即哽塞，涕泗交流，久而不能言，遂令换之。"

【出处】《诗·陈风·泽陂》："有美一人，伤如之何！寤寐无为，涕泗滂沱。"

天保九如

九如：指《诗经》中的九个"如"字，都是祝人长寿的比喻。上天保佑人实现九个"如"字。用来祝人福寿绵长。△清《升平署岔曲·九如天保》："十雨五风时序令，九如天保颂升恒。"

【出处】《诗·小雅·天保》："天保定尔，以莫不兴。如山如阜，如冈如陵，如川之方至，以莫不增……如月之恒，如日之升。如南山之寿，不骞不崩；如松柏之茂，无不尔或承。"

天高地厚

原形容天地的广大。后比喻恩德极深厚。也比喻事情的复杂性、严重性。△1.明·吴承恩《西游记》八六："此诚天高地厚之恩！不是他们，孩儿也死无疑了。"2.清·文康《儿女英雄传》三四："如今年过知非，想起幼年这些不知天高地厚的话来，真觉愧悔。"

【出处】《诗·小雅·正月》："谓天盖高，不敢不局；谓地盖厚，不敢不蹐。"

天作之合

上天安排的婚配。形容婚姻美满。也泛指天然形成的亲密关系。△1.郭沫若《少年时代·黑猫》："母亲怕我又和往常一样，一个不即不离的'不忙'便把这段天作之合的姻缘推掉。"2.清·吴敬梓《儒林外史》七："年长兄，我同你是天作之合，不比寻常同年弟兄。"

【出处】《诗·大雅·大明》："文王初载，天作之合。"

蜩螗沸羹

蜩：蝉；螗：一种体型较小的蝉。像蝉在鸣叫，像羹汤在沸腾。形容声音嘈杂。后也比喻议论纷纷，社会不安宁。△1.唐·元积《春蝉》诗："风松不成韵，蜩螗沸如羹。"2.清·钱谦益《牧斋初学集·贺文司理诗删序》："于是小人乘间抵隙，遂如蜩螗沸羹……"

【出处】《诗·大雅·荡》："文王曰咨，咨女殷商，如蜩如螗，如沸如羹。"女：汝。

同仇敌忾

同仇：共同对敌；敌忾：抵抗所怨恨的人。怀着一致的愤恨，共同抵抗敌人。△清·陈康祺《郎潜记闻初笔·剿夷谕》："原望中外臣庶，敌忾同仇，除边患而壮国威，在此举也。"

【出处】《诗·秦风·无衣》："王于兴师，修我戈矛，与子同仇。"《左传·文公四年》："诸侯敌王所忾。"

痛心疾首

原形容极度忧虑或伤心。后形容痛恨到极点。△1.晋·潘岳《杨仲武诔》："临命忘身，顾恋慈母；哀哀慈母，痛心疾首。"2.后晋·刘昫《旧唐书·萧铣传》："乃贪我土宇，灭我宗祊，我是以痛心疾首，无忘雪耻。"

【出处】《诗·小雅·小弁》："心之忧矣，疢如疾首。"疢：病。

【辨正】一说，语出《左传·成公十三年》："诸侯备闻此言，斯是用痛心疾首，昵就寡人。"考《诗经》朱熹注："幽王娶于申，生太子宜臼；后得褒姒而惑之，生子伯服。信其谗，黜申后，逐宜臼。"《小弁》就是宜臼（或太子傅）就此而作的诗，时间不会晚于公元前771年。因公元前770年，宜臼终于做了天子，即周平王。鲁成公十三年是公元前578年，晚了200年。当以《诗经》为源。

投畀豺虎

畀：给。把坏人扔给豺狼老虎吃掉。表示强烈的憎恨。△鲁迅《而已集·革"首领"》："被'正人君子'指为'学匪'，还要'投畀豺虎'，我是记得的。"

【出处】《诗·小雅·巷伯》："彼谮人者，谁适与谋？取彼谮人，投畀豺虎。"谮：诬陷，中伤。

投瓜报玉

瓜：木瓜，一种有香气的瓜。

送给我木瓜，我用美玉回报。泛指受人薄礼而以厚礼答谢。△明·冯梦龙《古今小说》五："马周将千金相赠，王公那里肯受。马周道：'壁上诗句犹在，一饭千金，岂可忘也？'王公方才收了，作谢而回，遂为新丰富民。此乃投瓜报玉，施恩报恩，也不在话下。"

【出处】《诗·卫风·木瓜》："投我以木瓜，报之以琼琚。"

投桃报李

送我桃子，我用李子回报。比喻友好往来，相互赠答。△清·薛福成《论添设香港领事……书》："窃谓中国此时正宜两利俱存，于投桃报李之中，寓鉴空衡平之意。"

【出处】《诗·大雅·抑》："投我以桃，报之以李。"

吐刚茹柔

茹：吃。把硬的吐出来，把软的吃下去。比喻欺软怕硬。△晋·陈寿《三国志·崔琰等传》评："毛玠清公素履，司马芝忠亮不倾，庶乎不吐刚茹柔。"

【出处】《诗·大雅·烝民》："人亦有言，柔则茹之，刚则吐之；维仲山甫，柔亦不茹，刚亦不吐。"

万寿无疆

疆：边界。寿命长得没有边。指永远生存。△唐·冯宿《魏府狄梁公祠堂碑》："于以祝之，万寿无疆；于以歌之，久久垂芳。"

【出处】《诗·小雅·天保》："君曰卜尔，万寿无疆。"

为鬼为蜮

蜮：传说中在水里暗中害人的怪物。做了鬼和蜮。比喻阴险狠毒的小人。也比喻施展诡计，暗中捣鬼。△1.明·焦竑《玉堂丛话·侃直》："故天下之人，视嵩父子如鬼如蜮，不可测识。"2.清·吴趼人《二十年目睹之怪现状》四二："他那里肯依，说什么皇上家抢才大典，怎容得你们为鬼为蜮！"

【出处】《诗·小雅·何人斯》："为鬼为蜮，则不可得。"

未雨绸缪

绸缪：紧密缠绕，引申为修补。趁着天没下雨，修补好门窗。比喻事先做好防备。△鲁迅《两地书》九二："还有雇人、食、用……至方总在百元以上。究竟如何，是待到后再说，还是未雨绸缪。"

【出处】《诗·豳风·鸱鸮》："迨天之未阴雨，彻彼桑土，绸缪牖户。"

谓予不信

信：真实。以为我的话不真实。△鲁迅《而已集·革"首领"》："不知怎地，于不知不觉之中，竟在'文艺界'里高升了。谓予不信，有陈源教授即西滢的《闲话》广告为证。"

【出处】《诗·王风·大车》："谷则异室，死则同穴。谓予不信，有如皦日。"谷：生；皦：白而亮。

呜呼哀哉

呜呼：文言感叹词；哉：文言中表示感叹的语气词。唉，令人哀痛啊。原是表示悲哀痛惜的感叹语。后借指死亡。△清·曹雪芹《红楼梦》一六："自己气的老病发了，三五日，便呜呼哀哉了。"

【出处】《诗·大雅·召旻》："於乎哀哉，维今之人，不尚有旧。"於乎：呜呼。

无功受禄

禄：薪俸。没有功劳而得到薪俸。后泛指没有出力而得到报酬。△明·施耐庵《水浒传》二七："今又蒙每日好酒好食相待，甚是不当。又没半点差遣，正是无功受禄，寝食不安。"

【出处】《诗·魏风·伐檀序》："在位贪鄙，无功而受禄。"

无拳无勇

拳：力量。没有力量，没有勇气。△鲁迅《且介亭杂文二集·论人言可畏》："不过无拳无勇的阮玲玉，可就正做了吃苦的材料了，她被额外的画上一脸花，没法洗刷。"

【出处】《诗·小雅·巧言》："无拳无勇，职为乱阶。"职：当。

无声无臭

臭：气味。没有声音，也没有气味。形容人没有名声或事物没有影响。△清·吴趼人《近十年之怪现状》三："你看什么煤矿局，什么铁矿局，起初的时候，莫不是堂哉皇哉的设局招股，弄得后来，总是无声无臭的就这么完结了。"

【出处】《诗·大雅·文王》："上天之载，无声无臭。"

小心翼翼

原形容严肃、恭敬的样子。后形容十分谨慎，丝毫不敢疏忽大意。△老舍《龙须沟》一："大妈生好了煤球炉子，仰头看着天色，小心翼翼地抱起桌子上的大包袱来，往屋里放。"

【出处】《诗·大雅·大明》："维此文王，小心翼翼。"

邂逅相遇

邂逅：不期而会。偶然在途中遇见。△唐·皇甫氏《原化记·车中女子》："邂逅相遇，实为我心。"

【出处】《诗·郑风·野有蔓草》："有美一人，清扬婉兮，邂逅相遇，适我愿兮。"

新婚燕尔

燕尔：快乐的样子。形容新婚的欢乐。△清·吴敬梓《儒林外史》一一："他因新婚燕尔，正贪欢笑，还理论不到这事上。"

【出处】《诗·邶风·谷风》："宴尔新昏，如兄如弟。"朱熹《诗集传》："宴，乐也。"

信誓旦旦

旦旦：诚恳的样子。誓言诚恳可信。△汉·司马相如《美人赋》："信誓旦旦，秉志不回。"

【出处】《诗·卫风·氓》："总角之宴，言笑晏晏；信誓旦旦，不思其反。"

兄弟阋墙

阋：争吵。兄弟们在家里争吵。后泛指兄弟之间发生纠纷。也比喻内部发生矛盾、争执。△1.清·王士禛《池北偶谈·施允升》："尝有罗姓者，兄弟阋墙，先生要之家，反复劝譬，声泪俱下，兄弟遂相抱而哭。"2.南梁·沈约《宋书·刘休范传》："抚慰孜孜，恒如下足，岂容一旦阋墙，致此祸害……"

【出处】《诗·小雅·常棣》："兄弟阋于墙，外御其务。"

熊罴入梦

罴：棕熊。因熊罴强壮有力，被古人认为是"阳物"。梦见熊罴则被认为是生儿子的征兆。△清·李渔

《后断肠诗十首》七："误将罗刹勾魂日，认作熊罴入梦时。"

【出处】《诗·小雅·斯干》："乃寝乃兴，乃占我梦。吉梦维何，维熊维罴……大人占之，维熊维罴，男子之祥。"

谑而不虐

开玩笑而不使人难堪。△清·梁启超《饮冰室诗话》："顷从各报中见数章，谑而不虐，婉而多讽，佳构也。"

【出处】《诗·卫风·淇奥》："善戏谑兮，不为虐兮。"

言者无罪，闻者足戒

即使意见不完全正确，提意见的人也没有罪；被批评的人即使没有缺点错误，也应该引为鉴戒。△唐·白居易《与元九书》："故闻元首明、股肱良之歌，则知虞道昌矣；闻五子洛汭之歌，则知夏政荒矣。言者无罪，闻者足戒。"

【出处】《诗·周南·关雎序》："言之者无罪，闻之者足以戒，故曰风。"

言者谆谆，听者藐藐

谆谆：恳切教导的样子；藐藐：轻视的样子。说的人很恳切，听的人却不放在心上。△清·方苞《与来学圃书》："虽有灼见事理以正议相规者，反视为浮言，而听之藐藐……"

【出处】《诗·大雅·抑》："诲尔谆谆，听我藐藐。"

夭桃秾李

夭：茂盛；秾：茂密。茂盛的桃树，茂密的李树。形容艳丽的桃李。后比喻新婚之人年轻俊美。也比喻形式华丽而缺乏风骨的诗文。△1.宋·梅尧臣《资政王侍郎命赋梅花，用芳字》："夭桃秾李不可比，又况无比清淡香。"2.唐·张说《安乐郡主花烛行》诗："星昂殷冬献吉日，夭桃秾李遥相匹。"3.清·朱庭珍《筱园诗话》："杨、范、揭三子，及金华、天水、雁门，不过夭桃秾李，绝非梅兰之友。"

【出处】《诗·周南·桃夭》："桃之夭夭，灼灼其华。"《诗·召南·何彼襛矣》："何彼襛矣，华如桃李。"襛：秾。

一唱一和

原指感情相投而互相唱和。

后比喻互相呼应，互相配合。多含贬义。△1.明·冯梦龙《警世通言》三四："自此一倡一和，渐渐情熟，往来不绝。"2.清·韩邦庆《海上花列传》四二："玉甫见这光景，一阵心酸，那里熬得，背着云甫，径往后面李秀姐房中，拍凳捶台，放声大恸。再有浣芳一唱一和，声彻于外。"

【出处】《诗·郑风·蒹葭》："叔兮伯兮，倡予和女。"女：汝。

一日三秋

一天不见，就像过了三年。形容思念得十分殷切。后也比喻情况变化极大。△1.清·高鹗《红楼梦》八二："好容易熬了一天，这会子瞧见你们，竟如死而复生的一样。真真古人说'一日三秋'，这话再不错的。"2.鲁迅《彷徨·孤独者》："我便推开门走进他的客厅去。真是'一日不见，如隔三秋'，满眼是凄凉和空空洞洞……"

【出处】《诗·王风·采葛》："彼采萧兮，一日不见，如三秋兮。"

一苇可航

用一捆芦苇作筏子，就可以渡过去。表示水面不宽。后也比喻事情不难解决。△1.晋·陈寿《三国志·贺邵传》："长江之限不可久待，苟我不守，一苇可航也。"2.宋·朱熹《与魏元履书》："和议已决，邪说横流，非一苇可杭。"杭，同航。

【出处】《诗·卫风·河广》："谁谓河广，一苇杭之。"杭：航。

衣冠楚楚

楚楚：鲜明、整洁的样子。穿戴得十分

整洁、漂亮。△清·文康《儿女英雄传》二五："就在一家小客栈里暂且住下，第二天才衣冠楚楚的来拜会这位老表弟。"

【出处】《诗·曹风·蜉蝣》："蜉蝣之羽，衣裳楚楚。"

伊于胡底

伊：句首助词；胡：何，什么。到什么地步为止？表示事情到了不可收拾的地步。△清·文康《儿女英雄传》三五："近科的文章本也华靡过甚，我既奉命来此，若不趁此着实的洗伐一番，伊于胡底？"

【出处】《诗·小雅·小旻》："我视谋犹，伊于胡底？"

宜室宜家

宜：适宜；室：夫妻所居处。适宜在夫妻所居住的屋室里，也适宜在全家所居住的地方。形容夫妻和睦，全家安乐。△清·秋瑾《精卫石》："平日间相亲相爱多尊重，自然是宜家宜室两无嗔。"

【出处】《诗·周南·桃夭》："之子于归，宜其室家。"

亿万斯年

指无限长远的时间。△宋·欧阳修《圣节五方老人祝寿文·东方老人》："千八百国，咸归至治之风；亿万斯年，共祷无疆之寿。"

【出处】《诗·大雅·下武》："於万斯年，受天之祜。"

挹彼注兹

挹：舀；兹：此。从那个里面舀出来，倒在这个里面。后比喻取有余以补不足。△清·方苞《请定经制札子》："汉唐以后，岁一不熟，民皆狼顾，犹幸海内为一，挹彼注兹，暂救时日。"

【出处】《诗·大雅·泂酌》："泂酌彼行潦，挹彼注兹。"

殷鉴不远

商朝可以借鉴的历史教训并不远。泛指前人失败的教训就在眼前。△清·赵翼《廿二史札记·贞观中直谏者不止魏征》："此当时君臣动色相戒，皆由殷鉴不远，警于目而惕于心……"

【出处】《诗·大雅·荡》："殷鉴不远，在夏后之世。"

鹰扬虎视

扬：腾空飞起。像鹰一样腾空飞起，像虎一样眈眈注视。比喻奋扬威力，大展雄才。△清·黄叔琳《伯林寺观李晋王画像赞》诗："李家父子俱天人，鹰扬虎视空一世。"

【出处】《诗·大雅·大明》："维师尚父，时维鹰扬。"汉·班固《西都赋》："周以龙兴，秦以虎视。"

忧心忡忡

忡忡：忧愁不安的样子。形容心情十分忧愁，难以平静。△明·叶子奇《草木子·谈薮篇》："采苦采苦，于山之南；忡忡忧心，其何以堪！"

【出处】《诗·召南·草虫》："未见君子，忧心忡忡。"

忧心如焚

心情忧虑得像火烧一样。△明·罗贯中《三国演义》八〇："孔明答曰：'忧心如焚，命不久矣。'"

【出处】《诗·小雅·节南山》："忧心如惔，不敢戏谈。"惔：火烧。

优哉游哉

哉：文言语助词。悠闲啊，悠闲啊！形容非常悠闲的样子。△鲁迅《且介亭杂文二集·隐士》："凡是有名的隐士，他总是已经有了'优哉游哉，聊以卒岁'的幸福的。倘不然，朝砍柴，昼耕田……那又有吸烟品茗，吟诗作文的闲暇？"

【出处】《诗·小雅·采菽》："优哉游哉，亦是戾矣。"

有的放矢

的：箭靶的中心。有目标地射箭。后比喻言行目标明确。△毛泽东《整顿党的作风》："马克思列宁主义理论和中国革命实际，怎样互相联系呢？拿一句通俗的话来讲，就是'有的放矢'。'矢'就是箭；'的'就是靶，放箭要对准靶……"

【出处】《诗·小雅·宾之初筵》："射夫既同，献尔发功。发彼有的，以祈尔爵。"

有如皦日

皦：白而亮。好像明亮的太阳。表示诚实可信的誓言。△宋·范成大《贺张魏公》："明一生忠义之心，有如皦日。"

【出处】《诗·王风·大车》："谷则异室，死则同穴。谓予不信，有如皦日。"谷：生。

鱼网鸿离

鸿：大雁；离：即"丽"，附丽。张网捕鱼，大雁却陷入网里。原表示所得非所求。后比喻非当事人却无端遭殃。△清·蒲松龄《聊斋志异·胭脂》："越壁入人家，止期张有冠而李借；夺兵遗绣履，遂教鱼脱网而鸿离。"

【出处】《诗·邶风·新台》："鱼网之设，鸿则离之。"

遇人不淑

淑：善，好。遇到了一个不善良的人。指女子嫁了一个不好的丈夫。△茅盾《色盲》："如果反抗出来却仍旧遇人不淑，那就更糟。"

【出处】《诗·王风·中谷有蓷》："有女仳离，条其啸矣；条其啸矣，遇人之不淑矣。"

允文允武

允：句首助词。能文能武。△宋·许应龙《东涧集·参知政事李鸣复除知枢密院事兼参知政事制》："噫！允武允文，已足为万邦之宪；善谋善断，岂难折千里之冲。"

【出处】《诗·鲁颂·泮水》："允文允武，昭假烈祖。"

载歌载舞

载：又。又唱歌，又跳舞。形容尽情欢乐。△茅盾《新疆风土杂忆》："迪化每有晚会，往往有维

族之歌舞节目，男女二人，载歌载舞……"

【出处】《诗·卫风·氓》："不见复关，泣涕涟涟；既见复关，载笑载言。"

辗转反侧

翻来覆去，不能入睡。形容心里有事而睡不着觉的情状。△晋·陈寿《三国志·周鲂传》："每独矫首西顾，未尝不寤寐劳叹，展转反侧也。"

【出处】《诗·周南·关雎》："求之不得，寤寐思服；悠哉悠哉，辗转反侧。"

战战兢兢

战战：发抖的样子；兢兢：谨慎的样子。形容小心谨慎，唯恐发生事故的样子。△清·曾朴《孽海花》一三："忽见潘公出来，面容很是严厉，只得战战兢兢铺上红毡，着着实实磕了三个头起来。"

【出处】《诗·小雅·小旻》："战战兢兢，如临深渊，如履薄冰。"

蒸蒸日上

形容一天天地向上发展。△郭沫若《海涛集·跨着东海》："创

造社成立出版部……虽然仅仅一年半光景，因受着青年们的爱护，业务的发展蒸蒸日上。"

【出处】《诗·鲁颂·泮水》："烝烝皇皇，不吴不扬。"烝烝：蒸蒸；皇皇：往往。

之死靡他

之：到；靡：没有。到死也没有别的心思。形容至死不变心。△清·蒲松龄《聊斋志异·罗刹海市》："妾此生不二，之死靡他。"

【出处】《诗·鄘风·柏舟》："之死矢靡它。"矢：誓。

知其一，不知其二

只知道事物的一个方面而不知道其他方面。指对事物的了解不全面。△明·吴承恩《西游记》四七："八戒道：'哥哥，你只知其一，不知其二。如今路多险峻，我挑着重担，着实难走。'"

【出处】《诗·小雅·小旻》："人知其一，莫知其他。"

【辨正】一说，语出《庄子·天地》："识其一不识其二，治其内而不治其外。"考《小旻》的创作时间，《诗序》以为是"刺

幽王"，《郑笺》以为是"刺厉王"；以周幽王而论，不应晚于公元前771年，以周厉王而论，时间更早，不晚于公元前828年。庄子的生卒年代是公元前369年至公元前286年，比《小旻》的创作时间晚几百年，当以《诗》为源。

执柯作伐

柯：斧柄。拿斧子砍木头，做新的斧柄。原表示求得同类。比喻做媒。△清·吴敬梓《儒林外史》六："周亲家家，就是静斋先生执柯作伐。"

【出处】《诗·豳风·伐柯》："伐柯如何，匪斧不克；取妻如何，匪媒不得。"

职为乱阶

职：当。是祸乱的阶梯。指造成祸乱的原因。△晋·陈寿《三国志·文帝纪》裴松之注引孙盛曰："二汉之季世，王道陵迟，故令外戚凭宠，职为乱阶。"

【出处】《诗·小雅·巧言》："无拳无勇。职为乱阶。"

中冓之言

冓：房屋深密处。内室里说的

话。指涉及性行为的话。△清·归庄《虞山先哲图序》："余尝叹吾吴中风俗，日以偷薄……桑中之期，中冓之言，恬不为怪。"

【出处】《诗·鄘风·墙有茨》："中冓之言，不可道也。"

竹苞松茂

苞：丛生而繁密。竹子和松树长得又多又好。后比喻身体健康，精神旺盛。△明·范世彦《磨忠记·杨涟家庆》："愿竹苞松茂，日月悠长。"

【出处】《诗·小雅·斯干》："如竹苞矣，如松茂矣。"

属垣有耳

属：连着，挨着；垣：墙。有人把耳朵挨着墙偷听。△清·王韬《淞隐漫录·尹瑶仙》："妹休矣，属垣有耳，勿贴笑于人！"

【出处】《诗·小雅·小弁》："君子无易由言，耳属于垣。"

筑室道谋

自己要建造房屋，却和过路人商量。比喻没有主见，而与不相干的人商议，结果人多言杂，不能成

事。△清·李绿园《歧路灯》五："这宗事，若教门生们议将来，只成筑室道谋，不如二老师断以己见。"

【出处】《诗·小雅·小旻》："如彼筑室于道谋，是用不溃于成。"溃：遂，达到。

惴惴不安

惴惴：恐惧的样子。形容因担忧或害怕而心神不宁。△清·汤斌《在内黄寄上孙征君先生书》："窥管之见，不敢不竭，但学识疏浅，错谬恐多，为惴惴不安耳。"

【出处】《诗·秦风·黄鸟》："临其穴，惴惴其栗。"

谆谆告诫

谆谆：恳切教导的样子。形容恳切地不厌其烦地劝戒。△明·余继登《典故纪闻》六："去岁命御史给事中往各处抚安军民，禁止奸恶，导其为善。临遣之际，谆谆告戒，务要安民。"

【出处】《诗·大雅·抑》："诲尔谆谆，听我藐藐。"

自求多福

自己努力，就会有很多幸福。

△南梁·丘迟《与陈伯之书》："想早励良规，自求多福。"

【出处】《诗·大雅·文王》："永言配命，自求多福。"

自贻伊戚

贻：遗，留；伊：此，这；戚：忧愁。自己留下了这忧愁。形容自寻烦恼，自惹祸患。△清·纪昀《阅微草堂笔记·如是我闻》："若公则自贻伊戚，可无庸诉也。"

【出处】《诗·小雅·小明》："心之忧矣，自诒伊戚。"

总角之交

总角：古代未成年人把头发扎成双髻，状如两角。指幼年时结交的朋友。△清·无名氏《夜谭随录·崔秀才》："莫逆交不足恃矣，然总角之交，应非泛泛也。"

【出处】《诗·齐风·莆田》："婉兮娈兮，总有丱兮。"丱：形容束发成两角的样子。

醉酒饱德

德：恩惠。喝醉了酒。饱受恩惠。指吃饱喝足。后多为宾客感谢主人款待时所说的话。△清·李绿园《歧路灯》九二："到了醉酒饱德之后，各学师引了五位生童上二堂禀谢。"

【出处】《诗·大雅·既醉》："既醉以酒，既饱以德。"

遵时养晦

即"遵养时晦"：根据当时的情况，暂时隐退，保养实力，等待时机。△清·李伯元《南亭笔记》一三："易被劾，郁郁不乐。或规之曰：'君至上海勿荒于色，遵时养晦，当有复起时也。'"

【出处】《诗·周颂·酌》："於铄王师，遵养时晦。"

左宜右有

无所不宜，无所不有。形容多才多艺。△清·平步青《霞外攟屑·广师》："文采斐然，左宜右有，吾不如孙渊如；议论激扬，聪明特达，吾不如恽子居。"

【出处】《诗·小雅·裳裳者华》："左之左之，君子宜之；右之右之，君子有之。"朱熹《诗集传》："言其才全德备。以左之，则无所不宜；以右之，则无所不有。"

中华成语探源

中华国学精粹

典藏珍本

左右采获

多方面采集而有所收获。△东汉·班固《汉书·夏侯胜传》："胜从父子建字长卿，自师事胜及欧阳高，左右采获，又从《五经》诸儒问与《尚书》相出入者……"

【出处】《诗·周南·关雎》："参差荇菜，左右采之。"

【辨正】一说，语出《汉书·夏侯胜传》："自师事胜及欧阳高，左右采获……"班固将《诗经》中采集荇菜的句子用于采集学问。考其源，当为《诗》。

《尚书》

爱屋及乌

及：连带。爱某个人，不仅喜爱他住的房屋，而且喜爱停留在屋顶上的乌鸦。泛指爱某个人而连带地关心与他有关的人或物。△清·吴趼人《二十年目睹之怪现状》一四："这毕镜江就跟了来做个妾舅，子存……未免爱屋及乌，把他也看得同上客一般。"

【出处】《尚书大传》："爱人者，兼其屋上之乌。"

百兽率舞

百兽相率跳舞。表示政治修明，世道清平。△清·曹雪芹《红楼梦》四一："当日圣乐一奏，百兽率舞，如今才一牛耳！"

【出处】《书·舜典》："予击石拊石，百兽率舞。"

暴殄天物

殄：灭绝。残暴地灭绝自然界生长的东西。后泛指任意糟蹋东西。也形容任意屠杀生灵。△1.清·曹雪芹《红楼梦》五六："现有许多值钱的东西，任人作践了，也似乎暴殄天物，不如在园子里所有的老妈妈中，拣出几个老成本分能知园圃的，派他们收拾料理。"2.唐·常衮《李采访贺收西京表》："顷者，胡羯乱常，崤函失守，暴殄天物，凭陵帝京。"

【出处】《书·武成》："今商王受无道，暴殄天物，害虐烝民。"

奔走相告

奔跑着互相转告。△清·颐琐《黄绣球》三："起先当作奇闻，后来都当作一件大事，奔走相告。"

【出处】《书·酒诰》："其艺黍稷，奔走事厥考厥长。"

逋逃渊薮

逋：逃亡；渊薮：深水和水边草地，是鱼与兽聚集之处，借指人或物聚集的地方。逃亡者的汇聚藏身之地。△宋·苏轼《徐州上皇帝书》："沂州山谷重阻，为逋逃渊薮。"

【出处】《书·武成》："今商王受无道，暴殄天物，害虐烝民，为天下逋逃主萃渊薮。"

不齿于人

齿：说到，提到。人不愿意提到。指被人鄙视。△清·钱咏《履园丛话·科第》："昔江阴有某进士者，少无赖，不齿于人。"

【出处】《书·蔡仲之命》："降霍叔于庶人，三年不齿。"

【辨正】一说，语出《诗·鄘风·蝃蝀序》："淫奔之耻，国人不齿。"考《尚书》朱熹注：《蔡仲之命》作于周代"武王崩，成王幼"时；而《诗序》作者，一般认为是西汉人毛公。自当以《书》为源。

不矜不伐

矜：自大；伐：自夸。不自大，不自夸。多指不因有功名而自居。△宋·程颐《河南程氏遗书》一八："禹又分明如汤、武，观舜称其不矜不伐，与孔子言'无间然'之事，又却别有一个气象。"

【出处】《书·大禹谟》："汝惟不矜，天下莫与汝争能；汝惟不伐，天下莫与汝争功。"

不矜细行

矜：谨慎，慎重。在小事上不慎重。△魏·曹丕《与吴质书》："观古今文人，类不矜细行，鲜能以名节自主。"

【出处】《书·旅獒》："呜呼，夙夜罔或不勤，不矜细行，终累大德。"

不可名状

名：说出。说不出它的形状。后表示无法用语言形容。△清·曹雪芹《红楼梦》七五："真是明月灯彩，人气香烟，晶艳氤氲，不可名状。"

【出处】《尚书大传》："或以云为出岫回薄，而难以名状也。"

【辨正】一说，语出宋人吴处厚《青箱杂记》八："而山路险峭穹绝，不可名状。"《尚书大传》是西汉人伏生及弟子们解释《尚书》的书，远在宋代之前，当为源。

不可向迩

向：接近；迩：近。不能接近。△明·何良俊《四友斋丛说·杂记》："衡山真率，不甚点检服饰，其足纨其臭，至不可向迩。"

【出处】《书·盘庚》上："若火之燎于原，不可向迩，其犹可扑灭！"

除恶务尽

务：必须。清除恶人恶事，必须彻底。△鲁迅《南腔北调集·由中国女人的脚……》："譬如对于敌人罢，有时是压服不够，还要'除恶务尽'……"

【出处】《书·泰誓》下："树德务滋，除恶务本。"

大功告成

大功绩宣告完成。后指巨大

的工程或重大的任务宣告完成。△清·文康《儿女英雄传》三三："两下里一挤，那失迷的失迷不了，那隐瞒的也隐瞒不住了。这件事可算大功告成了。"

【出处】《书·禹贡》："讫于四海，禹锡玄圭，告厥成功。"

地平天成

天和地都已平定。后比喻一切安排妥善。△唐·房玄龄《晋书·陶侃传》："献替畴谘，敷融正道，地平天成，四海幸赖。"

【出处】《书·大禹谟》："帝曰：俞！地平天成，六府三事允治，万世永赖，时乃功。"

【辨正】一说，语出《左传·文公十八年》："舜臣尧，举八恺，使主后土，以揆百事，莫不时序，地平天成。"这里，左氏引用了《尚书》中所记录的大禹之语。考其源，当为《书》。

洞若观火

洞：透彻。看得非常透彻，如同看火一样。形容观察得非常明白、透彻。△鲁迅《华盖集续编·记"发薪"》："否则怎样，他却没有说。但这是'洞若观火'

的，否则，就不给。"

【出处】《书·盘庚》上："予若观火。"孔颖达疏："我见汝情若观火，言见之分明如见火也。"

独夫民贼

独夫：众叛亲离的统治者；民贼：对国家、百姓犯有大罪的人。指暴虐无道、残害百姓的统治者。△清·谭嗣同《仁学》二："独夫民贼，固甚乐三纲之名。"

【出处】《书·泰誓》下："独夫受，洪惟作威，乃汝世雠。"受：纣。《孟子·告子》下："今之所谓良臣，古之所谓民贼也。"

多才多艺

有多方面的才能和技艺。△清·吴趼人《二十年目睹之怪现状》四三："那字刻得细入毫芒，却又波磔分明，不觉叹道：'此公真是多才多艺！'"

【出处】《书·金縢》："能多材多艺，能事鬼神。"

恶贯满盈

贯：古代把钱币用绳串起来，每一千个钱币为一贯。把罪恶用绳串起来，已经满了一贯。比喻作恶极多，已经到了末日。△清·文康《儿女英雄传》八："我原无心要他的性命，怎奈他一个个自来送死，也是他们恶贯满盈……"

【出处】《书·泰誓》上："商罪贯盈，天命诛之。"

发号施令

发布命令。△毛泽东《对晋绥日报编辑人员的谈话》："我们历来主张革命要依靠人民群众，大家动手，反对只依靠少数人发号施令。"

【出处】《书·冏命》："发号施令，罔有不臧。"罔：无；臧：善。

伐功矜能

伐：自夸；矜：自大。夸耀自己的功劳和能力。△汉·司马迁《史记·太史公自序》："奉法循理之吏，不伐功矜能，百姓无称，亦无过行。"

【出处】《书·大禹谟》："汝惟不矜，天下莫与汝争能；汝惟不伐，天下莫与汝争功。"

反戈一击

戈：古代的一种兵器。把兵戈反转过来，攻击自己原来所在的一方。泛指回过头来攻击自己原来所在的一方。△鲁迅《坟·写在〈坟〉后面》："又因为从旧垒中来，情形看得较为分明，反戈一击，易制强敌的死命。"

【出处】《书·武成》："前徒倒戈，攻于后以北。"

风行草偃

偃：倒下。风一吹，草就会倒下。比喻道德、文教的感化力量。△清·李伯元《官场现形记》二〇："兄弟总恨这江、浙两省近来奢侈太盛，所以到任之后，事事以撙节为先。现在几个月下来，居然上行下效，草偃风行，兄弟心上甚是高兴。"

【出处】《书·君陈》："尔惟风，下民惟草。"孔安国传："凡人之行，民从上教而变，犹草应风而偃。"

凤凰来仪

仪：威仪。凤凰飞来，很有威仪。古代认为是吉兆。△明·罗贯中《三国演义》七九："自魏王即位以来，麒麟降生，凤凰来仪……此是上天示瑞，魏当代汉之象也。"

【出处】《书·益稷》："《箫韶》九成，凤凰来仪。"

功亏一篑

篑：土筐。只缺少一筐土，没有堆成大山。比喻只差最后一步而没有成功。△清·文康《儿女英雄传》三五："只可怜那个马生中得绝高，变在顷刻……把个榜上初填的第一名暗暗的断送了个无影无踪。此时真落得为山九仞，功亏一篑，止吾止也了。"

【出处】《书·旅獒》："为山九仞，功亏一篑。"

【辨正】一说，语出《论语·子罕》："譬如为山，未成一篑。"《旅獒》写为周武王克商以后，是太保召公就"西旅贡獒"一事而写的，目的在于训示周武王。孔子引用了召公的话。考其源，当为《书》。

光天化日

光天：阳光普照的天；化日：太平时日。原形容太平盛世。也形容阳光照耀的白天。△1.明·李开先《中麓小令·仙吕南曲傍妆台》："景辉辉,光天化日古来稀。方今用了群贤策,立就万年基。"2.明·吴承恩《西游记》三:"果然那厢有座城池,六街三市,万户千门,来来往往,人都在光天化日之下。"

【出处】《书·益稷》:"帝光天之下,至于海隅苍生。"《后汉书·王符传》:"化国之日舒以长,故其民闲暇而力有余。"

归马放牛

把马放回山坡,把牛放回田野。表示战争结束,不再用兵。△清·文康《儿女英雄传》二一:"自开国以来……那些王侯将相何尝得一日的安闲;好容易海晏河清,放牛归马。"

【出处】《书·武成》:"王来自商,至于丰,乃偃武修文,归马于华山之阳,放牛于桃林之野,示天下弗服。"弗服:不再乘用。

浩浩荡荡

浩浩:水大的样子;荡荡:水面宽广的样子。原形容水势浩大。后比喻人流的声势浩大。△清·曹雪芹《红楼梦》一四:"一时只见宁府大殡浩浩荡荡、压地银山一般从北而至。"

【出处】《书·尧典》:"汤汤洪水方割,荡荡怀山襄陵,浩浩滔天。"

【辨正】一说,语出宋代范仲淹《岳阳楼记》:"衔远山,吞长江,浩浩汤汤,横无际涯。"这里,"浩浩""汤汤"都取自《书》,是流而非源。

和衷共济

和衷:同心;济:渡水。大家一条心,共同渡过江河。比喻同心协力克服困难。△清·林则徐《覆奏保山匪案并无劣员调处片》:"惟其于仓卒遇事之时,犹能竭力筹维,和衷共济,俾城池仓库,诸获安全。"

【出处】《书·皋陶谟》:"同寅协恭和衷哉!"寅:敬。《国语·鲁语》下:"夫苦匏不材于人,共济而已。"

呼天抢地

呼喊苍天,以头撞地。形容极度悲伤的情状。△清·吴敬梓《儒林外史》四〇:"萧云仙呼天抢

103

地，尽哀尽礼，治办丧事，十分尽心。"

【出处】《书·泰誓》中："无辜吁天，秽德彰闻。"吁：呼。《战国策·魏策》四："布衣之怒，亦免冠徒跣，以头抢地尔。"

虎尾春冰

踩着老虎尾巴，走在春天将要解冻的冰面上。比喻处境极其险恶，心情十分忧惧。△宋·朱熹《择之所和生字韵，极警切，次韵谢之，兼呈伯崇》："烦君属和增危惕，虎尾春冰寄此生。"

【出处】《书·君牙》："心之忧危，若蹈虎尾，涉于春冰。"

皇天后土

天和地。△清·文康《儿女英雄传》一〇："这话皇天后土，实所共鉴，有渝此盟，神明殛之。"

【出处】《书·武成》："底商之罪，告于皇天后土。"底：致。

【辨正】一说，语出《左传·僖公十五年》："君履后土而戴皇天，皇天后土实闻君之言。"周武王伐殷，归后作《武成》，当

为"皇天后土"之源。

济济一堂

济济：人多的样子。很多人聚集在一起。△清·归庄《静观楼讲义序》："今也名贤秀士，济济一堂，大义正言，洋洋盈耳。"

【出处】《书·大禹谟》："禹乃令群后，誓于师曰：济济有众，咸听朕命。"

嘉言懿行

嘉言：善言；懿行：美好的行为。美好的、能使人受到教益的言行。△宋·刘克庄《西山真文忠公行状》："若夫公之嘉言懿行、善政遗爱，盖有不胜书者。"

【出处】《书·大禹谟》："允若兹，嘉言罔攸伏，野无遗贤，万邦咸宁。"《旧唐书·柳玭传》："实艺懿行，人未必信；纤瑕微累，十手争指矣。"

假手于人

假：借。借别人的手。比喻利用别人做事而达到自己的目的。△清·吴趼人《二十年目睹之怪现状》六〇："做了两年实缺，觉得所办的事，都是我不曾经练的，

兵、刑、钱、粮、谷，没有一件事不要假手于人。"

【出处】《书·伊训》："假手于我有命。"

【辨正】一说，语出《列子·汤问》："耻假力于人，誓手剑以屠黑卵。"一般认为，《列子》为战国时期列御寇所作；而《伊训》是商代伊尹训示太甲的文章。自当以《书》为源。

兼弱攻昧

昧：昏暗。兼并弱小的，进攻政治昏暗的。△《左传·宣公十二年》："兼弱攻昧，武之善经也。"

【出处】《书·仲虺之诰》："兼弱攻昧，取乱侮亡。"

开天辟地

指开创历史。多表示前所未有。△毛泽东《唯心历史观的破产》："中国产生了共产党，这是开天辟地的大事变。"

【出处】《尚书·中候》："天地开辟，甲子冬至，日月若悬璧，五星若编珠。"

克勤克俭

克：能。能勤劳，又能节俭。多形容勤俭持家。△清·杜纲《娱目西星心编》二："长姑自当家后，早起夜眠，克勤克俭。"

【出处】《书·大禹谟》："克勤于邦，克俭于家。"

离心离德

思想不一致，信念不一致。△明·陆西星《封神演义》一七："臣等日夕焦心，不忍陛下沦于昏暗，黎民离心离德，祸生不测。"

【出处】《书·泰誓》中："受有亿兆夷人，离心离德。"受：纣。

栗栗危惧

栗栗：因恐惧而发抖的样子。害怕得发抖。△鲁迅《而已集·略论中国人的脸》："尤其不好的是红鼻子，有时简直像是将要熔化的黄烛油，仿佛就要滴下来，使人看得栗栗危惧……"

【出处】《书·汤诰》上："栗栗危惧，若将陨于深渊。"

面从背违

当面遵从，背地违背。形容当面一套，背后一套。△宋·魏了翁《奏外寇未静，二相不咸，旷天

中华成语探源

典藏珍本

中华国学精粹

工而违时几》："毋面从而背违也，毋阳予而阴夺也。"蔡沈《集传》："尔无面谀以为是，而背毁以为非。"

【出处】《书·益稷》："汝无面从，退有后言。"

面墙而立

面对墙壁站着。表示一无所见。比喻不学无术。△晋·李暠《手令诫诸子》："古今成败，不可不知。退朝之暇，念观典籍。面墙而立，不成人也。"

【出处】《书·周官》："不学墙面，莅事惟烦。"孔安国《传》："人而不学，其犹正墙面而立。"

【辨正】一说，语出《论语·阳货》："人而不为《周南》、《召南》，其犹正墙面而立也与？"《周官》是周成王训迪百官之言，"不学墙面"即"不学无术，面墙而立"，孔子只是使用了这个典故。考其源，当为《书》。

名山大川

有名的大山大河。△明·施耐庵《水浒传》五三："我想公孙胜他是个学道的人，必然在个名山大

川，洞天真境居住。"

【出处】《书·武成》："底商之罪，告于皇天后土，所过名山大川。"底：致。

明德惟馨

惟：语助词。美德的馨香传播得很远。形容人的品德高尚。△南朝宋·刘义庆《世说新语·规箴》："今君一面尽二难之道，可谓'明德惟馨'！"

【出处】《书·君陈》："黍稷非馨，明德惟馨。"

明刑弼教

明：晓谕，使民众明白；弼：辅。晓谕刑法，可以辅助教化。△唐·僧一行《起义堂颂》："天辅皋繇，明刑弼教。"

【出处】《书·大禹谟》："汝作士，明于五刑，以弼五教，期于予治。"五刑：墨、劓、剕、宫、大辟。五教：父义、母慈、兄友、弟恭、子孝。

乃心王室

乃：你的。你的心在朝廷。原指忠于朝廷。后指爱国。△1.晋·陈寿《三国志·钟繇

传》："方今英雄并起，各矫命专制，唯曹兖州乃心王室……"

2.清·纪昀《阅微草堂笔记·滦阳消夏录》："贤臣亦三等：畏法度者为下；爱名节者次之；乃心王室，但知国计民生，不知祸福毁誉者为上。"

【出处】《书·康王之诰》："虽尔身在外，乃心罔不在王室。"罔：无。

念兹在兹

兹：此，这。思念的这个人在这里。后形容总是在想着，念念不忘。△《鲁迅书信集·致章延谦》："你将来最好是随时准备走路，在此一日，则只要为'薪水'，念兹在兹，得一文算一文，庶几无咎也。"

【出处】《书·大禹谟》："帝念哉！念兹在兹，释兹在兹。"

牝鸡司晨

牝鸡：母鸡。母鸡报晓。比喻女人掌管政权或干预朝政。△郭沫若《虎符》一："一说到稍微重要的事情上来，他立刻就要说：'没有你们女人的事，牝鸡司晨，维家之索。'"

【出处】《书·牧誓》："古人有言曰：'牝鸡无晨。牝鸡之晨，惟家之索。'今商王受，惟妇言是用。"受：纣。

奇技淫巧

指过于新奇的技艺和过于精致的器物。△清·黄宗羲《明夷待访录·财计》三："今夫通都之市肆，十室而九，有为佛而货者，有为巫而货者，有为倡优而货者，有为奇技淫巧而货者，皆不切于民用。"

【出处】《书·泰誓》下："郊社不修，宗庙不享，作奇技淫巧以悦妇人。"

巧言令色

说好听的话，做出好看的脸色。形容取悦于人的样子。△明·施耐庵《水浒传》六四："分明草贼，替何天，行何道，天兵在此，还敢巧言令色。"

【出处】《书·皋陶谟》："何畏乎巧言令色孔壬。"孔：甚；壬：奸佞。

【辨正】一说，语出《论语·学而》："巧言令色，鲜矣仁。"《皋陶谟》所记的是尧舜时代皋陶的言论，《论语》所记的是春秋时期孔子的言论。考其源，当为《书》。

青帝司权

青帝：古代传说中的春神。春神行使节令的职权。表示春到人间。△清·无名氏《春柳莺》："时值青帝司权，垂杨摇曳于东风，紫燕频巢于旧垒。"

【出处】《尚书纬·刑德放》："春为东帝，又为青帝。"

人才济济

济济：人多的样子。有才能的人很多。△阿英《晚清文学丛钞·官场维新记》七："那制台大人公馆里本是人才济济，无须请人帮忙的。"

【出处】《书·大禹谟》："济济有众，咸听朕命。"

人心惟危

惟：语助词。人的心是险恶的。△鲁迅《南腔北调集·为了忘却的记念》："后来他对于我那'人心惟危'说的怀疑减少了……"

【出处】《书·大禹谟》："人心惟危，道心惟微。"

任人唯贤

唯：只。任用人，只以德才为标准。△毛泽东《中国共产党在民族战争中的地位》："在这个使用干部的问题上，我们民族历史中从来就有两个对立的路线：一个是'任人唯贤'的路线，一个是'任人唯亲'的路线。"

【出处】《书·咸有一德》："任官惟贤材，左右惟其人。"

日理万机

每天处理成千上万件事务。△明·余继登《典故纪闻》三："人君日理万几，听断之际，岂能一一尽善？"

【出处】《书·皋陶谟》："兢兢业业，一日二日万几。"几：机。

【辨正】一说，语出《汉书·百官公卿表》上："相国、丞相，皆秦官，金印紫授，掌丞天子助理万机。"早在秦、汉以前，尧、舜、禹已经在"日理万机"了。况且，《汉书》中的"助理万机"并没有时限。考其源，当为《书》。

日月重光

太阳和月亮重放光芒。比喻黑暗时期已经过去，出现了清明的局面。△清·黄遵宪《读七月廿五日行在所发罪己诏书注赋》："表里山河故无害，旋转日月定重光。"

【出处】《书·顾命》："昔君文王、武王，宣重光。"孙星衍《尚书今古文注疏》："重光者，言文武化成之德，比于日月也"

如火燎原

好像烈火焚烧原野。比喻来势凶猛，难以遏止。△唐·白居易《唐故湖州长城县令、赠户部侍郎、博陵崔府君神道碑铭序》："时天宝末，盗起燕蓟，毒流梁宋，屠城杀吏，如火燎原。"

【出处】《书·盘庚》上："若火之燎于原，不可向迩，其犹可扑灭！"

如丧考妣

考：死去的父亲；妣：死去的母亲。好像死了父母一样。形容非常伤心、着急。△鲁迅《且介亭杂文·忆刘半农君》："但那是十多年前，单是提倡新式标点，就会有一大群人'如丧考妣'……"

【出处】《书·舜典》："二十有八载，帝乃殂落，百姓如丧考妣。"

杀人越货

把人杀死，把财物抢走。形容盗匪的行径。△《清史稿·沈荃传》："禹州盗倚竹园为巢，杀人越货……"

【出处】《书·康诰》："杀越人于货，暋不畏死。"暋：强悍。

舍己从人

放弃自己的意见，服从别人的意见。后比喻放弃自己的利益，顺从别人的意愿。△清·李汝珍《镜花缘》一五："如此孝女，贤契不替令郎纳采，今反舍己从人，教老夫心中如何能安！"

【出处】《书·大禹谟》："稽于众，舍己从人。"

声色货利

声色：歌舞和女色；货利：进行买卖交易以谋求财利。后泛指寻欢作乐、谋求钱财的行径。△清·李伯元《文明小史》五七：

中华成语探源

中华国学精粹

典藏珍本

"一班老奸巨猾的幕府，阴险狠毒的家丁，看出了他的本心，渐渐把声色货利去引诱他。"

【出处】《书·仲虺之诰》："惟王不迩声色，不殖货利。"

时不可失

不能失去时机。△汉·司马迁《史记·吴太伯世家》："此时不可失也。"

【出处】《书·泰誓》上："时哉，弗可失。"弗：不。

时日曷丧

曷：何。这个太阳什么时候才能没有？后表示誓不共存，痛恨到极点。△明·张岱《石匮书后集·流寇死战诸臣列传》："城市村落，搜括无遗。遂使江东父老有时日曷丧之悲。"

【出处】《书·汤誓》："有众率怠，弗协，曰：'时日曷丧，予及汝皆亡！'"

实繁有徒

徒：人。实在有很多这样的人。△鲁迅《花边文学·零食》："假使留心一听，则屋外叫卖零食者，总是'实繁有徒'。"

【出处】《书·仲虺之诰》："简贤附势，寔繁有徒。"寔：实。

天从人愿

上天顺从人的意愿。形容事情恰合人意。△《元曲选·相国寺公孙合汗衫》："谁知天从人愿，到的我家不上三日，就添了一个满抱儿小厮。"

【出处】《书·秦誓》上："天矜于民，民之所欲，天必从之。"

恫瘝在抱

恫：痛；瘝：病。病痛在身。形容把民众的疾苦放在心上。△清·吴趼人《二十年目睹之怪现状》六〇："前回一个大善士，专诚到扬州去劝捐，做得那种恫瘝在抱，愁眉苦目的样子……"

【出处】《书·康诰》："呜呼小子封，恫瘝乃身，敬哉！"

同心同德

有共同的理想、共同的信念。形容团结一致。△毛泽东《在延安文艺座谈会上的讲话》："要使文艺很好地成为整个革命机器的一个组成部分，作为团结人民、教育人民、打击敌人、消灭敌人的有力武器，帮助人民同心同德地和敌人作斗争。"

【出处】《书·泰誓》中："予有乱臣十人，同心同德。"

退有后言

背后有异议，与当面表示的相反。△清·方苞《与吴见山书》："每见今之为交者，多面相悦而退有后言。"

【出处】《书·益稷》："汝无面从，退有后言。"

唾面自干

别人往脸上吐唾沫，让它自然干掉。比喻极度忍辱。△鲁迅《且介亭杂文二集·七论"文人相轻"——两伤》："由这情形，推而广之以至于文坛，真令人有不如逆来顺受，唾面自干之感。"

【出处】《尚书大传》："骂女毋叹，唾女毋干。"女：汝，你；干：使……干。

【辨正】一说，语出《新唐书·娄师德传》："弟曰：'有人唾面，洁之乃已。'师德曰：'未也，洁之，是违其怒，正使自干

耳。'"娄师德是唐代人，而《尚书大传》是西汉人伏生及其弟子解释《尚书》的书，当为此语之源。

玩物丧志

只顾玩赏所喜爱的东西，会消磨人的志气。△宋·朱熹《答王钦之》一："玩物丧志之戒，乃为求多闻而不切己者发。"

【出处】《书·旅獒》："玩人丧德，玩物丧志。"

罔水行舟

罔：无。没有水，在陆地上行船。比喻行为违背常理。△明·朱之瑜《答古市务本书七首》三："若失今不学，则涉大川而无舠楫。罔水而行舟，何所依而定乎？"

【出处】《书·益稷》："惟漫游是好……罔水行舟，朋淫于家，用殄厥世。"孔安国传："丹朱习于无水陆地行舟，言无度。"

惟口兴戎

惟：语助词；兴：起；戎：战事。口舌会引起战争。泛指口舌会惹是生非。△陆粲《九尾龟》三五："从来惟口兴戎，以后还是收敛些儿为是！"

【出处】《书·大禹谟》："惟口出好兴戎，朕言不再。"

无稽之谈

稽：查考。无从查考的话。指没有根据的话。△清·李汝珍《镜花缘》七一："若花姐姐这话并非无稽之谈。妹妹不妨去查，无论古今正史、野史……"

【出处】《书·大禹谟》："无稽之言勿听，弗询之谋勿庸。"

习与性成

与：语助词。习惯了，成为本性。指长期的习惯而形成一定的性格。△唐·姚思廉《梁书·王筠传》："余少好书，老而弥笃……习与性成，不觉笔倦。"

【出处】《书·太甲》上："兹乃不义，习与性成。"

咸与维新

咸：都；与：给；维：语助词。都给与新的。指一切更新。△鲁迅《论"费厄泼赖"应该缓行》："革命党也一派新气，——绅士们先前所深恶痛绝的新气，'文明'得可以；说是'咸与维

新'了……"

【出处】《书·胤征》："旧染污俗，咸与惟新。"

心劳日拙

拙：窘困。用尽心思，情况却一天比一天糟。△鲁迅《两地书》二六："私拆函件……我也早料到的。但是这类伎俩，也不过心劳日拙而已。"

【出处】《书·周官》："作德，心逸日休；作伪，心劳日拙。"

馨香祷祝

烧起香来，祈祷祝愿。后比喻真诚地期望。△李大钊《联合主义与世界组织》："这就是我们人类全体所馨香祷祝的世界大同。"

【出处】《书·酒诰》："弗惟德馨香祀，登闻于天。"蔡沈《书经集传》："弗事上帝，无馨香之德以格天。"

血流漂杵

杵：橹，盾牌。血流成河，能把盾牌漂起来。形容战死的人极多。△汉·贾谊《新书·益壤》："炎帝无道，黄帝伐之涿鹿之野，

血流漂杵，诛炎帝而兼其地，天下乃治。"

【出处】《书·武成》："前徒倒戈，攻于后以北，血流漂杵。"

逊志时敏

为人谦虚，每时每刻都督促自己努力学习。形容谦虚好学。△清·江藩《汉学师承记·张尔岐》："少为县诸生，逊志好学，工古文词。"

【出处】《书·说命》下："惟学逊志，务时敏，厥修乃来。"

研精覃思

覃：深。精心研究，深入思考。△宋·汪应辰《及第谢丞相启》："如某者赋才短拙……研精覃思，莫见圣人之涯涘。"

【出处】《尚书序》："承诏为五十九篇作传，于是遂研精覃思，博考经籍，采摭群言，以立训传。"

偃武修文

偃：停止。停止武备，振兴文教。△鲁迅《二心集·知难行难》："中国向来的老例，做皇帝做牢靠和做倒霉的时候，总要和文人学士扳一下子相好。做牢靠的时候是'偃武修文'，粉饰粉饰……"

【出处】《书·武成》："王来自商，至于丰，乃偃武修文，归马于华山之阳，放牛于桃林之野。"

一心一德

思想一致，信念一致。形容大家有共同的目标。△郭沫若《虎符》四："公子无忌的三千食客也是一心一德的，我看一定可以打退秦兵。"

【出处】《书·泰誓》中："乃一德一心，立定厥功，惟克永世。"

贻人口实

贻：留。留给人可以利用的借口。△清·李伯元《南亭笔记》四五："父功之，子罪之，未免贻人口实。"

【出处】《书·仲虺之诰》："成汤放桀于南巢，惟有惭德，曰：'予恐来世以台为口实。'"台：我。

有备无患

有准备，就可以避免出问题。△清·曾朴《孽海花》二七："经这一番布置，使西边有所顾忌，也可有备无患了。"

【出处】《书·说命》中："惟事事乃其有备，有备无患。"

有条不紊

有条理，不紊乱。△清·李伯元《官场现形记》一："今亏他亲家把他西宾王孝廉请了过来一同帮忙，才能这般有条不紊。"

【出处】《书·盘庚》上："若网在纲，有条不紊。"

雨旸时若

旸：出太阳；时若：合乎时节。下雨、出太阳，都合乎时节。形容气候调和。△阿英《晚清文学丛钞·中国现在记》一二："因为这运漕是安徽第一个有名的卡子，额定比较是七万二千两银子，只要雨旸时若，那是万万不得短的。"

【出处】《书·洪范》："曰肃，时雨若；曰乂，时旸若。"

玉石俱焚

美玉和石头全都烧毁了。比喻好的和坏的一齐毁灭。△明·施耐庵《水浒传》九七："如执迷逡巡，城破之日，玉石俱焚，孑遗靡有。"

【出处】《书·胤征》："火炎昆冈，玉石俱焚。"

彰善瘅恶

彰：表彰；瘅：病。表彰好人，使恶人害怕。△《晋书·徐广传》："习氏，徐公俱云笔削，彰善瘅恶，以为惩劝。"

【出处】《书·毕命》："彰善瘅恶，树之风声。"

正人君子

正人：正直的人；君子：有修养的人。指品行端正的人。△宋·吴处厚《青箱杂记》八："然世或见人文章铺陈仁义道德，便谓之正人君子；若言及花草月露，便谓之邪人。兹亦不尽也。"

【出处】《书·洪范》："凡厥正人，既富方榖。"《论语·学而》："人不知而不愠，不亦君子乎？"

知人之明

知：认识；明：眼力好。有认识人的好眼力。△清·吴趼人《二十年目睹之怪现状》七二："前任督宪是兄弟同门世好，最有知人之明。"

【出处】《书·皋陶谟》："知人则哲。"哲：明智。

诪张为幻

诪张：说谎作伪；为幻：弄虚作假。形容用欺骗手法迷惑人。△清·蒲松龄《聊斋志异·成仙》："周惊怛欲绝，窃疑成诪张为幻。成知其意，乃促装送之归。"

【出处】《书·无逸》："古之人犹胥训告，胥保惠，胥教诲，民无或胥诪张为幻。"胥：相。

孜孜不倦

孜孜：勤勉的样子。非常勤奋，不知疲倦。△清·曾朴《孽海花》二六："一到任，便勤政爱民，孜孜不倦。"

【出处】《书·君陈》："惟日孜孜，无敢逸豫。"

【辨正】一说，语出《后汉书·曾丕传》："丕性沈深好学，孳孳不倦。"《君陈》是周成王以君陈接替周公的"策命之词"，《后汉书》只是把其中的"惟日孜孜，无敢逸豫"变成了四字格成语。考其源，当为《书》。

自绝于民

自行断绝了与百姓的关系。指做了违背人民利益的事，却不肯悔改。△宋·唐庚《眉山文集·存旧论》："自非不得已者，不宜轻有改易变制，以自绝于民也。"

【出处】《书·泰誓》下："今商王受，狎侮五常，荒怠弗敬，自绝于天，结怨于民。"受：纣。

自作聪明

自以为聪明而逞能。△毛泽东《关于领导方法的若干问题》："许多同志，不注重和不善于总结群众斗争的经验，而欢喜主观主义地自作聪明地发表许多意见，因而使自己的意见变成不切实际的空论。"

【出处】《书·蔡仲之命》："率自中，无作聪明乱旧章。"

坐以待旦

旦：天亮。坐着等待天亮。形容心情焦虑。△南朝宋·范晔《后汉书·陈蕃传》："当今之世有三空：田野空，朝廷空，仓库空，是谓三空。加之兵戎未戢，四方离散，是陛下焦心毁颜、坐而待旦之时也。"

【出处】《书·太甲》上："先王昧爽，丕显，坐以待旦。"

作威作福

独揽威权，擅行赏罚。后形容滥用权势，横行无忌。△清·吴敬梓《儒林外史》六："平日嫌赵氏装尊，作威作福，这时偏要领了一人来房里说：大老爹吩咐的话，我们怎敢违拗？"

【出处】《书·洪范》："惟辟作福，惟辟作威，惟辟玉食。"

《礼记》

爱人以德

用道德标准爱护人。指勉励人按照道德标准行事。△清·多尔衮《致史可法书》："予闻君子爱人也以德，细人则以姑息。"

【出处】《礼记·檀弓》上："君子之爱人也以德，细人之爱人也以姑息。"

拔来报往

拔、报：急速。急急忙忙地来来去去。形容往来频繁。△清·蒲松龄《聊斋志异·阿纤》："拔来报往，蹀躞甚劳。"

【出处】《礼记·少仪》："毋拔来，毋报往。"

败军之将

打了败仗的将领。后也泛指从事某种事业而遭到失败的人。△明·罗贯中《三国演义》六三："败军之将，荷蒙厚恩，无可以报，愿施犬马之劳，不须张弓只箭，径取成都。"

【出处】《礼记·射义》："贲军之将，亡国之大夫。"贲：偾，覆败。

【辨正】一说，语出《史记·淮阴侯列传》："臣闻败军之将，不可以言勇；亡国之大夫，不可以图存。"这是对《礼记》句的发挥。考其源，当为《礼》。

比物连类

比：比较；类：同类。用同类事物加以比较。△宋《宣和画谱·僧巨然》："每下笔，乃如文人才士，就题赋咏，词源衮衮，出于毫端，比物连类，激昂顿挫，无所不有。"

【出处】《礼记·学记》："古之学者，比物丑类。"丑：同类事物相比。

并日而食

并日：两天。两天只吃到一天的饭。形容生活贫困。后也形容军旅生活艰苦，不能按时吃饭。△1.南朝宋·范晔《后汉书·杨震传》："秉免归，雅素清俭，家至贫窭，并日而食。"2.晋·陈寿《三国志·诸葛亮传》裴松之注引《汉晋春秋》："思惟北征，宜先入南，故五月渡泸，深入不毛，并日而食。"

【出处】《礼记·儒行》："易衣而出，并日而食。"

博闻强识

识：记。见闻广博，记忆力强。△明·罗贯中《三国演义》六四："彼观一遍，即能暗诵，如此博闻强识，世所罕有。"

【出处】《礼记·曲礼》上："博闻强识而让，敦善行而不怠，谓之君子。"

【辨正】一说，语出《史记·屈原贾生列传》："博闻强志，明于治乱，娴于辞令。"《礼记》编者戴圣是西汉宣帝时人，晚于武帝时代的司马迁。但戴圣是编者而不是作者，《礼记》是古代有关礼仪论述的选集；其中《曲礼》杂记了春秋前后贵族的饮食、起居、丧葬等各种礼制的细节，著作时间当然在先秦。

不共戴天

戴：顶。不愿头上顶着同一个天。即不愿在同一个天底下生活。形容仇恨极深。△明·罗贯中《三国演义》一〇："陶谦纵兵杀吾父，此仇不共戴天！"

【出处】《礼记·曲礼》上："父之仇、弗与共戴天。"

不苟言笑

苟：随便。不随便说笑。形容态度严肃。△清·吴趼人《二十年目睹之怪现状》四三："那做房官

中华成语探源 典藏珍本 中华国学精粹

的，我看见他，都是气象尊严，不苟言笑的，那种官派，我一见先就怕了。"

【出处】《礼记·曲礼》上："不苟訾，不苟笑。"訾：说人坏话。

不可企及

企：企望；及：赶上。没有希望赶上。△元·苏天爵《元朝名臣事略》："且夫汤、武之顺天应人，后世莫可企及。"

【出处】《礼记·檀弓》上："先王之制礼也，过之者，俯而就之；不至焉者，跂而及之。"跂：企。

不可终日

一天都过不完。后多形容惶恐不安或局势危急而日子难过。△宋·王质《论庙谋疏》："而华元不得其情，震悼惴栗，奔走求盟，若不可终日。"

【出处】《礼记·表记》："君子不以一日使其躬儳焉，如不终日。"儳：苟且，不严肃。

不劳而获

不劳动而有所得。△清·盛大

士《溪士卧游录》："学问断无不劳而获之理。"

【出处】《大戴礼记·子张问入官》："所求迩，故不劳而得也。"

【辨正】一说，语出《诗·魏风·伐檀》："不稼不穑，胡取禾三百廛兮？"这里，既没有"劳""获"等字，也没有形成语条的基本框架。考其源，当为《礼》。

不露圭角

圭角：玉圭的棱角。没有显露出玉圭的棱角。比喻深沉含蓄。也比喻隐瞒真实面目或内情，不露形迹。△1.明·李开先《文林郎河南道监察御史北泉蓝公墓志铭》："当时所作之文，果是高古，藏锋锷不露圭角……"2.清·陈忱《水浒后传》一八："只看他假做黄信，一些圭角不露，使邹琼并不疑心，便见他的才调。"

【出处】《礼记·儒行》："毁方而互合。"郑玄注："去己之大圭角，下与众人小合也。"

【辨正】一说，语出元·刘祁《归潜志》："如彦高《人月圆》，半是古人句，其思致含蓄甚远，不露圭角……"这只是使用郑玄之典。

不胜其弊

弊：弊端。事情的弊端使人无法承受。△唐·魏征《隋书·炀帝纪》下："百姓愁苦，爰谁适从？境内哀皇，不胜其弊。"

【出处】《礼记·表记》："殷周之道，不胜其弊。"

布衣蔬食

穿粗布衣服，吃粗劣的食物。形容生活清苦。也形容生活朴素。△1.唐·房玄龄《晋书·范汪传》："外氏家贫，无以资给，汪乃庐于园中，布衣蔬食，然薪写书。"2.晋·陈寿《三国志·毛玠传》："玠居显位，常布衣蔬食……"

【出处】《大戴礼记·曾子制言》："故君子无悒悒于贫……布衣不完，疏食不饱。"

差之毫厘，谬以千里

开始有很小的一点差错，就会造成后面极大的差错。△明·吴承恩《西游记》六二："万岁，'差以毫厘，失之千里'矣……不干本

寺僧人事：贫僧入夜扫塔，已获那偷宝之妖贼矣。"

【出处】《礼记·经解》："《易》曰：'君子慎始，差若毫厘，谬以千里。'"

【辨正】一说，语出《易经》，《礼记》引用了《易经》中的文字。其实，这里的《易》指《易纬》，早已残缺，由后人补缀。

沉默寡言

性格沉静，很少说话。△清·吴趼人《二十年目睹之怪现状》二六："我见你向来都是沉默寡言的，难得今天这样，你只常常如此便好。"

【出处】《大戴礼记·文王官人》："沉静而寡言，多稽而俭貌。"

【辨正】一说，语出《景德传灯录》："南玄丘泰上坐，不知何许人也，沉静寡言，未尝衣帛。"《景德传灯录》是宋代的一部佛书，显然不是源。

创巨痛深

创伤大，痛苦深。比喻受到了极大的损害。△南朝宋·刘义庆

中华成语探源

典藏珍本

中华国学精粹

《世说新语·纰漏》："司空流涕曰：'臣父遭遇无道，创巨痛深，无以仰答明诏。'"

【出处】《礼记·三年问》："创巨者其日久，痛甚者其愈迟。"

春露秋霜

原指春秋两季感于时令而追念先人。后比喻恩惠和威严。△1.阿英《晚清文学丛钞·冷眼观》二八："他本是曲园太史的女公子，凡属诗词歌赋，无不家学渊源，因此春露秋霜，益增感慨。"2.南梁·刘勰《文心雕龙·诏策》："眚灾肆赦，则文有春露之滋；明罚敕法，则辞有秋霜之烈。"

【出处】《礼记·祭义》："霜露既降，君子履之，必有凄怆之心，非其寒之谓也；春，雨露既濡，君子履之，必有怵惕之心，如将见之。"

春诵夏弦

春天朗诵，夏天以弦乐伴奏吟咏。指古代贵族子弟学习诗歌的方法。后泛指读书。△唐·刘禹锡《许州文宣王新庙碑铭》："入于门墙，如造阙里；春诵夏弦，载飏淑声。"

【出处】《礼记·文王世子》："凡学，世子及学士……春诵夏弦，大师诏之。"

达官贵人

达官：官职高的人；贵人：身份高贵的人。△宋·魏了翁《知巴州郭君叔谊墓志铭》："不尚苟同，虽压以达官贵人，遇所不可，慷慨论辩，不为势屈。"

【出处】《礼记·檀弓》下："公之丧，诸达官之长杖。"《仪礼·丧服》："君子子者，贵人之子也。"

大法小廉

大官守法，小官廉洁。形容官吏尽忠尽职的情状。△清·钱泳《履园丛话》："雍正初年，田公文镜抚豫十有二年，威不可犯，大法小廉。"

【出处】《礼记·礼运》："大臣法，小臣廉。"

待字闺中

字：表字。古代女子未成年时只有小名，没有表字；成年时才有表字。在闺房中等待起表字。指女子尚未定亲。△清·素政堂主人《定情人》一二："小姐正闺中待字以结丝萝。"

【出处】《礼记·曲礼》上："女子许嫁，笄而字。"笄：束发用的簪子。

低声下气

声音柔和，态度恭顺。原指尊亲敬长。后泛指赔小心的样子。△1.宋·朱熹《童蒙须知·语言步趋》："凡为人子弟，须是常低声下气，语言详缓，不可高言喧闹，浮言戏笑。"2.清·高鹗《红楼梦》一〇〇："宝玉背地里拉着他，低声下气，要问黛玉的话，紫鹃从没好话回答。"

【出处】《礼记·内则》："及所，下声怡气，问衣燠寒、疾痛苛痒……"

冬温夏清

清：清凉。冬天使之温暖，夏天使之凉快。指尽心侍奉父母。△清·文康《儿女英雄传》三三："冬温夏清，昏定晨省，出入扶持，请席请衽，也有个一定的仪节。"

【出处】《礼记·曲礼》上："冬温而夏清，昏定而晨省。"

二姓之好

两家结成婚姻。△清·天花藏主人《赛红丝》一五："红丝之咏，是结两姓之好，料必守盟。"

【出处】《礼记·昏义》："昏礼者，将合二姓之好，上以事宗庙，而下以继后世也。"昏：婚。

发扬蹈厉

双臂向上挥舞，双足猛烈踏地。原是周初《武》乐的舞蹈动作，象征太公辅佐武王伐纣时勇往直前的意志。后比喻精神奋发，意气昂扬。△宋·刘克庄《城山三先生祠记》："设遇名笔，必有以发扬蹈厉之者。"

【出处】《礼记·乐记》："发扬蹈厉，太公之志也。"

格格不入

格格：相互抵触。相互抵触，合不来。△《鲁迅书信集·致章廷谦》："我本不知'运动'的人，所以凡所讲演，多与该同盟格格不入……"

【出处】《礼记·学记》："发然后禁，则扞格而不胜。"郑玄注："扞，坚不可入之貌……扞格不入也。"

更仆难数

更：换；仆：傧相；数：说。换几个傧相也说不完宾主要说的话。形容要说的话很多。后也泛指数量极多。△清·孙郁《双鱼佩·巧佑》："婚姻之事……聚散变迁，更仆难数。"

【出处】《礼记·儒行》："哀公曰：'敢问儒行。'孔子对曰：'遽数之，不能终其物；悉数之，乃留更仆未可终也。'"

孤陋寡闻

学识浅陋，见闻狭窄。△晋·葛洪《抱朴子·自叙》："年十六，始读《孝经》《论语》《诗》《易》，贫乏无以远寻师友，孤陋寡闻，明浅思短，大义多所不通。"

【出处】《礼记·学记》："独学而无友，则孤陋而寡闻。"

观者如堵

堵：墙。观看的人好像围起了墙。形容观看的人非常多。△唐·杨炯《从甥梁锜墓志铭》："引司马而操弓，观者如堵。"

【出处】《礼记·射义》："孔子射于矍相之圃，盖观者如堵墙。"

横行霸道

横行：不遵循正道而行；霸道：凭借武力、刑罚进行统治。比喻任意胡为，蛮不讲理。△清·曹雪芹《红楼梦》四五："小子，别说你是官了，横行霸道的！"

【出处】《周礼·秋官·野庐氏》："禁野之横行径逾者。"《史记·商鞅列传》："吾说公以霸道，其意欲用之矣。"

狐死首丘

狐狸将死时，将头朝向出生的小土山。原比喻不忘根本。后比喻暮年时思念故乡。△明·冯梦龙《醒世恒言》一九："但闻越鸟南栖，狐死首丘，万里亲戚坟墓俱在南朝，早暮思想，食不甘味。"

【出处】《礼记·檀弓》上："古之人有言曰：'狐死正丘首，仁也。'"

黄钟大吕

黄钟、大吕：我国古代两种音乐的名称。后比喻音律或文辞庄严、正大、高妙。△宋·刘克庄《后村全集·瓜圃集序》："若气象广大，虽唐律不害为黄钟大吕。"

【出处】《周礼·春官·大司乐》："乃奏黄钟、歌大吕，舞云门，以祀天神。"

昏定晨省

昏定：傍晚时服侍就寝；晨省：早晨省视问安。指侍奉父母的日常礼节。△清·文康《儿女英雄传》三三："冬温夏清，昏定晨省，出入扶持，请席请衽，也有个一定的仪节。"

【出处】《礼记·曲礼》上："凡为人子之礼，冬温而夏清，昏定而晨省。"

极天际地

上顶天，下接地。形容极广大。△明·冯梦龙《古今小说》二五："据卿之功，极天际地，无可比者。"

【出处】《礼记·乐记》："及夫礼乐之极乎天而蟠乎地，行乎阴阳而通乎鬼神。"蟠：充塞。

加人一等

比别人高出一个等次。形容德才超过一般人。△清·文康《儿女英雄传》三〇："你这见解，一定加人一等，这等玄妙高超法，我两个怎能帮助你得来？"

【出处】《礼记·檀弓》上："献子加于人一等矣。"

加膝坠渊

对要任用的人，就像抱在膝上一般爱护；对不用的人十分排斥，就像要把他推落在深水里。原指抬举所用的人，排挤不用的人。后比喻待人有厚有薄。△清·查慎行《敬业堂诗集·抱犊词》："人情厚薄从古然，或加诸膝或坠渊。"

【出处】《礼记·檀弓》下："今之君子，进人若将加诸膝，退人若将队诸渊。"队：坠。

嘉肴旨酒

嘉、旨：美好。美味的菜肴，美味的酒。△晋·钮滔母《与从弟孝征书》："夫嘉肴旨酒，非不美也，夏禹盛以陶豆，殷纣贮以玉杯……"

【出处】《礼记·学记》："虽有嘉肴，弗食，不知其旨也。"《诗·小雅·鹿鸣》："我有旨酒，以燕乐嘉宾之心。"

教学相长

长：提高。教和学互相促进，师生都得到提高。△《教育学》："学无止境，教也无止境，教师应当坚持教学相长的原则……"

【出处】《礼记·学记》："是故学然后知不足，教然后知困。知不足，然后能自反也；知困，然后能自强也。故曰教学相长也。"

嗟来之食

嗟：招呼声。喂，来吃吧！原指招呼着施舍食物。后泛指带有侮辱性的施舍。△清·文康《儿女英雄传》二七："只因她一生不得意，逼成一个激切行径。所以宁饮盗泉之水，不受嗟来之食。"

【出处】《礼记·檀弓》下："予唯不食嗟来之食，以至于斯也。"

节哀顺变

节：节制；变：变故。节制悲

哀，顺应变故。△明·周楫《西湖二集》二七："吾兄节哀顺变，保全金玉之躯……"

【出处】《礼记·檀弓》下："丧礼，哀戚之至也。节哀，顺变也，君子念始之者也。"

谨言慎行

说话小心，行动谨慎。△明·朱国桢《涌幢小品·笃行》："八十年来识更真，深知言行切修身；谨言慎行无些过，细数吾乡有几人？"

【出处】《礼记·缁衣》："故言必虑其所终，而行必稽其所敝，则民谨于言而慎于行。"

敬业乐群

重视自己的事业，与同事们相处得很融洽。△清·李绿园《歧路灯》一〇二："一日之劳，片刻之泽，敬业乐群，好不快心。"

【出处】《礼记·学记》："一年视离经辨志，三年视敬业乐群，五年视博习亲师，七年视论学取友，谓之小成。"

举国若狂

举：全。全国人都像发了狂。

△清·汤斌《汤潜庵语录》："每至春时……高搭戏台，哄动远近男妇，群聚往观，举国若狂，废时失业。"

【出处】《礼记·杂记》下："一国之人皆若狂，赐未知其乐也。"

君子之交

君子：道德高尚的人。君子之间的交谊。△唐·李延寿《南史·柳世隆传》："与张绪、王延之、沈琰为君子之交。"

【出处】《礼记·表记》："故君子之接如水，小人之接如醴。"接：交；醴：甜酒。

苛政猛于虎

苛酷的统治比老虎还凶猛、可怕。△清·刘鹗《老残游记》六："复到街上访问本府政绩。竟是一口同声说好，不过都带有惨淡颜色，不觉暗暗点头，深服古人'苛政猛于虎'真是不错。"

【出处】《礼记·檀弓》下："小子识之，苛政猛于虎也。"

口惠而实不至

惠：给人好处。口头上给人好处，实际上却没有做到。△清·纪昀《阅微草堂笔记·滦阳消夏录》："每逢机缘，辄无成就；干祈于人，率口惠而实不至。"

【出处】《礼记·表记》："口惠而实不至，怨灾及其身。"

累珠妙曲

累：牵连。巧妙的曲调好像连成串的珍珠。形容歌曲宛转圆润。△宋·孙觌《与庄宣教》："累珠妙曲，闻所未闻，至今感悦也。"

【出处】《礼记·乐记》："故歌者上如抗，下如队，曲如折……累累乎端如贯珠。"

离群索居

索：孤单。离开大家，单独居住。形容孤独地生活。△元·王恽《秋涧全集·和彦正宪使寄周峰诗韵且酬前日兄赠之什》："相看比老都能几，犹作离群索处人。"

【出处】《礼记·檀弓》上："吾离群而索居，亦已久矣。"

礼尚往来

尚：注重，重视。礼节上重视有往有来。后比喻你怎样对待我，我也怎样对待你。△清·曾朴

《孽海花》六："雯青顾全同僚的面子，也只好礼尚往来，勉强敷衍。"

【出处】《礼记·曲礼》上："礼尚往来。往而不来，非礼也；来而不往，亦非礼也。"

良贾深藏

贾：商人。好的商人把贵重的东西严密地收藏起来。比喻有修养的人不在人面前显露学识。△清·夏敬渠《野叟曝言》三二："大奶叩问璇姑，历算之外，还精何技术？璇姑谦说百无一能；大奶奶认是良贾深藏。"

【出处】《大戴礼记·曾子制言》上："良贾深藏若虚，君子有盛教如无。"

量入为出

量：估量。估量收入情况，作为支出的根据。△《明史·孙原贞传》："宜量入为出，汰冗食浮费。"

【出处】《礼记·王制》："量入以为出。"

旅进旅退

旅：共同。一同前进，一同后退。原形容古代舞蹈动作。后比喻大家步调一致。也比喻自己没有主张而跟随众人行动。△1.《国语·越语》上："吾不欲匹夫之勇也，欲其旅进旅退。"2.清·曾朴《孽海花》三五："像我们这种在宫廷里旅进旅退惯的角色，尽管卖力唱做，掀帘出场，决不足震动观众的耳目。"

【出处】《礼记·乐记》："今夫古乐，进旅退旅。"

纶音佛语

纶音：帝王说的话；佛语：佛说的话。比喻最有权威、必须遵办的话。△清·曹雪芹《红楼梦》一二："贾瑞如听纶音佛语一般，忙往后退。"

【出处】《礼记·缁衣》："王言如丝，其出如纶。"

美轮美奂

轮：高大的样子；奂：众多的样子。形容房屋高大、众多、美观。△金庸《倚天屠龙记》二二："这场大火直烧了两日两夜……数百间美轮美奂的厅堂屋宇尽成焦土。"

【出处】《礼记·檀弓》下：

"美哉轮焉，美哉奂焉。"

蒙袂辑屦

蒙袂：用袖子遮着脸；辑屦：脚上拖着鞋子。形容困顿潦倒的样子。△唐·段成式《酉阳杂俎续集》一："方之蒙袂辑屦，有愤于黔娄。"

【出处】《礼记·檀弓》下："有饿者蒙袂辑屦，贸贸然来。"

面有菜色

菜色：营养不良而造成的青黄的脸色。形容因饥饿而脸色青黄。△东汉·班固《汉书·元帝纪》："岁比灾害，民有菜色，惨怛于心。"

【出处】《礼记·王制》："虽有凶旱水溢，民无菜色。"

明辨是非

清楚地辨别正确与错误。△宋·欧阳修《与王懿敏公》："某窃位于此，不能明辨是非，默默苟且，负抱愧耻，何可胜言。"

【出处】《礼记·曲礼》上："失礼者，所以定亲疏，决嫌疑，别同异，明是非也。"

明并日月

并：相等，比得上。光明与日月相等。△晋·刘琨《劝进表》："陛下明并日月，无幽不烛……"

【出处】《礼记·经解》："天子者……与日月并明，明照四海而不遗微小。"

难乎为继

难于继续下去。△明·海瑞《驿传议·中策下策》："目前勉强，终必疲亡，故曰下策。然居今之世，难乎其继也。"

【出处】《礼记·檀弓》上："哀则哀矣，而难为继也。"

拟非其伦

拟：比拟；伦：同类。作比拟的不是同类事物。指比喻不当，二者毫不相干。△唐·刘知几《史通·浮词》："夫文以害意，自古而然；拟非其伦，由来尚矣。"

【出处】《礼记·曲礼》下："拟人必于其伦。"

蓬户瓮牖

蓬：蓬草；户：门；牖：窗。蓬草编的门，破瓮做的窗。指贫苦人家。△宋·司马光《资治通鉴·唐高祖武德九年》："蓬户瓮牖之人，遭隋末乱离，久沦逆地……"

【出处】《礼记·儒行》："儒有一亩之宫，环堵之室，筚门圭窬，蓬户瓮牖。"

蓬门荜户

蓬：蓬草；荜：荆条；户：门。用蓬草、荆条等编的门。形容穷人所住的简陋房屋。△唐·房玄龄《晋书·皇甫谧等传赞》："士安妙逸，栖心蓬荜。"

【出处】《礼记·儒行》："筚门圭窬，蓬户瓮牖。"

七情六欲

泛指人的各种感情和欲望。△明·兰陵笑笑生《金瓶梅词话》一："单道世上人，营营逐逐，急急巴巴，跳不出七情六欲关头，打不破酒色财气圈子。"

【出处】《礼记·礼运》："何谓人情？喜、怒、哀、惧、爱、恶、欲，七者弗学而能。"《吕氏春秋·仲春纪·贵生》："所谓全生者，六欲皆得其宜也。"高诱注："六欲，生、死、耳、目、口、鼻也。"

前所未闻

原指没有听到前人说过。后指从前没有听说过。△宋·周密《齐东野语·黄婆》："此事前所未闻，是知穷荒绝徼，天奇地怪，亦何所不有……"

【出处】《礼记·檀弓》上："狄仪有同母异父之昆弟死，问于子夏。子夏曰：'我未之前闻也。'"

愀然变色

愀然：脸色严肃或不愉快的样子。脸色变得严肃起来或脸色变得不愉快。△汉·刘向《说苑·敬慎》："鲁哀公问孔子曰：'予闻忘之甚者，徙而忘其妻。有诸乎？'孔子对曰：'此非忘之甚者也，忘之甚者忘其身……'哀公愀然变色，曰：'善。'"

【出处】《礼记·哀公问》："哀公曰：'敢问人道谁为大？'孔子愀然作色而对曰：'君之及此言也，百姓之德也。'。"

寝苫枕块

苫：草垫子；块：土块。睡在

草垫子上，头枕着土块。古代居父母之丧的礼节。后泛指居父母丧。△清·曹雪芹《红楼梦》六四："贾珍贾蓉此时为礼法所拘，不免在灵旁藉草枕块，恨苦居丧。"

【出处】《仪礼·既夕礼》："居倚庐，寝苫枕块。"疏："必寝苫者，哀亲之在草；枕块者，哀亲之在土。"

倾耳而听

侧着耳朵听。形容注意听的样子。△汉·刘向《战国策·秦策一》："妻侧目而视，倾耳而听。"

【出处】《礼记·孔子闲居》："倾耳而听之，不可得而闻也。"

穷源竟委

穷、竟：尽，彻底寻求；委：末尾。彻底寻求事物的本源和末尾。△清·蘧园《负曝闲谈》一〇一："请教别人，别人也只能略举大凡，不能穷源竟委。"

【出处】《礼记·学记》："三王之祭川也，皆先河而后海，或源也，或委也，此之谓务本。"

人浮于事

原作"人浮于食"。食：俸禄。人的才德高于所得的俸禄。后形容人数超过了需要，人多事少。△清·文康《儿女英雄传》二："他从前就在邳州衙门，如今在兄弟这里，人浮于事，实在用不开。"

【出处】《礼记·坊记》："故君子与其使食浮于人也，宁使人浮于食。"郑玄注："食，谓禄也，在上曰浮。"

仁至义尽

仁、义：都是儒家道德内容。原指行仁、行义，已经尽了最大努力。后形容对人的帮助、爱护，已经做到最大限度。△1.清·文康《儿女英雄传》一三："这等一女子，取义成仁，仁至义尽。无所谓孽。"2.清·梁章钜《归田琐记·隆科多》："我朝之恩礼故旧，仁至义尽，盖史册所未闻也。"

【出处】《礼记·郊特牲》："蜡之祭，仁之至，义之尽也。"

茹毛饮血

茹：吃。连毛带血生吃禽

兽。△鲁迅《华盖集续编·马上日记》："然而我所以为奇怪的，是在这两极端的错杂，宛如文明烂熟的社会里，忽然分明现出茹毛饮血的蛮风来。"

【出处】《礼记·礼运》："未有火化，食草木之实，鸟兽之肉，饮其血，茹其毛。"

入境问俗

俗：风俗。到一个地方，先要了解那里的风俗习惯。△宋·苏轼《密州谢上表》："入境问俗，又复过于所期。"

【出处】《礼记·曲礼》上："入竟而问禁，入国而问俗，入门而问讳。"竟：境。

三从四德

三从：未嫁从父，既嫁从夫，夫死从子；四德：妇德，妇言，妇容，妇功。儒家规定的妇女道德标准。△清·曹雪芹《红楼梦》四七："我听见你替你老爷说媒来了，你倒也'三从四德'的。只是这贤惠也太过了。"

【出处】《仪礼·丧服》："未嫁从父，既嫁从夫，夫死从子。"《周礼·天官冢宰·九嫔》："妇德，妇言，妇容，妇功。"

三牲五鼎

牲：古代祭祀用的牲畜；鼎：古代煮东西用的器物。三种牲畜（牛、羊、猪），五个鼎（分别盛放羊、猪、鱼等）。原形容祭品丰盛。后比喻饮食豪华，生活奢侈。△明·朱鼎《玉镜台记·赏雪》："三牲五鼎叨君宴。"

【出处】《礼记·礼器》："三牲鱼腊、四海九州之美味也。"

桑弧蓬矢

弧：弓；蓬：蓬草；矢：箭。以桑木为弓，以蓬草秆为箭，射向天地四方。古代世子出生庆典上的仪式。后比喻有远大的志向。△明·兰陵笑笑生《金瓶梅词话》四七："大丈夫生于天地之间，桑弧蓬矢，不能遨游天下，观国之光，徒老死牖下无益矣。"

【出处】《礼记·内则》："国君世子生……射人以桑弧蓬矢六，射天地四方。"

桑间濮上

桑间地方，濮水沿岸，经常有

男女幽会之事。后借指男女幽会或幽会的地方。也比喻淫荡的风气或情调。△1.《汉书·地理志》下：（卫地）"有桑间濮上之阻。" 2.明·叶子奇《草木子·谈薮篇》："二诗美则美矣，未免桑间濮上之音尔。"

【出处】《礼记·乐记》："桑间濮上之音，亡国之音也。"

丧明之痛

丧明：失明。子夏因丧子而失明。后借指死了儿子。△清·吴趼人《二十年目睹之怪现状》八七："一人传十，十人传百，已经有许多人知道他遭了'丧明之痛'。"

【出处】《礼记·檀弓》上："子夏丧其子而丧其明。曾子吊之，曰：'吾闻之也，朋友丧明则哭之。'"郑玄注："痛之。"

山颓木坏

山：指泰山；颓：坍塌；木：梁木。泰山塌了，梁木坏了。比喻众人所仰望的人物去世。△唐《大慈恩寺三藏法师传》一〇："是时天地变色，鸟兽鸣哀，物感既然，则人悲可悉……不直比山颓木坏而已。"

【出处】《礼记·檀弓》上："孔子蚤作，负手曳杖，消摇于门，歌曰：'泰山其颓乎！梁木其坏乎：哲人其萎乎！'……盖寝疾七日而没。"

善颂善祷

好的祝颂。指能在颂扬之词中规劝。△宋·张扩《宰执贺正启》："窃私怀善颂善祷之请。"

【出处】《礼记·檀弓》下："晋献文子成室……张老曰：'美哉轮焉！美哉奂焉！歌于斯，哭于斯，聚国族于斯。'文子曰：'武也，得歌于斯，哭于斯，聚国族于斯，是全要领以从先大夫于九京也。'北面再拜稽首。君子谓之善颂善祷。"孔颖达疏："张老因颂寓规，故为善颂；文子闻义则服，故为善祷。"

深藏若虚

把宝物严密地收藏起来不让别人看见，好像没有这东西。比喻有真才实学的人不显露锋芒。后也形容隐藏得极严密。△1.清·笔炼阁主人《五色石·选琴瑟》："少年有才的人往往浮露，今宗生深藏若虚，恂恂如不能语，却也难得。"2.明·卢象升《决策待战疏》："若愤我而突如其来，即选奇兵出塞，指授机宜，张疑暗击，其余强兵壮马深藏若虚，不露情形。"

【出处】《大戴礼记·曾子制言》上："良贾深藏如虚，君子有盛教如无。"

生杀予夺

决定让人活下去还是把人杀死，给予财物还是剥夺财产。形容对于下属以及百姓生命、财产的处置。△茅盾《一个女性》："琼华已经不再是天真少女的琼华，而是一颦一笑中有生杀予夺之权的一乡的女王。"

【出处】《周礼·春官·内史》："内史掌王之八枋之法，以诏王治：一曰爵，二曰禄，三曰废，四曰置，五曰杀，六曰生，七曰予，八曰夺。"

师出无名

师：军队；名：名目、理由。没有正当理由而出兵打仗。△南梁·裴子野《宋略泰始三叛论》："天子欲贾其余威，师出无名……"

【出处】《礼记·檀弓》下："师与，有无名乎？"

师出有名

师：军队；名：名目，理由。出兵打仗有正当理由。后比喻做事有正当理由。△1.北周·庾信《周大将军怀德公吴明彻墓志铭》："既而金精气壮，师出有名；石鼓声高，兵交可远。"2.鲁迅《呐喊·兔和猫》："我曾经害过猫，平时也常打猫……况且黑猫害了小兔，我更是'师出有名'的了。"

【出处】《礼记·檀弓》下："师必有名。"

师道尊严

即"师严道尊"。严：严肃；道：道理。老师严肃，他传授的道理才能得到尊重。后指为师之道庄严。△宋·韩淲《涧泉日记》："郑康成事马融，三年不得见，乃使高业弟子传授于玄……汉之师道尊严如此。"

【出处】《礼记·学记》，"师严然后道尊，道尊然后民知敬学。"

十全十美

全：痊，病愈。原指十治十

愈。后形容完美无缺。△毛泽东《质问国民党》："难道在你们看来，一切这些反革命的东西，都是完好无缺、十全十美，惟独一个马克思列宁主义就是'破产'干净了的吗？"

【出处】《周官·天官冢宰·医师》："岁终，则稽其医事，以制其食，十全为上，十失一次之。"

实非易易

易易：极容易。实在不太容易。△明·孙传庭《恭听处分兼沥血忱疏》："臣以各镇新合之兵，办敌实非易易……"

【出处】《礼记·乡饮酒义》："吾观于乡，而知王道之易易也。"

事必躬亲

躬、亲：亲身，亲自。事情一定亲自去做。形容做事态度认真。△唐·张九龄《谢赐大麦面状》："严祗于宗庙，勤俭于生人，事必躬亲，动合天德。"

【出处】《礼记·月令》："王命布农事……善相丘陵、阪险、原隰，土地所宜，五谷所殖，

以教道民，必躬亲之。"

手泽尚存

手泽：手上的汗；尚：还。手上的汗迹还存留着。形容死者的遗物还保存着。△唐·刘禹锡《唐故相国赠司空令狐公集纪》："先正司空与文人为显交，撤悬之前五日，所赋诗寄友非他人也。今手泽尚存。"

【出处】《礼记·玉藻》："父没而不能读父之书，手泽存焉尔。"

手足无措

措：放置。手脚不知放在哪里才好。形容举止慌乱。也比喻无法应付。△1.清·李伯元《官场现形记》一五："庄大老爷奉他们两位炕上一边一个坐下，茶房又奉上茶来。弄得他二人坐立不安，手足无措，不知如何是好。"2.明·冯梦龙《警世通言》二四："急得家人王定手足无措，三回五次，催他回去。"

【出处】《礼记·仲尼燕居》："若无礼，则手足无所错，耳目无所加，进退揖让无所制。"错：措。

菽水承欢

菽：豆子；承欢：侍奉父母，使之欢乐。吃豆粥，喝清水，虽然生活贫困，但尽心侍奉，使父母欢乐。△清·吴敬梓《儒林外史》八："晚生只愿家君早归田里，得以菽水承欢，这是人生至乐之事。"

【出处】《礼记·檀弓》下："孔子曰：'啜菽饮水，尽其欢，斯之谓孝。'"

丝竹之音

丝：指弦乐器；竹：指管乐器。管弦乐。△唐·白居易《琵琶行》诗："浔阳地僻无音乐，终岁不闻丝竹声。"

【出处】《礼记·乐记》："金石丝竹，乐之器也。"

四郊多垒

四郊：城池四周。城池四周有很多敌军扎下的营垒。形容敌人迫近、形势危急。后也比喻竞争的对手多。△1.南朝宋·刘义庆《世说新语·言语》："今四郊多垒，宜人人自效；而虚谈废务，浮文妨要，恐非当今所宜。"2.清·曾朴《孽海花》三："一听见了开考的消息，不管多垒四郊，总想及锋一试。"

【出处】《礼记·曲礼》上："四郊多垒，此卿大夫之辱也。"

素车白马

素车：古代用白土涂饰的车子，用于凶丧事。素车白马。指办丧事用的车马。△南朝宋·范晔《后汉书·范式传》："遂停枢，移时，乃见有素车白马，号哭而来。"

【出处】《礼记·玉藻》："年不顺成，则天子素服，乘素车，食无乐。"

特立独行

特、独：独特，不同于流俗；立：立身。立身、行事不同于流俗。形容志趣高尚。△宋·释惠洪《石门文字禅·五慈观阁记》："古之仁人，将有为于世，必特立独行，自行其志。"

【出处】《礼记·儒行》："世治不轻，世乱不沮，同弗与，异弗非也，其特立独行有如此者。"

天无二日

天上没有两个太阳。比喻一件事不能由两个人做主。△明·罗贯中《三国演义》八六："'天无二日，民无二王。'如灭魏之后，未识天命所归何人耳。"

【出处】《礼记·坊记》："天无二日，土无二王，家无二主，尊无二上。"

天下太平

太平：平安，安宁。处处平安。形容社会安定。△晋·葛洪《邓析子·转辞篇》："圣人寂然无鞭扑之形，莫然无叱咤之声，而家给人足，天下太平。"

【出处】《礼记·仲尼燕居》："言而履之，礼也；行而乐之，乐也。君子力此二者，此南面而立，夫是以天下太平也。"

天下为公

为：是。天下是大家的。△清·羽衣女士《东欧女豪杰》一："不若趁早看真时势，改换心肠，天下为公，与民同乐，免致两败俱伤。"

【出处】《礼记·礼运》："大道之行也，天下为公。"

亡国之音

原指象征亡国的充满哀苦情调的音乐。后也泛指颓靡的乐曲。△清·蒲松龄《聊斋志异·林四娘》："俯首击节，唱伊、凉之调，其声哀婉。歌已，泣下。公……慰之曰：'卿勿为亡国之音，使人悒悒。'"

【出处】《礼记·乐记》："亡国之音，哀以思，其民困。""桑间濮上之音，亡国之音也，其政散，其民流。"

违法乱纪

原指破坏礼法制度，扰乱道德准则。后指违犯法律，破坏纪律。△毛泽东《反对官僚主义、命令主义和违法乱纪》："以处理人民来信入手，检查一次官僚主义、命令主义和违法乱纪的情况，并向他们展开坚决的斗争。"

【出处】《礼记·礼运》："故天子适诸侯，必舍其祖庙，而不以礼籍入，是谓天子坏法乱纪。"

温柔敦厚

敦：诚恳。温和柔顺，诚恳

宽厚。△宋·杨时《龟山集·荆州所闻》："为文要有温柔敦厚之气。"

【出处】《礼记·经解》："其为人也，温柔敦厚，《诗》教也。"

温文尔雅

温文：温和而有礼貌；尔雅：近于雅正。形容态度温和，举止文雅。△清·蒲松龄《聊斋志异·陈锡九》："此名士之子，温文尔雅，焉能作贼！"

【出处】《礼记·文王世子》："礼乐交错于中，发形于外，是故其成也怿，恭敬而温文。"怿：喜欢。

文治武功

文治：以文教治理国家；武功：凭武力建立功业。形容文教和军事方面的业绩。△毛泽东对于秦皇汉武、唐宗宋祖直至成吉思汗的文治武功，都予以否定，提出了"数风流人物，还看今朝"的磅礴名言。

【出处】《礼记·祭法》："文王以文治，武王以武功。"

无所不为

为：作。什么坏事都干。△清·曹雪芹《红楼梦》七七："上次放你们，你们又不愿去，可就该安分守己才是；你就成精鼓捣起来，调唆宝玉，无所不为。"

【出处】《礼记·乐记》："灭天理而穷人欲者也。"郑玄注："穷人欲，言无所不为。"

【辨正】一说，语出《三国志·吴书·张温传》："揆其奸心，无所不为。"这是孙权处分张温时所说的话。郑玄为东汉人，当在其之前。

五湖四海

指全国各地。△唐·吕岩《绝句三首》二："斗笠为帆扇作舟，五湖四海任遨游。"

【出处】《周礼·夏官·职方氏》："其川三江，其浸五湖。"《论语·颜渊》："四海之内，皆兄弟也。"

席上之珍

席：宴席；珍：珍美的佳肴。宴席上珍美的佳肴。比喻优异的德才。△南梁·何逊《赠族人秫陵兄弟》诗："方成天下士，岂伊席上珍。"

【出处】《礼记·儒行》："儒有席上之珍以待聘。"

瑕瑜不掩

瑕：玉上的斑点；瑜：玉的光彩。玉上的斑点掩盖不了它的光彩，玉的光彩也掩盖不了它的斑点。比喻缺点、优点都存在，无法掩盖其中之一。后多比喻为人率真、朴实。△清·袁枚《隋园诗话》八："瑕瑜不掩，正是此公真处。"

【出处】《礼记·聘义》："瑕不掩瑜，瑜不掩瑕。"

瑕瑜互见

瑕：玉上的斑点；瑜：玉的光彩。既能看见玉上面的斑点，也能看见玉的光彩。比喻有缺点也有优点。△清·张廷玉《明史·王彰等传赞》："综其生平，瑕瑜互见。"

【出处】《礼记·聘义》："瑕不掩瑜，瑜不掩瑕。"

下车伊始

伊：语助词。刚刚下车。原

指刚到任。后泛指刚到某个工作岗位。△毛泽东《〈农村调查〉的序言和跋》："有许多人，'下车伊始'，就哇喇哇喇地发议论，提意见，这也批评，那也指责，其实这种人十个有十个要失败。"

【出处】《礼记·乐记》："武王克殷反商，未及下车而封黄帝之后于蓟……下车而封夏后氏之后于杞。"

先人后己

先为别人着想，后替自己考虑。△晋·陈寿《三国志·许靖传》："每有患急，常先人后己，与九族中外同其饥寒。"

【出处】《礼记·坊记》："君子贵人而贱己，先人而后己，则民作让。"

先意承志

承：迎合。不等开口，就能迎合其心意。原指孝顺父母。后比喻揣摩上司意图，极力奉承。△鲁迅《华盖集续编·海上通信》："我不是别人，那知道别人的意思呢？'先意承志'的妙法，又未曾学过。"

【出处】《大戴礼记·曾子大

孝》："君子之所谓孝者，先意承志，谕父母以道。"

先忧后乐

原指忧虑在前，才能有后面的安乐。后指忧虑在别人之前，享乐在别人之后。△宋·王十朋《范文正公祠堂诗》："才兼文武怀经纶，先忧后乐不为身。"

【出处】《大戴礼记·曾子立事》："先忧事者后乐事，先乐事者后忧事。"

相辅相成

辅：帮助。互相依靠，彼此促进。△宋·张栻《答李敬修书》："谓工夫并进，相须而相成也。"

【出处】《礼记·昏义》："故天子之与后，犹日之与月，阴之与阳，相须而后成者也。"

言扬行举

扬、举：推举。根据言行选用人才。△清·吴敬梓《儒林外史》一三："就如孔子生在春秋时候，那时用'言扬行举'做官，故孔子只讲得个'言寡尤，行寡悔，禄在其中'。这便是孔子的举业。"

【出处】《礼记·文王世子》："或以德进，或以事举，或以言扬。"

一成不变

成：形成。原指一经形成就不再改变。后表示一点不变。△1.唐·白居易《太湖石记》："自一成不变已来，不知几千万年。"2.老舍《四世同堂》七三："他希望看到有三个月的存粮——他的一成不变的预防危患的办法。"

【出处】《礼记·王制》："刑者，侀也；侀者，戒也。一成而不可变，故君子尽心焉。"侀：型。

一张一弛

张：弓上弦；弛：弓松弦。时而上弦，时而松弦。比喻时而紧张，时而松弛。指施政宽猛相济。后也形容劳逸结合。△清·梁启超《五十年中国进化论概论》："社会上的事物，一张一弛，乃其常态。"

【出处】《礼记·杂记》下："张而不弛，文武弗能也；弛而不张，文武弗为也。一张一弛，文武之道也。"

移风易俗

移、易：改变。改变风气、习俗。△朱自清《三礼·第五》："乐有改善人心，移风易俗的功用，所以与政治是相通的。"

【出处】《礼记·乐记》："故乐行而伦清，耳目聪明，血气和平，移风易俗，天下皆宁。"

以怨报德

德：恩德。用怨恨回报恩德。△清·文康《儿女英雄传》一六："你这不叫作以德报德，恰恰是个'以德报怨'的反面，叫作'以怨报德'。"

【出处】《礼记·表记》："以怨报德，则刑戮之民也。"

饮食男女

食欲和性欲。△清·张惠言《茗柯文·原治》："民之生固有喜怒哀乐之情，即有饮食男女、声色安逸之欲。"

【出处】《礼记·礼运》："饮食男女，人之大欲存焉。"

油然而生

自然而然地产生。△《鲁迅书信集·致许寿裳》："昨天看见《新潮》第二册内《推霞》上面的小序，不禁不敬之心，油然而生，勃然而长……"

【出处】《礼记·乐记》："致乐以治心，则易直子谅之心油然生矣。"

玉不琢，不成器

玉不经过雕琢，不能成为器物。比喻人不受教育，就不能有成就。△清·文康《儿女英雄传》一二："只是有见于'爱之能勿劳乎，和那'玉不琢，不成器'这两句话，不肯骄纵了他。"

【出处】《礼记·学记》："玉不琢，不成器，人不学，不知道。"

在官言官

在官位，就讨论做官的事。泛指处在什么样的地位就说什么样的话。△阿英《晚清文学丛钞·近十年之怪现状》一八："在官言官。我们既是私宅相见，何妨脱略些，何必客气！"

【出处】《礼记·曲礼》下："在官言官，在府言府，在库言库，在朝言朝。"

澡身浴德

像洗澡一样修养品德。后形容加强修养，使身心纯洁。△三国·曹操《与王修书》："君澡身浴德，流声本州。忠能成绩，为世美谈，名实相副，过人甚远。"

【出处】《礼记·儒行》："儒有澡身而浴德。"

朝过夕改

过：过错。早晨犯了错误，晚上就改正。形容改正错误迅速、及时。△唐·陆贽《奉天改元大赦制》："朝过夕改，仁何远哉。"

【出处】《大戴礼记·曾子立事》："朝有过夕改则与之，夕有过朝改则与之。"

【辨正】一说，语出《汉书·翟方进传》："朝过夕改，君子与之。"在这八个字之前，有"传不云乎"四个字，分明指出这八个字引自经籍。

直情径行

径直按照自己的心意行事。形容想怎样干就怎样干。△宋·陈亮《谢罗尚书启》："伏念某暗于涉世，拙于谋身，直情径行，视毁誉如风而不恤。"

【出处】《礼记·檀弓》下："礼有微情者，有以故兴物者，有直情而径行者。"

志同道合

志趣相同，理想一致。△郭沫若《海涛集·涂家埠》："他那时很尊重我的意见，说我们是志同道合。"

【出处】《礼记·儒行》："儒有合志同方。"孔颖达疏："方犹法也。"

属纩之忧

属：连着，挨着；纩：丝绵。用丝绵挨近口鼻，检查是否有呼吸。借指病重将死。△明·兰陵笑笑生《金瓶梅词话》一七："若不早治，久而变为骨蒸之疾，必有属纩之忧矣。"

【出处】《礼记·丧大记》："属纩以俟绝气。"郑玄注："纩，今之新绵，易动摇，置口鼻之上以为候。"

自食其力

依靠自己的劳动养活自己。△鲁迅《呐喊·鸭的喜剧》："他是向来主张自食其力的，常说女人可以畜牧，男人就应该种田。”

【出处】《礼记·礼器》："食力无数。"孔颖达疏："但陈力就业乃得食，故呼食也。"

左道旁门

左道：正路左边的小道；旁门：正门旁边的小门。比喻不正派、不正当的东西。△阿英《晚清文学丛钞·扫迷帚》一三："这又不过是左道旁门，借书符念咒惑众骗钱罢了。"

【出处】《礼记·王制》："执左道以乱政，杀。"疏："左道，谓邪道……正道为右，不正道为左。"

坐而论道

坐着议论国事。后比喻脱离实际，空谈大道理。△晋·陈寿《三国志·杜恕传》："古之三公，坐而论道。"

【出处】《周礼·冬官·考工记》："或坐而论道，或作而行之。"

【辨正】一说，语出《抱朴子·用刑》："坐而论道者，未以为急耳。"《周礼》的作者，一说

为西周人，一说为战国人；而《抱朴子》的作者是东晋葛洪，晚于西周与战国。应以前者为源。

《周易》

安不忘危

平安时不忘记可能出现的危险。△清·文康《儿女英雄传》三〇："何小姐是从苦境里过来的，如今得地身安，安不忘危，立志要成全起这份人家，立番事业。"

【出处】《易·系辞》下："是故君子安而不忘危，存而不忘亡，治而不忘乱。"

拔茅连茹

茹：植物根连根的样子。拔一根茅草，连带出很多根。比喻志同道合的人互相引荐，任用一个就连带着引进很多人。△宋·黄庭坚《祭司马温公文》："所进忠贤，拔茅连茹。"

【出处】《易·泰》："拔茅茹以其汇，征吉。"

卑以自牧

卑：谦卑；牧：养。保持谦虚的态度，提高自己的修养。△郭沫若《再谈郁达夫》："鲁迅的韧，闻一多的刚，郁达夫的卑已自牧，我认为是文坛的三绝。"

【出处】《易·谦》："谦谦君子，卑以自牧也。"

匕鬯不惊

匕鬯：祭祀时舀酒的小勺和香酒。祭祀活动不受惊扰。原指军队所到之处，百姓安居，宗庙祭祀照常进行。后泛指军纪严明，秋毫无犯。△唐·杨炯《益州温江县令任君神道碑》："束发登朝，匕鬯不惊于百里。"

【出处】《易·震》："震惊百里，不丧匕鬯。"

闭关自守

封闭关口，守着自己的小天地。指谨守本业，不与外界往来。△鲁迅《两地书》五八："而且厦大也太过于闭关自守，此后还应该与他大学往还。"

【出处】《易·复》："先王以至日闭关，商旅不行，后不省方。"

不胜其任

承担不了那个任务。△《孟子·梁惠王》下："王怒，以为不胜其任矣。"

【出处】《易·系辞》下："鼎折足……凶。言不胜其任也。"

不速之客

速：邀请。不请而来的客人。△郭沫若《海涛集·跨着东海》："这样出乎意外的不速之客，却受着了真正是由衷而出的恳切的欢迎。"

【出处】《易·需》："有不速之客三人来。"

藏器待时

把器物藏起来，等到需要的时候使用。比喻不急于表现才干能力，等待施展的机会。△南梁·王僧孺《詹事徐府君集序》："君藏器待时，合犹虎符……故位随德显，任与事隆。"

【出处】《易·系辞》下："君子藏器于身，待时而动。"

称物平施

施：给。称一称东西的轻重，

平均分配于人。比喻同等对待，不分厚薄。△宋·陈亮《谢胡参政启》："称物平施，出一代经纶之手。"

【出处】《易·谦》："君子以裒多益寡，称物平施。"

惩忿窒欲

惩：克制；窒、抑止。克制忿怒，抑止嗜欲。△明·冯梦龙《醒世恒言》三四："各宜警醒，惩忿窒欲，且休望超凡入道，也是保身保家的正理。"

【出处】《易·损》："损，君子以惩忿窒欲。"

持之以恒

恒：长久。长久地坚持下去。△清·曾国藩《家训喻纪泽》："若能从此三事上下一番苦工，进之以猛，持之以恒，不过一二年，自尔精进而不觉。"

【出处】《易·家人》："君子以言有物而行有恒。"

【辨正】一说，语出晋·傅玄《傅子》："傅嘏为河南尹，治以德教为本，然持法有恒，简而不可犯。""持法有恒"的意思是"坚持依法办事"，与"持之以恒"的

意思相去甚远。"行有恒"的意思是"做事有恒心"，与"持之以恒"贴近。

尺蠖之屈

尺蠖：尺蠖蛾的幼虫，"其行先屈后申"。尺蠖屈曲身体。比喻以退求进的策略。△宋·华岳《翠微北征录》三："尺蠖之屈，将以求伸；鸷鸟之击，卑飞敛翼。"

【出处】《易·系辞》下："尺蠖之屈，以求信也。"信：伸。

出神入化

神：神妙；化：化境，极其高超的境界。超越神妙，进入化境。形容技艺高超、绝妙。△鲁迅《准风月谈·查旧账》："作者或自以为写得出神入化，但从现在看来，是连新奇气息也没有的。"

【出处】《易·系辞》下："穷神知化，德之盛也。"

触类旁通

通：通晓。接触某事物，掌握了有关知识，可以通晓同类其他事物。△清·陈确《示友帖》："使吾辈举事，能事事如此，便是圣贤一路上人，要当触类旁通耳。"

【出处】《易·系辞》下："引而伸之，触类而长之，天下之能事毕矣。"

从一而终

从：跟，随；终：终身。终身跟随一个人。指女子一生只嫁一个丈夫。△清·文康《儿女英雄传》二七："同一个人，怎的女子就该从一而终，男子便许大妻大妾？"

【出处】《易·恒》："妇人贞吉，从一而终也。"

大快朵颐

朵颐：面颊动，指咀嚼食物。大吃一顿。△北京的风味小吃，使她大快朵颐，把减肥的事情抛到九霄云外。

【出处】《易·颐》："观我朵颐。"疏："朵颐，谓朵动之颐以嚼物。"

待时而动

等待有利的时机，然后行动。△宋·张守《经筵上殿时务札子》："自为不可攻之计，然后待时而动，一举而图万全，此立国之谋也。"

【出处】《易·系辞》下："君子藏器于身，待时而动，何不利之有？"

羝羊触藩

羝羊：公羊；藩：篱笆。公羊碰到篱笆，犄角被缠住。比喻进退两难。△北齐·魏收《魏书·郦范传》："既进无所取，退逼强敌，羝羊触藩，羸角之谓。"

【出处】《易·大壮》："羝羊触藩，羸其角。"羸：缠绕。

耳聪目明

耳聪：听觉灵敏；目明：目光明亮。形容聪明。△清·李汝珍《镜花缘》九："此时服了朱草，只觉耳聪目明；谁知回想幼年所读经书，不但丝毫不忘，就是平时所作诗文，也都如在目前。"

【出处】《易·鼎》："巽而耳目聪明。"

【辨正】一说，语出《礼记·乐记》："故乐行而伦清，耳目聪明，血气平和……"《礼》成书晚于《易》，应以《易》为源。

二人同心，其利断金

利：锋利；金：铜。两个人一条心，力量很大，好像锋利的刀剑能斩断铜铁。△清·李绿园《歧路灯》七三："唯恐修此道者疑，一疑便坏了鼎器，所以申之曰'二人同心，其利断金'……"

【出处】《易·系辞》上："二人同心，其利断金。"

发蒙解惑

发：启发；蒙：蒙昧。启发蒙昧，解除疑惑。△汉·枚乘《七发》："故曰发蒙解惑，不足以言也。"

【出处】《易·蒙》："发蒙，利用刑人，用说桎梏。"说：脱。

发潜阐幽

发：揭示；潜：精微；幽：深奥。揭示精微的含义，阐明深奥的道理。△清·陈敬璋《编次遗书叙》："吴文博学好古，发潜阐幽，于先辈尤服膺乾初公。"

【出处】《易·系辞》下："夫《易》，彰往而察来，而微显阐幽。"

发扬光大

发挥，奋起，显赫，盛大。后指使事业或传统等发展、提高。

△老舍《四世同堂》六四："最合理的孝道恐怕是继承父辈的成就，把它发扬光大，好教下一辈得到更好的精神的与物质的遗产。"

【出处】《易·坤》："含弘光大。"

反躬自省

躬：自身。反过来检查自身，自我反省。△宋·朱熹《答王晋辅》："自今以往，更愿反躬自省……"

【出处】《易·蹇》："君子以反身修德。"《论语·里仁》："见不贤而内自省也。"

反目成仇

反目：以白眼相看。以白眼相看，结下怨仇。多形容夫妻不和，翻脸结仇。△清·曹雪芹《红楼梦》五七："公子王孙虽多，那一个不是三房五妾……甚至于怜新弃旧，反目成仇的，多着呢！"

【出处】《易·小畜》："夫妻反目。"

防患未然

在祸患还没有发生时采取防备措施。△清·李伯元《官场现形记》

五六："古语说得好：'君子防患未然。'我现在就打的是这个主意。"

【出处】《易·既济》："君子以思患而豫防之。"

肥遁鸣高

肥遁：隐遁；鸣高：自鸣清高。过轻松的退隐生活，以为清高。△清·刘鹗《老残游记》六："昨儿听先生鄙薄那肥遁鸣高的人……"

【出处】《易·遁》："上九，肥遁，无不利。"

匪夷所思

匪：非；夷：平常。不是平常人所能想象的。指言行、思想离奇。△明·张岱《陶庵梦忆·刘晖吉女戏》："十数人手携一灯，忽隐忽现，怪幻百出，匪夷所思，令唐明皇见之，亦必目睁口开。"

【出处】《易·涣》："涣有丘，匪夷所思。"

丰亨豫大

亨：顺利；豫：快乐。丰足、顺利，非常快乐。后形容太平安乐的景象。△明·卢象升《处分协俯将备疏》："大家有大家之料理，

小家有小家之料理，如必丰亨豫大，始事经营，危边何所赖乎？"

【出处】《易·丰》："丰，亨，王假之。"《易·豫》："豫之时义大矣哉。"

风虎云龙

虎啸生风，龙吟生云。原比喻同类的事物互相感应。后比喻明君贤臣相得益彰。△宋·王安石《浪淘沙令》："汤、武偶相逢，风虎云龙，兴亡只在笑谈中。"

【出处】《易·乾》："云从龙，风从虎。"疏："龙是水畜。云是水气，故龙吟则景云出，是云从龙也；虎是盛猛之兽，风是震动之气，此亦是同类相感，故虎啸则谷风生，是风从虎也。"

风行水上

风从水面吹过。后比喻诗文自然流畅。△宋·释惠洪《跋达道所蓄伶子于文》："风行水上，涣然成文者，非有意于为文也。"

【出处】《易·涣》："风行水上，涣。"

改过迁善

迁：转变。改正过失，向好

的方面转变。△宋·陆九渊《与张辅之书》："此病去，自能改过迁善，服圣贤之训，得师友之益。"

【出处】《易·益》："君子以见善则迁，有过则改。"

革故鼎新

革：除；鼎：立。除去旧的，建立新的。△唐·张说《故开封仪同三司上柱国赐扬州刺史大都督梁国文真公姚崇神道碑》："夫以革故鼎新，大来小往，得丧而不形于色，进退而不失其正者，鲜矣。"

【出处】《易·杂卦》："革，去故也；鼎，取新也。"

各得其所

各人都得到了所需要的东西。后形容每个人或每种事物都得到了适当的安置。△毛泽东《在陕甘宁边区参议会的演说》："全国人民都要有说话的机会，都要有衣穿，有饭吃，有事做，有书读，总之是要各得其所。"

【出处】《易·系辞》下："致天下之民，聚天下之货，交易而退，各得其所。"

【辨正】一说，语出《孟子·万章》上："得其所哉！

得其所哉！"史书载："孔子读《易》，韦编三绝。"可见《易》成书之早，远在孟子之前。

钩深致远

钩：探求；致：招致。探取深处的，招来远处的。形容精深而广博地探索道理。△晋·陈寿《三国志·邴原传》注引《原别传》："郑君学览古今，博闻强识，钩深致远，诚学者之师模也。"

【出处】《易·系辞》上："探赜索隐，钩深致远。"孔颖达疏："物在深处，能钩取之；物在远方，能招致之。"

嚎啕大哭

放声大哭。△明·吴承恩《西游记》九："小姐忙向前认看，认得是丈夫的尸首，一发嚎啕大哭不已。"

【出处】《易·同人》："同人，先号咷而后笑。"号咷：嚎啕。

鹤鸣之士

鹤鸣：比喻声望和才德；士：对人的美称。有才德有声望的人。△南朝宋·范晔《后汉书·杨赐传》："斥远佞巧之臣，速征鹤鸣之士。"

【出处】《易·中孚》："鹤鸣在阴，其子和之。"

虎视眈眈

眈眈：注视的样子。老虎盯着看。比喻凶狠而贪婪地注视着。△清·曹雪芹《红楼梦》四五："你看这里这些人，因见老太太多疼了宝玉和凤姐姐两个，他们尚虎视眈眈，背地里言三语四的，何况于我？"

【出处】《易·颐》："虎视眈眈，其欲逐逐。"

极深研几

极：深入探求；几：幽微的道理。探求深刻的道理，研究精微的道理。△明·瞿佑《剪灯新话·修文舍人传》："作为文章，将及千余篇，皆极深研几，尽意而为之者。"

【出处】《易·系辞》上："夫《易》，圣人之所以极深而研几也。唯深也，故能通天下之志，唯几也，故能成天下之务。"

即鹿无虞

即鹿：捕鹿；虞：虞官，古代掌管山林湖泽的官。捕鹿而没有熟悉地形的虞官帮助。比喻做事的条件不具备，将会劳而无功。△宋·苏轼《上神宗皇帝书》："今欲凿空寻访水利，所谓即鹿无虞，岂惟徒劳，必大烦扰。"

【出处】《易·屯》："即鹿无虞，惟入于林中。"

见机而作

机：原作"几"，事物发展的苗头。见到苗头就立刻行动。后指看到适当的时机就立刻行动。△1.明·冯梦龙《古今小说》二二："富春子见似道举动非常，惧祸而逃，何谓见而作者矣。"2.三国·诸葛亮《将苑·应机》："非智者孰能见机而作乎？"

【出处】《易·系辞》下："君子见几而作，不俟终日。"

见仁见智

有的人看出了"仁"，有的人看出了"智"。比喻对于同一个问题，各人的观察角度不同，因而见解不同。△清·杨豫成《劝戒词》："任人见仁见知，识大识小，开卷一一会悟之。"

【出处】《易·系辞》上：

"仁者见之谓之仁，知者见之谓之知。"知：智。

矫揉造作

矫：把弯的变直；揉：把直的变弯。造作：虚构。形容过分做作，很不自然。△清·李汝珍《镜花缘》三二："他们原是好好妇人，却要装作男人，可谓矫揉造作了。"

【出处】《易·说卦》："为矫揉。"

金兰之友

金：指"断金"，表示因团结而有力量；兰：指"兰言"，表示因投合而和睦交谈。形容交情非常深厚的朋友。△南梁·刘峻《广绝交论》："自昔把臂之英，金兰之友。"

【出处】《易·系辞》上："二人同心，其利断金；同心之言，其臭如兰。"

井渫莫食

渫：淘去泥污。井水已淘去泥污，却没有人汲饮。比喻高洁之士无人赏识。后泛指怀才不遇。△魏·王粲《登楼赋》："惧匏瓜

之徒悬兮，畏井渫之莫食。"

【出处】《易·井》："井渫不食，为我心恻。"

开物成务

开：通；务：事。通晓事理，成就事业。△清·黄宗羲《艮斋学案》："永嘉之学，教人就事上理会，步步著实，言之必使可行，足以开物成务。"

【出处】《易·系辞》上："夫《易》，开物成务，冒天下之道，如斯而已者也。"

可歌可泣

值得歌颂，值得为之流泪。形容事迹悲壮感人。△毛泽东《改造我们的学习》："灾难深重的中华民族，一百年来，其优秀人物奋斗牺牲，前仆后继，摸索救国救民的真理，是可歌可泣的。"

【出处】《易·中孚》："得敌，或鼓或罢，或泣或歌。"

枯杨生稊

稊：植物的嫩芽。枯老的杨树又长出了嫩芽。比喻老年男子娶了年轻的妻子。后也比喻老年得子。△清·采蘅子《虫鸣漫录》："老

年人娶此少艾，枯杨生稊，大非所宜。"

【出处】《易·大过》："枯杨生稊，老夫得女妻，无不利。"

劳民伤财

使民众受苦，又浪费财物。△明·吴承恩《西游记》九二："以后你府县再不可供献金灯，劳民伤财也。"

【出处】《易·节》："不伤财，不害民。"

乐天知命

原指顺应自然，知晓命理。后表示乐于听从命运安排，安于自己的处境。△清·吴敬梓《儒林外史》八："我在林下，倒教他做几首诗吟咏性情，要他知道乐天知命的道理，在我膝下承欢便了。"

【出处】《易·系辞》上："乐天知命，故不忧。"

利市三倍

利市：做买卖得到的利润。得到三倍的利润。形容做买卖赚钱极多。△清·李伯元《文明小史》四二："你也去买，我也去买，真正是应接不暇，利市三倍。"

【出处】《易·说卦》："为近利，市三倍。"

龙蛇之蛰

蛰：动物在洞穴中冬眠。龙、蛇在洞穴中冬眠。比喻隐退。△东汉·班固《汉书·扬雄传》："以为君子得时则大行，不得时则龙蛇。"

【出处】《易·系辞》下："龙蛇之蛰，以存身也。"

龙吟虎啸

原指"龙吟生云，虎啸生风"，比喻同类事物互相感应。后比喻人发迹。也比喻声音高亢嘹亮。△1.宋·孙觌《东平集序》："声气相求，风动云兴，如龙吟虎啸，如风鸣高冈之上也。"2.汉·张衡《归田赋》："尔乃龙吟方泽，虎啸山丘。"3.唐·李颀《听安万善吹觱篥歌》诗："龙吟虎啸一时发，万籁百泉相与秋。"

【出处】《易·乾》："云从龙，风从虎。"疏："龙是水畜，云是水气，故龙吟则景云出，是云从龙也；虎是威猛之兽，风是震动之气，此亦是同类相感，故虎啸则谷风生，是风从虎也。"

履霜之戒

履：鞋，借指走。走在霜上，知道结冰的日子就要到了。比喻看到眼前的迹象而对可能出现的情况提高警惕。△元·脱脱《宋史·魏衍传》："乞申严其禁，以谨履霜之戒。"

【出处】《易·坤》："履霜，坚冰至。"

满腹经纶

经纶：理丝和编丝，引申为治理。形容人富有治理国家的才能。也泛指人极有学问。△1.明·冯惟敏《海浮山堂词稿·题春园》："满腹经纶须大展，休负了苍生之愿。"2.清·石玉昆《三侠五义》三二："学得满腹经纶，屡欲赴京考试。"

【出处】《易·屯》："云雷屯，君子以经纶。"

慢藏诲盗

慢：疏忽；诲：诱导。保管疏忽，等于引诱人盗窃。后指因保管疏忽而招致盗窃。△明·冯梦龙《古今小说》二三："因随良人之任，前往新丰。却不思慢藏诲盗，

梢子因瞰良人囊金，贱妾容貌，辄起不仁之心。"

【出处】《易·系辞》上："慢藏诲盗，冶容诲淫。"

灭顶之灾

大水漫过头顶的灾祸。比喻毁灭性的灾难。△毛泽东《评国民党十一中全会和三届二次国民参政会》："他们惧怕自己'一个党，一个主义，一个领袖'的法西斯主义有灭顶之灾。"

【出处】《易·大过》："过涉灭顶，凶。"

能屈能伸

比喻不得志时能忍耐，得志时能施展抱负。△宋·邵雍《代书寄前洛阳簿陆刚叔秘校》："知行知止唯贤者，能屈能伸是丈夫。"

【出处】《易·系辞》下："往者，屈也；来者，信也。屈信相感而利生焉。尺蠖之屈，以求信也；龙蛇之蛰，以存身也。"信：伸。

否极泰来

否、泰：六十四卦中的两个卦名，否为不顺，泰为顺；极：尽。

否尽了，泰就来到了。比喻坏到极点，好的就来了。△明·冯梦龙《警世通言》一八："也是命里否极泰来，颠之倒之，自然凑巧。"

【出处】《易·杂卦》："否、泰，反其类也。"

【辨正】一说，语出唐代白居易的《遣怀》诗："乐极必悲胜，泰来犹否极。"这里，白氏从《文子》《周易》中各取一典，不能作为这两条成语之源。

衰多益寡

衰：取出；益：增加。从多的一方取出一部分，加之于少的一方。后也比喻吸取别人的长处，弥补自己的不足。△明·罗贯中《三国演义》一○六："愿君侯衰多益寡，非礼勿履，然后三公可至，青蝇可驱也。"

【出处】《易·谦》："君子以衰多益寡，称物平施。"

谦谦君子

指非常谦虚，非常有修养的人。△魏·曹植《箜篌引》："谦谦君子德，磬折欲何求？"

【出处】《易·谦》："谦谦君子，卑以自牧也。"

切肤之痛

亲身经受的痛苦。△清·蒲松龄《聊斋志异·冤狱》："受万罪于公门，竟属切肤之痛。"

【出处】《易·剥》："六四，剥床以肤，凶。象曰：剥床以肤，切近灾也。"

情见乎辞

见：现。思想感情在言辞中表现出来。△阿英《晚清文学丛钞·扫迷帚》一一："住了几日，心斋倦游思归，情见乎辞。"

【出处】《易·系辞》下："爻象动乎内，吉凶见乎外，功业见乎变，圣人之情见乎辞。"

穷理尽性

原指深入推究义理，透彻了解人的本性。后泛指彻底推究事理。△晋·挚虞《文章流别论》："文章者，所以宣上下之象，明人伦之叙，穷理尽性，以究万物之宜者也。"

【出处】《易·说卦》："穷理尽性，以至于命。"

穷则思变

穷：尽。事物发展到了尽头，

就要发生变化。后指人在处境困难时，就要设法改变现状。△毛泽东《介绍一个合作社》："穷则思变，要干，要革命。"

【出处】《易·系辞》下："易穷则变，变则通，通则久。"

阒寂无人

阒：没有声音。非常寂静，没有声音。△唐·卢照邻《病梨树赋序》："余独病卧兹邑，阒寂无人，伏枕十旬，闭门三月。"

【出处】《易·丰》："窥其户，阒其无人，自藏也。"

群龙无首

首：首领。一群龙而没有首领。比喻众人中没有领头的人。△明·沈德符《万历野获编·阁试》："至丙辰而群龙无首，文坛丧气……"

【出处】《易·乾》："群龙无首，吉。"

日中则昃，月满则亏

昃：太阳偏西。太阳到了中午就开始偏西，月亮圆满了就开始亏缺。比喻事物发展到一定程度就会向相反的方向转化。

△明·罗贯中《三国演义》六五："日中则昃，月满则亏，此天下之常理也。"

【出处】《易·丰》："日中则昃，月盈则食。"食：蚀。

如此而已

而已：罢了。不过是这样罢了。△毛泽东《论人民民主专政》："即以帝国主义及其走狗蒋介石反动派之道，还治帝国主义及其走狗蒋介石反动派之身。如此而已，岂有他哉！"

【出处】《易·系辞》上："夫《易》，开物成务，冒天下之道，如斯而已者也。"

【辨正】一说，语出《孟子·尽心》上："无为其所不为，无欲其所不欲。如此而已矣！"史书载："孔子读《易》，韦编三绝。"可见《周易》成书之早。《孟子》中的"如此而已"即《周易》中的"如斯而已"。

神而明之，存乎其人

神：神妙，奥妙；明：明白，领会。要明白事物的奥妙，在于各人的领会。△清·李伯元《官场现形记》五七："'神而明之，存乎其人'，诸公随时留心，慢慢的学罢了。"

【出处】《易·系辞》上："化而裁之，存乎变；推而行之，存乎通；神而明之，存乎其人。"

殊途同归

殊：不同；归：目的地。走不同的道路而到达同一个目的地。比喻采用不同的方式、方法，得到相同的结果。△清·曾朴《孽海花》三四："我辈都是同志，虽然主张各异，救国之心总是殊途同归。"

【出处】《易·系辞》下："天下同归而殊涂，一致而百虑。"涂：途。

数往知来

历数过去，推测未来。后表示可以根据过去推测未来。△明·陆容《菽园杂记》一："洪武中，朝廷访求通晓历数，数往知来，试无不验者。"

【出处】《易·说卦》："数往者顺，知来者逆。"

水火不相容

容：容纳。比喻相互对立。△宋·欧阳修《祭丁学士文》：

"善恶之殊，如水与火不能相容，其势然尔。"

【出处】《易·说卦》："故水火相逮，雷风不相悖。"逮：及。

【辨正】一说，语出《汉书·郊祀志》下："《易》有八卦，乾坤六子，水火相逮，雷风不相悖。"这只是把《易·说卦》的原文重复了一遍。

硕果仅存

硕：大。仅存的大果实。比喻留存下来的稀少可贵的人或物。△老舍《茶馆》二："北京城内的大茶馆已先后相继关了门。'裕泰'是硕果仅存的一家了，可是为避免被淘汰，它已改变了样子与作风。"

【出处】《易·剥》："硕果不食。"

探赜索隐

赜：深奥；索：探索。探究深奥的道理，探索隐秘的迹象。△汉·应劭《风俗通义》九："乡人有董彦兴者，即许季山外孙也，其探赜索隐，穷神知化，虽眭孟、京房，无以过也。"

【出处】《易·系辞》上："探赜索隐，钩深致远。"

同声相应，同气相求

应：应和。同类的声音互相应和，同类的气质互相寻求。泛指同类事物互相感应。后比喻志趣相投的人自然而然地聚在一起。△清·曾朴《孽海花》四："同声相应，同气相求，不晓得结识了多少当世名流。"

【出处】《易·乾》："同声相应，同气相求。水流湿，火就燥。云从龙，风从虎。"

突如其来

如：语助词。突然来了。形容出乎意料地突然发生、出现。△明·朱之瑜《与安东守约书》一三："百病咸集，突如其来，不知何病。"

【出处】《易·离》："突如其来如。"

无咎无誉

咎：过失。没有过失，也没有得到称誉。形容平平常常，表现一般。△清·纪昀《阅微草堂笔记·滦阳续录》："此翁无咎无誉，未应遽有此儿。"

【出处】《易·坤》："括囊，无咎无誉。"

无往不复

复：回。有前往就有回返。指事物发展到极限，就要回复原状。后比喻有施与就有回报。△汉·袁康《越绝书·越绝外传纪策考》："子胥乃知是渔者也，引兵而还。故不往不复，何德不报。"

【出处】《易·泰》："无平不陂，无往不复。"陂：坡。

无妄之灾

无妄：没有想到。没有想到的灾祸。形容平白无故受到损害。△鲁迅《且介亭杂文末编·曹靖华译〈苏联作家七人集〉序》："未名社一向设在北京，也是一个实地劳作，不尚叫嚣的小团体。但还是遭些无妄之灾，而且遭得颇可笑。"

【出处】《易·无妄》："无妄之灾。或系之牛，行人之得，邑人之灾。"

物以类聚

以：按照。事物按照类别相聚合。比喻不同的人与不同的人交往。△鲁迅《两地书》一二一："胡适之的诗载于《礼拜六》，他们的像见于《红玫瑰》，时光老人的力量，真能逐渐的显出'物以类聚'的真实。"

【出处】《易·系辞》上："方以类聚，物以群分。"

洗心革面

革：改变。洗去心上的污秽，改变面目。后比喻彻底悔改。△《鲁迅书信集·致黎烈文》："近来所负笔债甚多，拟稍稍清理，然后闭门思过，革面洗心，再一尝试。"

【出处】《易·系辞》上："圣人以此洗心。"《易·革》："小人革面，顺以从君也。"

小惩大诫

诫：教训。惩罚小过失，使人受到教训而不犯大错误。△阿英《晚清文学丛钞·糊涂世界》一一："至于那六百两银子，我是并不稀罕，不过借此小惩大诫，也叫你东家晓得点轻重。"

【出处】《易·系辞》下："小惩而大诫，此小人之福也。"

信及豚鱼

豚：小猪。对小猪和鱼这样微

贱的东西也讲信用。形容极讲信用。△唐·姚思廉《梁书·武帝纪》上："至于兆庶歼亡，衣冠殄灭，余类残喘……与夫仁被行苇之时，信及豚鱼之日，何其辽夐相去之远欤！"

【出处】《易·中孚》："豚鱼吉，信及豚鱼也。"

穴居野处

在洞穴里居住，在荒野里生活。形容原始人的生活情状。也指隐蔽于荒山野岭。△1.郭沫若《王昭君》一幕："譬如我们在穴居野处的时候，房屋本来是没有的东西……"2.唐·陈子昂《奏白鼠表》："凶贼之徒，固合穴处野居，宵行昼伏。"

【出处】《易·系辞》下："上古穴居而野处。"

言不尽意

言语没有把心意全部表达出来。△宋·苏轼《与范元长》二："临纸哽塞，言不尽意。"

【出处】《易·系辞》上："书不尽言，言不尽意。"

言之有物

形容文章或讲话内容充实。

△鲁迅《且介亭杂文二集·徐懋庸〈打杂集〉序》："我是爱读杂文的一个人，而且知道爱杂文还不只我一个，因为它'言之有物'。"

【出处】《易·家人》："君子以言有物而行有恒。"

仰观俯察

抬头观看天文，低头视察地理。后泛指观察周围的情况。△清·赵翼《题百体寿字》诗："昔人造书本物象，仰观俯察皆师资。"

【出处】《易·系辞》上："仰以观于天文，俯以察于地理，是故知幽明之故。"

冶容诲淫

冶：妖冶；诲：诱导。妖冶的容颜，引诱人行淫乱之事。△宋·孙光宪《北梦琐言·温李齐名》："是知女子修道，亦似一段障难，而况冶容诲淫者哉！"

【出处】《易·系辞》上："慢藏诲盗，冶容诲淫。"

一索得男

索：要。要一次就得到了男孩子。指头胎生子。△阿英《晚清文学丛钞·糊涂世界》八："居然一索得男，现在还未满月哩！"

【出处】《易·说卦》："震一索而得男，故谓之长男。"

一阳复始

阳气又开始了。指春天又来到了。△清·李雨堂《万花楼杨包狄演义》三："转眼又是一阳复始，家家户户庆贺新年。"

【出处】《易·复》："复，亨。"孔颖达疏："复亨者，阳气反复而得亨通。"

一朝一夕

一个早晨，一个晚上。形容很短的时间。△《鲁迅书信集·致章廷谦》："若夫校对，则非一朝一夕可毕，我代校亦可也。"

【出处】《易·坤》："臣弑其君，子弑其父，非一朝一夕之故，其所由来者渐矣。"

应天顺人

顺应天命，随顺人心。△明·罗贯中《三国演义》一七："吾家四世三公，百姓所归，吾欲应天顺人，正位九五。"

【出处】《易·革》："汤武

革命，顺乎天而应乎人。"

由来已久

由来：从发生到现在。从发生到现在，时间已经很久了。△尊卑贵贱的等级观念在我国由来已久，不是一朝一夕就能够改变的。

【出处】《易·坤》："臣弑其君，子弑其父，非一朝一夕之故，其所由来者渐矣。"

朝乾夕惕

乾：勤奋；惕：谨慎。从早到晚，勤奋而谨慎。△清·曹雪芹《红楼梦》一八："虽肝脑涂地，岂能报效万一？惟朝乾夕惕，忠于厥职。"

【出处】《易·乾》："君子终日乾乾，夕惕若厉，无咎。"

折足覆𫗧

覆：翻倒；𫗧：鼎里的食物。鼎足折断了一个，鼎里面的食物翻了出来。比喻能力不够，把事情办糟了。△南朝宋·范晔《后汉书·谢弼传》："今之四公，唯司空刘宠断断守善，余皆素餐致寇之人，必有折足覆𫗧之凶。"

【出处】《易·鼎》："鼎折

足，覆公𫗧，其形渥，凶。"

知几其神

几：事物发展变化的苗头；神：指超乎寻常。能知道事物发展变化的苗头，学问超乎寻常。形容能预见事物的发展变化。△晋·陈寿《三国志·管辂传》注引《管辂别传》："知几其神乎，古人以为难。"

【出处】《易·系辞》下："知几其神乎？……几者，动之微，吉之先见者也。"

智小谋大

智慧不够却谋划大事。泛指能力差却承担重大任务。△唐·常衮《代裴相公让将相封爵第二表》："且智小谋大，鲜不败事；福过灾生，常然之理。"

【出处】《易·系辞》下："德薄而位尊，知小而谋大，力小而任重，鲜不及矣。"知：智。

中馈乏人

中馈：古代指妇女在家中主持饮食等事。家里缺少主持饮食的人。指男人没有妻子。△清·吴趼人《二十年目睹之怪现状》七〇：

"你今日起，便到处托人做媒，只说中馈乏人，要续弦了，这么一来，外头的谣言自然就消灭了。"

【出处】《易·家人》："无攸遂，在中馈。"

周而复始

周：圆圈。绕一圈，又重新开始。形容一次又一次地循环。△清·曹雪芹《红楼梦》一三："荣辱自古周而复始，岂人力所能常保的？"

【出处】《易·蛊》："终则有始，天行也。"王弼注："终则复始，若天之行用四时也。"

舟楫之利

舟楫：船和桨；利：便利。形容水路交通的便利。△后晋·刘昫《旧唐书·薛大鼎传》："百姓歌之曰：'新河得通舟楫利，直达沧海鱼盐至。'"

【出处】《易·系辞》下："舟楫之利，以济不通，致远以利天下。"

自强不息

努力向上，永不止息。△晋·王隐《晋书》："陶侃少长勤整，自强不息。"

【出处】《易·乾》："天行健，君子以自强不息。"

罪大恶极

罪恶大到极点。△鲁迅《而已集·新时代的放债法》："倘不如命地'帮忙'，当然，罪大恶极了。"

【出处】《易·系辞》下："故恶积而不可掩，罪大而不可解。"

《春秋》

拔本塞源

本：根。拔掉树根。堵塞水源。比喻从根本上防患除害。后也泛指从根本上着手解决问题。△1.宋·程颐《河南程氏遗书》二一："夫辟邪说以明先王之道，非拔本塞源不能也。"2.宋·吕祖谦《吕东莱文集·孟子说》："大凡做事须是拔本塞源，然后为善。"

【出处】《左传·昭公九年》："伯父若裂冠毁冕，拔本塞原，专弃谋主，虽戎狄其何有余一人。"原：源。

班荆道故

班：扳；故：旧。扳倒荆条，坐在上面谈故国的事。后比喻朋友在路上相遇，共话往事。△明·孙仁孺《东郭记·为人也》："知交偶然北与南，既蒙恩先达旧友应担，班荆道故，共把青云路揽。"

【出处】《左传·襄公二十六年》："遇之于郑郊，班荆相与食，而言复故。"

包藏祸心

隐藏着害人的打算。后泛指心中有做坏事的念头。△鲁迅《且介亭杂文末编·关于太炎先生二三事》："考其生平，以大勋章作肩坠，临总统府之门，大诟袁世凯的包藏祸心者，并世无第二人……"

【出处】《左传·昭公元年》："将恃大国之安靖己，而无乃包藏祸心以图之。"

北门锁钥

城北门的锁和钥匙。后比喻北方边境的防守重任。也比喻守卫北方边境的人。△1.宋·吴处厚《青

箱杂记》："莱公时方居散地，因召还，授北门管钥。"2.宋·朱熹《宋名臣言行录前集》四："主上以朝廷无事，北门锁钥，非准不可。"

【出处】《左传·僖公三十二年》："郑人使我掌其北门之管。"

背城借一

城：城墙；借：凭借。背靠城墙为凭借，与敌人决一死战。后泛指作最后的决战。也比喻采取最后一种对策。△1.清·薛时雨《铁六合歌》诗："阴云惨淡悲风号，红巾十万排江皋；投鞭断流已深入，背城借一将安逃？"2.清·曾朴《孽海花》二四："奉如自以为用了背城借一的力量，必然有旋转乾坤的功劳，谁知一帖不灵，两帖更凶，到了第三日，爽性药都不能吃了。"

【出处】《左传·成公二年》："请收合余烬，背城借一。"

币重言甘

币：币帛，古代馈赠用的礼物。礼物丰厚，言辞好听。△清·蔡元

放《东周列国志》二九："秦使此来，不是好意，其币重而言甘，殆诱我也。"

【出处】《左传·僖公十年》："币重而言甘，诱我也。"

筚路蓝缕

筚路：荆条编的车；蓝缕：褴褛，破烂的衣服。赶着柴车，穿着破衣服，去开辟山林。比喻艰苦创业。△清·徐釚《词苑丛谈》一："张南湖《诗余图谱》，于词学失传之日，创为谱系，有筚路蓝缕之功。"

【出处】《左传·宣公十二年》："筚路蓝缕，以启山林。"

筚门闺窦

筚门：荆条编的门扇；闺：小门；窦：洞。荆条编的门扇，很小的门洞。形容穷人家简陋的住处。也泛指穷苦人家。△1.宋·邓牧《伯牙琴·见尧赋》："吾倚吾筚门圭窦而以为安也。"2.清·吴趼人《二十年目睹之怪现状》三四："我不禁暗暗称奇，不料这筚门闺窦中，有这等明理女子；真是'十步之内，必有芳草'。"

【出处】《左传·襄公十年》："筚门闺窦之人而皆陵其上，其难为上矣。"

鞭长莫及

及：到。鞭子虽然长，但不该打到马肚子上。原表示打错了。后比喻力量达不到。△清·李伯元《官场现形记》五四："除掉腹地里几省外国人鞭长莫及，其余的虽然没有摆在面子上瓜分，暗地里都各有了主子了。"

【出处】《左传·宣公十五年》："古人有言曰：'虽鞭之长，不及马腹。'天方授楚，未可与争。"

表里山河

外面是河，里面是山。形容地势险要。△宋·陈师道《和寇十一晚登白门》诗："重门杰观屹相望，表里山河自一方。"

【出处】《左传·僖公二十八年》："战而捷，必得诸侯；若其不捷，表里山河，必无害也。"

宾至如归

归：回家。客人到了这里，就像回到家里一样。形容招待得热情、周到，使客人感到满意。

中华成语探源

中华国学精粹

典藏珍本

△清·归庄《太参驿传道罗公寿序》："江南北水陆之冲，舟车辏集，必能使宾至如归，而民不扰。"

【出处】《左传·襄公三十一年》："宾至如归，无宁灾患，不畏寇盗，而亦不患燥湿。"

病入膏肓

膏：心尖处的脂肪；肓：心脏与横膈膜之间。病已经进入膏、肓。形容病势沉重，已无法医治。也比喻问题极严重，无法挽救。△1.明·罗贯中《三国演义》五二："吾观刘琦过于酒色，病入膏肓，今见面色羸瘦，气喘呕血，不过半年，其人必死。"2.清·张廷玉《明史·沈炼传》："今大学士嵩，贪婪之性疾入膏肓，愚鄙之心顽于铁石。"

【出处】《左传·成公十年》："疾不可为也。在肓之上、膏之下，攻之不可，达之不及。药不至焉，不可为也。"

拨乱反正

反：返，恢复。治理混乱的局面，使之恢复正常。△明·冯梦龙《古今小说》三二："今天运将

转，不过数十年，真人当出，拨乱反正。"

【出处】《公羊传·哀公十四年》："拨乱世，反诸正，莫近诸《春秋》。"

【辨正】一说，语出《汉书·礼乐志》："汉兴，拨乱反正，日不暇给。"《公羊传》为战国齐人公羊高撰，《汉书》为东汉人班固撰，当以前者为源。

卜昼卜夜

卜：占卜。占卜了白天的事，也占卜了夜里的事。形容不分昼夜地饮酒作乐。△清·罗安《伤侈俗》诗："卜昼卜夜恣号呶，饮食糜费若流水。"

【出处】《左传·庄公二十二年》："饮桓公酒，乐。公曰：'以火继之。'辞曰：'臣卜其昼，未卜其夜，不敢。'"

不辨菽麦

菽：豆子。不能分辨豆子和麦子。形容愚昧无知。后也指缺乏实际知识。△明·杨基《感怀十二首》一："苟不辨菽麦，何足揽大权？"

【出处】《左传·成公十八

年》："周子有兄而无慧，不能辨菽麦，故不可立。"

不逞之徒

逞：目的达到，欲望满足；徒：人。欲望没有得到满足而为非作歹的人。△明·朱国桢《涌幢小品·妖人物》："遂便名子龙，蓄发往来真定之间，交结不逞之徒。"

【出处】《左传·襄公十年》："五族聚群不逞之人，因公子之徒以作乱。"

不轨不物

轨、物：法度，准则。不合于法度、准则。形容没有正经用途的荒诞事物：△明·陶宗仪《南村辍耕录·宣文阁》："而声色狗马，不轨不物者，无因而至前矣。"

【出处】《左传·隐公五年》："君将纳民于轨物者也。"

不绝如缕

像一根没有断的线。原比喻形势危急。后比喻声音悠长细微，似断不断。1.宋·陈亮《与应仲实书》："苟无儒先生驾说以辟之，则中崩外溃之势遂成，吾道之不

绝如缕耳。"2.宋·苏轼《赤壁赋》："余音袅袅，不绝如缕。"

【出处】《公羊传·僖公四年》："南夷与北狄交，中国不绝若线。"

【辨正】一说，语出唐·柳宗元《寄许京兆孟容书》："荒隅中少士人女子，无与为婚，世亦不肯与罪大者亲昵，以是嗣续之重，不绝如缕。"柳氏的"不绝如缕"以公羊氏的"不绝若线"为源。此外，《荀子》中有"不绝若绳"，《汉书》中有"不绝如带"，《后汉书》中有"不绝如綖"……都远在唐代以前，也以《公羊传》为源。

不可逾越

不能超越。后多表示不能越过某种界限。△汉·马融《长笛赋》："故聆曲引者，观法于节奏，察变于句投，以知礼制之不可逾越焉。"

【出处】《左传·襄公三十一年》："门不容车，而不可逾越。"

不毛之地

不毛：不长草木。不长草木的地方。形容土地贫瘠、荒凉。△清·李

汝珍《镜花缘》九五："凡百事务，莫不如心，连那从不生草的不毛之地也都丰收起来。"

【出处】《公羊传·宣公十二年》："君如矜此丧人，锡之不毛之地。"锡：赐。

不宁唯是

宁：语助词；唯：只，仅；是：这。不仅如此。△鲁迅《集外集拾遗·中国地质略论》："无一幅自制之精密地质图（并地文土性等图），非文明国。不宁唯是；必殆将化为僵石，供后人摩挲叹息……"

【出处】《左传·昭公元年》："是寡大夫不得列于诸卿也，不宁唯是，又使围蒙其先君。"

不期而遇

期：约定。事先没有约定而意外相遇。△清·李汝珍《镜花缘》六九："前在公主府内，也是我们姊妹三十三个先会面；今日不期而遇，又是如此。"

【出处】《谷梁传·隐公八年》："不期而会曰遇。"

不胜其愤

无法控制愤怒情绪。形容非常愤怒。△唐·房玄龄《晋书·刘元海载记》："晋为无道，奴隶御我，是以右贤王猛不胜其忿。"忿：愤。

【出处】《左传·昭公二十一年》："张匄不胜其怒。"

不幸而言中

不幸恰巧被说中了。指谈话中提到的不希望发生的事，竟然发生了。△元·盛如梓《庶斋老学丛谈》上："平岂真有先见，不幸而言中。"

【出处】《左传·定公十五年》："夏五月壬申，公薨。仲尼曰：'赐不幸言而中，是使赐多言者也。'"

不一而足

足：满足。原指不是一件事就可以使之满足。后形容不只一个，而是很多。△清·刘鹗《老残游记》一一："两边摆地摊，售卖农家器具及乡下日用物件的，不一而足。"

【出处】《公羊传·文公

九羊》："许夷狄者，不一而足也。"

不以一眚掩大德

以：因；眚：过错；德：功绩。不因为有一次过错而抹煞一个人的大功绩。△明·张居正《陈六事疏》四："毋以一事概其平生，毋以一眚掩其大节。"

【出处】《左传·僖公三十三年》："孤之过也，大夫何罪？且吾不以一眚掩大德。"

不足为训

训：准则。不值得作为准则。指言行不值得效法。△清·曾朴《孽海花》四："孝琪的行为虽然不足为训，然而他的议论思想也有独到处……"

【出处】《左传·僖公二十八年》："以臣召君，不可以训。"

藏垢纳污

垢：肮脏。收容肮脏污秽的东西。原比喻有容人之量，对有损自己尊严的言行也能容忍。后比喻包容坏人坏事。△鲁迅《且介亭杂文末编·女吊》："会稽乃报仇雪耻之乡，非藏垢纳污之地！"

【出处】《左传·宣公十五年》："高下在心，川泽纳污，山薮藏疾，瑾瑜匿瑕。国君含垢，天之道也。"

操刀伤锦

拿着刀，割坏了锦。比喻才能低，不能胜任大事。△后魏·温子升《西河王谢太尉表》："常恐执辔轻轮，操刀伤锦。"

【出处】《左传·襄公三十一年》："今吾子爱人则以改，犹未能操刀而使割也，其伤实多……其为美锦，不亦多乎！"

操之过急

操：办事。办事过于急躁。△清·黄宗羲《南雷文案·子刘子行状》上："陛下求治之心，操之过急。"

【出处】《公羊传·庄公三十年》："盖以操之为已慼矣。"慼：紧迫。

车辙马迹

车轮和马蹄的印迹。比喻往昔残留的迹象。△《旧唐书·李密传》："车辙马迹，遂周行于天下。"

中华成语探源

典藏珍本

中华国学精粹

【出处】《左传·昭公十二年》："昔穆王欲肆其心，周行天下，将皆必有车辙马迹焉。"

城下之盟

敌人打到城下，被迫订立的盟约。后泛指被迫签订的屈辱性的条约。△清·曾朴《孽海花》二七："非威毅伯带了赔款割地的权柄去不可！这还成个平等国的议和吗？就是城下之盟罢了！"

【出处】《左传·桓公十二年》："楚伐绞……大败之，为城下之盟而还。"

惩恶劝善

惩治恶人，劝人向善。△唐·李白《比干碑》："且圣人立教，惩恶劝善而已矣。"

【出处】《左传·成公十四年》："《春秋》之称，微而显，志而晦，婉而成章，尽而不污，惩恶而劝善。非圣人谁能修之！"

魑魅魍魉

魑魅：古代传说中躲在山林里害人的鬼怪；魍魉：古代传说中生活在水里的鬼怪。泛指各种鬼怪。比喻各种各样的坏人。△1.明·吴承恩《西游记》六七："满山多豺狼虎虫，遍地有魑魅魍魉。"2.清·李绿园《歧路灯》六三："虽说轰轰烈烈，原不寂寞，但只是把一个累代家有藏书、门无杂宾之家，弄成魑魅魍魉塞门填户，牛溲马勃兼收并蓄了。"

【出处】《左传·宣公三年》："螭魅罔两，莫能逢之。"螭：魑；罔两：魍魉。杜预注："螭，山神，兽形；魅，怪物；罔两，水神。"

除旧布新

除去旧的，布置新的。△毛泽东《矛盾论》："世界上总是这样以新的代替旧的，总是这样新陈代谢、除旧布新或推陈出新的。"

【出处】《左传·昭公十七年》："彗，所以除旧布新也。"

处心积虑

处心：存心；积虑：考虑了很久。存着某种想法，早已有所考虑。形容费尽心机，蓄意已久。△清·李伯元《官场现形记》四六："大少爷见老人家有这许多银子……总想偷老头子一票，方才称心。如此者处心积虑，已非一日。"

楚材晋用

楚国的材料为晋国所用。比喻本国的人才被别国使用。△清·吴趼人《二十年目睹之怪现状》三〇："我花了钱，教出了人，却叫外国人去用，这才是'楚材晋用'呢。"

【出处】《左传·襄公二十六年》："如杞、梓、皮革，自楚往也；虽楚有材，晋实用之。"

传闻异辞

辗转相传，说法不同。△清·曾朴《孽海花》三二："台事传闻异辞，我们如堕五里雾中。"

【出处】《公羊传·隐公元年》："所见异辞，所闻异辞，所传闻异辞。"

唇亡齿寒

亡：无。嘴唇没有了，牙齿就会感到寒冷。比喻关系密切，利害相关。△清·曹雪芹《红楼梦》七三："俗语说的，'物伤其类，唇亡齿寒'，我自然有些心惊么。"

【出处】《左传·僖公五年》："虢，虞之表也，虢亡，虞必从之……谚所谓'辅车相依，唇亡齿寒'者，其虞、虢之谓也。"

从善如流

听从好的意见，像水从高向低流一样快。形容乐于接受好意见。△鲁迅《华盖集续编·马上日记》："'八毛！'他立刻懂得，将五分钱让去，真是'从善如流'，有正人君子的风度。"

【出处】《左传·成公八年》："君子曰：'从善如流，宜哉！'"

存亡继绝

使将亡之国得以保存，使将绝之嗣得以延续。△《史记·张耳陈余列传》："将军身被坚执锐，率士卒以诛暴秦，复立楚社稷，存亡继绝，功德宜为王。"

【出处】《穀梁传·僖公十七年》："桓公尝有存亡继绝之功，故君子为之讳也。"范宁集解："存亡，谓存邢、卫；继绝，谓立僖公。"

大义灭亲

为了维护正义，使犯罪的亲人受到应得的惩罚。△唐·房玄龄《晋书·慕容垂载记》："大义灭亲，况于意气之顾！"

【出处】《左传·隐公四年》："石碏，纯臣也。恶州吁而厚与焉。大义灭亲，其是之谓乎。"

戴天履地

戴：顶；履：踩。头顶天，脚踩地。后表示生活在天地之间，不能逾越本分。△宋·陈亮《谢汪侍郎启》："戴天履地，获自附人子之中；分死得生，无非拜大贤之赐。"

【出处】《左传·僖公十五年》："君履后土而戴皇天。"

盗憎主人

盗贼憎恨失主。比喻邪恶的人怨恨正直的人。△宋·朱熹《答程允夫》："今乃阴窃异端之说，而公排之，以盖其迹，不亦盗憎主人之意乎？"

【出处】《左传·成公十五年》："盗憎主人，民恶其上。"

悼心失图

悼：悲痛；图：主张。因心情悲痛而失去了主张。△南朝宋·范晔《后汉书·陆康传》："伏读惆怅，悼心失图。"

【出处】《左传·昭公七年》："孤与其二三臣悼心失图。"

地主之谊

谊：义务。本地的主人对外地客人的招待义务。△清·吴敬梓《儒林外史》二二："晚生得蒙青目，一日地主之谊也不曾尽得，如何便要去？"

【出处】《左传·哀公十二年》："夫诸侯之会，事既毕矣，侯伯致礼，地主归饩。"疏："地主，所会之地主人也。"

冬裘夏葛

冬天穿的皮裘，夏天穿的葛衫。泛指适宜不同季节穿的衣服。后也比喻因时制宜。△1.明·瞿式耜《和刘简斋韵二首》一："堪叹冥鸿一网收，旋看夏葛又冬裘。"2.《列子·汤问》："或农或商，或田或渔，如冬裘夏葛，水陆舟车。"

【出处】《公羊传·桓公八年》:"士不及兹四者,则冬不裘,夏不葛。"

冬日可爱

冬天的太阳让人喜爱。比喻态度温和慈爱,使人愿意接近。△唐·杨炯《梓州官僚赞·司军参军濮阳吴思温字如玉赞》:"爱犹冬日,同若明珠。"

【出处】《左传·文公七年》:"赵衰,冬日之日也;赵盾,夏日之日也。"杜预注:"冬日可爱,夏日可畏。"

栋折榱崩

榱:房屋的椽子。栋梁折断了,椽子裂开了。比喻国家倾覆或大人物去世。△1.南朝宋·刘义庆《世说新语·方正》:"栋折榱崩,谁之责邪?"2.北周·庾信《周大将军上开府广饶公郑常墓志铭》:"栋梁崩坏,风云寂灭,北郭长悲,东都永别。"

【出处】《左传·襄公三十一年》:"子于郑国,栋也。栋折榱崩,侨将厌焉。"

断章取义

截断文章,取其中一段或一句的意思。△清·李伯元《官场现形记》五九:"碰巧他这位老贤甥听话也只听一半,竟是断章取义……"

【出处】《左传·襄公二十八年》:"赋《诗》断章,余取所求焉。"

多难兴邦

邦:国家。多灾多难,可以激励人们的斗志,振兴国家。△明·卢象升《请讨贼疏》:"多难兴邦,殷忧启圣,以其时考之则可矣。"

【出处】《左传·昭公四年》:"或多难以固其国,启其疆土;或无难以丧其国,失其守宇。"

度德量力

度:估计;量:衡量。估计自己的品德能否服人,衡量自己的能力是否胜任。△晋·陈寿《三国志·诸葛亮传》:"于时谭者多讥亮托身所非,劳困蜀民,力小谋大,不能度德量力。"

【出处】《左传·隐公十一年》："度德而处之，量力而行之。"

尔虞我诈

尔：你；虞、诈：欺骗。你欺骗我，我欺骗你。△毛泽东《反对日本进攻的方针、办法和前途》："团结要是真正的团结，尔诈我虞是不行的。"

【出处】《左传·宣公十五年》："尔无我诈，我无尔虞。"

二惠竞爽

二惠：对兄弟二人的美称；竞：强壮；爽：健康。兄弟二人都强壮、健康。后形容兄弟二人都很出色。△宋·刘克庄《后村全集·赐宝章阁直学士王克谦辞免除宝谟阁学士……不允诏》："尔之一门，二惠竞爽，皆尝贵近矣。"

【出处】《左传·昭公三年》："二惠竞爽犹可，又弱一个焉，姜其危哉！"

二竖为虐

竖：童子；为虐：作恶。两个童子作恶。形容疾病缠身。△清·彭蕴章《知病吟》诗："自谓摄生莫我若，反招二竖来作恶。"

【出处】《左传·成公十年》："公梦疾为二竖子。"

发凡起例

凡：概略，要旨；例：体例。说明全书要旨，拟定编写体例。△清·王士禛《池北偶谈·史笔》："孙可之作《西斋录》，发凡起例，大义凛然。"

【出处】晋·杜预《春秋左传序》："其发凡言例，皆经国之常制，周公之垂法，史书之旧章。"

发短心长

头发稀少，心计很多。形容年纪老而智谋高。△清·查慎行《得树楼初成以诗落之九首》五："心长苦发短，力不及诸弟。"

【出处】《左传·昭公三年》："彼其发短而心甚长。"

反经行权

经：常轨；权：权宜。违反常轨，采取权宜之计。△明·凌濛初《二刻拍案惊奇》三二："固无此礼，而今客居数千里之外，只得反经行权，目下图个伴寂寥之计。"

【出处】《公羊传·桓公十一年》："权者何！权者反于经，然后有善者也。"

非我族类

不是我同类的人。指与自己不是一条心的人。△金庸《倚天屠龙记》三〇："非我族类，其心必异。无忌孩儿，我识错了韩夫人，你识错了小昭。"

【出处】《左传·成公四年》："史佚之志有之曰：'非我族类，其心必异。'楚虽大，非吾族也，其肯字我乎？"

非异人任

不是别人的责任。表示应由自己承担责任。△清·王韬《淞隐漫录·阿怜阿爱》："君气概磊落，心志发扬，他日建高矛，拥大纛，非异人任也。"

【出处】《左传·襄公二年》："非异人任，寡人也。"

粉饰太平

粉饰：美化外表。掩盖缺点。掩饰混乱局面。装扮太平景象。△宋·王栐《燕翼诒谋录》二："咸平、景德以后，粉饰太平，服

用浸侈……"

【出处】《公羊传·定公六年》："二名非礼也。"何休注："春秋定、哀之间，文致太平。"文致：粉饰。

丰年补败

以丰收之年的余粮补救灾年。△汉·桓宽《盐铁论·散不足》："古者凶年不备，丰年补败。"

【出处】《穀梁传·庄公二十八年》："古者税什一，丰年补败，不外求而上下皆足也。"

风马牛不相及

风：动物雌雄相诱。这里的马、牛与那里的马、牛不能相诱。指两地相隔遥远。后形容彼此之间毫无关系。△鲁迅《集外集拾遗·诗歌之敌》："因为意在爱人，便和前辈老先生尤如风马牛之不相及……"

【出处】《左传·僖公四年》："君处北海，寡人处南海，唯是风马牛不相及也。"

封豕长蛇

封豕：古代传说中的一种长牙利爪、十分凶狠的大野猪；长蛇：

古代传说中的一种长约一百丈的大蛇。比喻贪婪、强暴的人。△鲁迅《集外集拾遗·破恶声论》："而今而后，所当有利兵坚盾，环卫其身，毋俾封豕长蛇，荐食上国。"

【出处】《左传·宣公四年》："吴为封豕长蛇，以荐食上国。"杜预注："荐，数也。"

蜂虿有毒

虿：蝎子一类的毒虫。毒蜂、蝎子虽然形体小，但是有毒。比喻有些人虽然地位低，但是能害人。△清·曾朴《孽海花》二四："雯青到此真有些耐不得了，待要发作，又怕蜂虿有毒，惹出祸来，只好纳着头，生生的咽了下来。"

【出处】《左传·僖公二十二年》："君其无谓邾小，蜂虿有毒，而况国乎？"

蜂目豺声

目光像毒蜂，声音像豺狼。形容人凶狠残忍。△清·洪升《长生殿·疑谶》："见了这野心杂种牧羊的奴，料蜂目豺声定是狡徒。"

【出处】《左传·文公元年》："且是人也，蜂目而豺声，忍人也，不可立也。"

奉若神明

奉：崇奉；神明：神的总称。像对神一样崇奉。△清·吴趼人《二十年目睹之怪现状》六八："这件事荒唐得很！这么一条小蛇，怎么把它奉如神明起来？"

【出处】《左传·襄公十四年》："民奉其君，爱之如父母，仰之如日月，敬之如神明，畏之如雷霆。"

辅车相依

辅：车轴上两旁的方木，用来夹持车轴、支持车箱。车辅与车箱互相依赖。比喻关系密切，互相依存。△明·刘基《晋人挽虞公》："辅车相依，唇亡齿寒，宫之奇言之矣。"

【出处】《左传·僖公五年》："谚所谓'辅车相依，唇亡齿寒'者，其虞、虢之谓也。"

甘拜下风

下风：风向的下方，比喻下位。甘愿处于下位，向对方行礼。形容真心佩服，自认不如对方。△清·李汝珍《镜花缘》五二：

"如此议论，才见读书人自有卓见，真是家学渊源，妹子甘拜下风。"

【出处】《左传·僖公十五年》："君履后土而戴皇天，皇天后土，实闻君之言，群臣敢在下风。"

高下在心

高下：高与低，泛指各种情况。把各种情况放在心上。原指做事要斟酌情况，采取适当的措施。后形容胸有成竹地处理事情。△南朝宋·范晔《后汉书·何进传》："今将军总皇威，握兵要，龙骧虎步，高下在心。"

【出处】《左传·宣公十五年》："天方授楚，未可与争，虽晋之强，能违天乎？谚曰：'高下在心。'"

割臂之盟

割臂出血，订立盟约。原表示订立婚约的决心坚定。后指订立婚约。△清·蒲松龄《聊斋志异·向杲》："晟狎一妓，名波斯，有割臂之盟。"

【出处】《左传·庄公三十二年》："而以夫人言许之，割臂盟公。"

歌舞升平

升平：太平。唱歌跳舞，庆祝太平。△清·曾朴《孽海花》六："那年法越和约签定以后，国人……愤恨外交的受愚。但一班醉生梦死的达官贵人，却又个个兴高采烈，歌舞升平起来。"

【出处】《左传·襄公三十一年》："文王之功，天下诵而歌舞之。"汉·梅福《上书言王凤专擅》："使孝武皇帝听用其计，升平可致。"

庚癸之呼

庚：十天干之一，表示西方，主谷；癸：十天干之一，表示北方，主水。呼唤谷、水。原是军队乞粮的隐语。后泛指借贷。△唐·柳宗元《安南都护张公墓志铭》："储偫委积，师旅无庚癸之呼。"

【出处】《左传·哀公十三年》："梁则无矣，粗则有之。若登首山以呼曰：'庚癸乎！'则诺。"

鼓衰气竭

战鼓声弱了，勇气没有了。比

173

喻末尾松懈无力。△清·赵翼《瓯北诗话·陆放翁诗》："每结处必有兴会，有意味，绝无鼓衰力竭之态。"

【出处】《左传·庄公十年》："夫战，勇气也。一鼓作气，再而衰，三而竭。"

光可鉴人

鉴：照镜子。光亮得可以当镜子照。形容头发乌黑发亮，肌肤润泽艳丽。△唐·李延寿《南史·张贵妃传》："张贵妃发长七尺，鬓黑如漆，其光可鉴。"

【出处】《左传·昭公二十八年》："昔有仍氏生女，黰黑而甚美，光可以鉴。"黰：发黑而美。

含沙射影

口含沙子，喷射水中的人影，使人得病。原指蜮（古代传说中生在水里的怪物）的恶行。比喻暗中诽谤中伤。△鲁迅《两地书·序言》："其间，含沙射影者都逐渐自己没入更黑暗的处所去了，而好意的朋友也已有两个不在人间。"

【出处】《穀梁传·庄公十八年》："蜮，射人者也。"范宁集解："蜮，短狐也，盖含沙射人。"

好整以暇

好：善于；暇：从容。原指军人的勇武表现在善于阵容严整而临阵从容。后比喻事情虽多而从容不迫。△清·曾朴《孽海花》二五："在这种人心惶惶的时候，珏斋却好整以暇，大有轻裘缓带的气象……"

【出处】《左传·成公十六年》："日臣之使于楚也，子重问晋国之勇，臣对曰：'好以众整。'曰：'又何如？'臣对曰：'好以暇。'"

河清难俟

俟：等待。难以等待黄河的水变清。比喻时间太长，难以等待。△魏·王粲《登楼赋》："惟日月之逾迈兮，俟河清其未极。"

【出处】《左传·襄公八年》："周诗有之曰：'俟河之清，人寿几何？'"

河鱼腹疾

腹泻的代称。△五代·王定保《唐摭言·海叙不遇》："中和末，豫章大乱，岩杰苦河鱼之疾，寓于逆旅，竟不知其所终。"

【出处】《左传·宣公十二年》："河鱼腹疾，奈何？"疏："如河中之鱼，久在水中，则生腹疾。"

狐裘羔袖

狐皮长袍却配上羊皮袖子。比喻大体还好，略有不足之处。△清·黄裳《载酒园诗话·林逋》："林处士泉石自娱，笔墨得湖山之助……惜带晚唐风气，未免调卑句弱，时有狐裘羔袖之恨。"

【出处】《左传·襄公十四年》："余，狐裘而羔袖。"

怙恶不悛

怙：恃；悛：悔改。坚持作恶，不肯悔改。△阿英《晚清文学丛钞·东欧女豪杰》三："野蛮政府怙恶不悛，偏要和我们为难，历年以来，不知害了我们多少同志，说来真令人发指。"

【出处】《左传·隐公六年》："长恶不悛，从自及也。"

华而不实

华：花。只开花而不结果实。比喻人外表好看却没有本领。后也比喻事物外表好看却没有实用价值。△汉·张衡《东京赋》："若仆所面，华而不实；先生之言，信而有征。"

【出处】《左传·文公五年》："且华而不实，怨之所聚也。"

怀璧其罪

璧：古代一种玉器。身上藏有玉器，因而有了罪过。后比喻因有才能而遭忌妒、受迫害。△清·赵翼《瓯北诗钞·古玉珌歌》："地下长眠倘有知，怀璧其罪鬼应泣。"

【出处】《左传·桓公十年》："周谚有之：'匹夫无罪，怀璧其罪。'"

黄泉相见

黄泉：地下的泉水，借指地下。到地下再见面。表示死后再见。△《乐府诗集·孔雀东南飞》："黄泉下相见，勿违今日言。"

【出处】《左传·隐公元年》："不及黄泉，无相见也。"

回禄之灾

回禄：传说中火神的名字。火

175

中华成语探源　中华国学精粹　典藏珍本

神制造的灾害。指火灾。△宋·朱熹《答包定之》："近闻永嘉有回禄之灾，高居不至惊恐否？"

【出处】《左传·昭公十八年》："禳火于玄冥回禄。"杜预注："玄冥，水神；回禄，火神。"

悔之无及

后悔也来不及了。表示事情已无法挽回。△鲁迅《且介亭杂文末编·〈出关〉的"关"》："当初以为可以不触犯某一个人，后来才知道倒触犯了一个以上，真是'悔之无及'，既然'无及'，也就不悔了。"

【出处】《左传·昭公二十年》："既而悔之，亦无及已。"

毁家纾难

纾：缓和。毁坏自己的家以缓和国难。指捐献家产，帮助国家解决困难。△清·吴趼人《痛史》二五："某等愿从众志，毁家纾难，兴复宋室。"

【出处】《左传·庄公三十年》："自毁其家以纾楚国之难。"

讳莫如深

讳：隐瞒。不如深深地隐瞒着。原指隐瞒得深才能不被人知道。后形容深深地隐瞒着，唯恐被人知道。△郭沫若《学生时代·创造十年续篇》："如仪是著书立说，不怕尽有人深切地受了你的教益，他是讳莫如深的。"

【出处】《谷梁传·庄公三十二年》："讳莫如深，深则隐。"

贿赂公行

公开地行贿受贿。△唐·魏征《隋书·刑法志》："宪章遐弃，贿赂公行，穷人无告，聚为盗贼。"

【出处】《左传·昭公六年》："乱狱滋丰，贿赂并行，终子之世，郑其败乎？"

祸福无门

门：门路。灾祸和幸福没有一定的门路。指灾祸和幸福不是注定的，而是人们自己造成的。△汉·孔臧《鸮赋》："祸福无门，唯人所求，听天任命，慎厥所修。"

【出处】《左传·襄公二十三年》："祸福无门，唯人所召。"

积不相能

积：长久积累；能：和睦。长

期以来，相

互之间不和睦。△阿英《晚清文学丛钞·黑籍冤魂》二二："再有那狭量的人，以及平日与他积不相能的，遂拿着稿子去见东家，说他种种不是。"

【出处】《左传·襄公二十一年》："范鞅以其亡也，怨栾氏，故与栾盈为公族大夫而不相能。"

吉人天相

吉人：有福气的人；相：帮助。有福气的人有上天帮助。△明·冯梦龙《醒世恒言》九："王三老道：'既然庚帖返去，原聘也必然还璧。但吉人天相，令郎尊恙，终有好日，还要三思而行。'"

【出处】《左传·宣公三年》："姞，吉人也，后稷之元妃也。今公子兰，姞甥也，天或启之，必将为君，其后必蕃。"

掎角之势

掎：拉腿；角：抓角。有人拉腿，有人抓角的态势。比喻从两方面夹击的态势。△明·罗贯中《三国演义》三二："谭屯兵城中，尚屯兵城外，为掎角之势。"

【出处】《左传·襄公十四年》："譬如捕鹿，晋人角之，诸戎掎之，与晋踣之。"踣：跃倒。

季路一言

季路：孔子的门生，又叫子路，信用极好。季路的一句话。泛指一句讲信用的话。△清·蒲松龄《聊斋志异·李伯言》："此事君亲见之，惟借季路一言，无他言也。"

【出处】《左传·哀公十四年》："子路辞。季康子使冉有谓之曰：'千乘之国，不信其盟，而信子之言，子何辱焉？'"

假途灭虢

假：借。原指向虞国借路，去消灭虢国，在归途中把虞国也消灭掉。后泛指假借名义，实际上另有图谋。△明·罗贯中《三国演义》五六："此乃'假途灭虢'之计也。虚名收川，实取荆州。"

【出处】《左传·僖公五年》："晋侯复假道于虞以伐虢……冬十二月丙子朔，晋灭虢，虢公丑奔京师。师还，馆于虞，遂袭虞，灭之，执虞公"

艰难险阻

艰苦、困难、危险、阻碍。△宋·岳珂《桯史·犬散论赏书》："先生以博大高明之学，当艰难险阻之时，凡百施设，莫非经久。"

【出处】《左传·僖公二十八年》："晋侯在外十九年矣，而果得晋国。险阻艰难，备尝之矣。"

降心相从

降低自己的心思，随顺别人。△三国·王肃《孔丛子·论势》："故降心以相从，屈己以求存也。"

【出处】《左传·隐公十一年》："如旧昏媾，其能降以相从也，"昏：婚。杜预注："降，降心也。"

骄奢淫逸

骄横，奢侈，荒淫，享乐。形容腐朽糜烂的生活。△清·李绿园《歧路灯》二一："况且是丰厚之家，本有骄奢淫逸之资……"

【出处】《左传·隐公三年》："骄奢淫泆，所自邪也。"泆：逸。孔颖达疏："骄谓恃己陵物，奢谓夸矜僭上，淫谓嗜欲过

度，泆谓放恣无艺。"

经天纬地

经：纵线；纬：横线。以天为经，以地为纬。比喻规划和从事宏伟的事业。后形容治理国家的才能。△明·罗贯中《三国演义》一二："曹操虽有经天纬地之才，到此安能得脱也？"

【出处】《左传·昭公二十八年》："经纬天地曰文。"

居安思危

在平安的处境中，想到可能出现的危难。△茅盾《子夜》九："你的危言诤论，并不能叫小杜居安思危，反使得他决心去及时行乐，今夕有酒今夕醉。"

【出处】《左传·襄公十一年》："居安思危，思而有备，有备无患。"

举棋不定

举着棋子，不能确定如何走。比喻做事拿不定主意。△唐·李德裕《代符澈与幽州大将书意》："取舍之间，苍黄骤变，且举棋不定。"

【出处】《左传·襄公二十五

年》："弈者举棋不定，不胜其耦。"弈：围棋；耦：偶，对手。

口血未干

口血：古代订立盟约时，在嘴上涂牲畜血，以示诚意。嘴上涂的血还没有干。表示，订立盟约的时间不久。△清·蔡元放《东周列国志》一一："谷邱之盟，宋、鲁、燕三国同事，口血未干，宋人背盟，寡人伐之。"

【出处】《左传·襄公九年》："与大国盟，口血未干而背之，可乎？"

宽猛相济

济：救。宽松与严厉的手段相互补救，配合使用。△魏·王粲《儒吏论》："吏服雅训，儒通文法，故能宽猛相济，刚柔自克也。"

【出处】《左传·昭公二十年》："政宽则民慢，慢则纠之以猛；猛则民残，残则施之以宽。宽以济猛，猛以济宽，政是以和。"

困兽犹斗

困：被围困；犹：还。被围困的野兽还要扑斗。比喻陷于绝境的人还要作最后的挣扎。△阿英《晚清文学丛钞·冷眼观》三："困兽犹斗，况我军正在缺粮，军心惶惑，决不可战，战恐不利。"

【出处】《左传·宣公十二年》："困兽犹斗，况国相乎！"

狼子野心

幼狼虽小，但有残忍的天性。比喻凶残狠毒的人，恶心难改。△明·罗贯中《三国演义》一六："吾素知吕布狼子野心，诚难久养。"

【出处】《左传·宣公四年》："谚曰：'狼子野心。'是乃狼也，其可畜乎！"

厉兵秣马

厉：砺，磨刀石，借指磨；兵：兵器；秣：喂牲口。磨快兵刃，喂好战马。指做战前准备。后也泛指事前准备工作。△1.唐·房玄龄《晋书·姚苌载记》："愿布德行仁，招贤纳士，厉兵秣马，以候天机。"2.鲁迅《集外集拾遗·新的世故》："就是去年和章士钊闹，我何尝……断定他是阻碍新文化的罪魁祸首，于是啸聚义师，厉兵秣马，天戈直指，将以澄清天下也哉？"

【出处】《左传·僖公三十三年》："郑穆公使视客馆，则束载、厉兵、秣马矣。"

良禽择木

禽：鸟；木：树。好的鸟选择栖息的树。比喻贤能的人选择英明的人，扶助他的事业。△明·罗贯中《三国演义》一四："岂不闻'良禽择木而栖，贤臣择主而事'。遇可事之主，而交臂失之，非丈夫也。"

【出处】《左传·哀公十一年》："鸟则择木，木岂能择鸟？"

量力而行

量：估量。根据自己的能力而采取行动。△叶圣陶《英文教授》："各位同学呢，大家量力而行，能捐多少就捐多少。"

【出处】《左传·隐公十一年》："度德而处之，量力而行之。"

聊以卒岁

聊：姑且；卒：结束。姑且过完这一年。原指无所事事。后形容勉强度日。△毛泽东《中国社会各阶级的分析》："于艰难竭蹶之中，存聊以卒岁之想。"

【出处】《左传·襄公二十一年》："《诗》曰：'优哉游哉，聊以卒岁。'"

【辨正】一说，语出《诗经》。《诗经》中并没有"聊以卒岁"之句：《诗·小雅·采菽》中说的是"优哉游哉，亦是戾矣"；《诗·豳风·七月》中说的是"无衣无褐，何以卒岁"。"聊以卒岁"是左氏以《诗经》为旗帜的自创。

鸾凤和鸣

鸾：古代传说中凤凰一类的鸟。鸾与凤和谐地鸣叫。比喻夫妻关系和谐。△《元曲选·唐明皇秋夜梧桐雨》一："夜同寝，昼同行，恰似鸾凤和鸣。"

【出处】《左传·庄公二十二年》："初，懿氏卜妻敬仲，其妻占之，曰：'吉，是谓"凤皇于飞，和鸣锵锵"……'"皇：凰。

马齿徒增

马齿：马的牙齿，根据其磨损情况可以判断马的年龄；徒：徒然。马的年龄徒然增长了。比喻人的年龄徒然增长，学识没有长进，事业没有成就。△清·王韬《淞隐漫录·阿怜阿爱》："自妾识君，已四五年矣。蛾眉易老，马齿徒增，尚未能择人而事，自拔于火坑。"

【出处】《公羊传·僖公二年》："子之谋则已行矣。宝则吾宝也，虽然，吾马之齿亦已长矣。"

马首是瞻

是：起提宾作用，句为"瞻马首"。瞻：看。看主将的马头，决定进退。后比喻跟随别人行动。△魏·温子升《为广阳王渊上书言边事》："今者相与还次云中，马首是瞻……"

【出处】《左传·襄公十四年》："荀偃令曰：'鸡鸣而驾，塞井夷灶，唯余马首是瞻。'"

灭此朝食

朝食：早饭。消灭了这些敌人再吃早饭。形容对敌人极端痛恨，渴望立即消灭敌人。△鲁迅《二心集·宣传与作戏》："连体操班也不愿意上的学生少爷，他偏要穿上军装，说是'灭此朝食'。"

【出处】《左传·成公二年》："齐侯曰：'余姑翦灭此而朝食。'不介马而驰之。"

民不堪命

不堪：承受不了。民众的生命承受不了。形容民众痛苦得活不下去。△鲁迅《坟·文化偏至论》："古之临民者，一独夫也；由今之道，且顿变为千万无赖之尤，民不堪命矣，于兴国究何与焉。"

【出处】《左传·桓公二年》："宋殇公立，十年十一战，民不堪命。"

民生凋敝

生：生计；凋敝：衰败，残破。民众的生计衰败、残破。形容民众的生活极贫困。△《清史稿·洪承畴传》："臣受任经略，目击民生凋弊……"

【出处】《左传·昭公八年》："今宫室崇侈，民不凋尽，怨讟并作。"讟：怨言。

民怨沸腾

民众的怨声像开水在翻腾。形容民众的不满情绪极高。△清·李伯元《官场现形记》五："上半年在那里办过几个月的厘局，不应该要钱的心太狠了，直弄得民怨沸腾。"

【出处】《左传·昭公十三年》："苛慝不作，盗贼伏隐，私欲无违，民无怨心。"

名列前茅

前茅：古代行军时，走在队伍最前面的人手执白茅，发现敌情时举白茅为信号报警。名次排在最前面。△清·昭梿《啸亭杂录·续录》四："少入成均，法时帆先生最为赏识，每考必列前茅。"

【出处】《左传·宣公十二年》："军行、右辕左追蓐，前茅虑无，中权，后劲。"

磨砺以须

砺：磨刀石；须；等待。磨好兵刃，等待动手。比喻做好准备，等待时机。△宋·岳珂《桯史·乾道受书礼》："则臣愿陛下深谋远虑，磨厉以须，忍其小而图其大，他时翦除丑类，恢复故疆。"

【出处】《左传·昭公十二年》："摩厉以须，王出，吾刃将斩矣。"摩：磨；厉：砺。

莫余毒也

余：我；毒：伤害。没有谁能伤害我。形容目空一切。△清·梁启超《饮冰室文集·中国积弱溯源论》："彼民贼之呕尽心血，遍布罗网，岂不以为算无遗策，天下人莫余毒乎？"

【出处】《左传·僖公二十八年》："及连谷而死。晋闻之，而后喜可知也，曰：'莫余毒也已！'"

莫之与京

京：大。没有什么能比得上他那么大。后形容首屈一指，无与伦比。△南梁·萧统《陶渊明集序》："其文章不群，词采精拔。跌宕昭彰，独超众类；抑扬爽朗，莫之与京。"

【出处】《左传·庄公二十二年》："五世其昌，并于正卿；八世之后，莫之与京。"

木本水源

木：树；本：根。树的根，水的源，比喻事物的根本。△清·李汝珍《镜花缘》一六："以木本水源而论，究竟我们天朝要算万邦根本了。"

"木水之有本原，民人之有谋主也。"原：源。

墓木已拱

木：树；拱：两手相合。坟墓上的树已经有两手合抱那么粗了。原指人早该死了。后表示人死已久。△清·曾朴《孽海花》七："想着从前乡先辈冯景亭先生见面时，勉励的几句好言语，言犹在耳，而墓木已拱。"

【出处】《左传·僖公三十二年》："尔何知？中寿，尔墓之木拱矣。"

暮虢朝虞

晚上消灭了虢国，第二天早上就消灭了虞国。比喻覆灭变迁的迅速。△金·元好问《俳体雪香亭杂咏十五首》二："洛阳城阙变灰烟，暮虢朝虞只眼前。"

【出处】《左传·僖公五年》："冬十二月丙子朔，晋灭虢……师还，馆于虞，遂袭虞，灭之。"

南风不竞

风：民歌，民间音乐；竞：强劲。南方音乐的声音不强劲。原

比喻楚军士气低落。后形容竞争力不强，显出败迹。△南朝宋·刘义庆《世说新语·方正》："王子敬数岁时，尝看诸门生樗蒲，见有胜负，因曰：'南风不竞。'"

【出处】《左传·襄公十八年》："南风不竞，多死声，楚必无功。"

南冠楚囚

冠：帽子。戴着南方帽子的楚国囚犯。后泛指囚犯。△宋·章丽贞《长相思·送汪水云归吴》："风飕飕，雨飕飕，万里归人空白头。南冠注楚囚。"

【出处】《左传·成公九年》："晋侯观于军府，见钟仪，问之曰：'南冠而絷者，谁也？'有司对曰：'郑人所献楚囚也。'"

皮之不存，毛将焉附

焉：哪里；附：附着。皮没有了，毛长在哪里？比喻失去了借以生存的基础，事物就不能存在。△姚雪垠《李自成》二卷三二章："倘若朕的江山不保，你们不是也跟着家破人亡？皮之不存，毛将焉附？"

【出处】《左传·僖公十四年》："虢射曰：'皮之不存，毛将安傅？'"

疲于奔命

奔命：奉命奔走。因奉命奔走而疲劳不堪。后比喻事情太多，忙不过来。△明·罗贯中《三国演义》一六："且彼或来借粮，或来借兵，公若应之，是疲于奔命，又结怨于人……"

【出处】《左传·成公七年》："余必使尔疲于奔命以死。"

匹马只轮

一匹马、一辆战车。指极少的兵马装备。△北齐·温子升《孝武帝答高欢敕》："王脱信邪弃义，举旗南指，纵无匹马只轮，犹欲奋空拳而争死。"

【出处】《公羊传·僖公三十三年》："然而晋人与姜戎要之殽而击之，匹马只轮无返者。"要：拦截。

凄风苦雨

寒冷的风，连绵不停的雨。形容天气恶劣。也比喻境遇凄凉悲苦。△1.清·王韬《淞滨琐话·金玉蟾》："时春早天寒，风凄雨苦……"2.宋·范成大《惜分飞》词："重别西楼肠断否？多少凄风苦雨。休梦江南路，路长梦短无寻处。"

【出处】《左传·昭公四年》："春无凄风，秋无苦雨。"

齐大非偶

偶：配偶。齐国太大，不能与之婚配。表示不敢高攀，拒绝联姻。△清·王韬《淞隐漫录·鹃红女史》："去年闻有山东新状头求婚其家，以齐大非偶却之……"

【出处】《左传·桓公六年》："齐侯欲以文姜妻郑太子忽，太子忽辞。人问其故，太子曰：'人各有耦，齐大，非吾耦也。'"耦：偶。

其貌不扬

扬：扬显，出众。他的相貌不出众。形容人长得不好看。△宋·孙光宪《北梦琐言·皮日休献书》："礼部侍郎郑愚以其貌不扬，戏之曰：'子之才学甚富，如一目何？'休对曰：'侍郎不可以一目废二目。'"

【出处】《左传·昭公二十八

年》："夫今子少不飏，子若无言，无几失子矣。"飏：扬。杜预注："颜貌不扬显。"

【辨正】一说，语出唐代裴度的《自题写真赞》："尔才不长，尔貌不扬，胡为将？"这里，裴度使用了《左传》里的典故。考其源，当为《左传》。

前茅后劲

前茅：古代行军时，走在队伍最前面的人手执白茅，发现敌情时举白茅为信号报警；后劲：古代行军时，走在队伍最后面的精兵。后比喻诗文的开头气韵生动，结尾精悍有力。△清·贺裳《载酒园诗话又编·杜荀鹤》："杜集中亦间有佳句……但佳者止得一联，不能前茅后劲……"

【出处】《左传·宣公十二年》："军行，右辕，左追蓐，前茅虑无，中权后劲。"

秦庭之哭

春秋时，吴国进攻楚国。楚臣申包胥到秦国求援，在秦宫廷倚墙哭了七天七夜，秦王终于出兵援楚。后泛指哀求别人援助。△清·蒲松龄《聊斋志异·禽侠》："三日不返，其去作秦庭之哭，可知矣。"

【出处】《左传·定公四年》："申包胥如秦乞师……立倚于庭墙而哭，日夜不绝声，勺饮不入口，七日……秦师乃出。"

庆父不死，鲁难未已

庆父：春秋时鲁国的公子，曾一再制造内乱；已：止。不杀死庆父，鲁国的灾难就不会停止。泛指不除掉制造内乱的罪魁祸首，国家就不得安宁。△毛泽东《南京政府向何处去》："庆父不死，鲁难未已。战犯不除，国无宁日。"

【出处】《左传·闵公元年》："不去庆父，鲁难未已。"

取精用弘

弘：多。原指享用得精美而丰富。后表示从大量材料中提取精华。△朱自清《经典常谈·〈史记〉、〈汉书〉第九》："兰台是皇家藏书之处，他取精用弘，比家中自然更好。"

【出处】《左传·昭公七年》："蕞尔国，而三世执其政柄，其用物也弘矣。其取精也多矣。"

染指羹鼎

羹：浓汤；鼎：古代煮东西的器物。把手指伸进鼎里，蘸些浓汤尝一尝。后比喻从本分范围之外捞取好处。△清·王夫之《姜斋诗话·夕堂永日绪论内篇》："故嗣是而兴者，如郭景纯、阮嗣宗……皆不屑染指建安之羹鼎，视子建蔑如矣。"

【出处】《左传·宣公四年》："及食大夫鼋，召子公而弗与也。子公怒，染指于鼎，尝之而出。"

人尽可夫

夫：做丈夫。人人都可以做丈夫。形容女子极淫乱。△清·长白浩歌子《萤窗异草·陆厨》："妇既见逐，人尽可夫，弟娶之固无害于义。"

【出处】《左传·宣公十五年》："人尽夫也，父一而已。胡可比也！"

人生在勤

人的生存在于勤劳。△元·脱脱《宋史·辛弃疾传》："人生在勤，当以力田为先。"

【出处】《左传·宣公十二年》："民生在勤，勤则不匮。"匮：缺。

人心如面

人的思想就像人的脸一样，各不相同。△晋·陈寿《三国志·蒋琬传》："人心不同，各如其面。"

【出处】《左传·襄公三十一年》："人心之不同，如其面焉。吾岂敢谓子面如吾面乎？"

肉食者鄙

肉食者：吃肉的人，指当官的人；鄙：目光短浅。当官的人目光短浅。△《晚清文学丛钞·扫迷帚》八："其实那长官也是平民做的，他的见识或反不及平民。岂不闻《左传》云'肉食者鄙'么？"

【出处】《左传·庄公十年》："肉食者鄙，未能远谋。"

如释重负

释：放；负：负担。好像放下了重担子。形容解除紧张后的轻松、舒畅。△清·李伯元《官场现形记》五七："齐巧院上派人下来，说：'把外国凶手先送到洋务局里安置……'首县闻言，如释重负。"

【出处】《谷梁传·昭公二十九年》："昭公出奔，民如释重负。"

若敖氏之鬼

若敖：古代姓氏之一。春秋时楚国令尹若敖子文，担心侄儿若敖椒会使若敖氏遭到灭宗之祸，致使若敖氏的死者因没有子孙祭祀而挨饿。比喻没有子孙的人。△清·纪昀《阅微草堂笔记·槐西杂志》三："两儿皆染淫毒，延及一门，疠疾缠绵，因绝嗣续。若敖氏之鬼，竟至馁而。"

【出处】《左传·宣公四年》："鬼犹求食，若敖氏之鬼，不其馁而。"馁：饥饿。

弱不好弄

弱：年少；弄：戏，玩。年轻而不爱玩。形容少年老成。△晋·陈寿《三国志·顾邵传》："礼字德嗣，弱不好弄，潜识过人。"

【出处】《左传·僖公九年》："夷吾弱不好弄。"

三坟五典

三坟：伏羲氏、神农氏、黄帝写的书；五典：少昊、颛顼、高辛、尧、舜写的书。我国最古的书籍。△汉·张衡《东京赋》："昔常恨三坟五典既泯，仰不睹炎帝帝魁之美。"

【出处】《左传·昭公十二年》："是良史也，子善视之，是能读三坟、五典、八索、九丘。"

三折肱，为良医

肱：上臂。三次折断上臂，自己就成了医治断臂的高明的医生。比喻对某事阅历深，经验丰富，成为内行。△茅盾《子夜》八："三折肱成良医！从什么地方吃的亏，还是到什么地方去翻本呀！"

【出处】《左传·定公十三年》："三折肱，知为良医。"

三折之肱

肱：上臂。折断三次的上臂。借指高明的医术。△明·吴承恩《西游记》七〇："是我大施三折之肱，把他的相思之病治好了。"

【出处】《左传·定公十三年》："三折肱，知为良医。"

杀敌致果

致：取得；果：果实，比喻成绩。英勇杀敌，取得战绩。△鲁迅《且介亭杂文附集"立此存照"七》："要知道这种举动，和战士在战争时的杀敌致果，功罪是绝对相反的。"

【出处】《左传·宣公二年》："杀敌为果，致果为毅。"

善善从长

原指称赞好事，意义长远。后指称赞人善于取人之长。△清·李伯元《文明小史》三一："从来说三代以下惟恐不好名，能够好名，这人总算还有出息，我们只好善善从长，不要说出那般诛心的话，叫人听着寒心。"

【出处】《公羊传·昭公二十年》："君子之善善也长，恶恶也短。"

善善恶恶

称赞好事，憎恶坏事。形容奖善惩恶，爱憎分明。△明·罗贯中《三国演义》三五："久闻刘景升善善恶恶，特往谒之。及至相见，徒有虚名，盖善善而不能用，恶恶而不能去者也。"

【出处】《公羊传·昭公二十年》："君子之善善也长，恶恶也短。"

【辨正】一说，语出《史记·太史公自序》："夫《春秋》，上明三五之道，下辨人事之纪……善善恶恶，贤贤贱不肖……"司马氏"善善恶恶"，取之于公羊氏的"善善也长，恶恶也短"。考其源，当为《公羊传》。

善自为谋

善于为自己打算。△南梁·萧子显《南齐书·王僧虔传》："太祖善书……谓僧虔曰：'谁为第一？'僧虔曰：'臣书第一，陛下亦第一。'上笑曰：'卿可谓善自为谋矣。'"

【出处】《左传·桓公六年》："君子曰：'善自为谋。'"

上下其手

先往上举手，再把手放低。春秋时，楚郑交战，穿封戌活捉了郑国将领皇颉，公子围争功，硬说皇颉是他捉到的。二人争执不下，请太宰伯州犁裁处。伯州犁有意偏袒公子围，说："这要问俘虏自己。"皇颉被带来后。伯州犁把手高高地举起来，指着公子围说："这位是公子围，我们国君亲爱的弟弟。"又把手放低，指着穿封戌说："这个人叫穿封戌，是我国边远地方的一个县尹。"皇颉明白伯州犁的暗示，趁机逢迎，撒谎说："是公子捉住我的。"后比喻玩弄手法，通同作弊。△清·李伯元《官场现形记》二四："先把前头委的几个办料委员，抓个错，一齐撤差，通通换了自己的私人，以便上下其手。"

【出处】《左传·襄公二十六年》："上其手曰：'夫子为王子围，寡君之贵介弟也。'下其手曰：'此子为穿封戌，方城外之县尹也。'"

少安毋躁

少：稍微；安：徐，缓；毋：无，不要。稍微耐心一点，不要急躁。△清·文康《儿女英雄传》一八："你且少安毋躁，等我把始末因由细演一番，你听了方知我说的不是梦话。"

【出处】《左传·襄公七年》："吾子其少安。"

身其余几

原意是去掉头、尾，剩下的身子能有多少，后表示身子留在世上还有多少时间？指活不久了。△清·钱谦益《牧斋初学集·特进光禄大夫……孙公行状》："万口谣诼，身其余几？"

【出处】《左传·文公十七年》："古人有言：'畏首畏尾，身其余几？'"

甚嚣尘上

甚：很；嚣；喧闹；上：扬，非常喧闹，尘土飞扬。原形容战斗开始前军队里喧闹纷乱的样子。后比喻议论纷纷，传言很多。△郭沫若《纪念碑性的建国史诗之期待》："尤其在最近的十几年间，新旧左右之争，甚嚣尘上，虽屡次企图团结，终于中途流产。"

【出处】《左传·成公十六年》："甚嚣，且尘上矣！"

生聚教训

生育人口，聚敛财富，教育，训练。指发展实力，培育人才，振兴国家。△南梁·贺琛《条奏时务封事》："今北边稽服，戈甲解息，政是生聚教训之时。"

【出处】《左传·哀公元年》："越十年生聚，而十年教训，二十年之外，吴其为沼乎！"

中华成语探源

中华国学精粹

典藏珍本

生死存亡

或是生或是死，或是存在或是灭亡。指最关键的问题或时刻。△《元曲选·金水桥陈琳抢妆盒》二："亲承懿旨到西宫，生死存亡掌握中。"

【出处】《左传·定公十五年》："夫礼，死生存亡之体也。"

生死肉骨

使死人复生，使白骨长肉。比喻极大的恩惠。△五代·徐铉《又代萧给事与楚王书》："存者荷二天之恩，没者释九原之恨，则生死肉骨，未可比量。"

【出处】《左传·襄公二十二年》："吾见申叔，夫子所谓生死而肉骨也。"

省吃俭用

原指压缩粮食供应，节省费用开支。后形容生活节俭。△明·冯梦龙《醒世恒言》一八："夫妻依旧省吃俭用，昼夜营运，不上十年……把个家业收拾得十分完美。"

【出处】《左传·僖公二十一

年》："贬食省用，务穑劝分，此其务也。"杜预注："穑，俭也。"

师直为壮

师：军队；直：正当；壮：壮年，借指精力旺盛。军队作战有正当理由，士气就旺盛。△唐·李德裕《幽州纪圣功碑铭序》："介胄雪照，戈矛林植，命以义殉，壮由师直。"

【出处】《左传·僖公二十八年》："师直为壮，曲为老。"

实逼处此

实：是，这；逼：侧。住在这都城之侧。原是春秋时期郑伯对许叔的安置。后表示为情势所迫，不得不这样。△宋·郑兴裔《请罢建康行宫书》："太上皇帝肇造中兴，建都临安，诚以邦家多难，实逼处此。"

【出处】《左传·隐公十一年》："无滋他族，实逼处此。"

食不兼味

兼味：两个味道，借指两个菜。不吃两个菜。形容饮食简单。△汉·司马迁《史记·吴太伯世家》："越王勾践食不重味，衣不重采……"

【出处】《谷梁传·襄公二十四年》："大侵之礼，君食不兼味，台榭不涂。"

食毛践土

毛：植物，这里指谷物。吃的是国君的五谷，踩的是国君的土地。△清·李伯元《官场现形记》四七："做百姓的食毛践土，连国课都要欠起来不还，这还了得吗？"

【出处】《左传·昭公七年》："封略之内，何非君土；食土之毛，谁非君臣？"

食肉寝皮

吃他的肉，剥下他的皮当褥子。表示极大的仇恨。△鲁迅《呐喊·狂人日记》："又一回偶然议论起一个不好的人，他便说不但该杀，还当'食肉寝皮'。"

【出处】《左传·襄公二十一年》："然二子者，譬于禽兽，臣食其肉而寝处其皮矣。"

食言而肥

把说出的话又吃了回去，因而身体肥胖。形容为占便宜而不履行诺言。△明·李开先《闲居集·水风卧吟楼记》："不以食言而肥，不因苦吟而瘦。"

【出处】《左传·哀公二十五年》："食言多也，能无肥乎？"

食指大动

用食指指点着美味的食品。后形容贪馋的样子。△夜市上那些香气四溢的食品，令他食指大动。

【出处】《左传·宣公四年》："楚人献鼋于郑灵公，公子宋与子家将见，子公之食指动，以示子家。"

史不绝书

史书上不断有记载。指历史上经常发生这样的事情。△姚雪垠《李自成》一卷一七章："子弑父，父杀子，兄弟互相惨杀，史不绝书。"

【出处】《左传·襄公二十九年》："鲁之于晋也，职贡不乏，玩好时至，公卿大夫相继于朝，史不绝书。"

视民如伤

把百姓看得如同有伤病的

人一样。形容体恤、爱护民众。△晋·潘岳《扬荆州诔》："君莅其位，视民如伤。"

【出处】《左传·哀公元年》："臣闻国之兴也，视民如伤，是其福也……"

室如悬磬

磬：一种玉或石做的打击乐器，中间是空的。屋子里空洞洞的，好像悬吊着的磬一样。形容家里贫穷，空无所有。△汉·司马徽《诫子书》："闻汝充役，室如悬磬，何以自辨？"

【出处】《左传·僖公二十六年》："室如县磬，野无青草，何恃而不恐？"县：悬；罄：磬。

室怒市色

室：家；市：集市，在家里生了气，到集市上给人看脸色。形容迁怒于人。△元·郝经《居庸行》诗："百年一偾老虎走，室怒市色还猖狂"。

【出处】《左传·昭公十九年》："谚所谓'室于怒，市于色'者，楚之谓矣。"杜预注："言灵王怒吴子而执其弟，犹人忿于室家，而作色于市人。"

噬脐莫及

噬：咬；及：到。咬不到自己的肚脐。比喻后悔也来不及。△明·陆采《怀香记·鞫询香情》："倘有后悔，噬脐莫及。"

【出处】《左传·庄公六年》："亡邓国者，必此人也，若不早图，后君噬齐，其及图之乎？"齐：脐。

收合余烬

烬：没有烧尽的柴草。收集残余的柴草。比喻收集残余的力量。△明·孙传庭《省罪录·引》："维时敌焰燎原，人心风鹤，臣始收余烬，以支残局。"

【出处】《左传·成公二年》："请收合余烬，背城借一。"

数典忘祖

典：典故，史实。历数历史典故，却忘掉了自己的祖先。后比喻忘记了自己本来的情况。也比喻对本国历史缺乏了解。△清·袁枚《与钱竹初书》："枚祖籍慈溪，为兄部民，因生长杭州，数典忘祖。"

【出处】《左传·昭公十五年》："籍父其无后乎！数典而忘其祖。"

送往事居

埋葬死者，奉养生者。△宋·陈亮《祭朱寿之文》："少不失父，老不哭子，送往事居，后先更迭，以终于无憾。"

【出处】《左传·僖公九年》："送往事居，耦俱无猜，贞也。"

贪得无厌

厌：满足。非常贪婪，对取得财物没有满足。△清·高鹗《红楼梦》一〇七："凤姐本是贪得无厌的人，如今被抄净尽，自然愁苦……"

【出处】《左传·昭公二十八年》："贪婪无厌。"

贪天之功

贪求上天的功绩。原指把上天成就的功业说成是自己的功劳。后形容把别人的成绩说成是自己的功劳。△清·蔡元放《东周列国志》三七："吾宁终身织屦，不敢贪天之功以为己力也。"

【出处】《左传·僖公二十四年》："窃人之财，犹谓之盗，况贪天之功以为己力乎！"

叹观止矣

赞叹道："停止观看吧！"表示不用再看别的。形容事物美好到极点。△清·钱泳《石钟山》文："若江宁之燕子矶，镇江之金、焦两山，皆不足奇，得此而叹观止矣。"

【出处】《左传·襄公二十九年》："观止矣！若有他乐，吾不敢请已。"

天不假年

假：给；年：岁。上天不给年岁。指寿命不长。△清·平步青《二十四史月日考》："惜天不假年，积四十六年之岁月，仅成全史三之一。"

【出处】《左传·僖公二十八年》："天假之年，而除其害。"

天假其年

假：给；年：岁。上天给他的年岁。本指天意让他生存。后形容长寿。△晋·傅玄《永宁太仆庞侯诔》："天假其年，主优其禄。"

【出处】《左传·僖公二十八

年》："晋侯在外十九年矣，而果得晋国……天假之年，而除其害。"

天经地义

经：常道；义：正理。天认为是常道，地认为是正理。形容绝对正确，无可置疑，理所当然。△清·曾朴《孽海花》三○："她想就是雯青在天之灵，也会原谅她的苦衷。所以不守节，去自由，在她是天经地义的办法，不必迟疑的。"

【出处】《左传·昭公二十五年》："夫礼，天之经也，地之义也，民之行也。"

天怒人怨

天愤怒，人怨恨。形容为害严重，引起普遍的愤恨。△清·李伯元《官场现形记》四二："那知本府亦恨之入骨。一处处弄得天怒人怨……"

【出处】《左传·昭公二十年》："神怒民痛，无悛于心。"

【辨正】一说，语出《后汉书·袁绍传》："自是士林愤痛，人怨天怒，一夫奋臂。举州同声。"这里的"天"，即左氏所说

的"神"；"人"，即左氏所说的"民"。考其源，应为《左传》。

铤而走险

铤：快走的样子。因走得快，来不及选择而走上了危险的道路。后指因无路可走而被迫采取冒险行动。△清·纪昀《阅微草堂笔记·如是我闻》："一旦绝其衣食之源，羸弱者转乎沟壑，姑勿具论；桀黠者铤而走险，君何以善其后耶？"

【出处】《左传·文公十七年》："铤而走险，急何能择？"

同恶相济

济：帮助。原指有共同的敌人而互相帮助。后形容坏人互相勾结，共同作恶。△明·罗贯中《三国演义》六九："吾等为汉臣，岂可同恶相济。"

【出处】《左传·昭公十三年》："同恶相求，如市贾焉，何难？"

投袂而起

袂：袖子。一甩袖子，站起来。形容立即行动的情态。△清·曾朴《孽海花》二五："我只有投袂而

194

起，效死疆场，赎我的前愆了。"

【出处】《左传·宣公十四年》："楚子闻之，投袂而起。"

投诸四裔

投：放逐；诸：之于；裔：边远的地方。放逐到四面的边远地方。△鲁迅《而已集·答有桓先生》："他们什么罪孽呢，就是因为常常和我往来，并不说我坏……所以近年来，鲁迅已为被'投诸四裔'的原则了。"

【出处】《左传·文公十八年》："流四凶族，浑敦、穷奇、梼杌、饕餮，投诸四裔，以御螭魅。"

退避三舍

舍：古代行军时计算路程的单位，三十里为一舍。后退三舍路程，避开对方。后比喻对人让步。△清·吴敬梓《儒林外史》一〇："贤侄少年如此大才，我等俱要退避三舍矣。"

【出处】《左传·僖公二十三年》："晋楚治兵，遇于中原，其辟君三舍。"

外强中干

干：空虚。原形容异国来

的战马，外表强壮而实际上很虚弱。后泛指外表强大而实际虚弱。△清·吴趼人《二十年目睹之怪现状》八七："今番再干掉了几万，虽不至于像从前吃尽当光光景，然而不免有点外强中干了。"

【出处】《左传·僖公十五年》："今乘异产以从戎事……外强中干，进退不可，周旋不能。"

玩火自焚

玩弄火而烧了自己。比喻冒险干害人的事情，结果害了自己。△南梁·萧子显《南齐书·东昏侯本纪赞》："玩习兵火，终用焚身。"

【出处】《左传·隐公四年》："夫兵，犹火也，弗戢，将自焚也。"颜师古注："戢，敛也。"

望而生畏

看见就害怕。△清·昭梿《啸亭杂录·博尔奔察》："此乃素被黄烟所熏怕者，故望而生畏也。"

【出处】《左传·昭公二十年》："夫火烈，民望而畏之，故鲜死焉。"

微不足道

十分渺小，不值一提。△郭沫若《百花齐放·单色堇》："在草花中我们虽然是微不足道，但我们的花色却算是紫色代表。"

【出处】《谷梁传·隐公七年》："其不言逆，何也？逆之道微，无足道焉尔。"

唯力是视

唯：只。只看力量如何。表示根据自己的力量尽力而为。△清·李伯元《活地狱》三〇："现在他孤儿寡妇，家难大作，我们稍有人心，当唯力是视，极意照应，方是正理。"

【出处】《左传·僖公二十四年》："除君之恶，唯力是视。"

唯利是图

唯：只；图：贪图。只贪图利。△《鲁迅书信集·致曹靖华》："我以为还不如我自己慢慢地来集印。因为一经书店的手，便唯利是图，弄得一塌胡涂了……"

【出处】《左传·成公十三年》："余虽与晋出入，余唯利是视。"

唯命是听

唯：只。只要是命令就听从。形容让做什么就做什么，绝对服从。△清·吴趼人《二十年目睹之怪现状》六七："他的意思，是要外国人知道他唯命是听，如奉圣旨一般。"

【出处】《左传·宣公十二年》："孤不天，不能事君，使君怀怒以及敝邑，孤之罪也，敢不唯命是听！"

尾大不掉

掉：摆动。尾巴太大，摆动不了。比喻部属势力强大而指挥不灵。也比喻机构庞大而难于调度。△清·曾朴《续孽海花》五〇："他真办成了，恐怕尾大不掉，我们节制不了他。"

【出处】《左传·昭公十一年》："末大必折，尾大不掉，君所知也。"

畏首畏尾

又怕头，又怕尾。形容疑虑过多，胆小怕事。△郭沫若《海涛集·神泉》："他很诚恳地接待我们，并不感觉到唐突，也没有那种畏首畏尾的神气，怕受什么拖累。"

【出处】《左传·文公十七年》："古人有言曰：'畏首畏尾，身其余几？'"

问鼎之心

鼎：指九鼎，夏、商、周三代的定国重器。春秋时，楚庄王曾向周天子定王的使者询问九鼎的大小轻重，表明他有夺取九鼎而占有天下的欲望。后借指占有天下的欲望。△唐·房玄龄《晋书·王敦传》："有问鼎之心，帝畏而恶之。"

【出处】《左传·宣公三年》："定王使王孙满劳楚子，楚子问鼎之大小轻重焉。"

问诸水滨

诸：之于。到水边去问。春秋时，周昭王南巡，在汉水沉船溺死。齐国为此向楚国问罪，楚君让他们去问汉水，表示自己对此不负责任。后泛指与自己无关，不承担责任。△元·方回《次韵伯田见酬》诗："世故吾其问水滨，向来不合典班春。"

【出处】《左传·僖公四年》："昭王之不复，君其问诸水滨！"

无能为力

没有能力去做。△清·梁绍王《史阁部书》："忠臣流涕顿足而叹，无能为力，惟有一死以报国，不亦大可哀乎！"

【出处】《左传·成公二年》："克于先大夫，无能为役，请八百乘。"

无所适从

适：往；从：跟随。不知跟随哪个去。表示不知听谁的，不知怎么做。△宋·朱熹《吕氏家塾读书记后序》："说者愈多，同异纷纭，争立门户……则学者无所适从，而或反以为病。"

【出处】《左传·僖公五年》："一国三公，吾谁适从！"

无以复加

不能再增加了。表示已经达到了极点。△鲁迅《坟·论"费厄泼赖"应该缓行》："反改革者对于改革者的毒害，向来就未放松过，手段的厉害也已经无以复加了。"

【出处】《左传·文公十七年》："敝邑有亡，无以加焉。"

【辨正】一说，语出《资治通鉴·唐纪》："今知微擅与之袍带，使朝廷无以复加。"司马氏的"无以复加"即左氏的"无以加焉"。应以《左传》为源。

息肩弛担

卸去负担。△宋·陈亮《与应仲实书》："去年秋，群试监中，有司以为不肖，始决意为息肩弛担之计。"

【出处】《左传·襄公二年》："子驷请息肩于晋。"《左传·庄公二十二年》："而免于罪戾，弛于负担，君之惠也。"

悉索敝赋

悉：全，都；索：搜寻；敝赋：不精良的兵力。把自己所有的兵力都搜寻出来。后也比喻拿出自己的一切来供应。△清·蔡元放《东周列国志》三九："王若问罪于二国，寡君愿悉索敝赋，为王前驱。"

【出处】《左传·襄公八年》："敝邑之人不敢宁处，悉索敝赋，以讨于蔡。"

蹊田夺牛

蹊：践踏。牛践踏了别人的农田，田主就把牛夺去。比喻惩罚过重。△《明史·解一贯传》："璁、萼不去，亦冒蹊田夺牛之嫌。"

【出处】《左传·宣公十一年》："抑人亦有言曰：'牵牛以蹊人之田，而夺之牛。'牵牛以蹊者，信有罪矣；而夺之牛，罚已重矣。"

先声夺人

声：声势。先张扬声势，挫败敌人的士气。△清·壮者《扫迷帚》二一："我兄负一乡之望，乃上之不能先声夺人，阻止设位，攘斥狐仙，力辟谬说……"

【出处】《左传·文公七年》："先人有夺人之心。"

相敬如宾

夫妻互相尊敬，像对待宾客一样。△清·高鹗《红楼梦》八五："你两个那里象天天在一块儿的？倒象是客，有这么些套话！可知人说的'相敬如宾'了。"

【出处】《左传·僖公三十三

年》："初，臼季使过冀，见冀缺耨。其妻馌之，敬，相待如宾。"

馌：往田里送饭。

象齿焚身

焚：偾，倒毙。象因为有珍贵的牙齿而被杀死。比喻人因财多而招祸。△清·陈康祺《郎潜纪闻·罗壮节不愧循吏》："拥赀百万，贪虐昏愚，彻衢严之门户，塞明越之咽喉，象齿焚身，祸延南纪……"

【出处】《左传·襄公二十四年》："象有齿以焚其身，贿也。"贿：财货。

心腹之患

危害心、腹的灾患。比喻严重威胁本身的祸患。△明·罗贯中《三国演义》一一五："姜维屡犯中原，不能剿除，是吾心腹之患也。"

【出处】《左传·哀公六年》："除腹心之疾。"

信而有征

信：确实；征：证。确实，有证据。△汉·张衡《东京赋》："先生之言，信而有征。"

【出处】《左传·昭公八年》："君子之言，信而有征，故怨远于其身。"

行将就木

就：到；木：棺材。快要进棺材了，形容寿命不长了。快要死了。△宋·朱熹《与留丞相札子》三："今年六十有一，衰病侵凌，行将就木……"

【出处】《左传·僖公二十三年》："将适齐，谓季隗曰：'待我二十五年不来而后嫁。'对曰：'我二十五年矣，又如是而嫁，则就木焉。'"

幸灾乐祸

对别人遭受灾祸感到庆幸、快乐。△《鲁迅书信集·致李秉中》："而沪上人心，往往幸灾乐祸，冀人之危，以为谈助。"

【出处】《左传·僖公十四年》："背施无亲，幸灾不仁。"《左传·庄公二十年》："今王子颓歌舞不倦，乐祸也。"

言不由衷

衷：内心。话不是从内心发出来的。指心口不一致。△清·蒲松龄《聊斋志异·贾奉雉》："实相告，此言不由衷……"

【出处】《左传·隐公三年》："君子曰：'言不由中，质无益也。'"

言而无信

说话不讲信用。△《元曲选·散家财天赐老生儿》四："那厮每言而无信，凡事惹人嗔……"

【出处】《谷梁传·僖公二十二年》："言之所以为言者，信也；言而不信，何以为言？"

言归于好

彼此重新和好。△老舍《四世同堂》五二："只要大奇肯给他一笔钱，为请客之用，他就会很快找到事做，而后夫妇就会言归于好。"

【出处】《左传·僖公九年》："凡我同盟之人，既盟之后，言归于好。"

言犹在耳

说的话还在耳朵里。形容清楚记得别人所说的话。△北齐·魏收《魏书·李欣传》："先王遗令……言犹在耳，奈何忘之？"

【出处】《左传·文公七年》："今君虽终，言犹在耳。"

宴安鸩毒

宴安：安乐；鸩毒：毒酒。贪图安乐，等于喝毒酒自杀。△宋·苏轼《骊山》诗："由来留连多丧国，宴安酖毒因奢惑。"

【出处】《左传·闵公元年》："宴安酖毒，不可怀也。"酖：鸩。杜预注："以宴安比之酖毒。"

燕巢于幕

幕：帷幕。燕子在帷幕上做窝。比喻境况非常危险。△三国·诸葛亮《将苑·戒备》："若乃居安而不思危，寇至不知惧，此谓燕巢于幕，鱼游于鼎，亡不俟夕矣！"

【出处】《左传·襄公二十九年》："夫子之在此也，犹燕之巢于幕上。"

泱泱大风

泱泱：气魄宏大的样子；风：风度。气魄宏大的风度。△清·王士禛《带经堂诗话》八："伏读佳集，泱泱大风，青邱、东海吞吐了尺幅之间，良非笔舌所能赞叹。"

妖由人兴

妖：怪异。怪异现象是由于人不正常而造成的。△宋·李昉《太平广记·纥干狐尾》："其人惶惧告言：'我戏剧，不意专欲杀我。'此亦妖由人兴矣。"

【出处】《左传·庄公十四年》："人之所忌，其气焰以取之，妖由人兴也。人无衅焉，妖不自作。人弃常，则妖兴。"

药石之言

药石：治病的药物和石针。给人治病的话。指规劝人改正缺点错误的话。△后晋·刘昫《旧唐书·高季辅传》："又上书切谏时政得失，特赐钟乳一剂，曰：'进药石之言，故以药石相报。'"

【出处】《左传·襄公二十三年》："季孙之爱我，疾疢也；孟孙之恶我，药石也。"疢：病。

一彼一此

一会儿那样，一会儿这样。形容情况随时变化。△唐·李商隐《为荥阳公贺幽州破奚寇表》："至乃或胜或奔，一彼一此。"

【出处】《左传·昭公元年》："疆场之邑，一彼一此，何常之有？"

一鼓作气

作：振作。原指作战开始，第一次击鼓可以振作士气。后比喻趁劲头大的时候，一口气把事情做完。△茅盾《子夜》儿："李玉亭赶快丢掉那张纸，一鼓作气向前跑了几步，好像背后有鬼赶着。"

【出处】《左传·庄公十年》："夫战，勇气也。一鼓作气，再而衰，三而竭。"

一国三公

一个国家有三个执掌政权的人。后泛指权力不集中。△蔡东藩《民国通俗演义》七四："武夫当道势汹汹，一国三公谁适从。"

【出处】《左传·僖公五年》："一国三公，吾谁适从？"

一见如故

故：旧。第一次见面就像旧相识。形容意气相投。△宋·张洎《贾氏谭录》："李邺侯为相日，吴人顾况西游长安，邺侯一见如故。"

【出处】《左传·襄公二十九年》："聘于郑，见子产，如旧相识。"

一薰一莸

薰：香草；莸：臭草。一根香草和一根臭草放在一起，香气会被臭气掩盖。比喻善与恶混在一起，善会被恶掩盖。△宋·黎靖德《朱子语类》："小人如何不去得？自是不可合之物。'一薰一莸，十年尚犹有臭。'观仁宗用韩、范、富诸公，是甚次第！只为小人所害。"

【出处】《左传·僖公四年》："一薰一莸，十年尚犹有臭。"杜预注："十年有臭，言善易消，恶难除。"

一言为定

原指一句话就平定了。后表示一句话就确定下来。△清·曹雪芹《红楼梦》六六："你我一言为定。只是我信不过二弟……须得留一个定礼。"

【出处】《左传·僖公二十八年》："楚一言而定三国。"

一之谓甚

甚：过分。一次，就可以说是过分了。表示必须停止错误行为，不能再犯。△清·吴趼人《二十年目睹之怪现状》："我笑道：'一之为甚，其可再乎？'"

【出处】《左传·僖公五年》："晋不可启。寇不可玩，一之谓甚，其可再乎！"

一字褒贬

一个字里，包含着褒扬或贬斥。形容记事论人的措辞严谨而有分寸。△南陈·周弘正《谢梁元帝赍春秋糊屏风启》："岂若三体五例，对玩前史，一字褒贬，坐卧箴规。"

【出处】《春秋序》："《春秋》虽以一字为褒贬；然皆须数句以成言。"

以水济水

济：帮助。用清水帮助清水，增加不了味道。比喻雷同重复，于事无补。△唐·刘知几《史通·书志》："夫前志已录，而后志仍书，篇目如旧，频烦互出，何异以水济水，谁能饮之者乎？"

【出处】《左传·昭公二十年》："若以水济水，谁能食之？"

以小人之心，度君子之腹

小人：卑劣的人；度：揣度，推测；君子：高尚的人。用卑劣的心思去揣测别人光明磊落的心地。△明·冯梦龙《醒世恒言》七："谁知颜俊以小人之心度君子之腹，此际便是仇人相见，分外眼睁……"

【出处】《左传·昭公二十八年》："愿以小人之腹为君子之心，属厌而已。"

义形于色

色：脸色。主持正义的神情表现在脸上。△清·李伯元《官场现形记》三四："阎二先生听了，满面孔义形于色。"

【出处】《公羊传·桓公二年》："孔父正色而立于朝，则人莫敢过而致难于其君者，孔父可谓义形于色矣。"

尤物移人

尤物：优异的人物，多指美女；移：改变。美女能够改变

人。指美女能够使男人失去理智。△宋·罗大经《鹤林玉露》乙："项王有吞岳渎意气……然当垓下决别之际，宝区血庙，了不经意，惟眷眷一妇人……乃知尤物移人，虽大智大勇不能免。"

【出处】《左传·昭公二十八年》："夫有尤物，足以移人。"

有加无已

已：止。不断增加，不见停止。△宋·张守《乞修德札子》："昔盘铭纪成汤之德曰：'苟日新，日日新，又日新。'言其修德有加而无已也。"

【出处】《左传·昭公七年》："寡君寝疾，于今三月矣，并走群望，有加而无瘳。"瘳：减损。

有恃无恐

恃：倚仗，凭仗。有倚仗而不害怕。△老舍《四世同堂》四五："去给英国人作事，并不足以使他有恃无恐。"

【出处】《左传·僖公二十六年》："室如县罄，野无青草，何恃而不恐？"

有死无二

有必死之志而没有二心。形容意志坚定，宁死不渝。△唐·白居易《淮南节度使检校尚书右仆射赵郡李公家庙碑铭序》："将戮辱者数四，就幽囚者七旬，诚贯神明，有死无二。"

【出处】《左传·僖公十五年》："必报德，有死无二。"

又弱一个

弱：减少。又少了一个。指又有一个人去世了。△宋·刘克庄《后村全集·祭林元晋武博文》："西山之门，存者几人，又弱一个，莫赎百身。"

【出处】《左传·昭公三年》："又弱一个焉，姜其危哉！"

予取予求

予：我。我从这里拿，从我这里要。形容任意索取。△清·王韬《淞隐漫录·何华珍》："苟有短绌，予取予求，不汝疵也。"

【出处】《左传·僖公七年》："唯我知女，女专利而不厌，予取予求，不女疵瑕也。"

女：汝。

余勇可贾

贾：出卖。还有剩余的勇气可以出卖。表示气概豪迈，勇气十足。后比喻还有多余的力量。△唐·白居易《宣州试射中正鹄赋》："妙能曲尽，勇可贾余。"

【出处】《左传·成公二年》："欲勇者余余勇！"

欲盖弥彰

弥：更加；彰：明显。原指想要隐名，名声反而更大了。后形容想要掩盖事情的真相，结果暴露得更明显了。△阿英《晚清文学丛钞·冷眼观》二九："现任淮扬道禀中，虽未叙明，然实欲盖弥彰，无可遁饰。"

【出处】《左传·昭公三十一年》："或求名而不得，或欲盖而名章，惩不义也。"章：彰。

欲加之罪，何患无辞

想要给人加个罪名，还怕没有话可说吗？指找借口诬陷人。△清·吴趼人《二十年目睹之怪现状》六○："虽说欲加之罪，何患无辞，究竟也要拿着人家的罪案，才有话好说啊。"

【出处】《左传·僖公十年》："欲加之罪，其无辞乎！"

再衰三竭

第二次击鼓，士气已经衰弱了；第三次击鼓，士气就竭尽了。比喻锐气耗尽，不能再振作。△宋·刘克庄《江东宪谢郑小保启》："群嘲众骂之身，不无惩创；再衰三竭之气，未易激昂。"

【出处】《左传·庄公十年》："一鼓作气，再而衰，三而竭。"

啧有烦言

啧：至；烦言：烦乱地争执之言。以至有了烦乱地争执之言。后形容说了很多不满意的话。△《鲁迅书信集·致许寿裳》："我辈与之遗老，本不能志同道合，其啧有烦言，正是应有之事……"

【出处】《左传·定公四年》："会同难，啧有烦言，莫之治也。"

斩草除根

从根上清除野草。比喻彻底清除祸根，不留后患。△明·罗贯中《三国演义》二："若不斩草除根，必为丧身之本。"

【出处】《左传·隐公六年》："为国家者，见恶如农夫之务去草焉，芟夷蕴崇之，绝其本根，勿使能殖。"芟夷：除去；蕴崇：积聚。

【辨正】一说，语出北齐·魏收《为侯景叛移梁朝文》："若抽薪止沸，剪草除根。"这里，魏收从《吕氏春秋》和《左传》中各取一典，形成两个四字格成语，并非其源。

朝不保夕

保得住早晨，未必能保得住晚上。形容情况危急，△后晋·刘昫《旧唐书·崔胤传》："胤所悦者阘茸下辈，所恶者正人君子，人人悚惧，朝不保夕。"

【出处】《左传·僖公七年》："朝不及夕，何以待君？"

辙乱旗靡

靡：倾倒。车辙混乱，军旗倾倒。形容军队溃败逃跑的情状。△清·曾朴《孽海花》二五："平壤和日军第一次正式开战，被日军杀得辙乱旗靡……"

【出处】《左传·庄公十

年》：“吾视其辙乱，望其旗靡，故逐之。”

政出多门

门：家。政令出自很多家。形容国家权力分散。△《元史·何玮传》：“古者一相，专任贤也，今宰执员多，政出多门，转相疑忌，请损之。”

【出处】《左传·襄公三十年》：“其君弱植，公子侈，太子卑，大夫傲，政多门，以介于大国，能无亡乎！”

政以贿成

以：凭。政事凭借贿赂进行。形容政治腐败。官场黑暗，不行贿就办不成事。△《晚清文学丛钞·冷眼观》二七：“目下政以贿成，豺狼当道……”

【出处】《左传·襄公十年》：“今自王叔之相也，政以贿成，而刑放于宠。”

知难而退

原指作战时遇到不利情况做必要的退避。后泛指遇到困难就后退。△老舍《四世同堂》四〇：“他本想抓住老二，给老二两句极

难听的话，自然，他希望，别人也就‘知难而退’了。”

【出处】《左传·僖公二十八年》：“知难而退。”

直言取祸

说话直率会招来祸患。△明·王世贞《鸣凤记》二七：“下官目睹其奸，不容不奏，岂不知直言取祸？”

【出处】《左传·成公十五年》：“子好直言，必及于难。”

治丝益棼

治：理；益：更加；棼：纷乱。整理丝却找不着头绪，丝更加乱了。比喻处理问题的方法不对，问题更复杂了。△宋·朱熹《答严居厚》：“但此章文义正自难明……今以迫切之心求之，正犹治丝而棼之……”

【出处】《左传·隐公四年》：“臣闻以德和民，不闻以乱；以乱，犹治丝而棼之也。”

众怒难犯

犯：触犯。众人的愤怒不可触犯。△清·刘鹗《老残游记》一：“你们来意甚善，只是众怒难犯，

赶快去罢。"

【出处】《左传·襄公十年》："众怒难犯，专欲难成。"

众叛亲离

众人反对，亲信背离。形容极端孤立。△晋·陈寿《三国志·公孙瓒传》注引《汉晋春秋》："既乃残杀老弱，幽土愤怨，众叛亲离，孑然无党。"

【出处】《左传·隐公四年》："众叛亲离，难以济矣！"

诛求无已

诛求：索取；已：止。不停地索取。△汉·董仲舒《春秋繁露·王道》："桀、纣皆圣王之后……诛求无已，天下空虚，群臣畏恐，莫敢尽忠。"

【出处】《左传·襄公三十一年》："以敝邑褊小，介于大国，诛求无时，是以不敢宁居。"

筑室反耕

反耕：归田。建造房屋，归田耕种。原指军队作长久驻扎的打算。后多表示退隐归乡。△唐·崔致远《答徐州时溥书》："寡能敌众，安可待劳，岂比于筑室反耕、

杜门却扫者哉！"

【出处】《左传·宣公十五年》："筑室反耕者，宋必听命。"

锥刀之末

末：梢，锥子尖。原比喻小事。后比喻微小的利益。△魏·刘放《奏停卖胡粉》："今官贩粉卖胡粉，与百姓争锥刀之末利，宜乞停之。"

【出处】《左传·昭公六年》："锥刀之末，将尽争之。"

自郐以下

从郐国以下不再评论。春秋时，吴国的季札在鲁国观赏周代乐舞，一一评论；但从郐国乐曲开始，就不再评论了。后表示不值一提。△宋·杨万里《答万安赵宰》："其余作者，皆自郐以下者也。"

【出处】《左传·襄公二十九年》："自《郐》以下，无讥焉。"

纵敌贻患

纵：放；贻：遗留。放走敌人，就会留下祸患。△南梁·沈约

《宋书·谢景仁传》："岂有坐长寇虏，纵敌贻患者哉！"

【出处】《左传·僖公三十三年》："奉不可失，敌不可纵，纵敌患生……吾闻之，一日纵敌，数世之患也。"

周敦颐著述

不蔓不枝

蔓：植物细长而不能直立的细茎。不长蔓，不分枝。原形容莲花的茎不生枝杈。后比喻言语或文章简洁清爽。△老舍《我怎样写"骆驼祥子"》："故事在我心中酝酿得相当的长久，收集的材料也相当的多，所以一落笔便准确，不蔓不枝，没有什么敷衍的地方。"

【出处】《周濂溪集·爱莲说》："中通外直，不蔓不枝。"

风清弊绝

风气清廉，弊端杜绝。形容社会风气好，没有营私舞弊等现象。△清·吴趼人《二十年目睹之怪现状》六三："自以为弊绝风清，中间却不知受了多少蒙蔽。"

【出处】《周濂溪集·拙赋》："上安下顺，风清弊绝。"

讳疾忌医

讳：隐瞒；忌：避免。隐瞒疾病，不肯治疗。比喻隐瞒缺点错误，不愿意改正。△鲁迅《且介亭杂文末编·立此存照（三）》："患着浮肿，而讳疾忌医，但愿别人胡涂，误认他为肥胖。"

【出处】《周濂溪集·通书》二："今人有过不喜人规，如讳疾而忌医，宁灭其身而无悟也，噫！"

见猎心喜

曾经爱好打猎的人，看见有人打猎，心里很高兴。泛指看到别人做自己曾经爱好的事情，不由得心动或技痒。△清·秦朝釪《消寒诗话》一："余在京时……为《芍药吟卷》。今见皋兰《芍药》诗，不胜见猎心喜，辄题数绝句。"

【出处】《周濂溪集·周子遗事》："吾十六七时，好田猎……后十二年，暮归，在田间见猎者，不觉有喜心。"

文以载道

载：记载；道：道理。文章

是用来阐明道理、表达思想的。△元·胡三省《新注资治通鉴序》："经以载道，史以记事。"

【出处】《周濂溪集·通书》二："文所以载道也。"

邵雍著述

步履维艰

步履：脚步；维：文言助词。行走困难。△鲁迅《华盖集·这个与那个》："祖母的脚是三角形，步履维艰的，小姑娘的却是天足，能飞跑……"

【出处】《伊川击壤集·伤足》："乍然艰步履，偶尔阻登临。"

高抬贵手

请人把手抬高一些，放自己过去。表示请求宽恕或原谅。△明·兰陵笑笑生《金瓶梅词话》二三："娘不高抬贵手，小的一时儿存站不的。"

【出处】《伊川击壤集·谢宁寺丞惠希夷樽》："能斟时事高抬手，善酌人情略拨头。"

过从甚密

过从：来往，交往，来往很频繁，关系很密切。△明·沈德符《万历野获编》一〇："信阳王师竹宫庶，与先人最相善……过从甚密。"

【出处】《伊川击壤集·后园即事》三："宾朋款密过从久，云水优闲兴味长。"

弄假成真

弄：做。原指做假事却像真的一样，后形容本是假装做，结果却成了事实。△明·罗贯中《三国演义》五五："我母亲力主，已将吾妹嫁刘备。不想弄假成真，此事还复如何？"

【出处】《伊川击壤集·弄笔吟》："弄假像真终是假，将勤补拙总输勤。"

曲尽人情

曲：委婉；尽：全面，周到。委婉周到地体现人之常情。△明·敖英《东谷赘言》下："范文正公处大事，曲尽人情。"

【出处】《伊川击壤集·观诗吟》："曲尽人情莫若诗。"

万紫千红

一万朵紫色的花，一千朵红色的花。形容百花齐放，艳丽多彩。△清·李汝珍《镜花缘》三："倘能于一日之中，使四季名花莫不齐放，普天之下尽是万紫千红，那才称得锦绣乾坤，花团世界。"

【出处】《伊川击壤集·落花吟》："万紫千红处处飞，满川桃李漫成蹊。"

【辨正】一说，语出宋·朱熹《春日》诗："等闲识得东风面，万紫千红总是春。"邵雍是北宋人（公元1011～公元1077年），朱熹是南宋人。（公元1130～公元1200年）。应以邵氏的《伊川击壤集》为源。

一草一木

木：树。一根草，一棵树。后泛指很小或很少的东西。△老舍《骆驼祥子》一二："我的东西就是这些，我没拿曹家的一草一木。"

【出处】《伊川击壤集·和君实端明洛阳看花》一："洛阳最得中和气，一草一木皆入看。"

张载著述

民胞物与

民：人；与：相与，交往。把一切人视为同胞，把万物视为可以交往的同类。形容爱人及万物。△清·吴趼人《二十年目睹之怪现状》一五："大凡世上肯拿出钱来做善事的那里有一个是认真存了'仁人恻隐'之心，行他那'民胞物与'的志向，不过都是在那里邀福……"

【出处】《西铭》："民吾同胞，物吾与也。"

言简意赅

赅：完备。言辞简练而意思完备。△阿英《晚清文学丛钞·官场维新记》一六："袁伯珍这一席话……把近日官场中人所有不传之秘，都直揭出来，而且说得言简意赅。"

【出处】《张子全书·经学理窟》："虽孔孟之言有纷错，亦须不思而改之，复锄去其繁，使词简而意备。"

二程著述

鞭辟入里

鞭：用鞭子抽打；辟：透；入里：深入到里面。用鞭子抽打，鞭痕深深地透到里面。比喻剖析得透辟精深。△朱自清《山野掇拾》："他们的思力不足，不足剖析入微，鞭辟入里。"

【出处】《二程集·河南程氏遗书》一一："学只要鞭辟近里，著己而已。"

彻头彻尾

彻：通。从头贯通到尾。形容从头到尾，完完全全。△毛泽东《反对党八股》："但是'化'者，彻头彻尾彻里彻外之谓也；有些人则连'少许'还没有实行，却在那里提倡'化'呢！"

【出处】《二程语录》一一："诚者，物之终始，犹俗说彻头彻尾。"

【辨正】一说，语出《朱文公全集·答胡秀随书》："不曾见理会得一书一事，彻头彻尾。"二程是北宋人（程颢公元1032～公元1085年，程颐公元1033～公元1107年），朱熹是南宋人（公元1130～公元1200年）。应以《二程语录》为源。

程门立雪

在程颐门外的雪中站着。原指游酢、杨时二人诚心诚意、必恭必敬地就学于程颐。后泛指诚心诚意、必恭必敬地就学师门。△清·袁枚《上座主虞山相公》："枚立雪程门，二十一年矣。"

【出处】《二程集·河南程氏外书》一二引《侯子雅言》："游、杨初见伊川，伊川暝目而坐，二子侍立。既觉，顾谓曰：'贤辈尚在此乎？日既晚，且休矣。'及出门，门外之雪深一尺。"

从容就义

从容：镇静，沉着，不慌不忙；就义：为正义事业而牺牲。形容从容不迫、毫不畏惧地为正义事业而牺牲。△茅盾《幻灭》六："她好象从容就义的志士，闭了眼，等待那最后的一秒钟。"

【出处】《二程集·河南程氏遗书》一一："感慨杀身者易，从容就义者为难。"

东扶西倒

从东边扶起来，又倒向西边。原形容难于扶持。后多比喻摇摆不定，立场不稳，缺乏主见。△明·海瑞《赠罗近云代文定安田序》："东扶西倾，朝更暮改，百病之所由生。"

【出处】《二程集·河南程氏遗书》一八："与学人语，正如扶醉人，东边扶起却倒向西边，西边扶起却倒向东边，终不能得佗卓立中途。"

阿谀奉迎

阿：迎合；谀：谄媚；奉：奉承；迎：迎合。形容迎合别人，谄媚讨好。△明·凌濛初《初刻拍案惊奇》二二："京师有一流棍，名叫李光，专一阿谀奉迎。"

【出处】《二程集·周易程氏传》一："用之与否，在君而已，不可阿谀奉迎，求其比己也。"

明心见性

明心：使心明彻，指修养内心；见性：认识真理。原指通过内省认识真理。后形容认识了人生的真谛。△清·高鹗《红楼梦》一一五："他说了半天，并没个明心见性之谈，不

过说些什么'文章经济'，又说什么'为忠为孝'。"

【出处】《二程集·河南程氏遗书》一三："孟子曰：'尽其心者，知其性也。'彼所谓'识心见性'是也。"

如坐春风

好像在春风中坐着。比喻受到教益或熏陶。△唐弢《琐忆》："说话时态度镇静，亲切而又从容，使听的人心情舒畅。真个有'如坐春风'的感觉。"

【出处】《二程集·河南程氏外书》一二引《侯子雅言》："光庭在春风中坐了一个月。"

生齿日繁

生齿：指代人口。人口一天比一天多。△明·余继登《典故纪闻》九："国家无事，则生齿日繁。"

【出处】《二程集·论十事札子》："生齿日益繁，而不为制，则衣食日蹙。"

谈虎色变

色：脸色。被虎伤过的人，一谈到虎脸色就变了。原表示只有亲身实践过才能得到真知。后比喻

一谈到曾身受其害的事物就精神紧张。△明·归有光《论三区赋役水利书》："有光生长穷乡，谭虎色变，安能默然而已。"谭：谈。

【出处】《二程集·河南程氏遗书》二："尝见一田夫，曾被虎伤，有人说虎伤人，众莫不惊，独田夫色动异于众……真知须如田夫乃是。"

无独有偶

偶：双数，成对的。不只一个，还有可以成双配对的。形容虽然罕见，但是有与之相同的。△阿英《晚清文学丛钞·扫迷帚》一三："闻简某系蜀人，而此女亦是蜀人，可谓无独有偶。"

【出处】《二程集·河南程氏遗书》一一："天地万物之理，无独必有对。"

心心念念

形容心里总是放着某个念头。△清·李汝珍《镜花缘》三六："心心念念，只想回家。"

【出处】《二程集·河南程氏遗书》二："有人遇一事，则心心念念不肯舍，毕竟何益？"

一己之私

一己：自己一个人。自己一个人的私利。后也指自己一个人的意见。△明·许仲琳《封神演义》一三："哪吒奉御勒钦命出世，辅保明君，非我一己之私。"

【出处】《二程集·河南程氏遗书》一四："佛氏总为一己之私。"

因材施教

因：根据。根据材料实施教育。指根据对象的不同情况，施行不同的教育。△清·郑观应《盛世危言·女教》："将中国诸经、列传，训诫女子之书，别类分门，因材施教。"

【出处】《二程集·河南程氏遗书》一九："孔子教人，各因其材。"

醉生梦死

像喝醉一般活着，像做梦一样死去。形容昏昏沉沉、糊里糊涂地生活。△明·兰陵笑笑生《金瓶梅词话》一："你休说他，那里晓得什么，如在醉生梦死一般。"

【出处】《河南程氏文集·明

道先生行状》一一："虽高才明智，胶于见闻，醉生梦死，不自觉也。"

朱熹著述

白手起家

白手：空手。原指由平民而登上仕途，改换了门庭。后指没有资产，空手创建起家业来。也泛指在条件很差的情况下，艰苦奋斗，创立事业。△明·冯梦龙《古今小说》一〇："多少白手成家的，如今有屋住，有田种，不算没根基了，只要自己去挣持。"

【出处】《朱子语类·宁亲朝》："今士大夫白屋起家，以致荣显，皆说道功名是我自致，何关于乃祖乃父。"

半尴不尬

尴尬：事情难于处理或神色不自然。一半尴尬，一半不尴尬。形容不实在，不深刻，不彻底。△清·艾衲居士《豆棚闲话》七："或是半尴不尬的假斯文，伪道学，言清行浊这一班。"

【出处】《朱子语类·论语》一六："便是世间有这一般半间不界底人。"间界：尴尬；底：的。

别生枝节

别：另外。从不该生长枝节的地方长出了枝节。比喻从意想不到的地方出现了新问题。△清·李汝珍《镜花缘》一二："设或命运坎坷，从中别生枝节，拖延日久，虽要将就了事，欲罢不能。"

【出处】《朱文公文集·答余彝孙》："夫子之语固已明自完备，今以志立气定为言，则是未尝熟复本文而别生枝节也。"

不尴不尬

原形容不正当，不正常。后也形容左右为难，处于窘状。△1.清·高鹗《红楼梦》九〇："及见了宝蟾这种鬼鬼祟祟、不尴不尬的光景，也觉了几分。"2.清·吴敬梓《儒林外史》二二："牛姑爷也该自己做出一个主意来，只管不尴不尬住着，也不是事。"

【出处】《朱子语类·论语》一六："圣人全体极至，没那不间不界底事。"间界：尴尬；底：的。

不关痛痒

与自己的痛痒无关。指与切身利害无关。后比喻无关紧要。△1.清·曹雪芹《红楼梦》八："这里虽还有三两个老婆子，都是不关痛痒的，见李妈走了，也都悄悄的自寻方便去了。"2.阿英《晚清文学丛钞·新中国未来记》三："任凭这些民贼把他的祖传世产怎么割，怎么卖，怎么送，都当作无关痛痒的么？"

【出处】《朱子语类·程子门人》："那不关痛痒底是不仁。"底：的。

不假思索

假：凭借。不必凭借思索。指用不着想。后多形容文思敏捷。△明·冯梦龙《警世通言》二六："华安不假思索，援笔立就，手捧所作呈上。"

【出处】《朱文公文集·读苏氏纪年》："虽万变之纷纭，而所以应之各有定理，不假思虑而知也。"

不痛不痒

原指麻木不仁。后也比喻未触

及要害或无关紧要。△《鲁迅书信集·致萧军、萧红》："做几句不痛不痒的文章，还是不做的好。"

【出处】《朱子语类·朱子》三："此等人，所谓不仁之人，心都顽然无知，抓著不痒，掐著不痛矣。"

撑天拄地

支撑天地。比喻一力承担，使局面正常。△清·李渔《寿序》："迹公所生之辰，先与凡民异矣，安得不撑天拄地而为当代伟人者哉！"

【出处】《宋四子抄释·朱子》二："圣人只是常欲扶竖这个道理，教他撑天拄地。"

从头至尾

从开头到结尾。△《元曲选外编·刘玄德醉走黄鹤楼》二："你这江南地面，一年四季，怎么春种夏锄，秋收冬藏，从头至尾，慢慢的说一遍，我试听咱!"

【出处】《朱文公文集·答吕伯恭》三三："从头彻尾，只是此一个病根也。"彻：贯通。

粗心大意

形容不细心，不谨慎，马马

虎虎。△清·文康《儿女英雄传》五："这是我粗心大意!我若不进去,他怎得出来?"

【出处】《朱子读书法》一："为学读书,须是耐烦细意去理会……粗心大气不得。"

粗枝大叶

原指用粗略的笔法画出树木的枝叶。比喻简略概括,不细致。后也比喻为人粗犷,不细腻或做事马虎,不认真。也形容花草树木的枝茎粗壮,叶子宽大。△1.鲁迅《且介亭杂文·门外文谈》："中国的言语,各处很不同,单给一个粗枝大叶的区别,就有北方话,江浙话,两湖川贵话,福建话,广东话这五种……"2.《元曲选外编·诸宫调风月紫云庭》楔子："我看不的你这般粗枝大叶,听不的你那里野调山声。"3.清·平步青《蓼花》诗："大叶粗枝不畏风,艳分水国立庭中。"

【出处】《朱子语类·尚书》一："汉文粗枝大叶,今《书序》细腻,只是六朝时文字。"

大度包容

度:度量。度量大,能容人容事。△清·李伯元《官场现形记》一〇："倘若嫂夫人是大度包容的呢,自然没得话说;然而妇人家见识,保不住总有三言两语。"

【出处】《宋名臣言行录》一："若以大度兼容。则万事兼济。"

大惊小怪

形容对不足为奇的事情过分惊讶。△清·曹雪芹《红楼梦》四四："死了罢了,有什么大惊小怪的?"

【出处】《朱文公文集·答林择之》一四："不必如此大惊小怪,起模画样也。"

待人接物

接:接触;物:众人。对待人,接触人。指与人相处。△明·陶宗仪《南村辍耕录》五："前辈诸老谦恭退抑,汲引后进,待人接物者如此。"

【出处】《朱子语类·学》七："其待人接物,胸中不可先分厚薄。"

【辨正】一说,语出《南村辍耕录》五。这显然是流,当以《朱子语类》为源。

颠扑不破

颠：跌；扑：敲。摔打不破。比喻学说等永远不会被推翻。△鲁迅《呐喊·风波》："六斤比伊的曾祖，少了三斤，比伊的父亲七斤，又少了一斤，这真是一条颠扑不破的实例。"

【出处】《朱文公文集·答张钦夫》一："须如此而言，方是攧扑不破，绝渗漏，无病败耳。"攧：颠。

丁一确二

形容明明白白，确确实实。△明·凌濛初《二刻拍案惊奇》二五："知县见他丁一确二说着，有些信将起来。"

【出处】《朱子语类·易》五："如今人持择言语，丁一确二，一字是一字，一句是一句。"

对症下药

针对病情用药。比喻针对具体情况采取措施。△清·李绿园《歧路灯》二〇："又说了一会前贤家训条规，座右箴铭，俱是对症下药。"

【出处】《朱子语类·论语》二三："克己复礼，便是捉得病根，对证下药。"证：症。

对症之药

针对病情使用的药物。比喻抓住要害而能从根本上解决问题的方法等。△清·黄宗羲《子刘子行状》下："先生之言为思陵对证之药也。"证：症。

【出处】《朱子语类·论语》二三："克己复礼，便是捉得病根，对证下药。"证：症。

费尽心机

心机：心思，机谋。用尽心思，想尽办法。△《鲁迅书信集·致山本初枝》："五六年前，我为了写关于唐朝的小说，去过长安。到那里一看，想不到连天空都不像唐朝的天空，费尽心机用幻想描绘出的计划完全打破了，至今一个字也未能写出。"

【出处】《朱文公文集·与扬子直书》："周旋于二者之间，回互委曲，费尽心机。"

纷至沓来

纷：多，杂乱；沓：多而重复。形容接连不断地到来。△宋·楼钥《洪文安公小隐集序》："禅位之诏，登极之赦，尊号改元等文，纷至沓来。"

【出处】《朱文公文集·答何叔京》六："虽事物纷至而沓来，岂足以乱吾之知思。"

光明磊落

光明：心地坦白明朗；磊落：直率开朗，没有隐私。形容人坦白无私。△清·文康《儿女英雄传》一八："我尹其明生平光明磊落，不肯妄言。"

【出处】《朱子语类·易》一〇："光明磊落底便是好人。"底：的。

【辨正】一说，语出《读通鉴论·汉高帝》："光明磊落，坦然直剖心膂于雄猜天子之前。"《读通鉴论》是清人王夫之的论著，当以《朱子语类》为其源。

光明正大

心地坦白明朗，正派无私。△鲁迅《朝花夕拾·狗·猫·鼠》："说起我的仇猫的原因来，自己觉得是理由充足，而且光明正大的。"

【出处】《朱文公文集·王梅溪文集序》："是以其心光明正

大，疏畅洞达，无有隐蔽。"

胡思乱想

形容没有根据、脱离实际地瞎想。△鲁迅《准风月谈·智识过剩》："心活就会胡思乱想，心软就不肯下辣手。"

【出处】《朱子语类·朱子》一〇："教那心莫胡思乱想。"

花言巧语

形容虚假而动听的话。后也形容说虚假而动听的话。△1.鲁迅《而已集·可恶罪》："我以为法律上的许多罪名，都是花言巧语，只有一语以包括之，曰：可恶罪。"2.清·曾朴《孽海花》二二："别花言巧语了，也别胡吹乱嗙了……"

【出处】《朱子语类·论语》三："巧言即今所谓花言巧语。"

回心转意

改变想法，重新考虑，不再坚持原来的意见或态度。△清·曹雪芹《红楼梦》四六："叫他趁早回心转意，有多少好处。"

【出处】《朱子语类·朱子》一四："此心是起多少私意，起多少计较，都不会略略回心转意去看。"

精益求精

精：精致；益：更加。已经很精致了，还要更加精致。形容已经很好还求更好。△清·陈森《品花宝鉴》一："一切人情物理……子玉则钩深索隐，精益求精。"

【出处】《论语集注》："治玉石者，既琢之而复磨之，治之已精，而益求其精也。"

流风余韵

风韵：风雅的情趣和事情。前人流传下来的风雅的情趣和事迹。△元·赵恒《读圭塘欸乃集》："细读《圭塘》唱和诗，流风余韵想当时。"

【出处】《朱文公文集·跋刘元城言行录》："岁月如流，前辈既不可见，而其流风余韵日远日忘。"

恰如其分

恰：恰当；分：合适的限度。形容非常恰当，合乎分寸。△鲁迅《花边文学·论重译》："译文是大抵比不上原文的，就是将中国的

粤语译为京语，或京语译成沪语，也很难恰如其分。"

【出处】《朱子语类·论文》下："万物无一物失所，是使之各得其分恰好处。"

人欲横流

人欲：人的情欲；横流：原指水离开原道不受约束地奔流，借指放纵。形容社会风气败坏，人们放纵情欲，任意胡为。△清·谭嗣同《仁学》二二："积疲苦反极，反使人欲横流，一发而不可止。"

【出处】《朱子语类》九三："世道衰微，人欲横流。"

忍心害理

忍：残忍；理：天理。心肠残忍，伤害天理。形容人做事残忍。△明·冯梦龙《古今小说》二七："虽然莫郎嫌贫弃贱，忍心害理，奴家各尽其道，岂肯改嫁，以伤妇节？"

【出处】《论语集注》："子路疑管仲忘君事仇，忍心害理，不得为仁也。"

融会贯通

融会：融合；贯通：贯穿。

指融合贯穿多方面的知识，从而得到全面、透彻的理解。△鲁迅《坟·人之历史》："搜集事实，融会贯通，立生物进化之大原……"

【出处】《朱文公文集·答姜叔权》一："举一而三反，闻一而知十，乃学者用功之深，穷理之熟，然后能融会贯通。"

煞费苦心

煞：很。形容辛辛苦苦地费尽心思。△郭沫若《少年时代·反正前后》："那时的市民非常虔诚，对于圣位台的扎札煞费苦心。"

【出处】《朱子语类·论语》一五："若必用从初说起，则煞费思量矣。"

身体力行

身：亲身，亲自；体：体验。亲自体验，努力实行。△清·文康《儿女英雄传》三七："门生父亲，平生却是认定一片性情，一团忠恕，身体力行。"

【出处】《朱子读书法》二："但闻更于所闻，身体而力行之。"

深恶痛绝

恶：厌恶；痛：痛恨；绝：极。深深地厌恶，痛恨到极点。△鲁迅《伪自由书·"以夷制夷"》："他们竟有如此的深恶痛绝，莫非真是太伤了此辈的心么？"

【出处】《朱文公文集·南岳游山后记》："善人之所以深惩而痛绝之者，惧其流而生患耳。"惩：惩戒。

神头鬼面

神的头，鬼的脸。比喻故弄玄虚。后也形容故意装出使人难堪的怪模样。△1.明·叶盛《录诸子论诗序文》二六："句雕字搜，叫噪聱牙，神头鬼面，以为新奇，良可叹也！"2.《元曲选·玉箫女两世姻缘》一："每日价神头鬼面……怎么的将我来直恁熬煎！"

【出处】《朱子语类·朱子》一七："只见许多神头鬼面，一场没理会，此乃是大不实也。"

【辨正】一说，语出明·叶盛《录诸子论诗序文》二六。这里显然是流，而以《朱子语类》为源。

生龙活虎

活的龙和虎。比喻充满生气和活力。△清·文康《儿女英雄传》一六："你是不曾见过她那等的光景，就如生龙活虎一般……"

【出处】《朱子语类·程子之书》一："只见得他如生龙活虎相似，更是把捉不得。"

十病九痛

形容身体多病。△明·施耐庵《水浒传》二四："便是老身十病九痛，怕有些山高水低。"

【出处】《朱文公文集·答吕伯恭》："交岁以来，十病九痛，甚不堪此劳顿。"

熟能生巧

熟练了，就能做得巧妙。△清·李汝珍《镜花缘》三一："俗话说的熟能生巧，舅兄昨日读了一夜，不但他已嚼出此中意味，并且连寄女也都听会，所以随问随答，毫不费事。"

【出处】《朱子语类·朱子》一："熟则精，精则巧。"

四停八当

停当：妥当。形容十分妥帖恰当。△明·何良俊《四友斋丛说·书》二七："古人虽颠草，皆四停八当。"

【出处】《朱文公文集·答吕伯恭》："不知如何整顿得此身心四亭八当，无许多凹凸也。"亭：适中。

随遇而安

遇：境遇。形容在任何境遇中都很安然。△清·文康《儿女英雄传》二四："倒不如随遇而安，不贪利，不图名，不为非，不作孽……倒也是个神仙境界。"

【出处】《朱文公文集·答何叔京》一九："安土者，随所遇而安也。"

探头探脑

探：伸。形容鬼鬼祟祟地伸头探望。△明·施耐庵《水浒传》四五："只见那个头陀挟着木鱼，来巷口探头探脑。"

【出处】《朱子语类·大学》五："时时去他那下探头探脑。"

通同作弊

通：串通；作弊：用欺骗的手法做违反法纪的事情。串通起来，

中华成语探源

典藏珍本

中华国学精粹

一起用欺骗的手法做违反法纪的事情。△明·冯梦龙《古今小说》二："信是老欧寄去的，那里胖汉子又是老欧引来的，若不是通同作弊，也必然漏泄他人了。"

【出处】《朱文公文集别集·管下县相视约束及开三项田段》："豁出熟田，细检荒旱去处，不致猾吏奸民通同作弊。"

无容置喙

容：容许；喙：鸟兽的嘴，借指人嘴。原表示没有插嘴的地方，无法插嘴。后表示事实已经很清楚，无须再说话。△清·尹会一《答陈榕门》二："通盘筹画，以弃为取，固已洞鉴无疑，无容置喙。"

【出处】《朱文公文集·答陈同甫》八："虽使孟子复生，亦无所容其喙。"

小廉曲谨

曲：细小琐碎。在小事情上廉洁谨慎。形容人拘泥于小节。△元·戴良《竹梅翁传》："为人意气广搏，不为小廉曲谨。"

【出处】《朱文公文集·答或人书》一〇："乡原是一种小廉曲谨、阿世徇俗之人。"

心有余而力不足

心里很想做，可是力量不够。△清·曹雪芹《红楼梦》二五："我手里但凡从容些，也时常来上供，只是'心有余而力不足'。"

【出处】《朱文公文集·金紫光禄大夫黄公墓志铭》："邻家有李永者……察公养亲之意有余而力不足，请助公以经纪。"

循规蹈矩

循：遵守；蹈：踏。遵守规矩，按规矩做。形容一举一动都合乎规矩。△清·曹雪芹《红楼梦》五六："你们是三四代的老妈妈，最是循规蹈矩，原该大家齐心顾些体统。"

【出处】《朱文公文集·答方宾生》九："循涂守辙，犹言循规蹈矩云尔。"涂：途。

一鞭一条痕

一鞭子抽下去，就出现了一条血痕。比喻说话明确中肯或做事扎扎实实。△清·文康《儿女英雄传》三五："吾兄这几句说话真是一鞭一条痕的几句好文章!"

一笔勾销

勾销：用红笔画勾，表示取消。一笔划掉。后比喻全部取消。多表示不再提起。△老舍《骆驼祥子》二二：“只要见了她，以前的一切可以一笔勾销，从此另辟一个天地。”

【出处】《五朝名臣言行录》七引《遗事》：“公取班簿，视不才监司，每见一人姓名，一笔勾之。”

一路之哭

路：宋代行政区域的名称。指一个地区所遭到的不幸。△明·海瑞《教约》：“是诸生忍见一路之哭，灭是非心矣。”

【出处】《五朝名臣言行录》七引《遗事》：“一家哭，何如一路哭耶!”

一团和气

原形容态度和蔼可亲。后也形容和睦融洽的气氛。△1.明·施耐庵《水浒传》一九：“王头领待人接物，一团和气，……”2.清·文康《儿女英雄传》一三：“虽是两家合成一家，倒过得一团和气。”

【出处】《伊洛渊源录·明道先生遗事》引《上蔡语录》：“明道先生坐如泥塑人，接人则浑是一团和气。”

一息尚存

一息：一口气儿；尚：还。还有一口气儿。表示还活着。△清·文康《儿女英雄传》二二：“忽然的大事已了，一息尚存，且得重返故乡。”

【出处】《论语集注》：“一息尚存，此志不容少懈，可谓远矣!”

勇往直前

往：向。勇敢地一直向前进。△鲁迅《坟·杂忆》：“因为勇敢，这才能勇往直前，肉搏强敌，以报仇雪恨。”

【出处】《朱文公文集·答陆子静》五：“不顾旁人是非，不计自己得失，勇往直前，说出人不敢说底道理。”底：的。

终天之恨

终天：终身。终身痛恨的事情。形容至死不能消除、遗恨无穷的事情。△清·文康《儿女英雄传》二〇："此时父母终天之恨，已是无可如何……"

【出处】《朱文公文集·令人罗氏墓表》："士佺兄弟生不及养，已负终天之痛矣。"痛：痛恨。

自私自利

只为自己打算，只顾自己的利益。形容私心严重。△鲁迅《且介亭杂文·脸谱臆测》："富贵人全无心肝，只知道自私自利，吃得白白胖胖，什么都做得出。"

【出处】《朱文公文集·答汪尚书》："其所自谓有得者，适足为自私自利之资而已。"

自误误人

误：使受到损害。害了自己，也害了别人。△清·钱谦益《曾房仲诗序》："夫献吉之学杜，所以自误误人者，以其生吞活剥，本不知杜，而曰必如是乃为杜也。"

【出处】《朱文公文集·答许

顺之》三九："大抵本领不是，只管妄作，自误误人，深为可惧耳。"

纵横捭阖

纵：合纵，指战国时代六国联合起来对付秦国；横：连横，指战国时代秦国分别与六国交往，分化六国；捭：开；阖：合。或合纵或连横，或开或合。指运用政治、外交手段进行联合或分化。△清·李汝珍《镜花缘》一八："当日孔子既没，儒分为八；其他纵横捭阖，波谲云诡。"

【出处】《朱文公文集·答汪尚书》四："相与扇纵横捭阖之辨，以持其说，而漠然不知礼义廉耻之为何物。"

陆九渊著述

另起炉灶

比喻重新做起或另搞一套。后也表示另立门户。△1.郭沫若《学生时代·创造十年续篇》："革命的爆发也不外是一种自然疗治性的'烟囱扫除'。但这扫除来得剧烈，其趋势是要把烟囱乃至炉灶本身都爆破，这便应着俗语所说的'另起炉灶'。"2.清·李绿园《歧路灯》一〇八："非是我好另起炉灶，只为那边侄子亲迎，有许多不便处。"

【出处】《语录》下："见理未明，宁是放过去，不要起炉作灶。"

人同此心，心同此理

原指大多数人的心理状态都是相同的，这样的心理状态都合乎同一种道理。后形容人们对于事情往往有相同的想法或感受。△老舍《四世同堂》六二："当初，你看她可怜；谁能不可怜她呢？人同此心，心同此理，我不能怪你!"

【出处】《杂说》："千万世之前，有圣人出焉，同此心同此理也。千万世之后，有圣人出焉，同此心同此理也……人皆有是心，心皆具是理。"是：此。

煞有介事

煞：很；介：个。好像很有那么一回事。多形容装模作样。△鲁迅《伪自由书·文学上的折扣》："刊物上登载一篇俨乎其然的像煞有介事的文章，我们就知道字里行间还有看不见的鬼把戏。"

【出处】《语录》下："某何尝不教人读书，不知此后煞有甚事。"

天理人心

天然的道理和人之常情。△元·陶宗仪《南村辍耕录》三："天理人心之公，阅万世而不可泯者也。"

【出处】《删定官轮对札子》四："凡事不合天理，不当人心者，必害天下。"

心粗气浮

气：作风。心思粗疏，作风浮躁。形容不细心，不踏实。△《鲁迅书信集·致黎烈文》："因近来心粗气浮，颇不易为；一涉笔总不免会有芒刺，真是如何是好。"

【出处】《祭吕伯恭文》："追惟曩昔，粗心浮气，徒致参辰，岂足酬义!"

争强好胜

形容非常要强，总想胜过别人。△清·文康《儿女英雄传》三五："任是争强好胜的，偏逢用违所长。"

【出处】《与邓文范》一："自任私智，好胜争强。"

王守仁著述

奔走呼号

奔走：奔跑；号：号叫。一边奔跑，一边呼叫。比喻到处求援、哀告。△清·吴趼人《痛史》一七："一时奔走呼号，哭声遍野……"

【出处】《王文成公全书·南镇祷雨文》："连月弗雨，泉源告竭……守土之官帅其吏民奔走呼号。"

打蛇打七寸

七寸：距蛇头七寸左右的地方（指大蛇），是蛇心脏位置。比喻抓住主要环节或击中要害。△清·吴敬梓《儒林外史》一四："我也只愿得无事，落得河水不洗船，但做事也要'打蛇打七寸'才妙。"

【出处】《王文成公全书·年谱》："以吾良知，求晦翁之说，譬如打蛇得七寸。"

戴罪立功

戴：顶。顶着罪名建立功劳。

指在身负罪责的情况下建立功劳。△清·刘坤一《致杨厚庵制军》："深自咎责，亟思戴罪立功。"

【出处】《王文成公全集·案行漳南道守巡官戴罪督兵剿贼》："戴罪杀贼，立功自赎。"

悍然不顾

悍然：强横的样子。强横地不顾一切。△明·张岱《阮大铖传》："先帝血肉未寒，爱书凛若日星，而士英悍然不顾，请用大铖。"

【出处】《王文成公全书·书石川卷》："不知有道者从旁视之，方为之疏息汗颜，若无所容，而彼悍然不顾，略无省觉。"

卓有成效

卓：显著。有显著的成绩和效果。△清·林则徐《江苏奏稿》四："刘河之容纳，与涵洞之宣泄，实已著有成效。"

【出处】《王文成公全书·申行十家牌法》："若巡访劝谕著有成效者，县官备礼亲造其庐，重加奖励。"

第二部分
道教典籍

《老子》

暴风骤雨

暴风：大风；骤雨：急雨。形容来势猛而急的风雨。后也比喻声势或气势浩大、猛烈。△1.明·吴承恩《西游记》六九："有雌雄二鸟，原在一处同飞，忽被暴风骤雨惊散。"

【出处】《老子》二三："故飘风不终朝，骤雨不终日。"

不得已而为之

原指在没有办法的情况下才使用某种事物或手段。后表示事情逼到头上，不得不做。△宋·叶梦得《避暑录话》下："真宗东封，亦尝献诗，强大年为之序，大年不得已为之。"

【出处】《老子》三一："兵者不祥之器，非君子之器，不得已而用之。"

察察为明

察察：精细地分辨。后形容专在细枝末节上显示精明。△清·吴趼人《二十年目睹之怪现状》

七八："恰好遇了一位两江总督，最是以察察为明的，听见人说这管带不懂驾驶，便要亲身去考察。"

【出处】《老子》五八："其政察察，其民缺缺。"

长生久视

指长久活着，不老不死。形容长寿。△战国·吕不韦《吕氏春秋·重己》："世之人主贵人，无贤不肖，莫不欲长生久视。"

【出处】《老子》五九："是谓深根固柢、长生久视之道。"

出生入死

出：从；入：到。原指从初生到死亡。后形容冒生命危险。△明·冯梦龙《醒世恒言》二七："须不比木兰女上阵征战，出生入死。"

【出处】《老子》五〇："出生入死，生之徒十有三，死之徒十有三。"

大辩若讷

讷：说话迟钝。善辩的人表面上好像嘴很笨。形容真正有口才的人不露锋芒。△唐·杨炯《梓州官僚赞》；"大辩若讷，历官有声。"

【出处】《老子》四五："大直若屈，大巧若拙，大辩若讷。"

大器晚成

器：器物。大的器物要经过长时间才能做成。比喻能做大事的人成就较晚。△清·吴敬梓《儒林外史》四九："二位先生高才久屈，将来定是大器晚成的。"

【出处】《老子》四一："大方无隅，大器晚成，大音希声，大象无形。"

多藏厚亡

藏：收藏；亡：损失。收藏的财物多，会招致重大损失。△南朝宋·范晔《后汉书·折像传》："感多藏厚亡之义，乃散金帛资产，周施亲疏。"

【出处】《老子》四四："是故甚爱必大费，多藏必厚亡。"

根深蒂固

蒂：草木之根；固：牢固。根扎得深而牢固。比喻基础稳固，不容易动摇。△鲁迅《两地书》一一："但我总还想对于根深蒂固的所谓旧文明，施行袭击，令其动摇……"

【出处】《老子》五九："是谓深根固柢，长生久视之道。"柢：树根。

【辨正】一说，语出《韩非子·解老》："柢固则生长，根深则视久。"老子是春秋人，韩非是战国末期人。考其源，当为《老子》。

功成身退

功业完成了，就主动退隐。△《后汉书·邓禹传》："功成身退，让国逊位……"

【出处】《老子》九："功成身退，天之道。"

和光同尘

和光：不显露光彩；同尘：混同于世尘。形容与世无争。也比喻同流合污。△1.鲁迅《华盖集·并非闲话》："自然，自己也明知道违了'和光同尘'的古训了。但我就是这样，并不想以骑墙或阴柔来买人尊敬。"2.明·冯梦龙《警世通言》二一："休要欺三瞒四，我赵某不是与你和光同尘的。"

【出处】《老子》五六："和其光，同其尘。"

涣然冰释

涣然：消散的样子；释：消除。像冰融化一样消失了。比喻疑虑、误会等完全消除。△鲁迅《伪自由书·"多难之月"》："不过只要将这'难'字，不作国民'受难'的'难'字解，而作令人'为难'的'难'字解，则一切困难，可就涣然冰释了。"

【出处】《老子》一五："涣兮，若冰之将释。"

祸福倚伏

灾祸和幸福互相依存，互相转化。△宋·陈亮《问答上》四："心有亲疏，则祸福倚伏于无穷，虽圣智不得而防也。"

【出处】《老子》五八："祸兮福之所倚，福兮祸之所伏。"

将取姑与

将：要；姑：姑且，暂且。原指要想夺取而暂且放弃的军事、外交策略。后表示要从别人那里有所得，先要给他些什么。△清·李绿园《歧路灯》六："若具呈一辞……倒惹那不知者，说些将取姑予，以退为进的话头。"

【出处】《老子》三六："将欲夺之，必固与之。"

金玉满堂

形容财富极多。后也比喻学识丰富。△1.唐·李白《悲歌行》诗："天虽杂，地虽久，金玉满堂应不守。"2.南朝宋·刘义庆《世说新语·赏誉》："王长史谓林公：'真长可谓金玉满堂。'"

【出处】《老子》九："金玉满堂，莫之能守。"

进寸退尺

前进一寸而后退一尺。后形容逆流而上，前进困难。也比喻得到的少，失掉的多。△1.唐·卢金《蜻蜓歌》诗："篙工楫师力且武，进寸退尺莫能度。"2.唐·韩愈《上兵部李侍郎书》："薄命不幸，动遭谗谤，进寸退尺，卒无所成。"

【出处】《老子》六九："用兵有言：'吾不敢为主而为客，不敢进寸而退尺。'"

目迷五色

迷：分辨不清。形容颜色又多又杂，把眼睛看花了。也比喻分辨不清错综复杂的事物。△清·吴趼人《二十年目睹之怪现状》七九："那衔牌是甚么布政使，甚么海关道，甚么大臣，甚么侍郎，弄得人目迷五色。"

【出处】《老子》一二："五色令人目盲，五音令人耳聋。"

被褐怀玉

被：披；褐：粗布短衣。身穿粗布衣，怀里却藏着美玉。比喻才华不外露。后也比喻贫寒而有才学。△魏·曹操《求贤令》："今天下得无有被褐怀玉而钓于渭滨者乎？"

【出处】《老子》七〇："知我者希，则我者贵，是以圣人被褐而怀玉。"被：披。

千里始足下

千里远的路程，从脚下的第一步开始。比喻实现远大目标要从小事做起。△唐·白居易《续座右铭》诗："千里始足下，高山起微尘。"

【出处】《老子》六四："千里之行，始于足下。"

轻诺寡信

诺：答应，允许；信：信用。轻易答应的，很少能守信用。△清·蒲松龄《聊斋志异·凤仙》："但缓时日以待之，吾家非轻诺寡信者。"

【出处】《老子》六三："夫轻诺必寡信，多易必多难。"

慎终如始

终：末。结束时仍很慎重，像开始时一样。指从始到终都很慎重。△晋·陶潜《命子》："肃矣我祖，慎终如始。"

【出处】《老子》六四："慎终如始，则无败事。"

视而不见，听而不闻

原指"道"精深玄妙，看不见，听不到。后形容不关心，不注意，睁着眼睛却没看见，长着耳朵却没听到。△《礼记·大学》："心不在焉，视而不见，听而不闻，食而不知其味。"

【出处】《老子》一四："视之不见，名曰夷；听之不闻，名曰希。"

受宠若惊

受到宠爱，好像受到惊吓一样。后形容受到赏识而惊喜。△清·李伯元《官场现形记》一八："过道台承中丞这一番优待，不禁受宠若惊。坐立不稳，不知如何是好。"

【出处】《老子》一三："宠为下，得之若惊。"

【辨正】一说，语出宋·苏轼《谢中书舍人启》："省躬无有，被宠若惊。"在苏轼之前，早有人用过老子这句话。考其源，均为《老子》。

天长地久

原指天和地存在的时间久远。后形容时间悠久。△唐·白居易《长恨歌》诗："天长地久有时尽，此恨绵绵无绝期。"

【出处】《老子》七："天长地久。天地所以能长且久者，以其不自生，故能长生。"

天道好还

天道：天理；好还：报应不爽。天理昭彰，善有善报，恶有恶报。△清·文康《儿女英雄传》二三："天道好还，也算保全了她一条身子，救了她一条性命。"

【出处】《老子》三〇："以道佐人主者，不以兵强天下，其事好还。"清·魏源《老子本义》："天道好还……自古至今，天道有

或爽者哉!"爽：差失。

天网恢恢，疏而不漏

恢恢：广大的样子；疏：稀疏。天道像一张大网，虽然稀疏却不漏掉一个坏人。后比喻坏人一定会受到法律制裁。△清·文康《儿女英雄传》一八："你二位老人家，可曾听见那纪贼父子被朝廷正法了？可见天网恢恢，疏而不漏。"

【出处】《老子》七三："天网恢恢，疏而不失。"

委曲求全

原指委曲才能保全。后形容曲意迁就。△鲁迅《华盖集·这个与那个》："我独不解中国人何以……于已成之局那么委曲求全，于初兴之事就这么求全责备？"

【出处】《老子》二二："曲则全，枉则直。"

无中生有

原指"有"是从"无"中产生的。后形容凭空捏造。△清·文康《儿女英雄传》二六："这是屋里这上上下下三四十人亲眼见的，难道是我张金凤无中生有的造谣

言？"

【出处】《老子》四〇："天下万物生于有，有生于无。"

相去无几

去：距离。互相离得没有多远。表示相差不多。△宋·苏洵《衡论》下："是今之税与周之税轻重之相去无几也。"

【出处】《老子》二〇："唯之与阿，相去几何？"唯：答应；阿：呵斥。

虚怀若谷

虚：空。胸怀像空旷的山谷。比喻心胸开阔，态度谦虚，能容纳别人的意见。△清·陆陇其《答山西范彪西进士书》："此诚见先生虚怀若谷。"

【出处】《老子》一五："旷兮其若谷。"旷：空旷，空而宽广。

玄之又玄

玄：深奥玄妙。形容非常深奥玄妙，难以理解。△清·章学诚《文史通义·朱陆》："玄之又玄，使人无可捉摸。"

【出处】《老子》一："玄之

又玄，众妙之门。"

知足不辱，知止不殆

殆：危险。知道满足，就不会受到羞辱，知道适可而止，就不会遭遇危险。△宋·苏轼《黄州安国寺记》："寺僧曰谜连，为僧首七年，得赐衣，又七年，当赐号，欲谢去，其后与父老相率留之。连笑曰：'知足不辱，知止不殆。'卒谢去。"

【出处】《老子》四四："知足不辱，知止不殆。"

【辨正】一说，语出《汉书·疏广传》："吾闻知足不辱，知止不殆。"疏广所说的"闻"，即闻老子之言。

自取其咎

咎：祸患。自己找来的祸患。后也泛指自己找来的麻烦、苦恼。△明·冯梦龙《古今小说》一一："此乃学生考究不精，自取其咎，非圣天子之过也。"

【出处】《老子》九："富贵而骄，自遗其咎。"

自知之明

指了解自己、认识自己的能

力。△清·李汝珍《镜花缘》九〇："这句说的不是你是谁!真有自知之明!"

【出处】《老子》三三："知人者智,自知者明。"

《庄子》

安常处顺

安于正常的生活,处于顺利的环境。△清·乐钧《耳食录》："即使男女之相悦,竟得如其愿,则亦安常处顺,以老以没,而情于是乎止矣!"

【出处】《庄子·养生主》："安时而处顺,哀乐不能入也。"

安之若素

素:平常,平时。像平时一样安心。形容在反常情况或困难处境面前毫不在意。△清·无名氏《娱目醒心编》四："本是清苦人家……崔氏却安之若素,绝不嫌贫嫌苦。"

【出处】《庄子·人间世》："知其不可奈何而安之若命,德之至也。"

白驹过隙

小白马从缝隙前跑过。形容时间过得极快,转瞬即逝。△明·兰陵笑笑生《金瓶梅词话》二："白驹过隙,日月穿梭,才见梅开腊底,又早天气回阳。"

【出处】《庄子·知北游》："人生天地之间,若白驹之过郤,忽然而已。"郤:隙。

抱柱之信

信:信用。讲信用,宁可抱柱而死。形容坚守信约。△唐·李白《长干行》诗："长存抱柱信,岂上望夫台?"

【出处】《庄子·盗跖》："尾生与女子期于梁下,女子不来,水至不去,抱梁柱而死。"期:约会;梁:桥。

冰解冻释

冰冻融化。比喻疑难、困惑、障碍等完全消失。△《朱子全书》："复取程氏书虚心平气而徐读之,未及数行,冻解冰释。"

【出处】《庄子·庚桑楚》："是乃所谓冰解冻释者,能乎?"

不分畛域

畛域：界限。不分界限。也比喻不分彼此。△阿英《晚清文学丛钞·廿载繁华梦》二八八："我们善堂是不分畛域的，往时各省有了灾荒，没一处不去赈济。"

【出处】《庄子·秋水》："泛泛乎其若四方之无穷，其无所畛域。"

不近人情

不合乎人之常情。△北齐·魏收《魏书·崔浩传》："此矫诬之说，不近人情，必非老子所作。"

【出处】《庄子·逍遥游》："大有径庭，不近人情焉。"

不可端倪

端倪：头绪，始末。弄不清头绪。△唐·韩愈《送高闲上人序》："故旭之书，变动如鬼神，不可端倪。"

【出处】《庄子·大宗师》："反复终始，不知端倪。"

不免虎口

逃不出虎口。比喻难于逃脱危险。△东汉·班固《汉书·孙叔通传》："公不知，我几不免虎口!"

【出处】《庄子·盗跖》："疾走料虎头，编虎须，几不免虎口哉!"

不上不下

形容处于正中的位置。也比喻进退两难。△1.唐·欧阳詹《福州南涧寺上方石像记》："不上不下，不西不东，亭亭厥心，隐出真像。"2.明·冯梦龙《醒世恒言》六："如今住在这里，不上不下，还是怎么计较?"

【出处】《庄子·达生》："不上不下，中身当心，则为病。"

不系之舟

没有拴住的船。比喻无拘无束、没有牵累的人。后也比喻漂泊不定的生活。△1.唐·徐铉《陈觉放还至泰州，以诗见寄，作此答之》诗："今朝我作伤弓鸟，却羡君为不系舟。"2.唐·李白《寄崔侍御》诗："宛溪霜夜听猿愁，去国长如不系舟。"

【出处】《庄子·列御寇》："饱食而敖游，泛若不系之舟，虚而敖游者也。"

中华成语探源

中华国学精粹

典藏珍本

不肖子孙

肖：像。不像先辈的子孙。指不能继承先辈事业，没有出息的子孙。△鲁迅《彷徨·长明灯》："造庙的时候，他的祖宗就捐过钱，现在他却要来吹熄长明灯。这不是不肖子孙？"

【出处】《庄子·天地》："孝子不谀其亲……则世俗谓之不肖子。"

不言之教

不以言语为主要的教育方法。指以身作则。△清·王夫之《谭太孺人行状》："先君子以宏慈行德威，抑且至性简靖，尚不言之教。"

【出处】《庄子·知北游》："故圣人行不言之教。"

不主故常

主：主张；故常：常规。不主张按常规办理。形容不拘泥。△明·胡应麟《诗薮·内编》五："变则标奇越险，不主故常；化则神动天随，从心所欲。"

【出处】《庄子·天运》："变化齐一，不主故常。"

沧海遗珠

遗失在大海里的珍珠。比喻被埋没的人才。也比喻被埋没的珍贵事物。△1.宋·欧阳修《新唐书·狄仁杰传》："仲尼称观过知仁，君可谓沧海遗珠矣。"2.明·李贽《焚书·龙谿先生文录抄序》："夫先生之书，一字不可轻掷，不刻其全则有沧海遗珠之恨。"

【出处】《庄子·天地》："黄帝游乎赤水之北，登乎昆仑之丘而南望，还归，遗其玄珠。"

【辨正】一说，语出《新唐书·狄仁杰传》："君可谓沧海遗珠矣。"这显然是使用了《庄子》之典。唐人使用"遗珠"之典者不只此一例。

超轶绝尘

超轶：超越；绝尘：绝于尘，被尘土隔绝。骏马超越而前，扬起的尘土把群马远远隔在后面。比喻才力非凡，不可企及。△宋·黄庭坚《跋子瞻〈醉翁操〉》："彼其志于文章，故落笔皆超轶绝尘耳。"

【出处】《庄子·徐无鬼》："是国马也……超轶绝尘，不知其所。"

瞠乎其后

瞠：瞪着眼睛看。在后面干瞪眼。形容落在后面，赶不上去。△元·王恽《创建伊洛五贤祠堂记》："若扳援昔贤，则不肖年迫衰老，懒于笔研，又瞠乎其后。"

【出处】《庄子·田子方》："夫子奔逸绝尘，而回瞠若乎其后矣。"回：颜回。

踌躇满志

踌躇：得意的样子。洋洋得意，心满意足。△清·归庄《与大鸿》："此番踌躇满志，历观诸同人卷，益复自喜。"

【出处】《庄子·养生主》："提刀而立，为之四顾，为之踌躇满志，善刀而藏之。"

初生之犊不怕虎

比喻年轻人无所畏惧，敢作敢为。△明·罗贯中《三国演义》七四："'初生之犊不怕虎'……纵然斩了此人，只是西羌一小卒耳。"

【出处】《庄子·知北游》："汝瞳焉如新生之犊而无求其故。"疏："瞳焉，无知直视之貌。"

辞不获命

辞：推辞；命：命令，指示。推辞而没有得到准许。△宋·魏了翁《奏乞降便宜诏书》："臣误蒙圣恩骤升宥俯……非臣所克负荷，辞不获命，冒昧祇承。"

【出处】《庄子·天地》："辞不获命，既已告矣，未知中否。"

存而不论

存：保存，保留。保留起来，不加讨论。△宋·李焘《续资治通鉴长编·太宗太平兴国八年》："念其种类蕃息，安土重迁，倘加攘却，必致杀戮，所以置于度外，存而勿论也。"

【出处】《庄子·齐物论》："六合之外，圣人存而不论。"

大而无当

当：底。原指大得没有边际。后形容大而不实用。△《鲁迅书信集·致章廷谦》："要而言之，《全上古……文》实在是大而无当的书，可供陈列而不适于实用的。"

【出处】《庄子·逍遥游》：

237

中华成语探源

中华国学精粹

典藏珍本

"吾闻言于接舆，大而无当，往而不反。"反：返。

大方之家

方：道；家：专家。有大道的专家。指学识渊博的专家学者，内行人。△清·梁启超《译印政治小说序》："述英雄则规画《水浒传》，道男女则步武《红楼》……陈陈相因，涂涂递附，故大方之家，每不屑道焉。"

【出处】《庄子·秋水》："吾长见笑于大方之家。"

大惑不解

惑：迷惑；解：理解。非常迷惑，不能理解。△清·蒲松龄《聊斋志异·土偶》："母疑涉妄；然窥女无他，大惑不解。"

【出处】《庄子·天地》："大惑者终身不解，大愚者终身不灵。"疏："解，悟也，灵，知也。"

大同小异

大部分相同，小部分有差异。△清·李伯元《官场现形记》四〇："这天瞿耐庵从早上问案，一直问到晚上方才退堂。足足问了

二十三起案子，其判断与头四起都大同小异。"

【出处】《庄子·天下》："大同而与小同异，此之谓小同异；万物毕同毕异，此之谓大同异。"

大相径庭

径庭：相差很远。大不相同，相差很远。△明·何良俊《四友斋丛说》二五："南宋陈简斋、陆放翁、杨万里、周必大、范石湖诸人之诗，虽则尖新太露圭角，乏浑厚之气，然能铺写情景，不专事绮缋，其与但为风云月露之形者大相径庭，终在元人上。"

【出处】《庄子·逍遥游》："吾惊怖其言，犹河汉而无极也。大有径庭，不近人情焉。"

呆若木鸡

原形容经过训练的斗鸡神态镇定。后比喻因惊慌或恐惧而发呆的样子。△曹禺《日出》第二幕：（黄省三）"呆若木鸡，低得几乎听不见的声音"。

【出处】《庄子·达生》："鸡虽有鸣者，已无变矣，望之似木鸡矣，其德全矣。"

淡水之交

指不因势利而结成的道义之交。△明·朱之瑜《与奥村庸礼书》一："安宅与不佞游，于今六七年，淡水之交，始终如一。"

【出处】《庄子·山木》："且君子之交淡若水，小人之交甘若醴。"

盗亦有道

道：道理。强盗也有做强盗的一套道理。后也形容强盗有时也讲道义。△明·凌濛初《初刻拍案惊奇》三："英雄从古轻一掷，盗亦有道真堪述。"

【出处】《庄子·胠箧》："故跖之徒问于跖曰：'盗亦有道乎？'跖曰：'何适而无有道邪？夫妄意室中之藏，圣也；入先，勇也；出后，义也；知可否，知也；分均，仁也。五者不备而能成大盗者，天下未之有也。'"

得心应手

心里怎么想，手就能怎么做。形容技术熟练或做事顺利。△1.清·赵翼《瓯北诗话·查初白诗》："气足则调自振，意深则味有余，得心应手，几于无一字不稳惬。"2.茅盾《子夜》八："挟了七八万现款的冯云卿就此走进了公债市场，半年来总算得心应手，扯起息来，二分半是有的。"

【出处】《庄子·天道》："不徐不疾，得之于手而应于心。"

得意忘言

意：意义。原表示已经知道了意义，不再需要用语言表达。后也形容彼此了解心意，不用明说。△清·王士禛《带经堂诗话·伫兴类》："唐人五言绝句，往往入禅，有得意忘言之妙。"

【出处】《庄子·外物》："言者所以在意，得意而忘言。"

得鱼忘筌

筌：捕鱼用的竹器。捕到鱼，就不需要筌了。后比喻达到目的就忘了原来的凭借。△清·梁启超《外交失败之原因及今后国民之觉悟》："故目的既达，得鱼忘筌，其手腕之峭紧敏捷又如此。"

【出处】《庄子·外物》："筌者所以在鱼，得鱼而忘筌。"

东施效颦

效：效仿；颦：皱眉。丑女东施模仿美女西施皱眉的样子，更加丑得吓人。比喻生硬地模仿，效果很坏。△清·曹雪芹《红楼梦》三〇："难道这也是个痴丫头……若真也葬花，可谓东施效颦了；不但不为新奇，而且更是可厌。"

【出处】《庄子·天运》："故西施病心而矉其里，其里之丑人见之而美之，归亦捧心而矉其里。其里之富人见之，坚闭门而不出；贫人见之，挈妻子而去走。"矉：颦。

独往独来

单独来往。原形容行动自如，没有牵挂。后也形容孤单。△1.周·吕望《六韬·文韬》："凡兵之道，莫过乎一。一者能独往独来。"2.宋·陈亮《又甲辰秋书》："独往独来于人世间，亦自伤其孤另而已。"

【出处】《庄子·在宥》："出入六合，游乎九州，独往独来，是谓独有。"

断鹤续凫

续：接；凫：野鸭子。截断鹤的腿，给野鸭子接上。比喻做事不合自然规律。△清·蒲松龄《聊斋志异·陆判》："断鹤续凫，矫作者妄；移花接木，创始者奇。"

【出处】《庄子·骈拇》："是故凫胫虽短，续之则忧；鹤胫虽长，断之则悲。"

废然而返

原指怒气消失，恢复常态。后形容失望而归。△鲁迅《两地书》八一："要他包饭，而馆中只有面，问以饭，曰无有，废然而返。"

【出处】《庄子·德充符》："我怫然而怒，而适先生之所，则废然而反。"反：返。

分庭抗礼

分庭：分站在庭院两边；抗礼：行平等的礼。指关系对等。后也比喻才力、地位相当。△1.清·吴敬梓《儒林外史》一七："知县此番便和他分庭抗礼，留着吃了饭，叫他拜做老师。"2.南梁·钟嵘《诗品》中品："课其实录，则豫章、仆射，宜分庭抗礼。"

【出处】《庄子·渔父》："万乘之主，千乘之君，见夫子未尝不分庭伉礼，夫子犹有倨敖之容。"伉：抗，对等；敖：傲。

【辨正】一说，语出《史记·货殖列传》："所至，国君无不分庭与之抗礼。"庄子，战国时代人；司马迁，西汉人。自当以《庄子》为源。

扶摇直上

扶摇：自下而上的旋风。乘着旋风快速上升。比喻仕途得志，官职直往上升。△清·吴趼人《二十年目睹之怪现状》八九："直到前几年，那位大少爷早就扶摇直上，做了军机大臣了。"

【出处】《庄子·逍遥游》："鹏之徙于南冥也，水击三千里，抟扶摇而上者九万里。"抟：盘旋。

浮生若梦

漂浮不定的人生像一场梦。△唐·李白《春夜宴从弟桃花园序》："而浮生若梦，为欢几何？"

【出处】《庄子·刻意》："其生若浮，其死若休。"

俯仰由人

俯仰：低头和抬头，泛指一举一动。一举一动受人支配。形容行动不自由。△宋·朱熹《答许顺之》："粗有衣食之资，便免俯仰于人。"

【出处】《庄子·天运》："且子独不见夫桔槔者乎？引之则俯，舍之则仰。"

俯仰之间

俯：低头；仰：抬头。一低头到一抬头之间。形容时间极短。后也指处于世上。△1.晋·王羲之《兰亭集序》："向之所欣，俯仰之间，已为陈迹。"2.宋·丰稷《辞免左谏议大夫》："俯仰之间，无所愧怍，方能称其责。"

【出处】《庄子·在宥》："其疾俛仰之间而再抚四海之外。"疾：迅速。俛：同"俯"。

【辨正】一说，语出晋·王羲之《兰亭集序》："向之所欣，俛仰之间，已为陈迹。"这是引用《庄子》之典。在王氏之前，早有人引用过这一词语，汉代晁错即是一例。

附赘悬疣

赘疣：瘊子。生在皮肤上的瘊子。比喻多余无用的东西。△南梁·刘勰《文心雕龙·熔裁》："骈拇支指，由侈于性；附赘悬肬，实侈于形。"肬：疣。

【出处】《庄子·大宗师》："彼以生为附赘县疣。"县：悬。

膏火自煎

膏：油；煎：烧。油能做灯烛，所以被烧。比喻有才或有财而招致祸患。△晋·阮籍《咏怀诗》九："膏火自煎熬，多财多患害。布衣可终身，宠禄岂足赖！"

【出处】《庄子·人间世》："山木自寇也，膏火自煎也。"寇：伐。疏："膏能明照，以充灯炬，为其有用，故被煎烧。"

槁木死灰

枯树，冷灰。比喻心情极端消沉。也比喻毫无生气。△清·曹雪芹《红楼梦》四："所以这李纨虽青春丧偶……竟如'槁木死灰'一般，一概不问不闻。"

【出处】《庄子·齐物论》："形固可使如槁木，而心固可使如死灰乎？"

各行其是

是：对。各自按照自己认为对的去做。△茅盾《创造》："常常君实喜欢甲，娴娴偏喜欢乙，而又不肯各行其是，各人要求自己的主张完全胜利。"

【出处】《庄子·徐无鬼》："天下非有公是也，而各是其所是。"

绠短汲深

绠：汲水的绳子。吊桶的绳子短，却要从深井里汲水。原比喻才学短浅，理解不了深奥的道理。后比喻能力差，不能胜任艰巨的事情。△唐·萧颖士《赠韦司业书》："诚智小谋大，绠短汲深。"

【出处】《庄子·至乐》："绠短者不可以汲深。"

姑妄听之

姑：姑且；妄：胡乱，指随便。姑且随便听听，不必认真对待。△鲁迅《华盖集续编·送灶日漫笔》："即使是饭后的公评，酒后的宏议，也何尝不可姑妄听之呢。"

【出处】《庄子·齐物论》："女以妄听之。"女：汝，你。

姑妄言之

姑：姑且；妄：胡乱，指随便。姑且随便说说。△鲁迅《且介亭杂文病后杂谈》："东坡先生在黄州，有客来，就要客谈鬼，客说没有，东坡道：'姑妄言之！'至今还算是一件韵事。"

【出处】《庄子·齐物论》："予尝为女妄言之。"女：汝，你。

鼓盆之戚

鼓：敲；戚：悲哀。敲盆子唱歌的悲哀。指死了妻子。△清·蒲松龄《聊斋志异·小谢》："家綦贫，又有鼓盆之戚。"

【出处】《庄子·至乐》："庄子妻死，惠子吊之，庄子则方箕踞鼓盆而歌。"箕踞：席地而坐，两腿分开伸着，是不拘礼法的坐姿。

官止神行

官：器官；神：精神。器官停止活动了，精神还在活动。形容技艺纯熟，做起来得心应手。△金·元好问《愚轩为赵宜之赋》："五官止废而神行，就令有眼将无用。"

【出处】《庄子·养生主》："方今之时，臣以神遇而不以目视，官知止而神欲行。"

鬼斧神工

鬼神所做的。形容技艺精巧神妙。△明·袁宏道《时新修玉泉寺》诗："鬼斧神工仍七日，直教重勒玉泉碑。"

【出处】《庄子·达生》："梓庆削木为鐻，鐻成，见者惊犹鬼神。"鐻：古代钟一类的乐器。

【辨正】一说，"鬼斧"出自元·吴莱《大食瓶》诗："晶荧龙宫献，错落鬼斧镌。""神工"出自《南史·谢惠连传》："此语有神工，非吾语也。"其实，《庄子》的"犹鬼神"把二者全包括了。

害群之马

危害马群的马。比喻危害社会或集体的人。△宋·刘安世《应诏言事》："盖此等行为山戏险，若小得志，则复结朋党，恣其毁誉，如害群之马，岂宜轻议哉!"

【出处】《庄子·徐无鬼》："夫为天下者，亦奚以异乎牧马者哉？亦去其害马者而已矣。"

含脯鼓腹

脯：肉干、果干等，泛指食物；鼓；拍打。口含食物嬉戏，手拍肚子走路。形容无忧无虑的安乐的生活。后也形容吃得很饱。△1.清·赵翼《日计》诗："留与熙朝歌击壤，含脯鼓腹作无怀。"2.清·李绿园《歧路灯》八四："糯米蒸糕，大嚼了一个含脯鼓腹。"

【出处】《庄子·马蹄》："含哺而熙，鼓腹而游。"疏："既而含哺而熙戏，与婴儿而不殊；鼓腹而遨游，将童子而无别。"

邯郸学步

邯郸：战国时代赵国的都城；步：走。学邯郸人走路，学得不像，而且忘了自己原来的走法。比喻生硬模仿别人，学不到别人的长处，还会丢掉自己原有的长处。△宋·姜夔《送项平甫倅池阳》诗："论文要得文中天，邯郸学步

终不然。"

【出处】《庄子·秋水》："且子独不闻夫寿陵余子之学行于邯郸与？未得国能，又失其故行矣，直匍匐而归耳!"

喝西北风

原指靠空气生存。后形容没有东西吃。△清·吴敬梓《儒林外史》四一："叫我们管山吃山，管水吃水，都像你这一毛不拔，我们喝西北风!"

【出处】《庄子·逍遥游》："藐姑射之山，有神人居焉……不食五谷，吸风饮露。"

涸辙之鲋

涸：干涸。干涸的车辙里的鲋鱼。比喻处在困境中亟待援救的人。△宋·苏轼《乞开西湖状》："若一旦堙塞，使蛟龙鱼鳖同为涸辙之鲋，臣子坐观亦何心哉!"

【出处】《庄子·外物》："周顾视车辙中有鲋鱼焉。周问之曰：'鲋鱼来!子何为者邪？'对曰：'我，东海之波臣也。君岂有斗升之水而活我哉？'周曰：'诺。我且南游吴、越之王，激西江之水而迎子，可乎？'鲋鱼忿

然作色曰：'吾失我常与，我无所处。吾得斗升之水然活耳，君乃言此，曾不如早索我于枯鱼之肆！'"

闳中肆外

闳：大；肆：放。形容文章内容丰富，文笔又能尽量发挥。△宋·卫宗武《柳月涧吟秋后稿序》："李、杜以天授之才，闳中肆外，穷幽极渺。"

【出处】《庄子·天下》："弘大而辟，深闳而肆。"

【辨正】一说，语出唐·韩愈《进学解》："先生之于文，可谓闳其中而肆其外矣。"韩文是对庄子"闳而肆"的发挥。考其源，应为《庄子》。

厚貌深情

厚：厚道；情：内心。外貌厚道，内心深不可测，难以捉摸。△明·海瑞《兴革条例》："两造俱备，五听三讯，狱情亦非难明也。然民伪日滋，厚貌深情，其变千状，昭明者十之六七，两可难决亦十而二三也。"

【出处】《庄子·列御寇》："人者厚貌深情。"

呼牛呼马

呼：称呼。称呼牛也可以，称呼马也可以。比喻毁誉由人，不加计较。△明·冯惟敏《十自由》六："论理法难听受，总不如装聋塞耳，一任他呼马呼牛。"

【出处】《庄子·天道》："昔者子呼我牛也，而谓之牛，呼我马也，而谓之马。"

化腐为奇

化：转化；腐：臭腐；奇：神奇。臭腐转化为神奇。原指事物向对立面转化。后指把陈腐的事物改变为焕然一新的事物。△清·陈廷焯《白雨斋词话》七："古人诗词，不尽可法，善于运用，何难化腐为奇。"

【出处】《庄子·知北游》："故万物一也，是其所美者为神奇，其所恶者为臭腐；臭腐复化为神奇，神奇复化为臭腐。"

华封三祝

华：地名；封：守封疆的人；祝：祝愿。华地守封疆的人的三个祝愿。指祝人长寿、富裕、多生儿子。△清·刘坤一《复何棣山》：

"惟与田夫野老击壤高歌，虔申华封之祝而已。"

【出处】《庄子·天地》："尧观乎华。华封人曰：'嘻，圣人！请祝圣人……使圣人寿……使圣人富……使圣人多男子。'"

喙长三尺

喙：鸟嘴，借指人嘴。三尺长的嘴。比喻能言善辩。△唐·冯贽《云仙杂记》九引《朝野金载》："陆余庆为洛州长史，善论事而谬于决判。时嘲之曰：'说事即喙长三尺，判字则手重五斤。'"

【出处】《庄子·徐无鬼》："丘愿有喙三尺。"

见弹求鸮

弹：打鸟用的弹丸；鸮：猫头鹰。看见弹丸，就想吃烤鸮肉。比喻联想得太远、太早。△清·谭嗣同《致刘淞芙》九："待到兵临城下，徐徐他去，未为晚也……毋乃见弹而求鸮炙，见卵而求时夜，太早计矣！"

【出处】《庄子·齐物论》："见卵而求时夜，见弹而求鸮炙。"

见笑大方

见：被；大方：有见识的人。被有见识的人讥笑。△宋·刘克庄《六和太守林太博赠瑞香花》诗："拙笔芜词字半斜，情知见笑大方家。"

【出处】《庄子·秋水》："吾长见笑于大方之家。"

鹪鹩一枝

鹪鹩：一种体长约三寸的小鸟。鹪鹩筑巢的一根树枝。比喻一个安身之处或一个工作位置。△明·罗贯中《三国演义》六〇："尝思鹪鹩尚存一枝，狡兔犹藏三窟，何况人乎？"

【出处】《庄子·逍遥游》："鹪鹩巢于深林，不过一枝。"

井底之蛙

比喻见识狭隘的人。△明·施耐庵《水浒传》八七："汝小将年幼学浅，如井底之蛙，只知此等阵法，以为绝高。"

【出处】《庄子·秋水》："井蛙不可语于海者，拘于虚也。"虚：墟，居住的地方。

井蛙之见

比喻狭隘、短浅的见识。△明·沈德符《杂剧院本》："世人未曾遍观，逐队吠声，诧为绝唱，真井蛙之见耳。"

【出处】《庄子·秋水》："井蛙不可语于海者，拘于虚也。"虚：墟，居住的地方。

拘墟之见

拘：限制；墟：居住的地方；见：见识。被居住环境所限制的见识。指狭隘、短浅的见识。△清·唐梦赉《聊斋志异序》："凡为余所习知者，十之三四，最足以破小儒拘墟之见……"

【出处】《庄子·秋水》："井蛙不可语于海者，拘于虚也。"虚：墟。

空谷足音

空寂的山谷里，听到了人的脚步声。比喻难得的音信、来访或言论。△清·纪昀《阅微草堂笔记·姑妄听之》："空谷足音，得见君子，机缘难再，千载一时。"

【出处】《庄子·徐无鬼》："夫逃虚空者……闻人足音跫然而喜矣。"跫然：形容脚步声。

空穴来风

空穴：洞穴。有了洞穴，才会进来风。比喻自身有弱点，病菌、流言等才会乘虚而入。△1.唐·白居易《初病风》诗："六十八衰翁，乘衰百疾攻。朽株难免蠹，空穴易来风。"2.宋·阮阅《诗话总龟前集》三九引《雍洛灵异记》："虽好事者托以成之，亦空穴来风之意。"

【出处】《庄子·佚文》："空门来风，桐乳致巢。"

【辨正】一说，语出宋玉《风赋》："枳句来巢，空穴来风。"一般认为宋玉是屈原的门生，而屈原小于庄子近30岁。宋玉这两句话，显然是源于庄子而小有变化。

枯鱼之肆

枯：干；肆：店铺。卖干鱼的店铺。比喻无法挽救的绝境。△清·李绿园《歧路灯》七五："燃眉之急，全赖及时扶拔。若待他年，未免枯鱼之肆矣。"

【出处】《庄子·外物》："吾得斗升之水然活耳，君乃言此，曾不如早索我于枯鱼之肆。"

块然独处

块然：孤独的样子。原表示孤独地生活，置身于世外。后形容孤单寂寞地居住。△宋·苏轼《答杨济甫二首》一："春色已盛，但块然独处，无与为乐。"

【出处】《庄子·应帝王》："块然独以其形立。"

临危不惧

面临危险，毫不畏惧。△唐·陆贽《李澄赠司空制》："天授将材，勇而多智，临危不惧，见义必为。"

【出处】《庄子·秋水》："临大难而不惧者，圣人之勇也。"

令人发指

指：直竖。使人头发直竖起来，形容使人愤怒到极点。△《鲁迅书信集·致黎烈文》："我仍间或发热，但报总不能不看，一看，则昏话之多，令人发指。"

【出处】《庄子·盗跖》："盗跖闻之大怒，目如明星，发上指冠。"

鲁莽灭裂

鲁莽：冒失；灭裂：轻率。形容做事莽撞草率，不负责任。△明·袁宏道《答梅客生》二："非真正英雄，不能于此出手……岂卤莽灭裂之夫，所能草草承当者哉？"

【出处】《庄子·则阳》："君为政焉勿卤莽，治民焉勿灭裂。"

满坑满谷

形容到处都是，非常多。△清·吴趼人《二十年目睹之怪现状》五五："劳佛督率各小伙计开箱，开了出来，都是各种的药水，一瓶一瓶的都上了架，登时满坑满谷起来。"

【出处】《庄子·天运》："在谷满谷，在坑满坑。"

每况愈下

况：甚；愈：更加。原表示愈是从低微事物推论，愈能看出"道"的真实情况。后形容愈往下情况愈严重。△朱自清《"海阔天空"与"古今中外"》："南归以后，新戏固然和北京是'一丘之貊'，旧戏也就每况愈下，毫无足观。"

【出处】《庄子·知北游》："正获之问于监市履狶也，每下愈况。"狶：猪。

面誉背毁

誉：称赞；毁：毁谤。当面称赞，背后毁谤。△隋·王通《中说·关朗篇》："亲朋有非正义者，必正之，曰：'面誉背毁，吾不忍也。'"

【出处】《庄子·盗跖》："好面誉人者，亦好背而毁之。"

莫逆之交

莫：没有；逆：抵触。没有抵触的交情。形容志趣相同、情意相投的交情。也指志趣相同、情意相投的朋友。△老舍《四世同堂》一七："我想我和冠晓荷一定可以成为莫逆之交的!"

【出处】《庄子·大宗师》："四人相视而笑，莫逆于心，遂相与为友。"

目无全牛

眼睛看不到整个的牛。原指杀牛技术纯熟，只看到皮骨间隙。后泛指技艺精通纯熟。△宋·李之仪《次韵东坡和滕希靖雪浪石诗》："便觉诗源得三昧，目中无复有全牛。"

【出处】《庄子·养生主》："始臣之解牛之时，所见无非全牛者；三年之后，未尝见全牛也。"

能者多劳

能力强的人多干活。△清·曹雪芹《红楼梦》一五："俗语说的：'能者多劳。'太太见奶奶这样才情，越发都推给奶奶了。"

【出处】《庄子·列御寇》："巧者劳而知者忧，无能者无所求。"知：智。

怒发冲冠

愤怒得头发直竖，把帽子顶了起来。形容愤怒到极点。△宋·岳飞《满江红·写怀》："怒发冲冠，凭栏处，潇潇雨歇。"

【出处】《庄子·盗跖》："盗跖闻之大怒，目如明星，发上指冠。"

【辨正】一说，语出《史记·廉颇蔺相如列传》："相如因持璧却立倚柱，怒发上冲冠。"蔺相如显然不是有文字记录的第一个"怒发冲冠"者。考其源，当为《庄子》。

庖丁解牛

庖丁：厨子；解：宰割。战国时，一个厨子为文惠君杀牛，技术极高超。后比喻掌握了客观规律的人，做事得心应手，应用自如。△宋·文天祥《金匮歌序》："辨证察脉，造神入妙，如庖丁解牛。"

【出处】《庄子·养生主》："庖丁为文惠君解牛，手之所触……砉然，莫不中音。"砉：破裂声。

鹏程万里

鹏：传说中的大鸟。像鹏一样，有万里前程。比喻前程远大。△宋·楼钥《送袁恭安赴江州节推》诗："鹏程万里兹权舆，平时义方师有余。"

【出处】《庄子·逍遥游》："鹏之徙于南冥也，水击三千里，抟扶摇而上者九万里。"抟：盘旋；扶摇：旋风。

批郤导窾

郤：隙；窾：空。原指杀牛时从筋骨空隙处下刀。后比喻做事从关键处入手。△清·陈确《与刘伯绳书》："病亦有性情，其消息往复之机，默自体验，可徐收批郤导窾之功。"

【出处】《庄子·养生主》："依乎天理，批大郤，导大窾，因其固然。"

胼手胝足

胼、胝：皮肤久经磨擦而生的茧。手脚都磨出了老茧。形容长期辛劳。△宋·朱熹《九江彭蠡辨》："凡禹之所为，过门不入，胼手胝足……"

【出处】《庄子·让王》："曾子居卫，手足胼胝。"

骈拇枝指

骈拇：脚的大拇指与二指相连；枝指：手的大拇指旁多生一指。后比喻多余而无用的东西。△清·庞垲《诗义固说》上："今人作诗……语无伦次，骈拇枝指，凑泊取足，三病也。"

【出处】《庄子·骈拇》："骈拇枝指，出乎性哉！……是故骈于足者，连无用之肉也；枝于手者，树无用之指也。"

七窍生烟

七窍：指两眼、两耳孔、两鼻孔、嘴。七窍都冒出烟来。比喻极为着急或气愤。△清《说唐演义全传》三〇："邱瑞闻言，急得七窍生烟，一些主意全无。"

【出处】《庄子·应帝王》："人皆有七窍以视听食息。"

强聒不舍

强：勉强；聒：声音嘈杂，令人厌烦；舍：止。形容别人不愿听，还要勉强别人听，絮絮叨叨说个不停。△鲁迅《二心集·关于翻译的通信》："'强聒不舍'虽然是勇壮的行为，但我奉行的，却是'不可与言而与之言，失言'这一句老话。"

【出处】《庄子·天下》："虽天下不取，强聒而不舍者也。"

翘首企足

翘首：抬头；企足：踮起脚跟站着。比喻殷切地盼望。△明·朱之瑜《与源纲条书八首》一："使天下之贤人君子闻风而起，翘首企足，望贵邦之郊门，思欲得当而至止，以效其区区。"

【出处】《庄子·胠箧》："今遂至使民延颈举踵曰：'其所有贤者。'"

穷阎陋巷

阎：门。简陋的里巷，狭小的住宅。△汉·应劭《风俗通义》："虽在穷阎陋巷，深山幽谷，犹不失琴。"

【出处】《庄子·列御寇》："夫处穷闾厄巷，困窘织屦。"厄：狭隘。

取之不尽，用之不竭

竭：尽。用不完。形容来源极丰富。△宋·黎靖德《朱子语类》五七："他那源头只管来得不绝，取之不尽，用之不竭，来供自家用。"

【出处】《庄子·天地》："夫大壑之为物也，注焉而不满，酌焉而不竭。"

如蚊负山

负：背。好像蚊子背山。比喻能力小而任务重大，不能胜任。△宋·黄庭坚《次韵答王眘中》诗："吾欲超万古，乃如负山蚊。"

【出处】《庄子·应帝王》："其于治天下也，犹涉海凿河而使蚊负山也。"

如蚁附膻

附：趋附。好像蚂蚁趋附有膻味的东西。原比喻趋附所仰慕的好人。后比喻趋附臭味相投的人或有钱有势的人。△清·梁启超《变法通议·论译书》："官之接西官，如鼠遇虎；商之媚西商，如蚁附膻。"

【出处】《庄子·徐无鬼》："蚁慕羊肉，羊肉膻也。舜有膻行，百姓悦之。"

入乡随俗

随：顺。到一个地方而顺应那里的风俗习惯。△明·僧居顶《续传灯录·洪州大宁道宽禅师》："虽然如是，且道入乡随俗一句作么生道？"

【出处】《庄子·山木》："入其俗，从其俗。"

山木自寇

木：树；寇：伐。山上的树因成材而遭到砍伐。比喻人因有才能而招致祸患。△唐·张九龄《杂诗五首》五："木直几自寇，石坚亦他攻。"

【出处】《庄子·人间世》："山木自寇也，膏火自煎也。"

善刀而藏

把刀擦好，收藏起来。后比喻适可而止，收敛锋芒。△宋·永亨《搜采异闻录》五："五十之年，心息力疲……当随缘任运，息念休心，善刀而藏。"

【出处】《庄子·养生主》："善刀而藏之。"

舌挢不下

挢：举起。抬起舌头放不下来。形容惊讶的神态。△清·王韬《淞隐漫录》九："时有涉于疑义者，生或不能剖析，女必代为之解，剥蕉抽茧，妙绪泉涌，生为之舌挢不下。"

【出处】《庄子·秋水》："公孙龙口呿而不合，舌举而不下。"呿：张口。

【辨正】一说，语出《史记·扁鹊仓公列传》："目眩然而不瞚，舌挢然而不下。"这里的"舌挢然而不下"显然源于"舌举而不下"。考其源，当为《庄子》。

身在江湖，心存魏阙

江湖：泛指四方各地；魏阙：宫门外发布政令的高大建筑物，借指朝廷。身在朝廷外，心在朝廷内。指不做官的人而惦记着朝廷里的事。△阿英《晚清文学丛钞·中国现在记》一："他此时虽然已经罣误，然而一言一动，仍不失他'身在江湖，心存魏阙'的思想。"

【出处】《庄子·让王》："身在江海之上，心居乎魏阙之下。"

神乎其神

神：神妙。形容极神妙。△清·李汝珍《镜花缘》九二："师母这双慧眼，真是神乎其神……"

【出处】《庄子·天地》："故深而又深而能物焉，神之又神而能精焉。"

失之交臂

失：消失；交臂：胳膊与胳膊一擦而过。胳膊与胳膊一擦而过就消失了。原形容交往的时间短暂。后形容当面错过。△清·魏源《默觚下》："用人者不务取其大而专取其小，则卓荦俊伟之材失之交臂矣。"

【出处】《庄子·田子方》："吾终身与汝，交一臂而失之。"

视为畏途

看成是可怕的道路。比喻认为危险可怕而不敢做的事情。△清·林则徐《控制镇筸兵勇并察看各提镇优劣片》："即如征调出师，在别营视为畏途，而该处趋之恐后。"

【出处】《庄子·达生》："夫畏涂者，十杀一人，则父子兄弟相戒也，必盛卒徒而后敢出焉。"涂：途。

数米而炊

数着米粒做饭。原比喻致力于过分琐碎的事情。后形容生活艰难困窘。也形容吝啬。△1.宋·汪应辰《与周参政》："今州郡数米而炊，朝不谋夕。"2.唐·张《朝野佥载》一："数米而炊，秤薪而爨，炙少一脔而觉之。"

【出处】《庄子·庚桑楚》："简发而栉，数米而炊，窃窃乎又何足以济世哉!"

鼠肝虫臂

比喻极微贱的人或事物。

△宋·陆游《雨中排闷》诗："却惭问者力量浅，鼠肝虫臂犹关情。"

【出处】《庄子·大宗师》："以汝为鼠肝乎？以汝为虫臂乎？"

吮痈舐痔

吮痈：吸吮出疮里的脓血；舐痔：舐去痔疮上的脓血。比喻谄媚之徒卑贱无耻的讨好行径。△明·王士贞《鸣凤记》四："只是平生贪利贪名，不免患得患失，附势趋权，不辞吮痈舐痔。"

【出处】《庄子·列御寇》："秦王有病召医，破痈溃痤者得车一乘，舐痔者得车五乘。"

隋珠弹雀

隋珠：传说春秋时隋侯曾救过一条大蛇，大蛇从江中衔出一颗明珠报答他。用珍贵的明珠作弹丸去射鸟雀。比喻得不偿失。△晋·李充《吊嵇中散》："援明珠以弹雀，损所重而为轻。"

【出处】《庄子·让王》："今且有人于此，以随侯之珠弹千仞之雀，世必笑之。"

损之又损

损：去。原指一再去掉浮华虚伪，归于纯真朴实。后表示时刻警惕骄傲自满而保持谦虚态度。△北齐·魏收《魏书·韩显宗传》："伏愿陛下损之又损。"

【出处】《庄子·知北游》："为道者日损，损之又损之。"

太仓稊米

太仓：古代京师储藏谷物的大仓库；稊米：小米。大仓库里的一粒小米。比喻非常渺小，微不足道。△唐·白居易《和〈思归乐〉》诗："人生百岁内，天地暂寓形。太仓一稊米，大海一浮萍。"

【出处】《庄子·秋水》："计中国之在海内，不似稊米之在太仓乎？"

探骊得珠

骊：黑色的龙。在深渊里摸到黑龙，从它额下拿到宝珠。后比喻写作诗文抓住要领，扣紧主题。△宋·陆佃《闲居示王君仪》诗："羡君直入文沧海，探尽骊珠始肯回。"

【出处】《庄子·列御寇》：
"夫千金之珠，必在九重之渊而骊龙颔下。"

螳臂挡车

螳螂举足，想挡住前进的车子。比喻不自量力，去做办不到的事情。△清·曾朴《孽海花》二四："他既要来螳臂当车，我何妨去全狮搏兔，给他一个下马威？"

【出处】《庄子·人间世》："汝不知夫螳螂乎，怒其臂以当车辙，不知其不胜任也。"当：挡。

傥来之物

傥：意外而来。意外得到的财物。后也指不应得而得的财物。△宋·司马光《资治通鉴·唐则天后永昌元年》："富贵傥来之物，何足骄人！"

【出处】《庄子·缮性》："物之傥来，寄者也。"

天下无敌

世上没有敌手。形容力量强大，战无不胜。△明·冯梦龙《古今小说》二一："又选得精兵三万人，军威甚盛，自谓天下无敌……"

【出处】《庄子·说剑》："曰：'臣之剑，十步一人，千里不留行。'王大悦之，曰：'天下无敌矣！'"

徒劳无功

徒：徒然，白白地；功：功效。形容白费力气而没有功效。△明·吴承恩《西游记》八〇："今被他一篇散言碎语带去，却又不是徒劳而无功？"

【出处】《庄子·天运》："推舟于陆也，劳而无功。"

【辨正】一说，语出《诗集传》："以戒时人厌小而务大，忽近而图远，将徒劳而无功也。"这是宋代朱熹为《诗·齐风·甫田》做的注，是流而非源。考其源，当为《庄子》。

屠龙之技

杀龙的技能。比喻虽高明却无实用的技艺。△唐·刘禹锡《何卜赋》："屠龙之技，非曰不伟，时无所用。"

【出处】《庄子·列御寇》："朱泙漫学屠龙于支离益，单千金之家，三年技成，而无所用其巧。"单：殚，尽。

255

吐故纳新

故：旧；纳：入。吐出旧气，吸入新气。原是道家养生术之一。后比喻扬弃陈旧的、不好的，吸收新的、好的。△清·梁章钜《退庵随笔》："不学古人，法无一可；竟似古人，何处著我？字字古有，言言古无。吐故纳新，其庶几乎!"

【出处】《庄子·刻意》："吹呴呼吸，吐故纳新，熊经鸟申，为寿而已矣。"

妄言妄听

妄：胡乱，指随便。说的人随便说说，听的人随便听听，都不必认真。△清·袁枚《新齐谐序》："妄言妄听，记而存之，非有所感也。"

【出处】《庄子·齐物论》："予尝为女妄言之，女以妄听之。"女：汝，你。

望洋兴叹

望洋：仰视的样子。原指仰视海神而叹息。形容在伟大的事物面前感叹自己的渺小。后多形容办事的条件不够，无可奈何地叹息。△鲁迅《而已集·忆"天乳"》："载北京辟才胡同女附中主任欧阳晓澜女士不许剪发之女生报考，致此等人多有望洋兴叹之慨云云。"

【出处】《庄子·秋水》："于是焉河伯始旋其面目，望洋向若而叹。"若：海神。

尾生之信

尾生：战国时鲁人，赴约会时被水淹死。形容坚守信约，忠诚不渝。△晋·陈寿《三国志·钟离牧传》注引徐众《评》："不取尾生之信，非信所也。"

【出处】《庄子·盗跖》："尾生与女子期于梁下，女子不来，水至不去，抱梁柱而死。"期：约会；梁：桥。

畏影避迹

害怕自己的影子，想避开自己的足迹。比喻庸人自扰。△唐·李延寿《南史·萧允传》："庄周所谓畏影避迹，吾弗为也。"

【出处】《庄子·渔父》："人有畏影恶迹而去之走者，举足愈数而迹愈多，走愈疾而影不离身，自以为尚迟，疾走不休，绝力而死。"

无何有之乡

原指什么也没有的地方。后表示空无所有。△阿英《晚清文学丛钞·冷眼观》七："因要替一个百姓伸冤，得罪了一位阔公子，把自己从前十年青灯，半生黄卷……顷刻间风驰电掣，卷入无何有之乡。"

【出处】《庄子·逍遥游》："今子有大树，患其无用，何不树之于无何有之乡，广莫之野？"

无可奈何

没有办法，无能为力。△老舍《四世同堂》三八："今天，他可是被迫的无可奈何，必须去向友人说好话了。"

【出处】《庄子·人间世》："知其不可奈何而安之若命，德之至也。"

【辨正】一说，语出《史记·周本纪》："祸成矣，无可奈何！"《庄子》在《史记》之前，应以《庄子》为源。

无所施其技

施：施展。没有地方施展他的本领。△清·薛雪《一瓢诗话》

五〇："举世誉之而不加劝，举世非之而不加沮。则魔群妖党，无所施其伎俩矣。"

【出处】《庄子·列御寇》："单千金之家，三年技成，而无所用其巧。"单：殚，尽。

无翼而飞

没有翅膀而能飞行。原指人世不存在的现象。后比喻消息、名声等迅速传播。也比喻东西突然不见了。△1.明·吴承恩《贺春洲举善障词》："修之在我，令名无翼而飞也。"2.阿英《晚清文学丛钞·近十年之怪现状》八："倘有甚靠不住，兄弟的一万金就不翼而飞的了。"

【出处】《庄子·人间世》："闻以有翼飞者矣，未闻以无翼飞者也。"

【辨正】一说，语出《战国策·秦策》："众口所移，毋翼而飞。"《战国策》成书晚于《庄子》，应以《庄子》为源。

西子捧心

西子：西施，春秋时越国的美女。西施捂着胸口。后比喻女子的病态美。也比喻名家诗文字画中的某些疵病反而增长了作品的美感。△清·贺裳《载酒园诗话又编》。"杜诗惟七言古终始多奇……虽大家纵笔成趣，无所不可，如西子捧心，更益其妍。"

【出处】《庄子·天运》："故西施病心而矉其里，其里之丑人见而美之，归亦捧心而矉其里。"矉：皱眉。

西子之矉

西子：西施，春秋时越国的美女；矉：皱眉。西施皱眉。比喻某人某物所固有而他人他物不当效法的特点。△清·周亮工《书影》一："若使但求谐于《房中》、《铙吹》之调，取其字句断烂者而模范之，以为乐府如是，岂非西子之矉，邯郸之步哉!"

【出处】《庄子·天运》："故西施病心而矉其里。"矉：矉，皱眉。

息黥补劓

息：平；黥：古代刑罚之一，在脸上刺字；劓：古代刑罚之一，割去鼻子。去掉脸上刺的字，补上鼻子。比喻恢复本来面目。也比喻改过自新。△宋·苏轼《登州谢两

府启》："息黥补劓，渐收无用之身。"

【出处】《庄子·大宗师》："庸讵知夫造物者之不息我黥而补我劓，使我乘成以随先生邪？"

夏虫不可语冰

对于只生活在夏天的虫子，不能谈论冰。比喻人受时间等条件的限制，目光短浅，见闻狭窄。△明·凌濛初《二刻拍案惊奇》三七："郎如此眼光浅，真是夏虫不可语冰。"

【出处】《庄子·秋水》："夏虫不可以语于冰者，笃于时也。"

相辅而行

互相协助进行，互相配合使用。指同时进行，不可偏废。△宋·朱熹《答余正甫》："若彼此用功已多，不可偏废，即各为一书，相辅而行，亦不相妨也。"

【出处】《庄子·山木》："吾愿君去国捐俗，与道相辅而行。"

相濡以沫

濡：沾湿。水干了，鱼吐沫互

相湿润。比喻在困境中以微薄的力量互相帮助。△1.清·梁启超《外债平议》："或低首下心，求其民之相濡以沫。"2.鲁迅《题〈芥子园画谱〉三集赠许广平诗》："十年携手共艰危，以沫相濡亦可哀。"

【出处】《庄子·大宗师》："泉涸，鱼相与处于陆，相呴以湿，相濡以沫。"呴：吐。

逍遥物外

逍遥：无拘无束；物外：世外。无拘无束，超脱于世事之外。△金·刘处玄《玉堂春二首》一："物外逍遥，潇潇真脱洒。"

【出处】《庄子·让王》："逍遥乎天地之间而心意自得，吾何以天下为哉!"

心服口服

不但嘴上服，而且心里服。△清·曹雪芹《红楼梦》五九："如今请出一个管得着的人来管一管，嫂子就心服口服，也知道规矩了。"

【出处】《庄子·寓言》："利义陈于前，而好恶是非直极人之口而已矣。使人乃以心服，而不

敢蘁立，定天下之定。"蘁：逆。

心如死灰

死灰：熄了火的冷灰。心情像熄了火的冷灰一样。比喻意志消沉或心情冷漠。△明·施耐庵《水浒传》八五："出家人违俗已久，心如死灰，无可效忠，幸勿督过。"

【出处】《庄子·知北游》："形若槁骸，心若死灰。"

新硎初试

硎：磨刀石，借指在磨刀石上磨。第一次使用刚磨过的刀。比喻第一次施展刚掌握的本领，第一次显露锋芒。△清·吴趼人《痛史》二五："这五百和尚，都是侠禅亲自教出来的，操练了几年，今日新硎初试，勇气百增。"

【出处】《庄子·养生主》："今臣之刀十九年矣，所解数千牛矣，而刀刃若新发于硎。"

薪尽火传

薪：柴。一根柴烧完了，另一根柴接着烧，火种永远流传。比喻师生传授，学问或技艺一代代传下去。△清·吴敬梓《儒林外史》五四："薪尽火传，工匠

市廛都有韵。"

【出处】《庄子·养生主》："指穷于为薪，火传也，不知其尽也。"疏："前薪虽尽，后薪以续，前后相继，故火不灭也。"

虚与委蛇

虚：假；委蛇：随顺的样子。形容假意对待，敷衍应酬。△清·谭嗣同《致汪康中》："复钱信，虚与委蛇，极得体。"

【出处】《庄子·应帝王》："吾与之虚而委蛇，不知其谁何。"

栩栩如生

栩栩：生动活泼的样子。生动活泼，好像活的一样。形容文学艺术作品中的形象生动逼真。△阿英《晚清文学丛钞·发财秘诀》二："那小人做得才和枣核般大，头便像一颗绿豆，手便像两粒芝麻，却做得须眉欲活，栩栩如生。"

【出处】《庄子·齐物论》："昔者庄周梦为胡蝶，栩栩然胡蝶也，自喻适志与！"

学富五车

学：学识。读过五车书，学识

丰富。形容学识渊博。△清·曾朴《孽海花》一四："不管你学富五车，文倒三峡，总逃不了臭监生的徽号……"

【出处】《庄子·天下》："惠施多方，其书五车。"

偃鼠饮河

偃鼠：鼹鼠。鼹鼠到河边饮水，充其量喝满肚子。比喻需要或欲望不高，有一定限度。△阿英《晚清文学丛钞·冷眼观》二三："正如偃鼠饮河，满腹即止，又有什么惊天动地的大事业可以做得出来呢？"

【出处】《庄子·逍遥游》："偃鼠饮河，不过满腹。"

洋洋大观

洋洋：丰盛众多的样子；大观：眼界开阔。事物博大丰盛，使人眼界开阔。△清·陈忱《水浒后传》三九："登眺海山，洋洋大观，一望千里。"

【出处】《庄子·天地》："夫道，覆载万物者也，洋洋乎大哉！"

摇唇鼓舌

摇动嘴唇，鼓动舌头。形容

大发议论。△阿英《晚清文学丛钞·冷眼观》四："当日无意得罪了一班酸秀才，那起酸秀才就摇唇鼓舌，大起文字风潮。"

【出处】《庄子·盗跖》："摇唇鼓舌，擅生是非，以迷天下之主。"

曳尾涂中

曳：拖；涂：污泥。拖着尾巴在污泥里爬行。原比喻安于贫贱、消极避世的隐逸生活。后也比喻在污浊的环境中苟且偷生。△1.三国·郤正《释讥》："是以贤人君子……宁曳尾于涂中。"2.清·吴趼人《二十年目睹之怪现状》九一："如此一趟应酬，把江西巡抚打发过去，叶伯芬的曳尾涂中，大都如此……"

【出处】《庄子·秋水》："吾将曳尾于涂中。"

一日千里

原形容马跑得非常快。后比喻发展迅速，进步极快。△宋·楼钥《华文阁直学士……陈公行状》："勉之学，益自刻苦，有一日千里之敏。"

【出处】《庄子·秋水》：

"骐骥骅骝，一日而驰千里。"

【辨正】一说，语出《史记·秦本纪》："造父为缪王御，长驱归周，一日千里以救乱。"《史记》成书晚于《庄子》。考其源，当为《庄子》。

一饮一啄

饮一口水，啄一下食。原指随意饮食是鸟的本性。后比喻人的生活遭遇是命中注定的。△《元曲选外编·吕蒙正风雪破窑记》三："破窑中熬了我数年，多受了些个苦、苦，一饮一啄，事皆前定。"

【出处】《庄子·养生主》："泽雉一步一啄，百步一饮，不蕲畜乎樊中。"蕲：求；畜：养；樊：鸟笼。

已陈刍狗

陈：陈列；刍狗：茅草编的狗，古代祭祀用品。已经在祭祠时陈列过的茅草编的狗。比喻过时的无用的事物。△宋·沈括《梦溪笔谈》一三："盖已陈刍狗，其机已失；恃胜失备，反受其害。"

【出处】《庄子·天运》："夫刍狗之未陈也，盛以箧衍，中以文绣，尸祝齐戒以将之；及其已陈也，行者践其首脊，苏者取而爨之而已。"爨：烧火做饭。

以管窥天

窥：看。用竹管看天。比喻见识狭隘、片面。△明·冯梦龙《古今小说》三二："子但据目前，譬如以管窥天，多见其不知量矣。"

【出处】《庄子·秋水》："是直用管窥天，用锥指地也，不亦小乎？"

以火救火，以水救水

用火救火灾，用水救水灾。比喻方法不对，有害无益。△《中国小说大家施耐庵传·绪论》："国文弱而示之以文弱，不犹以水救水，以火救火耶？益多而已矣。"

【出处】《庄子·人间世》："是以火救火，以水救水，名之曰益多。"

倚强凌弱

倚：倚仗；凌：欺凌。倚仗自己强大而欺负弱小的。△《元曲选·十探子大闹延安府》一："有一等权豪势要狠之徒，他则待要倚强凌弱胡为做，全不怕一朝人怨天

公怒。"

【出处】《庄子·盗跖》："自是之后，以强凌弱，以众暴寡。"

亦步亦趋

亦：也；步：慢走；趋：快走。原指老师慢走自己也慢走，老师快走自己也快走，紧紧追随效法。后比喻没有主见，事事追随别人。也泛指跟着别人走。△1.明·朱之瑜《元旦贺源光国书八首》六："今乃怡怡然亦步亦趋，恐非持满保泰之道也。"2.阿英《晚清文学丛钞·情变》七："走了一箭之路下来，四爷放了手，阿男也只得亦步亦趋的了。"

【出处】《庄子·田子方》："夫子步亦步，夫子趋亦趋，夫子驰亦驰。"

溢美之辞

溢：过分；美：赞美，夸奖。过分夸奖的话。△清·梁章钜《归田琐记》六："雨农遽为之序，且有溢美之辞。"

【出处】《庄子·人间世》："夫两喜必多溢美之言，两怒必多溢恶之言。"

游刃有余

游：移动。原指刀在牛的骨缝中移动。没有一点阻碍，还显得很有余地。形容杀牛的技艺高超。后比喻才力卓越或技术熟练，做事毫不费力。△清·刘鹗《老残游记》一七："明知白公办理此事，游刃有余，然倘有未能周知之处，岂不是我去了害的事吗？"

【出处】《庄子·养生主》："彼节者有间，而刀刃者无厚。以无厚入有间，恢恢乎其于游刃必有余地矣。"

越俎代庖

俎：古代祭祀时盛放食物的器具；庖：厨子。掌管祭祀的人放下祭器，越过自己的职守去代替厨子做饭。比喻越权办事或包办代替。△宋·曹彦约《上宰执台谏札子》："经画当有正官，越俎代庖，其名不正。"

【出处】《庄子·逍遥游》："庖人虽不治庖，尸、祝不越樽俎而代之矣。"尸：代替祖先受祭的人；祝：管祝告的人。

运斤成风

运：动；斤：斧子。挥动斧子，带起一股风。比喻手法纯熟，技艺高超。△金·元好问《王黄华墨竹》："岂知辽江一派最后出，运斤成风刃发硎。"

【出处】《庄子·徐无鬼》："匠石运斤成风，听而斫之，尽垩而鼻不伤，郢人立不失容。"

造谣生事

编造谣言，挑起事端。△1.明·罗贯中《平妖传》一〇："顺便就带口棺木下来盛殓，省得过些时候做公的看见林子内尸体，又造谣生事。"2.清·李伯元《文明小史》二："加以这些武童，常常都聚在一处，不是茶坊，便是酒店，三五成众，造言生事……"

【出处】《庄子·盗跖》："尔作言造语……擅生是非。"

张口结舌

结舌：舌头好像打了结。张着嘴说不出话来。形容理屈词穷或因紧张、害怕而说不出话的情状。△阿英《晚清文学丛钞·中国现在记》九："酒鬼一听银子被取了来，就急的张口结舌……"

【出处】《庄子·秋水》："公孙龙口呿而不合，舌举而不下。"咋：张口。

昭然若揭

昭然：明显的样子；揭：高举。原指像高空的日月一样明显。后形容情况非常明朗，显而易见。△清·吴骞《拜经楼诗话》三："文宗语绝无蕴蓄，而阴怀嫉忮之心，已昭然若揭。"

【出处】《庄子·达生》："昭昭乎若揭日月而行也。"

朝三暮四

早上三个，晚上四个。原比喻换汤不换药的欺骗手法。后也形容反复无常。△1.茅盾《夏夜一点钟》："现代女子有的是独立自主的人格，决不甘忍受朝三暮四的欺骗!"2.宋·朱翌《书事》："花开北陌东阡外，人在朝三暮四间。"

【出处】《庄子·齐物论》："狙公赋芧，曰：'朝三而暮四。'众狙皆怒。曰：'然则朝四而暮三。'众狙皆悦。"狙：猴子。

执而不化

执：固执；化：变化。固执成见，不知变通。△阿英《晚清文学丛钞·中国现在记》三："若是处

处忘不了古人，便是守旧之见，执而不化，那是一辈子做不出事业，不能自立的。"

【出处】《庄子·人间世》："将执而不化，外合而内不訾，其庸讵可乎?"

栉风沐雨

栉：梳发；沐：洗发。用风梳头发，用雨洗头发。形容奔波劳碌，不避风雨。△明·罗贯中《三国演义》六一："栉风沐雨三十余年，扫荡群凶，与百姓除害，使汉室复存。"

【出处】《庄子·天下》："沐甚雨，栉疾风。"

捉襟见肘

捉：拉；见：露。拉一下衣襟，胳膊肘就露出来了。形容衣服破烂。后也比喻困难特别多，应付不过来。△1.清·吴趼人《二十年目睹之怪现状》三四："摊上坐了一人，生得眉清目秀，年纪约有四十上下，穿了一件捉襟见肘的夏布长衫。"2.郭沫若《学生时代·创造十年》："平时所过的早就是捉襟见肘的生活，更那有什么余钱来做归国的路费呢?"

【出处】《庄子·让王》："十年不制衣，正冠而缨决，捉衿而肘见，纳履而踵决。"衿：襟。

斫轮老手

斫轮：砍木头做车轮；老手：经验丰富的人。对砍木头做车轮这件事有丰富经验的人。泛指经验丰富、技艺高超的人。△蔡东藩《民国通俗演义》六七："两人不来多嘴，全凭斫轮老手徐世昌，及倚马长才王式通，悉心研究……"

【出处】《庄子·天道》："臣不能以喻臣之子，臣之子亦不能受之于臣，是以行年七十而老斫轮。"

《文子》

安贫乐道

道：指立身处世之道。安于贫困，以奉行立身处世的正道为乐。△鲁迅《花边文学·安贫乐道法》："劝人安贫乐道是古今治国平天下的大经络……"

【出处】《文子·上仁》："圣人安贫乐道。"

【辨正】一说，语出《后汉书·杨彪传》："安贫乐道，恬于进取。"《文子》的作者文子，相传是老子的弟子，与孔子同时；也有人认为是后人依托文子而作。即使是后人依托，也不会晚于西汉，因《汉书·艺文志》已收录了《文子》。不论按哪种说法，均早于东汉。

抱薪救火

薪：柴。抱着柴草去救火。比喻想消灭灾害而方法不对头，反而扩大了灾害。△《史记·魏世家》："且夫以地事秦，譬犹抱薪救火，薪不尽，火不止。"

【出处】《文子·精诚》："不治其本而救之于末，无以异于凿渠而止水，抱薪而救火也。"

杯水车薪

薪：柴草。用一杯水去救一车柴草的火。比喻无济于事，起不了什么作用，解决不了什么问题。△清·李绿园《歧路灯》七四："总因绍闻负欠已多……二百五十两，除了承许夏鼎三十两外，大有杯水车薪之状。"

【出处】《文子·上德》："水之势胜火，一杓不能救一车之薪。"

265

中华成语探源

中华国学精粹

典藏珍本

【辨正】一说，语出《孟子·告子》上："今之为仁者，犹以一杯水救一车薪之火也。"《汉书·艺文志》载：文子是"老子弟子，与孔子同时"。可见文子早于孟子，《文子》为源，《孟子》为流。

方枘圆凿

枘：榫头，器物或构件相接处凸出的部分；凿：卯眼，器物或构件相接处凹下的部分。方形的榫头，圆形的卯眼。比喻二者互相抵触，格格不入。△清·顾炎武《与人书》四："援今而议古，焉得不圆凿而方枘乎？"

【出处】《文子·上义》："今为学者，循先袭击。握篇籍，守文法，欲以为治，犹持方枘而内圆凿也。"内：纳。

【辨正】一说，语出《楚辞·九辩》："圆凿而方枘今。"《汉书·艺文志》载，文子是"老子弟子，与孔子同时"。可见文子早于战国的宋玉，当以《文子》为源。

风起云涌

风刮起来，云冒出来。形容

雷雨到来之前的情状。后比喻相继涌现，声势浩大。△郭沫若《少年时代·黑猫》："暑假过后回到成都，那时正是保路同志会正在风起云涌的时候。"

【出处】《文子·道原》："风兴云蒸，雷声雨降。"

覆巢遗卵

覆：翻。鸟巢倾翻后幸存下来的卵。比喻从覆灭之灾中逃脱而幸存下来的人。△清·归庄《城陷后二十日访得兄子益孙所在，抱之以归，口占四绝句》四："覆巢遗卵幸能存，他日毋忘田父恩！"

【出处】《文子·上礼》："覆巢毁卵。"

覆巢无完卵

覆：翻；完：完整。鸟巢倾翻后，没有完整的卵。比喻惨遭覆灭之灾，无一幸免。△清·黄百家《上顾宁先人书》："左撑右拄，恐恐焉惟惧堤决澜颓，巢倾卵毁，以支持此衰危之门户。"

【出处】《文子·上礼》："覆巢毁卵。"

【辨正】一说，语出《世说新语·言语》："岂见覆巢之下复有完卵乎？"《文子》的作者文子，相传是老子的弟子，与孔子同时；也有人认为是后人依托文子而作。即使是后人依托，也不会晚于西汉，因《汉书·艺文志》已收录了《文子》。而《世说新语》是南朝宋人刘义庆所作。应以《文子》为源。

何乐而不为

原指没有什么娱乐之事不可以做。后指为什么不乐意做，表示愿意做。△清·李伯元《官场现形记》一七："这是惠而不费的，我又何乐而不为呢？"

【出处】《文子·九守》："心有不乐，无乐而不为。"

后来居上

原指退让靠后的人反而处于优越地位。后形容资历浅的人反而居于资历深的人之上。也泛指后来的超过先前的。△毛泽东《"七大"工作方针》："儿子比老子完全一些，孙子比儿子完全一些，后来居上。"

【出处】《文子·上德》："圣人虚无因循，常后而不先，譬如积薪燎，后者处上。"

【辨正】一说，语出《史记·汲郑列传》："陛下用群臣，如积薪耳，后来者居上。"《汉书·艺文志》载，文子是"老子学生，与孔子同时"，当为春秋时代人；而《史记》作者司马迁是西汉人。当以《文子》为源。

骄兵必败

兵：军队。骄傲的军队一定打败仗。泛指轻视对手、轻视困难的人一定失败。△曲波《林海雪原》二八："古人云：'骄兵必败。'这就是少剑波致死的原因。"

【出处】《文子·道德》："骄兵灭，此天道也。"

胶柱鼓瑟

柱：瑟上调弦的短木；鼓：弹奏。弹奏瑟时，用胶把调弦的短木粘住。指瑟的音调无法调整变换。比喻固执拘泥，不知变通。△清·曹雪芹《红楼梦》五一："这宝姐姐也忒胶柱鼓瑟、矫揉造作了。"

【出处】《文子·道德》："老子曰：执一世之法籍，以非传代之俗，譬犹胶柱调瑟。"

竭泽而渔

竭：尽；泽：湖泊或池塘；

渔：捕鱼。排尽湖水或池水来捕鱼。比喻贪图眼前利益，不留余地地索取。△毛泽东《抗日时期的经济问题和财政问题》："只顾政府和军队的需要，竭泽而渔，诛求无已。这是国民党的思想，我们决不能承袭。"

【出处】《文子·上礼》："焚木而畋，竭泽而渔。"畋：打猎。

卵覆巢倾

覆：翻。鸟巢倾倒了，卵都翻到地上。比喻覆灭之灾。△清·沈天宝《公无渡河歌》诗："一朝失足蹈危机，卵覆巢倾亦如此。"

【出处】《文子·上礼》："覆巢毁卵，凤凰不翔。"

鸟尽弓藏，兔死狗烹

烹：煮。鸟打尽了，就把弓收藏起来；兔子死了，就把猎狗煮来吃了。比喻事情成功之后，就把出过大力的人一脚踢开或杀死。△清·陈忱《水浒后传》九："大凡古来有识见的英雄功成名就，便拂衣而去，免使后来有'鸟尽弓藏，兔死狗烹'之祸。"

【出处】《文子·上德》："狡兔得而猎犬死，高鸟尽而强弩藏。"

骑者善堕

善：容易，易于。经常骑马的人容易从马上掉下来。比喻擅长于某一技艺的人，容易因疏忽大意而遭致失败。△清·蒲松龄《聊斋志异·念秧》："何意吴生所遇，即王子巽连天叫苦之人，不亦快哉!旨哉古言：骑者善堕。"

【出处】《文子·符言》："善游者溺，善骑者堕。"

求人不如求己

指依靠别人不如依靠自己。△清·曹雪芹《红楼梦》七二："俗语说的好：'求人不如求己。'说不得姐姐担个不是，暂且把老太太查不着的金银家伙，偷着运出一箱子来……"

【出处】《文子·上德》："怨人不如自怨，求诸人不如求之己。"诸：之于。

深不可测

水极深，无法测量。比喻道理异常深奥。后也比喻人心机极深，难以揣测。△1.唐·欧阳询《艺文类聚》一六："闻之于古，见之于今，深不可测，高不可寻。" 2.宋·马永卿《嫩真子》五："为人亦微任术数，深不可测。"

【出处】《文子·道原》："夫道者，高不可极，深不可测。"

无所不通

原指没有不通畅之处，各方面都毫无阻滞。后形容学识广博，没有什么不通晓的。△唐·韩愈《殿中侍御史李君墓志铭》："学无所不通，最深于五行书。"

【出处】《文子·精诚》："进退无难，无所不通。"

无往不利

往：去，到；利：顺利。无论到哪里，没有不顺利的。形容诸事顺利。△明·无名氏《杨家府演义》一："伐蜀讨越，无往不利。"

【出处】《文子·九守》："无往而不遂，无之而不通。"遂：顺。

物极必反

事物发展到极端，一定会向相反的方面转化。△清·纪昀《阅微草堂笔记·姑妄听之》："盖愚者恒为智者所败，而物极必反，亦往往于所备之外，有智出其上者，突起而胜之。"

【出处】《文子·九守》："天道极则反，盈即损。"

席不暇暖

席：坐席；暇：时间。没有把坐席坐暖的时间。形容十分繁忙，连坐定的时间都没有。△清·李伯元《官场现形记》五一："忙着回那里信，那里电报：真正忙得席不暇暖，人仰马翻。"

【出处】《文子·自然》："孔子无黔突，墨子无暖席。"黔突：做饭而熏黑烟囱。

【辨正】一说，语出唐·韩愈《争臣论》："孔席不暇暖，而墨突不得黔。"《汉书·艺文志》已收入《文子》，可见《文子》最晚成书于西汉。韩氏之说为流，不为源。

严刑峻法

峻：严峻。严酷的刑罚，严峻的法律。△元·刘时中《端正好·上高监司》："急宜将法变更，但因循弊若初，严刑峻法休轻恕。"

【出处】《文子·下德》："虽峻法严刑，不能禁其奸。"

【辨正】一说，语出《后汉书·崔骃传》："故严刑峻法，破奸轨之胆。"《汉书·艺文志》已收入《文子》，可见《文子》最晚成书于西汉。《后汉书》之说为流，不为源。

扬汤止沸

汤：开水。把开水舀出来再倒回去，想以此止住水的沸腾。比喻办法不彻底，不能从根本上解决问题。△晋·陈寿《三国志·董卓传》注引《典略》："臣闻扬汤止沸，不如灭火去薪。"

【出处】《文子·上礼》："故以汤止沸，沸乃益甚；知其本者，去火而已。"

【辨正】一说，语出《三国志·刘廙传》："扬汤止沸，使不焦烂。"《汉书·艺文志》已收入《文子》，可见《文子》最晚成书于西汉。《三国志》之说为流，不为源。

有眼不识泰山

比喻目光浅陋，认不出地位高或本领大的人。△明·施耐庵《水浒传》二："师父如此高强，必是教头，小儿有眼不识泰山。"

【出处】《文子·九守》："耳调金玉之音者，且不见太山之形。"太山：泰山。

至高无上

至：极，最。高到极点，没有比它更高的。形容最高。△毛泽东《中国革命和中国共产党》："在封建国家中，皇帝有至高无上的权力……"

【出处】《文子·符言》："道至高无上，至深无下。"

【辨正】一说，语出《说文解字·一部》："天，颠也。至高无上，从一大。"《汉书·艺文志》已收入《文子》，可见《文子》最晚成书于西汉；而《说文解字》的作者是东汉人许慎。当以《文子》为源。

《列子》

戴发含齿

头顶上长着头发，嘴里长着牙

齿。原形容人的样子。后也表示是人。△清·陈确《答张老夫》三："弟虽不肖，犹戴发含齿，觍焉列于人数……"

【出处】《列子·黄帝》："有七尺之骸，手足之异，戴发含齿，倚而趣者，谓之人。"趣：趋，行走。

废寝忘食

寝：睡觉。废止睡眠，忘了吃饭。原形容因心情忧虑而睡不着觉、吃不下饭。后形容做事专心努力，顾不上睡觉，忘记了吃饭。△北齐·颜之推《颜氏家训·勉学》："元帝在江荆间，复所爱习，召置学生，亲为教授，废寝忘食，以夜继朝。"

【出处】《列子·天瑞》："杞国有人忧天地崩坠，身亡所寄，废寝食者。"

【辨正】一说，语出南齐·王融《曲水诗序》："犹且具明废寝，昃晷忘餐。"关于《列子》的作者，相传是战国时代的列御寇，近人认为是晋人假托列御寇之名而作。不论哪个说法，都早于南北朝。

覆蕉得鹿

覆：覆盖；蕉：樵，柴。一个人把打到的鹿藏在壕沟里，用柴草盖起来，后因忘了藏鹿的地方而以为自己做了个梦；另一个人找到了用柴草盖着的鹿，也以为自己做了个梦。后比喻把事实当成梦幻。△元·袁桷《次韵师孟西曹即事兼简子贞仪曹》诗："覆蕉得鹿非真梦，点笔成蝇岂误书。"

【出处】《列子·周穆王》："郑人有薪于野者，遇骇鹿，御而击之，毙之。恐人见之也，遽而藏诸隍中，覆之以蕉。不胜其喜。俄而遗其所藏之处，遂以为梦焉。顺深而咏其事，傍人有闻者，用其言而取之。既归，告其室人曰：'向薪者梦而鹿，而不知其处；吾今得之，彼直真梦矣。'"御：迎；隍：壕沟。

侥得复失

侥：几乎。几乎就要得到了，却又失掉了。△清·梁章钜《楹联丛话·续话》："是秋复报举优行，侥得而复失。"

【出处】《列子·力命》："侥侥成者，俏成也，初非成也；

倃倃败者，俏败也，初非败也。”
俏：肖，似。

近在眉睫

眉睫：尾毛和睫毛，指眼前。近在眼前。形容距离极近。△宋·王安石《游土山示蔡天启秘校》：“定林瞰土山，近乃在眉睫。”

【出处】《列子·仲尼》：“虽远在八荒之外，近在眉睫之内。”

牝牡骊黄

牝：雌；牡：雄；骊：黑。不分辨雌雄，也不分辨黑色还是黄色。原表示观察事物要注重实际，不要着眼于表面现象。后比喻事物的表面现象。△清·吴趼人《二十年目睹之怪现状》五八：“那女子择人而事，居然能赏识在牝牡骊黄之外，也可算得一个奇女子了。”

【出处】《列子·说符》：“穆公曰：‘何马也？’对曰：‘牝而黄。’使人往取之，牡而骊。穆公不悦……伯乐喟然太息曰：‘……得其精而忘其粗，在其内而忘其外；见其所见，不见其所不见；视其所视，而遗其所不视。’”

歧路亡羊

歧路：岔路；亡：丢失。因岔路多而没有找到丢失的羊。比喻因学习、研究的头绪太多而不易精深。后也泛指因情况复杂多变而迷失方向。△1.宋·朱熹《答吕子约》六：“既要如此，又要如彼……昔人所谓多歧亡羊者，不可不戒也。”2.清·魏源《客怀八首柬龚定盦舍人》四：“中道章小术，歧路多亡羊。”

【出处】《列子·说符》：“问：‘获羊乎？’曰：‘亡之矣。’曰：‘奚亡之？’曰：‘歧路之中又有歧焉，吾不知所之，所以反也。’”

杞人忧天

杞：古国名。一个杞国人担心天塌下来而寝食不安。比喻不必要的忧虑。△清·曾朴《孽海花》六：“一面又免不了杞人忧天，代为着急，只怕他们纸上谈兵，终无实际，使国家吃亏。”

【出处】《列子·天瑞》：“杞国有人忧天地崩坠，身亡所寄，废寝食者。”

芹曝之献

献芹：把芹菜送给人吃；献曝：建议人晒太阳取暖。比喻所赠之物或所进之言十分微薄，没有什么价值。△清·钱谦益《致卢澹岩》一："聊申野人芹曝之献。"

【出处】《列子·杨朱》："昔者宋国有田夫……自曝于日，不知天下之有广厦隩室，绵纩狐貉。顾谓其妻曰：'负日之暄，人莫知者；以献吾君，将有重赏。'里之富室告之曰：'昔人有美戎菽，甘枲茎芹萍子者，对乡豪称之。乡豪取而尝之，蜇于口，惨于腹，众哂而怨之。其人大惭。子，此类也。'"

声振林木

声音摇动了树木。形容歌声或乐器声高亢宏亮。△清·吴敬梓《儒林外史》五五："荆元慢慢的和了弦，弹起来，铿铿锵锵，声振林木……"

【出处】《列子·汤问》："抚节悲歌，声振林木，响遏行云。"

响遏行云

遏：阻止。声音直入云霄，把飘动的云都阻止住了。形容歌声高亢嘹亮。△阿英《晚清文学丛钞·廿载繁华梦》八："用老生挂白须，扮老人家，唱过岭时，全用高字，真是响遏行云。"

【出处】《列子·汤问》："抚节悲歌，声振林木，响遏行云。"

形形色色

形形：生出形体；色色：生出颜色。后形容各种各样，种类很多。△元·戴表元《孟子反不代章》："如造化之于万物，大而大容之，小而小养之，形形色色，无所遗弃。"

【出处】《列子·天瑞》："有形者，有形形者……有色者，有色色者。"

怡然自得

怡然：喜悦的样子；自得：自己感到得意或舒适。形容愉快而舒适。△清·李伯元《官场现形记》三五："虽然缺分苦些，幸而碰着这种上司，倒也相处甚安，怡然自得。"

【出处】《列子·黄帝》："黄帝既悟，怡然自得。"

余音绕梁

绕：回旋。歌唱或演奏停止后，声音好像还在房梁上回旋。形容歌声或乐曲声优美动听，韵味深长。后也比喻诗文意味深长，耐人寻味。△1.清·刘鹗《老残游记》二："当年读书，见古人形容歌声的好处，有那'余音绕梁，三日不绝'的话，我总不懂……及至听了小玉先生说书，才知古人措辞之妙。"2.清·贺裳《载酒园诗话》："所惜意随言尽，无复余音绕梁之意。"

【出处】《列子·汤问》："昔韩娥东之齐，匮粮，过雍门，鬻歌假食。既去，而余音绕梁欐，三日不绝。"欐：栋。

愚公移山

比喻做事不怕艰难，有极大的毅力。△宋·张耒《山海》诗："愚公移山宁不智，精卫填海未必痴。"

【出处】《列子·汤问》："北山愚公者，年且九十，面山而居。惩山北之塞，出入之迂也……遂率子孙荷担者三夫，叩石垦壤，箕畚运于渤海之尾。"

渊鱼之察

察：看。能看到深渊下的鱼。比喻了解别人的隐私。△明·焦竑《玉堂丛话》四："事可包荒，不必刻意于渊鱼之察。"

【出处】《列子·说符》："周谚有言：察见渊鱼者不祥，智料隐匿者有殃。"

《了三得一经》

回光返照

原指太阳落到地平线下时，由于反射作用，天空呈现短时间的发亮现象。道教用来比喻心神凝聚而不外驰的修炼功夫。后比喻事物灭亡前的暂时兴旺现象或人死前的暂时好转现象。△1.明·张岱《马士英传》："彼庸君孱主，至国破家亡之际，犹能回光返照，雪恨报仇。"2.清·高鹗《红楼梦》九八："此时李纨见黛玉略缓，明知是回光返照的光景。"

【出处】《太上纯阳真君了三得一经》："回光返照中，神归炁穴里。"炁：气。

《黄庭内景经》

六神不安

六神：道教指主宰心、肺、肝、肾、脾、胆的神。主宰六脏的神都不安宁。形容忙乱不安。△清·李伯元《官场现形记》二："他爷爷，他爸爸，忙了一天，到了晚上，这一夜更不曾睡觉，替他弄这样，弄那样，忙了个六神不安。"

【出处】《太上黄庭内景经》："心神丹元字守灵，肺神皓华字虚成，肝神龙烟字含明，肾神玄冥字育婴，脾神尝在字魂停，胆神龙曜字威明。"

六神无主

六神：道教指主宰心、肺、肝、肾、脾、胆的神；主：主意。主宰六脏的神都没有了主意。形容害怕、惊慌或着急而不知所措。△清·李伯元《文明小史》五八："家人们看见老爷病了，太太又不曾回来，更是六神无主。"

【出处】《太上黄庭内景经》："心神丹元字守灵，肺神皓华字虚成，肝神龙烟字含明，肾神玄冥字育婴，脾神尝在字魂停，胆神龙曜字威明。"

《阴符经》

自取灭亡

自己找死。形容自己的所作所为把自己引上绝路。△唐·房玄龄《晋书·卫瓘传》："二将跋扈，自取灭亡。"

【出处】《阴符经》："沉水入火，自取灭亡。"

《抱朴子》

沧海横流

沧海：大海；横：纵横杂乱。大海泛滥，海水到处乱流。比喻社会动荡混乱。△清·顾炎武《广宋遗民录序》："古之人学焉而有所得，未尝不求同志之人，而况当沧海横流，风雨如晦之日乎。"

【出处】《抱朴子·正郭》："虽在原陆，犹恐沧海横流，吾其鱼也。"

【辨正】一说，语出《晋书·王尼传》："沧海横流，处处不安也。"《抱朴子》所记，是汉代郭泰之语；《晋书》所记，是晋代王尼之语。《抱朴子》成书于晋代，《晋书》成书于唐代。从哪方面看，都应以《抱朴子》为源。

三魂七魄

道家用语。三魂："胎光"是阳气，"爽灵"和"幽精"是阴气；七魄："尸狗""伏矢""雀阴""吞贼""非毒""除秽""臭肺"，都是浊气。指依附于肉体而存在的精神。△元·马钰《满庭芳》词："心狂意乱，歌迷酒惑，损伤三魂七魄。"

【出处】《抱朴子·地真》："欲得通神，当金水分形，形分则自见其身中之三魂七魄。"

十室九空

室：人家。十户人家里有九家空无所有。形容灾荒、战乱、暴政、剥削等造成百姓破产或逃亡。△清·李伯元《官场现形记》一四："胆小的一见这些人马，早已吓得东逃西走，十室九空。"

【出处】《抱朴子·用刑》："天下欲反，十室九空。"

天壤之别

壤：地。天与地的差别。形容极大的差别。△清·文康《儿女英雄传》三六："不走翰林这途，同一科甲，就有天壤之别了。"

【出处】《抱朴子·论仙》："其为不同，已有天壤之觉，冰炭之乖矣。"觉：较，不等；乖：违，不同。

听其自然

听：听任。听任其自由发展，不加人力干预。表示不过问，不干涉。△清·李伯元《官场现形记》三三："不过彼此难为几吊银子，没有什么大不了的事，便亦听其自然。"

【出处】《抱朴子·审举》："穷通得失，委之自然。"委：任。

徒托空言

徒：徒然；托：托付。白白地说空话，并不实行。△清·李伯元《文明小史》四六："我在西报上，看见这种议论，也不止一次了……光景是徒托空言罢？"

【出处】《抱朴子·祛惑》："夫托之于空言，不如著之于行事之有征也。"

无肠公子

螃蟹的代称。△清·曹雪芹《红楼梦》三八："饕餮王孙应有酒，横行公子竟无肠!"

【出处】《抱朴子·登涉》："称无肠公子者，蟹也。"

一概而论

一概：表示适用于全体，没有例外。用同一个标准来评论。表示不加区别，同样看待。（多用于否定。）△清·李汝珍《镜花缘》九五："你要晓得小儿惊风，其症不一，并非一概而论，岂可冒昧乱投治惊之药。"

【出处】《抱朴子·释滞》："各从其志，不可一概而言也。"

猿鹤虫沙

比喻战死的将士。后也比喻死于战乱的百姓。古代传说，人死后化为异物。△1.清·鄂尔泰《经略北军吊战殁诸将佐》诗："虫沙猿鹤总堪哀，持节筹边塞上来。"2.

清·杨潮观《吟风阁杂剧·下江南曹彬誓众》："你看山川图画，人物衣冠……忍下得咸阳一炬里变焦丘，猿鹤虫沙满地愁!"

【出处】《抱朴子·释滞》："周穆王南征。一军尽化，君子为猿为鹤，小人为虫为沙。"

追风蹑影

蹑：追随。追赶得上迅疾的风和一闪而过的影子。形容骏马奔驰，异常迅速。后比喻人的才干能力卓越，足以超越前人，△清·郎廷槐《师友诗传录》五："七言古若李太白、杜子美、韩退之三家，横绝万古；后之追风蹑景，惟苏长公一人而已。"

【出处】《抱朴子·内篇序》："奋翅则能凌厉玄霄，骋足则能追风蹑景。"景：影。

《关尹子》

夫唱妇随

丈夫领头唱，妻子跟着唱。原指妻子随顺丈夫。后形容夫妻相处和谐。△明·高明《琵琶记》

三八："夫唱妇随，不须疑虑。"

【出处】《关尹子·三极》："天下之理，夫者倡，妇者随。"倡：领头唱。

土牛木马

泥塑的牛，木刻的马。比喻徒有其名而无实用的事物。△《周书·苏绰传》："若门资之中而得愚瞽，是则土牛木马，形似而用非，不可以涉道也。"

【出处】《关尹子·八筹》："譬如见土牛木马，虽情存牛马之名，而心忘牛马之实。"

《参同契》

立竿见影

在阳光下竖起竹竿，立刻会看到影子。比喻立即见效。△老舍《四世同堂》六七："你看，你妈妈刚出了事，立竿见影，人家马上不搭理咱们了。"

【出处】《参同契·如审遭逢章》："立竿见影，呼谷传响，岂不灵哉！"

鱼目混珠

把鱼眼珠混在珍珠里面。比喻用假的冒充真的。△鲁迅《热风·随感录》五三："学几句世界语，画几笔花，也是高雅的事，难道也要同行嫉妒，必须声明鱼目混珠，雷击火焚么？"

【出处】《参同契·同类合体章》："鱼目岂为珠，蓬蒿不成槚。"槚：楸树。

《列仙传》

不知所之

之：往，去。不知道往哪里去了。原指下落不明或去向不明。后也表示不知道该往哪里去。△1.宋·李昉《太平广记》四四五引《传奇·孙恪》："及安史之乱，即不知所之。"2.宋·欧阳修《与赵康靖公》："又为皇城司所逐，一家惶惶，不知所之。"

【出处】《列仙传·朱仲》："景帝时，复来献三寸珠数十枚，辄去，不知所之云。"

紫气东来

紫气：祥瑞之气。祥瑞之气从东方而来。表示祥瑞降临。△清·陈确《酬同年友韩子有五十寿诗用来韵》一："侧身长向关门望，紫气东来万丈余。"

【出处】《列仙传·尹喜》："老子西游，关令尹喜望见有紫气浮关，而老子果乘青牛而过也。"

《神仙传》

沧海桑田

沧海：大海；桑田：桑树和农田所在的陆地。大海变成陆地，陆地变成大海。比喻世事的巨大变化。△清·文康《儿女英雄传》二〇："沧海桑田，世事何常。这青云山分明是凄惨惨的几间风冷茅檐，怎的霎时变作了暖溶溶的春生画阁。"

【出处】《神仙传·麻姑》："麻姑自说云，自接待以来，见东海三为桑田。"

东海扬尘

东海扬起了尘土。指东海变成了陆地。比喻世事发生了巨大变化。△柳亚子《二十世纪大舞台发刊词》："东海扬尘，唐代之冠裳莫问。"

【出处】《神仙传·王远》："圣人皆言海中复扬尘也。"

饥不暇食

暇：闲暇，空闲时间。肚子饿了却没有吃饭的时间。形容事务繁忙。△宋·李觏《强兵策》八："日不为暑，风不为寒，渴不暇饮，饥不暇食。"

【出处】《神仙传·阴长生》："寒不遑衣，饥不暇食。"遑：空闲。

麻姑掷米

麻姑：道家故事中的一个仙女。麻姑把米抛洒在地上，米粒都变成了珍珠。原指神仙用法术点化事物。后比喻诗文用字讲究，新颖别致。△清·王士禛《带经堂诗话》一〇："公为诗如麻姑掷米，粒粒皆成丹砂。"

【出处】《神仙传·麻姑》："求少许米，得米便撒之掷地，视其米，皆成真珠矣。"

搔着痒处

比喻说话或做事正投于关键之处。△明·冯梦龙《古今小说》五："恰好王媪说起马秀才，分明是饥时饭，渴时浆，正搔着痒处。"

【出处】《神仙传·麻姑》："麻姑手爪似鸟。经见之，心中念曰：'背大痒时，得此爪以爬背，当佳也。'"

万世师表

世：世代；师表：品德、学问值得学习的榜样。千秋万世是世人学习的榜样。△明·叶子奇《草木子》三："孔子……所谓祖述百王，师表万世者也。"

【出处】《神仙传·老子》："岂非乾坤所定，万世之师表哉！"

治病救人

原指医治疾病，挽救人的生命。后也比喻通过批评帮助人改正缺点和错误。△毛泽东《"七大"工作方针》："这个历史决议案，在将来来看，还可能有错误，但治病救人的方针是不会错的。"

【出处】《神仙传·沈羲》：

"学道于蜀，能治病救人，甚有恩德。"

《十大经》

刚柔相济

济：接济，救济。刚与柔互相补救。多指强硬与温和两种手段互相配合。△魏·王粲《为刘荆州与袁尚书》："金木水火以刚柔相济，然后克得其和，能为民用。"

【出处】《十大经·观》："柔刚相成。"

《十二真君传》

拔宅飞升

连住宅一起飞起来，升入仙界。道家指修炼成仙，全家跟着一齐进入仙界。比喻地位骤然提高。△明·无名氏《拔宅飞升》四折："加你为九州都仙太史高名大使，赐紫彩羽袍，金冠霞帔，一家儿拔宅飞升。"

【出处】《十二真君传·许

真君》："真君以东晋孝武帝太康二年八月一日，于洪州西山，举家四十二口，拔宅上升而去。"

《素书》

貌合神离

貌：外表；神：内心。外表投合而内心不一致。形容表面上关系很密切，实际上各怀异心。△郭沫若《革命春秋·涂家埠》："一从我做了他的党代表之后，便由'志同道合'，一变而为'貌合神离'。"

【出处】《素书·遵义》："貌合心离者孤，亲谗远忠者亡。"

《心相编》

尖酸刻薄

形容说话带刺，待人冷酷苛刻。△鲁迅《三闲集·我的态度气量和年纪》："即使在我以为是直道而行，他们也仍可认为'尖酸刻薄'。"

【出处】《心相编》："愚鲁人说话尖酸刻薄。"

《云笈七签》

铜头铁额

原指蚩尤氏的形象。后形容强悍勇猛。△清·蔡元放《东周列国志》四七："力举千钧，铜头铁额，瓦砾不能伤害。"

【出处】《云笈七签》一〇〇："蚩尤兄弟八十人，并铜头铁额，食沙石。"

《诸真元奥》

三尸暴跳

三尸：道教指居于人脑、眼、胃中的三个神，每逢庚申日向天帝诉说人的过恶。三尸神暴跳起来。形容人气愤到极点。△清·吴趼人《二十年目睹之怪现状》四七："制台是气的三尸乱暴，七窍生烟……"

　　【**出处**】《诸真元奥》引《中黄经》："一者上虫居脑中，二者中虫居明堂，三者下虫居腹胃，名曰彭琚、彭质、彭矫也。"

第三部分

佛教典籍

半路出家

出家：离开家庭做僧尼或道士。成年以后才离开家庭做僧尼或道士。比喻中途改行，不是本行出身。△郭沫若《学生时代·创造十年续篇》："关于社会经济方面的见解……我是半路出家，论事仅凭直觉……"

【出处】《阿含经》："我竟辞家，不顾而去，雉除须发，身着缁衣，从此遂为出家之人。"

宝山空回

进入蕴藏着珍宝的山，却空着手出来。原比喻修行无所得。后比喻环境或条件很优越，却一无所得。△清·李汝珍《镜花缘》二八："若临歧舌不知韵，如入宝山空手回。"

【出处】《心地观经·离世间品》："如人无手，虽至宝山。"

辩才无碍

辩才：讲解佛法的才能；碍：滞碍。原指菩萨有讲解佛法的才能，流畅贯通，毫无滞碍。后比喻人能言善辩。△清·曾朴《孽海花》一三："这可见韵高的辩才无碍，说得顽石点头。"

【出处】《华严经》："若能知法永不灭，则得辩才无障碍；若能辩才无障碍，则能开演无边法。"

不二法门

不二：不是两个极端；法门：修行入道的门径。原指离开两个极端而处中的入道门径。后比喻独一无二的方法。△金庸《倚天屠龙记》一："这一招叫做'挟心超海'，原是拆解那招'苦海回头'的不二法门。"

【出处】《维摩经·入不二法门品》："于一切法无言无说，无示无识，离诸问答，是为入不二法门。"

不即不离

即：接近。不接近，也不离开。原指不同也不异。后多形容对人的态度既不亲近也不疏远。也形容文学艺术既不着迹也不离题。△1.郭沫若《革命春秋·北伐途次》："对于南北两方都采取着不即不离的态度。"2.清·王士禛《带经堂诗话》一二："咏物之作，须如禅家所谓不粘不脱，不即不离，乃为上乘。"

【出处】《圆觉经》上："不即不离，无缚无脱。"

不可思议

思：思索；议：评议。无法思索和评论。原表示神秘玄妙。后形容不可想象或难于理解。△郭沫若《少年时代·黑猫》："一片澄澈的蔚蓝色的天宇，高深得不可思议。"

【出处】《维摩经·不思议品》："诸佛菩萨有解脱名不可思议。"

【辨正】一说，语出《洛阳伽蓝记·永宁寺》："佛事精妙，不可思议。"《维摩经》在三国时代已有汉文译本，《洛阳伽蓝记》是北魏杨衒之写的书。应以《维摩经》为源。

不知不觉

不知道，没感觉。后形容不禁不由或自然而然。△清·刘鹗《老残游记》一："不知不觉，这'老残'二字，便成了个别号了。"

【出处】《法华经》四："会发一切智心，而寻废忘，不知不觉。"

炊沙作饭

想把沙子做成饭。比喻白费力气，事情不可能成功。△唐·顾况《行路难》诗："君不见担雪塞井徒用力，炊沙作饭岂堪吃。"

【出处】《楞严经》："若不断淫，修禅定者，如蒸沙石欲其成饭，经百千劫，只名热沙。"劫：梵文音译"劫波"之省，意译"远大时节。"

大吹法螺

法螺：生活在海洋中的梭尾螺，壳磨去尖顶后吹起来很响，用于做佛事时的乐器。用力地吹奏法螺。原比喻讲说佛法。后比喻说大话。△《庚子事变》："于是在端王面前大吹法螺，硬说他曾经在陈国瑞军营打过前敌。"

【出处】《法华经·序品》："今佛世尊欲说大法，雨大法雨，吹大法螺，击大法鼓，演大法义。"

大慈大悲

慈：爱护心；悲：怜悯心。极大的爱护心和怜悯心。后形容非常慈善，肯救助人。△明·施耐庵

《水浒传》四："万望长老收录，大慈大悲，看赵某薄面，披剃为僧。"

【出处】《法华经·譬喻品》："大慈大悲，常无懈倦，恒求善事，利益一切。"

大发慈悲

慈悲：佛教指爱护心和怜悯心。大发爱护心和怜悯心。后形容发善心，做好事。△清·吴趼人《二十年目睹之怪现状》九二："请祖爷爷大发慈悲，代他们打点打点!"

【出处】《法华经·譬喻品》："大慈大悲，常无懈倦，恒求善事，利益一切。"

大千世界

佛教称以须弥山为中心、以铁围山为外郭的世界为小世界；小世界的千倍为小千世界；小千世界的千倍为中千世界；中千世界的千倍为大千世界。后形容广大无边的世界。△清·李汝珍《镜花缘》一〇〇："消磨了三十多年层层心血，算不得大千世界小小文章。"

【出处】《俱舍论》："千四大洲……为一小千；千倍小千，名

一中千界；千中千界，总名一大千。"

大显神通

神通：佛教指神秘的、无所不能的力量。充分显现神通力。后比喻充分显示特别高明的本领。△明·吴承恩《西游记》八九："他三人辞了师父，在城外大显神通。"

【出处】《大庄严经·成正觉品》："初成正觉，现佛神通。"

得未曾有

未曾有：从来没有过。得到了从来没有过的。△鲁迅《两地书》七："承先生每封都给我回信，于'小鬼'实在是好象在盂兰节，食饱袋足，得未曾有了。"

【出处】《楞严经》："法筵清众，得未曾有。"

遁入空门

遁：逃；空门：佛门。逃离世俗，信奉佛教。△清·曹雪芹《红楼梦》五："看破的，遁入空门；痴迷的，枉送了性命。"

【出处】《智度论》："空门者生空法空。"法：佛教指一切事物。

飞蛾投火

比喻自取灭亡。△明·兰陵笑笑生《金瓶梅词话》一七："不然进入他家，如飞蛾投火一般，坑你上不上，下不下，那时悔之晚矣。"

【出处】《涅槃经》："汝等今者兴建是意，犹如飞蛾投于火。"

【辨正】一说，语出《梁书·到溉传》："如飞蛾之赴火，岂焚身之可吝。"《涅槃经》传入汉土很早，较晚的南本，也在刘宋时出现了，为《梁书》所用之源。

龟毛兔角

龟背上的毛，兔头上的角。比喻有名无实。△明·朱之瑜《答安东守约问》："此古道也，行之于今，如龟毛兔角矣!"

【出处】《楞严经》一："无则同于龟毛兔角。"

【辨正】一说，语出《景德传灯录·玄沙师备禅师》："若无前尘，汝此昭昭灵灵，同于龟毛兔角。"《楞严经》汉代已有了汉文译本，《景德传灯录》成书于宋代。当以佛经为源。

恒河沙数

恒河：南亚著名大河。数量像恒河里的沙子那样多。形容多得数不清。△清·蒲松龄《聊斋志异·凤仙》："吾愿恒河沙数仙人，并遣娇女婚嫁人间。"

【出处】《金刚经·一体同观分》："是诸恒河所有沙数，佛世界如是，宁为多不?"

恍然大悟

忽然完全醒悟过来。形容一下子全都明白了。△清·吴敬梓《儒林外史》一五："马二先生恍然大悟：'他原来结交我是要借我骗胡三公子，幸得胡家时运高，不得上算。'"

【出处】《观无量寿经》："廓然大悟，得无生忍。"

灰飞烟灭

比喻消失得干干净净。△明·凌濛初《初刻拍案惊奇》二二："岂知转眼之间，灰飞烟灭，金山化作冰山，极是不难的事。"

【出处】《圆觉经》上："火出木尽，灰飞烟灭。"

【辨正】一说，语出宋·苏轼

《念奴娇》词："谈笑间，樯橹灰飞烟灭。"这里显然是流，应以佛经为源。

极乐世界

佛教指阿弥陀佛所居住的西方净土。后比喻幸福快乐的地方。△清·韩邦庆《海上花列传》三七："吃到醉醺醺时，便倒下绳床，冥然罔觉，固自以为极乐世界矣。"

【出处】《阿弥陀经》："从是西方，过十万亿佛土，有世界名曰极乐。"

皆大欢喜

大家都很高兴，很满意。△清·曾朴《孽海花》二六："坐了小火轮，在昆明湖中游戏……正在皆大欢喜间，忽然太后密召了清帝的本生父贤王来宫。"

【出处】《维摩经·嘱累品》："一切大众闻佛所说，皆大欢喜，信受奉行。"

借花献佛

比喻拿别人的东西做人情。△清·刘鹗《老残游记》六："今儿有人送报新鲜的山鸡，烫了吃，很好的，我就借花献佛了。"

【出处】《过去现在因果经》一："请寄二花，以献于佛。"

聚沙成塔

原指儿童用沙子堆积佛塔玩。后比喻积少成多。△隋·戴逵《贻仙城慧命禅师书》："聚沙成塔，因山构苑。"

【出处】《法华经·方便品》："乃至童子戏，聚沙为佛塔。"

苦中作乐

在苦恼中寻求欢乐。△清·魏秀仁《花月痕》二七："这叫做黄连模尾弹琵琶，苦中作乐。"

【出处】《大宝积经》："心如吞钩，苦中作乐想故。"

老僧入定

定：禅定，静坐敛心、专注一境的修行方法。老和尚进入禅定状态。比喻人静静地端坐着。△清·曾朴《孽海花》二〇："看时，却是个黑瘦老者，危然端坐，仿佛老僧入定一样。"

【出处】《法华经·安乐品》："深入禅定，见十方佛。"

六根清净

六根：眼、耳、鼻、舌、身、意；清净：佛教指远离恶行、惑垢。眼、耳、鼻、舌、身、意都达到清净的境界。指没有任何欲念。△清剧本《缀白裘》七："他既做了尼僧，也是六根清净之人，你又去缠他怎的？"

【出处】《法华经·法师功德品》："庄严六根，皆令清净。"

盲人摸象

盲人只摸到象的一部分，却以为是整个象。比喻看问题片面。△鲁迅《"这也是生活"》："于是所见的人或事，就如盲人摸象，摸着了脚，即以为象的样子像柱子。"

【出处】《大般涅槃经》："其触牙者，即言象形如芦菔根；其触耳者，言象如箕；其触头者，言象如石；其触鼻者，言象如杵；其触脚者，言象如木臼；其触背者，言象如床；其触腹者，言象如瓮；其触尾者，言象如绳。"

梦幻泡影

梦境、幻术、水泡、影子。原比喻世事无常。后比喻不能长久存在的事物或容易破灭的幻想。△宋·丁谓《答胡则书》："梦幻泡影，知既往之本无……"

【出处】《金刚经·应化非真分》："一切有为法，如梦幻泡影，如露亦如电。"

梦中说梦

原比喻虚幻不实。后比喻胡言乱语，不着边际。△明·朱之瑜《批〈资治通鉴〉三十六条》："作史者凭空捏造此段，以欺后人；而后人方就安石身上评论深浅，此何异梦中说梦也！"

【出处】《大般若经》五九六："如人梦中说梦，所见种种自性。"

【辨正】一说，语出《冷斋夜话》九："此又梦中说梦。"《大般若经》是唐代僧人玄奘译的佛经，《冷斋夜话》是宋代僧人惠洪写的笔记。当以前者为源。

拈花微笑

原是佛教"以心传心"的故事：释迦牟尼在灵山会上说法，大梵天王献上金色波罗花；释迦牟尼拈起花示众，众人都不理解他的意思，只有摩诃迦叶心领神会而破颜微笑。后比喻彼此情意相通，心心相印。△清·李汝珍《镜花缘》一〇〇："自家做来做去，原觉得口吻生花；他人看了又看，也必定拈花微笑。"

【出处】《大梵天王向佛决疑经》："世尊即拈花示众，众皆茫然，唯摩诃迦叶破颜微笑。"

牛头马面

佛教指地狱里的两个鬼卒——牛头鬼和马面鬼，形象丑恶，性格残忍。后比喻丑陋凶恶的走卒。△《敦煌变文集·大目乾连冥间救母变文》："狱卒数万人，总是牛头马面。"

【出处】《楞严经》八："火蛇火狗，虎狼狮子，牛头狱卒，马面罗刹。"

认贼为子

把盗贼认为是自己的儿子。比喻把妄想当作真实，颠倒是非。又作"认贼作子"。△清·汤斌《与田篑山书》："若不细细讲明，未免认贼作子。"

【出处】《楞严经》九："心中不明，认贼为子。"

森罗万象

森：繁密，众多；罗：罗列。纷然罗列的各种事物现象。△鲁迅《且介亭杂文二集·杂谈小品文》："短当然不及长，寥寥几句，也说不尽森罗万象，然而它并不'小'。"

【出处】《法句经》："森罗及万象。"

【辨正】一说，语出《景德传灯录》："森罗万象，总在这一碗里。"《法句经》南北朝时已有汉文译本，《景德传灯录》成书于宋代。应以《法句经》为源。

善男信女

善男：信仰佛教而在家修行的男人，梵文音译"优婆塞"；信女：信仰佛教而在家修行的女人，梵文音译"优婆夷"。也泛指信仰佛教的人。△1.清·曹雪芹《红楼梦》二五："若有善男信女虔心供养者，可以永保儿孙康宁，再无撞客邪祟之灾。"2.清·文康《儿女英雄传》一九："这起子和尚，平日本就不是善男信女。"

【出处】《药师经》："若有四众，比丘，比丘尼，优婆塞，优婆夷。”

生老病死

佛教指人生"四苦"：出生、衰老、疾病、死亡。后泛指生育、养老、医疗、殡葬等事。△南朝宋·刘义庆《世说新语·雅量》："裴晋公不信术数，每语人曰：'鸡猪鱼蒜，逢著便吃；生老病死，时至则行。'"

【出处】《法华经·譬喻品》："三界无安，犹如火宅，众苦充满，甚可怖畏，常有生老病死忧患。"

【辨正】一说，语出《世说新语·雅量》。《法华经》晋代已有汉译文，《世说新语》是南朝宋人刘义庆写的。当以前者为源。

石沉大海

比喻不见踪影或没有消息。△清·曾朴《孽海花》二五："不想这个电报发去后，好像石沉大海，消息杳然……"

【出处】《法句经·多闻品》："吾不往度，如石沉渊。"

水中捞月

佛教故事：波罗奈城的猕猴，看见树下井里的月影，以为月亮掉到井里了，就把身体互相连接起来，吊下去打捞，结果全都落入水中。比喻愚昧无知，白费力气。△明·吴承恩《西游记》三五："泼魔苦苦用心拿我，正所谓水中捞月。"

【出处】《摩诃僧祇律》七："月今日死落井中，当共出之……我捉树枝，汝捉我尾，辗转相连，乃可出之。"

四大皆空

四大：古印度认为地、水、火、风是构成宇宙的四种元素。地、水、火、风都是空的。形容世上的一切都是空虚的。△清·陈忱《水浒后传》三一："胞胎浑沌，四大皆空，没甚姓名。"

【出处】《四十二章经》二○："当念身中四大，各自有名，都无我者。"

昙花一现

昙：梵文音译"优昙钵"之省，意译"灵瑞"。佛教认为，优昙钵花三千年才出现一次。原比喻难得出现。后比喻刚一出现就消失了，存在时间短暂。△鲁迅《华盖集续编·不是信》："这几天，我的'捏……言'罪案，仿佛只等于昙花一现了。"

【出处】《法华经·方便品》："如是妙法，诸佛如来，时乃说之，如优昙钵华，时一现耳。"

天花乱坠

天上的花纷纷落下来。原指佛讲说佛法，感动了天神。后比喻说话有声有色，十分动听。（多用于贬义。）△清·李伯元《官场现形记》二九："徐大军机一听是舒某人所保，任你说的如何天花乱坠，心上已有三分不愿意。"

【出处】《心地观经·序品》："六欲诸天来供养，天华乱坠遍虚空。"华：花。

【辨正】一说，语出宋·张敦颐《六朝事迹编类》所记梁武帝时云光法师讲经之事。这显然是源于佛经的流。

天女散花

天女：佛教故事中天界的一个女子。天女从空中往下抛洒鲜花。原是佛检验弟子们修行水平的方法——俗尘未尽，花着身不落。

后比喻事物散乱下落。△宋·陆游《夜大雪歌》："初疑天女下散花，复恐麻姑行掷米。"

【出处】《维摩经·向疾品》："会中有一天女，以天花散诸菩萨，悉皆堕落，至大弟子，便著不坠。"

唯我独尊

唯：只；尊：尊贵。只有我一个人尊贵。原表示佛的伟大。后形容极端狂妄自大。也表示地位尊贵。△1.鲁迅《集外集拾遗·新的世故》："仍旧是天无二日，唯我独尊的酋长思想。"2.清·高鹗《红楼梦》八七："香车画舫，红杏青帘，唯我独尊……"

【出处】《阿含经》："遍观四方，举手而言：'天上天下，唯我独尊。'"

味同嚼蜡

形容没有味道。原比喻没有乐趣。后也比喻文章或讲话的内容枯燥。△1.清·吴敬梓《儒林外史》一："世人一见了功名，便舍着性命去求他，及至到手之后，味同嚼蜡。"2.鲁迅《两地书》三二："沪案以后，周刊上常有极锋利肃杀的诗，其实是没有意思的，情随事迁，即味同嚼蜡。"

【出处】《楞严经》八："我无欲心，应汝行事，于横陈时，味同嚼蜡。"

五体投地

五体：双膝、双肘和额头；投地：着地。双膝、双肘和额头着地。原是佛教最恭敬的礼节之一。后比喻钦佩到极点。△清·刘鹗《老残游记》五："屡闻至论，本极佩服，今日之说，则更五体投地。"

【出处】《楞严经》一："五体投地，长跪合掌。"

细水长流

原比喻勤奋不懈地努力，一点一点地积累。后也比喻节约使用财物，使其经常不缺。△梁斌《红旗谱》四六："要多吃野菜树皮，少吃米面，细水长流呀！"

【出处】《遗教经》一二："是故汝等当勤精进，譬如小水长流，则能穿石。"

现身说法

原指佛显现各种不同的形象，为不同的人讲说佛法。后指以亲身经历为例证，讲明道理，进行劝导。△郭沫若《少年时代·反正前后》："我总觉得这种现身说法的文字是必要的。"

【出处】《楞严经》六："我与彼前，皆现其身，而为说法，令其成就。"

【辨正】一说，语出《景德传灯录》："亦于十方界中现身说法。"《楞严经》汉代已有汉文译本，《景德传灯录》成书于宋代。当以佛经为源。

现世现报

现世：今生。今生做了坏事，今生就得到报应。形容报应来得快。△清·曹雪芹《红楼梦》七四："老不死的娼妇，怎么造下孽了？说嘴打嘴，现世现报！"

【出处】《优婆塞戒经》："众皆憎恶，不喜见之，是名现世恶业之报。"

香花供养

用香与花供奉。△清·文康《儿女英雄传》一七："因此他家把这位姑娘设了一个长生禄位牌儿，朝夕礼拜，香花供养。"

【出处】《金刚经》："一切世间天、人、阿修罗所应供养……以诸花香，而散其处。"

香象渡河

香象：对象的美称。象渡河不是浮水而过，而是踩着河底过去。原比喻悟道精深。后比喻评论文字精辟透彻。△宋·严羽《沧浪诗话·诗评》："李杜数公，如金鸡擘海，香象渡河。"

【出处】《优婆塞戒经》："如恒河水，三兽俱渡，兔、马、香象。兔不至底，浮水而过；马或至底，或不至底；象则尽底。"

想入非非

非非：佛教所说的"非想非非想处"，指不是一般思维所能达到的境界，比喻离奇玄妙的境界。思想进入了离奇玄妙的境界。形容脱离实际地胡思乱想。△鲁迅《集外集·关于〈关于红笑〉》："倘使有彼此神似之处，我以为那是因为同一原书的译本，并不足为异的，正不必如此神经过敏，因而'疑心'，而竟想入非非……"

【出处】《楞严经》："如存不存，若尽不尽，如是一类，名非想非非想处。"

邪魔外道

邪魔：邪恶的魔鬼；外道：古印度既反对婆罗门教又不赞成佛教的教派。原指妨碍正道的邪说和恶行。后泛指异端邪说。也比喻妖魔鬼怪或品行不端的人。△清·李伯元《文明小史》二六："自此以后，只许埋头用功，再不要出去招这些邪魔外道来便了。"

【出处】《药师经》下："又信世间邪魔外道、妖孽之师，妄说祸福。"

心花怒放

怒放：盛开。心里的花盛开。后表示有所悟解。后比喻心中特别高兴。△清·李伯元《文明小史》六〇："平中丞此时喜得心花怒放。"

【出处】《圆觉经》："成就正觉，心华发明。"

一箭之地

一支箭的射程。形容相距不远。△明·施耐庵《水浒传》九〇："宋江上得马来，前行的众头领，已去了一箭之地。"

【出处】《法华经·药王品》："其树去台，尽一箭道。"

一丝不挂

鱼不被任何一根钓丝挂住。比喻人毫无牵挂。后也形容人赤身裸体。△1.朱自清《忆跋》："你想那颗一丝不挂却又爱着一切的童心，眼见得在那隐约的朝雾里……"2.宋·杨万里《清晓洪泽放闸》诗："放闸老翁殊耐冷，一丝不挂下冰滩。"

【出处】《楞严经》："一丝不挂，竿木随身。"

因果报应

佛教认为：有什么因，就有什么果，行善与作恶都有相应的回报。△清·吴趼人《二十年目睹之怪现状》五四："说起来，话长得很，这里还像有点因果报应在里面呢。"

【出处】《涅槃经》："善恶之报，如影随形，三世因果，循环不失。"

勇猛精进

佛教指勤奋修行，向涅槃境界迈进。后比喻刻苦学习，造诣突飞猛进。△《朱子读书法》四："真当勇猛精进，庶几不虚作一世人也。"

【出处】《无量寿经》："勇猛精进，志愿无倦。"

掌上明珠

爱不释手的明珠。原比喻佛教智慧。后比喻极钟爱的人（多用于女儿）。△清·曹雪芹《红楼梦》二："只嫡妻贾氏生得一女，乳名黛玉，年方五岁，夫妻爱之如掌上明珠。"

【出处】《地藏菩萨本愿经》："掌上明珠，光摄大千世界。"

安身立命

指生活有着落，精神有寄托。△明·施耐庵《水浒传》二："那里是用人去处，足可安身立命。"

【出处】《五灯会元》四："汝向什么处安身立命？"

八字没一撇

比喻事情还没有眉目。△清·文康《儿女英雄传》二九："姐姐只想，也有个八字儿没见一撇儿，我就敢冒冒失失把姐姐合他画在一幅画儿上的理吗？"

中华成语探源

中华国学精粹

典藏珍本

【出处】《五灯会元》一九："若问是何宗，八字不著。"

半斤八两

旧制一市斤合十六两。一个半斤，一个八两，轻重相等。比喻彼此一样。△明·施耐庵《水浒传》一〇七："众将看他两个本事，都是半斤八两的，打扮也差不多。"

【出处】《五灯会元》一四："踏着秤砣硬似铁，八两元来是半斤。"

本来面目

佛教指人本来具有的心性。后比喻人或事物原来的样子。△鲁迅《且介亭杂文·门外文谈》："这一润色，留传固然留传了，但可惜的是一定失去了许多本来面目。"

【出处】《六祖坛经·行由品》："不思善，不思恶，正与么时，那个是明上座本来面目？"

闭门造车

关起门来制造车子。原指由于规格统一，与车辙相合。后比喻不顾客观实际，只凭主观办事。△宋·陈亮《谢陈同知启》："岂求田问舍之是专，亦闭门造车之可验。"

【出处】《祖堂集》二〇："今行与古迹相应，如似闭门造车，出门合辙耳。"

拨云见日

拨开乌云，见到太阳。比喻冲破黑暗，见到光明。也比喻消除了疑团，心里顿时明白了。△1.明·施耐庵《水浒传》一二："今蒙恩相抬举，如拨云见日一般……"2.清·吴敬梓《儒林外史》三九："晚生得蒙老先生指教，如拨云见日，感激不尽。"

【出处】《理惑论》："吾自闻道已来，如开云见日，炬火入冥室焉。"

【辨正】一说，语出《晋书·乐广传》："若披云雾而睹青天也。"《理惑论》是中国最早的佛教论著，汉代牟子作，大大早于《晋书》，当为其源。

不经一事，不长一智

不经历一件事情，就不能增长与这件事情有关的知识。△清·李汝珍《镜花缘》二二："古人云：'不经一事，不长一智。'我们若非黑齿前车之鉴，今日稍不留神，又要吃亏了。"

"不因一事不长一智。"

不可理喻

理：道理；喻：使明白。不能够用道理使其明白。后形容对愚顽或蛮横的人无理可讲。△明·沈德符《万历野获编》一三："此辈不可理喻。"

【出处】《广弘明集》二〇："此乃未喻由于求己，非为无理可喻也。"

不可限量

不能限定数量。指没有止境。后形容前途远大，希望无穷。△明·朱之瑜《答奥村德辉书》三："夫能受尽言，则将来成就，不可限量。"

【出处】《法苑珠林》二二："广度天人，不可限量。"

不可言传

传：表达。不能用言语表达。表示只能揣摩体会。△清·刘大櫆《论文偶记》："凡行文多寡短长，抑扬高下，无一定之律，而有一定之妙，可以意会，而不可以言传。"

【出处】《五灯会元》一七："诸法寂灭相，不可以言宣。"

不知好歹

分辨不出好坏。多形容不能领会别人的好意。△明·兰陵笑笑生《金瓶梅词话》七二："小儿不知好歹，前日冲渎大人……"

【出处】《五灯会元》七："洞山老人不识好恶。"

藏头露尾

形容遮遮掩掩或躲躲闪闪，不肯把真实情况全部暴露出来。△清剧本《缀百裘》三："我待不劝你，你只管愁闷；我问着你，你又藏头露尾。"

【出处】《五灯会元》一五："若向暗中立，也是藏头露影汉。"

超凡入圣

超越凡俗，进入圣贤境界。后多形容品德、学识、技艺等水平极高。△清·高鹗《红楼梦》一一五："今日弟幸会芝范，想欲领教一番超凡入圣的道理，从此可以净洗俗肠，重开眼界。"

【出处】《五灯会元》一七：

"入圣超凡，大似飞蛾赴火。"

趁水和泥

趁着有水，把土和成泥。比喻利用现成的条件办事。△明·刘效祖《词脔》九："心肠内狠做作，嘴脸上乔张致，都只要趁水和泥。"

【出处】《祖堂集》一二："大凡出言吐气，不可和泥合水去也。"

成家立业

业：家业，指家产。指建立家庭，有自己的产业。△老舍《骆驼祥子》一〇："他以为拉车是他最理想的事，由拉车他可以成家立业。"

【出处】《五灯会元》一〇："问：'牛头未见四祖时如何？'师曰：'成家立业。'曰：'见后如何？'曰：'立业成家。'"

重整旗鼓

重新整理令旗和战鼓。比喻失败后重新组织力量。△老舍《四世同堂》三："他总以为他的朋友中必定有一两个会重整旗鼓，再掌大权的……"

【出处】《圆悟佛果禅师语录》一七："法灯重整枪旗，再装甲胄。"

春寒料峭

形容早春的寒冷刺人肌骨。△宋·王之道《石州慢》词："春寒料峭，夜来花柳，弄风摇雪。"

【出处】《五灯会元》一九："春寒料峭，冻杀年少。"

寸步难行

寸：形容极短。走极短的路都很困难。形容走路困难。后也比喻陷入困境而不能摆脱。△1.明·凌濛初《二刻拍案惊奇》七："只是路途迢递，茕茕母子，无可倚靠，寸步难行，如何是好？"2.明·凌濛初《初刻拍案惊奇》八："我的儿，大胆天下去得，小心寸步难行。"

【出处】《维摩诘经讲经文》："吾缘染患，寸步难移。"

打草惊蛇

原比喻惩治甲以警告乙。后比喻行动不谨慎或做事不严密而惊动了对方。△明·施耐庵《水浒传》二九："等明日先使人去那里探听一遭……空自去'打草惊蛇'，倒吃他做了手脚，却是不好。"

【出处】《祖堂集》七："慈云：'打草惊蛇。'"

【辨正】一说，语出《七修类稿》二四："汝虽打草，吾已惊蛇。"《祖堂集》所记，是唐代僧人的话，《七修类稿》所记，是五代时南唐僧人的话。应以前者为源。

打成一片

原指不同的事物混合为一个整体。后形容关系融洽，不分彼此。△郭沫若《归去来·前线归来》："民众相信政策，并有了组织，故尔前方和后方的活动能够打成一片。"

【出处】《五灯会元》一五："老僧四十年方打成一片。"

打退堂鼓

古代官吏从堂上退回私邸时，打鼓表示停止办公或结束审理案件。比喻做事中途变卦，向后退缩。△清·李伯元《官场现形记》五七："如今听说要拿他们当作出头的人，早已一大半都打了退堂鼓了。"

【出处】《续传灯录》一五："老僧打退堂鼓。"

单刀直入

单刀：古代一种兵器。手持单刀，直截插进去。原比喻认定目标，勇猛精进。后比喻直截了当，不绕弯子。△明·朱之瑜《答安东守约问》三四："文字最难是单刀直入。"

【出处】《五灯会元》九："若是作家战将，便请单刀直入，更莫如何若何。"作家：佛教指深解禅机的人。

当面错过

面对面地放了过去。△清·高鹗《红楼梦》一一七："自古说，真人不露相，露相不真人。也不可当面错过。"

【出处】《五灯会元》一八："当面蹉过。"蹉：差误。

当头棒喝

迎头用棒一击或迎头大喝一声。原是禅宗僧人检验初学者悟性的方法。后比喻促人猛醒的警告。△清·梁章钜《归田琐记》六："仁人之言，亦积无限阴功，便是当头棒喝矣。"

【出处】《五灯会元》一六：

"有僧入门便棒"，"有僧入门便喝"。

当头一棒

迎头用棒一击。原是禅宗僧人检验初学者悟性的方法之一。后比喻促人猛醒的警告。也比喻突然的打击。△1.清·李汝珍《镜花缘》八四："这个笑语虽是斗趣，若教愚而好自用的听了，却是当头一棒，真可猛然唤醒。"2.鲁迅《故事新编·出关》："孔子好像受了当头一棒，亡魂失魄地坐着，恰如一段呆木头。"

【出处】《五灯会元》一六："有僧入门便棒。"

道高一尺，魔高一丈

道：道行；魔：魔障。道行增高一尺，魔鬼所设的障碍就会增高一丈。表示每当修行达到一个阶段时，魔鬼都会干扰破坏，使修行者面临前功尽弃的危险。后比喻两种势力交替消长。△清·梁启超《中国积弱溯源论》四："天之生我皇也，天心之仁爱中国而欲拯其祸也。其奈道高一尺，魔高一丈，有西太后那拉氏者梗乎其间。"

【出处】《古文〈参同契〉集解》："盖道高一寸，魔高一尺。"

道貌岸然

形容神态庄严的样子（现多含讥讽意）。△鲁迅《准风月谈·吃教》："宋儒道貌岸然，而窃取禅师的语录。"

【出处】《维摩诘经讲经文》："忽见维摩，道貌凛然，仪容磊落。"凛然：严肃可敬畏的样子。

点铁成金

把铁点化为黄金。原比喻合乎佛理的言语，可以把凡人感化为圣人。后比喻用笔如神，能把不好的诗文改好。△清·吴趼人《二十年目睹之怪现状》四三："真是点铁成金，会者不难，只改得二三十个字，便通篇改观了。"

【出处】《祖堂集》一三："灵丹一粒，点铁成金；至理一言，点凡成圣。"

电光石火

闪电的光亮，燧石的火花。比喻刚一出现，随即消失。△郭沫若《学生时代·孤山的梅花》："不一会儿才从南方飞也似的来了一部专车……但看也还没有十分看明，又像电光石火一样飞也似的过去了。"

【出处】《五灯会元》七："此事如击石火，似闪电光。"

顶礼膜拜

顶礼：跪伏在地上，用头顶接触受礼者的脚；膜拜：口称"南膜"而拜，表示皈依佛、法、僧等三宝。形容虔诚的敬礼。△清·吴趼人《痛史》二六："此令一下，合城汉人无不香花灯烛，顶礼膜拜。"

【出处】《归敬仪》："盖我所贵者，顶也；彼所卑者，足也。以我所尊敬彼所卑者，礼之极也。"

顶天立地

头顶着天，脚踏着地。比喻气概豪迈。△明·施耐庵《水浒传》三〇："武松是个顶天立地的好汉，不做这般的事!"

【出处】《五灯会元》二〇："汝等诸人个个顶天立地。"

独具只眼

比别人多一只独特的眼睛。原指能看见别人看不到的东西。后比喻有独到的见解和眼力。△清·李颙《答范彪西征启》："卓哉钟元，可谓独具只眼，超出门户拘曲之见万万矣!"

【出处】《临济慧照玄公大宗师语录》："临济小厮儿却具一只眼。"

独树一帜

单独树立起一面旗帜。比喻自成一家。△清·曾朴《孽海花》三："打破有明以来江西派和云间派的门户，独树一帜。"

【出处】《弘明集》六："或可独树一家。"

独一无二

只有一个，没有第二个。指没有相同的或可以相比的。△清·吴趼人《二十年目睹之怪现状》二六："我的婆婆，我起先当是天下独一无二的；到这里来，见了干娘，恰是一对。"

【出处】《宗镜录》三一："独一无二，即真解脱。"

对牛弹琴

比喻说话不看对象，对不懂

道理的人讲道理，或对外行人说内行话。△清·李汝珍《镜花缘》九〇："对牛弹琴，牛不入耳，骂的很好，咱们一总再算账!"

【出处】《理惑论》："公明仪为牛弹《清角》之操，伏食如故。"《清角》：古代一种高雅的乐曲。

恶语伤人

用恶毒的话伤害人。△元·王实甫《西厢记》三："别人行，甜言美语三冬暖；我跟前，恶语伤人六月寒。"

【出处】《五灯会元》一六："恶语伤人恨不销。"

凡夫肉眼

凡夫：佛教指世俗之人；肉眼：佛教指肉身之眼。世俗之人的肉身之眼。指世俗之人眼光短浅，见近不见远，见前不见后，见明不见暗。后比喻平凡的见识。△宋·李觏《灵源洞》："良工画得犹宜秘，莫与凡夫肉眼窥。"

【出处】《法苑珠林》二四："凡夫肉眼未曾识，为现千尺一金躯。"

放下屠刀，立地成佛

立地：立刻。放下杀人刀，立刻就能修行成佛。后比喻停止作恶，决心悔改，就能很快变成好人。△清·文康《儿女英雄传》二一："从来说，'孽海茫茫，回头是岸；放下屠刀，立地成佛'。"

【出处】《五灯会元》一九："广额正是个杀人不眨眼底汉，飏下屠刀，立地成佛。"底：的；飏：抛掉。

飞针走线

走：跑。针在飞，线在跑。形容缝纫技术高超，速度极快。△明·冯梦龙《醒世恒言》三："若题起女工一事，飞针走线，出人意表。"

【出处】《祖堂集》九："飞针走线时人会，两边透过却还稀。"

丰干饶舌

丰干：唐代僧人；饶舌：多嘴。原指丰干多嘴，说出了寒山、拾得的真面目。后泛指人多嘴多舌，不该说而说。△清·王韬《淞隐漫录》一："处置若辈，宜以此法，孰会其丰干饶舌哉!"

【出处】《景德传灯录》二七："寒山……笑而言曰：'丰干饶舌。'"

逢场作戏

作戏：表演。原指江湖艺人遇到合适的场地就表演。比喻遇到机会，偶尔凑凑热闹。后多表示随俗应酬。△清·曾朴《孽海花》七："不过借他船坐坐舒服些，用他菜吃吃适口些，逢场作戏，这有何妨!"

【出处】《五灯会元》三："竿木随身，逢场作戏。"

佛口蛇心

比喻说话好听而心肠狠毒。△清·钱彩《说岳全传》七〇："我面貌虽丑，心地却是善良，不似你佛口蛇心。"

【出处】《五灯会元》二〇："古今善知识，佛口蛇心。"

佛头着粪

原指佛像的头顶上落了鸟粪。后比喻不好的东西加在好东西上面，把好东西玷污了。△鲁迅《且介亭杂文·病后杂谈之余》："今人标点古书而古书亡，因为他们乱点通，佛头着粪……"

【出处】《五灯会元》三："崔相公入寺，见鸟雀于佛头上放粪。"

佛眼相看

比喻善意相待，不加伤害。△明·施耐庵《水浒传》六二："若是留得卢员外性命在世，佛眼相看，不忘大德。"

【出处】《观经疏》四："慈心相向，佛眼相看。"

福慧双修

原指福德和智慧都修行到至善的境界。后形容有福气又聪明。△清·陈康祺《郎潜纪闻》二："文名盖代，福慧双修，殊为文人难得之遭遇。"

【出处】《大慈恩寺三藏法师传》五："菩萨为行，福慧双修。"

隔靴搔痒

原比喻领会佛理不透彻。后比喻说话或写文章不中肯，没有抓住要点。△清·曾朴《孽海花》三二："议论他的，不说他文史不

303

中华成语探源

典藏珍本

知军机，便说他卤莽漫无布置，实际都是隔靴搔痒的话。"

【出处】《五灯会元》八："师曰：'隔靴搔痒。'"

骨瘦如柴

瘦得皮包骨，像一根木柴。形容极消瘦。△清·高鹗《红楼梦》一一三："刘姥姥看着凤姐骨瘦如柴，神情恍惚，心里也就悲惨起来。"

【出处】《维摩诘经讲经文》："旧日神情威似虎，今来体骨瘦如柴。"

【辨正】一说，语出《埤雅·释兽》："又曰：瘦如豺。豺，柴也。"《维摩诘经讲经文》是唐代变文，《埤雅》为宋代陆佃之作，当以前者为源。

冠绝一时

冠：帽子，比喻高超；绝：绝无仅有。形容非常高超，在当时绝无仅有。△南梁·沈约《宋书·颜延之传》："文章之美，冠绝当时。"

【出处】《洛阳伽蓝记·景乐寺》："雕刻巧妙，冠绝一时。"

光怪陆离

光怪：光彩奇异；陆离：色彩纷繁。形容奇异的、纷繁的色彩。△清·吴敬梓《儒林外史》五五："接连失了几回火，把院子里的几万担柴尽行烧了。那些柴烧的一块一块的，结成了和太湖石一般，光怪陆离。"

【出处】《广弘明集》一九："神光陆离，星繁于净刹。"

过河拆桥

比喻达到目的以后，就把帮助过自己的人一脚踢开。△老舍《骆驼祥子》一四："祥子受了那么多的累，过河拆桥，老头子翻脸不认人，他们替祥子不平。"

【出处】《大慧普觉禅师语录》一二："过桥便拆桥，得路便塞路。"

【辨正】一说，语出《元史·彻里帖木儿传》："参政可谓过河拆桥者矣！"大慧普觉禅师即宋代著名僧人宋杲，在元代之前。

海底捞针

比喻极难找到。△明·凌濛初《初刻拍案惊奇》二〇："一面点起民壮，分头追捕，多应是海底捞针，那寻一个？"

【出处】《法苑珠林》二三："一针投海中，求之尚可得。"

含血喷人

比喻捏造事实诬陷人。△清·曾朴《孽海花》一八："给一个低三下四的奴才含血喷人，自己到站着听风凉话儿！"

【出处】《五灯会元》一八："含血噀人，先污其口。"噀：喷。

好事不出门，恶事行千里

形容好事不容易被人知道，坏事却传播得极快极远。△明·兰陵笑笑生《金瓶梅词话》四："自古道：'好事不出门，恶事行千里。'不到半月之间，街坊邻舍都晓的了。"

【出处】《五灯会元》九："好事不出门，恶事行千里。"

呵佛骂祖

呵：呵斥。斥骂佛祖。原指不受前人拘束，突破前人。后泛指蔑视权威，敢作敢为。△清·黄宗羲《与友人论学书》："訾毁先儒，

呵佛骂祖。"

【出处】《五灯会元》二〇："是子将来有茅盖头，呵佛骂祖去在。"

和盘托出

和：连带。端东西时，连盘子一起端出来。比喻全部拿出来。也比喻毫无保留地说出来。△1.明·冯梦龙《警世通言》二："饭罢，田氏将庄子所著《南华真经》及老子《道德经》五千言，和盘托出，献与王孙。"2.明·冯梦龙《醒世恒言》三〇："他一时翻过脸来，将旧事和盘托出。"

【出处】《天目中峰和尚广录》一六："今日特为你起模画样，和盘托出。"

横三竖四

形容纵横杂乱。△清·曹雪芹《红楼梦》三六："只见外间床上横三竖四，都是丫头们睡觉。"

【出处】《五灯会元》一二："横三竖四，乍离乍合。"

横生枝节

在枝节上又长出了枝节。比喻主要问题还没有解决，又发生了

新的问题。△清·刘坤一《致荣中堂》："现在时局既定，关内外诸军似宜速裁，否则虚耗薪粮，并恐横生枝节。"

【出处】《五灯会元》一六："枝蔓上更生枝蔓。"

洪炉点雪

大火炉上放一点雪，立刻就会融化。原比喻立即了悟。后比喻领悟问题极快。△明·冯梦龙《醒世恒言》一二："他原是明悟禅师转世，根气不同，所以出儒入墨，如洪炉点雪。"

【出处】《景德传灯录》一四："据某甲所见，如洪炉上一点雪。"

后会无期

以后相会没有一定日期。形容不知道什么时候再相会。△宋·苏轼《与范梦得》一："某旦夕南迁，后会无期，不能无怅惘也。"

【出处】《法苑珠林》三一引《幽冥录》："解佩分袂，临阶泫泗，后会无期。"

囫囵吞枣

囫囵：整个。把枣整个吞下去。比喻不加分析，笼统地接受。△《元曲选外编·西游记杂剧》四："我这里囫囵吞个枣不知酸淡。"

【出处】《碧岩录》三："若是不知有的人，一似浑崘吞个枣。"浑崘：囫囵。

胡说八道

形容没有根据或没有道理地乱说。△鲁迅《且介亭杂文·病后杂谈》："为了造语惊人，对仗工稳起见，有些文豪们是简直不恤胡说八道的。"

【出处】《大慧普觉禅师语录》一二："手里指东画西，口中胡说乱道。"

胡言乱语

形容没有根据地随意乱说。△明·施耐庵《水浒传》二四："你胡言乱语，一句句都要下落。"

【出处】《五灯会元》一六："一个说长道短，一个胡言乱语。"

猢狲入布袋

猢狲：生活在北方山林中的一种猕猴。猴子钻进了布口袋。比喻野性的人受到约束。△宋·欧阳修《归田录》二："梅圣俞以诗知名……其初受勅修《唐书》，语其妻刁氏曰：'吾之修书，可谓猢狲入布袋矣。'"

【出处】《五灯会元》八："僧曰：'恁么即学人归堂去也。'师曰：'猢狲入布袋。'"

花团锦簇

团、簇：聚集。花朵聚集在一起，锦绣堆积在一起。形容艳丽美好、五彩缤纷的样子。后也比喻文章辞藻华丽。△1.清·曹雪芹《红楼梦》五三："上下人等打扮得花团锦簇。"2.清·吴敬梓《儒林外史》三："那七篇文字，做得花团锦簇一般。"

【出处】《五灯会元》一三："若无恁么事，饶你攒花攒锦，亦无用处。"攒：聚。

话不投机

投：投合；机：机缘。言语不能投合机缘。后形容话说不到一起。△清·高鹗《红楼梦》一一三："宝玉听来，话不投机，便靠在桌上睡去。"

【出处】《五灯会元》一二：

"言无展事，语不投机。"

换斗移星

斗：星斗。改换星斗的位置。比喻本领极大。△清·文康《儿女英雄传》二七："不怕你有喜新厌旧的心肠，我自有换斗移星的手段。"

【出处】《圆悟佛果禅师语录》一七："换斗移星，经天纬地。"

黄花晚节

黄花：菊花；晚节：晚年的节操。像耐寒的菊花一样，保持晚年的节操。△元·张伯淳《次韵完颜经历》诗："从教苍狗浮云过，留得黄花晚节香。"

【出处】《四字经》："戊癸：黄花晚节。"

灰头土面

面：脸。满头满脸都是尘土。也形容消沉或懊丧的神态。△清·西周生《醒世姻缘传》一四："灰头土脸，瘸狼渴疾，走到家中。"

【出处】《五灯会元》一三："问：'如何是尘中子？'师曰：

'灰头土面。'"

浑身是口

浑身：全身。全身长满了嘴。比喻竭力分辩。△《元曲选外编·闺怨佳人拜月亭》四："我便浑身上下都是口，待教我怎分辩？"

【出处】《续传灯录》八："通身是口，也分疏不下。"

火烧眉毛

比喻事到眼前，非常紧迫。△清·李汝珍《镜花缘》三五："小弟……因要救舅兄，不得已做了一个'火烧眉毛，且顾眼前'之计，实是无可奈何。"

【出处】《五灯会元》一六："问：'如何是急切一句？'师曰：'火烧眉毛。'"

家丑不可外扬

丑：不体面，不光彩；扬：宣扬。家里不体面、不光彩的事，不能对外人宣扬。△明·冯梦龙《醒世恒言》八："家丑不可外扬，倘若传到外边，被人耻笑。"

【出处】《五灯会元》一五：

"家丑不外扬。"

见怪不怪

指看到怪异的事情或现象而不以为奇怪，沉着镇静地对待。△清·高鹗《红楼梦》九四："'见怪不怪，其怪自败'。不用砍他，随他去就是了。"

【出处】《五灯会元》一八："见怪不怪，其怪自坏。"

见神见鬼

好像看见了神和鬼。多形容精神紧张，自相惊扰。△清·曹雪芹《红楼梦》五一："袭人才去了一夜，你们就见神见鬼的。"

【出处】《临济慧照玄公大宗师语录》："有一般不识好恶秃奴，便即见神见鬼，指东画西。"

见兔放鹰

看见野兔才把猎鹰放出去。比喻认为有利可图时才舍得下工夫。△明·天然痴叟《石点头》一二："当今世情，何人不趋炎附势，见兔放鹰，谁肯结交穷秀才？"

【出处】《五灯会元》一二："不如见兔放鹰，遇獐发箭。"

鉴貌辨色

鉴：观察；貌：脸。观察辨识脸色。形容根据人的面部表情来判断内心活动。△明·冯梦龙《醒世恒言》九："朱世远终是男子之辈，鉴貌辨色，已知女儿的心事。"

【出处】《五灯会元》八："僧曰：'争知某甲不肯？'师曰：'鉴貌辨色。'"

将错就错

将：拿；就：靠近。表示事情出了差错，索性顺着差错做下去。△明·凌濛初《二刻拍案惊奇》六："抬头一看，果然是丈夫金定!……只得将错就错，认了妹子，叫声：'哥哥!'"

【出处】《五灯会元》一六："山僧今日将错就错，与尔诸人注破。"

嚼饭喂人

原比喻把翻译得极差的佛经给人看。后比喻硬把并无新意的文艺作品给人看。△清·薛雪《一瓢诗话》四六："虽字句稍异，仍是前人之作，嚼饭喂人，有何趣味？"

【出处】《鸠摩罗什法师西方辞体论》："改梵为秦……有似嚼饭与人，非徒失味，乃令人呕哕也。"

脚踏实地

比喻做事踏实认真。△鲁迅《且介亭杂文末编·〈苏联版画集〉序》："我以为因此由幻想而入于脚踏实地的写实主义的大约会有许多人。"

【出处】《祖堂集》七："脚根不踏实地。"

【辨正】一说，语出《邵氏闻见录》一八："君实脚踏实地人也。"《祖堂集》所记，是唐僧雪峰之言；《邵氏闻见录》所记，是北宋邵雍对司马光的评论。当以前者为源。

街头巷尾

表示街巷之中。△鲁迅《且介亭杂文二集·论新文字》："它和民众是有联系的，不是研究室或书斋的清玩，是街头巷尾的东西……"

【出处】《五灯会元》一二："问：'如何是学人转身处？'师曰：'街头巷尾。'"

中华成语探源

中华国学精粹

典藏珍本

解铃系铃

在老虎脖子上系铃的人，还能把它解下来。后比喻谁惹的麻烦仍由谁解决。△阿英《晚清文学丛钞·黄绣球》三〇："这事原只为了你先生一人，还请你先生系铃解铃，劝劝大家。"

【出处】《林间集》下："一日，法眼问大众曰：'虎项下金铃，何人解得？'……钦曰：'大众何不道系者解得？'"

【辨正】一说，语出《指月录》二三："眼一日问众：'虎项金铃，是谁解得？'……师曰：'系者解得！'"《指月录》是明代瞿汝稷编写的佛书，《林间集》是宋僧惠洪编写的佛书。其源应为《林间集》。

节外生枝

比喻在原有的问题之外又出现了新问题。△明·冯梦龙《醒世恒言》三五："晏官人也莫要节外生枝，又更他说。"

【出处】《圆悟佛果禅师语录》一："若据本分草料，犹是节外生枝。"

锦上添花

比喻在美好的事物上添加美好的事物。△明·施耐庵《水浒传》一九："今日山寨，天幸得众多豪杰到此相扶相助，似锦上添花，如旱苗得雨。"

【出处】《祖堂集》九："今日便是锦上更添花。"

【辨正】一说，语出宋·黄庭坚《了了庵颂》："又要涪翁作颂，且图锦上添花。"《祖堂集》所记，是唐人郑十三娘之语，早于黄庭坚，当为源。

精神抖擞

抖擞：振作的样子。形容精神振作。△明·吴承恩《西游记》五〇："那洞中大小群妖，一个个精神抖擞，即忙抬出一根丈二长的占钢枪，递与老怪。"

【出处】《景德传灯录》二六："抖擞精神着。"

镜花水月

镜里的花影，水中的月影。原比喻虚幻不实。后也比喻诗文空灵而不可捉摸的意境。△1.清·李汝珍《镜花缘》一："设或无缘，不能一见，岂非镜花水月，终虚所望么？"2.明·祁彪佳《远山堂剧品·妙品》："其词融炼无痕，得镜花水月之趣。"

【出处】《鸠摩罗什法师大乘大义》上："如镜中像，水中月，见如有色，而非触等，则非色也。"

【辨正】一说，语出明·谢榛《诗家直说》一："诗有可解不可解，若水月镜花，勿泥其迹可也。"《鸠摩罗什法师大乘大义》是晋代名僧慧远的佛教论著，早于谢氏千年之久，当为源。

君子一言，快马一鞭

君子：人格高尚的人。人格高尚的人只需说一句话就能确定下来，脚力迅速的马只需抽一鞭子就会奔跑起来。表示一言为定，决不翻悔。△老舍《四世同堂》一九："你什么时候愿意来，那一间小屋总是你的!君子一言，快马一鞭!"

【出处】《五灯会元》三："快马一鞭，快人一言。"快人：说话、做事痛快的人。

开山祖师

原指最初在某座山上建立佛寺并创立宗派的高僧。后比喻学术、技艺的流派创立者。也泛指某一事业的创始人。△宋·刘克庄《诗话前集》二："本朝诗，惟宛陵为开山祖师。"

【出处】《佛祖统记》："建寿圣院，请师开山。"师：对僧人的尊称。

看风使舵

根据风向来转舵。比喻随着情势说话或行事。△茅盾《腐蚀》："落井下石，看风使舵，以别人的痛苦为笑乐。"

【出处】《五灯会元》一六："看风使舵，正是随波逐流。"

空谷传声

在空荡的山谷里发出声响，立刻传来回声。比喻反应极快。△宋·李昉《太平广记》二五二引《启颜录》："钦风则空谷传声，仰惠则虚堂习听。"

【出处】《广弘明集》二九："若空谷之应声，似游形之有影。"

口碑载道

口碑：口头上的称颂，像刻在石碑上的文字；载道：充满道路。

形容一路上都听到众人的称颂。△清·高鹗《红楼梦》九九："自从老爷到任，并没见为国家出力，倒先有了口碑载道。"

【出处】《五灯会元》一七："劝君不用镌顽石，路上行人口似碑。"

口传心授

原指亲口教授，以心传心。后形容亲自传授。△清·文康《儿女英雄传》八："只这刀法、枪法、弹弓、袖箭、拳脚，都是老人家口传心授。"

【出处】《古文〈参同契〉集解》："其妙须是口传心授，难以尽形之于毫楮也。"

雷声大，雨点小

比喻话说得很有气势，却没有什么实际行动。△鲁迅《且介亭杂文末编·因太炎先生而想起的二三事》："写完题目，就有些踌躇，怕空话多于本文，就是俗语之所谓'雷声大，雨点小'。"

【出处】《五灯会元》二〇："雷声甚大，雨点全无。"

冷暖自知

自己知道所饮之水的冷暖。原比喻通过亲身证悟，把握禅理真旨。后泛指通过亲自体会，得到对于事物的理解。△宋·苏轼《与腾达道》："冷暖自知，殆未可以前人之有无为记耳。"

【出处】《五灯会元》二："今蒙指授入处，如人饮水，冷暖自知。"

冷若冰霜

原形容态度严肃，像冰霜一样不可冒犯。后多形容对人的态度十分冷漠。△清·欧阳兆熊《水窗春呓》上："艳如桃李而冷若冰霜。"

【出处】《宗门统要续集》八："雪窦细处细如米末，冷处冷似冰霜。"

冷言冷语

指冷冰冰的讥讽话。△明·冯梦龙《醒世恒言》三七："只这冷言冷语，带讥带讪的，教人怎么当得？"

【出处】《宝林禅师语录》："何须冷言冷语，暗地敲人？"

离乡背井

井：乡里。离开故乡。多指迫

不得已而到外地谋生。△清·李伯元《官场现形记》一二："抛撇了家小，离乡背井，二千多里来就这个馆……"

【出处】《古尊宿语录》三七："大丈夫汉一等是离乡背井，访道寻师。"

六耳不传

六耳：指三个人。原指三个人不能密谋事情，有泄密的可能。后指不能把秘密传给第三个人，以免泄密。△阿英《晚清文学丛钞·冷眼观》五："还有几句六耳不传的秘诀，须秘密交代才可以去得呢。"

【出处】《五灯会元》三："六耳不同谋。"

龙蛇混杂

原比喻对的和错的混在一起。后比喻好人和坏人混在一起。也比喻能人和庸人混在一起。△清·曹雪芹《红楼梦》九："未免人多了就有龙蛇混杂，下流人物在内。"

【出处】《〈阿毗昙八犍度论〉序》："龙蛇同渊，金鍮共肆。"鍮：黄铜；肆：铺子。

【辨正】一说，语出《五灯会元》九："龙蛇混杂，凡圣同居。"《〈阿毗昙八犍度论〉序》是晋代高僧道安为汉译佛教论典《阿毗昙八犍度论》写的序言，《五灯会元》是宋代僧人普济编写的灯录体佛书。当以前者为源。

鲁鱼亥豕

把"鲁"字写成"鱼"字，把"亥"字写成"豕"字。泛指传抄、刊印中出现的文字错误。△清·高鹗《红楼梦》一二〇："既是'假语村言'，但无鲁鱼亥豕以及背谬之处……"

【出处】《法苑珠林》一〇："夫一代之书，群贤相袭，遂令亥豕换文，鱼鲁易韵。"

驴唇不对马嘴

比喻前言不搭后语或所答非所问。△清·文康《儿女英雄传》二五："一段话，说了个乱糟糟，驴唇不对马嘴，更来的不着要!"

【出处】《五灯会元》一五："到处逞驴唇马嘴。"

驴前马后

跟在所骑的驴马前后。原指随侍左右供驱使。后比喻受人支配。

△元·无名氏《神奴儿大闹开封府》楔子："我不误间撞着你……你就骂我做驴前马后，数伤我父母。"

【出处】《五灯会元》一三："只是认驴前马后。"

落花有意，流水无情

形容一方有情意，一方无情意。△明·冯梦龙《醒世恒言》三："那朱十老家有个侍女，叫做兰花，年已二十之外，存心看上了朱小官人……谁知朱重是个老实人，又且兰花龌龊丑陋，朱重也看不上眼。以此落花有意，流水无情。"

【出处】《五灯会元》二〇："落华有意随流水，流水无情恋落华。"华：花。

忙里偷闲

在忙碌中抽出一点空闲时间来。△朱自清《论严肃》："民间文学是被压迫的人民苦中作乐、忙里偷闲的表现……"

【出处】《禅宗颂古联珠通集》七："年来老大浑无力，偷得忙中些子闲。"

面面相觑

觑：看。你看着我的脸，我看着你的脸。形容因恐惧或无可奈何而互相看望。△明·施耐庵《水浒传》一七："众做公的都面面相觑，如箭穿雁嘴，钩搭鱼腮，尽无言语。"

【出处】《续传灯录》六："毕钵岩中面面相觑。"

明知故犯

故：故意。明知不对却故意违犯。△清·李汝珍《镜花缘》六一："此物既与人无益，为何令尊伯伯却又栽这许多？岂非明知故犯么？"

【出处】《五灯会元》一五："知而故犯。"

磨砖作镜

想把砖磨成镜子。比喻一定不能成功。△宋人话本《梁公九谏》一："磨砖作镜，焉可鉴容；铅锡为刀，岂堪琢玉。"

【出处】《五灯会元》三："磨砖岂得成镜耶？"

泥牛入海

原指尚未修成正果。后比喻一

去不复返。△清·吴趼人《二十年目睹之怪现状》七："此时那两个钱庄干事的人，等了好久，只等得一个泥牛入海，永无消息。"

【出处】《五灯会元》三："我见两个泥牛斗入海，直至如今无消息。"

你死我活

形容斗争非常激烈。△明·施耐庵《水浒传》六："你这厮们，来!来!今番和你斗个你死我活!"

【出处】《五灯会元》二〇："你死我活，猛火然锝煮沸喋。"然：燃。

逆水行舟

逆着水流的方向行船。比喻不努力向前就会后退。△鲁迅《且介亭杂文·门外文谈》："即使目下还有点逆水行舟，也只好拉纤……"

【出处】《四字经》："巳壬：逆水行舟，不进则退。"

年深日久

年代深，日子久。形容时间久远。△清·李汝珍《镜花缘》八："那知此鸟年深日久，竟有匹偶，

日渐滋生，如今竟成一类了。"

【出处】《景德传灯录》一八："抛家日久，流浪年深。"

弄巧成拙

弄：耍弄；拙：笨。耍弄取巧的手法，反而做了笨拙愚蠢的事。△阿英《晚清文学丛钞·中国现在记》七："晚生准把这事办得妥妥帖帖，但是千万不可走漏风声，那就弄巧成拙了。"

【出处】《五灯会元》三："适来弄巧成拙。"

【辨正】一说，语出宋·黄庭坚《拙轩颂》："弄巧成拙，为蛇添足。"《五灯会元》所记，是唐代僧人道一的一句话，早于黄庭坚，当为源。

女大十八变

十八变：佛教指罗汉修成正果时显现十八种变化。原指龙女修成正果，显现十八种变化。后指女孩子长大以后，容貌、性格有较大的变化。△清·曹雪芹《红楼梦》七八："俗语又说：'女大十八变。'况且有本事的人，未免就有些歪调，老太太还有什么不曾经历过的?"

315

【出处】《五灯会元》一一：
"龙女有十八变。"

抛头露面

指在公开场合出现。△鲁迅《且介亭杂文二集·五论"文人相轻"——明术》："还有一种是自己连名字也并不抛头露面，只用匿名或由'朋友'给敌人以'批评'——要时髦些，就可以说是'批判'。"

【出处】《宝林禅师语录》："不欲彰头露面。"彰：显露。

抛砖引玉

比喻用粗浅、拙劣的东西引出高超、完美的东西。△清·李汝珍《镜花缘》一八："刚才婢子费了唇舌，说了许多书名，原是抛砖引玉……"

【出处】《五灯会元》四："比来抛砖引玉，却引得个墼子。"墼：土坯。

披毛戴角

戴；顶着，指头上长着。身上披着毛，头上长着角。形容畜生的样子。△清·文康《儿女英雄传》八："莫如叫他早把这口气还了太

空，早变个披毛戴角的畜生……"

【出处】《五灯会元》一三："学人不负师机，还免披毛戴角也无？"

七颠八倒

形容纷扰混乱。△明·施耐庵《水浒传》三四："如今不幸，他殁了已得三年，家里的事都七颠八倒。"

【出处】《五灯会元》八："问：'如何是佛法大意？'师曰：'七颠八倒。'"

七零八落

形容零落纷乱。△明·冯梦龙《古今小说》六："唐兵被梁家杀得七零八落，走得快的，逃了性命，略迟慢些，就为沙场之鬼。"

【出处】《五灯会元》一五："无味之谈，七零八落。"

七上八下

形容心神不安。△明·施耐庵《水浒传》二六："那胡正卿心头十五个吊桶打水，七上八下。"

【出处】《大慧普觉禅师语录》二一："方寸里七上八下。"

七手八脚

原指长了七只手、八只脚。后形容大家一齐动手。△清·曹雪芹《红楼梦》三三："众人一声答应，七手八脚，把宝玉送入怡红院自己床上卧好。"

【出处】《五灯会元》二〇："七手八脚，三头两面。"

骑驴觅驴

觅：寻找。原比喻佛性存在于自身，却向外寻求。后比喻东西就在眼前，却到别处寻找。△宋·苏轼《和黄龙清老》诗："骑驴觅驴真可笑，以马喻马亦成痴。"

【出处】《五灯会元》二："不解即心即佛，真似骑驴觅驴者。"

千差万别

形容有很多差别。△宋·朱熹《答袁机仲别幅》："自见得许多条理，千差万别，各有归着，岂不快哉！"

【出处】《观经疏》二："说一切诸法，千差万别。"

【辨正】一说，语出《五灯会元》一〇："僧问：'如何是无异底事？'师曰：'千差万别。'"《观经疏》是唐代僧人善导的论著，《五灯会元》是宋代僧人普济的著作，当以前者为源。

千奇百怪

形容有很多奇怪之处。△清·曹雪芹《红楼梦》四七："连头带尾五十四年，凭着大惊大险、千奇百怪的事，也经了些，从没经过这些事！"

【出处】《五灯会元》一二："或闻或见，千奇百怪。"

千里迢迢

迢迢：遥远。千里之远。形容路途遥远。△阿英《晚清文学丛钞·冷眼观》二六："不要瞎着急呀，倘急出事来，那就一家人千里迢迢在外面不得了了。"

【出处】《禅宗颂古联珠通集》九："千里迢迢信不通，归来何事太匆匆。"

千辛万苦

形容种种辛苦。△明·施耐庵《水浒传》四三："千辛万苦背到这里，倒把来与你吃了！"

【出处】《弥勒上生经讲经

文》："千辛万苦为谁人，十短九长解甚事？"

前言不搭后语

形容说话没有条理，前后矛盾。△清·曹雪芹《红楼梦》五四："怎么这些书上，凡有这样的事，就只小姐和紧跟的一个丫头知道？你们想想，那些人都是管做什么的？可是前言不搭后语了不是？"

【出处】《五灯会元》一六："前言不及后语。"

强中更有强中手

本领高强的人会遇到更高强的人。△明·吴承恩《西游记》一四："刘太保前日打的斑斓虎，还与他斗了半日；今日孙悟空不用争持，把这虎一棒打得稀烂，正是强中更有强中手！"

【出处】《禅宗颂古联珠通集》一〇："鸳鸯绣出世无双，好手元来更有强。"元：原。

敲骨吸髓

敲碎骨头，吸吮骨髓。原形容舍身求道。后比喻残酷地剥削。△毛泽东《中共中央毛泽东主席关于时局的声明》："在南京国民党反动政府的统治区域，则压迫工农兵学商各界广大人民群众出粮、出税、出力，敲骨吸髓，以供其所谓'戡乱剿匪'之用。"

【出处】《五灯会元》一："昔人求道，敲骨吸髓，刺血济饥，布发掩泥，投崖饲虎。"

情同骨肉

骨肉：比喻父母兄弟子女等亲人。感情深厚，如同至亲。△明·罗贯中《三国演义》四七："我与公覆，情同骨肉。"

【出处】《广弘明集》二八："情同骨肉，义等金兰。"

去伪存真

伪：虚假。除去虚假的，保存真实的。△清·阎尔梅《汪仲履地理书序》："严删明注，去伪存真，既无师心之病，又无泥古之失。"

【出处】《续传灯录》一二："可以摧邪辅正，可以去伪存真。"

惹火烧身

原指修成正果时，有三昧真火焚烧掉肉身。后比喻自招祸患，自惹麻烦。△明·东鲁古狂生《醉醒石》三："庄上人……生怕惹火烧身，连忙把余琳并冯氏都送将出来。"

【出处】《法苑珠林》一二："作十八变，自心出火烧身。"

如饮醍醐

醍醐：从牛奶里提炼出来的纯酥油，佛教比喻智慧。好像喝了醍醐。比喻思想一下子就通了。△清·吴敬梓《儒林外史》三四："少卿妙论，令我闻之如饮醍醐。"

【出处】《五灯会元》三："一闻示诲，如饮醍醐。"

三头六臂

原形容恶神阿修罗的法相。后比喻特别大的本领。△清·高鹗《红楼梦》八三："别说是女人当不来，就是三头六臂的男人，还撑不住呢。"

【出处】《法苑珠林》九："并出三头，重安八臂。"

三灾八难

三灾：佛教以水灾、火灾、风灾为大三灾，以刀兵、饥馑、疫疠为小三灾；八难：佛教指地狱、饿鬼、畜生、北拘卢洲、长寿天、聋盲喑哑、世智辩聪、佛前佛后等八种求道见佛的障碍。后比喻多灾多病。△清·曹雪芹《红楼梦》三二："我想你林妹妹那孩子，素日是个有心的，况且她也三灾八难的。"

【出处】《古刹丛钞》："长辞八难，永离三灾。"

杀人不眨眼

形容凶狠残忍，嗜杀成性。△清·文康《儿女英雄传》缘起："那项王是个杀人不眨眼的魔君，汉王岂不深知？"

【出处】《五灯会元》八："长老不闻杀人不眨眼将军乎？"

沙里淘金

比喻用力大而收效小，极为难得。后也比喻从大量材料中选取精华。△《元曲选·马丹阳度脱刘行首》三："我直度你不回头的刘大姐……恰便似沙里淘金，石中取火，水中捞月。"

【出处】《四字经》："乙癸：沙里淘金。"

上天无路，入地无门

比喻走投无路，陷入绝境。△清·吴趼人《二十年目睹之怪现状》一〇六："此刻听说要捉他到巡捕房里去……只急得他上天无路，入地无门。"

【出处】《五灯会元》一〇："直得上天无路，入地无门。"

少见多怪

指见识少的人经常大惊小怪。△郭沫若《少年时代·反正前后》："四川的狗看见太阳也要少见多怪地狂吠起来。"

【出处】《牟子·理惑论》："谚云：少所见，多所怪。"

【辨正】一说，语出《抱朴子·神仙》："夫所见少则所怪多，世之常也。"《理惑论》是东汉牟子的论著，《抱朴子》是晋代葛洪的著作。当以前者为源。

身强力壮

形容身体强壮有力。△明·吴承恩《西游记》二一："全凭着手疾眼快，必须要力壮身强。"

【出处】《禅宗颂古联珠通集》八："只知身强力壮，不觉年老心孤。"

神通广大

神通：佛教指神秘的，无所不能的力量。原指法力极大。后比喻本领极大。△1.明·吴承恩《西游记》二〇："他手下有一个徒弟，名唤孙行者，神通广大，智力高强。"2.明·冯梦龙《醒世恒言》二九："这厮果然神通广大，身子坐在狱中，怎么各处关节已是布置到了？"

【出处】《维摩诘经讲经文》："现广大之神通。"

狮子搏兔

比喻力量雄厚的人全力对付小事情。△清·李重华《诗谈杂录》五九："狮子搏兔用全力，终属狮子之愚。"

【出处】《景德传灯录》二七："狮子捉兔亦全其力，捉象亦全其力。"

事出有因

事情的出现是有原因的。△清·李伯元《官场现形记》四："郭道台就替他洗刷清楚，说了些'事出有因，查无实据'的话头，禀复了制台。"

【出处】《古尊宿语录》四〇："事不孤起，起必有因。"

手忙脚乱

形容动作匆忙慌乱。△明·施耐庵《水浒传》二五："听得武松归了，吓得手忙脚乱，头巾也戴不迭。"

【出处】《五灯会元》一五："莫一似落汤螃蟹，手忙脚乱。"

守口如瓶

像塞住瓶口一样，闭嘴不说。形容说话谨慎或严守秘密。△宋·黎靖德《朱子语类》一〇五："守口如瓶，是谓言不乱出。"

【出处】《法苑珠林》四七："守口如瓶，防意如城。"

【辨正】一说，语出宋·周密《癸辛杂识别集》下："富郑公有'守口如瓶，防意如城'之语。"《法苑珠林》是唐僧道世的佛教著作，早于宋代，当为源。

束装就道

束装：整理行装；就道：上路。整理行装上路。△清·王韬《淞隐漫录》二："生素闻西湖名胜，思往一游，束装就道。"

【出处】《高僧传·慧持》："不能负其发足之怀，便束装首路。"

竖起脊梁

指挺起腰板。比喻振奋自立，有骨气。△清·梁章钜《楹联丛话·格言》："自书一联云：'竖起脊梁立行，放开眼孔观书。'"

【出处】《续传灯录》三〇："汝能竖起脊梁，了办个事。"

水到渠成

水流到时，渠道自然就会有了。比喻条件成熟了，事情自然就会成功。△清·李汝珍《镜花缘》八六："如此诗才，可谓水到渠成，手无难题了。"

【出处】《五灯会元》九："问：'如何是妙用一句？'师曰：'水到渠成。'"

水泄不通

连水都泄不出去。形容包围得十分严密。后也形容十分拥挤。△1.明·施耐庵《水浒传》九六："宋江分拨将佐到昭德，围得水泄不通。"2.鲁迅《故事新编·采薇》："只见路边都挤满了民众，站得水泄不通。"

【出处】《观经疏》二："三明夫人奉教禁在深宫，内官守当水泄不通。"

【辨正】一说，语出《五灯会元》一六："德山门下，水泄不通。"《五灯会元》是宋代灯录体佛书，《观经疏》是唐僧善导解释佛经的书，应以后者为源。

水涨船高

水位增长，船身随之升高。比喻事物随着它所凭借的基础的提高而提高。△清·李伯元《官场现形记》五九："他晓得人家有仰仗他的地方，顿时水长船高，架子亦就慢慢地大了起来。"

【出处】《五灯会元》二〇："十五日已前，水长船高。"长：涨。

顺水推舟

顺着水流的方向推动船。比喻顺应趋势做事。△清·李伯元《官场现形记》一〇："他若留我，乐得顺水推舟，他若不留，我也不走。"

【出处】《四字经》："戊

己：顺水流舟。"

思前想后

回想从前，考虑今后。形容反复地或多方面地考虑。△清·高鹗《红楼梦》八六："这是有年纪的人思前想后的心事。"

【出处】《古尊宿语录》二："但知息心即休，更不用思前虑后。"

四面八方

四面：东、西、南、北四个方面；八方：东、西、南、北、东南、西南、东北、西北八个方面。指各个方面或各个地方。△明·罗贯中《三国演义》三九："一霎时，四面八方，尽皆是火，又值风大，火势愈猛。"

【出处】《临济慧照玄公大宗师语录》："明头来明头打，暗头来暗头打，四方八面来旋风来，虚空来连架打。"

随高就低

就：迁就。随顺高的，迁就低的。形容凑合、对付。△明·吴承恩《西游记》三："只望你随高就低的送一副便了。"

醍醐灌顶

醍醐：从牛奶里提炼出来的纯酥油，佛教比喻智慧；灌顶：用清水浇洒在头顶上。用醍醐浇洒在头顶上。原指灌输佛教智慧，使人彻底醒悟。后比喻听了高明的意见，受到很大启发。也比喻清凉舒适的感觉。△1.清·曹雪芹《红楼梦》六三："宝玉听了，如醍醐灌顶……" 2.明·施耐庵《水浒传》四二："宋江觉到这酒馨香馥郁，如醍醐灌顶，甘露洒心。"

【出处】《祖堂集》一二："悟之者醍醐灌顶。"

同床异梦

睡在同一张床上，做各自不同的梦。比喻虽然在一起生活或工作，却各有各的打算。△姚雪垠《李自成》一卷一章："但彼等乌合之众，同床异梦，一战即溃。"

【出处】《古尊宿语录》三三："同床共被，梦各不同。"

头上安头

比喻多余、重复。△宋·黄庭坚《拙轩颂》："何况头上安头，屋下盖屋，毕竟巧者有余，拙者不足。"

【出处】《临济慧照玄公大宗师语录》："瞎汉头上安头。"

头头是道

道：佛理。原指佛理无所不在。后形容说话道理充分或做事有条有理。△毛泽东《中国革命战争的战略问题》："战争的学问拿在讲堂上，或在书本中，很多人尽管讲得一样头头是道，打起仗来却有胜负之分。"

【出处】《禅宗颂古联珠通集》一八："会得头头皆是道。"

【辨正】一说，语出《续传灯录》二六："头头皆是道，法法本圆成。"《禅宗颂古联珠通集》所记，是唐代赵州和尚之言；《续传灯录》是明僧居顶撰写的佛书。当以前者为源。

头重脚轻

原形容立不稳。后也比喻基础不牢固。△明·施耐庵《水浒

323

传》一六："只见这十五个人，头重脚轻，一个个面面厮觑，都软倒了。"

【出处】《景德传灯录》二二："头重尾轻。"

拖泥带水

比喻做事不利索或言辞不简洁。△宋·严羽《沧浪诗话·诗法》："语贵脱洒，不可拖泥带水。"

【出处】《五灯会元》三："带累阇梨，拖泥涉水。"阇梨：高僧，泛指僧人。

顽石点头

顽：愚笨。愚笨无知的石头感动得点起头来。原形容讲解佛经生动、透彻。后比喻道理讲得生动、透彻，说服力极强。△清·曾朴《孽海花》一三："这可见韵高的辩才无碍，说得顽石点头了。"

【出处】《莲社高贤传·道生法师》："入虎丘山，聚石为徒，讲《涅槃经》……群石皆为点头。"

万劫不复

劫：佛教指世界从生成到毁灭的过程；复：恢复。经历一万个劫也不能恢复。形容永远不能恢复。△鲁迅《华盖集续编·学界的三魂》："倘使连这一点反抗心都没有，岂不就成了万劫不复的奴才了。"

【出处】《五灯会元》一五："一失人身，万劫不复。"

瓮中之鳖

比喻逃脱不了的人。△明·冯梦龙《警世通言》二四："瓮中之鳖不怕他走了，权耐几日，到我家中，何愁不从。"

【出处】《五灯会元》一九："瓮里何曾走却鳖。"

瓮中捉鳖

比喻捕捉对象已在掌握之中。也比喻极有把握。△明·施耐庵《水浒传》一七："这事容易，瓮中捉鳖，手到拿来。"

【出处】《五灯会元》一九："瓮里何曾走却鳖。"

乌焉成马

把"乌"字或"焉"字写成"马"字。指抄写造成的文字讹误。△清·沈德潜《说诗晬语》

九九："乌焉成马，习焉不觉，殊可怪也。"

【出处】《禅林僧宝传》二一："字经三写，乌焉成马。"

无恶不作

没有不干的坏事。形容什么坏事都干。△清·郑燮《范县署中寄舍弟墨第》五："增岁币、送尊号、处卑朝、括民膏、戮大将，无恶不作，无陋不为。"

【出处】《翻译名义集》四："二无羞僧，破戒身口不净，无恶不作。"

无明业火

无明：佛教指愚昧无知，是造成生死轮回、产生种种烦恼的根本原因；业火："怒火"，"无明"引起的"惑业"（烦恼）之一。形容怒火。△明·施耐庵《水浒传》三："心头那一把无明业火焰腾腾的按纳不住。"

【出处】《维摩诘经讲经文》："一点无明火要防，焚烧善法更难当。"

无穷无尽

没有穷尽。形容没有止境或没有限度。△宋·晏殊《踏莎行》词："无穷无尽是离愁，天涯地角寻思遍。"

【出处】《景德传灯录》一〇："财施无尽，法施无穷。"

心心相印

印：符合。心与心互相符合。原指禅门师徒以心传心，不凭借语言文字。后形容彼此心意一致，感情投合。△清·尹会一《答刘古衡》："数年相交，久已心心相印。"

【出处】《黄檗山断际禅师传心法要》："自如来付法迦叶已来，以心印心，心心不异。"

心猿意马

心意好像猿猴跳跃、马奔跑。形容心神散乱，失去控制。△明·冯梦龙《警世通言》二四："你已放荡了，心猿意马，读什么书？"

【出处】《维摩诘经讲经文》："卓定深沉莫测量，心猿意马罢颠狂。"

信手拈来

信手：随手；拈：用手指夹。随手拈过来。原指应用自如，毫不费力。后形容掌握的词汇或材料丰富，写文章时可以随意选取。△宋·陆游《秋风亭拜寇莱公遗像》二："巴东诗句澶州策,信手拈来尽可惊。"

【出处】《五灯会元》一四:"昔日德山临济信手拈来,便能坐断十方,壁立千仞。"

胸无点墨

胸中没有一点墨水。形容没有读过什么书,文化水平极低。△清·吴趼人《二十年目睹之怪现状》二二:"市上的书贾,都是胸无点墨的,只知道甚么书销场好,利钱深,却不知道什么书是有用的。"

【出处】《五灯会元》二〇:"文墨胸中一点无。"

雪上加霜

比喻一再遭受灾难。△清·李汝珍《镜花缘》五一:"一连断餐两日,并未遇着一只船。正在惊慌,偏又转了迎面大风,真是雪上加霜。"

【出处】《五灯会元》三:"雪上更加霜。"

雪中送炭

下雪时送取暖的炭。比喻急

需时给予物质帮助。△明·凌濛初《二刻拍案惊奇》一一:"今受此穷途之苦……此时若肯雪中送炭,真乃胜似锦上添花。"

【出处】《四字经》:"甲乙:雪中送炭。"

【辨正】一说,语出宋·范成大《大雪送炭与芥隐》诗:"不是雪中须送炭,聊装风景要诗来。"《四字经》是唐代德行禅师之作,早于范诗,当为源。

寻行数墨

墨:字。一行一行地找,一字一字地数。指一行一行、一字一字地诵读。形容只知道字句而不理解意义。△明·陶宗仪《辍耕录·评帖》:"希白工于摹字,拙于寻行数墨,文理错缪。"

【出处】《五灯会元》一三:"不解佛法圆通,徒劳寻行数墨。"

鸦雀无声

连乌鸦和麻雀的叫声都没有。形容非常静,没有一点声音。△清·曹雪芹《红楼梦》三〇:"宝玉背着手,到一处,一处鸦雀无声。"

【出处】《五灯会元》二:

"鸦去无声，云何言闻？"

雁过长空

长空：辽阔的天空。大雁从辽阔的天空飞过。比喻往事已经过去，没有留下痕迹。△清·纪昀《阅微草堂笔记·滦阳续录》二："数年后稍稍闻之，亦如雁过长空，影沉秋水矣。"

【出处】《五灯会元》一六："雁过长空，影沉寒水。"

雁行鱼贯

雁行：大雁飞行时的行列；鱼贯：鱼游动时一个接一个。比喻众多的人排成行列，有次序地行进。△宋·汪元量《燕歌行》："雁行鱼贯弯角弓，披霜踏雪度海东。"

【出处】《大慈恩寺三藏法师传》一〇："雁行鱼贯，毂驾肩随。"

羊毛出在羊身上

比喻给人的好处附加在其人付出的代价里。△清·李伯元《官场现形记》二七："羊毛出在羊身上，等姓贾的再出两个，把这件事平平安安过去，不就结了吗？"

【出处】《钱塘渔隐济颠禅师语录》："三百衬钱五味食，羊毛出在羊身上。"

摇头摆尾

形容得意或轻狂的样子。△老舍《四世同堂》七："坏人尽管摇头摆尾的得意，好人还得作好人！"

【出处】《五灯会元》六："临济门下有个赤梢鲤鱼，摇头摆尾向南方去。"

摇头晃脑

形容自得其乐或自以为是的样子。△鲁迅《二心集·关于翻译的通信》："摇头晃脑的读起来，真是音调铿锵……"

【出处】《五灯会元》一七："教渠拽把牵犁，直是摇头晃脑。"教渠：老水牯牛。

叶落归根

比喻人或事物有一定的归宿。△清·高鹗《红楼梦》一〇〇："或者那边还调回来；即不然，终有个叶落归根。"

【出处】《五灯会元》一："叶落归根，来时无口。"

一尘不染

尘：佛教指色、声、香、味、

触、法，认为它们能污染身心，使人产生种种嗜欲，导致种种烦恼。不被任何一种尘所污染。原指摒除欲念，保持身心纯净。后形容人品纯洁。也形容环境或物体非常清洁。△1.清·高鹗《红楼梦》一一三："我想他一尘不染，是保得住的了，岂知风波顿起，比林妹妹死的更奇!"2.老舍《赵子曰》三："头上灰色宽沿呢帽，足下一尘不染的黄色橡皮底皮鞋。"

【出处】《景德传灯录》三："心珠独朗，常照世间，而无一尘许间隔。"

一客不烦二主

一个顾客不烦劳两家店主。比喻只烦劳一个人，不再另外求人。△明·兰陵笑笑生《金瓶梅词话》五一："他再三央及我对你说，一客不烦二主，你不接济他这一步儿，叫他又向那里借去。"

【出处】《续传灯录》二八："一鹤不栖双木，一客不烦两家。"

一了百了

了：了结。主要的事情了结了，其余的事情也都随之了结了。

△清·魏秀仁《花月痕》二○："当秋痕受饿时，能够同侯氏一死，岂不是一了百了?"

【出处】《圆悟佛果禅师语录》八："一了一切了。"

一手遮天

用一只手遮住天日。比喻窃揽权势。△明·张岱《石匮书》四八："弘光好酒喜肉，日导以荒淫，毫不省外事，而士英一手遮天，靡所不为矣。"

【出处】《理惑论》："侧一掌以翳日光。"翳：遮蔽。

一往无前

形容无所畏惧地奋勇向前。△阿英《晚清文学丛钞·新中国未来记》三："你一往无前的气概，死而后已的精神，却是谁人不感服呢?"

【出处】《天目中峰和尚广录》一："磨砻志气，抖擞精神，一往直前，以求真脱。"

一笑置之

置：放。笑一笑，就放在一边。表示不当一回事。△清·李伯元《官场现形记》四六："漕台见他如此说法，晓得他牛性发作，也只好一笑置之。"

【出处】《石门文字禅》二六："欲焚去之，又念英之好学，为一笑而置之。"

衣钵相传

衣：指僧人穿的袈裟；钵：僧人盛食物的钵盂。把袈裟和钵盂传给弟子。后泛指思想、学问、技艺等的传播与继承。△金·王若虚《漫赋四诗为商略之云》："文章自得方为贵，衣钵相传岂是真？"

【出处】《五灯会元》一："吾将金缕僧伽梨衣传授于汝。"

因风吹火

因：凭借。凭借着风势，把火吹旺。比喻乘便行事。△明·冯梦龙《警世通言》二八："那老张对小乙官道：'因风吹火，用力不多。一发搭了他去。'"

【出处】《五灯会元》一一："因风吹火，用力不多。"

鹦鹉学舌

鹦鹉学人说话。原比喻僧人念诵佛经而不理解经文的意义。后比喻别人怎么说，也跟着怎么说。

△明·张岱《烈帝纪论》："侍从之臣，止有唯唯否否，如鹦鹉学语，随声附和已耳。"

【出处】《景德传灯录》二八："如鹦鹉学人语，话自语不得，为无智慧故。"

游山玩水

形容游逛山水，观赏景物。△宋·朱熹《与陈师中书》："即日出城，游山玩水。"

【出处】《五灯会元》一五："问：'如何是学人自己？'师曰：'游山玩水。'"

游戏三昧

游戏：佛教指自在无碍；三昧：梵文音译，指心正神定，没有杂念。原表示自在无碍而心正神定。后形容用游戏的态度对待事情。△清·文康《儿女英雄传》一八："只因她一生所遭不偶，拂乱流离，一团苦志酸心，便酿成了这等一个遁迹空山，游戏三昧的样子。"

【出处】《景德传灯录》八："扣大寂之室，顿然忘筌，得游戏三昧。"

有口皆碑

碑：记载功德的石碑。所有人的嘴，都是记载功德的石碑。形容人人称颂。△清·刘鹗《老残游记》三："宫保的政声，有口皆碑，那是没有说的了。"

【出处】《五灯会元》一七："劝启不用镌顽石，路上行人口似碑。"

有眼无珠

只有眼眶，没有眼珠。比喻没有眼力，识别不出真假好坏。△明·吴承恩《西游记》六："你这厮有眼无珠，认不得我么!"

【出处】《五灯会元》一二："会则灯笼笑你，不会有眼如盲。"

冤有头，债有主

冤头：仇人；债主：借钱给人的人。报冤仇要找仇人，还欠债要找债主。泛指要了结事情，必须找主要的当事人。△元·施惠《幽闺记·文武同盟》："冤有头，债有主，教你一个来时一个死，两个来时两个亡。"

【出处】《五灯会元》一六："冤有头，债有主。"

冤冤相报

冤：冤家，仇人；报：报复。形容仇人之间互相报复。△明·陶宗仪《南村辍耕录》一二："我实欲毁其室，以快所愤；因念冤冤相报，无有了时，遂弃火归。"

【出处】《庐山远公话》二："若不今生猛断却，冤家相报几时休？"

贼去关门

比喻出了事故后才采取防范措施。△清·高鹗《红楼梦》一一二："这里贼去关门，众人更加小心，不敢睡觉。"

【出处】《景德传灯录》二一："贼去后关门。"

斩钉截铁

斩：砍；截：切断，割断。砍断铁钉。比喻言行果断坚决，毫不犹豫。△清·高鹗《红楼梦》八八："人说二奶奶利害，果然利害，一点儿都不漏缝，真正斩钉截铁。"

【出处】《五灯会元》一三："学佛法底人，如斩钉截铁始得。"底：的。

张三李四

泛指某个人或某些人。△《鲁迅书信集·致台静农》："上海的情形也不见佳，张三李四，都在教导学生……"

【出处】《五灯会元》一〇："问：'如何是佛？'师曰：'张三李四。'"

针锋相对

针锋：针尖。针尖对着针尖。比喻双方的论点或策略尖锐地对立。也比喻针对对方的言行做出相应的反击。△清·曾朴《孽海花》二六："彩云听着唐卿的话来得厉害，句句和自己的话针锋相对……"

【出处】《景德传灯录》二五："夫一切问答如针锋相投。"

指东话西

指着东边说西边。形容说话不切正题，东拉西扯。△明·冯梦龙《醒世恒言》五："张梢指东话西，只望单氏倦而思返。"

【出处】《五灯会元》二〇："际山今日去却之乎者也，更不指东画西。"画：话。

至理名言

至理：最根本的道理；名言：非常著名的言论。形容最正确的道理，最有价值的言论。△清·袁枚《答王梦楼侍讲》："每至两人论诗……至理名言，皆得古人所未有。"

【出处】《广弘明集》二八："岂知妙道无相，至理绝言。"绝言：语言所无法表达。

众口难调

口：口味；调：调配。众人的口味不同，难以调配。形容很难让所有吃饭的人都满意。后也比喻意见各不相同，很难协调一致。△明·许仲琳《封神演义》三三："臣非纵子不忠，奈众口难调。"

【出处】《五灯会元》一五："羊羹虽美，众口难调。"

众望所归

望：期望；归：归属，归附。众人的期望所归属。形容受到众人信任，背负众人期望。△老舍《四世同堂》三五："他非去不可!众望所归，还有什么可说的呢？"

【出处】《高僧传·帛远》："名德显著，众望所归。"

装聋作哑

假装聋子和哑巴。形容故意不理睬。也指置身事外。△1.明·冯梦龙《醒世恒言》一七："那先生……总然有些知觉，也装聋作哑，只当不知，不去拘管他。"2.《鲁迅书信集·致章廷谦》："这里也并非一日不可居，只要装聋作哑。"

【出处】《古尊宿语录》四〇："一花五叶分布寰中，大似持聋作哑。"

装模作样

装出样子给人看。形容故作姿态或假装正经。△老舍《骆驼祥子》一四："虎姑娘……今天头上脚下都打扮着，而且得装模作样的应酬客人……"

【出处】《临济慧照玄公大宗师语录》："不辨是境，便上他境上作模作样。"

自欺欺人

欺骗自己，也欺骗别人。△鲁迅《两地书》二九："有人说中国的实业就会借此促进，那是自欺欺人之谈。"

【出处】《石门文字禅》二五："其自欺欺人之状，不穷而自露也。"

【辨正】一说，语出《朱子语类》："因说自欺欺人。"《石门文字禅》是北京僧人惠洪写的佛书，朱熹是南宋人；惠洪卒于公元1128年，朱熹生于1130年。当以惠洪语为源。

自作自受

受：承受。自己做错了事，自己承受不好的后果。△清·曹雪芹《红楼梦》五一："他这会子不说保养着些，还要捉弄人；明儿病了，叫他自作自受。"

【出处】《法苑珠林》四八："汝自作恶……要当自受。"

【辨正】一说，语出《五灯会元》一二："僧问金山颖：'一百二十斤铁枷，教阿谁担？'颖曰：'自作自受。'"《法苑珠林》是唐僧道世的著作，《五灯会元》是宋僧普济的著作。当以前者为源。

第四部分

诸子与哲学

《荀子》

按兵不动

按：控制；兵：军队。控制军队，不采取行动。后也比喻接受任务后不着手工作。△明·罗贯中《三国演义》七一："如将军依时而还，某按兵不动；若将军过时不还，某即引军来接应。"

【出处】《荀子·王制》："偍然案兵无动，以观夫暴国之相卒也。"案：按。

暴戾恣睢

暴戾：残暴凶恶；恣睢：肆意妄为。形容人残暴凶恶，肆意妄为。△清·李伯元《文明小史》一二："这位新官，或是慈祥恺恻，叫人感恩；或是暴戾恣睢，叫人畏惧。"

【出处】《荀子·礼论》："其理诚高点，暴慢恣睢，轻俗以为高之属，入焉而队。"慢：傲慢；队：坠，失败。

冰寒于水

冰比水冷。比喻学生胜过老

师。△唐·张彦远《历代名画记》七："蘧始师章，冰寒于水。"

【出处】《荀子·劝学》："冰，水为之，而寒于水。"

【辨正】一说，语出《大戴礼记·劝学》："水则为冰，而寒于水。"《荀子》是战国人荀况的论著，《大戴礼记》是西汉人戴德根据前人各种礼仪论著选编的一部书，显然应以《荀子》为源。

兵不血刃

兵：兵器。兵器的刃上没有沾血。指没有经过战斗就取得了胜利。△明·罗贯中《三国演义》六二："大军一拥而入，兵不血刃，得了涪关。"

【出处】《荀子·议兵》："故近者亲其善，远者慕其德，兵不血刃，远迩来服。"迩：近。

不屈不挠

屈、挠：弯曲。形容坚强，在困难或压力之下不屈服、不动摇。△毛泽东《论鲁迅》："他一贯地不屈不挠地与封建势力和帝国主义作坚决的斗争……"

【出处】《荀子·法行》："坚刚不屈，义也……折而不挠，勇也。"桡：挠。

【辨正】一说，语出《汉书·叙传》下："乐昌笃实，不桡不诎。"《荀子》的作者是战国人荀况，《汉书》的作者是东汉人班固，应以前者为源。

罚不当罪

当：相当，相称。所受的处罚与所犯的罪行不相称。多指惩罚过重。△毛泽东《湖南农民运动考察报告》："谁个劣，谁个不劣，谁个最甚，谁个稍次，谁个惩办要严，谁个处罚从轻，农民都有极明白的计算，罚不当罪的极少。"

【出处】《荀子·正论》："夫德不称位，能不称官，赏不当功，罚不当罪，不祥莫大焉。"

高官厚禄

厚：丰厚；禄：俸禄，官吏的薪资。高贵的官位，丰厚的俸禄。后泛指职位高，酬金优厚。△鲁迅《集外集·选本》："虽然辫发胡服，厚禄高官，他也一声不响……"

【出处】《荀子·议兵》："是高爵丰禄之所加也。"爵：官爵，官位。

【辨正】一说，语出《孔丛子·公仪》："今徒以高官厚禄钓饵君子。"《荀子》的作者是战国时期的荀况；而《孔丛子》的作者说法不同，或说是秦末孔鲋，或说是三国王肃，都晚于荀况。

狗彘不若

彘：猪；若：如。连狗和猪都不如。形容人品行卑劣。△明·许仲琳《封神演义》六二："朝廷拜你为大将，宠任非轻；不思报本，一旦投降叛逆，真狗彘不若!"

【出处】《荀子·荣辱》："人也，忧忘其身，内忘其亲，上忘其君，则是人也，而曾狗彘之不若也。"

积微成著

著：显著。积累微小的事物可以成为显著的事物。指不易察觉的现象经过长期积累，就会变得很显著。△宋·何承天《上历数新法表》："七曜运行，离合去来，虽有定势，以新故相涉，自然有毫末之差，连日累岁，积微成著。"

【出处】《荀子·大略》："夫尽小者大，积微者箸。"箸：著。

335

井井有条

井井：整齐不乱的样子；条：条理。形容条理分明，丝毫不乱。△郭沫若《海涛集·南昌之一夜》："他已替我们把政治部组织起来了，而且处理得井井有条了。"

【出处】《荀子·儒效》："井井兮其有理兮。"理：条理。

救经引足

经：上吊；引：拉。救上吊的人，却去拉他的脚。比喻行为背离目的，越做离目的越远。△宋·张守《再论增置教授状》："防秋在候……而乃增置教官数十员，何异适楚而北辕，救经而引其足耶!"

【出处】《荀子·仲尼》："譬之是犹伏而咶天，救经而引其足也。"咶：舔。

拒谏饰非

谏：规劝；非：过错。拒绝规劝，掩饰过错。△《清史稿·洪亮吉传》："使内外诸臣，知朕非拒谏饰非之主，实为可与言之君。"

【出处】《荀子·成相》："拒谏饰非，愚而上同，国必祸。"

开源节流

开发水源，节制水流。原比喻扩大生产，节制赋税。后比喻增加收入，节约开支。△清·袁枚《答鱼门》："开源节流，量入为出，经纪之道，不过如此。"

【出处】《荀子·富国》："节其流，开其源。"

口耳之学

学：学问，学识。耳朵进、口里出的学识。指肤浅的学识，只是把听来的皮毛在嘴里说一说。△清·赵翼《六朝清谈之习》："是当时虽从事于经义，亦皆口耳之学。"

【出处】《荀子·劝学》："小人之学也，入乎耳，出乎口。"

磐石之安

磐石：大石头；安：安稳。像大石头一样稳固不动。形容极稳固。△明·罗贯中《三国演义》七七："某有一计，令西蜀之兵不犯东吴，荆州如磐石之安。"

【出处】《荀子·富国》："为名者否，为利者否，为忿者否，则国安于盘石。"盘：磐。

蓬赖麻直

蓬：蓬草；赖：依赖，依靠。蓬草长在大麻地里，依赖大麻而长得很直。比喻人生活在好的环境里，能成为正派的人。△清·李绿园《歧路灯》六三："可惜居住远隔，若卜居相近，未必无蓬赖麻直之幸。"

【出处】《荀子·劝学》："蓬生麻中，不扶而直。"

【辨正】一说，语出《大戴礼记·曾子制言》上："蓬生麻中，不扶自直。"《荀子》的作者是战国时期的荀况，《大戴礼记》的作者是西汉的戴德，当然应以前者为源。

蓬生麻中

蓬：蓬草。蓬草长在大麻中，也因而长得很直。原比喻环境对于人的影响。后比喻平庸的人搀杂在优秀人物之中。△明·朱之瑜《答安东守约书》："刘尧举有'谁向西山饭伯夷'之句，何忍冒蓬生麻中之嫌乎？"

【出处】《荀子·劝学》："蓬生麻中，不扶而直。"

其势汹汹

汹汹：声势盛大的样子（贬义）。形容来势十分凶猛。△毛泽东《中国革命战争的战略问题》："两个拳师放对，聪明的拳师往往退让一步，而蠢人则其势汹汹，辟头就使出全副本领，结果却往往被退让者打倒。"

【出处】《荀子·天论》："君子不为小人之汹汹也辍其行。"

锲而不舍

锲：雕刻；舍：舍弃。不停地雕刻。比喻有恒心，有毅力，坚持不懈。△鲁迅《两地书》一二："要治这种麻木状态的国度，只有一法，就是'韧'，也就是'锲而不舍'。"

【出处】《荀子·劝学》："锲而不舍，金石可镂。"

【辨正】一说，语出《大戴礼记·劝学》。《荀子》的作者是战国人荀况，《大戴礼记》的作者是西汉人戴德，应以前者为源。

青出于蓝

青：蓝颜料；蓝：蓼蓝，一

种草本植物。蓝颜料是从蓼蓝提炼出的，却比蓼蓝的颜色深。比喻学生胜过老师，后来人胜过前人。△清·李汝珍《镜花缘》八四："不过略为跟着历练历练，只怕还要'青出于蓝'哩。"

【出处】《荀子·劝学》："青，取之于蓝，而青于蓝。"

【辨正】一说，语出《大戴礼记·劝学》。《荀子》的作者是战国人荀况，《大戴礼记》的作者是西汉人戴德，应以前者为源。

穷年累月

穷年：从年初到年终；累月：连续几个月。年年月月地接连不断。形容历时长久。△鲁迅《且介亭杂文二集·书的还魂和赶造》："有许多手同时在稿子上写字，于是不必穷年累月，一大部煌煌巨著也就出现了。"

【出处】《荀子·荣辱》："然而穷年累世，不知不足，是人之情也。"世：代。

弱不胜衣

胜：承受。瘦弱得承受不了身上穿的衣服。形容人瘦弱。△清·曹雪芹《红楼梦》三："众

人见黛玉年纪虽小，其举止言谈不俗，身体面貌虽弱不胜衣，却有一段风流态度。"

【出处】《荀子·非相》："叶公子高微小短瘠，行若将不胜其衣。"

始终如一

从开头到结尾都一样。形容能将好品德或好行为坚持到底。△唐·姚思廉《梁书·到洽传》："立身行道，始终如一。"

【出处】《荀子·议兵》："慎终如始，终始如一。"

是是非非

是是：第一个"是"的意思是"以为是"，以是为是，认为对的是对的；非非：第一个"非"的意思是"以为非"，以非为非，认为错的是错的。形容能正确分辨是非。后也形容种种是非。△1.元·王实甫《西厢记》一："老夫人处事温俭，治家有方，是是非非，人莫敢犯。"2.《万花楼杨包狄演义》八："是是非非，总凭公议。"

【出处】《荀子·修身》："是是非非谓之知，非是是非谓之

愚。"知：智。

万变不离其宗

宗：宗旨。形式上千变万化，其宗旨或本质没有变化。△清·谭献《复堂类稿·文一》："万变而不离其宗，进退古今，以求其合。"

【出处】《荀子·儒效》："千举万变，其道一也。"

鼯鼠技穷

鼯鼠：一种前后肢间有宽大薄膜的哺乳动物，可以滑翔；技：技能，本领；穷：尽。鼯鼠的本领都用尽了。比喻技能虽多而不精，无济于事。△明·海瑞《医官参评》："追久之病窃发，请复之，或弦洪，或沉濇，懵然无下手而鼯鼠之技穷矣。"

【出处】《荀子·劝学》："螣蛇无足而飞，梧鼠五技而穷。"螣蛇：古代传说中一种能飞的蛇；梧：鼯；五技："能飞不能过屋，能缘不能穷木，能游不能渡谷，能穴不能掩身，能走不能先人。"（见《说文解字注》）

言之成理

说的话可以成为一套道理。△《鲁迅书信集·致孙伏园》："我以为那封信虽然也不失为言之成理的提议，但在变态的中国，很可以不依，可以变态的办理的。"

【出处】《荀子·非十二子》："其持之有故，其言之成理。"

一倡三叹

倡：领头唱；叹：赞叹应和。一个人领头唱，三个人赞叹应和。原指唱与和的人都不多。后形容诗文婉转而有韵味。△郭沫若《少年时代·初出夔门》："我觉得他那'宰衡以干戈为儿戏，缙绅以清谈为庙略'的几句，真正是切中目前的时弊……讴起来总不免要一唱三叹地感慨系之。"

【出处】《荀子·礼论》："清庙之歌，一倡而三叹也。"

【辨正】一说，语出《大戴礼记·礼三本》。《荀子》的作者是战国人荀况，《大戴礼记》的作者是西汉人戴德，应以前者为源。

以指挠沸

挠：阻挠，阻止。用手指按

着水面，想阻止水的沸腾。比喻用微薄的力量抗拒强大的力量，必定失败。△明·朱之瑜《中原阳九述略·灭虏之策》："彼即不量其力，欲与我抗，譬之以卵投石，以指挠沸，至则糜烂而已，何能有幸哉!"

【出处】《荀子·议兵》："以桀诈尧，譬之若以卵投石，以指挠沸。"

与世俯仰

世：世俗；俯仰：低头和抬头，比喻进退。随着世俗进退。指随着潮流行动。△宋·曾巩《隆平集·宰臣寇准》："准刚正，笃于自信，不能与世俯仰，故人多恶之。"

【出处】《荀子·儒效》："与时迁徙，与世偃仰。"偃仰：俯仰。

源清流洁

源头清净，江河里的流水也就清净。比喻居高位的人好，下面的人也会好。△东汉·班固《高祖沛泗水亭碑铭》："源清流洁，本盛末荣。"

【出处】《荀子·君道》：

"原清则流清，原浊则流浊。"原：源。

约定俗成

指事物名称是通过长期实践形成的，是得到公众承认而固定下来的，为大家所习用。△鲁迅《且介亭杂文二集·名人和名言》："自从提倡白话以来，主张者却没有一个以为写白话的主旨，是在从'小学'里寻出本字来的，我们就用约定俗成的借字。"

【出处】《荀子·正名》："名无固宜，约之以命，约定俗成谓之宜，异于约则谓之不宜；名无固实，约之以命实，约定俗成谓之实名。"

专心一志

一志：一心一意。形容心思专一、集中。△老舍《骆驼祥子》一："拉起车来，他不能专心一志的跑，好像老是想着些什么……"

【出处】《荀子·性恶》："专心一志，思索熟察。"

坐怀不乱

乱：淫乱，不正当的两性关系。女子坐在怀里，也没有发生不正当的两性关系。原指春秋时鲁国人柳下惠怕一个来不及出城的女子冻坏，解开外衣把她裹在怀里坐了一夜，没有非礼行为。后泛指男子作风极为正派。△明·兰陵笑笑生《金瓶梅词话》五六："人人都说他无行，其实水秀才原是坐怀不乱的。"

【出处】《荀子·大略》："柳下惠与后门者同衣而不见疑。"见：被。

坐言起行

坐着说的话，站起来可以实行。形容言论切实可行。△清·王韬《眉绣二校书合传》："所论战守各策，皆可坐言起行，当道试之于用，咸有实效。"

【出处】《荀子·性恶》："故坐而言之，起而可设，张而可施行。"

《邓析子》

藏形匿影

匿：隐藏。隐藏形体和影子。原指处于昏暗而不能明察的地位。后形容隐藏形迹，不露真相。△毛泽东《向国民党的十点要求》："若夫暗藏之汪精卫，则招摇过市，窃据要津；匿影藏形，深入社会。"

【出处】《邓析子·无厚》："藏形匿影，群下无私。"

救火投薪

薪：柴。为了救火，却往火堆里扔柴火。比喻采取错误的方法，不但没有解决问题，反而使问题更严重。△清·刘坤一《复李少荃制军》："所派之营务处何道台，则人更阴狡，以之自辅，是犹救焚而益薪。"

【出处】《邓析子·无厚》："不治其本而务其末。譬如拯溺而硾之以石，救火而投之以薪。"

一言既出，驷马难追

既：已经；驷马：同拉一辆车的四匹马。一句话已经说出口，四匹马拉着车飞跑也追不上。比喻话已经说出口，无法收回。△明·冯梦龙《醒世恒言》五："自古道：'一言既出，驷马难追。'他既有言在前，如今怪不得我了。"

【出处】《邓析子·转辞》：

"一声而非，驷马勿追；一言而急，驷马不及。"

《慎子》

集腋成裘

腋：狐狸腋下的皮毛；裘：皮袍。狐狸腋下的皮毛聚集起来，可以缝成一件皮袍。比喻集少成多。△清·文康《儿女英雄传》三："如今弄多少是多少，也只好是集腋成裘了。"

【出处】《慎子·内篇》："狐白之裘，非一狐之腋。"

《尸子》

激浊扬清

激浊：把污浊的水冲下去；扬清：使清净的水浮上来。比喻抨击坏人坏事，奖励好人好事。△唐·吴兢《贞观政要·任贤》："至如激浊扬清，嫉恶好善，臣于数子，亦有一日之长。"

【出处】《尸子》："扬清激浊，荡去渣滓，义也。"

气食全牛

吃掉一整头牛的气魄。形容气魄极大。△明·汤显祖《与门人陈仲宣》："佳作气食全牛，自堪压卷。"

【出处】《尸子》："虎豹未成文，而有食牛之气。"文：纹。

人生如寄

寄：寄居。人的一生，好像暂时寄居在世间。表示人生短促。△梁·慧皎《法师高僧传》四："思君日积，计辰倾迟，知欲还剡自治，甚以怅然，人生如寄耳!"

【出处】《尸子》："人生天地之间，寄也。"

【辨正】一说，语出三国·曹丕《善哉行》："人生如寄，多忧何为!"《尸子》所录，是战国时代尸佼的著作，大大早于曹丕，当为源。

望尘莫及

及：赶上。远远看见前面人马奔驰扬起的尘土而追赶不上。比喻远远落在后面。△鲁迅《二心集·张资平氏的"小说学"》：

"你们还在'萌芽',还在'拓荒',他却已在收获了。这就是进步,拔步飞跑,望尘莫及。"

【出处】《尸子》:"六马不能望其尘所以及。"

【辨正】一说,语出《后汉书·赵咨传》:"署送至亭次,望尘不及。"《尸子》所录,是战国时代尸佼的著作;《后汉书》是东汉班固写的史书。当以前者为源。

《商君书》

富国强兵

使国家富足,使兵力强大。△清·蔡元放《东周列国志》八六:"起感恩无已,慨然以富国强兵自任。"

【出处】《商君书·壹言》:"故治国者,其抟力也,以富国强兵也。"抟:专,专一,集中。

凌弱暴寡

凌、暴:欺侮。欺侮弱小的和孤单的。△宋·朱熹《黄商伯》:"区区每见凌弱暴寡之徒,心诚疾之。"

【出处】《商君书·画策》:"以强胜弱,以众暴寡。"胜:凌。

以战去战

用战争制止战争。△南朝宋·范晔《后汉书·耿秉传》:"中国虚费,边陲不宁,其患专在匈奴。以战去战,盛王之道。"

【出处】《商君书·画策》:"故以战去战,虽战可也。"

《韩非子》

冰炭不投

投:投合。像冰和炭一样不相投合。比喻彼此合不来。△清·高鹗《红楼梦》一一五:"今儿见面,原想得一知己,岂知谈了半天,竟有些冰炭不投。"

【出处】《韩非子·显学》:"夫冰炭不同器而久。"

冰炭不相容

容:容纳,容忍。像冰和炭一样,彼此不能容纳或容忍。形容互相对立。△宋·陆游《寄题李季章

中华成语探源

典藏珍本

中华国学精粹

侍郎石林堂》诗："君不见，牛奇章与李卫公，一生冰炭不相容。"

【出处】《韩非子·显学》："夫冰炭不同器而久。"

兵不厌诈

兵：用兵；厌：排斥；诈：欺诈。用兵不排斥使用欺诈的方法，借以迷惑敌人。△明·罗贯中《三国演义》五九："兵不厌诈，可伪许之。"

【出处】《韩非子·难一》："战阵之间，不厌诈伪。"

长袖善舞

袖子长，舞动起来就好看。原比喻资本雄厚，事情容易成功。后也形容有财势，善于钻营。△清·张集馨《道咸宦海见闻录》："无米为炊，不比江南之长袖善舞。"

【出处】《韩非子·五蠹》："长袖善舞，多钱善贾。"

尘饭涂羹

涂：泥。土做的饭，泥做的羹。比喻没有用处的东西。后也比喻不中意的东西。△清·纳兰性德《渌水亭杂识》四："宋人专意于

词，实为精绝，诗其尘饭涂羹，故远不及唐人。"

【出处】《韩非子·外储说左上》："尘饭涂羹可以戏而不可食也。"

赤地千里

赤地：寸草不生的土地。寸草不生的土地有千里之多。形容灾荒异常严重。△清·李伯元《官场现形记》三四："赤地千里，寸谷不收，草根树皮都没得吃。"

【出处】《韩非子·十过》："晋国大旱，赤地千里。"

吹毛求疵

疵：缺点，毛病。吹开毛寻找皮上面的毛病。比喻故意挑剔毛病，寻找差错。△清·曾朴《孽海花》一一："只好摊出卷子来，一本一本的看，心里总想吹毛求疵，见得自己的细心。"

【出处】《韩非子·大体》："不吹毛而求小疵。"

多财善贾

贾：做买卖。钱财多，买卖就好做。△阿英《晚清文学丛钞·糊涂世界》一一："以后水大舟高，

多财善贾，更是无往不利了。"

【出处】《韩非子·五蠹》："长袖善舞，多钱善贾。"

孤掌难鸣

一个手掌拍不出响声。比喻力量单薄，难以成事。△明·施耐庵《水浒传》四九："有心要救他，只是单丝不线，孤掌难鸣，只报得他一个信。"

【出处】《韩非子·功名》："一手独拍，虽疾无声。"疾：快。

汗马功劳

汗马：马累得出汗，借指骑马作战。原指战功。后也比喻工作中的贡献。△1.清·李伯元《官场现形记》一二："就是营、哨各官，也都是当时立过汗马功劳……"2.《元曲选·四丞相高会丽春堂》四："圣人见怒，将俺丞相汗马功劳一旦忘了，贬在济南府闲住。"

【出处】《韩非子·五蠹》："弃私家之事，而必汗马之劳。"

和璧隋珠

璧：古人佩带的一种玉器，扁圆形，中间有孔。和璧：楚人和氏发现的美玉；隋珠：隋侯得到的明月珠。比喻极珍贵的东西。△宋·朱熹《题祝生画》："问君何处得此奇，和璧隋珠未为敌。"

【出处】《韩非子·解老》："和氏之璧，不饰以五采；隋侯之珠，不饰以银黄。"

滥竽充数

竽：古代一种管乐器，形状像笙。不会吹竽的混在会吹的里面充数。比喻没有真才实学的人混在行家里面充数。也比喻不好的东西混在好东西里面充数。△鲁迅《准风月谈·归厚》："作者在谣言文学上，也还是'滥竽充数'。"

【出处】《韩非子·内储说上》："齐宣王使人吹竽，必三百人。南郭处士请为王吹竽，宣王说之，廪食以数百人。"说：悦；廪食：公家发给钱粮。

老马识途

老马认识道路。比喻阅历多的人经验丰富，情况熟悉。△清·黄景仁《立秋后二日》诗："老马识途添病骨，穷猿投树择深枝。"

【出处】《韩非子·说林上》："管仲、隰朋从于桓公而伐

中华成语探源

典藏珍本

中华国学精粹

孤竹，春往冬反，迷惑失道。管仲曰：'老马之智可用也。'乃放老马而随之，遂得道。"

路不拾遗

遗：遗失的东西。东西遗失在路上，不会有人捡了据为己有。△清·刘鹗《老残游记》三："因为他办强盗办的好，不到一年，竟有路不拾遗的景象……"

【出处】《韩非子·外储说左上》："国无盗贼，道不拾遗。"

买椟还珠

椟：匣子。买下匣子，退回珍珠。比喻没有眼光，取舍不当。△清·陈廷焯《白雨斋词话》三："师玉田而不师其沉郁，是买椟还珠也。"

【出处】《韩非子·外储说左上》："郑人买其椟而还其珠。"

靡靡之音

形容颓废或淫荡的音乐。△清·蒲松龄《聊斋志异·罗刹海市》："马即起舞，亦效白锦缠头，作靡靡之音。"

【出处】《韩非子·十过》："此师延之所作，与纣为靡靡之

乐也。"

【辨正】一说，语出《史记·殷本纪》："北里之舞，靡靡之乐。"《韩非子》所录，是战国时代韩非的论著，《史记》是西汉司马迁写的史书。当以前者为源。

名存实亡

亡：丢失。名目还存在，实际内容却丢失了。△唐·韩愈《处州孔子庙碑》："郡邑皆有孔子庙……名存实亡，失其所业。"

【出处】《韩非子·南面》："名得而实亡。"

【辨正】一说，语出《处州孔子庙碑》。韩愈将《韩非子》中的"名得而实亡"变成四字格的"名存实亡"，其源为《韩非子》。

千秋万岁

秋、岁：年。千年万年。形容岁月久远。△鲁迅《集外集拾遗·补救世道文件四种》："邪说立辟，浩劫潜销。三祖六宗，千秋万岁。"

【出处】《韩非子·显学》："使若千秋万岁。"

【辨正】一说，语出宋·欧阳修《祭石曼卿文》："更千秋而

万岁兮，安知其不穴藏狐貉与鼯鼪。"这里是流，不是源。

轻财好施

轻视钱财，喜好施舍。形容仗义疏财，给人以物质帮助。△清·随缘下士《林兰香》一二："外面招贤礼客，好施轻财，大有孟尝、平原气概；内实欺压良善，苦刻贫寒。"

【出处】《韩非子·八说》："慈惠则不忍，轻财则好与。"与：给。

轻举妄动

轻：轻率；妄：胡乱。形容不经认真考虑而轻率地行动。△清·曹雪芹《红楼梦》九："如今秦、宝二人一来了，见了他两个，也不免缱绻羡爱，亦知系薛蟠相知，未敢轻举妄动。"

【出处】《韩非子·解老》："弃道理而忘举动。"忘：妄。

如出一口

好像从一个嘴里说出来的。形容若干人的说法一致。△汉·刘向《说苑·君道》："堂上唱善，若出一口。"

【出处】《韩非子·内储说下》："荆王疑之，因问左右，左右对曰：'无有。'如出一口也。"

识途老马

认识道路的老马。比喻熟悉情况、经验丰富的人。△清·文康《儿女英雄传》一八："你但有志读书，我自信为识途老马。"

【出处】《韩非子·说林上》："管仲、隰朋从于桓公而伐孤竹，春往冬反，迷惑失道。管仲曰：'老马之智可用也。'乃放老马而随之，遂得道。"

守株待兔

株：树桩。守着树桩，等着兔子撞死在树桩上。比喻死守狭隘经验而不知变通。△清·西周生《醒世姻缘传》二四："若依了那世人的识见看将起来，这等守株待兔的，个个都不该饿死么？"

【出处】《韩非子·五蠹》："宋人有耕田者，田中有株，兔走触株，折颈而死，因释其耒而守株，冀复得兔。"走：跑；耒：农具。

万全之策

万全：非常周到，没有任何漏洞；策：计策，方法。非常周到，没有任何漏洞的方法。△晋·陈寿《三国志·刘表传》："不若举州以附曹公……此万全之策也。"

【出处】《韩非子·饰邪》："夫悬衡而知平，设规而知圆，万全之道也。"道：方法。

万无一失

失：差失。一万次里没有一次差失。形容十分有把握，不会出差错。△明·罗贯中《三国演义》七七："提防甚密，万无一失。"

【出处】《韩非子》（《艺文类聚》五四引）："使中主守法术，拙匠执规矩尺寸，则万不失一。"

唯唯诺诺

唯唯：谦卑恭顺地应答；诺诺：连声答应。形容一味顺从别人。△鲁迅《且介亭杂文·从孩子的照相说起》："但中国一般的趋势……低眉顺眼，唯唯诺诺，才算一个好孩子，名之曰'有趣'。"

【出处】《韩非子·八奸》："未命而唯唯，未使而诺诺。"

为虎傅翼

傅：附着，加上。给老虎加上翅膀。比喻助长恶人的势力。△明·罗贯中《三国演义》二七："若纵之使归袁绍，是与虎添翼也。"

【出处】《韩非子·难势》："毋为虎傅翼。"

洋洋洒洒

洋洋：众多或丰盛的样子；洒洒：文辞众多的样子。形容文章或讲话内容丰富，连续不断。△巴金《春》："国光在这个题目下面，洋洋洒洒地写了三四千字。"

【出处】《韩非子·难言》："言顺比滑泽，洋洋纚纚然。"纚纚：有次序的样子。

咬牙切齿

咬紧牙齿。形容愤怒、痛恨到极点的样子。△清·高鹗《红楼梦》一○三："金桂的母亲恨的咬牙切齿的骂宝蟾。"

【出处】《韩非子·守道》："人主甘服于玉堂之中，而无瞋目切齿倾取之患。"

一颦一笑

颦：皱眉。皱一下眉或笑一笑。△宋·叶适《水心别集·后总》："一颦一笑而能制吾之死命。"

【出处】《韩非子·内储说上》："一嚬一笑，嚬有为嚬，而笑有为笑。"嚬：颦。

以子之矛，攻子之盾

以：用；子：你。用你的矛，刺你的盾。比喻用对方的论点或论据来反驳对方。△鲁迅《准风月谈·反刍》："他们是在嘲笑那些反对《文选》的人们自己却曾做古文，看古书。这真厉害。大约就是所谓'以子之矛，攻子之盾'罢。"

【出处】《韩非子·难一》："以子之矛，陷子之楯，何如？"陷：攻；楯：盾。

蚁穴溃堤

穴：洞穴。蚂蚁洞能使河堤崩溃。比喻不注意小事情、小问题而酿成大祸。△宋·岳珂《秋夕有感呈督视参政》二："蚁穴溃堤犹未计，鲋车涸辙若为谋。"

【出处】《韩非子·喻老》："千丈之堤，以蝼蚁之穴溃。"

郢书燕说

郢：春秋时楚国的都城；燕：春秋时代的一个诸侯国；说：解说，解释。郢都的一个人给燕相国写信时，对拿蜡烛的人说："举烛!"一时疏忽，竟把"举烛"二字写进信里了。燕相国接到信后，对燕王解释道："'举烛'，是'尚明'的意思；'尚明'，是'任贤'的意思。"后比喻穿凿附会，曲解原意。△清·纪昀《阅微草堂笔记·滦阳消夏录》："持论弥高，弥不免郢书燕说。"

【出处】《韩非子·外储说左上》："郢人有遗燕相国书者，夜书，火不明，因谓持烛者曰'举烛'云，而过书'举烛'。……燕相受书而说之，曰：'举烛者，尚明也；尚明也者，举贤而任之。'"

优柔寡断

优柔：犹豫不决；寡：缺少；断：决断。形容办事犹豫不决，不能当机立断。△清·李伯元《官场现形记》一二："这位胡统领最是胆小，凡百事情，优柔寡断。"

【出处】《韩非子·亡征》："缓心而无成，柔茹而寡断。"柔茹：软弱，懦弱。

玉卮无当

卮：酒杯；当：底。玉制的酒杯而没有底。原比喻身居高位而嘴不紧，泄漏不应外传的话。后比喻事物华丽而不切实用。△唐·刘知几《史通·论赞》："若袁彦伯之务饰玄言，谢灵运之虚张高论，玉卮无当，曾何足云!"

【出处】《韩非子·外储说左上》："今为人主而漏其群臣之语，是犹无当之玉卮也。"

远水不救近火

比喻缓慢的办法解决不了急迫的问题。△清·夏敬渠《野叟曝言》一○八："惟白兄所谋，似得两全之道，而远水不救近火，亦东宫所不乐闻。"

【出处】《韩非子·说林上》："失火而取水于海，海水虽多，火必不灭矣，远水不救近火也。"

自相矛盾

一个楚国人，卖矛又卖盾，说自己的矛特别锋利，什么东西都刺得透；又说自己的盾特别坚固，什么东西都刺不透。有人问："用你的矛刺你的盾，会怎么样呢？"楚国人没话可说了。后比喻言行自相抵触。△鲁迅《热风·估〈学衡〉》："诸公掊击新文化而张皇旧学问，倘不自相矛盾，倒也不失其为一种主张。"

【出处】《韩非子·难一》："楚人有鬻楯与矛者，誉之曰：'吾楯之坚，莫能陷也。'又誉其矛曰：'吾矛之利，于物无不陷也。'或曰：'以子之矛，陷子之楯，何如？'其人弗能应也。"鬻：卖；楯：盾；陷：攻；弗：不。

邹缨齐紫

邹、齐：春秋时代的两个诸侯国；缨：帽带。邹君喜欢戴长带帽子，全国人都戴起长带帽子来；齐王喜欢穿紫色衣裳，全国人都穿起紫色衣裳来。后比喻上行下效。△唐·李延寿《南史·儒林传论》："语云：'上好之，下必有甚焉者。'是以邹缨齐紫，且以移俗。"

【出处】《韩非子·外储说左上》："齐王好衣紫，齐人皆好也……邹君好服长缨，左右皆服长缨。"衣（yì）：穿；服：戴。

《墨子》

不可胜数

胜：尽。不能尽数。形容为数多，数不过来。△明·罗贯中《三国演义》六："每百姓一队，间军一队，互相拖押，死于沟壑者不可胜数。"

【出处】《墨子·非攻》中："百姓饥寒冻馁而死者不可胜数。"馁：饥饿。

不足为法

法：标准，法则。不够做标准或法规。表示不值得效法。△宋·魏庆之《诗人玉屑》二："字谜、人名、卦名、数名、药名、州名之诗，只成戏论，不足为法也。"

【出处】《墨子·明鬼》下："且《周书》独鬼，而《商书》不鬼，则未足以为法也。"

得不偿失

偿：抵，补。得到的抵不上失

去的。△毛泽东《目前形势和我们的任务》："力求避免打那种得不偿失的、或得失相当的消耗战。"

【出处】《墨子·非攻》中："计其所得，反不如所丧者之多。"

【辨正】一说，语出宋·苏轼《和子由除日见寄》诗："感时嗟事变，所得不偿失。"苏轼将墨子之言浓缩为五字格，然其源为《墨子》。

功成名遂

遂：成功。功业完成了，名声也得到了。△鲁迅《二心集·对于左翼作家联盟的意见》："是因为出了一本或二本书，有了一点小名或大名，得到了教授或别的什么位置，功成名遂，不必再写诗写小说了，所以永远不见了。"

【出处】《墨子·修身》："功成名遂，名誉不可虚假，反之身者也。"

量体裁衣

度量身体的长短而剪裁衣服。比喻根据实际情况办事。△毛泽东《反对党八股》："'看菜吃饭，量体裁衣。'我们无论做什么事都

351

要看情形办理……"

【出处】《墨子·鲁问》："量腹而食，度身而衣。"度：量长短。

戮力同心

戮：合，并。形容齐心合力，思想一致，共同努力。△明·吴承恩《西游记》八一："待天明和你同心戮力，寻师去也。"

【出处】《墨子·尚贤》中："与之戮力同心，以治天下。"

披坚执锐

坚：坚固的铠甲；锐：锐利的兵器。身披坚固的铠甲，手执锐利的兵器。△明·罗贯中《三国演义》八三："其余诸将，或从讨逆将军，或从当今大王，皆披坚执锐，出生入死之士。"

【出处】《墨子·鲁问》："翟虑被坚执锐，救诸侯之患，盛，然后当一夫之战。"被：披。

【辨正】一说，语出《史记·项羽本纪》："夫被坚执锐，义不如公。"《史记》的作者是西汉司马迁，晚于春秋战国之际的墨

子。当以《墨子》为源。

言行一致

说的和做的一样。△宋·赵善璙《自警篇·诚实》："言行一致，表里相应，遇事坦然，常有余裕。"

【出处】《墨子·兼爱》下："使言行之合，犹合符节也。"

以卵击石

用鸡蛋撞石头。比喻不自量力，自取消亡。△明·罗贯中《三国演义》四三："刘豫州不识天时，强欲与争，正如以卵击石，安得不败乎？"

【出处】《墨子·贵义》："以其言非吾言者，是犹以卵投石也。"

【辨正】一说，语出《荀子·议兵》："以桀诈尧，譬之若以卵投石，以指挠沸。"墨子为春秋战国之际人（公元前468年～公元前376年），荀子为战国人（公元前313年～公元前238年）。当以《墨子》为源。

《晏子春秋》

得意洋洋

形容十分称心如意的样子。△清·高鹗《红楼梦》一〇三："只见香菱已哭的死去活来。宝蟾反得意洋洋……"

【出处】《晏子春秋·内篇杂上》："意气扬扬，甚自得也。"扬扬：同"洋洋"。

【辨正】一说，语出《史记·管晏列传》。《晏子春秋》的作者，有人认为是春秋时齐国的晏婴，有人认为是战国时代的齐人。无论取哪种说法，都早于西汉司马迁。

独辟蹊径

辟：开辟；蹊径：小路，泛指路。独自开辟一条路。比喻独自创立一种风格或方法。△清·沈德潜《说诗晬语》一〇一："杜子美独辟畦径，寓纵横排奡于整密中。"

【出处】《晏子春秋·内篇杂上》："昔者婴之治阿也，筑蹊径。"

二桃杀三士

用两个桃杀三个人。春秋时，齐国有三个勇士，恃功骄傲；晏婴设计让齐景公给他们两个桃子，要他们论功吃桃，结果三个人都弃桃自杀了。后泛指施展阴谋手段杀人。△三国·诸葛亮《梁甫吟》诗："一朝被谗言，二桃杀三士。"

【出处】《晏子春秋·内篇谏下》："公孙接、田开疆、古冶子事景公，以勇力闻。……晏子入见公，曰：'……此危国之器也，不若去之。'……因请公使人馈之二桃，曰：'三子何不计功而食桃？'……皆反其桃，契领而死。"

挂羊头，卖狗肉

原比喻表里不一，名实不副。后比喻以好货为幌子兜售次货。△鲁迅《且介亭杂文二集·论毛笔之类》："与其劝人莫用墨水和钢笔，倒不如自己来造墨水和钢笔；但必须造得好，切莫'挂羊头，卖狗肉'。"

【出处】《晏子春秋·内篇杂下》："君使服之于内，而禁之于外，犹悬牛首于门，而卖马肉于内也。"

中华成语探源

典藏珍本 中华国学精粹

挥汗成雨

原形容人多。后形容天气热，出汗多。△清·曾朴《孽海花》一〇："正是摩肩如云，挥汗成雨的时刻，烦渴的了不得。"

【出处】《晏子春秋·内篇杂下》："张袂成阴，挥汗成雨。"袂：袖子。

祸从天降

灾祸从天上落下来。比喻突然遭到意想不到的灾祸。△明·施耐庵《水浒传》四六："正是祸从天降，灾向地生。"

【出处】《晏子春秋·外篇·不合经术者》："今天降祸于齐。"

摩肩接踵

摩：接触；踵：脚后跟，泛指脚。肩挨肩，脚挨脚。形容人多拥挤。△明·沈德符《万历野获编·雪浪被逐》："士女如狂，受戒礼拜者，摩肩接踵。"

【出处】《晏子春秋·内篇杂下》："比肩继踵而在，何为无人？"比：紧靠。

千虑一得

虑：考虑；得：取。笨人考虑一千次，也有一次可取。指笨人的意见也有可取之处。△唐·姚思廉《陈书》一九："言无足采，千虑一得。"

【出处】《晏子春秋·内篇杂下》："愚者千虑，必有一得。"

【辨正】一说，语出《史记·淮阴侯列传》。《晏子春秋》的作者，有人认为是春秋齐国的晏婴，有人认为是战国时代的齐人。无论取哪种说法，都早于西汉司马迁。

取长补短

吸取别人的长处，弥补自己的短处。△毛泽东《整顿党的作风》："外来干部和本地干部各有长处，也各有短处，必须互相取长补短，才能有进步。"

【出处】《晏子春秋·内篇问下》："先君能以人之长续其短，以人之厚补其薄。"

折冲樽俎

折冲：制敌取胜。樽俎：古代盛酒肉的器具，借指酒宴。在酒宴上制敌取胜。后泛指外交谈判。△清·曾朴《孽海花》六："总算没有另外赔款割地，已经是他折冲尊俎的大功。"

【出处】《晏子春秋·内篇杂上》："不出尊俎之间，而折冲于千里之外。"尊：樽。

直言不讳

讳：隐讳。直截了当地说，不隐讳。△清·文康《儿女英雄传》三二："九哥你既专诚问我，我便直言不讳。"

【出处】《晏子春秋·内篇杂下》："行已而无私，直言而无讳。"

【辨正】一说，语出《晋书·刘波传》："是以敢肆狂瞀，直言无讳。"这里是流，不是源。

中流砥柱

中流：急流之中；砥柱：砥柱山，在三门峡东黄河中。急流之中的砥柱山。比喻支撑艰危局面的人。△毛泽东《论联合政府》："没有中国共产党的努力，没有中国共产党人做中国人民的中流砥柱，中国的独立和解放是不可能

的。"

【出处】《晏子春秋·内篇谏下》："以入砥柱之中流。"

《六韬》

风驰电掣

掣：一闪而过。像风飞驰，像电一闪而过。比喻速度极快。△清·曾朴《孽海花》三三："看她跨上骑来的一匹骏马，丝鞭一动，就风驰电掣的卷入林云深处不见了。"

【出处】《六韬·龙韬》："风驰电击，不知所由伏。"

高谈阔论

原指不切实际的、空洞的议论。后形容漫无边际地大发议论。△清·刘鹗《老残游记》二："这一群人来了……高谈阔论，说笑自如。"

【出处】《六韬·文韬》："不图大事得利，而动以高谈虚论说于人主。"说：用话劝说，使人听从自己的意见。

五谷丰登

五谷：五种谷类，泛指粮食作物；登：庄稼成熟。形容粮食丰收。△明·吴承恩《西游记》八八："白米四钱一石，麻油八厘一斤，真是五谷丰登之处。"

【出处】《六韬·龙韬》："五谷丰登，社稷安宁。"

熙来攘往

形容人来人往，非常热闹。△阿英《晚清文学丛钞·廿载繁华梦》一："果然好一座城池，熙来攘往，商场辐辏，端的名不虚传!"

【出处】《六韬》（《太平御览·人事部·谚下》）："天下攘攘，皆为利往；天下熙熙，皆为利来。"

熙熙攘攘

形容人来人往，非常热闹。△鲁迅《且介亭杂文二集·萧红作（生死场）序》："我早重回闸北，周围又复熙熙攘攘的时候了。"

【出处】《六韬》（《太平御览·人事部·谚下》）："天下攘攘，皆为利往；天下熙熙，皆为利来。"

【辨正】一说，语出《史记·货殖列传》："天下熙熙，皆为利来，天下攘攘，皆为利往。"《六韬》的作者，有人认为是周代吕望，有人认为是战国人。取哪一种说法，都早于西汉司马迁。

迅雷不及掩耳

雷声来得太快，来不及掩住耳朵。比喻事情来得突然，使人来不及防备。△清·李伯元《官场现形记》一七："单是叫人去上控还是便宜他，最好弄个人从里头参出来，给他一个迅雷不及掩耳。"

【出处】《六韬·龙韬》："疾雷不及掩耳，卒电不及瞬目。"卒：猝，突然。

《孙武兵法》

避实就虚

就：凑近，靠近。避开坚实的地方，凑近虚弱的地方。原指避开敌人主力，攻击其薄弱环节。后也比喻回避实质性问题。△《鲁迅书信集·致台静农》："但执笔之际，避实就虚，顾此忌彼，实在气闷……"

【出处】《孙武兵法·虚实》："兵之形避实而击虚。"

出其不意

意：意料。出于对方的意料。指趁对方意料不到就采取行动。后也泛指出乎意料。△1.明·罗贯中《三国演义》九八："兵无主将，必自乱矣。吾因而取之，易如反掌。兵法云：'出其不意，攻其无备。'正谓此也。"2.清·文康《儿女英雄传》三六："安公子出其不意。倒被他唬了一跳。"

【出处】《孙武兵法·计》："攻其无备，出其不意。"

出奇制胜

制胜：取胜，战胜。用奇兵或奇计取胜。后也比喻用新奇的、出人意外的手法取胜。△1.明·朱夏《答程伯大论文》："古之用兵，其合散进退，出奇制胜，固神速变化而不可测也。"2.清·刘鹗《老残游记》七："学了些时，觉得徒有虚名，无甚出奇致胜处。"

【出处】《孙武兵法·势》："凡战者，以正合，以奇胜。"

攻其不备

备：防备。趁对方没有防备时进攻。△清·蒋业晋《歼贼行》诗："熊罴突出纷而驰，攻其不备势难支。"

【出处】《孙武兵法·计》："攻其无备，出其不意。"

立于不败之地

指处在不会失败的境地。△毛泽东《一九四六年解放区工作的方针》："不论时局发展情况如何，我党均须作持久打算，才能立于不败之地。"

【出处】《孙武兵法·形》："故善战者，立于不败之地，而不失敌之败也。"

穷寇勿追

穷寇：处于穷途的敌人。不要追击处于穷途的敌人。指不要过分逼迫濒于绝境的敌人，以防垂死挣扎而给自己造成不必要的损失。△明·吴承恩《西游记》八九："且让他去。自古道：'穷寇勿追。'且只来断他归路。"

【出处】《孙武兵法·军争》："穷寇勿迫，此用兵之法也。"

守如处女，出如脱兔

采取守势时像处女一样沉稳，出击时像逃跑的兔子一样敏捷。△清·曹雪芹《红楼梦》七三："这倒不是道家法术，倒是用兵最精的'守如处女，出如脱兔'，'出其不备'的妙策。"

【出处】《孙武兵法·九地》："始如处女，敌人开户；后如脱兔，敌不及拒。"

首尾相应

原指作战时前面的部队和后面的部队互相接应。后多指诗文的开头和结尾互相呼应。△宋·洪迈《容斋五笔》一〇："老杜近体诗精深妥贴，虽多至百韵，亦首尾相应。"

【出处】《孙武兵法·九地》："率然者，常山之蛇也。击其首则尾至，击其尾则首至，击其中则首尾俱至。"

堂堂正正

堂堂：盛大的样子；正正：整齐的样子。原形容阵容盛大、整齐。后形容光明正大。△老舍《四世同堂》八二："这不是堂堂正正的作战，而是儿戏。"

【出处】《孙武兵法·军争》："无要正正之旗，勿击堂堂之陈。"要：拦击；陈：阵。

同舟共济

济：渡河。乘同一条船一起渡河。比喻共同努力，克服困难。△宋·刘克庄《贺宋总领除农少启》："有同舟共济之心，无袖手旁观之意。"

【出处】《孙武兵法·九地》："当其同舟而济，遇风，其相救也如左右手。"

无懈可击

懈：懈怠，指因懈怠而出现的破绽。没有可以攻击的破绽。△清·吴乔《围炉诗话》一："起手、中间、收结互相照应，方得无懈可击。"

【出处】《孙武兵法·计》："攻其无备，出其不意。"曹操注："击其懈怠，出其空虚。"

以逸待劳

逸：安逸；劳：疲劳。用安逸等待疲劳。指先采取守势，养精蓄锐，等对方疲劳不堪之时再出击。△清·吴敬梓《儒林外史》四三："他踞了碉楼，以逸待劳，我们倒难以刻期取胜。"

【出处】《孙武兵法·军争》："以近待远，以佚待劳，以饱待饥，此治力者也。"佚：逸。

知彼知己

彼：对方。了解对方，也了解己方。△清·吴乔《围炉诗话》四："元微之极推重杜诗，而自不学杜……知彼知己者，决不妄动。"

【出处】《孙武兵法·谋攻》："知彼知己者，百战不殆。"殆：危险。

《孙膑兵法》

罄竹难书

罄：尽；书：写。把竹子都做成竹简，也难以写完。形容事实很多。△清·张廷玉《明史·邹维琏传》："忠贤大奸大恶，罄竹难书。"

【出处】《孙膑兵法·奇

正》："以楚、越之竹书之而不足。"

【辨正】一说，语出《旧唐书·李密传》："罄南山之竹，书罪无穷。"自孙膑之后，《汉书》、《后汉书》都有所使用，《旧唐书》亦为流。

深沟高垒

深深的壕沟，高高的壁垒。后泛指坚固的防御工事。△明·罗贯中《三国演义》七："目今新败，兵无战心；只可深沟高垒，以避其锋。"

【出处】《孙膑兵法·五名》："深沟高垒而难其粮。"

【辨正】一说，语出《史记·淮阴侯列传》："足下深沟高垒坚营，勿与战。"孙膑是战国时人，早于西汉司马迁。

《吴子》

搴旗斩将

搴：拔；斩：砍。拔取敌旗，砍杀敌将。△明·罗贯中《三国演义》五三："即使斩将搴旗，威振疆场，亦偏将之任，非主公所宜也。"

【出处】《吴子·料敌》："力轻扛鼎，足轻戎马，搴旗斩将。"

人困马乏

人困倦，马疲乏。△明·罗贯中《三国演义》五五："连日奔走，人困马乏，追兵又到，死无地矣!"

【出处】《吴子·治兵》："马疲人倦而不解舍。"解舍：宿营。

兴师动众

兴、动：发动；师：军队；众：兵众。发动军队，出兵。后比喻发动很多人做某件事。△清·曹雪芹《红楼梦》四七："今儿偶然吃了一次亏，妈妈就这样兴师动众，倚着亲戚之势，欺压常人。"

【出处】《吴子·励士》："兴师动众，而人乐战。"

言与心违

说的与想的相违背。△清·阎尔梅《泊水斋诗序》："苟非其人，必将有言与心违之病。"

【出处】《吴子·图国》："主君何言与心违？"

《尉缭子》

人之常情

人们通常有的心情。也形容通常有的情理。△鲁迅《南腔北调集·为了忘却的记念》："初次相会，说话不多，也是人之常情……"

【出处】《尉缭子·守权》："愚夫蠢妇，无不守陴而泣下，此人之常情也。"陴：墙。

如狼似虎

原比喻军队威武勇猛。后比喻动作凶猛或行为残忍。△清·吴敬梓《儒林外史》三："两傍走过几个如狼似虎的公人，把那童生叉着膊子，一路跟头，叉到大门外。"

【出处】《尉缭子·武议》："一人之兵，如狼如虎，如风如雨，如雷如霆。"

《鲁仲连子》

危在旦夕

旦夕：一早一晚，指很短的时间。很快就要发生危险。△明·罗贯中《三国演义》二："天下危在旦夕，陛下尚自与阉宦共饮耶!"

【出处】《鲁仲连子》（《太平御览》九二七引）："国之危在旦夕，先生奈何？"

【辨正】一说，语出《三国志·太史慈传》："孤穷无援，危在旦夕。"鲁仲连是战国时期纵横家，当以《鲁仲连子》为源。

《管子》

百战百胜

形容每战必胜，所向无敌。△明·焦竑《品藻》："淮阴出师，百战百胜。"

【出处】《管子·选陈》："故十战十胜，百战百胜。"

【辨正】一说，语出《孙子·谋攻》："是故百战百胜，非

善之善者也。"管仲是春秋初期人，孙武是春秋末期人。当以《管子》为源。

不辞劳苦

辞：躲避。不躲避劳累辛苦。形容不怕劳累辛苦，甘愿做劳累辛苦的事。△唐·牛肃《纪闻》："今日之事，请不辞劳苦。"

【出处】《管子·乘马》："民不惮劳苦。"惮：怕。

不远千里

不以千里为远。形容不辞辛劳地长途跋涉。△清·吴趼人《二十年目睹之怪现状》七九："尊翁去世时，弟不远千里，送足下到浙，不无微劳。"

【出处】《管子·小问》："三倍，不远千里。"

【辨正】一说，语出《孟子·梁惠王》上："不远千里而来。"管子是春秋人，孟子是战国人。当以《管子》为源。

不知所措

措：安排。不知道怎样安排。形容境境困窘或心神慌乱。△宋·李昉《太平御览》四三七：

"桓公惧，不知所措。"

【出处】《管子·七臣七主》："臣下振怒，不知所错。"错：措。

【辨正】一说，语出《三国志·诸葛恪传》："哀喜交并，不知所措。"这里是流，不是源。

不自量力

不估量自己的力量。形容过高估计自己的能力。△《鲁迅书信集·致许寿裳》："迩又拟立一社……亦是蚊子负山之业，然此蚊不自量力之勇，亦尚可嘉。"

【出处】《管子·戒》："桓公内不量力，外不量交。"

【辨正】一说，语出《战国策·齐策》三："荆甚固，薛亦不量其力。"《战国策》为西汉刘向编订，所记为战国史事，作者、内容都晚于春秋，当以《管子》为源。

大公无私

原形容极公正，不偏私。后多形容完全为公，毫无私心。△清·龚自珍《论私》："且今之大公无私者，有杨、墨之贤耶？"

【出处】《管子·形势解》：

"风雨至公而无私。"

【辨正】一说，语出清·龚自珍《论私》。这里显然是流而不是源。

风雨无阻

原指风雨不受阻挡，及时而来。后指不受风雨阻挡，按期进行。△清·曹雪芹《红楼梦》三七："一月只要两次就够了。拟定日期，风雨无阻。"

【出处】《管子·版法》："风雨无违，远近高下，各得其嗣。"

隔墙有耳

隔一道墙，也会有人偷听。比喻即使私下里说，秘密也可能泄露。△清·曾朴《孽海花》三三："又谁料知己倾谈，忘了隔墙有耳，全灌进了杨云衢的耳中。"

【出处】《管子·君臣》下："墙有耳者，微谋外泄之谓也。"

岌岌可危

岌岌：很危险的样子。形容即将倾覆或灭亡，非常危险。△清·曾朴《孽海花》二五："大局颇有岌岌可危的现象。"

【出处】《管子·小问》："危哉,君之国岌乎!"

【辨正】一说,语出《孟子·万章》上:"天下殆哉,岌岌乎!"管子是春秋人,孟子是战国人。当以《管子》为源。

见异思迁

迁:转变。看见别的,就改变了主意。形容意志不坚定,感情不专一。△清·李伯元《文明小史》一四:"怕的是他们小孩子们见异思迁,我这个馆地就坐不成了。"

【出处】《管子·小匡》:"不见异物而迁焉。"

蛟龙得水

蛟龙:古代传说中能发大水的龙。蛟龙得到了赖以施展神威的水。后比喻有才能的人得到了施展机会。△明·吾丘瑞《运甓记·师阃宾贤》:"蛟龙得水,雕鹗乘风。"

【出处】《管子·形势解》:"蛟龙得水而神可立也。"

【辨正】一说,语出《魏书·杨大眼传》:"吾之今日,所谓蛟龙得水之秋。"这里显然是流而不是源。

截长补短

截取长的接补短的。比喻以多余补不足或以长处补短处。△宋·黎靖德《朱子语类》一○八:"今日人材……将来截长补短使。"

【出处】《管子·七法》:"绝长以为短,续短以为长。"

【辨正】一说,语出《孟子·滕文公》上:"今滕,绝长补短,将五十里也。"管子是春秋人,孟子是战国人。当以《管子》为源。

363

劳而无功

功:功效。费了力气却没有成效。△鲁迅《两地书》六八:"事情也只好这样办,索性解决一下,较之天天对付,劳而无功的当然好得多。"

【出处】《管子·形势》:"与不可,强不能,告不知,谓之劳而无功。"

令行禁止

有令就行动,有禁就停止。形容法令严明。△汉·刘安《淮南子·泰族训》:"汤处亳七十里,文王处酆百里，皆令行禁止于天下。"

【出处】《管子·立政》："令则行，禁则止。"

论功行赏

评论功劳的大小，给予不同的奖赏。△郭沫若《革命春秋·北伐途次》："先攻进城的部队在论功行赏上自会掌握武昌乃至湖北全省的统制权……"

【出处】《管子·地图》："论功劳，行赏罚。"

【辨正】一说，语出《三国志·顾谭传》："时论功行赏。"这里，将《管子》的六个字变成四个字，其源为《管子》。

卖官鬻爵

鬻：卖；爵：爵位。出卖官职、爵位。△明·冯梦龙《古今小说》四○："劾奏严嵩凭藉父势，卖官鬻爵，许多恶迹，宜加显戮。"

【出处】《管子·八观》："上卖官爵，十年而亡。"

【辨正】一说，语出《宋书·邓琬传》："至是父子并卖官鬻爵。"这里，将《管子》的"卖

官爵"三个字变成"卖官鬻爵"四个字，其源为《管子》。

名满天下

名声充满天下。形容名声极大。△宋·苏轼《上梅直讲书》："执事名满天下，而位不过五品。"

【出处】《管子·白心》："名满于天下。"

内忧外患

内部、外部都有忧患。指国内不安定，又有外敌侵略。后也指家里困苦烦难，又有外来的威逼。△1.鲁迅《而已集·写在〈劳动问题〉之前》："只因为本国太破烂，内忧外患，非常之多……"2.清·方苞《兄子道希墓志铭》："时弟妹皆幼，内忧外患，独身当之。"

【出处】《管子·戒》："邦有内忧，必有外患。"

轻重缓急

缓：延缓，推迟。指事情有重要的，有不重要的，有急于处理的，有不急于处理的。△宋·袁甫《右史直前奏事第二札子》：

"今未免把事之缓急轻重，一样都要好，滚来滚去，却误费许多精神。"

【出处】《管子·国蓄》："令有缓急，故物有轻重。"

权衡轻重

权：秤砣；衡：秤杆。秤砣和秤杆是用来量东西轻重的。后比喻衡量事情的主次，比较事情的轻重。△唐·令狐德棻《周书·王褒庾信传论》："权衡轻重，斟酌古今。"

【出处】《管子·明法解》："权衡者，所以起轻重之数也。"

如臂使指

好像胳膊支使手指。比喻指挥调动得心应手。△唐·独孤及《唐丞相故江陵尹御史大夫吕湮谥议》："训其三军，如臂使指。"

【出处】《管子·轻重》乙："如胸之使臂，臂之使指也。"

【辨正】一说，语出《汉书·贾谊传》："如身之使臂，臂之使指。"这里显然是流而不是源。

善气迎人

迎：对着。和颜悦色地对待别人。△清·李绿园《歧路灯》八三：

"这善气迎人的光景，登时把一个诟谇场儿，换成了大欢喜世界。"

【出处】《管子·心术》下："善气迎人，亲如兄弟。"

舍近求远

舍弃近的，寻求远的。形容做事走弯路。△清·曹雪芹《红楼梦》七六："可见咱们天天是舍近求远。现有这样的诗人在此，却天天去纸上谈兵。"

【出处】《管子·白心》："弃近而就远，何以费力也。"

视死如归

把死看作回家。形容为了正义的事业而不怕牺牲。△明·罗贯中《三国演义》二五："吾今虽处绝地，视死如归。"

【出处】《管子·小匡》："三军之士视死如归。"

【辨正】一说，语出《吕氏春秋·勿躬》。管仲是春秋初期人，吕不韦是战国末期人。当以《管子》为源。

疏不间亲

疏：远；间：参与。关系疏远者不参与关系亲近者之间的事情。

△明·罗贯中《三国演义》三九："疏不间亲，亮何能为公子谋？"

【出处】《管子·五辅》："远不间亲，新不间旧。"

【辨正】一说，语出《三国志·刘封传》："古人有言：'疏不间亲，新不加旧。'"这显然是流而不是源。

天覆地载

像天覆盖万物，像地托载一切。原比喻大公无私。后形容范围极广大。△明·叶盛《寰宇通志序表凡例》："以管窥蠡测之微，究天覆地载之大。"

【出处】《管子·心术》下："圣人若天然，无私覆也；若地然，无私载也。"

【辨正】一说，语出《礼记·中庸》："天之所覆，地之所载。"《礼记》成书于西汉，晚于《管子》。

天灾人祸

自然灾害和人为的祸害。△《鲁迅书信集·致台静农》："仆生长危邦，年逾大衍，天灾人祸，听见多矣……"

【出处】《管子·内业》："不逢天灾，不遇人害。"

乌合之众

乌：乌鸦；合：聚合。像乌鸦聚集的一群人。比喻杂凑起来的无组织无纪律的一群人。△明·罗贯中《三国演义》四三："曹操收袁绍蚁聚之兵，劫刘表乌合之众，虽数百万不足惧也。"

【出处】《管子》（《意林》一引）："乌合之众，初虽有欢，后必相吐。"

【辨正】一说，语出《后汉书·耿弇传》："归发突骑以辚乌合之众。"这里是流，不是源。

兴利除弊

弊：弊病，害处。兴办有利的事情，除去有害的事情。△清·曹雪芹《红楼梦》五六："趁今日清净，大家商议两件兴利剔弊的事情，也不枉太太委托一场。"

【出处】《管子·法法》："将有所大期于兴利除害。"

【辨正】一说，语出宋·王安石《答司马谏议书》："举先王之政，以兴利除弊。"王安石只将"害"字换成同义的"弊"字，其源为《管子》。

抑强扶弱

抑：压。压制强暴的，扶助弱小的。△清·曾朴《孽海花》三五："老汉平生最喜欢劫富济贫，抑强扶弱，打抱不平。"

【出处】《管子·霸言》："按强助弱，围暴止贪。"围：御，抵制。

【辨正】一说，语出《汉书·刑法志》："政在抑强扶弱。"这里是流，不是源。

引而不发

引：拉弓；发：发射。拉开弓而不把箭射出去。比喻使用启发诱导的方式，使人自行领悟。△明·宋濂《元史·黄泽传》："又惧学者得于创闻，不复致思，故所著多引而不发。"

【出处】《管子·小问》："援弓将射，引而未敢发也。"

【辨正】一说，语出《孟子·尽心》上："君子引而不发，跃如也。"管子是春秋人，孟子是战国人，当以《管子》为源。

有名无实

有名义或名声而没有实际内容。△清·曾朴《孽海花》一三："况且名士虚声，有名无实的多哩!"

【出处】《管子·明法解》："有人主之名而无其实。"

坐以待毙

毙：死。坐着等死。比喻遇到很大的危险或困难，不积极想办法克服。△1.明·施耐庵《水浒传》一〇八："杨志、孙安、卞祥与一千军士，马罢人困，都在树林下，坐以待毙。"2.清·褚人获《隋唐演义》六："如遇患难，此辈咬文嚼字之人，只好坐以待毙，何足为用？"

【出处】《管子·参患》："短兵待远矢，与坐而待死者同实。"

《鹖冠子》

敬老慈幼

慈：慈爱。对老人尊敬，对年幼的人慈爱。△唐·欧阳询《艺文类聚》一二："文王昌……敬老慈幼。"

中华成语探源

中华国学精粹

典藏珍本

【出处】《鹖冠子·王铁》："里中有不敬长慈少，出等异众。"

笼中之鸟

比喻失去自由的人。△《杨家将演义》三四："王钦如笼中之鸟，无处逃避。"

【出处】《鹖冠子·世兵》："笼中之鸟，空窥不出。"

一壶千金

壶：匏瓜，古人称为"腰舟"，用于水上救生。一个匏瓜，到关键时刻价值千金。比喻卑微的人或物，在关键时刻非常宝贵。△元·王恽《上张右丞书》："足以脱布衣之贱，刷无闻之耻，而抱一壶千金之贵也。"

【出处】《鹖冠子·学问》："中河失船，一壶千金，贵贱无常，时使物然。"

一叶障目，不见泰山

比喻被局部或表面的现象迷惑，看不清全局或本质。△毛泽东《论持久战》："或则拿一时一地的强弱现象代替了全体中的强弱现象，一叶障目，不见泰山，而自以为是。"

【出处】《鹖冠子·天则》："一叶蔽目，不见太山。"太山：泰山。

《吕氏春秋》

不解解之

解不开的死结，用不解的办法对待它，比喻对解释不了的疑难问题，不必解释。△清·纪昀《阅微草堂笔记·滦阳消夏录》："吾至献，即闻是案，思之数年，不能解。遇此等事，当以不解解之。"

【出处】《吕氏春秋·君守》："以不解解之也。"

不知轻重

分不清事情的重要与不重要。△清·高鹗《红楼梦》一〇九："婆子们不知轻重，说是这两日有些病，恐不能就好，到这里问大夫。"

【出处】《吕氏春秋·本生》："不知轻重，则重者为轻，轻者为重矣。"

尝鼎一脔

鼎：古代炊具；脔：切成块的肉。尝尝鼎里的一块肉，就可以知道整个鼎里食物的味道。比喻根据局部而推知整体。△宋·王安石《回苏子瞻简》："得秦君诗，手不能舍……尝鼎一脔，旨可知也。"

【出处】《吕氏春秋·察今》："尝一脟肉，而知一镬之味，一鼎之调。"脟：脔；镬：锅；调：味道。

池鱼之殃

殃：灾祸。池子里的鱼遭到的灾祸。春秋时，宋国的司马桓魋犯法后逃到卫国，对人说逃跑前把自己的宝珠扔进水池里了。宋公派人把池中的水排干寻找宝珠，鱼全死了，宝珠却没有踪影。比喻受牵连而遭到的灾祸。又作"池鱼之祸"。△明·凌濛初《二刻拍案惊奇》二四："你快择善地而居，免受池鱼之祸。"

【出处】《吕氏春秋·必己》："王使人问珠之所在，曰：'投之池中。'于是竭池而求之，无得，鱼死焉。"

抽薪止沸

薪：柴火。抽掉锅底下的柴火，止住了水的沸腾。比喻从根本上解决问题。△北齐·魏收《为侯景叛移梁朝文》："抽薪止沸，剪草除根。"

【出处】《吕氏春秋·尽数》："夫以汤止沸，沸愈不止，去其火，则止矣。"

打死老虎

比喻攻击丧失了权势或实力的人。△清·李伯元《官场现形记》二八："这班穷都同一群疯狗似的，没有事情说了，大家一窝风打死老虎。"

【出处】《吕氏春秋·顺民》："和子曰：'先君有遗令曰，无攻越，越猛虎也。'庄子曰：'虽猛虎也，而今已死矣。'"

釜底抽薪

釜：锅；薪：柴火。从锅底抽掉柴火。比喻从根本上解决问题。△清·吴敬梓《儒林外史》五："如今有个道理，是釜底抽薪之法。只消央个人去把告状的安抚住了，众人递个拦词，便歇了。"

【出处】《吕氏春秋·尽数》："夫以汤止沸，沸愈不止；去其火，则止矣。"

刚愎自用

刚愎：倔强固执；自用：自以为是。形容固执自信，凭主观意图行事，不考虑别人的意见。△阿英《晚清文学丛钞·宦海》六："不过恃强好胜，刚愎自用，却是他的坏处。"

【出处】《吕氏春秋·诬徒》："愎过自用，不可证移。"

【辨正】一说，语出《金史·赤盏合喜传》："性刚愎，好自用。"《吕氏春秋》是战国时期的杂家代表作，秦相吕不韦集合门客编著，远远早于《金史》。

纲举目张

纲：网上的大绳子；目：网眼。把网上的大绳子提起来，网眼就都张开了。比喻做事抓住主要环节，带动次要环节。△《朱子读书法》四："纲举目张，有自然省力处。"

【出处】《吕氏春秋·用民》："壹引其纲，万目皆张。"

引：拉。

【辨正】一说，语出汉·郑玄《诗谱序》："举一纲而万目张。"《吕氏春秋》是战国末期秦相吕不韦集合门客所编著的，早于汉代，当为源。

高山流水

俞伯牙奏琴，表现高山或流水，钟子期都听得明白。后借喻知音。也比喻乐曲高妙。△1.清·高鹗《红楼梦》八六："高山流水，得遇知音……" 2.唐·牟融《写意》诗："高山流水琴三弄，明月清风酒一樽。"

【出处】《吕氏春秋·本味》："伯牙鼓琴，钟子期听之。方鼓琴而志在太山，钟子期曰：'善哉乎鼓琴，巍巍乎若太山！'少选之间，而志在流水，钟子期又曰：'善哉乎鼓琴，汤汤乎若流水！'"汤汤：水流动的样子。

狗拿耗子

古代有专为捕鼠而饲养的"鼠狗"。后比喻多管闲事。△清·文康《儿女英雄传》三四："你这孩子，才叫他娘的狗拿耗子呢!"

【出处】《吕氏春秋》(《太

平御览·兽部》）引："齐有善相狗者，其邻藉之买鼠狗，期年而得。"藉：请托；期年：满一年。

好逸恶劳

喜欢安逸，厌恶劳动。△唐·令狐德棻《周书·苏绰传》："有游手怠惰，早归晚出，好逸恶劳，不勤事业者。"

【出处】《吕氏春秋·适音》："欲逸而恶劳。"欲：想要，希望。

尽心竭力

竭：尽。费尽心思，用尽力量。△明·凌濛初《二刻拍案惊奇》一一："尽心竭力，供着他两个，惟其所用。"

【出处】《吕氏春秋·不侵》："贤主必自知士，故士尽力竭智。"

刻舟求剑

一个楚国人乘船渡江时把剑掉在水里。他在船帮上剑落水处刻了个记号，船靠岸后从这里下水找剑。比喻拘泥成例，不知变通。△清·吴趼人《二十年目睹之怪现状》六六："猜谜不能这等老实，

总要从旁面着想；其中虚虚实实，各具神妙，若要刻舟求剑，只能用朱注去打四书的了。"

【出处】《吕氏春秋·察今》："楚人有涉江者，其剑自舟中坠于水。遽契其舟，曰：'是吾剑之所从坠。'舟止，从其所契者入水求之。"遽：急；契：刻。

立锥之地

立锥：把锥子直着扎下。扎锥子的地方。形容极小的一块地方。△明·冯梦龙《古今小说》二二："如今大户田连阡陌，小民无立锥之地，有田者不耕，欲耕者无田。"

【出处】《吕氏春秋·为欲》："无立锥之地，至贫也。"

【辨正】一说，语出《史记·留侯世家》："灭六国之后，使无立锥之地。"《吕氏春秋》的作者，是战国末期秦相吕不韦的众门客；《史记》的作者，是西汉司马迁。当以前者为源。

流水不腐，户枢不蠹

户枢：门轴；蠹：虫蛀。流动的水不会腐臭，经常转动的门轴不会被虫蛀。原比喻人经常运动就

不易生病。后泛指经常运动的事物不易受侵蚀。△毛泽东《论联合政府》："'流水不腐，户枢不蠹'，是说它们在不停的运动中抵抗了微生物或其他生物的侵蚀。"

【出处】《吕氏春秋·数尽》："流水不腐，户枢不蝼，动也。"蝼：蝼蚁蛀咬。

三豕渡河

春秋时，晋国军队曾于己亥日渡河；由于传抄错误，史书上记为"晋师三豕涉河"。后泛指文字讹误。△东汉·蔡邕《月令问答》："盖书有转误，三豕渡河之类也。"

【出处】《吕氏春秋·察传》："子夏之晋，过卫，有读史记者曰：'晋师三豕涉河。'子夏曰：'非也，是己亥也。'夫己与三相近，豕与亥相似。至于晋而问之，则曰晋师己亥涉河也。"

舍本逐末

舍：弃；本：根；逐：追；末：梢。舍弃根而追求枝梢。比喻放弃根本的、主要的，追求枝节的、次要的。△北魏·贾思勰《齐民要术序》："舍本逐末，贤哲所非。"

【出处】《吕氏春秋·上农》："民舍本而事末，则不令。"事：从事，做；令：善。

贪小失大

贪图小利而造成大的损失。△明·凌濛初《初刻拍案惊奇》一六："这叫做贪小失大，所以为人切不可做那讨便宜苟且之事!"

【出处】《吕氏春秋·权勋》："此贪于小利以失大利者也。"

网开一面

开：除。除去一面网。比喻用宽容的态度对待有罪的人。△清·林则徐《筹办永昌哨匪起程日期折》："以上各事，如果逐一遵行，或可网开一面，免致尽数歼除。"

【出处】《吕氏春秋·异用》："汤见祝网者置四面……汤收其三面，置其一面。"

【辨正】一说，语出《史记·殷本纪》："汤出，见野张网四面……乃去其三面。"《吕氏春秋》的作者是战国末期秦相吕不韦的众门客，《史记》的作者是西汉司马迁。当以前者为源。

五脏六腑

五脏：脾、肺、肾、肝、心；六腑：胃、大肠、小肠、三焦（舌的下部沿胸腔至腹腔）、膀胱、胆。泛指人体内部各种脏器。△《元曲选·风雨像生货郎旦》一："四肢八节刚是俏，五脏六腑却无才。"

【出处】《吕氏春秋·达郁》："凡人三百六十节，九窍，五藏六腑。"藏：脏。

形影不离

像形体和影子一样不分离。形容彼此关系密切，时时刻刻在一起。△清·纪昀《阅微草堂笔记·滦阳消夏录》二："青县农家少妇，性轻佻，随其夫操作，形影不离，恒相对嬉笑，不避忌人。"

【出处】《吕氏春秋·首时》："圣人之见时，若步之与影不可离。"高诱注："步行日中，影乃逐之，不可得远之也。"

烟视媚行

烟视：稍稍一看；媚行：慢慢地走。形容女子闲雅而羞涩的举止。△明·张岱《朱楚生》："其

孤意在眉，其深情在睫，其解意在烟视媚行。"

【出处】《吕氏春秋·不屈》："人有新取妇者，妇至，宜安矜，烟视媚行。"取：娶。

掩耳盗铃

捂住自己的耳朵去偷铃。讽刺自己欺骗自己的可笑行为。△清·曹雪芹《红楼梦》九："那怕再念三十本《诗经》，也是'掩耳盗铃'，哄人而已。"

【出处】《吕氏春秋·自知》："百姓有得钟者，欲负而走，则钟大不可负；以椎毁之，钟况然有音。恐人闻之而夺己，遽掩其耳。"遽：急。

燕雀处堂

堂：房屋。燕雀在即将着火的房屋里而不惊恐。比喻自以为处境安定而失去警惕。△明·罗贯中《三国演义》一一三："入其朝，不闻直言；经其野，民有菜色。所谓'燕雀处堂，不知大厦之将焚'者也。"

【出处】《吕氏春秋·谕大》："燕雀争善处于一室之下，子母相哺也，姁姁焉相乐也，自以

中华成语探源

中华国学精粹

典藏珍本

为安矣。灶突决则火上焚栋，燕雀颜色不变，是何也？乃不知祸之将及己也。”姁姁：安乐或温和的样子。

【辨正】一说，语出《孔丛子·论势》。《吕氏春秋》的作者是战国末期秦相吕不韦的众门客；《孔丛子》作者或是秦末孔鲋，或是三国王肃，都晚于吕不韦。当以前者为源。

一夔已足

夔：尧舜时的乐官；足：够。有一个夔就够了。比喻真正的人才有一个就够了。△阿英《晚清文学丛钞·中国现在记》一：“一夔已足，世上哪里有兼全的事!”

【出处】《吕氏春秋·察传》：“若夔者，一而足矣。”

一鸣惊人

比喻平时没有特殊表现，突然做出了惊人的成绩。△清·文康《儿女英雄传》三八：“可怜安公子经她两个那日一激，早立了个一飞冲天，一鸣惊人的志气……”

【出处】《吕氏春秋·重言》：“是鸟……虽无鸣，鸣将骇人。”

【辨正】一说，语出《史记·滑稽列传》：“不鸣则已，一鸣惊人。”《吕氏春秋》为战国末期秦相吕不韦之门客作，《史记》为西汉司马迁作。当以前者为源。

一窍不通

窍：心窍，心上的洞窍。心上的洞窍一个也不畅通。原形容人昏聩不仁。后形容人什么也不懂。△清·李伯元《官场现形记》五六：“这位大人乃是一窍不通的，只得请了枪手，代为枪替。”

【出处】《吕氏春秋·过理》：“其窍通，则比干不死矣。”高诱注：“圣人心达性通；纣性不仁，心不通，安于为恶，杀比干。”

因噎废食

因为噎了一下，就不吃饭了。比喻因一点小问题而停止不干。△清·吴趼人《二十年目睹之怪现状》二一：“若是后人不问来由，一律的奉以为法，岂不是因噎废食了么？”

【出处】《吕氏春秋·荡兵》：“夫有以饐死者，欲禁天下之食，悖。”饐：噎；悖：荒谬。

折冲千里

折冲：制敌取胜。在离战场千里之远的地方制敌取胜。多指以外交谈判取胜。△《后汉书·贾复传》："贾督有折冲千里之威。"

【出处】《吕氏春秋·召类》："修之于庙堂之上，折冲乎千里之外。"

逐臭之夫

逐：追逐；夫：成年男子，泛指人。追逐臭味的人。比喻嗜好怪癖的人。△明·何良俊《四友斋丛说》二九："苏州又有谢时臣……笔墨皆浊，俗品也。杭州三司请去作画，酬以重价。此亦逐臭之夫耳。"

【出处】《吕氏春秋·遇合》："人有大臭者……海上人有说其臭者，昼夜随之而弗能去。"说：悦；弗：不。

《淮南子》

报仇雪耻

报复怨仇，洗雪耻辱。△明·冯梦龙《古今小说》三九："初意

欲擒拿县尉，究问根由，报仇雪耻。"

【出处】《淮南子·泛论训》："大夫种辅翼越王勾践，而为之报怨雪耻。"

卑躬屈膝

卑躬：低下身子；屈膝：弯曲膝盖。原形容行礼的样子。后比喻低三下四地奉承，没有骨气。△清·陈烺《海虬记》四："怪道人家说你卑躬屈膝，肚子里是不通的。"

【出处】《淮南子·泛论训》："夫君臣之接，屈膝卑拜，以相尊礼也。"

不见天日

看不见天上的太阳。比喻生活在黑暗的环境中，见不到光明。△宋·王辟之《渑水燕谈录·补遗》："福州之人以为终世不见天日也，岂料端公赐问……"

【出处】《淮南子·地形训》："烛龙在雁门北，蔽于委羽之山，不见日。"

不幸之幸

不幸之中包含着令人庆幸的成分。△清·陈忱《水浒后传》二：

"不幸遇着飓风，打翻了船，货物飘沉。还亏得渔船救了性命，打捞得一担货物，却是犀角、香珀等件，还算不幸中之幸。"

【出处】《淮南子·说林训》："失火而遇雨，失火则不幸，遇雨则幸也。"

风吹草动

泛指轻微的响动。也比喻微小的动荡或变动。△明·凌濛初《二刻拍案惊奇》二三："万一后边有些风吹草动，被人发觉，不要说道无颜面见令尊，传将出去，小生如何做得人成？"

【出处】《淮南子·泰族训》："风之至矣，莫见其象而木已动矣。"

鬼出电入

像鬼魂和闪电一样出入。比喻变化迅速而巧妙，不可捉摸。△清·纪昀《阅微草堂笔记·槐西杂志》："鬼出电入，不可端倪。"

【出处】《淮南子·原道训》："鬼出电入，龙兴鸾集。"

好自为之

原指喜欢亲自去做。后指自己

好好地做下去。多用于劝人自勉。△清·王韬《四奇人合传》："此时正大丈夫建功立业之秋，愿勿以儿女子为念。行矣李君，好自为之!"

【出处】《淮南子·主术训》："君人者不任能，而好自为之。"

挥戈反日

挥动手中的戈，使西沉的太阳又升了起来。原指流连时光，希望白天延长。后比喻排除困难，扭转危局。△清·曾朴《孽海花》二九："不过说到开国会，定宪法，都是些扶墙摸壁的政论，没一个挥戈反日的奇才。"

【出处】《淮南子·览冥训》："鲁阳公与韩搆难，战酣日暮，援戈而麾之，日为之反三舍。"麾：挥；舍：古代长度单位，一舍为三十里。

家给人足

给：富裕充足。家家富裕，人人丰足。△唐·欧阳询《艺文类聚》一二："克殷之后，民乃大安，家给人足。"

【出处】《淮南子·本经

训》："衣食有余，家给人足。"

今是昨非

现在做得对，从前做得不对。多表示悔悟之意。△鲁迅《华盖集·导师》："但我们究竟还有一点记忆，怎样的'今是昨非'呵，怎样的'口是心非'呵，怎样的'今日之我与昨日之我'呵。"

【出处】《淮南子·原道训》："蘧伯玉年五十，而有四十九年非。"注："今年所行是也，则还顾知去年之所行非也。岁岁悔之，以至于死，故有四十九年非。"

【辨正】一说，语出晋·陶潜《归去来辞》："实迷途其未远，觉今是而昨非。"《淮南子》为西汉淮南王刘安及其门客著，东汉高诱注；作者、注者都早于陶氏，当为源。

谨小慎微

原指谨慎地对待微小的事情。后形容对琐碎细小的事情过分小心谨慎。△清·吕留良《戊戌房书序》："非濂洛之理不敢从，故其谨小慎微。"

【出处】《淮南子·人间

训》："圣人敬小慎微，动不失时。"

岿然不动

岿然：高大独立的样子。像高山一样，稳固地屹立着。△毛泽东《西江月·井冈山》词："敌军围困万千重，我自岿然不动。"

【出处】《淮南子·诠言训》："至德，道者若丘山，嵬然不动。"嵬然：高大耸立。

乐极生悲

原指快乐到极点，就会转化为悲哀。后指正当快乐到极点的时候，发生了令人悲哀的事情。△清·李伯元《官场现形记》四〇："那知乐极生悲，刚才开征之后，未及十天，家乡来了电报，说是老太爷没了。"

【出处】《淮南子·道应训》："夫物盛而衰，乐极则悲。"

炼石补天

原是古代神话。后比喻施展才能或采取办法，弥补国家的缺失。△宋·杨万里《送徐宋臣监丞补外》诗："补天炼石无虚日，忧国如家有几人？"

【出处】《淮南子·览冥训》："女娲炼五色石以补苍天。"

临渊羡鱼

羡：希望得到。面对深水，希望得到鱼。比喻只有愿望而没有措施。△明·朱之瑜《答小宅生顺问》二五："此为之数年，便可见效，十年便可有成，何不试之，而徒作临渊羡鱼之叹？"

【出处】《淮南子·说林训》："临河而羡鱼，不如归家织网。"

沦肌浃髓

沦：沉没；浃：湿透。浸透了肌肉和骨髓。比喻感受或影响极深。△鲁迅《华盖集续编·我还不能"带住"》："我正因为生在东方，而且在中国，所以'中庸''稳妥'的余毒，还沦肌浃髓……"

【出处】《淮南子·原道训》："不浸于肌肤，不浃于骨髓。"

【辨正】一说，语出《朱子全书》："今须且将此一段反复思量，涣然冰释，怡然理顺，便自会沦肌浃髓。"刘安是西汉人，朱熹是南宋人，相隔久远，当以《淮南子》为源。

面如死灰

死灰：火熄灭后的灰烬。比喻脸色暗灰或苍白。形容心情沮丧或惊恐的情状。△宋·李昉《太平广记·李全质》引《传异记》："西走百歇桥二十里，水深而冰薄……行从等面如死灰，信辔委命而行。"

【出处】《淮南子·修务训》："昼吟宵哭，面若死灰。"

瓶水知寒

看到瓶里的水结了冰，就知道天气寒冷了。比喻可以从局部现象推测事物整体的状况。△唐·李白《秋日炼药院赠无林宗》诗："木落识岁秋，瓶冰知天寒。"

【出处】《淮南子·说山训》："睹瓶中之冰，而知天下之寒。"

穷乡僻壤

壤：地区。形容贫穷而偏僻的地方。△清·吴敬梓《儒林外史》

九："穷乡僻壤，有这样的读书君子，却被守钱奴如此凌虐，足令人怒发冲冠。"

【出处】《淮南子·原道训》："处穷僻之乡。"

【辨正】一说，语出明·李时勉《北京赋》："穷陬僻壤，无一物之不遂。"《淮南子》的作者是西汉淮南王刘安及其门人，早于明代一千年之多，当为源。

人尽其才

尽：全部用出。每个人都充分发挥他的才能。△唐·陆贽《陆宣公文集》一："是以事极其理，人尽其材。"

【出处】《淮南子·兵略训》："若乃人尽其才，悉用其力，以少胜众者，自古及今，未尝闻也。"

塞翁失马

翁：老头儿。边塞上的一个老人丢了马，几个月后，这匹马带着一匹好马跑回来了。比喻暂时受了损失，却可能因此而得到好处。也泛指坏事能变成好事。△茅盾《过年》："手中这根'鸡肋'能保也好，省点事省点精神，如果不保呢，那也罢了，塞翁失马，安知非福？"

【出处】《淮南子·人间训》："近塞上之人，有善术者，马无故亡而入胡。人皆吊之。其父曰：'此何遽不为福乎？'居数月，其马将胡骏马而归。"

桑榆暮景

景：日光。傍晚时，阳光照在桑树和榆树的树梢上。后比喻晚年的时光。△清·石玉昆《三侠五义》一一："一日，老母心内觉得不爽……不想桑榆暮景，竟是一病不起。"

【出处】《淮南子》（《太平御览》三引）："日西重，景在树端，谓之桑榆。"

神出鬼没

像神鬼一样出现和隐没。原比喻用兵灵活机动，使人莫测行踪。后泛指行动巧妙神速，变化多端，令人难以捉摸。△明·罗贯中《三国演义》九九："孔明真有神出鬼没之计，吾不能及也。"

【出处】《淮南子·兵略训》："善者之动也，神出而鬼行。"

生寄死归

寄：寄居。活着是寄居在世上，死了是回到原来的地方。是对生死的达观的看法。△明·徐宏祖《徐霞客游记续编》："吾游遍灵境，颇有所遇，已知生寄死归，亦思乘化而游，当更无所罣碍耳。"

【出处】《淮南子·精神训》："生，寄也；死，归也。"

声东击西

声称打东边，其实是打西边。指打仗时虚张声势，使敌人产生错觉，突然袭击其不备之处。△明·罗贯中《三国演义》一一一："蜀人或声东击西，指南攻北，吾兵必须分头把守。"

【出处】《淮南子·兵略训》："将欲西而示之以东。"

【辨正】一说，语出《通典·兵典》："声言击东，其实击西。"《淮南子》的作者是西汉淮南王刘安及其门人，《通典》的作者是唐代杜佑。当以前者为源。

失马塞翁

翁：老头儿。边塞上的一个老人丢了马，几个月后，这匹马带着一匹好马跑回来了。比喻失而复得的人或深明祸福相互转化之理的人。△清·文康《儿女英雄传》三三："都因我无端的官兴发作，几乎弄得家破人亡；还仗天祖之灵，才幸而作了个失马塞翁。"

【出处】《淮南子·人间训》："近塞上之人，有善术者，马无故亡而入胡。人皆吊之。其父曰：'此何遽不为福乎？'居数月，其马将胡骏马而归。"

时移俗易

俗：社会风气；易：改变。时代不同，社会风气也随之改变了。△三国·嵇康《卜疑》："时移俗易，好贵慕名。"

【出处】《淮南子·齐俗训》："是故世异则事变，时移则俗易。"

手足重茧

手和脚上长了很厚的老茧。△清·蒲松龄《聊斋志异·劳山道士》："过月余，手足重茧，不堪其苦，阴有归志。"

【出处】《淮南子·修务训》："自鲁趋而十日十夜，足重茧而不休息。"

铄石流金

铄、流：熔化。石头和铜铁都熔化了。形容天气酷热。△明·施耐庵《水浒传》二七："正是六月前后，炎炎火日当天，铄石流金之际，只得赶早凉而行。"

【出处】《淮南子·诠言训》："大热铄石流金。"

土龙刍狗

刍：草。泥土做的龙，茅草扎的狗。是古代求雨与祈福时所用的东西。比喻贵于一时，徒有其名的事物。△晋·陈寿《三国志·杜微传》："曹丕篡弑，自立为帝，是犹土龙刍狗之有名也。"

【出处】《淮南子·说林训》："譬若旱岁之土龙，疾疫之刍狗。"注："土龙以求雨，刍狗以求福，时见贵也。"

【辨正】一说，语出《三国志·杜微传》。《淮南子》作者为西汉刘安，注者为东汉高诱，都早于三国时代，当为源。

削足适履

履：鞋。鞋小脚大，把脚削掉一块去穿鞋。原比喻为了投合流俗而伤害自己的骨肉。后比喻过分迁就现有条件或生搬硬套而不顾实际情况。△毛泽东《中国革命战争的战略问题》："这些条令仅仅是一般战争的规律，并且全是抄了外国的，如果我们一模一样地照抄来用，丝毫也不变更其形式和内容，就一定是削足适履，要打败仗。"

【出处】《淮南子·说林训》："夫所以养而害所养，譬犹削足而适履，杀头而便冠。"

羊肠小道

形容曲折而狭窄的道路。△清·李汝珍《镜花缘》四九："前面弯弯曲曲，尽是羊肠小道……"

【出处】《淮南子·兵略训》："龙蛇蟠，却笠居，羊肠道，发笱门。"

一定不移

定：确定。一经确定下来就不再变更。后表示事理正确，不容改动。△清·刘鹗《老残游记》一〇："然究竟半个明的，半个暗的，是一定不移的道理。"

【出处】《淮南子·主术训》："今夫权衡规矩，一定而不易。"易：变。

一定之规

原指固定不变的法规。后指一定的规则。也比喻已经确定的主意。△宋·彭龟年《应诏论雷雨为灾奏》："惟庙议无一定之规，故出令有二三之惑。"

【出处】《淮南子·泛论训》："而欲以一行之礼，一定之法，应时偶变。"

一夫当关，万夫莫开

一个人把守关口，一万个人也通不过去。形容地势险要，易守难攻。△郭沫若《学生时代·尚儒村》："交界的地方有一个隘口名叫东川界，那在古时可以说是'一夫当关万夫莫开'的地方。"

【出处】《淮南子·兵略训》："一人守隘，而千人弗敢过也。"

【辨正】一说，语出唐·李白《蜀道难》诗："一夫当关，万夫莫开。"《淮南子》的作者是西汉人刘安，后经晋人左思的"一人守隘，万夫莫向"（《蜀都赋》），直至李白的"一夫当关，万夫莫开"。考其源，当为《淮南子》。

一叶知秋

看见一片落叶，就知道秋天到了。比喻根据一些细微的迹象，可以推测事物的发展方向。△老舍《四世同堂》四一："看到梨枣，人们便有'一叶知秋'之感，而开始要晒一晒夹衣与拆洗棉袍了。"

【出处】《淮南子·说山训》："见一叶落，而知岁之将暮。"

圆颅方趾

颅：头颅；趾：脚趾，借指脚。圆头，方脚，指人类。△清·查慎行《朝会乐器歌》："圆颅方趾悉受吏，丹砮白雉争来王。"

【出处】《淮南子·精神训》："故头之圆也像天，足之方也像地。"

《尹文子》

狐假虎威

假：借。狐狸凭借老虎的威风吓跑了百兽。比喻倚仗别人的权势吓人、欺人。△清·吴敬梓《儒林外史》一："想是翟家这奴才走下乡狐假虎威，着实恐吓了他一场。"

【出处】《尹文子》（《太平御览》四九四引）："虎求百兽食之，得狐。狐曰：'子无食我也。天帝令我长百兽，今子食我，是逆天帝命也。子以我言不信，吾为子先行，子随我后，观百兽之见我不走乎？'虎以为然，故遂与行。兽见之皆走。虎不知兽畏己而走，以为畏狐也。"

价值连城

连城：几个城。价值相当几个城。形容价值极高。△清·王韬《月里嫦娥》："出以示人，皆言此非世间所有，珍逾天府，价值连城，寻常百姓家不敢藏也。"

【出处】《尹文子·大道》上："此玉无价以当之，五城之都，仅可一观。"

无价之宝

无法估计价钱的宝物。形容极珍贵的事物。△《元曲选·楚昭公疏者下船》一："多闻这湛卢之剑，乃越国欧冶子所制，斩铁截石，断水吹毛，真为无价之宝。"

【出处】《尹文子·大道》上："此玉无价以当之。"

【辨正】一说，语出唐·鱼玄机《赠邻女》诗："易求无价宝，难得有心郎。"《尹文子》的作者，有人认为是战国名家尹文，有人认为是魏晋间人所托，均远比唐代为早。

《鬼谷子》

救亡图存

图：谋求。拯救国家的危亡，谋求民族的生存。△清·王钟麒《论小说与改良社会之关系》："夫欲救亡图存，非仅恃一二才士所能为也。"

【出处】《鬼谷子·中经》："诚以其可以转危为安，救亡使存也。"

《新语》

防微杜渐

防：止；微：微小，借指事物

的苗头；杜：阻塞；渐：事物的开始。在出现苗头时就制止，在开始时就加以阻塞。△鲁迅《集外集拾遗·文学救国法》："诗文既弱，国运随之，故即使善于欢呼，为防微杜渐计，亦应禁止妄作。"

【出处】《新语·道基》："杜渐消萌。"消萌：消灭于萌芽状态。

【辨正】一说，语出《元史·张桢传》："亦宜防微杜渐而禁于未然。"《新语》是西汉陆贾的论著，以分析前代存亡成败为内容；《元史》是明代宋濂等人编写的元代史书。当以前者为源。

指鹿为马

秦二世时，丞相赵高把一头鹿说成是马，害怕赵高的人也把这头鹿说成是马。后比喻故意混淆是非。△阿英《晚清文学丛钞·黑藉冤魂》一一："照失单一对，十份之中，已只剩得六七份，且亦多是以假冒真，指鹿为马的。"

【出处】《新语·辨惑》："至如秦二世之时，赵高驾鹿而从行。王曰：'丞相何为驾鹿？'高曰：'马也。'王曰：'丞相误也，以鹿为马。'高曰：'陛下以

臣言不然，愿问群臣。'臣半言鹿，半言马。"

【辨正】一说，语出《史记·秦始皇本纪》。《新语》的作者陆贾是汉高祖时人，《史记》的作者司马迁是汉武帝时人，相差约一百年。当以前者为源。

《新书》

粉身碎骨

身体粉碎。指丧失生命。△清·高鹗《红楼梦》九四："你看这玉丢了没要紧；要是上头知道了，我们这些人就要粉身碎骨了！"

【出处】《新书·谕诚》："今必碎身糜躯以为智伯。"糜躯：身体成为肉糜。

无耻之尤

尤：突出的。形容最不知羞耻的人。△清·吴趼人《二十年目睹之怪现状》三六："这班人可以算得无耻之尤了！"

【出处】《新书·谕诚》："何无耻之甚也？"甚：极。

《春秋繁露》

黑白分明

分明：清楚。黑与白分辨得很清楚。比喻是与非。好与坏分辨得很清楚。△老舍《四世同堂》七六："他的世界变了，他必须黑白分明，不再敷衍。"

【出处】《春秋繁露·保位权》："黑白分明，然后民知所去就。"

急功近利

功：功效；利：利益。急于取得功效和利益。△宋·欧阳修《资政殿学士户部侍郎文正范公神道碑铭序》："公为将，务持重，不急近功小利。"

【出处】《春秋繁露·对胶西王》："正其道，不谋其利；修其理，不急其功。"

矫枉过正

矫：纠正；枉：弯曲。纠正弯曲用力太大，又弯向了另一边。指纠正偏差超过了应有的限度。△清·李伯元《官场现形记》

五四："只因矫枉过正，就不免闹出笑话来了。"

【出处】《春秋繁露·玉杯》："矫者不过其正，弗能直。"弗：不。

【辨正】一说，语出《后汉书·仲长统传》："复入于矫枉过正之检。"《春秋繁露》是西汉董仲舒的论著，《后汉书》是南朝刘宋范晔写的史书。当以前者为源。

《盐铁论》

当局者迷，旁观者清

局：棋局。下棋的人容易迷惑，旁边观棋的人却往往看得很清楚。比喻当事者容易陷入主观、片面，往往不如旁观者看得清楚、全面。△清·刘鹗《老残游记》一三："实在说的不错，倒是没有人说过的话!可见'当局者迷，旁观者清'。"

【出处】《盐铁论·救匮》："议不在己者易称，从旁议者易是，其当局则乱。"

【辨正】一说，语出《新唐书·元行冲传》："当局称迷，旁观见审。"《盐铁论》是西汉桓宽编著的昭帝始元六年（公元前81年）盐铁会议记录，《新唐书》是宋代欧阳修等人编写的唐代史书。当以前者为源。

疾恶如仇

疾：痛恨。痛恨坏人坏事像痛恨仇人一样。△鲁迅《且介亭杂文二集·招贴即扯》："他的著作，开口'圣人'，闭口'吾儒'，真是满纸'方巾气'。而且疾恶如仇，对小人决不假借。"

【出处】《盐铁论·除狭》："黜恶若仇雠。"黜：革除；仇：仇恨；雠：仇敌。

【辨正】一说，语出《晋书·傅咸传》："识性明悟，疾恶如仇。"《盐铁论》是西汉桓宽编著的昭帝始元六年（公元前81年）盐铁会议记录，《晋书》是唐代房玄龄编写的晋代史书。当以前者为源。

伤风败俗

败坏风俗。△清·李伯元《文明小史》二二："这样书不刻也罢，免得伤风败俗，坏了人心。"

【出处】《盐铁论·论诽》：

"威仪节文，非以乱化伤俗也。"化：风气，习俗。

【辨正】一说，语出唐·韩愈《论佛骨表》："伤风败俗，传笑四方。"《盐铁论》是汉昭帝始元六年（公元前81年）盐铁会议的记录，早于唐宪宗元和十四年（公元819年）迎佛骨之事九百年。

《法言》

不夷不惠

夷：殷末周初的伯夷，宁死不做周朝的官；惠：春秋时鲁国的柳下惠，三次被罢官而不肯离去。不像伯夷，也不像柳下惠。比喻为人处世采取折中而不偏激的态度。△元·胡助《大拙先生小传》："余观先生之为人，是亦不夷不惠之间焉尔。"

【出处】《法言·渊骞》："不夷不惠，可否之间也。"

雕虫小技

虫：虫书，春秋时期鲁国秋胡妻所创的一种字体。在竹简上雕刻虫书，是学童的技能。后比喻微不足道的技能技巧。△清·文康《儿女英雄传》一八："这些玩意儿，尽是些雕虫小技，不过解闷消闲。"

【出处】《法言·吾子》："童子雕虫篆刻。"篆：篆书，秦末李斯所创的字体。

【辨正】一说，语出《北史·李浑传》："雕虫小技，我不如卿。"《法言》是西汉扬雄模拟《论语》而写的书，《北史》是唐代李延寿写的北朝史书。当以前者为源。

鸿飞冥冥

鸿：鸿雁；冥冥：深远的样子。鸿雁飞向远远的天空。比喻人远走避祸。△阿英《晚清文学丛钞·冷眼观》一五："然事机急迫，间不容发，稍缓之，则鸿飞冥冥，此后殊难弋获矣。"

【出处】《法言·问明》："鸿飞冥冥，弋人何篡焉？"弋：射鸟用的带有长绳的箭，借指射鸟；篡：猎取。

浑浑噩噩

浑浑：深大的样子；噩噩：严肃的样子。原形容浑厚而严正。后

形容人糊里糊涂，不懂事。△茅盾《一个女性》："他自己在十六七时浑浑噩噩的，所以觉得十六岁的女孩子便那么练达人情世故，不是'寿相'。"

【出处】《法言·问神》："虞夏之书浑浑尔，商书灏灏尔，周书噩噩尔。"

金口木舌

金：铜；舌：铃里的锤。以铜为口、以木为锤的大铃，又叫木铎。古代宣布政令时，摇动木铎引起众人注意。比喻宣传政教或学说的人。△宋·赵善括《钱枢密启》："亮直而清高，明通而宏裕，金口木舌，集圣贤之大成。"

【出处】《法言·学行》："莫若使诸儒金口而木舌。"

年高德劭

劭：美好。年纪大，品德好。△邹韬奋《患难余生记·流亡》："沈钧儒先生年高德劭，爱国热忱，感动全国。"

【出处】《法言·孝至》："年弥高而德弥邵者，是孔子之徒与！"弥：更加；邵：劭。

攀龙附凤

比喻攀附有权势的人。△明·张凤翼《红拂记·隐贤依附》："文静知公子将有事于天下，待攀龙附凤，垂名竹帛耳！"

【出处】《法言·渊骞》："攀龙鳞，附凤翼。"

【辨正】一说，语出唐·杜甫《洗兵马》诗："攀龙附凤势莫当。"杜甫把西汉扬雄的六个字变成四个字，但毕竟是流而不是源。

群策群力

策：计谋。大家出主意，大家出力量。△清·张延玉《明史·文震孟传》："尽斥患得患失之鄙夫，广集群策群力以定乱。"

【出处】《法言·重黎》："汉屈群策，群策屈群力。"屈：尽。

未达一间

达：通；间：间隙，间隔。差一点间隙而没有相通。原指二者很接近。后形容只差一点儿。△明·王世贞《鸣凤记》六："我与你同为宰辅，只是未达一间耳，也不要太欺侮人！"

【出处】《法言·问神》："颜渊亦潜心于仲尼矣，未达一间耳。"

无与伦比

伦比：等同，匹敌。没有相同的，没有比得上的。△宋《宣和画谱》七："考公麟平生所长……至于辨钟鼎古器，博闻强识，当世无与伦比。"

【出处】《法言·五百》："贵无敌，富无伦。"

习非成是

习：习惯；非：不正确；是：正确。对于不正确的说法或做法习惯了，就以为是正确的。△清·梁启超《论权利思想》："中国数千年来，误此见解，习非成是，使勇者日即于销磨，怯者反有所藉口。"

【出处】《法言·学行》："以习非之胜是。"

言为心声

言语是表达思想的声音。△清·李伯元《官场现形记》五九："一面说，一面又拿他俩的诗，颠来倒去，看了两三篇，拍案道：'言为心声，这句话是一点不差的。'"

【出处】《法言·问神》："言，心声也。"

羊质虎皮

质：本质，实质。羊的本质，虎的皮毛。比喻外表强大而实际虚弱。△清·郎廷槐《师友诗传录》一六："不可羊质虎皮，虎头蛇尾。"

【出处】《法言·吾子》："羊质而虎皮，见草而说，见豺而战。"说：悦；战：颤抖。

有始无终

有开始而没有结尾。形容做事不能坚持到底。△清·李汝珍《镜花缘》九四："莫因一言半语，就把素日情分冷淡，有始无终，那就不是了。"

【出处】《法言·考至》："有始而无终。"

《太玄经》

不今不古

今：现代。现代没有，古代也没有。原形容反常的事物。后形容人没有学识而标奇立异。△明·沈德符《考官争席》："又刻一诏，更寥寥数语，不今不古。"

【出处】《太玄经·更》："童牛角马，不今不古。"童牛：没有角的牛。

赤舌烧城

赤：红色。舌头像红色的火，可以烧掉一座城。比喻谗言引起的祸害极严重。△唐·陆龟蒙《杂讽》诗："赤舌可烧城，谗邪易为伍。"

【出处】《太玄经·干》："赤舌烧城，吐水于瓶。"清·陈本礼《太玄阐秘》："小人架辞诬害君子，其舌赤若火，势欲烧城。"

《易林》

百无聊赖

聊赖：依赖，凭借。原表示生活没有凭借，无以为生，后形容精神没有寄托，非常无聊。△鲁迅《彷徨·伤逝》："在百无聊赖中，随手抓过一本书来，科学也好，文学也好，横竖什么都一样。"

【出处】《易林·需》："交侵如乱，民无聊赖。"

避坑落井

躲过了坑，又掉进井里。比喻躲过一害，又遭到一害。△唐·房玄龄《晋书·褚翟传》："幸无外难，而内自相击，是避坑落井也。"

【出处】《易林·益》："避井入坑，忧患日生。"

【辨正】一说，语出《晋书·褚翟传》。《易林》的作者是西汉焦延寿，《晋书》的作者是唐代房玄龄。当以前者为源。

车殆马烦

殆：懈怠；烦：劳累。车走不快了，马劳累了。形容旅途劳顿。△清·纪昀《阅微草堂笔记·滦阳消夏录》："至黄昏乃归，车殆马烦，不胜困惫。"

【出处】《易林·剥》："车顿马罢，伯叔吁嗟。"罢：疲。

东邻西舍

指住在左右的邻居。△唐·戴叔伦《女耕田行》诗："东邻西舍花发尽，共惜余芳泪满衣。"

【出处】《易林·归妹》："东邻西家，来即我谋。"

风言风语

形容没有根据的或恶意中伤的话。△清·李绿园《歧路灯》三七："分明是董橘泉误投补剂，我后来用大承气汤还下不过来；不知那个狗杂种风言风语，说是我治死了。"

【出处】《易林·颐》："华言风语，自相诖误。"华：虚；诖误：被牵连而受到损害。

俯首听命

俯首：低头。低头听从命令。形容恭顺地听从命令。△宋·范浚《巡幸》："使之俯首听命，唯所指使。"

【出处】《易林·否》："俯伏听命，不敢动摇。"伏：趴下。

虎口余生

从老虎嘴里逃脱，保全下来

的生命。比喻经历极大危险而幸存下来。△清·李汝珍《镜花缘》四七："况我本是虎口余生，诸事久已看破。"

【出处】《易林·遁》："兵交我后，脱于虎口。"

筋疲力尽

筋骨疲劳，力气用尽。形容十分疲劳，一点力气也没有。△明·冯梦龙《醒世恒言》二二："我已筋疲力尽，不能行动。此家灯火未息，只得哀求借宿，再作道理。"

【出处】《易林·巽》："筋劳力尽，罢于沙丘。"罢：疲。

千欢万喜

形容十分高兴。△明·冯梦龙《醒世恒言》二五："相见之间，千欢万喜。"

【出处】《易林·夬》："千欢万悦，举事为决。"

顺风吹火

顺着风势把火吹旺。比喻趁着有利的情势做事。△宋·陆九渊《语录》下："今既于本上有所知，可略略地顺风吹火，随时建立。"

【出处】《易林·观》："顺风吹火，牵骑骥尾。"

头痒搔跟

头上痒，却挠脚跟。比喻没有抓住问题的关键，白费力气，于事无补。△清·袁枚《覆江苏臬使钱屿沙先生》："或皮相貌取，或头痒搔跟，无益于治。"

【出处】《易林·革》："头痒搔跟，无益于疾。"

先下手为强

趁对方没有防备或没准备好，首先动手，可以取得主动。△明·吴承恩《西游记》八一："不趁此时下手，还到几时!正是'先下手为强，后下手遭殃'。"

【出处】《易林·屯》："豪雄争强，先者受福。"受福：得到好处，取得主动。

一无所得

什么也没有得到。△鲁迅《南腔北调集·为了忘却的记念》："他曾经和我通过信，投过稿，但现在寻起来，一无所得……"

【出处】《易林·讼》："步

走逐鹿，空无所得。"

一无所有

什么也没有。△清·李伯元《官场现形记》五一："家产业已全数抵押出去，一无所有。"

【出处】《易林·兑》："商人至市，空无所有。"市：集市。

因小失大

因为小事情而造成大损失。△清·文康《儿女英雄传》二三："倘然因小失大，转为不妙。"

【出处】《易林·渐》："顾小失大，福逃墙外。"

《新论》

博识多闻

识：见。见得多，听得多。形容见闻丰富，知识广博。△唐·欧阳询《艺文类聚》四九引《晋诸公赞》："张华博识多闻，无物不知。"

【出处】《新论·言体》："博见多闻，书至万篇。"

贵耳贱目

以耳为贵，以目为贱。形容轻信传闻，不重事实。△北齐·颜之推《颜氏家训·慕贤》："世人多蔽，贵耳贱目，重遥轻近。"

【出处】《新论·闵友》："贵所闻贱所见也。"

【辨正】一说，语出汉·张衡《东京赋》："贵耳而贱目者也。"《新论》的作者是东汉桓谭（？～公元56年），早于张衡（公元78～公元139年）。

过屠门而大嚼

屠门：肉铺。经过肉铺时，空着嘴使劲嚼。比喻愿望不能实现时，用空想安慰自己。△茅盾《过年》："她做母亲的至少也该让孩子们到马路上睁大了惊异的眼睛，聊且'过屠门而大嚼'。"

【出处】《新论·祛蔽》："知肉味美，则对屠门而大嚼。"

【辨正】一说，语出三国·曹植《与吴质书》："过屠门而大嚼，虽不得肉，贵且快意。"《新论》的作者是东汉桓谭（？～公元56年），早于曹植（公元192～公元232年）。

口是心非

是：对。嘴上说得对，心里想得不对。形容说的与想的不一致。△清·李汝珍《镜花缘》六五："谁知你们见了面，只说这些口是心非道学话，岂不闷上加闷么？"

【出处】《新论·辨惑》："口是而心非者，虽寸断支解，而道犹不出也。"

【辨正】一说，语出《抱朴子·微旨》："口是心非，背向异辞。"《新论》的作者是东汉桓谭，《抱朴子》的作者是东晋葛洪。当以前者为源。

妙处不传

精妙之处无法用言语笔墨表达，所以不能传给后人。△南朝宋·刘义庆《世说新语·文学》："司马太傅问谢车骑：'惠子其书五车，何以无一言入玄？'谢曰：'故当是其妙处不传。'"

【出处】《新论·离事》："圣贤之材不世，而妙善之技不传。"

【辨正】一说，语出宋·黄庭坚《戏题小雀捕飞虫画扇》诗："丹青妙处不可传，轮扁斫轮如

此用。"《新论》作者是东汉桓谭（？～公元56年），早于黄庭坚（公元1045～公元1105年）一千余年。当以前者为源。

旁行斜上

原是史书的一种体例，以表格形式编制的世系表谱。后形容不按行款格式书写文字。△清·袁枚《答严东有》："华札数行，旁行斜上，有匆匆草草之形。"

【出处】《新论·离事》："太史《三代世表》，旁行邪上，并效周谱。"邪：斜。

曲突徙薪

曲：弯曲；突：烟囱；徙：迁移；薪：柴火。把烟囱改成弯曲的，把灶旁的柴火搬走。比喻事先采取措施，防止发生灾祸。△唐·杜牧《李给事》诗："曲突徙薪人不会，海边今作钓鱼翁。"

【出处】《新论·见征》："淳于髡至邻家，见其灶突之直，而积薪在旁，曰：'此且有火灾。'即教使更为曲突，而远徙其薪。"

【辨正】一说，语出《汉书·霍光传》。《新论》作者是东

汉桓谭（公元前？～公元56年），《汉书》作者是东汉班固（公元32～公元92年）。班固著《汉书》时，桓谭已不在人世。当以《新论》为源。

《论衡》

白日见鬼

比喻精神错乱，神魂颠倒。后形容事情离奇古怪。△1.宋·岳珂《桯史》二："然恨无刀圭药，疗君白日见鬼症耳。"2.明·吴承恩《西游记》二一："这两日白日里见鬼！那个化风去的老儿是谁？"

【出处】《论衡·订鬼》："昼日则鬼见，暮卧则梦闻。"见：现。

【辨正】一说，语出宋·陆游《老学庵笔记》六："工屯虞水，白日见鬼。"《论衡》是东汉王充（公元27～公元约97年）的论著，早于陆游（公元1125～公元1210年）一千一百余年。

闭目塞听

闭上眼睛，堵住耳朵。形容对外界事物不闻不问。△毛泽东《实践论》："一个闭目塞听，同客观外界根本绝缘的人，是无所谓认识的。"

【出处】《论衡·自纪》："闭明塞聪，爱精自保。"明：眼睛；聪：耳朵；精：精神。

不可多得

形容人或事物不同寻常，非常难得。△宋·阮阅《诗话总龟前集》三引《广卓异记》："辞清意足，不可多得。"

【出处】《论衡·超奇》："著文者历世希然……譬珠玉不可多得，以其珍也。"希：稀。

堆金积玉

黄金和美玉堆积起来。指占有大量财富。△明·沈璟《义侠记·再创》："又愿我兴家计，堆金积玉，换套穿衣。"

【出处】《论衡·命禄》："积金累玉，未必陶朱之智。"陶朱：陶朱公，春秋时范蠡的别号。

【辨正】一说，语出唐·韩愈《华山女》诗："堆金叠玉光青荧。"《论衡》是东汉王充（公元27～公元约97年）的论著，早于韩愈（公元768～公元824年）七百余年。

鸡犬升天

淮南王刘安的鸡和狗，吃了他剩的仙药也得道成仙，升入天界。后比喻平庸的人倚仗某种势力而发迹。又作"鸡犬登天"。△清·丘逢甲《叠前韵》诗："龙蛇起陆宁关运，鸡犬登天各自才。"

【出处】《论衡·道虚》："儒书言：'淮南王学道……犬吠于天上，鸡鸣于云中。'此言仙药有余，犬鸡食之，皆随王而升天也。"

目光如豆

原指人的眼睛只有豆子那么大，却为人带来光明。后形容眼光短浅。△鲁迅《且介亭杂文二集·"题未定草"》："但可惜的是大抵眼光如豆，抹杀了作者真相的居多，这才是一个'文人浩劫'。"

【出处】《论衡·别通》："眸子如豆，为身光明。"

轻而易举

物体轻，就容易举起来。后形容事情容易做，不用费力。△清·吴趼人《二十年目睹之怪现状》七〇："不如我和你想个法子罢，是轻而易举，绝不费事的不知你可肯做？"

【出处】《论衡·状留》："枯而轻者易举，湿而重者难移也。"

三心二意

形容主意不定。△茅盾《残冬》："不要三心二意了!现在——田，地，都卖得精光，又欠了一身债，这三间破屋也不是自己的，还死守在这里干什么？"

【出处】《论衡·谰时》："非有二心两意，前后相反也。"

无所不包

没有什么不包容的。形容容纳的内容非常丰富。△宋·朱熹《答林择之》："大抵圣人之言，虽浑然无所不包，而学者却要见得中间曲折也。"

【出处】《论衡·别通》："故其于道术，无所不包。"

五风十雨

五天刮一次风，十天下一场

雨。形容风调雨顺。△宋·王炎《丰年谣》诗："五风十雨天时好，又见西郊稻秫肥。"

【出处】《论衡·是应》："五日一风，十日一雨。"

五月飞霜

农历五月下霜。原指无稽之谈。后比喻冤狱。△唐·张说《狱箴》："匹夫结愤，五月飞霜。"

【出处】《论衡·感虚》："当夏五月，仰天而叹，天为陨霜。"陨：落。

心明眼亮

原指心里明白，眼睛就亮。后形容明辨是非，目光尖锐。△老舍《骆驼祥子》一四："咱们弄清楚了顶好，心明眼亮!"

【出处】《论衡·佚文》："心清则眸子瞭。"瞭：眼珠明亮。

疑心生暗鬼

指因疑心而产生的判断错误。△明·吴承恩《西游记》三二："你看他奔上大路，疑心生暗鬼，步步只疑是行者变化了跟住他。"

【出处】《论衡·订鬼》：

"凡天地之间有鬼……皆人思念存想之所致也。"

【辨正】一说，语出宋·吕本中《师友杂志》："尝闻人说鬼怪者，以为必无此理，以为疑心生暗鬼。"《论衡》是东汉王充（公元27～约97年）的论著，早于吕本中（公元1084～1145年）一千余年。

引咎自责

引：拉；咎：过失；责：责备。把过失拉到自己身上，责备自己。△唐·房玄龄《晋书·庾亮传》："亮甚惧，及见侃，引咎自责。"

【出处】《论衡·感类》："引过自责，恐有罪。"过：过失，过错。

郁郁葱葱

郁郁：草木茂密的样子；葱葱：草木苍翠的样子。形容草木茂密苍翠。也比喻气象蓬勃旺盛。△宋·赵德麟《侯鲭录》二："学问文章之气，郁郁葱葱，散于笔墨之间。"

【出处】《论衡·吉验》："城郭郁郁葱葱。"

【辨正】一说，语出《后汉

书·光武帝纪论》："气佳哉，郁郁葱葱然!"《论衡》的作者是东汉王充，《后汉书》的作者是南朝刘宋范晔。当以前者为源。

《白虎通义》

上行下效

行：做；效：仿效。上面的人怎样做，下面的人仿效着也怎样做。△清：李伯元《官场现形记》六〇："只要官怎么，百姓就怎么，所谓上行下效。"

【出处】《白虎通义·三教》："上为之，下效之。"为：做。

【辨正】一说，语出《旧唐书·贾曾传》："上行下效，浸俗将成。"《白虎通义》是东汉班固等人编撰的，《旧唐书》是后晋刘昫等人编撰的。当以前者为源。

《潜夫论》

重规迭矩

规：圆规；矩：矩尺。圆规与圆规重叠，矩尺与矩尺重叠。原比喻前后相符合。后比喻模仿、重复。△清·纪昀《阅微草堂笔记·如是我闻》："与公所论，殆重规迭矩矣。"

【出处】《潜夫论·思贤》："若重规袭矩，稽节符合。"袭：重复，重叠。

【辨正】一说，语出《三国志·郤正传》："动若重规，静若迭矩。"《潜夫论》是东汉王符的论著，《三国志》是晋代陈寿写的史书。当以前者为源。

吠影吠声

吠：狗叫。一条狗见到点影子就叫，一群狗听到声音也叫起来。比喻不明真相，盲目附和。△《鲁迅书信集·致杨霁云》："叭儿们何尝知道什么是民族主义，又何尝想到民族，只要一吠有骨头吃，便吠影吠声了。"

【出处】《潜夫论·贤难》："谚曰：一犬吠形，百犬吠声。"

富贵荣华

荣华：草木开花，借指兴盛、显达。富有显贵，兴盛显达。△清·高鹗《红楼梦》一一五：

"姑娘这样人品，这样人家，将来配个好姑爷，享一辈子的荣华富贵。"

【出处】《潜夫论·论荣》："所谓贤人君子者，非必高位厚禄、富贵荣华之谓也。"

欺世盗名

盗：窃；名：名誉。欺骗世人，窃取名誉。△鲁迅《花边文学·大小骗》："'欺世盗名'者有之，盗卖名以欺世者又有之，世事真也是五花八门。"

【出处】《潜夫论·务本》："偷世窃名以取济渡。"偷世：苟且，不正当。

【辨正】一说，语出宋·苏洵《辨奸论》："固有以欺世而盗名者。"《潜夫论》是东汉王符（公元85～公元162年）的论著，早于苏洵（公元1009～公元1066年）九百余年。

钳口结舌

钳：夹住；结：打结。夹住嘴，把舌头打上结。比喻不敢说话。△《鲁迅书信集·致李秉中》："生人钳口结舌，尚虞祸及，读明末稗史，情形庶几近之。"

【出处】《潜夫论·贤难》："此智士所以钳口结舌，括囊共默而已者也。"

《中论》

有目共睹

睹：看。有眼睛的都看见了。形容非常明显。△鲁迅《集外集拾遗·关于〈小说世界〉》："但小说却也写在纸上，有目共睹的……"

【出处】《中论·贵验》："事著明则有目者莫不见也，有耳者莫不闻也!"

至死不悟

到死也不觉悟，不明白。△宋·胡修《苕溪渔隐丛话前集·五柳先生下》："不知者疲精力，至死不悟。"

【出处】《中论·慎所从》："是以至死而不寤。"寤：悟。

【辨正】一说，语出唐·柳宗元《三戒·临江之麋》："麋至死不悟。"《中论》的作者是东汉徐干（公元171～公元218年），早于柳宗元（公元773～公元819年）六百余年。当以前者为源。

《孔子家语》

博古通今

通晓古今的事情。形容知识渊博。△明·罗贯中《三国演义》三二："丕八岁能属文，有逸才，博古通今，善骑射，好击剑。"

【出处】《孔子家语·观周》："吾闻老聃博古知今。"

楚弓楚得

楚国人丢失了弓，捡到它的仍是楚国人。比喻自己遗失了东西，捡到它的不是外人。△清·文康《儿女英雄传》一七："楚弓楚得，岂有再容它来复去的理？"

【出处】《孔子家语·好生》："楚人失弓，楚人得之，又何求焉？"

金人之箴

金：铜；箴：劝戒。周太祖庙前的铜人，背上有铭文，劝人"慎言"。铜人的劝戒。后比喻闭口不说话。△清·李伯元《官场现形记》二四："说了非但无益，反怕贾祸，所以兄弟只得谨守金人之箴，不敢多事。"

【出处】《孔子家语·观周》："孔子观周，遂入太祖后稷之庙，庙堂右阶之前有金人焉，三缄其口，而铭其背曰：古之慎言人也。"铭：在器物上刻字。

良药苦口，忠言逆耳

好药味道苦，诚恳劝戒的话不顺耳。△晋·陈寿《三国志·孙奋传》："夫良药苦口，惟疾者能甘之；忠言逆耳，惟达者能受之。"

【出处】《孔子家语·六本》："良药苦于口而利于病，忠言逆于耳而利于行。"

薰莸不同器

薰：香草；莸：臭草。香草和臭草不能放在一个器物里。比喻好人和坏人不能共处。△清·蔡元放《东周列国志》三五："朝中……皆里巷市井之徒，胁肩谄笑之辈。见晋公子带领一班豪杰到来，真是'薰莸不同器'了。"

【出处】《孔子家语·致思》；"回闻薰莸不同器而藏，尧桀不共国而治，以其异类也。"

《孔丛子》

大庭广众

形容人很多的公开场合。△鲁迅《且介亭杂文二集·什么是"讽刺"》："习惯了，虽在大庭广众之间，谁也不觉得奇怪。"

【出处】《孔丛子·公孙龙》："使此人广庭大众之中，见侵侮而终不敢斗，王将以为臣乎？"

【辨正】一说，语出《新唐书·张行成传》："奚用大庭广众与之量较。"《孔丛子》或是秦末孔鲋编，或是三国王肃编，都早于唐代。

《文中子》

大厦将倾

大厦：高大的房屋；倾：倒。

高大的房屋快要倒了。比喻局势动荡，即将崩溃。△丁玲《太阳照在桑干河上》三七："从去年她娘家被清算起，她就感到风暴要来，就感到有大厦将倾的危机。"

【出处】《文中子·事君》："大厦将倾，非一木所支也。"

理所当然

然：这样。按道理应当是这样。△郭沫若《学生时代·创造十年续篇》："那也是理所当然。一个人要真正有了余力，然后才能顾到邻人。"

【出处】《文中子·魏相》："非辩也，理当然尔。"

一木难支

支：支撑。一根木头难于支撑快要倒塌的房屋。比喻一个人难以维持艰危的局势，一个人不能胜任艰巨的事业。△清·王城《提督陈忠愍公殉节诗》："一木难支大厦倾，将军殉节万民惊。"

【出处】《文中子·事君》："大厦将倾，非一木所支也。"

第五部分

历史著作

《国语》

兵在其颈

兵：兵器。刀架在脖子上。比喻危险已逼近。△清·蔡元放《东周列国志》一五："此辈兵已在颈，尚欲累人耶？"

【出处】《国语·周语中》："兵在其颈，其邻至之谓乎。"

不可方物

方：别。原指不能识别。后也形容无可比拟。△清·赵翼《瓯北诗话》五："东坡自成一家，不可方物。"

【出处】《国语·楚语下》："民神杂糅，不可方物。"

不知所终

终：结局。不知道结局或下落。△宋·李昉《太平广记》引《河东记》："二人相与恸哭，即更炼心修行。后亦不知所终。"

【出处】《国语·越语下》："遂乘轻舟以浮于五湖，莫知其所终极。"

从善如登，从恶如崩

学好像登山一样困难，学坏像山倒塌一样快。△汉·张纮《为孙会稽责袁术僭号书》："传曰：从善如登，从恶如崩。言善之难也。"

【出处】《国语·周语下》："谚曰：'从善如登，从恶如崩。'"韦昭注："如登，喻难；如崩，喻易。"

道路以目

在路上相遇而不敢交谈，只能用眼睛示意。形容人们对残暴统治的恐惧。△鲁迅《止哭文学》："此后要防的是'道路以目'了，我们等待着遮眼文学罢。"

【出处】《国语·周语上》："国人莫敢言，道路以目。"

股掌之上

大腿上和手掌上。比喻控制和操纵的范围。△宋·葛胜中《贺收复燕山府表》："救民水火之中，玩敌股掌之上。"

【出处】《国语·吴语》："大夫种勇而善谋，将还玩吴国于股掌之上，以得其志。"注：

"还，转也；玩，弄也。"

狐埋狐搰

搰：掘。狐狸刚把捕到的小禽兽埋好，又不放心地掘出来看看。比喻疑虑过多，反复无定。△朱作霖《红楼文库》："若三姐固钟情于湘莲，及（湘莲）狐埋狐搰，及遂刎颈见志，是更情之志也。"

【出处】《国语·吴语》："夫谚曰：'狐埋之而狐搰之，是以无成功。'"

积重难返

指长期形成的不良风气不容易扭转。△清·赵翼《廿二史札记》八："晋人虚伪之习……风气所趋，积重难返，直至隋平陈之后，始扫除之。"

【出处】《国语·晋语一》："重，无乃难迁乎？"

集苑集枯

集：止；苑：茂盛的树。有的鸟停在茂盛的树上，有的鸟停在枯树上。比喻境遇不同，志趣等也不同。△元·姚燧《牧庵集》二："谓人集菀而已集枯。"菀：苑。

【出处】《国语·晋语二》：

"人皆集于苑，己独集于枯！"

疥癣之疾

比喻无碍大局的微小祸害。△明·罗贯中《三国演义》八七："且雍闿等乃疥癣之疾，丞相只须遣一大将讨之，必然成功。"

【出处】《国语·吴语》："夫齐鲁譬诸疾，疥癣也。"

匹夫之勇

匹夫：一个人。形容不讲智谋而单凭个人体格强悍的勇力。△明·罗贯中《三国演义》二五："徒欲赴汤蹈火，以成匹夫之勇，安得为义？"

【出处】《国语·越语上》："吾不欲匹夫之勇也。"

【辨正】一说，语出《后汉书·荀彧传》："颜良，文丑匹夫之勇，可一战而擒也。"《国语》为春秋左丘明著，《后汉书》为南朝范晔著。考其源，为《国语》。

起死人而肉白骨

起死人：使死人重新站起来；肉白骨：让白骨重新长出肉。指把死人救活。比喻给人极大的恩惠。△清·蔡元放《东周列国志》

八一："先生之来，实出天赐。如
起死人而肉白骨，孤敢不奉教！"

【出处】《国语·吴语》：
"君王之于越也，繄起死人而肉白
骨也。"繄：是。

人面兽心

人的面貌，野兽的心肠。原指
野性未除，不懂礼义。后形容人狠
毒残忍。△清·李伯元《官场现形
记》一六："你当他做了官就换了
人，其实这里头的人，人面兽心的
多得很哩。"

【出处】《国语·越语下》：
"余虽靦然而人面哉，吾犹禽兽
也。"靦：人脸。

【辨正】一说，语出《晋
书·孔严传》："皆人面兽心，贪
而无亲。"早在《汉书》中，已有
四字格的"人面兽心"，都以《国
语》为源。

如火如荼

荼：茅草的白花。有的像一片
火，有的像一片白花。原比喻军容
盛大。后比喻气氛或气势旺盛、热
烈。△郭沫若《革命春秋·北伐途
次》："讲台上如火如荼的演说，
各种音乐队的演奏，把那广大的跑

马场化成了一片澎湃的大海。"

【出处】《国语·吴语》：
"万人以为方阵，皆白裳、白旂、
素甲、白羽之矰，望之如荼……左
军亦如之，皆赤裳、赤旂、丹甲、
朱羽之矰，望之如火。"

三衅三浴

衅：熏香。三次熏香，三次沐
浴。形容接待人的礼节十分隆重、
尊敬。△清·蔡元放《东周列国
志》一六："鲍叔方仍送管夷吾于
郊外公馆之中。至期，三浴而三衅
之。"

【出处】《国语·齐语》：
"比至，三衅三浴之，桓公亲逆之
于郊。"逆：迎。

时不再来

时：时机。时机一错过就不
会再来了。△《新唐书·武平一
传》："故月满必亏，日中则移，
时不再来，荣难久藉。"

【出处】《国语·越语下》：
"得时无怠，时不再来。"

贪贿无艺

艺：限度。贪污受贿没有
限度。△毛泽东《向国民党的十

点要求》："杀人如麻，贪贿无艺……"

【出处】《国语·晋语八》："骄泰奢侈，贪欲无艺。"

玩于股掌

玩弄于大腿上和手掌上。比喻把人控制在手里，任意摆布。△明·朱之瑜《中原阳九述略》："先年李宁远以奴隶儿子畜之，玩之掌股……"

【出处】《国语·吴语》："大夫种勇而善谋，将还玩吴国于股掌之上，以得其志。"

谿壑无厌

谿壑：两山之间的大沟；厌：满足。两山之间的大沟填不满。比喻贪心极大，难以满足。△明·叶盛《陆放翁家训》："世之贪夫，谿壑无餍。"

【出处】《国语·晋语》："谿壑可盈，是不可餍也，必以贿死。"餍：厌。

休戚相关

休：福，欢乐；戚：祸，忧愁。形容彼此利害一致，同欢乐共忧患。△清·李伯元《官场现形记》二三："然而他是河台的红人更比别人休戚相关，听了哪有不着急的？"

【出处】《国语·周语下》："为晋休戚，不背本也。"

炎黄子孙

炎黄：上古时代的炎帝神农氏和黄帝轩辕氏，代表中华民族的祖先。炎帝和黄帝的后代。△清·丘逢甲《少瀛以诗龄自寿诗索和走笔书此》诗："谁非黄炎之子孙，九天忍令呼无门！"

【出处】《国语·周语下》："皆黄炎之后也。"

养虺成蛇

虺：小蛇。把小蛇养成大蛇。比喻纵容敌对势力，给自己造成严重威胁。△晋·陈寿《三国志·吴主传》注引《魏略》："骄纵吴、楚，养虺成蛇，既为社稷大忧。"

【出处】《国语·吴语》："为虺弗摧，为蛇将若何？"

有过之无不及

只有超过的，没有比不上的。△清·夏敬渠《野叟曝言》八五："汾阳八子七婿，世所艳称，文先生年未三十，已举四子……将来绕膝之祥，但有过之无不及也。"

【出处】《国语·周语中》："是三子也，吾又过于四之无不及。"

终焉之志

终：死。一直到死的志向。形容终生不变的志向。△唐·姚思廉《梁书·刘慧斐传》："游于匡山，遇处士张孝秀，相得甚欢，遂有终焉之志。"

【出处】《国语·晋语四》："而知文公之安齐而有终焉之志也。"

众口铄金

铄：熔化。众口一词，可以熔化黄金。比喻舆论的力量极大。△《鲁迅书信集·致李小峰》："然众口铄金，危邦宜慎，所以我现在也不住在旧寓里了。"

【出处】《国语·周语下》："故谚曰：'众心成城，众口铄金。'"

众志成城

志：心意；城：城墙。大家一条心，就成为一道城墙。比喻团结

一致能形成巨大的力量。△清·梁章钜《归田琐记》二："果能众志成城，则又何炮之不可用乎？"

【出处】《国语·周语下》："故谚曰：'众心成城，众口铄金。'"

《战国策》

安步当车

安：安稳。慢慢地步行，就当作乘车。△阿英《晚清文学丛钞·中国现在记》七："一到下午，便一个人安步当车，出门逍遥自在去了。"

【出处】《战国策·齐策四》："晚食以当肉，安步以当车，无罪以当贵。"

安然无恙

安：平安；恙：病。形容人很平安。也形容事物没有受到损害。△1.郭沫若《海涛集·我是中国人》："横田家也是安然无恙的。"2.清·李汝珍《镜花缘》五一："谁知别的衣箱都安然无恙……就只豆面这只箱子不知去

向。"

【出处】《战国策·齐策四》："岁亦无恙耶？民亦无恙耶？王亦无恙耶？"

安如泰山

安：安稳。稳固得像泰山一样。△明·罗贯中《三国演义》四五："亮虽居虎口，安如泰山。"

【出处】《战国策·秦策五》："其宁于太山四维。"宁：安；太山：泰山。

【辨正】一说，语出汉·枚乘《上书谏吴王》："易于反掌，安于泰山。"枚文收于东汉班固撰写的《汉书》，而《战国策》为西汉刘向编订。应以《战国策》为源。

百步穿杨

杨：柳树。隔一百步之远，能射穿柳叶。形容射箭技术极高超。△明·罗贯中《三国演义》五三："带箭回寨，方知黄忠有百步穿杨之能。"

【出处】《战国策·西周策》："楚有养由基者。善射；去柳叶者百步而射之，百发百中。"

百发百中

发：射。射一百次，命中一百次。形容射箭技术高超。后也比喻做事有充分把握，决不落空。△1.明·施耐庵《水浒传》七〇："善会飞石打人，百发百中……"2.清·刘鹗《老残游记》一："若要此病不发，也没有什么难处，只须依着古人方法，那是百发百中的。"

【出处】《战国策·西周策》："楚有养由基者，善射；去柳叶者百步而射之，百发百中。"

卑辞重币

卑：谦恭；币：礼物。说话谦恭，礼物厚重。形容对人有所求的情状。△清·蔡元放《东周列国志》三三："君诚不惜卑词厚币以求诸侯于楚，楚必许之。"

【出处】《战国策·秦策三》："楚赵附则齐必惧，惧必卑辞重币以事秦。"

伯乐一顾

伯乐：战国时代著名的相马专家；顾：看。被伯乐看了一眼。后比喻为权威人士所看中。△宋·王观国《学林·铜斗》："凡物不以美恶，稍为名士所称遂以可贵……所谓伯乐一顾，其价十倍。"

【出处】《战国策·燕策二》："人有卖骏马者……伯乐乃还而视之，去而顾之。"

不可同日而语

不能放在同一时间谈论。指相差悬殊，不能相比，不能相提并论。△鲁迅《南腔北调集·上海的少女》："应该以饥民的掘食草根树皮为比例，和富户豪家的纵恣的变态是不可同日而语的。"

【出处】《战国策·赵策二》："夫破人之与破于人也，臣人之与臣于人也，岂可同日而言之哉？"

不谋而合

谋：商议。不经商议而意见一致。后形容思想、情趣等相合。△清·曾朴《孽海花》一二："你们听这番议论，不是与剑云的议论，倒不谋而合的。"

【出处】《战国策·中山策》："不约而亲，不谋而信。"信：投合。

【辨正】一说，语出宋·苏

轼《居士集序》："士无贤不肖，不谋而同曰：'欧阳子今之韩愈也。'"苏轼比刘向晚了一千余年，当然应以《战国策》为源。

不遗余力

遗：留。毫无保留地用出全部力量。△宋·郑兴裔《跋高宗皇帝赐世父手札》："访求法书名画，不遗余力。"

【出处】《战国策·赵策三》："秦之攻我也，不遗余力矣。"

【辨正】一说，语出《史记·平原君虞卿列传》："秦不遗余力矣，必且欲破赵军。"这里，司马迁取材于《战国策》，当以《战国策》为源。

侧目而视

斜着眼睛看。指不敢正眼看人。原形容敬畏的神态。后也形容愤恨的神情。△清·刘鹗《老残游记》三："诸君记得当年常剥皮做兖州府的时候，何尝不是这样？总是做的人人侧目而视就完了。"

【出处】《战国策·秦策一》："妻侧目而视，倾耳而听。"

长驱直入

驱马向很远的地方径直而入。形容军队迅速而顺利地挺进。△郭沫若《革命春秋·北伐途次》："我根据数日来的长驱直入,满相信着先头部队是已经进了武昌。"

【出处】《战国策·燕策二》:"轻卒锐兵,长驱至国。"

尺寸之功

形容微小的功效。又作"尺寸之效"。△明·沈德符《万历野获编》一七:"其抚淮阳,正值倭难,积劳中暍,尽瘁军中,终无尺寸之效。"

【出处】《战国策·燕策一》:"夫民劳而实费,又无尺寸之功。"

弹丸之地

比喻极狭小的地方。△明·罗贯中《三国演义》七六:"且荆州九郡,俱已属彼,止有麦城,乃弹丸之地……"

【出处】《战国策·赵策三》:"此弹丸之地,犹不予也。"

得寸得尺

得到一点是一点。指无论得到多少,总比一点得不到强。△清·梁启超《新中国未来记》:"得寸得尺,聊胜于无。"

【出处】《战国策·秦策三》:"得寸则王之寸,得尺亦王之尺也。"

颠倒是非

把是说成非,把非说成是。△郭沫若《沸羹集·历史·史剧·现实》:"历史并非绝对真实,实多舞文弄墨,颠倒是非……"

【出处】《战国策·赵策二》:"以是为非,以非为是。"

【辨正】一说,语出唐·韩愈《施先生墓铭》:"笺注纷罗,颠倒是非。"韩愈只将《战国策》中的文字变成四字格,不为其源。

返璞归真

璞:未经琢磨的玉。回复纯真。△鲁迅《花边文学·玩笑只当它玩笑》下:"他……连刘先生似的想白话'返璞归真'的意思也全没有……"

【出处】《战国策·齐策四》:"斶知足矣,归真反璞,则终真不辱也。"斶:颜斶,战国时齐人。反:返。

扶老携幼

携：拉，领。扶着老人，拉着孩子。△明·罗贯中《三国演义》三二："果见城门开处，百姓扶老携幼，手持白旗而出。"

【出处】《战国策·齐策四》："民扶老携幼，迎君道中。"

高枕无忧

无忧无虑地垫高枕头睡大觉。△明·罗贯中《三国演义》五："吾有奉先，高枕无忧矣。"

【出处】《战国策·齐策四》："狡兔有三窟。今君有一窟，未得高枕而卧也。"

公子王孙

指贵族、官僚的子弟。△明·施耐庵《水浒传》一六："农夫心内如汤煮，公子王孙把扇摇。"

【出处】《战国策·楚策四》："不知夫公子王孙左挟弹，右摄丸，将加己乎十仞之上。"

画蛇添足

比喻多此一举，反而把事情弄糟了。△明·罗贯中《三国演义》一一〇："将军功绩已成，声威大震，可以止矣。今若前进，倘不如意，正如'画蛇添足'也。"

【出处】《战国策·齐策二》："请画地为蛇，先成者饮酒。一人蛇先成……曰：'吾能为之足。'未成，一人之蛇成，夺其卮曰：'蛇固无足，子安能为之足。'遂饮其酒。为蛇足者，终亡其酒。"

积少成多

积累少量的东西，逐渐数量很多。△宋·欧阳修《再辞侍读学士状》："积少成多，有加无损，遂至不胜其弊。"

【出处】《战国策·秦策四》："于是夫积薄而为厚，聚少而为多。"

嫁祸于人

把祸患转嫁给别人。指把本应由自己承受的祸患推到别人身上。△唐·李延寿《南史·阮孝绪传》："己所不欲，岂可嫁祸于人。"

【出处】《战国策·赵策一》："且夫韩之所以内赵者，欲嫁其祸也。"内：纳。

【辨正】一说，语出《史记·赵世家》："韩氏所以不入于秦者，欲嫁祸于赵也。"这里，司马迁取材于《战国策》，以《战国策》为源。

肩摩毂击

毂：车轮的中心部分，借指车轮。肩膀蹭着肩膀，车轮碰着车轮。形容行人车辆往来拥挤。又作"毂击肩摩"。△清·李伯元《官场现形记》八："只见这弄堂里面，熙来攘往，毂击肩摩……"

【出处】《战国策·齐策一》："临淄之途，车毂击，人肩摩。"

见兔顾犬

顾：回头。看到了兔子，才回头唤狗追捕。比喻事到临头才急忙采取措施。△清·刘坤一《复黎召民》："与其见兔顾犬，何如曲突徙薪，谋之于预乎！"

【出处】《战国策·楚策四》："见兔而顾犬，未为晚也。"

交浅言深

与交情浅的人深谈。△明·冯梦龙《警世通言》三二："小弟乍会之间，交浅言深，诚恐见怪。"

【出处】《战国策·赵策四》："服子曰：'……交浅而言深，是乱也。'客曰：'不然……交浅而言深，是忠也。'"

狡兔三窟

狡猾的兔子有三个洞穴。比喻有多处藏身的地方或多种避祸的方法。△阿英《晚清文学丛钞·官场维新记》一五："万一舍弟日后进京，财政处的差使又脱了空，这时狡兔三窟之计，也是不可少的。"

【出处】《战国策·齐策四》："狡兔有三窟。"

桀犬吠尧

桀：夏朝最后一个统治者，历史上著名的暴君；尧：上古时代一个帝王，被视为明主。夏桀的狗向尧狂吠。比喻走狗一心为其主子效劳。△清·蔡元放《东周列国志》三六："当初奉献公之命，去伐蒲城，又奉惠公所差，去刺重耳，这里桀犬吠尧，各为其主。"

【出处】《战国策·齐策六》："跖之狗吠尧，非贵跖而贱尧也，狗固吠非其主也。"跖：春秋时代奴隶起义的领袖，被统治阶

中华成语探源

典藏珍本 中华国学精粹

级视为盗贼。

惊弓之鸟

受过箭伤，一听见弓弦声就害怕的鸟。比喻受过惊吓，有一点动静就害怕的人。△《鲁迅书信集·致台静农》："近来谣言大炽，四近居人，大抵迁徙，景物颇已寂寥，上海人已是惊弓之鸟……"

【出处】《战国策·楚策四》："故疮未息，而惊心未去也。闻弦音，引而高飞，故疮陨也。"

旷日持久

旷：耽误，荒废。耽误时日，拖得很久。又作"旷日弥久"。弥，久。△《清史稿·宣统皇帝纪》："湘鄂则开局多年……恐旷日弥久，民累愈深，上下交受其害。"

【出处】《战国策·赵策三》："今取古之为万国者，分以为战国七，能具数十万之兵，旷日持久。"

连鸡之势

连鸡：用绳子拴在一起的鸡。比喻行动不一致而又互相牵制的局势。△明·李清《三垣笔记》：

"而刘、黄诸将……汹汹为连鸡之势，动曰不和。"

【出处】《战国策·秦策一》："诸侯不可一，犹连鸡之不能俱止于栖。"

两败俱伤

争斗的双方都受到损伤。△清·李伯元《官场现形记》四八："倘若大人再要回护他三人，将来一定两败俱伤，于大人反为无益。"

【出处】《战国策·秦策二》："今两虎争人而斗，小者必死，大者必伤。"

两虎相斗

比喻两个强者互相争斗。△明·李清《三垣笔记》："必不肯舍词林就科，两虎相斗，遂至俱败。"

【出处】《战国策·秦策二》："今两虎争人而斗。"

门庭若市

庭：庭院；市：集市。门前和庭院里好像集市一样。形容来人众多。△老舍《四世同堂》七〇："粉妆楼有许多朋友，一天到晚门庭若市。"

【出处】《战国策·齐策

412

一》：“群臣进谏，门庭若市。”

米珠薪桂

薪：柴。米如珍珠，柴如桂木。比喻物价昂贵。△明·冯梦龙《古今小说》五：“但长安乃米珠薪桂之地，先生资斧既空，将何存立？”

【出处】《战国策·楚策三》："楚国之食贵于玉，薪贵于桂。"

民不聊生

聊：依赖。百姓没有赖以生存的条件。形容百姓没有办法生活下去。△鲁迅《集外集拾遗·娘儿们也不行》："明朝的魏忠贤是个太监——半个女人，他治天下的时候，弄得民不聊生。"

【出处】《战国策·秦策四》："百姓不聊生，族类离散。"

【辨正】一说，语出《史记·春申君列传》："人民不聊生，族类离散。"这里，司马迁取材于《战国策》，以《战国策》为源。

末路之难

最后一段路很难坚持。比喻事情越到最后越难做。也比喻保持晚节很不容易。△1.宋·王子俊《谢加龙图制因任》："鼠技已穷，深虞末路之难，并使前功之废。"2.元·脱脱《宋史·赵蕃传》："既耄，犹虞末路之难，命所居曰'难斋'。"

【出处】《战国策·秦策五》："诗云：'行百里者半于九十。'此言末路之难。"

南辕北辙

辕：车前驾牲畜的两根直木；辙：车轮走过的痕迹。车头朝南而车辙往北。比喻行动与目的相反。也指方向相反的路程。△1.茅盾《杂谈文艺现象》："如果一方面盼望有功于'世道人心'的文艺，而同时又不许文艺作品带着强心和清泻的药品，这何异南辕北辙？"2.清·杨潮观《吟风阁杂剧·华表柱延陵挂剑》："所恨南辕北辙，天各一方。"

【出处】《战国策·魏策四》："今者臣来，见人于大行，方北面而持其驾，告臣曰：'我欲之楚。'"

宁为鸡口，无为牛后

宁可作鸡的嘴，不作牛尾巴。

比喻宁愿在小地方自主，不愿在大地方受人支配。△明·张凤翼《红拂记·俊杰知时》："我与你相从几年，你岂不识我，大丈夫宁为鸡口，毋为牛后。"

【出处】《战国策·韩策一》："臣闻鄙语曰：'宁为鸡口，无为牛后。'"

怒形于色

愤怒显露在脸色上。△明·凌濛初《初刻拍案惊奇》一〇："太守见他言词反复，已自怒形于色。"

【出处】《战国策·赵策三》："赵王不说，形于颜色。"说：悦。

排难解纷

排除危难，解决纷争。后形容调解纠纷，平息事端。△明·施耐庵《水浒传》一八："且好做方便，每每排难解纷，只是周全人性命。"

【出处】《战国策·赵策三》："所贵于天下之士者，为人排患释难解纷乱而无所取也。"

被山带河

被：披。靠着山，环着河。

指易守难攻的地理形势。△清·蔡元放《东周列国志》三："夫镐京……被山带河，沃野千里，天下胜形，莫过于此。"

【出处】《战国策·楚策一》："被山带河，四塞以为固。"

泣数行下

泪水流下几行。形容泪水止不住地流。△明·袁宏道《解脱集》三："相与悲歌感慨，泣数行下。"

【出处】《战国策·楚策一》："安陵君泣数行下。"

千金市骨

市：买。用千金买骏马的尸骨。比喻高价罗致人才。△宋·黄庭坚《咏李伯时摹韩干三马》诗："千金市骨今何有，士或不价五羖皮。"

【出处】《战国策·燕策一》："死马且买之五百金，况生马乎？"

前功尽弃

从前的成绩全部废弃。△鲁迅《牺牲谟》："因为一个人最要紧的是'晚节'，一不小心，可就前功尽弃了！"

【出处】《战国策·西周策》："一攻而不得，前功尽灭，不若称病不出也。"

【辨正】一说，语出《史记·周本纪》："一举不得，前功尽弃，公不如称病而无出。"这里，司马迁取材于《战国策》，以《战国策》为源。

前倨后恭

倨：傲慢。以前傲慢，后来恭敬。形容对人态度由坏变好。△明·吴承恩《西游记》五一："不是甚前倨后恭，老孙于今是没棒弄了。"

【出处】《战国策·秦策一》："嫂，何前倨而后卑也？"卑：卑谄，低声下气地阿谀奉迎。

【辨正】一说，语出《史记·苏秦列传》："何前倨而后恭也？"这里，司马迁取材于《战国策》，以《战国策》为源。

前事不忘，后事之师

师：学习的榜样。不忘以前的经验教训，作为今后的借鉴。△唐·陈子昂《谏刑书》一："古人云：'前事之不忘，后事之师。'伏愿陛下念之。"

【出处】《战国策·赵策一》："前事之不忘，后事之师。"

切齿腐心

切齿：咬牙；腐心：痛心之极。形容愤恨到极点。△明·孙传庭《省罪录》："然以短角长，势处必败；欲行训练，而故在内地，日肆攻掠，岂能少待？此臣所以切齿腐心。"

【出处】《战国策·燕策三》："此臣日夜切齿腐心也。"

【辨正】《史记·刺客列传》："此臣之日夜切齿腐心也。"这里，司马迁取材于《战国策》，以《战国策》为源。

轻于鸿毛

鸿：大雁。比大雁的羽毛还轻。比喻价值极小。△明·朱之瑜《灭虏之策》："遇此千万年难遇之期，而弃之轻于鸿毛，吾谓智者之所不为也。"

【出处】《战国策·楚策四》："是以国权轻于鸿毛，而积祸重于丘山。"

请自隗始

隗：郭隗，战国时燕国人。任用人才，请从郭隗开始。后比喻自告奋勇，自愿带头。△唐·韩愈《与于襄阳书》："阁下将求之而未得欤！古人有言：请自隗始。"

【出处】《战国策·燕策一》："今王诚欲致士，先从隗始。"

【辨正】一说，语出《史记·燕召公世家》："王必欲致士，请自隗始。"这里，司马迁取材于《战国策》，以《战国策》为源。

裘弊金尽

裘：皮袍；弊：破败。皮袍穿破了，钱用完了。比喻境况困难。△清·王韬《淞滨琐话·刘淑芬》："他日裘弊金尽，悔之晚矣。"

【出处】《战国策·秦策一》："黑貂之裘弊，黄金百斤尽。"

三人成虎

三个人说集市上有老虎，听的人就信以为真。比喻说的人多了，就能使人相信谣言。△明·李诩《海山覆败》："上官亦骇于耳目，三人成虎，不能免也。"

【出处】《战国策·魏策二》："夫市之无虎，明矣；然而三人言而成虎。"

三至之谗

三次到身边来说的谗言。比喻反复散布而产生了恶劣影响的流言飞语。△唐·钱起《送李明府去官》诗："谤言三至后，直道叹何如。"

【出处】《战国策·秦策二》："人告曾子母曰：'曾参杀人。'曾子之母曰：'吾子不杀人。'织自若。有顷焉，人又曰：'曾参杀人。'其母尚织自若也。顷之，一人又告之曰：'曾参杀人。'其母惧，投杼逾墙而走。"

身败名裂

身：人品。人品和名誉败坏了。△清·陈康祺《郎潜纪闻三笔》一："而邪说得以乘其虚，至身败名裂而后已，可不惧乎！"

【出处】《战国策·齐策六》："功败名灭，后世无称，非知也。"知：智。

身首异处

身子和头分在不同的地方。指被杀头而死。△阿英《晚清文学丛钞·糊涂世界》九："可怜这六个人，做梦也不曾想到，竟不明不白的身首异处了。"

【出处】《战国策·秦策四》："首身分离，暴骨草泽。"

声价十倍

名声大大提高，价钱增加了十倍。后形容名誉和地位大大提高。△唐·李白《与韩荆州书》："登龙门，则声价十倍。"

【出处】《战国策·燕策二》："一旦而马价十倍。"旦：早晨。

食不甘味，寝不安席

吃饭没有滋味，睡觉不能安于枕席。形容心里有事而吃不下饭、睡不好觉。△三国·诸葛亮《后出师表》："臣受命之日，寝不安席，食不甘味。"

【出处】《战国策·秦策三》："今也，寡人一城围，食不甘味，卧不便席。"

势不两立

不能同时存在的态势。形容双方矛盾尖锐。△鲁迅《两地书》六六："因为这两件事是势不两立的：作文要热情，教书要冷静。"

【出处】《战国策·楚策一》："楚强则秦弱，楚弱则秦强，此其势不两立。"

四分五裂

分散破裂，不完整，不统一。△老舍《四世同堂》三二："老人们宁可马上死去，也不愿看家中四分五裂的离散。"

【出处】《战国策·魏策一》："此所谓四分五裂之道也。"

泰山鸿毛

鸿毛：大雁的羽毛。比喻一重一轻，相差悬殊。△清·李聿求《鲁之春秋》七："人谁无死兮，鸿毛泰岳。"

【出处】《战国策·楚策四》："是以国权轻于鸿毛，而积祸重于丘山。"

天崩地裂

原指帝王死去。后形容声响巨大。也比喻声势猛烈。△1.明·施耐庵《水浒传》六四："旁边一声锣响，众军喊动，如天崩地塌，山倒江翻……"2.明·罗贯中《三国演义》七一："黄忠一马当先，驰下山来，犹如天崩地塌之势。"

【出处】《战国策·赵策三》："天崩地坼，天子下席。"坼：裂开。

天府之国

天府：天上的府第。指地势险要、土地肥沃、物产丰富的地方。△明·罗贯中《三国演义》三八："益州险塞，沃野千里，天府之国。"

【出处】《战国策·秦策一》："沃野千里，蓄积饶多，地势形便，此所谓天府，天下之雄国也。"

同甘共苦

甘：甜，比喻幸福。共同享受幸福，共同承担艰苦。△《新编五代史平话》："李周尽心拒守，每与士卒同甘共苦。"

【出处】《战国策·燕策一》："燕王吊死问生，与百姓同其甘苦。"

痛入骨髓

痛苦深入到骨头里。形容极度伤心苦恼。△唐·李百药《北齐书·封隆之传》："国耻家怨，痛入骨髓。"

【出处】《战国策·燕策三》："吾每念，常痛于骨髓。"

图穷匕首见

穷：尽；见：现。把地图展到尽头，露出了匕首。战国时，荆轲为燕国太子丹刺杀秦王，以献地为名，把匕首卷在地图里。比喻事情发展到最后，露出了真相或本意。△清·梁启超《中国前途之希望与国民责任》："吾子言及此，则几于图穷而匕首见矣。"

【出处】《战国策·燕策三》："发图，图穷而匕首见。"

亡羊补牢

亡：丢失；牢：牲口圈。丢失了羊，才修补羊圈。比喻受到损失后设法补救，以免再受损失。△宋·陆游《秋兴》八："亡羊补牢理所宜。"

【出处】《战国策·楚策四》："亡羊而补牢，未为迟也。"

危如累卵

危险得如同叠起来的鸡蛋，随时都可能倒下来打碎。比喻情况极危险。△明·施耐庵《水浒传》六二："大名危如累卵，破在旦夕……"

【出处】《战国策·赵策一》："君之立于天下，危于累卵。"

相持不下

互相对抗，不肯让步。△北齐·魏收《魏书·裴良传》："时南绎蜀陈双炽等聚众反，自号建始王，与大都督长孙稚、宗正珍孙等相持不下。"

【出处】《战国策·魏策四》："秦、赵久相持于长平之下而无决。"

行百里者半九十

要走一百里路，走了九十里只算走了一半路程。比喻做事越接近成功越困难。△宋·陈亮《酌古论二》："语曰：'行百里者半于九十'，

故夫古之智者，尝尽心于垂成之际也。"

【出处】《战国策·秦策五》："诗云：'行百里者半于九十。'"

一举两得

做一件事情得到两个好处。△清·李伯元《官场现形记》六〇："又上了桌台衙门，又替首府大人站了出班，真正一举两得。"

【出处】《战国策·秦策一》："取其地，足以广国也；得其财，足以富民……是我一举而名实两附。"

【辨正】一说，语出《东观汉记·耿弇传》："吾得临淄，即西安孤，必覆亡矣。所谓一举而两得者也。"《东观汉记》是东汉官修本朝纪传体史书，《战国策》是战国时代游说之士的策谋、言论汇编，当以《战国策》为源。

一瞑不视

瞑：闭眼。闭上眼睛，不再睁开。指死亡。△鲁迅《集外集·斯巴达之魂》："结怒欲冲冠之长发，以示一瞑不视之决志。"

【出处】《战国策·楚策

一》："一瞑而万世不视。"

一去不复返

一去就不再回来。△唐·崔颢《黄鹤楼》诗："黄鹤一去不复返，白云千载空悠悠。"

【出处】《战国策·燕策三》："风萧萧兮易水寒，壮士一去兮不复还！"

【辨正】一说，语出《史记·刺客列传》。这里，司马迁取材于《战国策》，以《战国策》为源。

一至于此

一：竟。竟然到了这个地步。形容极好或极坏。△《宋人百家小说·东坡三诗》："句语之妙，一至于此！"

【出处】《战国策·齐策一》："靖郭君之于寡人一至此乎！"

倚门倚闾

闾：里巷的门。靠着门盼望子女归来。形容父母盼望子女归来的殷切心情。△清·黄遵宪《别赖云芝同年》："倚门倚闾久相望。"

【出处】《战国策·齐策

六》："女朝出而晚来，则吾倚门而望；女暮出而不还，则吾倚闾而望。"女：汝，你。

异口同声

不同的人说相同的话。形容众人的说法一致。△明·冯梦龙《醒世恒言》二〇："侯爷见异口同声，认以为实。"

【出处】《战国策·齐策一》："言章子之败者，异人而同辞。"

【辨正】一说，语出《宋书·庾炳之传》："今之事迹，异口同音。""异口同音"与"异人同辞"同义，以《战国策》为源。

与世无争

与世人没有纷争。形容不求名利的处世态度。△鲁迅《且介亭杂文末编·〈译文〉复刊词》："不过这与世无争的小小的期刊，终于不能不在去年九月，以'终刊号'和大家告别了。"

【出处】《战国策·楚策四》："自以为无患，与人无争也。"

羽毛未丰

丰：满。鸟的羽毛还没有长

全。比喻人还没有成熟，力量还不够壮大。△鲁迅《二心集·"硬译"与"文学的阶级性"》："但这好像'中日亲善，同存共荣'之说，从羽毛未丰的无产者看来，是一种欺骗。"

【出处】《战国策·秦策一》："毛羽不丰满者，不可以高飞。"

鹬蚌相争，渔人得利

鹬去啄蚌的肉，嘴被蚌壳夹住，双方都不相让；渔夫来了，把它们都捉住了。比喻双方争持不下，第三者乘机得利。△明·凌濛初《初刻拍案惊奇》一七："官司岂是容易打的。自古说：'鹬蚌相争，渔人得利。'"

【出处】《战国策·燕策二》："蚌方出曝，而鹬啄其肉，蚌合而拑其喙……两者不肯相舍，渔者得而并禽之。"禽：擒。

远交近攻

表示与距离远的国家交好，进攻邻近的国家。△清·陈忱《水浒后传》七："莫若以纳辽之币归之于金，坐复燕云故土，正合远交近攻之计。"

【出处】《战国策·秦策三》："王不如远交而近攻。"

曾参杀人

比喻流言可畏。△清·孔尚任《桃花扇》："这冤怎伸，硬叠成曾参杀人。"

【出处】《战国策·秦策二》："人告曾子母曰：'曾参杀人。'曾子之母曰：'吾子不杀人。'织自若。有顷焉，人又曰：'曾参杀人。'其母尚织自若也。顷之，一人又告之曰：'曾参杀人。'其母惧，投杼逾墙而走。"

战无不胜

打仗没有不得胜的。形容无往不胜。△宋·曾巩《唐论》："战必胜，攻必克，天下莫不以为武。"

【出处】《战国策·齐策二》："战无不胜而不知止者，身且死，爵且后归。"

争名夺利

追求个人名位，争夺个人利益。△《全金元词·临江仙》："众生个个痴狂，争名夺利色财荒。"

【出处】《战国策·秦策一》："臣闻争名者于朝，争利者于市。"

抵掌而谈

抵掌：击掌，泛指打手势。打着手势说话。△三国·彭羕《狱中与诸葛亮书》："指掌而谭，论治世之务，讲霸王之义。"谭：谈。

【出处】《战国策·秦策一》："见说赵王于华屋之下，抵掌而谈。"

转祸为福

把灾祸转为幸福。△清·夏敬渠《野叟曝言》八〇："俺夫妇深感教诲之恩，撮合之德，兼破围魏救韩之计，转祸为福，无可答报。"

【出处】《战国策·燕策一》："圣人之制事也，转祸而为福，因败而为功。"

【辨正】一说，语出唐·骆宾王《为徐敬业讨武氏檄》："转祸为福，送往事居。"骆宾王之前，早有四字格成语，如《史记》、《说苑》等，都以《战国策》为源。

左支右绌

绌：原作"诎"，屈曲。左臂伸直，右臂屈曲。原指拉弓的姿势。后指支应了左边，右边又不行了。形容力量不足，穷于应付。△清·纪昀《阅微草堂笔记·滦阳续录》："左支右绌，困不可忍。"

【出处】《战国策·西周策》："我不能教子支左屈右。"

坐山观虎斗

比喻对别人的争斗采取旁观态度，以便乘机从中取利。△清·曹雪芹《红楼梦》六九："用借刀杀人之法，坐山观虎斗，等秋桐杀了尤二姐，自己再杀秋桐。"

【出处】《战国策·秦策二》："立须之。有顷，两虎果斗，大者伤，小者死。庄子从伤者而刺之，一举果有双虎之功。"

【辨正】一说，语出《史记·张仪列传》。这里，司马迁取材于《战国策》，以《战国策》为源。

坐享其成

坐着享受别人的成果。形容自

己不出力而享受别人取得的成果。△清·赵翼《廿二史札记》七："其后围曹仁于南郡……而备坐享其成也。"

【出处】《战国策·燕策一》："使人坐受成事。"

《汉书》

安居乐业

安定地居住，愉快地劳动。△明·冯梦龙《醒世恒言》一〇："父子正安居乐业，不想到刘公夫妇，年纪大了，筋力衰倦，患起病来。"

【出处】《汉书·货殖传》："各安其居而乐其业。"

安土重迁

土：乡土。安居于本乡本土，不愿轻易迁移。△清·蔡元放《东周列国志》七八："自古道：'安土重迁。'说了离乡背井，哪一个不怕的？"

【出处】《汉书·元帝纪》："安土重迁，黎民之性。"

按图索骥

索：寻求；骥：好马。按照图像寻求好马。比喻办事机械死板。后也比喻根据线索寻找追究。△明·赵汸《皇明文衡·葬书问对》："按图索骥者，多失于骊黄牝牡。"

【出处】《汉书·梅福传》："察伯乐之图，求骐骥于市。"

【辨正】一说，语出《艺林伐山》七："伯乐……其子执《马经》以求马。出见大蟾蜍，谓其父曰：'得一马，略与相同……'"《艺林伐山》是明代著述。当以《汉书》为源。

昂首天外

抬着头看天。形容态度狂傲或做事脱离实际。△《鲁迅书信集·致萧军萧红》："不料有些朋友们，却斥责我懒，不做事；他们昂首天外，评论之后，不知那里去了。"

【出处】《汉书·灌夫传》："卬视天，俯画地。"卬：昂。

抱残守缺

抱着残缺的东西，不肯放弃。

比喻思想保守，不知改进。△清·江藩《汉学师承记》八："岂若抱残守缺之俗儒，寻章摘句之世士也哉！"

【出处】《汉书·楚元王传》："犹欲保残守缺。"

抱头鼠窜

抱着头像老鼠一样逃窜。形容仓皇逃走的狼狈样子。△清·曾朴《孽海花》二一："余大人正急得没洞可钻，得这一声，就爬着谢了恩，抱头鼠窜的逃了下来。"

【出处】《汉书·蒯通传》："常山王奉头鼠窜，以归汉王。"奉：捧。

【辨正】一说，语出宋·苏轼《拟侯公说项羽辞》："智穷辞屈，抱头鼠窜，颠狈而归。""抱头鼠窜"即"捧头鼠窜"，以《汉书》为源。

闭门思过

关起门来反省自己的过错。△清·李汝珍《镜花缘》六："小仙自知身获重罪，追悔莫及，惟有闭门思过，敬听天命。"

【出处】《汉书·韩延寿传》："是日移病不听事，因入卧传舍，闭阁思过。"阁：小门。

兵连祸结

兵：战争。战争连续不断，灾祸一再发生。△清·蔡元放《东周列国志》二四："苟有服罪之后，亦足以夸耀诸侯，还报天子，不愈于兵连祸结，无已时乎？"

【出处】《汉书·匈奴传》下："兵连祸结三十余年，中国罢耗，匈奴亦创艾。"

补偏救弊

偏：偏差；弊：毛病。补救偏差，纠正弊病。△阿英《晚清文学丛钞·扫迷帚》二四："今听了此一席话，可见足下竟是个知行合一，补偏救弊的伟人……"

【出处】《汉书·董仲舒传》："举其偏者以补其弊而已矣。"

捕风捉影

捕捉风和影子。比喻说话或做事以不可靠的传闻为根据。△清·高鹗《红楼梦》九五："袭人心里着忙，便捕风捉影的混找，没一块石底下不找到，只是没有。"

【出处】《汉书·郊祀志》

下："求之，荡荡如系风捕景，终不可得。"景：影。

【辨正】 一说，语出《朱子全书》："若悠悠地似做不做，如捕风捉影，有甚长进？"《朱子全书》是清代康熙年间敕编的宋儒朱熹文集，成书年代及内容都晚于《汉书》，应以《汉书》为源。

不根之谈

根：根据。没有根据、凭空捏造的话。△明·凌濛初《二刻拍案惊奇》三〇："那里来这野汉！造此不根之谈，来诱哄人家子弟！"

【出处】 《汉书·严助传》："朔、皋不根持论。"

不合时宜

时宜：当时的需要。不符合当时的需要。指与时尚不相合。△清·李伯元《官场现形记》五六："他看的洋板书还是十年前编纂的，照着如今的时势是早已不合时宜的了。"

【出处】 《汉书·哀帝纪》："皆违经背古，不合时宜。"

不学无术

术：技术。没有学问，没有能力。△清·李伯元《官场现形记》五六："都说他的人是个好的，只可惜了一件，是犯了'不学无术'四个字的毛病。"

【出处】 《汉书·霍光传》："然光不学亡术，暗于大理。"亡：无。

不易之论

易：改变。不能改变的言论。指论断或意见完全正确。△清·李汝珍《镜花缘》六一："此千古不易之论，指破迷团不小。"

【出处】 《汉书·匡衡传》："此永永不易之道也。"道：道理，理论。

才疏学浅

疏：粗疏。才能低下，学识浅薄。△清·曾朴《孽海花》五六："妹子固才疏学浅，然亦不肯多让……"

【出处】 《汉书·谷永传》："臣材朽学浅，不通政事。"材：才。

藏之名山，传之其人

把著作收藏在山里，传给志趣相同的人。△鲁迅《准风月谈·序的解放》："一个人做一部书，'藏之名山，传之其人'，是封建时代的事，早已过去了。"

【出处】《汉书·司马迁传》："仆诚已著此书，藏之名山，传之其人。"

草菅人命

菅：一种野草。把人命看得像野草一样。形容轻视人命，任意残杀。△明·凌濛初《初刻拍案惊奇》——："所以说为官做吏的人，千万不要草菅人命，视同儿戏！"

【出处】《汉书·贾谊传》："其视杀人若艾草菅然。"艾：刈，割（草）。

参差不齐

长短、高低、大小不一致。△清·梁廷枏《曲话》三："《玉镜台》则或二字，或三四字，参差不一。"

【出处】《汉书·扬雄传》："仲尼以来，国君将相卿士名臣参差不齐。"

豺狼当道

当：横。豺狼横在道路上。比

喻残暴的人当权。△鲁迅《南腔北调集·经验》："我想，人们在社会里，当初是并不这样彼此漠不相关的，但因豺狼当道，事实上因此出过许多牺牲，后来就自然的都走到这条道路上去了。"

【出处】《汉书·孙宝传》："豺狼横道，不宜复问狐狸。"

臣门如市

市：集市。居高位、掌大权的人宾客极多，门前像集市一样。△清·李伯元《官场现形记》一九："而且有些人见不到，第二天起早再来的："真正合了古人一句话，叫作'臣门如市'。"

【出处】《汉书·郑崇传》："臣门如市，臣心如水。"

惩一警百

惩：惩治；警：警戒。惩治一个人，警戒一百个人。指惩治少数人来警戒多数人。△清·李伯元《官场现形记》五六："兄弟今天定要惩一儆百，让众人当面看看，好叫他们有个怕惧。"

【出处】《汉书·尹翁归传》："以一警百，吏民皆服。"

稠人广众

指人很多的场合。△清·李伯元《官场现形记》三五："这些话岂可在稠人广众的地方说的。"

【出处】《汉书·灌夫传》："稠人广众，荐宠下辈。"

从天而降

比喻出乎意外地突然出现。△老舍《四世同堂》四五："他就渴望在办事的时候，钱亲家公能够自天而降，看看他是怎样的义气与慷慨。"

【出处】《汉书·周亚夫传》："诸侯闻之，以为将军从天而下也。"

摧枯拉朽

摧：折断。折断枯草，拉垮朽木。比喻非常容易地摧毁和打垮。△明·冯梦龙《醒世恒言》三四："只望先打倒一个硬的，其余的便如摧枯拉朽了。"

【出处】《汉书·异姓诸侯王表》："摧枯朽者易为力。"

厝火积薪

厝：放置；薪：柴。把火放在柴堆下面。比喻隐藏着极大的危险。△清·黄宗羲《明夷待访录·奄宦》："奄人之众多，即未及乱，亦厝火积薪之下也。"

【出处】《汉书·贾谊传》："夫抱火厝之积薪之下而寝其上。"

大含细入

形容诗文博大精深。△清·俞兆晟《渔洋诗话序》："夫先生之诗，大含细入，无所不包。"

【出处】《汉书·扬雄传》："大者含元气，纤者入元伦。"

大惊失色

大为吃惊，脸色都变了。形容极度惊恐。△明·罗贯中《三国演义》九一："曹睿览毕，大惊失色，急问群匠。"

【出处】《汉书·霍光传》："群皆惊鄂失色。"鄂：愕。

大谬不然

谬：谬误；然：这样。完全错了，实际不是这样。△毛泽东《井冈山的斗争》："从表面上看，似乎既称红军，就可以不要党代表了，实在大谬不然。"

【出处】《汉书·司马迁传》："而事乃有大谬不然者。"

戴盆望天

戴：头顶着。头上顶着盆子而想看天。比喻行为和目的相反，愿望不可能实现。△唐·卢照邻《悲人生》："戴盆望天，倚仗逐日。"

【出处】《汉书·司马迁传》："仆以为戴盆何以望天。"

断袖之癖

癖：癖好。指男子的同性恋行为。△清·钱泳《履园丛话》二一："毕秋帆先生为陕西巡抚，幕中宾客大半有断袖之癖。"

【出处】《汉书·董贤传》："尝昼寝，偏藉上袖，上欲起，贤未觉，不欲动贤，乃断袖而起。其恩爱至此。"

反唇相稽

反唇：顶嘴；稽：计较。原指互相争吵、计较。后形容受到指责不服气，反过来责问对方。△清·吴趼人《二十年目睹之怪现状》七三："小人骂了他，他又反唇相稽，他的主人怒极了，把他撵走了。"

【出处】《汉书·贾谊传》："妇姑不相说，则反唇而相稽。"说：悦。

非驴非马

不是驴，也不是马。原指骡子。后比喻不伦不类。△鲁迅《两地书》一一："这封信非驴非马不文不白的乱扯一通，该值一把火⋯⋯"

【出处】《汉书·西域传》下："驴非驴，马非马。"

奋不顾身

奋勇直前，不顾自身安危。△清·纪昀《阅微草堂笔记·如是我闻四》："赤心为国、奋不顾身者，登黄册。"

【出处】司马迁《报任安书》："常思奋不顾身，以徇国家之急。"

奉行故事

故事：例行的事。沿袭成例办事。△阿英《晚清文学丛钞·官场维新记》一〇："这起公事到了警察局，伯珍也不免奉行故事，吩咐局里的警兵。"

"以为古今异制，方今务在奉行故
事而已。"

桴鼓相应

桴：鼓槌。用鼓槌一敲，鼓就
响起来。比喻相互应和，配合得很
紧密。△清·康范生《赖古堂名贤
尺牍新钞》七："海内能文之士，
声气四驰，桴鼓相应。"

【出处】《汉书·李寻传》：
"顺之以善政，则和气可立致，犹
桴鼓之相应也。"

覆瓿之作

瓿：小瓮，罐子。只配用来
盖罐子口。比喻著作毫无价值。
△清·王昶《湖海诗传》四："此
卷不足观，请君覆酱瓿。"

【出处】《汉书·扬雄传》：
"空自苦！今学者有禄利，然尚不
能明《易》，又如《玄》何？吾恐
后人用覆酱瓿也。"

改弦更张

换掉旧弦，重新调整。比喻改
革制度或变更方针、办法、计划。
△老舍《四世同堂》五一："他们
看出，汉奸们的号召力并不像他们
所想象的那么大。他们应当改弦更
张……"

【出处】《汉书·董仲舒
传》："窃譬之琴瑟不调，甚者必
解而更张之。"

肝脑涂地

肝汁和脑浆流了一地。原指在
战乱中惨死。后表示竭尽忠诚，不
惜牺牲生命。△明·罗贯中《三国
演义》二八："今得相随，大称平
生。虽肝脑涂地，无恨矣。"

【出处】《汉书·蒯通传》：
"今刘、项分争，使人肝脑涂地，
流离中野，不可胜数。"

高不可攀

高得无法攀登。比喻难以达
到。也比喻人高高在上，难以接
近。△清·翁方纲《石洲诗话》
四："盖元祐诸贤，皆才气横
溢……见者遂以为高不可攀耳。"

【出处】《汉书·贾谊传》：
"高者难攀。"

歌功颂德

歌颂功绩和恩德。△毛泽东
《党委会的工作方法》："保持
艰苦奋斗作风，制止歌功颂德现

象。"

【出处】《汉书·王莽传》上："诈为郡国造歌谣，颂功德，凡三万言。"

公而忘私

一心为公，忘了自己。△清·吴敬梓《儒林外史》六："自古道：'公而忘私，国而忘家。'我们科场是朝廷大典，你我为朝廷办事，就是不顾私亲，也还觉得于心无愧。"

【出处】《汉书·贾谊传》："为人臣者主耳忘身，国耳忘家，公耳忘私。"耳：而。

功德无量

量：计算。功劳和恩德大得无法计算。形容功劳和恩德极大。△《鲁迅书信集·致孟十还》："现在先生既然得到原文，我的希望是给他们彻底的修改一下，虽然牺牲太大，然而功德无量……"

【出处】《汉书·丙吉传》："所以拥全神灵，成育圣躬，功德已无量矣。"

狗吠之警

警：警戒。狗叫引起的戒备。

比喻小小的惊扰。△宋·汪藻《论苏良冶转官不当状》："国家承平几二百年，朝廷安富尊荣，中原初未尝有犬吠之警也。"

【出处】《汉书·严助传》："今方内无狗吠之警。"

狗彘不食

彘：猪。狗和猪都不吃。形容人极卑鄙龌龊。△吴玉章《辛亥革命》："汪精卫、陈璧君则作了狗彘不食、遗臭万年的无耻汉奸。"

【出处】《汉书·元后传》："人如此者，狗猪不食其余。"

骨肉至亲

像骨肉一样密切，有直接血缘关系的亲属。又作"至亲骨肉"。△清·杜纲《娱目醒心编》一二："近来往往有得人好处，做了官就不认得的，至亲骨肉，视同陌路。"

【出处】《汉书·中山靖王传》："诸侯王自以骨肉至亲。"

【辨正】一说，语出《三国志·鲜卑传》："我与汝是骨肉至亲。"汉代之后才是三国时代，应以《汉书》为源。

寡二少双

寡：缺少。很少有第二个。形容无可比拟。△清·高鹗《红楼梦》九七："更兼他那容貌才情，真是寡二少双，惟有青女素娥可以仿佛一二……"

【出处】《汉书·吾丘寿王传》："以为天下少双，海内寡二。"

管窥蠡测

管：竹管；窥：看；蠡：瓢。从竹管里看天，用瓢测量海水。比喻眼光狭窄，见识短浅。△清·曹雪芹《红楼梦》三六："我昨儿晚上的话，竟说错了，怪不得老爷说我是'管窥蠡测'！"

【出处】《汉书·东方朔传》："以管窥天，以蠡测海。"

广开言路

广泛打开进言的途径。指尽量给大家提供发表意见的机会。△宋·包拯《论台官言事》："遵守先训，广开言路，虚怀以待，犯颜必容。"

【出处】《汉书·刘辅传》："广开忠直之路，不罪狂狷之言。"

【辨正】一说，语出《后汉书·来历传》："朝廷广开言事之路。"此语以《汉书》为源，只在形式上浓缩了一步。

何以家为

为：语气词。安置家干什么？表示不安置家庭。△明·王世贞《鸣凤记》三："我白面书生蒙荐举，当国难何以家为？"

【出处】《汉书·霍去病传》："匈奴不灭，无以家为也。"

横草之功

拿起一根草的功劳。比喻极微小的功劳。△唐·张说《为河内郡王武懿宗平冀州贼契丹等露布》："臣凭藉睿略，忝当戎政，神机密运，不待横草之功。"

【出处】《汉书·终军传》："军无横草之功，得列宿卫，食禄五年。"

横征暴敛

横：强横；敛：收。强暴地征收捐税。△毛泽东《中国人民解放军宣言》："这些财富，都是蒋介石等利用其独裁权力横征暴敛、假公济私而来的。"

【出处】《汉书·食货志》："急政暴赋，赋敛不时。"政：征。

哗众取宠

哗：浮夸；宠：宠信。用迎合众人心理的浮夸的言论，取得好感和拥护。△毛泽东《改造我们的学习》："这种态度，有实事求是之意，无哗众取宠之心。"

【出处】《汉书·艺文志》："随时抑扬，违离道本，苟以哗众取宠。"

画地为牢

牢：牢狱。在地上画个圈当作牢狱。指只许在规定的范围内活动。△清·文康《儿女英雄传》三四："这一封号，虽是几根柳木片门户，一张红纸的封条，法令所在，也同画地为牢，再没人敢任意行动。"

【出处】司马迁《报任安书》："故士有画地为牢，势不可入。"

潢池弄兵

潢池：积水坑；弄：玩弄；兵：兵器。小孩在水坑旁边玩弄兵器。原比喻沿海一带人的强盗行径。后比喻武装叛乱。△宋·李焘《续资治通鉴长编》三〇："何以静潢池弄兵之啸聚？"

【出处】《汉书·龚遂传》："其民困于饥寒而吏不恤，故使陛下赤子盗弄陛下之兵于潢池中耳。"

回肠九转

回：回旋。肠子反复旋转。比喻无法排解的悲伤愁苦。△宋·欧阳修《别后》诗："暂别莫言易，一夕九回肠。"

【出处】《汉书·司马迁传》："是以肠一日而九回。"

计出万全

计：计划；万全：绝对安全。计划得十分周密，绝对不会发生意外。△清·曹雪芹《红楼梦》六四："贾琏只顾贪图二姐美色，听了贾蓉一篇话，遂为计出万全……"

【出处】《汉书·晁错传》："帝王之道，出于万全。"

葭莩之亲

葭莩：芦苇里的薄膜，比喻感情薄、关系远。关系疏远的亲戚。

△清·归庄《太参驿传道罗公寿序》："灿与周有渭阳之谊，故与先生亦薄有葭莩。"

【出处】《汉书·中山靖王传》："今群臣非有葭莩之亲，鸿毛之重。"

假公济私

假：假借；济：助。假借公家的名义，谋取私人的利益。△清·曹雪芹《红楼梦》五六："他们……只用假公济私的，多摘你们几个果子，多掐几枝花儿，你们有冤还没处诉呢。"

【出处】《汉书·杜业传》："阿党所厚，排挤英俊，托公报私。"

监守自盗

盗窃自己负责看管的财物。△清·李绿园《歧路灯》九四："总之少了谷石，却无案卷可凭，这就是监守自盗的匿空。"

【出处】《汉书·刑法志》："守县官财物而即盗之。"颜师古注："即今律所谓主守自盗者也。"

见利忘义

见到有利可图，就忘掉了道

义。△明·罗贯中《三国演义》三："某与吕布同乡，知其勇而无谋，见利忘义。"

【出处】《汉书·樊郦滕灌靳周传赞》："夫卖友者，谓见利而忘义也。"

浆酒藿肉

浆：水；藿：豆叶。把酒当成水，把肉当成豆叶。形容饮食奢侈。△清·李绿园《歧路灯》九五："张灯悬彩，浆酒霍肉，竟有昏昏达旦者。"

【出处】《汉书·鲍宣传》："使奴从宾客浆酒霍肉。"霍：藿。

焦头烂额

原形容头部被烧成重伤。后比喻受到挫折或事务繁忙，十分窘迫狼狈。△《鲁迅书信集·致孟十还》："先前比现在还要'年富力强'，真是拼命的做，然而结果不但不好，还弄得焦头烂额。"

【出处】《汉书·霍光传》："曲突徙薪无恩泽，焦头烂额为上客耶？"

街谈巷议

大街小巷里的谈论。△清·刘

中华成语探源

典藏珍本

中华国学精粹

鹗《老残游记》二："一路行来，街谈巷议，大半都是这话……"

【出处】《汉书·艺文志》："小说家者流，盖出于稗官。街谈巷语，道听涂说者之所造也。"涂：途。

金城汤池

金城：铜筑的城墙；汤池：沸水灌注的护城河。形容防守牢固的城池。△汉·应劭《风俗通义·佚文》："金城汤池而无粟者，太公、墨翟不能守之。"

【出处】《汉书·蒯通传》："边地之城……皆为金城汤池，不可攻也。"

九牛一毛

九头牛身上的一根毛。比喻很大数目中的一点点。△清·吴趼人《二十年目睹之怪现状》六三："好在古雨山当日有财神之目，去了他七千两，也不过是'九牛一毛'……"

【出处】司马迁《报任安书》："假令仆伏法受诛，若九牛亡一毛。"

久安长治

社会长期安定，国家长期稳

固。△明·余继登《典故纪闻》九："前世人主，有民之休咎藐不闻者，岂是久安长治之道？"

【出处】《汉书·贾谊传》："建久安之势，成长治之业。"

酒酣耳热

酒喝得很尽兴，耳朵都热了。形容酒喝得很痛快。△清·吴敬梓《儒林外史》八："每常只说：'自从永乐篡位之后，明朝就不成个天下！'每到酒酣耳热，更要发这一种议论。"

【出处】《汉书·杨恽传》："奴婢歌者数人，酒后耳热，仰天拊缶而呼乌乌。"

救死扶伤

抢救将死的，照料受伤的。△宋·苏轼《宋襄公论》："一战之余，救死扶伤不暇。"

【出处】《汉书·司马迁传》："虏救死扶伤不给。"

聚精会神

原指同心合意，精神一致。后形容精神高度集中。△鲁迅《彷徨·高老夫子》："他希望他不再说话，好给自己聚精会神，赶紧想一想东晋之兴亡。"

【出处】《汉书·王褒传》："聚精会神，相得益章。"章：彰。

聚蚊成雷

许多蚊子聚集在一起，嗡嗡声像打雷一样。比喻流言的可怕。也形容蚊虫成群。△1.清·梁启超《变法通议》："全国千万数之守旧党人……他事不顾，而唯阻挠新法之知。语曰：众口铄金，聚蚊成雷。"2.梁元帝《与武陵王书》："季月烦暑，流金铄石，聚蚊成雷。"

【出处】《汉书·中山靖王传》："夫众煦漂山，聚蚊成雷。"

绝口不谈

闭口不谈。△明·王越《次赵广文韵》诗："几年绝口不谈兵。"

【出处】《汉书·丙吉传》："吉绝口不道前恩。"

绝世独立

形容极优异，当代独一无二。△宋·陆游《周益公文集序》：

"落笔立论……绝世独立。"

【出处】《汉书·外戚传》："北方有佳人，绝世而独立。"

雷霆万钧

雷霆：暴雷；钧：古代重量单位，一钧合二十市斤。比喻威力极大。△毛泽东《新民主主义论》："惟独共产主义的思想体系和社会制度，正以排山倒海之势，雷霆万钧之力，磅礴于全世界……"

【出处】《汉书·贾山传》："雷霆之所击，无不摧折者；万钧之所压，无不糜灭者。"

犁庭扫穴

庭：宫廷；扫：扫荡；穴：巢穴。犁平宫廷，扫荡巢穴。形容彻底摧毁敌方。△清·吴敬梓《儒林外史》三九："差少保平治前往督师，务必犁庭扫穴，以章天讨。"

【出处】《汉书·匈奴传》下："固已犁其庭，扫其间。"间：里巷。

【辨正】一说，语出《宋论·高宗》："犁庭扫穴，以靖中原。"《宋论》是清人王夫之的著作；在王氏之前，早有宋人陆游等有"犁庭扫穴"之语，亦以《汉

中华成语探源

中华国学精粹

典藏珍本

书》为源。

励精图治

图：想办法。振奋精神，想办法把国家治理好。后也指振奋精神，想办法把地方治理好。△清·李伯元《官场现形记》二二："从此以后，他老人家更打起精神，励精图治……"

【出处】《汉书·魏相传》："宣帝始亲万机，厉精为治。"厉：励。

【辨正】一说，语出《宋史·神宗纪赞》："厉精图治，将大有为。"此语以《汉书》为源。

聊以自娱

聊：姑且；娱：娱乐。姑且用来使自己快乐。△唐·白居易《松斋自题》诗："书不求甚解，琴聊以自娱。"

【出处】《汉书·南粤王赵佗传》："老夫故敢妄窃帝号，聊以自娱。"

料敌制胜

料：估量；制胜：取胜。正确估量敌情，从而取得胜利。△唐·权德舆《司徒兼侍中上柱国北平郡王赠太傅马公行状》："料敌制胜，如在壳中。"

【出处】《汉书·赵充国传》："料敌制胜，威谋靡亢。"

龙争虎斗

比喻两强相遇，斗争激烈。△元·戴表元《南山下行》诗："龙争虎斗尚未决。"

【出处】《汉书·叙传》上："于是七雄虓阚，分裂诸夏，龙战而虎争。"虓阚：虎的吼叫声。

卖刀买犊

犊：小牛。放下武器，从事耕种。后也泛指改行务农。也比喻改恶从善。△清·文康《儿女英雄传》二一："丢下兵器，拿把锄儿，学那古人卖刀买犊的故事，岂不是绿林中一段佳话。"

【出处】《汉书·龚遂传》："民有带持刀剑者，使卖剑买牛，卖刀买犊。"

芒刺在背

芒：谷类植物种子壳上的尖毛。像芒和刺扎在背上一样。形容心情惶恐，坐立不安。△明·冯梦龙《古今小说》二五："景公见三人上殿，如芒刺在背。"

【出处】《汉书·霍光传》："大将军光从骖乘，上内严惮之，若有芒刺在背。"

名不副实

副：符合。名声与实际不符合。指有名无实。△魏·刘劭《人物志》下："中情之人，名不副实。"

【出处】《汉书·王莽传》："宰衡官以正平海内为职，而无印信，名实不副。"

莫测高深

测：测度。无法揣测高深到什么程度。形容玄虚深奥，不可捉摸。△老舍《四世同堂》二三："在短短的几行中，他善用好几个'然而'与'但是'，扯乱了他的思想而使别人莫测高深……"

【出处】《汉书·严延年传》："吏民莫能测其意深浅。"

牛衣对泣

牛衣：用草或麻编的片状物，给牛御寒或遮雨。盖着牛衣，相对哭泣。形容夫妻共同过着穷困生活的情状。△明·袁宏道《解脱集》

一："不记牛衣对泣时？"

【出处】《汉书·王章传》："章疾病，无被，卧牛衣中，与妻决，涕泣。"

蓬头垢面

蓬：蓬乱；垢：肮脏。头发蓬乱，脸上很脏。△清·曹雪芹《红楼梦》七七："晴雯四五日水米不曾沾牙，如今现打炕上拉下来，蓬头垢面的……"

【出处】《汉书·王莽传》："莽侍疾，亲尝药，乱首垢面，不解衣带连月。"

迫不得已

不得已：无可奈何，不得不如此。被情势所迫，不得不如此。△明·归有光《与陈伯求》："今一月两致书，有所迫不得已也。"

【出处】《汉书·王莽传》上："迫不得已，然后受诏。"

千夫所指

夫：人；指：指责。被众人指责。△清·梁启超《无枪阶级对有枪阶级》："他们的罪恶，已是千夫所指，更无庸我再添一句半句话。"

【出处】《汉书·王嘉传》："里谚曰：'千夫所指，无病而死。'"

前车之鉴

鉴：鉴戒。前面的车子翻了，后面的车子引以为戒。比喻以前人的失败为教训。△清·文康《儿女英雄传》三六："再要遭际不偶，去作个榜下知县，我便是你的前车之鉴，不可不知。"

【出处】《汉书·贾谊传》："鄙谚……又曰：'前车覆，后车诫。'"

亲密无间

间：间隙。关系非常亲密，彼此没有隔阂。△宋·袁燮《己见札子》："土豪诚可用也……如家人父子，亲密无间，时出而用之。"

【出处】《汉书·萧望之传》："萧望之历位将相，藉师傅之恩，可谓亲昵无间。"亲昵：极亲近。

倾国倾城

倾：倾覆。使国家倾覆，使城池倾覆。形容女子容貌极美。△明·冯梦龙《古今小说》三四：

"雾鬓云鬟，柳眉星眼，有倾国倾城之貌，沉鱼落雁之容。"

【出处】《汉书·外戚传》："一顾倾人城，再顾倾人国。宁不知倾城与倾国，佳人难再得！"

穷凶极恶

穷：极端。极端凶恶。△明·冯梦龙《古今小说》四〇："表上备说严嵩父子招权纳贿，穷凶极恶，欺君误国十大罪……"

【出处】《汉书·王莽传》："滔天虐民，穷凶极恶。"

犬牙交错

原形容交界处像狗牙一样参差不齐。后比喻关系或局面错综复杂。△毛泽东《论持久战》："持久战的抗日战争，将在人类战争史中表现为光荣的特殊的一页。犬牙交错的战争形态，就是颇为特殊的一点……"

【出处】《汉书·中山靖王传》："先帝所以广封连城，犬牙相错者，为盘石宗也。"

人非草木

人不是没有知觉、没有感情的草和树木。表示人是有知觉、有感情的。△清·吴璿《飞龙全传》一九："你想人非草木，放着这英雄豪杰，岂无留恋之情？"

【出处】司马迁《报任安书》："身非木石。"

人言籍籍

籍籍：众口喧哗的样子。形容人们纷纷指责、抱怨。△明·冯梦龙《警世通言》四："妾亦闻外面人言籍籍，归怨相公。"

【出处】《汉书·刘建传》："国中口语籍籍。"

日削月朘

削：削减；朘：萎缩。一天比一天减少，一月比一月缩小。形容百姓不断被搜刮，日益贫困。△宋·包拯《言陕西盐法》二："臣恐日削月朘，为害不浅。"

【出处】《汉书·董仲舒传》："民日削月朘，寖以大穷。"寖：渐渐。

乳臭未干

乳臭：奶腥味。奶腥味还没有消失。比喻年轻无知。△鲁迅《且介亭杂文·难行和不信》："万一有谁相信了，照办了，那就会成为乳臭未干的吉诃德。"

【出处】《汉书·高帝纪》上："是口尚乳臭，不能当韩信。"

若要人不知，除非己莫为

为：做。要想不被别人知道，除非自己不做。表示只要做了，就会被人知道。△明·罗贯中《三国演义》五四："国太曰：'若要不知，除非莫为。满城百姓那一个不知，你倒瞒我！'"

【出处】《汉书·枚乘传》："欲人勿知，莫若勿为。"勿：不。

扫地以尽

尽：完。表示彻底破坏或丧气。△毛泽东《湖南农民运动考察报告》："地主的体面威风，扫地以尽。"

【出处】《汉书·魏豹田儋韩信传赞》："秦灭六国，而上古遗烈扫地尽矣。"烈：业。

山崩地裂

山崩塌，地裂缝。原形容地震造成的灾难。后形容响声巨大。△清·李汝珍《镜花缘》一〇："那大虫撺下，如山崩地裂一般，吼了一声。"

【出处】《汉书·元帝纪》："山崩地裂，水泉涌出。"

姗姗来迟

姗姗：女子走路从容缓慢的样子。后泛指来得晚。△清·曾朴《孽海花》五："只有辇如姗姗来迟，大家只好先坐了。"

【出处】《汉书·外戚传》："立而望之，偏何姗姗其来迟！"

深闭固拒

紧紧地闭门，坚决地拒绝。原形容坚决不接受别人的意见。后也形容闭关自守。△清·薛福成《代李伯相复部观察书》："泰西诸国航海东来……其势断不能深闭固拒。"

【出处】《汉书·楚元王传》："深闭固距，而不肯试。"距：拒。

尸位素餐

尸位：空占着职位；素餐：白吃饭。空占着职位，不做事而白吃饭。△清·文康《儿女英雄传》一八："倘大人看我可为公子之师，情愿附骥，自问也还不至于尸

位素餐，误人子弟。"

【出处】《汉书·朱云传》："今朝廷大臣上不能匡主，下亡以益民，皆尸位素餐。"亡：无。

实事求是

原形容求真求实。后指根据实际情况，正确对待和处理问题。△清·李伯元《官场现形记》七："上头的意思是要实事求是，你的文章固然很好，然而空话太多，上头看了恐怕未必中意。"

【出处】《汉书·河间献王传》："修学好古，实事求是。"

食租衣税

食：吃饭；衣：穿衣。靠租税吃饭、穿衣。指靠百姓缴纳的租税生活。△清·高鹗《红楼梦》九二："没有德行才情，白白的衣租食税，那里当得起？"

【出处】《汉书·食货志》下："县官当食租衣税而已。"

拭目以待

拭：擦。擦亮眼睛，等着看。形容殷切地盼望或等待。△明·罗贯中《三国演义》四三："朝廷旧臣，山林隐士，无不拭目以

待……"

【出处】《汉书·张敞传》："今天子以盛年初即位，天下莫不拭目倾耳，观化听风。"

是古非今

是：对，正确。认为古代的都正确，都好；认为当今的都不正确，都不好。△宋·陆游《醉吟》诗："是古非今世共憎。"

【出处】《汉书·元帝纪》："俗儒不达时宜，好是古非今。"

是耶非耶

耶：表示疑问的语气词。是呢？不是呢？后形容意境缥缈，神秘莫测。△清·贺裳《载酒园诗话又编》："《神弦曲》有幽阴之气，《圣女祠》多缥缈之思……真令人可望而不可亲，有是耶非耶之致。"

【出处】《汉书·外戚传》："是邪非邪！"邪：耶。

首当其冲

处于首先受到攻击的地位。△毛泽东《抗日游击战争的战略问题》："对于一切游击战争根据地的残酷进攻的到来，是没有疑义

的，平原的游击根据地自当首当其冲。"

【出处】《汉书·五行志》："郑以小国摄乎晋、楚之间，重以强吴，郑当其冲。"

首善之区

首先实施教化的地方，指京师。后形容最好的地方，指首都。△清·李绿园《歧路灯》九："生长草野，今日才到首善之区。"

【出处】《汉书·儒林传》："教化之行也，建首善自京师始。"

驷马高车

四匹马拉的高盖车。指达官显宦乘的车。后借指显贵。△清·蒲松龄《聊斋志异·宫梦弼》："使儿子驷马高车，假千金，亦即匪难。"

【出处】《汉书·于定国传》："少高大闾门，令容驷马高盖车。"

【辨正】一说，语出宋·欧阳修《相州昼锦堂记》："一旦高车驷马。"在欧阳修前，晋人、唐人已有"驷马高车"或"高车驷马"之语，都以《汉书》为源。

送故迎新

故：旧。原指送走旧官，迎接新官。后泛指送走离职离任的人，迎接新来的人。也形容辞旧岁迎新年。△唐·徐铉《除夜》诗："寒灯耿耿漏迟迟，送故迎新了不欺。"

【出处】《汉书·王嘉传》："吏或居官数月而退，送故迎新，交错道路。"

贪生怕死

贪恋生存，害怕死亡。△明·罗贯中《三国演义》八三："吾非贪生怕死之辈，奈何使吾等堕其锐气。"

【出处】《汉书·文三王传》："贪生畏死。"畏：害怕。

谈何容易

说起来多么容易。原指向君主进言并非容易事。后表示做起来不容易。△清·李汝珍《镜花缘》二五："伯伯！谈何容易！他这令旗素藏内室，非紧急大事，不肯轻发。"

【出处】《汉书·东方朔传》："于戏！可乎哉？可乎哉？

谈何容易？"

天马行空

天马：神马，汉武帝从西域大宛国得到的汗血马。神马腾空飞行。原形容汗血马极快地奔驰。后比喻文思纵横，气势奔放。也比喻车、船等行驶迅速。△1.明·谢榛《四溟诗话》二："若天马行空，浑然无迹。"2.阿英《晚清文学丛钞·冷眼观》一五："船如天马行空，转瞬之间，已驶出吴淞口外。"

【出处】《汉书·礼乐志》："天马下……策浮云。"策：鞭。

恬不为怪

恬：坦然。坦然对待，不以为奇怪。△宋·唐庚《上监司书》："比来州县削弱，纪纲弃坏，上下习熟，恬不为怪。"

【出处】《汉书·贾谊传》："至于俗流失，世坏败，因恬而不知怪。"

同条共贯

事理相通，脉络连贯。△唐·卢照邻《南阳公集序》："讴歌玉帛之书，何必同条而共贯。"

【出处】《汉书·董仲舒传》："夫帝王之道，岂不同条共贯与？"

投鼠忌器

忌：怕，顾忌。要扔东西打老鼠，又怕砸坏了它旁边的器物。比喻想打击某人却有所顾忌，怕妨害与他有关连的人。△清·袁枚《贵人出巡歌》诗："投鼠忌器隐忍多。"

【出处】《汉书·贾谊传》："里谚曰：'欲投鼠而忌器。'"

万死一生

比喻经历极大的危险。△唐·独孤及《为杭州李使君论李藏用守杭州功表》："挺身履险，出万死一生之地，与贼转战。"

【出处】司马迁《报任安书》："夫人臣出万死不顾一生之计，赴公家之难。"

忘恩负义

忘记了别人对自己的恩德，背弃了别人对自己的情义。△明·冯梦龙《醒世恒言》二〇："忘恩负义的贼！我与你干了许多大事，今日反打我么？"

【出处】《汉书·张敞传》："背恩忘义，伤化薄俗。"

微言大义

精微的言辞中包含着深奥的意义。△清·曾朴《孽海花》三四："又谁不晓得孔子的微言大义在《春秋》呢？"

【出处】《汉书·艺文志》："昔仲尼没而微言绝，七十子丧而大义乖。"

帷薄不修

帷薄：帐幔和帘子，古代用来障隔内室和外室；修：整治。不整治帐幔和帘子。指家庭中男女混杂，生活淫乱。△清·文康《儿女英雄传》缘起："当玄宗天宝改元以后，把个杨贵妃宠得佚荡骄纵，帷薄不修。"

【出处】《汉书·贾谊传》："坐污秽淫乱男女亡别者，不曰污秽，曰'帷薄不修'。"亡：无。

为民请命

替百姓请求保全生命。指替百姓向上申诉困难，请求减轻负担或解除痛苦。△鲁迅《且介亭杂文·中国人失掉自信力了吗》：

"我们自古以来，就有埋头苦干的人，有拼命硬干的人，有为民请命的人。"

【出处】《汉书·蒯通传》："因民之欲，西乡为百姓请命。"乡：向。

无噍类矣

噍类：能吃东西的动物，特指活人。没有一个活着的人了。△鲁迅《两地书》三一："此事一实现，小学生无噍类矣。"

【出处】《汉书·高帝纪》："尝攻襄城，襄城无噍类，所过无不残灭。"

无可厚非

非：非议，指责。不能过分指责。△老舍《四世同堂》八四："他虽回北平，而决不打听家里的事。这太狠心，可是忘了家才能老记着国，也无可厚非。"

【出处】《汉书·王莽传》："英亦未可厚非。"

无所不可

原指没有做不到的，面面俱到。后表示没有什么不可以的，不反对。△《鲁迅书信集·致杨霁云》："这回曹先生来信，谓群众公司想出版，我回信说我是无所不可的。"

【出处】《汉书·灌夫传》："蚡事魏其无所不可。"

无所畏惧

什么也不怕。△毛泽东《在中国共产党全国宣传工作会议上的讲话》："为了达到建设新中国的目的，对于什么困难我们共产党人也是无所畏惧的。"

【出处】《汉书·梅福传》："此皆轻量大臣，亡所畏忌。"亡：无。

五方杂处

五方：东、西、南、北、中，泛指各地。各地的人杂居在一个地方。△清·李汝珍《镜花缘》二七："语音不同，倒象五方杂处一般，是何缘故？"

【出处】《汉书·地理志》下："五方杂厝，风俗不纯。"厝：错。

五日京兆

京兆：京兆尹，掌管治理京师的官。还能做五天京兆尹。后泛指即将去职。也比喻任职时间短。△《鲁迅书信集·致章廷谦》："但即使做教员，也不过是五日京兆……"

【出处】《汉书·张敞传》："今五日京兆耳，安能复案事？"

习惯成自然

习惯了，就成为很自然的事了。△清·李汝珍《镜花缘》六一："素日惟饮菊花、桑叶……日久吃惯，反以吃茶为苦，竟是习惯成自然了。"

【出处】《汉书·贾谊传》："少成若天性，习贯如自然。"贯：惯。

先入为主

以先听到的为依据，不容易接受后听到的不同说法。△宋·刘克庄《再跋陈禹锡〈杜诗补注〉》："学者多以先入为主，童蒙时一字一句在胸臆。"

【出处】《汉书·息夫躬传》："无以先入之语为主。"

先入之见

以先听到的为依据，形成对人或对事的成见。△鲁迅《且介亭杂文二集·论讽刺》："我们常不免有一种先入之见，看见讽刺作品，就觉得这不是文学上的正路，因为我们先就以为讽刺并不是美德。"

【出处】《汉书·息夫躬传》："无以先入之语为主。"

先斩后奏

斩：杀。原指先把人杀了再报告皇帝。后比喻先把问题处理了再报告上级。△明·施耐庵《水浒传》四一："黄文炳那厮搧掇知府，只要先斩后奏。"

【出处】《汉书·申屠嘉传》："吾悔不先斩错乃请之。"颜师古注："言先斩而后奏。"

相得益彰

益：更加；彰：明显。互相配合，互相补充，更能显出两者的优点。△清·王蕴章《碧血花》四出："美人名士，相得益彰。"

【出处】《汉书·王褒传》："聚精会神，相得益章。"章：彰。

相反相成

相互排斥又相互促成。形容相反的事物有同一性。△朱自清《诗

445

教》：“礼乐是互为用的，是相反相成的。”

【出处】《汉书·艺文志》："仁之与义，敬之与和，相反而皆相成也。"

萧规曹随

萧何制定了政策法令和规章制度，继任宰相曹参完全遵循实行。后泛指遵照前人的成规办事。△清·陈文述《读诏寄都下诸侍御》诗："萧规而曹随，所宜言者三。"

【出处】《汉书·扬雄传》："夫萧规曹随，留侯画策，陈平出奇。"

小心谨慎

形容言行细心慎重，不敢疏忽懈怠。△清·陈忱《水浒后传》四："杜兴到此多时，小心谨慎，可拨他到西门看守草料场。"

【出处】《汉书·霍光传》："出入禁闼二十余年，小心谨慎，未尝有过。"

雄才大略

略：谋略。出众的才能，非凡的谋略。△明·罗贯中《三国演义》八三："此人名虽儒生，实有雄才大略……"

【出处】《汉书·武帝纪》："如武帝之雄才大略，不改文景之恭俭以济斯民。"

妖言惑众

妖言：荒诞的话。用荒诞的邪说惑乱群众。△郭沫若《虎符》三："哼，简直是邪术殃民，妖言惑众！"

【出处】《汉书·眭弘传》："妄设袄言惑众。"袄：妖。

一发千钧

钧：古代重量单位，一钧合三十市斤。一根头发系着千钧重物。比喻极危险。△清·曾朴《孽海花》二九："现在和议的事一发千钧……万一漏了些消息，连累和议，不是玩的！"

【出处】《汉书·枚乘传》："夫以一缕之任系千钧之重。"缕：线。

一劳永逸

逸：安逸。辛劳一次而得到长久的安逸。指辛苦一次把事情办好，以后就不用费事了。△清·文康《儿女英雄传》二五："与其聘到别家，万一弄得有始无终，莫如娶到我家，转觉可期一劳永逸。"

【出处】《汉书·匈奴传》下："不一劳者不久佚。"佚：逸。

【辨正】一说，语出汉·班固《封燕然山铭》："兹可谓一劳而久逸。"《汉书》所记是西汉扬雄之语，班固是东汉人。当以《汉书》为源。

一丘之貉

貉：一种狐狸状的小兽。同一座小山上的貉。比喻彼此相同，没有差别。△鲁迅《准风月谈·中国文坛的悲观》："有些悲观论者，不旋考察，不加批评……将一切作者，诋为'一丘之貉'。"

【出处】《汉书·杨恽传》："古与今如一丘之貉。"

一日之雅

雅：交往。有一天的交往。形容交情不深。△宋·李觏《答陈特书》："今觏与足下兄弟，无一日之雅。"

【出处】《汉书·谷永传》："无一日之雅，左右之介。"

一身二任

一个人同时承担两个任务。△宋·司马光《辞知制诰第一状》："微臣愚陋无比，一身二任，力所不堪。"

【出处】《汉书·王吉传》："一身而二任之责加焉。"

衣不解带

指睡觉不脱衣服，便于随时起来照料病人。形容看护病人十分辛劳。△清·纪昀《阅微草堂笔记·如是我闻》："曾母病，王侍汤药，衣不解带。"

【出处】《汉书·王莽传》："莽侍疾，亲尝药，乱首垢面，不解衣带连月。"

以蠡测海

蠡：瓢。用瓢测量海水。比喻见识短浅。△晋·陈寿《三国志·裴松之传》裴松之注引《魏略》："但恐傍人浅见，以蠡测海，为蛇画足。"

【出处】《汉书·东方朔传》："以管窥天，以蠡测海。"

447

以身试法

身：自身，自己；法：法律。用自己尝试法律的威力。指藐视法律，做触犯法律的事。△清·李伯元《文明小史》六〇："哼哼，他倒敢以身试法吗？"

【出处】《汉书·王尊传》："明慎所职，毋以身试法。"

溢于言表

溢：充满而流出；表：表达，表白。超出用言语表达。形容虽未明说，却可以使人体会到。△明·朱之瑜《答安东守约书》："来书……真挚之情，溢于言表。"

【出处】《汉书·东方朔传》："皆辩知闳达，溢于文辞。"

因陋就简

因、就：因循。因循简陋的状况。原表示因循苟且，不求改进。后形容将就着简陋的条件办事。△清·李伯元《文明小史》四九："诸事因陋就简，还照着从前的那个老样子。"

【出处】《汉书·楚元王传》："苟因陋就寡。"寡：寡陋。

鱼龙曼衍

鱼龙、曼衍：古代杂戏名称。原指演出各种杂戏。后比喻离奇杂乱，变化百出，难以捉摸。△《鲁迅书信集·致许寿裳》："希君惠然肯来……当为一述吾越学界鱼龙曼衍之戏。"

【出处】《汉书·西域传》："作《巴俞》都户、海中《砀极》、漫衍鱼龙、角抵之戏。"

原原本本

原：元，头；本：根。原指弄清事物的根源。后形容事情从头到尾的全过程。△清·吴趼人《二十年目睹之怪现状》五三："说那盐商从前当过长毛，某年陷某处，某年掠某处，都叙得原原本本。"

【出处】《汉书·叙传》下："元元本本，数始于一。"元：原。

债台高筑

债台：指周赧王逃债的高台。比喻欠债极多。△清·龚萼《答沈回言》："夏屋乔迁，债台高筑。"

【出处】《汉书·诸侯王表》："有逃责之台。"责：债。

朝令夕改

早晨发布了命令，晚上就改变了。形容主张或办法经常变化。△宋·范祖禹《唐鉴》一九："凡用兵举动，皆自禁中授以方略，朝令夕改，不知所从。"

【出处】《汉书·食货志》上："急政暴赋，赋敛不时，朝令而暮改。"

正本清源

从根本上整顿，从源头上清理。比喻从根源入手，以求彻底解决问题。△鲁迅《坟·坚壁清野主义》："我们的古哲和先贤，虽然满口'正本清源'，'澄清天下'，但大概是有口无心的……"

【出处】《汉书·刑法志》："岂宜惟思所以清原正本之论，删定律令。"原：源。

【辨正】一说，语出《晋书·武帝纪》："思与天下式明王度，正本清源。"汉在前，晋在后，当以《汉书》为源。

治国安民

治理国家，安定百姓。△毛泽东《〈共产党人〉发刊词》："党开辟了人民政权的道路，因此也就学会了治国安民的艺术。"

【出处】《汉书·食货志》上："财者……治国安民之本也。"

珠联璧合

璧：扁圆形中间有孔的玉，泛指美玉。像串在一起的珍珠，合在一块儿的美玉。原形容天象，指日月星运转到同一条直线上。后比喻人才或美好的事物聚集在一起。△清·文康《儿女英雄传》二八："便是你两个，当日无心相遇，也想不到今日璧合珠联，作了同床姐妹。"

【出处】《汉书·律历志》上："日月如合璧，五星如连珠。"

卓尔不群

卓尔：高超特出的样子。形容非常优异，超过常人。△晋·李兴《故使持侍中太傅巨平成侯羊公碑》："其志节言行，卓尔不群。"

【出处】《汉书·景十三王传赞》："夫唯大雅，卓尔不群。"

自成一家

在学术或技艺上有独到见解或独特风格,自成体系。△老舍《四世同堂》四六:"这种欺软怕硬,为虎作伥的作风,居然被无聊的人们称为'东洋派',在汉奸中自成一家。"

【出处】《汉书·司马迁传》:"通古今之变,成一家之言。"

罪该万死

罪过太大,应该处死一万次。形容罪过极大。△明·施耐庵《水浒传》九七:"孙某抗拒大兵,罪该万死!"

【出处】《汉书·东方朔传》:"逆盛意,犯隆旨,罪当万死。"当:应当。

罪加一等

惩治加重一级。△清·石玉昆《三侠五义》八二:"不报罢,又怕罪加一等;报了罢,又说被人主使。"

【出处】《汉书·薛宣传》:"其贼加罪一等,与谋者同罪。"

《后汉书》

哀毁骨立

毁:瘦损;骨立:皮包骨的样子。在为父母居丧期间,过度哀伤,瘦得只剩一把骨头。△清·吴敬梓《儒林外史》一二:"蘧公子哀毁骨立,极尽半子之谊。"

【出处】《后汉书·韦彪传》:"彪孝行纯至,父母卒,哀毁三年……赢瘠骨立异形。"

【辨正】一说,语出《世说新语·德行》:"王戎虽不备礼,而哀毁骨立。"《后汉书》所记,是东汉人韦彪;《世说新语》所记,是晋人王戎。当以《后汉书》为源。

半面之识

只见过半个脸,却在几十年后还认识。后形容交往很浅。△《京本通俗小说》一五:"小人自姓崔名宁,与那小娘子无半面之识。"

【出处】《后汉书·应奉传》注引谢承《后汉书》:"造车匠于内开扇出半面视奉……后数十年于路见车匠,识而呼之。"

兵强马壮

士兵强健，战马肥壮。形容军队战斗力强。△明·罗贯中《三国演义》九七："时孔明兵强马壮，粮草丰足……"

【出处】《后汉书·窦融传》："兵马精强，仓库有蓄。"

不急之务

指无关紧要或不急于做的事情。△毛泽东《反对日本进攻的方针、办法和前途》："不急之务和不合理的办法，一概废弃。"

【出处】《后汉书·皇甫规传》："省去游娱不急之务。"

【辨正】一说，语出《三国志·孙和传》："弃不急之务。"皇甫规是东汉人，孙和是三国吴人，当以《后汉书》为源。

不拘小节

小节：无关大体的细节。不被细节拘束。指不注意与原则无关的细节。△清·蔡元放《东周列国志》一八："此人廓达之才，不拘小节，恐其在卫，或有细过。"

【出处】《后汉书·虞延传》："性敦朴，不拘小节。"

不可收拾

形容事物残破到无法整顿或不可救药的地步。△郭沫若《少年时代·反正前后》："蒲殿俊辈登台之后，因为纵容士兵的结果，弄到了一个不可收拾的地步。"

【出处】《后汉书·光武帝纪》下："日者地震……而家羸弱不能收拾者，其以见钱谷取佣，为寻求之。"

【辨正】一说，语出唐·韩愈《送高闲上人序》："溃败不可收拾。"韩愈（公元768～公元824年）晚于东汉光武帝（公元25～公元55年在位）近八百年，晚于《后汉书》作者范晔（公元398～公元445年）三四百年，当以《后汉书》为源。

不识时务

不能认识当时的形势和发展趋向。△明·罗贯中《三国演义》四四："先生为何反笑我不识时务？"

【出处】《后汉书·张霸传》："众人笑其不识时务。"

才疏意广

意：抱负。才干粗疏，抱

负却很大。△宋·陆游《贺王提刑启》："某意广才疏，心劳政拙。"

【出处】《后汉书·孔融传》："融负其高气，志在靖难，而才疏意广，迄无成功。"

乘人之危

乘：利用。利用别人的危难。指在别人遭遇危难之时去要挟或侵害。△老舍《四世同堂》一九："他的话是那么巧妙，居然把'乘人之危'变成'帮这个忙'，连他自己都觉得有点'太'聪明了……"

【出处】《后汉书·盖勋传》："乘人之危，非仁也。"

嗤之以鼻

嗤：嗤笑。用鼻子发出嗤笑声。表示轻蔑。△老舍《四世同堂》五一："他不但可以对战争和国家大事都嗤之以鼻，他还可以把祖父、妈妈的屋中有火没有也假装看不见。"

【出处】《后汉书·樊宏传》："时人嗤之。"

重蹈覆辙

蹈：踏；覆：翻倒；辙：车轮压出的印迹。重走翻车的老路。比喻不吸取失败的教训，重犯过去的错误。△清·周亮工《书影》五："后人岂不鉴于前车，而仍蹈覆辙耶！"

【出处】《后汉书·窦武传》："复循覆车之轨。"复：重复。

愁眉苦脸

形容愁苦的神情。△清·吴敬梓《儒林外史》四七："成老爹气的愁眉苦脸……"

【出处】《后汉书·梁冀传》："寿色美而善为妖态，作愁眉，啼妆…龋齿笑。"愁眉：把眉毛描得细而曲折，好像发愁时微蹙的样子。啼妆：啼妆，在眼睛下薄拭胭脂，好像刚哭过的样子。龋齿笑：像牙疼一样苦笑。

愁眉泪眼

皱着眉头，含着眼泪。形容愁苦的样子。△清·曹雪芹《红楼梦》六二："那媳妇愁眉泪眼，也不敢进厅来，到阶下便朝上跪下磕头。"

【出处】《后汉书·梁冀传》："寿色美而善为妖态，作愁眉，啼妆。"愁眉：把眉毛描得细而曲折，好像发愁时微蹙的样子。嚇妆：啼妆，在眼睛下薄拭胭脂，好像刚哭过的样子。

党同伐异

党：偏袒；伐：攻击。偏袒意见相同的人，攻击意见不同的人。△鲁迅《集外集拾遗·新的世故》："我是党同伐异的。"

【出处】《后汉书·党锢列传序》："至有石渠分争之论，党同伐异之说。"

倒悬之急

倒悬：头朝下脚朝上地悬吊着；急：危急。比喻处境极困苦。△明·罗贯中《三国演义》九三："盗贼蜂起，奸雄鹰扬，社稷有累卵之危，生灵有倒悬之急。"

【出处】《后汉书·臧洪传》："北鄙将告倒悬之急。"

飞鹰走狗

放出鹰和狗去追捕鸟兽。形容以打猎寻欢作乐。△《元曲选·便宜行事虎头牌》一："我如今欲待去消愁闷，则除是飞鹰走犬，逐逝追奔。"

【出处】《后汉书·袁术传》："数与诸公子飞鹰走狗。"

拂袖而去

一甩衣袖就走了。形容因生气或不满而断然离去。△鲁迅《两地书》一三五。"我是愿意人对我反抗，不合则拂袖而去的。"

【出处】《后汉书·杨彪传》："明日便当拂衣而去，不复朝矣。"

【辨正】一说，语出《景德传灯录》一二："明拂袖而去。"《景德传灯录》是宋代佛书。当以《后汉书》为源。

覆水难收

泼出去的水收不回来。比喻事情已成定局，无可挽回。也比喻夫妻关系已经断绝，难以复合。△清·梁启超《记内地杂居与商务关系》："覆水难收，往者不复，他日欲补救，已无及矣！"

【出处】《后汉书·何进传》："覆水不可收。"

【辨正】一说，语出《野客丛书》二八："又言覆水难收。"《野客丛书》是宋人王楙的著作，这里只是把"覆水不可收"变作四字格。考其源，为《后汉书》。

中华成语探源

中华国学精粹

典藏珍本

干云蔽日

干：冲犯；蔽：遮住。冲上云霄，遮住太阳。形容树木高大。△宋·洪刍《松棚》诗："南山落落千尺松，干云蔽日摇青葱。"

【出处】《后汉书·丁鸿传》："干云蔽日之木，起于葱青。"

各尽所能

尽：全部。各自把能力全部施展出来。△宋·黄休复《益州名画录》中："忠义与黄筌、蒲师训合手画《天王变相》十堵以来，各尽所能……"

【出处】《后汉书·曹褒传》："有知其说者，各尽所能。"

苟且偷生

苟且：得过且过；偷生：只图眼前能够生存。形容只顾眼前，得过且过。△巴金《无题》："他说过这是光荣的和平，但是给我们看见的却只有苟且偷生，这里并没有一点光荣。"

【出处】《后汉书·戴凭传》："不能以尸伏谏，偷生苟活。"

孤雏腐鼠

雏：幼鸟。孤独的幼鸟，腐烂的老鼠。比喻微贱而不值得一说的人或物。△清·纪昀《槐西杂志》："青裙白发，作孤雏腐鼠，吾不愿也。"

【出处】《后汉书·窦宪传》："国家弃宪，如孤雏腐鼠耳。"

含垢忍辱

垢：耻辱。形容忍受耻辱。△鲁迅《南腔北调集·谚语》："宋徽宗在位时，不可一世，而被掳后偏会含垢忍辱。"

【出处】《后汉书·曹世叔妻传》："忍辱含垢，常若畏惧。"

合浦珠还

合浦：地名，产珍珠。珍珠蚌回到了合浦。原歌颂官吏廉洁奉公。后比喻人去而复回或物失而复得。△阿英《晚清文学丛钞·冷眼观》一五："我当时虽失的一件无足轻重的东西，究竟能够合浦珠还……"

【出处】《后汉书·孟尝传》："迁合浦太守……曾未逾

岁，去珠复还。"

虎头燕颔

颔：下巴。形容人相貌威武。△清·文康《儿女英雄传》一八："我看你虎头燕颔，封侯万里……"

【出处】《后汉书·班超传》："燕颔虎颈，飞而食肉，此万里侯相也。"

互相标榜

标榜：吹嘘，夸耀。互相吹嘘，互相夸耀。△清·叶燮《原诗》四："彼唱予和，互相标榜。"

【出处】《后汉书·党锢传序》："海内希风之流，遂共相摽榜。"摽榜：标榜。

欢欣鼓舞

欢欣：高兴；鼓舞：振奋。非常高兴和振奋。△郭沫若《少年时代·反正前后》："但在革命成功了的当时，我们一般的人是怎样地欢欣鼓舞哟！"

【出处】《后汉书·马融传》："欢欣喜乐，鼓舞疆畔。"

饥寒交迫

迫：逼迫。饥饿、寒冷一齐逼来。形容生活极贫困。△清·李中孚《与董郡伯》："隆冬及春，饥寒交迫，生机穷绝。"

【出处】《后汉书·冯衍传》："饥寒并臻。"臻：至。

疾言遽色

疾：快；遽：急。言语和神色粗暴急躁。△清·蔡元放《东周列国志》三三："包着一肚子气，不免疾言遽色。"

【出处】《后汉书·刘宽传》："虽在仓卒，未尝疾言遽色。"

疾言厉色

疾：快；厉：严厉。说话急躁，脸色严厉。形容发怒时的情状。△清·李伯元《官场现形记》五四："那梅大老爷的脸色已经平和了许多，就是问话的声音也不像先前之疾言厉色了。"

【出处】《后汉书·刘宽传》："虽在仓卒，未尝疾言遽色。"遽：急。

进退失据

据：依据，凭借。前进和后退都失去了凭借。△宋·周密《齐东野语》九："全欲还，而门已塞，进退失据。"

【出处】《后汉书·樊英传》："进退无所据矣。"

噤若寒蝉

噤：闭口不出声。像寒冷时的蝉一样闭口不出声。形容不敢出声。△鲁迅《两地书》一："提出反对条件的，转眼就掉过头去，噤若寒蝉……"

【出处】《后汉书·杜密传》："知善不荐，闻恶无言，隐情惜己，自同寒蝉。"

口含天宪

天宪：国家法令。嘴里说的都是国家法令。形容说话就是法律，可以决定人生死祸福。△清·陆蓥《问花楼诗话》三："魏阉……生前，口含天宪，威福自由，无怪乎生祠之遍天下也。"

【出处】《后汉书·朱穆传》："手握王爵，口含天宪。"

狂奴故态

奴：对人亲狎的称谓。狂人的老样子。形容人没有改变放浪不羁的作风。△清·袁枚《随园诗话》九："仆老矣……犹有狂奴故态。"

【出处】《后汉书·严光传》："帝笑曰：'狂奴故态也。'"

悃愊无华

悃愊：至诚；华：浮华。诚恳朴实，不虚夸浮华。△清·李伯元《官场现形记》四六："漂亮人总不免华而不实，不肯务正。所以兄弟取人，总在悃愊无华一路。"

【出处】《后汉书·肃宗孝章帝纪》："安静之吏，悃愊无华。"

老当益壮

益：更加。年纪虽老，志气更高，干劲更大。△唐·王勃《秋日登洪府滕王阁饯别序》："老当益壮，宁移白首之心。"

【出处】《后汉书·马援传》："穷当益坚，老当益壮。"

老牛舐犊

舐：舔；犊：小牛。老牛用舌头舔小牛。比喻父母疼爱子女。△清·毕宪曾《弃儿行》诗："谁非人子谁无父，老牛舐犊尚有情。"

【出处】《后汉书·杨彪传》："犹怀老牛舐犊之爱。"

乐此不疲

喜欢做这种事，不觉得疲倦。△清·李伯元《官场现形记》二九："一年三百六十日，日日如此，倒也乐此不疲。"

【出处】《后汉书·光武帝纪》下："我自乐此，不为疲也。"

力不从心

心里想做，但是力量不够。△清·李伯元《官场现形记》二四："溥四爷提笔在手，欲写而力不从心……"

【出处】《后汉书·班超传》："超之气力不能从心。"

梁上君子

君子：人格高尚的人，这里是反语。躲在屋梁上的君子。指窃贼。△《杨家将演义》四八："梁上君子，你有甚事？或要钱物，或要杀我，请下来商议。"

【出处】《后汉书·陈寔传》："不善之人，未必本恶，习与性成耳。如梁上君子者是矣。"

络绎不绝

络绎：前后接续；绝：断。连续不断。形容行人、车马等前后相接，连续不断。△清·吴敬梓《儒林外史》一四："卖酒的青帘高扬，卖茶的红炭满炉，士女游人，络绎不绝……"

【出处】《后汉书·南匈奴传》："审逃入塞者络绎不绝。"

落落寡合

落落：疏阔；寡：少。原指事情疏阔难成，很少合乎心意。后形容人性情孤僻，很少有投合的人。△清·陈梗《老友许元五小传》："元五虽笃交友，然落落寡所合，惟与余交，二十四年如一日。"

【出处】《后汉书·耿弇传》："将军前在南阳建此大策，常以为落落难合。"

茅茨土阶

茅茨：用茅草盖房；土阶：用泥土砌台阶。形容房舍简陋。△清·蔡元放《东周列国志》三："昔尧舜在位，茅茨土阶，禹居卑宫，不以为陋。"

【出处】《后汉书·班固

457

传》：“客居杜陵，茅室土阶。”

眉目如画

眉毛和眼睛像画的一样。形容容貌端庄秀丽。△明·李昌祺《剪灯余话》五：“魏生……肌肤莹然，眉目如画。”

【出处】《后汉书·马援传》：“为人明须发，眉目如画。”

门生故吏

门生：学生；故吏：过去所统属的官吏。指学生和老部下。△清·吴敬梓《儒林外史》三〇：“尊府是一门三鼎甲，四代六尚书，门生故吏，天下都散满了。”

【出处】《后汉书·袁绍传》：“袁氏树恩四世，门生故吏遍于天下。”

名实相副

副：符合。名称或名声与实际相符合。△郭沫若《革命春秋·北伐途次》：“在汉口置备了衣履，把装束改了，成了名实相副的便衣队。”

【出处】《后汉书·孔融传》：“名实相副，综达经学。”

名士风流

名士：有名望的读书人；风流：风度和习气。原指有名望的读书人的风度和习气。后形容有才华的文人的放荡不羁的风度。△清·李伯元《文明小史》三一：“咱们名士风流，正该洒脱些才是。”

【出处】《后汉书·方术传论》：“汉世之所谓名士者，其风流可知矣。”

明见万里

能清楚地看见一万里之外的情况。形容人料事准确。△清·西周生《醒世姻缘传》四七：“小的偶然站住看看，见老爷夹这魏三，已是知道老爷明见万里了。”

【出处】《后汉书·窦融传》：“以为天子明见万里之外。”

明正典刑

典刑：法律所规定的刑罚，依照法律判罪。多指处以极刑。△清·曾朴《孽海花》一〇：“这种人要在敝国。是早已明正典刑，那里容他们如此胆大妄为呢！”

【出处】《后汉书·应劭传》："劭后追驳之，据正典刑。"

命若悬丝

生命好像悬吊在一根丝上。比喻生命十分危险。△《敦煌变文集·大目乾连冥间救母变文》："娘娘见今饥困，命若悬丝，汝若不起慈悲，岂名孝顺之子。"

【出处】《后汉书·邓训传》："凉州吏人，命县丝发。"县：悬。

排斥异己

斥：斥逐；异己：见解、观点与自己不同的人。排挤、清除见解、观点与自己不同的人。△毛泽东《论联合政府》四："要求从政治上、军事上改造那些由国民党统帅部直接领导的经常打败仗、经常压迫人民和经常排斥异己的军队……"

【出处】《后汉书·范滂传》："有不合者，见则排斥。"

盘根错节

树根盘曲，枝节交错。比喻事情错综复杂或势力根深蒂固。△《续孽海花》四三："改革的大事，决非一蹴可成，非盘根错节，不足以别利器。"

【出处】《后汉书·虞诩传》："不遇槃根错节，何以别利器乎？"槃：盘。

庞眉皓发

庞：多而杂乱；皓：白。花白的眉毛和头发。形容老年人的相貌。△清·纪昀《阅微草堂笔记·滦阳续录六》："狐曰：'君等意中，觉吾形何似？'一人曰：'当庞眉皓发。'"

【出处】《后汉书·刘宠传》："山阴县有五六老叟，庞眉皓发。"

披荆斩棘

披：拨开；斩：砍。拨开和砍掉荆棘。比喻扫除前进中的困难和障碍。△清·吕留良《贾谊论》："文帝之时，其左右朝廷、决天下之大计者，皆与高祖披荆斩棘，共起山泽者也。"

【出处】《后汉书·冯异传》："为吾披荆棘，定关中。"

睥睨一切

睥睨：斜着眼睛看。对一切都斜着眼睛看。形容非常高傲，目空

459

中华成语探源

中华国学精粹

典藏珍本

一切。△清·张集馨《道咸宦海见闻录》："睥睨一切，当世名公巨卿，鲜有入其目者。"

【出处】《后汉书·仲长统传》："消摇一世之上，睥睨天地之间。"消摇：逍遥。

齐心协力

心：思想。思想一致，共同努力。△明·凌濛初《初刻拍案惊奇》二四："过不多时，众人齐心协力，山岭庙也自成了。"

【出处】《后汉书·王常传》："于是诸部齐心同力，锐气益壮。"

强人所难

强：勉强。勉强别人做为难的事情。△明·兰陵笑笑生《金瓶梅词话》五七："我们佛家的行径，多要随缘喜舍，终不强人所难……"

【出处】《后汉书·崔寔传》："不强人以不能。"

情投意合

投：投合；意：心意。形容感情融洽，心意一致。△清·曹雪芹《红楼梦》八〇："宝蟾……既和薛蟠情投意合，便把金桂放在脑后。"

【出处】《后汉书·冯衍传》："是以意同情合，声比相应也。"

情有可原

情：情理；原：原谅。按照情理，有可以原谅的地方。△郭沫若《学生时代·创造十年续篇》："孤军社的人要请他做序本也情有可原，因为他们既志同道合，又可以得到兼收并蓄之效。"

【出处】《后汉书·霍谞传》："光之所坐，情既可原，守阙连年，而终不见理。"

穷当益坚

穷：处境艰苦；益：更加。处境越艰苦，意志应当越坚定。又作"穷且益坚"。△唐·王勃《秋日登洪府滕王阁饯别序》："穷且益坚，不坠青云之志。"

【出处】《后汉书·马援传》："穷当益坚，老当益壮。"

权宜之计

权：变通。指为了应付某种情况而采取的暂时适宜的变通方法。△明·冯梦龙《醒世恒言》八："我叫你去，不过权宜之计……"

【出处】《后汉书·王允传》："不循权宜之计。"

人微言轻

地位低微，说话不被重视。△清·李伯元《官场现形记》三五："况且上海有申大先生一帮在那里，你人微言轻，怎么会做过他们。"

【出处】《后汉书·孟尝传》："身微言轻，终不蒙察。"

【辨正】一说，语出宋·苏轼《上文侍中论强盗赏钱书》："欲具以闻上，而人微言轻，恐不见省。""人微言轻"即"身微言轻"，以《后汉书》为源。

日复一日

复：又。一天又一天。形容时光流逝。△明·冯梦龙《醒世恒言》九："日复一日，不觉又挨了二年有余，医家都说是个痼疾，医不得的了。"

【出处】《后汉书·光武帝纪》下："日复一日，安敢远期十岁乎？"

如堕五里雾中

好像掉在很大的烟雾里。比喻模模糊糊，摸不着头脑。△清·曾朴《孽海花》三二："台事传闻异辞，我们如堕五里雾中。"

【出处】《后汉书·张楷传》："性好道术，能作五里雾。"

搔头弄姿

形容故作姿态，卖弄风情。△清·黄安涛《阿官崽》诗："搔头弄姿兀自喜，柳巷穿来又花市。"

【出处】《后汉书·李固传》："胡粉饰貌，搔头弄姿。"

扫榻以待

榻：狭长而较矮的床。把榻扫干净，等待客人到来。表示热忱期待客人到来。△清·张集馨《道咸宦海见闻录》："如阁下允为留营，弟当于营中扫榻以待。"

【出处】《后汉书·徐稚传》："蕃在郡不接宾客，惟稚来特设一榻，去则悬之。"

盛名之下，其实难副

盛：大；名：名声，名望；副：符合。名声很大的人，他的实际很难与声望相符合。△明·朱之

中华成语探源

中华国学精粹

典藏珍本

瑜《答林春信书》二："'盛名之下，其实难副'，古人所戒……台兄乃复过誉之耶？"

【出处】《后汉书·黄琼传》："盛名之下，其实难副。"

舐犊情深

舐：舔；犊：小牛。老牛深情地舐小牛。比喻父母对子女的爱。△清·文康《儿女英雄传》三〇："安老夫妻暮年守着个独子，未免舐犊情深，加了几分怜爱。"

【出处】《后汉书·杨彪传》："犹怀老牛舐犊之爱。"

四冲之地

冲：冲击。形容无险可守，四面都容易遭受攻击的地方。△清·陈忱《水浒后传》二六："燕青原说四冲之地，劝我移营，悔不听他，为贼徒所败……"

【出处】《后汉书·荀彧传》："颍川，四战之地也，天下有变，常为兵冲。"

堂哉皇哉

形容规模宏伟，气势盛大。也形容表面上庄严体面的样子。△《鲁迅书信集·致山本初枝》：

"尽管他们所写的东西穿凿附会，错误百出，竟然也堂哉皇哉付梓问世……"

【出处】《后汉书·班固传》："唐哉皇哉！皇哉唐哉？"

体大思精

体：规模；思：构思。形容著作规模宏大，构思精密。△明·胡应麟《诗薮》："李才高气逸而调雄，杜体大思精而格浑。"

【出处】《后汉书·自序》："自古体大而思精，未有此也。"

天外飞来

比喻事情意想不到。△清·高鹗《红楼梦》一〇一："真真的我们这位爷行的事都是天外飞来的。"

【出处】《后汉书·西域传论》："感验明显，则事出天外。"

铁中铮铮

铮铮：金属撞击所发出的响亮声音。能发出铮铮响声的好铁。比喻才能出众的人。△清·曾朴《孽海花》二三："纯客一到台谏，必然是个铁中铮铮……"

【出处】《后汉书·刘盆子

传》："卿所谓铁中铮铮，庸中佼佼者也。"

推燥居湿

推：让；燥：干燥。把干褥子让给孩子，自己睡在孩子尿湿的褥子上。形容母亲抚育孩子的辛劳。又作"推干就湿"。△明·袁宏道《舒大家志石铭》："叔诸子宗正等，家皆母之，推干就湿，信于所生。"

【出处】《后汉书·杨震传》："虽有推燥居湿之勤，前后赏惠，过极劳苦。"

万众一心

一万个人一条心。形容团结一致。△田汉《义勇军进行曲》："我们万众一心，冒着敌人的炮火，前进！"

【出处】《后汉书·傅燮传》："而贼闻大军将至，必万人一心。"

妄自尊大

尊：高。狂妄地自高自大。△明·罗贯中《三国演义》一一七："吾与汝官品一般，吾久镇边疆，于国多劳，汝安敢妄自尊大耶？"

【出处】《后汉书·马援传》"子阳井底蛙耳，而妄自尊大。"

望门投止

门：借指人家。看见有人家，就去投宿。原形容出逃在外的窘迫。后泛指仓促中来不及选择住宿的地方。△清·蒲松龄《聊斋志异·尸变》："一日昏暮，四人偕来，望门投止。"

【出处】《后汉书·张俭传》："困迫循走，望门投止。"

握手言欢

手拉着手，高兴地交谈。形容会面时亲热友好的情状。△唐·高适《题李别驾壁》诗："去乡不远逢知己，握手相欢得如此。"

【出处】《后汉书·李通传》："及相见，共语移日，握手极欢。"

息事宁人

原指不制造事端，不骚扰百姓。后形容平息事端，减少麻烦，彼此相安。△《鲁迅书信集·致黎烈文》："《自由谈》上的文字……应加以蒲鞭者不少，但为息事宁人计，不如已耳。"

【出处】《后汉书·肃宗孝章帝纪》："冀以息事宁人，敬奉天气。"

喜不自胜

胜：承受。高兴得自己承受不住了。形容非常高兴。△明·吴承恩《西游记》二："弟子诚心听讲，听到老师父妙音处，喜不自胜，故不觉作此踊跃之状。"

【出处】《后汉书·光武帝纪》止："及见司隶僚属，皆欢喜不自胜。"

先见之明

明：眼力。事先洞察问题的眼力。△老舍《四世同堂》七三："日本人既施行棉纱与许多别的物品的统制，就一定不会单单忘记了统制粮食。虽然有这点先见之明，他可是毫无准备。"

【出处】《后汉书·杨彪传》："愧无日䃅先见之明。"日䃅：西汉的金日䃅。

弦外之音

原指琴弦的余音。后比喻言外之意。△老舍《四世同堂》六三："孟先生听出来老人的弦外之音，立刻保证他必不许孩子们糟踏院子……"

【出处】《后汉书·自序》："弦外之意，虚响之音。"

向平之愿

向平：东汉人，子女婚嫁后，离家游五岳名山。向平的心愿。指子女婚嫁之事。△清·李伯元《官场现形记》五六："如今儿子已经长大，拟于秋间为之完姻，以了'向平之愿'。"

【出处】《后汉书·向长传》："向长字子平……男女娶嫁既毕，勅断家事勿相关……与同好北海禽庆俱游五岳名山。"

凶终隙末

隙：嫌隙。以不幸终止，以嫌隙结尾。形容友谊不能保持到底，朋友变成了仇人。△《反美华工禁约文学集·苦学生》四："你这种人翻云覆雨，隙末凶终，我没心肠争闲是非。"

【出处】《后汉书·王丹传》："张、陈凶其终，萧、朱隙其末。"

掩口胡卢

胡卢：强忍着，不出声地笑。捂着嘴笑，忍着笑声。△清·蒲松龄《聊斋志异·促织》："视成所蓄，掩口胡卢而笑。"

【出处】《后汉书·应劭传》："夫睹之者掩口胡卢而笑。"

仰人鼻息

仰：仰赖；息：气息。仰赖别人鼻子里出入的气息。比喻依附别人，看别人的脸色行事。△陈毅《水调歌头·四游良口》："仰人鼻息，奴才思想奈天何！"

【出处】《后汉书·袁绍传》："袁绍孤客穷军，仰我鼻息。"

养痈成患

痈：发生在背部、项部的恶疮。长了恶疮不医治，以致危及生命。比喻姑息坏人坏事，结果成了危及自己的祸害。△清·李汝珍《镜花缘》五七："真是养痈成患，将来他的羽翼越多，越难动手哩。"

【出处】《后汉书·冯衍传》："养痈长疽，自生祸殃。"

一表非凡

一副仪表不同一般。形容人相貌出众。△明·吴承恩《西游记》五四："女王闪凤目，簇蛾眉，仔细观看，果然一表非凡。"

【出处】《后汉书·李通传》："君状貌非凡。"

以观后效

以便观察后来的表现。△清·林则徐《查拿烟贩收缴烟具情形折》："禀请暂免治罪，并酌给药料，俾其服食除瘾，以观后效。"

【出处】《后汉书·孝安帝纪》："且复重申，以观后效。"

议论纷纷

纷纷：多而杂乱。形容很多人七嘴八舌地议论。△明·冯梦龙《古今小说》二二："再说贾似道罢相，朝中议论纷纷，谓其罪不止此。"

【出处】《后汉书·袁绍传》："是以远近狐疑，议论纷错者也。"

薏苡明珠

薏苡：一种草本植物，果实

中华成语探源

中华国学精粹

典藏珍本

可入药。薏苡的果实被进谗的人说成了明珠。比喻遭受嫌疑，蒙受冤屈。△清·朱彝尊《酬洪升》诗："梧桐夜雨词凄绝，薏苡明珠谤偶然。"

【出处】《后汉书·马援传》："南方薏苡实大，援欲以为种，军还，载之一车……及卒后，有上书谮之者，以为前所载还，皆明珠文犀。"

饮鸩止渴

鸩：以鸩羽制的毒酒。喝毒酒解渴。比喻不顾后果，用有害的办法解决目前的困难。△巴金《谈〈憩园〉》："年纪大一点的轿夫多数抽大烟，因为他们的体力不够，不得不用这种兴奋剂来刺激，明知这是饮鸩止渴，但是也无其他办法。"

【出处】《后汉书·霍谞传》："疗饥于附子，止渴于鸩毒。"

庸中佼佼

庸：平庸；佼佼：高出一等的样子，指平常人中比较突出的。△北魏·郦道元《水经注·洛水》："卿庸中佼佼，铁中铮铮

也。"

【出处】《后汉书·刘盆子传》："卿所谓铁中铮铮、庸中佼佼者也。"

有求必应

原指有人求索，就一定供应。后指有人请求，就一定答应。△清·李伯元《官场现形记》四二："弄到后来，书画虽还是有求必应，差缺却有点来不及了。"

【出处】《后汉书·樊宏传》："又池鱼牧畜，有求必给。"

有志者事竟成

竟：终于。有志气的人，事情终究能成功。形容只要有决心，有毅力，事情一定会成功。△明·冯梦龙《醒世恒言》三："自古道，有志者事竟成。被他千思万想，想出一个计策来。"

【出处】《后汉书·耿弇传》："有志者事竟成也。"

鱼游釜中

釜：锅。鱼在锅里游。比喻身处绝境，面临灭亡的危险。△明·许仲琳《封神演义》九一："姜尚进

山，似鱼游釜中，肉在几上。"

【出处】《后汉书·张纲传》："若鱼游釜中，喘息须臾间耳。"

与众不同

和大家不一样。△清·李伯元《官场现形记》四一："借着州官同他要好，有些势力，便觉与众不同。"

【出处】《后汉书·袁绍传》注引《先贤行状》："唯田别驾前谏止吾，与众不同。"

怨声载道

载：充满。怨恨的声音充满了道路。指到处是怨恨的声音。△明·冯梦龙《古今小说》二二："浙中大扰，无不破家者，其时怨声载道。"

【出处】《后汉书·李固传》："天下纷然，怨声满道。"

云开雾散

云雾消散了。形容天气晴朗了。后比喻不愉快的心情或烦难的事情消失了。△清剧本《缀白裘初集》二："一番断案谁知道？两下里狐疑猜料，少不得雾散云开现碧霄。"

【出处】《后汉书·蔡邕传》："电骇风驰，雾散云披。"

正言厉色

正：严正；厉：严肃。言辞严正，态度严肃。△清·曹雪芹《红楼梦》一九："黛玉见他说的郑重，又且正言厉色，只当是真事。"

【出处】《后汉书·郅寿传》："厉音正色，辞旨甚切。"

执迷不悟

执：执著；迷：迷惑；悟：觉醒。原指迷惑，不清醒。后形容沉迷于不好的事情而不觉悟。△清·高鹗《红楼梦》一一三："老爷太太原为是要你成人，接续祖宗遗绪，你只是执迷不悟，如何是好？"

【出处】《后汉书·左雄传》："令人主数闻其美，稀知其过，迷而不悟。"

诛心之论

诛：谴责。谴责心意的言论。指揭穿动机的评论。△清·魏源《书明史稿》二："若非礼亲王诛

中华成语探源

中华国学精粹

典藏珍本

心之论，乌能洞史臣之肺腑哉！"

【出处】《后汉书·霍谞传》："原情定过，赦事诛意。"

《三国志》

百足之虫，死而不僵

百足之虫：马陆，一种节肢动物，身体很长，由很多环节构成，除一至四节及末节，每节有两对足；僵：仆倒。马陆被切断后，每节都能蠕动而不仆倒。比喻基础雄厚、势力强大的人或家族，倒台或衰微后，余威和影响还存在，能挣扎一时。△清·曹雪芹《红楼梦》七四："这可是古人说的：'百足之虫，死而不僵'，必须先从家里自杀自灭起来，才能一败涂地呢！"

【出处】《三国志·魏书·武文世王公传》注引《魏氏春秋》："故语曰：'百足之虫，至死不僵。'以扶之者众也。"

髀肉复生

髀：大腿。大腿的肉又长起来了。指长久不骑马。形容长久过

着安闲舒适的生活，无所作为。△明·罗贯中《三国演义》三四："因见己身髀肉复生，亦不觉潸然泪下。"

【出处】《三国志·蜀书·先主传》注引《九州春秋》："吾常身不离鞍，髀肉皆消，今不复骑，髀里肉生。"

变生肘腋

变：变故；肘腋：臂肘与腋下，比喻极近的地方。变故发生在极近的地方。△清·蔡元放《东周列国志》四："万一中外合谋，变生肘腋，郑国非主公之有矣。"

【出处】《三国志·蜀书·法正传》："北畏曹公之强，东惮孙权之逼，近则惧孙夫人生变于肘腋之下。"

兵贵神速

用兵神在行动特别迅速。△清·陈忱《水浒后传》七："他折了一阵，锐气已丧。兵贵神速，今夜分四路去劫大寨，杀得他只轮不返。"

【出处】《三国志·魏书·郭嘉传》："兵贵神速。"

不服水土

服：适应；水土：自然环境和气候。不适应某地方的环境和气候。△《元典章》一八："官员离家万里，不伏水土，乃染病身死者，不可胜数。"

【出处】《三国志·蜀书·先主传》注引《蜀本纪》："蜀王娶以为妻，不习水土，疾病欲归国，蜀王留之，无几物故。"

不足介意

足：值得；介意：在意，放在心上。不值得放在心上。△《鲁迅书信集·致章廷谦》："如此敌人，不足介意……"

【出处】《三国志·蜀书·先主传》："冢中枯骨，何足介意！"

车载斗量

载：装载。用车装，用斗量。形容数量很多。多表示不足为奇。△清·吴敬梓《儒林外史》四六："举人、进士，我和表兄两家车载斗量，也不是什么出奇的东西。"

【出处】《三国志·吴书·吴主传》："聪明特达者八九十人，如臣之比，车载斗量，不可胜数。"

称王称霸

霸：霸主，古代诸侯联盟的首领。称了帝王和霸主。后比喻以首领自居，独断专横。△宋·汪元量《湖山类稿》一："刘项称王称霸，关张无命无功。"

【出处】《三国书·魏书·武帝纪》注引《魏武故事》："设使国家无有孤，不知当几人称帝，几人称王。"孤：古代君主自称。

成败利钝

利：顺利；钝：挫折。成功或失败，顺利或挫折。△宋·刘克庄《丁丑上制师书》："讨贼之义，不以成败利钝而遂废也。"

【出处】《三国志·蜀书·诸葛亮传》注引《汉晋春秋》："至于成败利钝，非臣之明所能逆睹也。"

叱咤风云

叱咤：怒喝。怒喝一声，可以使风云兴起。形容声势威力极大。△老舍《四世同堂》九："'武士道'的精神，因此一变而为欺人与

中华成语探源

中华国学精粹

典藏珍本

自欺，而应当叱咤风云的武士都变成了小丑。"

【出处】《三国志·魏书·贾诩传》注引《九州春秋》："将军权重于淮阴，指麾可以振风云，叱咤足以兴雷电。"

【辨正】一说，语出唐·骆宾王《代徐敬业讨武氏檄》："叱咤则风云变色。"这句话以"指麾可以振风云，叱咤足以兴雷电"为源；而且梁元帝萧绎《讨伐侯景檄》中已这样用过。

崇本抑末

崇：重视；抑：压制。重视树根，压制树梢。指重根本而轻枝末。△《元史·食货志一》："于是颁《农桑辑要》之书于民，俾民崇本抑末。"

【出处】《三国志·魏书·司马芝传》："王者之治，崇本抑末，务农重谷。"

初出茅庐

茅庐：草屋。刚走出草屋。原指诸葛亮离开隐居的南阳草屋，开始辅佐刘备。后比喻刚刚走上社会，还缺乏经验。△清·李伯元《官场现形记》一九："署院一听

他问这两句话，便知道他初出茅庐，不懂得什么。"

【出处】《三国志·蜀书·诸葛亮传》："亮躬耕陇亩……先主遂诣亮，凡三往，乃见。"

唇齿相依

嘴唇和牙齿互相依存。比喻关系密切，互相依存。△清·蔡元放《东周列国志》二五："时有虞虢二国，乃是同姓比邻，唇齿相依。"

【出处】《三国志·魏书·鲍勋传》："吴蜀唇齿相依，凭阻山水，有难拔之势故也。"

大发雷霆

雷霆：暴雷，比喻暴怒。形容大发脾气。△清·李伯元《官场现形记》一二："胡统领此时大发雷霆，真按捺不住了，顺手取过一张椅子，从船窗洞里丢了出来。"

【出处】《三国志·吴书·陆逊传》："今不忍小忿，而发雷霆之怒。"

胆大如斗

斗：古代盛粮食的器物，以竹、木制成，可盛十二市斤粮食。

胆囊像斗那么大。后形容胆量极大。△宋·姜夔《昔游诗》五："同行子周子，渠胆大如斗。"

【出处】《三国志·蜀书·姜维传》注引《世语》："维死时见剖，胆如斗大。"

倒屣相迎

屣：鞋。急忙出来迎接，连鞋都穿倒了。形容对来客非常尊重，热情迎接。△五代·孙光宪《北梦琐言》五："唐进士曹唐，《游仙诗》才情缥缈。岳阳李远员外，每吟其诗而思其人。一日，曹往谒之，李倒屣而迎。"

【出处】《三国志·魏书·王粲传》："时邕才学显著，贵重朝廷……闻粲在门，倒屣迎之。"

的卢飞快

的卢：骏马名。的卢奔驰迅速，像飞一样。原指刘备骑的卢马脱离险境。后形容驰骋战场。△宋·辛弃疾《破阵子》词："马作的卢飞快，弓如霹雳弦惊。"

【出处】《三国志·蜀书·先主传》注引《世语》："的卢乃一踊三丈。"踊：跳跃。

斗酒只鸡

斗：盛酒的器皿。一斗酒，一只鸡。祭奠死者的东西。表示对亡友的悼念之情。△金·元好问《哭曹征君子玉》二："斗酒只鸡孤旧约，素车白马属何人。"

【出处】《三国志·魏书·武帝纪》："殂逝之后，路有经由，不以斗酒只鸡过相沃酹，车过三步，腹痛勿怪！"

断头将军

被砍掉头颅的将军。形容宁死不屈的将领。△清·孔尚任《桃花扇》三七："除却一死，无可报国；大小三军，都来看断头将军呀。"

【出处】《三国志·蜀书·张飞传》："我州但有断头将军，无有降将军也。"

恩威兼济

兼：同时涉及；济：补救。恩德与威严同时具备，互相补充。指奖赏与刑罚、安抚与强制同时施行。△清·林则徐《控制镇筸兵勇并察看各提镇优劣片》："总须恩威兼济，严而不失之刻，宽而不失之滥，始可常服其心。"

【出处】《三国志·吴书·周
鲂传》："鲂在郡十三年卒，赏善
罚恶，威恩并行。"

方寸已乱

方寸：一寸见方大小，指心。
心绪已经乱了。△清·李伯元《官
场现形记》三："我此刻方寸已
乱，等我定一定神再谈。"

【出处】《三国志·蜀书·诸
葛亮传》："今已失老母，方寸乱
矣。"

放虎归山

把老虎放回山里。比喻把敌人
或能威胁自己安全的人放走，从而
留下祸根。△清·蔡元放《东周列
国志》四五："放虎归山，异日悔
之晚矣！"

【出处】《三国志·蜀书·刘
巴传》："若使备讨张鲁，是放虎
于山林也。"

放虎自卫

放出老虎来保卫自己。比喻
利用坏人而自招灾祸。△清·许楣
《粮勇歌》诗："得缓须臾策亦
妙，放虎自卫且勿诮。"

【出处】《三国志·蜀书·张
飞传》注引《华阳国志》五："此
所谓独坐穷山，放虎自卫者也。"

非池中物

不是水池子里的东西。表示
不是普通的鱼虾，而是会兴云作雨
的蛟龙。比喻胸怀大志，终会大有
作为的人。△明·罗贯中《三国演
义》七九："子建怀才抱智，终非
池中物，若不早除，必为后患。"

【出处】《三国志·吴书·周
瑜传》："恐蛟龙得云雨，终非池
中物也。"

赴汤蹈火

赴：到……去；汤：热水；
蹈：踩。到热水里去，到烈火上
去。比喻不避艰险，奋不顾身。
△明·施耐庵《水浒传》一五：
"有三个人，义胆包身，武艺出
众，敢赴汤蹈火，同死同生。"

【出处】《三国志·魏书·刘
表传》注引《傅子》："唯将军所
命，虽赴汤蹈火，死无辞也。"

感恩戴德

感、戴：感激；恩德：恩惠。
感激别人给的恩惠。△阿英《晚清

文学丛钞·东欧女豪杰》三："偶有一个狡猾的民贼出来，略用些小恩小惠来抚弄他，他便欢天喜地感恩戴德。"

【出处】《三国志·吴书·骆统传》："令皆感恩戴义，怀欲报之心。"

攻心为上

上：上策。以征服人心为上策。△明·朱之瑜《批新序二十条》四："襄子但玩弄之以收民心身，亦犹孔明之于南蛮，攻心为上也。"

【出处】《三国志·蜀书·马谡传》注引《襄阳记》："夫用兵之道，攻心为上，攻城为下。"

苟全性命

苟且保全性命。指苟且偷生。△宋·陈亮《谢胡参政启》："苟全性命，颇思当痛之时。"

【出处】《三国志·蜀书·诸葛亮传》："苟全性命于乱世，不求闻达于诸侯。"

顾名思义

顾：看。看到名称，就会想到它的含义。△老舍《四世同堂》四一："而'老头儿乐'，顾名思义，是使没牙的老人们也不至向隅的。"

【出处】《三国志·魏书·王昶传》："故以玄默冲虚为名，欲使汝曹顾名思义，不敢违越也。"
汝曹：你们。

顾曲周郎

顾：看；周郎：周瑜。周瑜精通音乐，有人奏错了乐曲，周瑜一定能听出来，并且看这个人一眼。后泛指精通音乐、戏曲的人。△清·丘逢甲《秋怀》七："著书覃子原仙骨，顾曲周郎有将才。"

【出处】《三国志·吴书·周瑜传》："瑜少精意于音乐，虽三爵之后，其有阙误，瑜必知之，知之必顾，故时人谣曰：'曲有误，周郎顾。'"

刮目相看

刮目：揉一揉眼睛，以便看得更清楚，指新的眼光。用新的眼光来看待。△鲁迅《伪自由书·航空救国二愿》："只有航空救国较为别致，是应该刮目相看的……"

【出处】《三国志·吴书·吕蒙传》注引《江表传》："士别三

日，便更刮目相待。"

过目成诵

过目：看一遍；诵：背诵。看一遍就能背下来。形容记忆力极强。△明·凌濛初《二刻拍案惊奇》六："在学堂一年有余。翠翠过目成诵，读过了好些书。"

【出处】《三国志·魏书·荀彧传》注引《平原祢衡传》："目所一见，辄诵于口。"

【辨正】一说，语出《宋史·刘恕传》："恕少颖悟，书过目即成诵。"这里，把"目所一见，辄诵于口"八个字变为"过目即成诵"五个字，前者为源，后者为流。

豪气未除

豪迈的气概没有改变，一如既往。△清·赵翼《遣兴》诗："湖海人豪气未除，可怜七尺落蓬庐。"

【出处】《三国志·魏书·陈登传》："陈元龙湖海之士，豪气不除。"

后顾之忧

后顾：回顾，回头看。需要回头看顾的忧虑。指对于后方或家里的担心。△毛泽东《战争和战略问题》："如果没有最广大的和最坚持的游击战争，而使敌人安稳坐占，毫无后顾之忧，则我正面主力损伤必大……"

【出处】《三国志·魏书·徐奕传》："今使君统留事，孤无复还顾之忧也。"

【辨正】一说，语出《魏书·李冲传》："使我出境无后顾之忧。"《魏书》所记为北魏历史，晚于曹魏几百年。

画饼充饥

原比喻有虚名无实用。后比喻用空想安慰自己。△明·施耐庵《水浒传》五一："官人今日眼见一文也无，提甚三五两银子，正是教俺望梅止渴，画饼充饥。"

【出处】《三国志·魏书·卢毓传》："名如画地作饼，不可啖也。"啖：吃。

魂不守舍

舍，住处。灵魂没有守住住处。指灵魂没有在躯壳里。形容精神恍惚。△清·高鹗《红楼梦》九八："我看宝玉竟是魂不守舍，起动是不怕的。"

【出处】《三国志·魏书·管辂传》注引《辂别传》："魂不守宅，血不华色。"

鸡犬不留

鸡和狗都没有留下。形容残酷的杀戮。△老舍《吐了一口气》："这是一笔永远算不清的债！以言杀戮，确是鸡犬不留。"

【出处】《三国志·魏书·荀彧传》注引《曹瞒传》："引军从泗南攻取虑、睢陵、夏丘诸县，皆屠之，鸡犬亦尽，墟邑无复行人。"

集思广益

集中大家的智慧，广泛听取有益的意见。△清·刘鹗《老残游记》三："但凡闻有奇才异能之士，都想请来，也是集思广益的意思。"

【出处】《三国志·蜀书·董和传》："夫参署者，集众思广忠益也。"

坚壁清野

坚壁：加固军营的围墙；清野：清除四野。泛指加固防御工事，转移人口、物资。△郭沫若《革命春秋·北伐途次》："冲锋的结果，只是明白了城里的敌人想采取坚壁清野的战术。"

【出处】《三国志·魏书·荀彧传》："今东方皆以收麦，必坚壁清野以待将军，将军攻之不拔，略之无获。"

兼程而进

昼夜不停地行进，一天走两天的路程。△明·王守仁《奉闻益王助军饷疏》："掌印官亲自统兵，毋分日夜，兼程前进。"

【出处】《三国志·魏书·贾逵传》："乃兼道进军。"

咎由自取

咎：责备。指遭受责备、惩罚或祸害，是自己造成的。△清·李伯元《官场现形记》五一："但这件事据兄弟看起来，他们两家实在是咎由自取。"

【出处】《三国志·蜀书·刘封等传》："招祸取咎，无不自也。"

鞠躬尽瘁

鞠躬：弯腰，形容恭谨的样子；瘁：过度劳累。恭谨勤劳，用尽全部力量。△明·瞿式耜《引咎乞罢疏》："臣虽鞠躬尽瘁，终何救于艰危之万一？"

【出处】《三国志·蜀志·诸葛亮传》注引《汉晋春秋》："臣鞠躬尽力，死而后已。"

绝伦逸群

伦：比；逸：超过一般。没有比得上的，超过了一般人。形容才能出众。△明·朱之瑜《答安东守约书》四："况贤弟未尝晤接，而才识绝伦逸群，笔则笔，削则削。"

【出处】《三国志·蜀书·关羽传》："当与益德并驱争光，犹未及髯之绝伦逸群也。"

开诚布公

开诚：敞开胸怀，显示诚意；布公：公正无私。形容态度诚恳，坦白无私。△郭沫若《学生时代·创造十年续篇》："说句开诚布公的话，那篇文章我自己很得意。"

【出处】《三国志·蜀书·诸葛亮传》："开诚心，布公道。"

开门揖盗

揖：拱手行礼。打开大门，拱手请强盗进来。比喻引进坏人，给自己招致祸患。△清·蔡元放《东周列国志》三："申公借兵失策，开门揖盗，使其焚烧宫阙，戮及先王，此不共之仇也。"

【出处】《三国志·吴书·吴主传》："况今奸宄竞逐，豺狼满道，乃欲哀亲戚，顾礼制，是犹开门而揖盗，未可以为仁也。"

慷慨陈词

慷慨：情绪激动，充满正气；陈词：陈述。情绪激动地陈述。△清·潘德舆《养一斋诗话》六："元末群盗纵横，时事不宜言矣。诗家慷慨陈词，多衰飒无余地。"

【出处】《三国志·魏书·臧洪传》："洪辞气慷慨，涕泣横下。"

狼狈不堪

狼狈：困窘的样子。形容处境十分困难、窘迫。△清·名教中人《好逑传》一："这韩愿情急，追赶拦截，又被他打得狼狈不堪。"

【出处】《三国志·蜀书·马超传》："进退狼狈，乃奔汉中依张鲁。"

老蚌生珠

比喻老年得子。△宋·哀长吉《朝中措·贺生第三子》："方喜阶庭联玉，又闻老蚌生珠。"

【出处】《三国志·魏书·荀彧传》注引《三辅决录》："不意双珠，近出老蚌，甚珍贵之。"

【辨正】一说，语出《北齐书·陆卬传》："吾以卿老蚌遂出明珠。"这是流，以《三国志》为源。

老不晓事

晓：懂得。年纪老而不懂得事理。△唐·骆宾王《上吏部侍郎帝京篇》："老不晓事，有类扬雄。"

【出处】《三国志·魏书·陈思王植传》："修家子云，老不晓事。"

老生常谈

老书生经常称引的话。后形容毫无新意的平常话。△清·吴敬梓《儒林外史》一："这一首词，也是个老生常谈。不过说人生富贵功名，是身外之物。"

【出处】《三国志·魏书·管辂传》："此老生之常谭。"谭：谈。

乐不思蜀

蜀被魏灭后，蜀后主刘禅被掳至洛阳，却感到很快乐，不思念蜀。后比喻乐而忘返。△清·王韬《淞隐漫录》八："获此妙境，真觉此间乐不思蜀矣。"

【出处】《三国志·蜀书·后主传》注引《汉晋春秋》："王问禅曰：'颇思蜀否？'禅曰：'此间乐，不思蜀。'"

量才录用

量：估量；录用：收录，任用。估量才能大小，决定是否收录，如何任用。△宋·苏轼《乞擢用程遵彦状》："伏望圣慈特赐采察，量才录用。"

【出处】《三国志·蜀书·谯周传》注引《华阳国志》："各宜量才叙用。"叙用：任用。

龙骧虎视

骧：昂首。像龙一样昂首，像虎一样注视。比喻施展雄才大略。△明·罗贯中《三国演义》三八："龙骧虎视安乾坤，万古千秋名不朽！"

【出处】《三国志·蜀书·诸葛亮传》："进欲龙骧虎视，包括四海；退欲跨陵边疆，震荡宇内。"

门当户对

门户：门第。门第相当、对等。指结亲的男女双方，家庭的社会地位和经济状况相当。△清·高鹗《红楼梦》一一七："或者有个门当户对的来说亲，还是等你回来，还是你太太作主？"

【出处】《三国志·魏书·后妃传》："诸亲戚嫁娶，自当与乡里门户匹敌者也。"匹敌：对等。

门无杂宾

家里没有杂七杂八的客人。形容交友慎重。△唐·李延寿《南史·谢谧传》："不妄交接，门无杂宾。"

【出处】《三国志·吴书·虞翻传》注引《会稽典录》："为人精微絜净，门无杂宾。"

迷途知返

知道迷失了道路，就返回去。比喻知道犯了错误，就改正。△南朝梁·丘迟《与陈伯之书》："夫迷途知反，往哲是与！"

【出处】《三国志·魏书·袁术传》："若迷而知反，尚可以免。"反：返。

【辨正】一说，语出《梁书·陈伯之传》："夫迷涂知反，往哲是与。"这是流，以《三国志》为源。

秘而不宣

宣：公开说出来。保守秘密而不公开。△清·文康《儿女英雄传》二五："还有一分阔礼满箱，此时忙在这里，秘而不宣，要等亲事说成，当面一送，显这么大大的一个好看儿。"

【出处】《三国志·吴书·吕蒙传》注引《江表传》："密为肃陈三策，肃敬受之，秘而不宣。"

名垂青史

垂：流传；青史：原指记载史迹的竹简，后指史书。名字载入史书，永远流传。△清·钱彩《说岳全传》二二："得你尽忠报国，名垂青史，吾愿足矣。"

【出处】《三国志·魏书·曹植传》："功铭著于鼎钟，名称垂于竹帛。"

难解难分

形容双方相持不下，难分胜负。后也形容双方关系异常密切。也指事态严重而不能解决。△1.明·吴承恩《西游记》二二："原来那怪与八戒正战到好处，难解难分。"2.清·曹雪芹《红楼梦》五："至次日，便柔情缱绻，软语温存，与可卿难解难分。"3.清·高鹗《红楼梦》一一七："正在难分难解，王夫人宝钗急忙赶来。"

【出处】《三国志·魏书·程昱传》："难解势分。"势：势必。

驽马恋栈

驽马：劣马；栈：牲畜棚。劣马留恋马棚。比喻才能低下而贪图安逸，没有远大志向。△宋·黄庭坚《次韵寄李六弟济南郡城桥亭之诗》："驽马恋栈豆，岂能辞縶缰。"

【出处】《三国志·魏书·曹爽传》注引《晋纪》："驽马恋栈豆，爽必不能用也。"

普天同庆

普：遍。全天下的人一同庆祝。形容全国人共同庆祝。△南朝宋·刘义庆《世说新语·排调》："皇子诞育，普天同庆。"

【出处】《三国志·魏书·郭淮传》："今溥天同庆而卿最留迟，何也？"溥：普。

七纵七擒

纵：放。诸葛亮七次放了孟获，又七次把他抓获。后比喻高明的战略。也表示克敌制胜。△1.唐·沈亚之《省试策第二问》："必有善师善战之术，七纵七擒之方。"2.《元曲选·小尉迟将斗将认父归朝》一："你便要一冲一撞，登时间早将你七擒七纵。"

【出处】《三国志·蜀书·诸葛亮传》："纵使更战，七纵七擒，而亮犹遣获。"

气涌如山

涌：冒出。冒出的怒气像一座山。形容恼怒到极点。△清·蒲松龄《聊斋志异·崔猛》："崔闻之，气涌如山，鞭马前向，意将用武。"

【出处】《三国志·吴书·吴主传》注引《江表传》："近为鼠

中华成语探源

典藏珍本

中华国学精粹

子所前却，令人气涌如山。"

弃瑕录用

瑕：玉上面的斑点，比喻缺点。不计较人的缺点错误，加以录用。△唐·姚思廉《梁书·陈伯之传》："圣朝赦罪责功，弃瑕录用。"

【出处】《三国志·魏书·袁绍传》："收罗英雄，弃瑕录用。"

前门拒虎，后门进狼

拒：抗拒。比喻赶走了一个祸害，又来了一个祸害。△郭沫若《少年时代·反正前后》："那样多的草莽英雄又闯进了成都城，这不正好是'前门拒虎，后门进狼'？"

【出处】《三国志·吴书·孙坚传》注引《江表传》："坚若得洛，不可复制，此为除狼而得虎也。"

青蝇之吊

吊：凭吊。死后只有青蝇来凭吊。指只有青蝇趴在尸体上。形容人生前没有朋友。△清·捧花生《秦淮画舫录·朱芸官》："差免青蝇之吊，空营彩凤之栖。"

【出处】《三国志·吴书·虞翻传》注引《翻别传》："生无可与语，死以青蝇为吊客。"

倾家荡产

倾：全部倒出；荡：全部清除。形容丧失全部家产。△鲁迅《华盖集·北京通信》："竟有父母愿意儿子吸鸦片的，一吸，他就不至于到外面去，有倾家荡产之虞了。"

【出处】《三国志·魏书·魏明帝纪》注引《魏略》："富者则倾家尽产，贫者举假贷赁。"赁：借。

穷兵黩武

穷：尽；黩：轻率。用尽全部兵力，轻率使用武力。形容使用全部兵力，任意发动战争。△唐·李白《独漉篇》："穷兵黩武今如此，鼎湖飞龙安可乘。"

【出处】《三国志·魏书·王朗传》注引《魏书》："穷兵黩武，古有成戒。"

穷鸟入怀

穷：无路可走。无处可去的鸟飞进人的怀里。比喻处境困厄而投靠人。△北齐·颜之推《颜氏家训·省事》："穷鸟入怀，仁人所悯，况死士归我，当弃之乎？"

【出处】《三国志·魏书·邴原传》注引《魏氏春秋》："政投原曰：'穷鸟入怀。'原曰：'安知斯怀之可入邪？'"

求田问舍

求、问：谋求；舍：房屋。谋求田地、房屋。指购置产业。形容人只知谋求私利，胸无大志。△清·李绿园《歧路灯》一〇："弟岂庸庸者流，求田问舍，煦煦于儿女间者。"

【出处】《三国志·魏书·陈登传》："而君求田问舍，言无可采。"

去梯之言

上楼后，撤去梯子再谈话。指极端机密的话。△南梁·沈约《宋书·蔡兴宗传》："吐去梯之言，宜详其祸福。"

【出处】《三国志·蜀书·诸葛亮传》："令人去梯，因谓亮曰：'今日上不至天，下不至地，言出子口，入于吾耳，可以言未？'"

人各有志

每个人都各有不同的志趣。△明·无心子《金雀记·投笺》："此乃人各有志，志各不同。"

【出处】《三国志·魏书·胡昭传》："人各有志，出处异趣。"

忍辱负重

负：承担。忍受屈辱，承担重任。△清·曾朴《孽海花》二七："以后还望中堂忍辱负重，化险为夷……"

【出处】《三国志·吴书·陆逊传》："以仆有尺寸可称，能忍辱负重故也。"

忍无可忍

原指忍受着不能忍受的事情。后指要忍受也无法忍受。△老舍《四世同堂》二七："中国在忍无可忍的时候，便不能再考虑军备的不足而不去抗战。"

【出处】《三国志·魏书·孙礼传》："且止，忍不可忍。"

任其自然

听任某种情况自然发展。

△宋·无名氏《道山清话》："草妨步则薙之，木碍冠则芟之，其他任其自然。"

【出处】《三国志·魏书·杜恕传》注引《杜氏新书》："恕亦任其自然，不力行以合时。"

如见其人

好像看见了他本人。△明·归有光《与宣仲济书》："观足下所撰述数百言，凛然如见其人。"

【出处】《三国志·吴书·张纮传》注引《吴书》："每举篇见字，欣然独笑，如复睹其人也。"

三顾茅庐

顾：光顾，拜访；茅庐：草屋。刘备三次到诸葛亮隐居隆中所住的草屋拜访，请他出山辅佐自己。后泛指一再诚心诚意地拜访、邀请。△元·马致远《荐福碑》一折："我住着半间儿草舍，再谁承望三顾茅庐。"

【出处】《三国志·蜀书·诸葛亮传》："三顾臣于草庐之中。"

上楼去梯

原指在绝密的情况下进行策划。后比喻断人退路。△清·赵翼《戏调子才》诗："饮水当思源，上楼勿梯拔。"

【出处】《三国志·蜀书·诸葛亮传》："共上高楼……令人去梯。"

时无英雄，竖子成名

时：一时，一段时间；英雄：出色的人；竖子：小子，指不出色的人。一时之间没有出色的人，并不出色的人因此而成了名。后也指一时之间没有出色的事物，并不出色的事物因此有了声价。△清·叶德辉《书林清话》六："近年京师、沪渎偶出一宋季元初麻沙坊刻，动沽千金……时无英雄，竖子成名。"

【出处】《三国志·魏书·王粲传》注引《魏氏春秋》："时无英雄，使竖子成名乎！"

识时务者为俊杰

时务：当前的重大事情或客观形势；俊杰：杰出的人。能认清当前形势和时代发展趋势的人才是杰出的人。△明·罗贯中《三国演义》七六："自古道：'识时务者为俊杰。'……幸君侯熟思之。"

【出处】《三国志·蜀书·诸

葛亮传》注引《襄阳记》："儒生俗士，岂识时务，识时务者在乎俊杰。"

视险如夷

夷：平安。把危险看得如同平安无事。形容在危险面前镇定自若。△宋·傅亮《宋公九锡策文》："公乘辕南济，义形于色……视险若夷。"

【出处】《三国志·魏志·公孙度传》注引《魏书》："勤王之义，视险如夷。"

手不释卷

释：放；卷：书卷。手里的书总不放下。形容读书勤奋用功。△鲁迅《而已集·读书杂谈》："能够手不释卷的原因也就是这样，他在每一叶每一叶里，都得着深厚的趣味。"

【出处】《三国志·吴书·吕蒙传》注引《江表传》："光武当兵马之务，手不释卷。"

司马昭之心，路人皆知

魏帝曹髦在位时，司马昭专权，谋篡帝位。司马昭的野心，连过路人都知道。后泛指野心很明显，人所共知。△毛泽东《向国民党的十点要求》："假统一之名，行独霸之实。弃团结之义，肇分裂之端。司马昭之心，固已路人皆知矣。"

【出处】《三国志·魏书·曹髦传》注引《汉晋春秋》："司马昭之心，路人所知也。"

死不瞑目

瞑目：死人闭上眼睛。死了也闭不上眼睛。指人临死时心里还有放不下的事情。形容目的没有达到，死也不甘心。△宋·陆游《七月下旬得疾不能出户者十有八日，病起有赋》诗："著书殊未成，即死不瞑目。"

【出处】《三国志·吴书·孙坚传》："今不夷汝三族，悬示四海，则吾死不瞑目。"

死无葬身之地

死了而没有地方埋葬。形容死得很惨。△清·曹雪芹《红楼梦》六九："岂不怕爷们一怒，寻出一个由头，你死无葬身之地。"

【出处】《三国志·蜀书·马超传》注引《山阳公载记》："马儿不死，吾无葬地也。"

素不相识

素：平素，素来。素来不认识。△冰心《寄小读者》一八："船儿只管乘风破浪的一直的走，走向那素不相识的他乡。"

【出处】《三国志·魏书·胡质传》注引《晋阳秋》："质帐下都督，素不相识。"

虽死犹生

犹：如同。虽然死了，却如同活着一样。△唐·无名氏《无能子》中："得其志，虽死犹生，不得其志，虽生犹死。"

【出处】《三国志·吴书·孙登传》："臣虽死之日，犹生之年也。"

谈笑自若

自若：不变常态。形容虽然遇到非常情况，却像平常一样有说有笑。△清·石玉昆《三侠五义》五〇："庄丁连抽数下，江樊谈笑自若。"

【出处】《三国志·蜀书·关羽传》："臂血流离，盈于盘器，而羽割炙引酒，言笑自若。"

体无完肤

全身没有一块完好的皮肤。形容浑身是伤。后也比喻被抨击、批驳或删改得不成样子。△1.明·冯梦龙《古今小说》四〇："被杨总督严刑拷打，打得体无完肤。"2.老舍《四世同堂》三八："除非被人驳得体无完肤，他决不轻易的放弃自己的主张与看法。"

【出处】《三国志·魏书·邓艾传》注引《世语》："纂性急少恩，死之日体无完皮。"

铁石心肠

原比喻意志坚定。后多形容心肠硬，不为感情所动。△清·高鹗《红楼梦》一一三："你从来不是这样铁石心肠，怎么近来连一句好好儿的话都不和我说了？"

【出处】《三国志·魏书·武帝纪》注引《魏武故事》："忠能勤事，心如铁石，国之良吏也。"

【辨正】一说，语出宋·苏轼《与李公择书》："仆本以铁石心肠待公。"在苏轼之前，亦有《北史》中的"铁石之心"、《唐书》

中的"铁肠石心"……都以《魏武故事》为源。

妄自菲薄

妄：荒谬，不合理；菲薄：看不起。过分地看不起自己。△清·刘鹗《老残游记》六："天地生才有眼，不宜妄自菲薄。"

【出处】《三国志·蜀书·诸葛亮传》："不宜妄自菲薄，引喻失义，以塞忠谏之路也。"

望风希旨

希：希图，希望达到。观望风声，希望达到上司的意旨。形容迎合上司的心意。△阿英《晚清文学丛钞·中国现在记》一二："一班州县官望风希旨，办的差自然是格外精益求精。"

【出处】《三国志·魏书·杜恕传》："有司嘿尔，望风希旨。"

为人师表

师：师法，学习；表：表率。作为人们学习的表率。△明·焦竑《玉堂丛话》五："敬宗忝为人师表，而求谒中贵，他日无以见诸生。"

【出处】《三国志·魏书·荀攸传》："荀公达，为人师表也。"

无往不胜

往：去，到。无论到哪里。没有不胜利的。原指每战必胜。后泛指做每件事都能成功。△自以为无往不胜的希特勒，在柏林服毒自尽。

【出处】《三国志·魏书·邓艾传》："以此乘吴，无往而不克矣。"克：战胜。

吴下阿蒙

吴国的吕蒙，年轻时不爱读书，学识浅薄；后来听了孙权的劝告，努力读书，学识渊博。吴国原来那个小吕蒙。泛指学识尚浅的人。△清·李渔《复尤展成先后五札》五："近作犹恐贻嘲，况为吴下阿蒙手笔乎！"

【出处】《三国志·吴书·吕蒙传》注引《江表传》："至于今者，学识英博，非复吴下阿蒙。"

希世之珍

希：少。世上少有的珍宝。△宋·黄休复《益州名画录》中："家藏户宝，为希世之珍。"

485

中华成语探源

典藏珍本

中华国学精粹

【出处】《三国志·魏书·钟繇传》注引《魏略》："得观希世之宝。"

下笔成章

动笔就写成了文章。形容写文章很快。又作"落笔成章。"△元·戴善夫《风光好》一折："少年文史足三冬，下笔成章气似虹。"

【出处】《三国志·魏书·曹植传》："言出为论，下笔成章。"

小巫见大巫

小巫师见到大巫师，自知法术不如大巫师高明。比喻相差很远。△鲁迅《华盖集续编·我不能"带住"》："比起法国的勃罗亚——他简直称大报的记者为'蛆虫'——来，真是'小巫见大巫'，使我自惭究竟不及白人之毒辣勇猛。"

【出处】《三国志·吴书·张纮传》注引《吴书》："足下与子布在彼，所谓小巫见大巫，神气尽矣。"

心安理得

人心安定，事理妥当。后形容自认为合情合理而心情坦然。△鲁迅《而已集·通信》："这样一来，就只剩了别人所编的别人的文章。我当然心安理得，无话可说了。"

【出处】《三国志·魏书·夏侯玄传》："斯得人心定而事理得。"

形影相吊

吊：慰问。形体与影子互相慰问。形容孤单。△清·黄宗羲《吴孺人墓志铭》："夫人随人远，形影相吊。"

【出处】《三国志·魏书·曹植传》："形影相吊，五情愧赧。"

【辨正】一说，语出晋·李密《陈情表》："茕茕孑立，形影相吊。"曹植是三国时人（公元192～公元232年），李密是西晋人（公元224～公元287年），当以曹言为源。

休戚与共

休：福，乐；戚：祸，忧。福与祸、乐与忧，共同承受。△明·瞿共美《天南逸史·帝幸南宁府》："臣与皇上患难相随，休戚与共，原自不同于诸臣。"

寻章摘句

搜寻、摘取文章中的华丽词句。指读书不研究通篇大义，而拘泥于词句的推求。后也指写作时袭取现成词句而不能创新。△明·罗贯中《三国演义》四三："寻章摘句，世之腐儒也，何能兴邦立事？"

【出处】《三国志·吴书·吴主传》注引《吴书》："虽有余闲，博览书传历史，借采奇异，不效诸生寻章摘句而已。"

掩目捕雀

遮住眼睛捉麻雀。比喻自己欺骗自己。△唐·吴兢《贞观政要》五："为之而欲人不知，言之而欲人不闻，此犹捕雀而掩目。盗钟而掩耳者。"

【出处】《三国志·魏书·陈琳传》："谚有'掩目捕雀'，夫微物尚不可欺以得志，况国之大事，其可以诈立乎？"

偃旗息鼓

偃：倒；息：止。放倒战旗，停止击鼓。原是迷惑敌人的计策。后形容停止战斗。也比喻事情停止进行。△1.宋·欧阳修《新唐书·裴光庭传》："我偃旗息鼓，不复事矣。"2.清·曹雪芹《红楼梦》六二："秦显家的听了，轰去了魂魄，垂头丧气，登时偃旗息鼓，卷包而去。"

【出处】《三国志·蜀书·关羽传》注引《云别传》四："更大开门，偃旗息鼓。"

要言不烦

要：简要；烦：烦琐。说话或行文简明扼要，不烦琐啰嗦。△鲁迅《彷徨·高老夫子》："那——'中国国粹义务论'，真真要言不烦，百读不厌！"

【出处】《三国志·魏书·管辂传》注引《辂别传》："辂寻声答之曰：'夫善《易》者不论《易》也。'晏含笑而赞之'可谓要言不烦也'。"

一家之学

自成一家的学派。△宋·欧阳修《新唐书·礼乐志》一："自梁以来，始以其当时所行傅于《周官》五礼之名，各立一家之学。"

中华成语探源

中华国学精粹

典藏珍本

【出处】《三国志·魏书·杜恕传》注引《杜氏新书》："又作《盟会图》、《春秋长历》，备成一家之学，至老乃成。"

一日之长

多一天。指稍微强一些。△鲁迅《且介亭杂文末编·白莽作〈孩儿塔〉序》："这《孩儿塔》的出世，并非要和现在一般的诗人争一日之长，是有别一种意义在。"

【出处】《三国志·吴书·庞统传》注引《吴录》："论帝王之秘策，揽倚伏之要最，吾似有一日之长。"

【辨正】一说，语出《世说新语·品藻》。《世说新语》是南朝刘宋刘义庆的著作，以《吴录》为源。

一身是胆

一：全，满。全身是胆。形容胆量极大。△现代京戏《红灯记》："临行喝妈一碗酒，浑身是胆雄赳赳！"

【出处】《三国志·蜀书·赵云传》注引《云别传》："子龙一身都是胆也。"

英雄所见略同

英雄：有才识的人；略：大略。有才识的人的见解大致相同。△清·曾朴《孽海花》一一："你们听这番议论，不是与剑云的议论倒不谋而合的。英雄所见略同，可见这里头是有这么一个道理，不尽荒唐的。"

【出处】《三国志·蜀书·庞统传》注引《江表传》："天下智谋之士所见略同耳。"

英雄无用武之地

比喻有才干的人没有施展的机会。△明·冯梦龙《古今小说》八："李都督虽然骁勇，奈英雄无用武之地。"

【出处】《三国志·吴书·诸葛亮传》："英雄无所用武，故豫州遁逃至此。"

【辨正】一说，语出《资治通鉴·汉纪》："英雄无用武之地，故豫州遁逃至此。"《资治通鉴》是北宋司马光写的史书，这里以《三国志》为源。

用兵如神

形容善于调兵遣将，指挥作

战。△明·无名氏《暗度陈仓》四折："看了元帅这等用兵如神，足智多谋，元帅幼时间，怎生操习这等兵书战策？"

【出处】《三国志·魏书·郭嘉传》注引《傅子》："公以少克众，用兵如神。"

有勇无谋

只有勇气，没有计谋。△明·罗贯中《三国演义》一一："吾料吕布有勇无谋，不足虑也。"

【出处】《三国志·魏书·董卓传》注引《献帝起居注》："此有勇而无谋也。"

鱼贯而入

贯：连贯。像游鱼一样，一个接一个地进入。△老舍《四世同堂》四一："她挤进来，其余的人也就鱼贯而入。"

【出处】《三国志·魏书·邓艾传》："将士皆攀木缘崖，鱼贯而进。"

元龙高卧

陈元龙在大床上躺着。后泛指对客人怠慢无礼。△清·蒲松龄《聊斋志异·巧娘》："佳客相逢，女元龙何敢高卧？"

【出处】《三国志·魏书·陈登传》："元龙无客主之意，久不相与语，自上大床卧，使客卧下床。"

斟酌损益

斟酌：考虑是否适当或可行；损：失；益：得。考虑得失。△清·汤斌《答田篑山书》："凡著书草创规模为难，至斟酌损益，尚赖朋友。"

【出处】《三国志·蜀书·诸葛亮传》："至于斟酌损益，进尽忠言，则攸之、祎、允之任也。"

指囷相赠

囷：谷仓。指着谷仓，把它赠送给人。后泛指把大量财物送人。△《反美华工禁约文学集·黄金世界》七："今兄……又复指囷相赠，盛族觉是意外之侥幸，有不感激的么？"

【出处】《三国志·吴书·鲁肃传》："肃家有两囷米，各三千斛，肃乃指一囷与周瑜。"

冢中枯骨

冢：坟墓。坟墓里干枯的尸骨。

原比喻没有生气、无所作为的人。后也指去世已久的人。△明·罗贯中《三国演义》二一："冢中枯骨，吾早晚必擒之。"

【出处】《三国志·蜀书·先主传》："冢中枯骨，何足介意。"

作奸犯科

奸：坏事；科：法令。做坏事，违犯法令。△明·凌濛初《二刻拍案惊奇》三八："今儿子既在你处，必然是你作奸犯科，诱藏了我娘子，有甚么得解说？"

【出处】《三国书·蜀书·诸葛亮传》："若有作奸犯科及为忠善者，宜付有司论其刑赏。"

《晋书》

白眉赤眼

原指一种奇异的长相。后形容平白无故。△清·曹雪芹《红楼梦》三四："白眉赤眼儿的，作什么去呢？"

【出处】《晋书·刘曜载记》："生而眉白，目有赤光。"

白眼相看

眼珠朝上或斜眼看人，露出白眼珠。形容轻蔑的神态。△宋·杨万里《都下和同舍客李元老承信赠诗之韵》："尽令俗客不妨来，白眼相看勿分剖。"

【出处】《晋书·阮籍传》："籍以不哭，见其白眼。"

饱以老拳

原指用虽然年老但还有力的拳头痛打一顿。后形容用拳头痛打一顿。△清·李绿园《歧路灯》六七："这张类村只得学刘寄奴饱飨老拳的本领。"

【出处】《晋书·石勒载记》下："孤往日厌卿老拳，卿亦饱孤毒手。"

杯弓蛇影

以为映在酒杯中的弓影是蛇。比喻因幻觉而起疑心，自相惊扰。△清·高鹗《红楼梦》八九回目："人亡物在公子填词，蛇影杯弓颦卿绝粒。"

【出处】《晋书·乐广传》："广意杯中蛇即角影也。"角：装饰着犀牛角的弓。

悲喜交集

悲伤和喜悦的心情交织在一起。△鲁迅《花边文学·中秋二愿》："前几天真是'悲喜交集'。刚过了国历的九一八，就是'夏历'的'中秋赏月'，还有'海宁观潮'。"

【出处】《晋书·王虞传》："闻问之日，悲喜交集。"

冰清玉润

像冰一样清澈，像玉一样光润。原用来称誉岳父和女婿。后比喻人或事物的素质纯正美好。△宋《宣和画谱》一二：（苏舜钦）"貌奇伟，工文章……杜衍以女妻之。人谓冰清玉润。"

【出处】《晋书·卫玠传》："妇公冰清，女婿玉润。"

伯道无儿

伯道：晋代邓攸，字伯道，战乱中弃子保侄，后终生无子。后泛指人无子。△唐·杜牧《重到襄阳哭亡友韦寿朋》诗："故人坟前立秋风，伯道无儿迹更空。"

【出处】《晋书·邓攸传》："天道无知，使邓伯道无儿。"

不可一日无此君

一天也不能缺少这个人。比喻一天都不能缺少的事物。△宋·徐度《却扫编》下："二书亦须常读，所谓不可一日无此君也。"

【出处】《晋书·王徽之传》："直指竹曰：'何可一日无此君？'"

不了了之

了：了结。原表示你不了结此事，我就来了结它。后形容事情没有做完就放在一边，算是完事了。△明·高濂《遵生八笺》："或问吾人处世，思前虑后，有许多勾当，未免为虑，奈何？心斋先生曰：'何不以不了了之？'"

【出处】《晋书·愍怀太子传》："不自了，吾当入了之。"

不求甚解

甚：很；解：理解。不求很理解。表示只求大概懂得或知道。△清·文康《儿女英雄传》二四："姑娘听了，也不求甚解，但点点头。"

【出处】《晋书·陶潜传》："好读书，不求甚解。"

中华成语探源

中华国学精粹

典藏珍本

不如意事常八九

在所有的事情中，不合心意的，往往占十分之八九。形容不合心意的事情很多，愿望往往实现不了。△李碧华《胭脂扣》："一切都有安排，不是人力能够控制。不如意事，岂止八九？"

【出处】《晋书·羊祜传》："天下不如意，恒十居七八。"

不为五斗米折腰

五斗米：低级官吏的薪俸；折腰：弯腰。不为了五斗米的薪俸对人弯腰。表示有骨气，不屈节于人。△明·冯梦龙《古今小说》五："古人不为五斗米折腰，这个助教官儿，也不是我终身养老之事。"

【出处】《晋书·陶潜传》："吾不能为五斗米折腰向乡里小人。"

草木皆兵

木：树。把山上的草和树都当成敌兵了。形容极度惊慌、紧张，疑神疑鬼。△清·吴趼人《二十年目睹之怪现状》五九："这一天大家都是惊疑不定，草木皆兵，迨及到了晚上，仍然毫无动静。"

【出处】《晋书·苻坚载记》下："又北望八公山上，草木皆类人形。"

草行露宿

在野草里行走，在露天下住宿。形容行旅的急迫和艰苦。△清·蔡元放《东周列国志》三〇："虢射、韩简等……皆披发垢面，草行露宿相随，如奔丧之状。"

【出处】《晋书·谢玄传》："草行露宿，重以饥冻，死者十七八。"

长驾远驭

形容驾马远行。后泛指远行。△清·梁章钜《浪迹丛谈·三保太监》："前明三保太监下西洋……不知何以当日能长驾远驭，陆奢水懔如是。"

【出处】《晋书·孙楚传》："长辔远御，妙略潜授。"辔：辔头，驾驭牲口的嚼子和缰绳。

称心如意

完全符合心意。形容心满意足。△清·文康《儿女英雄传》二三："总要把姑娘成全到安富尊荣，称心如意，总算这桩事，作得不落虎头蛇尾。"

【出处】《晋书·蔡谟传》："才不副意，略不称心。"副：符合。

乘兴而来

兴：兴致。乘着一时的兴致就来了。△宋·范成大《中子山又雨》诗："如今只忆雪溪句，乘兴而来兴尽还。"

【出处】《晋书·王徽之传》："本乘兴而来，兴尽而返。"

崇山峻岭

形容高大陡峭的山。△清·李汝珍《镜花缘》八："每逢崇山峻岭，必要泊船，上去望望。"

【出处】《晋书·王羲之传》："此地有崇山峻岭，茂林修竹。"

宠辱不惊

惊：动心。不因受宠或受辱而动心。形容人能够把荣辱得失置之度外。又作"宠辱无惊"。△明·冯梦龙《警世通言》一："子期宠辱无惊，伯牙愈加爱重。"

【出处】《晋书·阮裕传》："此君近不惊宠辱。"

春蚓秋蛇

春天的蚯蚓，秋天的蛇，蜷曲无力。原比喻字写得不好，笔迹蜷曲，笔锋无力。后比喻草书笔法神奇多变。△清·顾复《怀素》："《千文自叙》若《笋帖》，有春蚓秋蛇之意，变化不可端倪，险绝也。"

【出处】《晋书·王羲之传》："行之若萦春蚓，字字如绾秋蛇。"

得意忘形

形：形体，形骸。心意得到满足而忘了自身。形容高兴得失去常态。△老舍《四世同堂》三二："把他和科长联在一块，他没法不得意忘形。"

【出处】《晋书·阮籍传》："当其得意，忽忘形骸。"

德高望重

道德高，名望重。△《续孽海花》四〇："龚师傅德高望重，既有主张，自然力量不小。"

【出处】《晋书·司马元显传》："元显因讽礼官下议，称己德隆望尊。"

中华成语探源

中华国学精粹

典藏珍本

毒手尊拳

尊：重。原指厉害的对打。后形容恶毒凶狠地攻打。△宋·梁栋《哀昆陵》诗："短兵相接逾四旬，毒手尊拳日攻讨。"

【出处】《晋书·石勒载记》下："孤往日厌卿老拳，卿亦饱孤毒手。"

咄嗟立办

咄嗟：主人呼唤仆人的声音。原指主人一呼唤，仆人就立刻办好。后形容马上就办到。△清·赵翼《稚存往宁国时曾约同游黄山……和韵报之》："淋漓大篇五百字，咄嗟立办一炊黍。"

【出处】《晋书·石崇传》："石崇为客作豆粥，咄嗟便办。"

放荡不羁

放荡：放纵；羁：拘束。行为放纵，不受约束。形容人性格豪放，不受世俗礼法的约束。△明·凌濛初《初刻拍案惊奇》一六："平时与一班好朋友，只以诗酒娱心，或以山水纵目，放荡不羁。"

【出处】《晋书·王长文传》："少以才学知名，而放荡不羁。"

放浪形骸

放浪：放荡，不受约束；形骸：人的形体。形容放荡而不拘礼法。△明·冯惟敏《正宫端正好·徐我亭归田》："谁识俺放浪形骸，寄傲乾坤外。"

【出处】《晋书·王羲之传》："或因寄所托，放浪形骸之外。"

分甘共苦

甘：甜，借指幸福。分享幸福，共担艰苦。△鲁迅《彷徨·伤逝》："对于她的日夜的操心，使我也不能不一同操心，来算作分甘共苦。"

【出处】《晋书·应詹传》："詹与分甘共苦，情若弟兄。"

愤愤不平

愤愤：生气的样子；不平：因不公平而不满。形容对不公平的事感到不满，非常气愤。△唐·许嵩《建康实录》六："自尔愤愤不平，每酒后辄咏魏武帝乐府。"

【出处】《晋书·桓秘传》：

"秘亦免官，居于宛陵，每愤愤有不平之色。"

风声鹤唳

唳：鹤鸣叫的声音。听见风声和鹤鸣，都疑心是追兵的声音。形容极度恐惧、紧张、自相惊扰。△郭沫若《少年时代·初出夔门》："第二次革命在七月中旬已经爆发了，就在四川境内闹得也有点风声鹤唳。"

【出处】《晋书·谢玄传》："闻风声鹤唳，皆以为王师已至。"

感慨系之

之：这件事。感慨的心情联系着这件事。表示因对事情有感触而慨叹。△宋·周密《武林旧事序》："时移物换，忧患飘零，追想昔游，殆如梦寐，而感慨系之矣！"

【出处】《晋书·王羲之传》："情随事迁，感慨系之矣。"

高自标置

把自己摆在很高的位置上。指对自己的估价很高。△清·文康《儿女英雄传》四〇："只是为人

却高自标置的很，等闲的人，也入不得他的眼……"

【出处】《晋书·刘惔传》："温曰：'第一复谁？'惔曰：'故在我辈。'高自标置如此。"

公私两利

公家和私人都有利。△元·马端临《文献通考》一七："纳税之后，从便酤卖，实为公私两利。"

【出处】《晋书·阮种传》："使公私两济者，委曲陈之。"济：有利。

功败垂成

垂：将近。事物将要成功时遭到失败。△清·吴趼人《二十年目睹之怪现状》六一："况且十二道金牌，他未必不知道是假的，何必就班师回去，以致功败垂成。"

【出处】《晋书·谢玄传》："庙算有余，良图不果；降龄何促，功败垂成。"

狗尾续貂

皇帝的侍从官员用貂尾作帽饰；由于封官太多，貂尾不够用，只好用狗尾代替。后比喻把不好的东西接续在好东西后面。多指

在好的文字后面接续不好的文字。△宋·惠洪《石门文字禅》五："敢将丑恶酬绝唱，狗尾续貂堪笑耳。"

【出处】《晋书·赵王伦传》："貂不足，狗尾续。"

光复旧物

光复：恢复，收回。收回失去的国土，恢复原有的事业。△宋·岳飞《御书屯田三事跋》："若夫光复旧物，尊强中国……臣窃有区区之志。"

【出处】《晋书·桓温传》："光复旧京，疆理华夏。"

【辨正】一说，语出宋·辛弃疾《美芹十论》："故臣愿陛下姑以光复旧物而自期。"晋早于宋甚为久远，当以《晋书》为源。

饥附饱飏

飏：飞扬。原指鹰饥饿时依附于人，饱了就高高地飞走。比喻人为人势利，忘恩负义。△明·凌濛初《二刻拍案惊奇》一一："满少卿饥附饱飏，焦文姬生仇死报。"

【出处】《晋书·慕容垂载记》："且垂犹鹰也，饥则附人，饱便高飏。"

家鸡野鹜

鹜：鸭子。家里饲养的鸡，野生的鸭子。比喻不同的书法风格。△宋·苏轼《书刘景文所藏王子敬帖绝句》："家鸡野鹜同登俎，春蚓秋蛇总入奁。"

【出处】《晋书·王羲之传》："小儿辈贱家鸡，爱野雉。"雉：野鸡。

家破人亡

家庭破产，人身死亡。△清·李伯元《官场现形记》二二："害得我家破人亡，一门星散！"

【出处】《晋书·温峤传》："然家破身亡，宜在褒崇，以慰海内之望。"

【辨正】一说，语出《景德传灯录》一六："家破人亡，子归何处？"《景德传灯录》是宋代佛书，远在《晋书》之后。当以《晋书》为源。

矫情镇物

形容故意违反常情，压抑对事物的真实感情。△宋·邵雍《意尽吟》："矫情镇物，非我所能。"

【出处】《晋书·谢安传》：

"初，苻坚南寇，京师大震，谢玄入问讨御之方，谢安夷然无惧色。玄等既破坚，有驿书至，安方对客围棋，看书既竟，便摄放床上，了无喜色，棋如故……其矫情镇物如此。"

金口玉言

原指尊贵者所说的话。后形容说出口就不可改变的话。△清·张南庄《何典》七："小姐金口玉言，教我怎敢不依头顺脑！"

【出处】《晋书·夏侯湛传》："今乃金口玉音，漠然沉默。"

旧病复发

比喻老毛病又犯了。△清·曹雪芹《红楼梦》四八："只是他在家里说着好听，到了外头，旧病复发，难拘束他了。"

【出处】《晋书·郭舒传》："旧疢复发邪？"疢：病。

伉俪情深

伉俪：夫妻。夫妻之间的感情深厚。△清·吴趼人《二十年目睹之怪现状》七〇："你想这般一位年轻的太史公，一旦断了弦，自然有多少人家大人去做媒的了。这太史公倒了伉俪情深，一概谢绝。"

【出处】《晋书·孙楚传》："览之凄然，增伉俪之重。"

快犊破车

犊：小牛；破：使……破。小牛跑得太快，会把车弄翻。比喻年轻气盛的人往往干出越轨的事情。△清·蒲松龄《聊斋志异·崔猛》："快牛必能破车，崔之谓哉！"

【出处】《晋书·石季龙载记》："快牛为犊子时，多能破车。"

龙驹凤雏

驹：小马；雏：幼鸟。幼小的龙和凤。比喻英俊有为的少年。△清·曹雪芹《红楼梦》一五："令郎真乃龙驹凤雏。"

【出处】《晋书·陆云传》："此儿若非龙驹，当是凤雏。"

鹿死谁手

比喻政权落在谁的手中。后比喻最后胜利由谁取得。△《郑板桥集·自序》："待百年而论定，正不知鹿死谁手。"

中华成语探源

典藏珍本

中华国学精粹

【出处】《晋书·石勒载记》下："脱遇光武，当并驱于中原，未知鹿死谁手。"

洛阳纸贵

晋代左思写成《三都赋》，人们争相传抄，洛阳的纸因此涨价了。后形容著作享有盛誉，广为流传。△清·曾朴《孽海花》二："即如写字的莫友芝，画画的汤壎伯，非不洛阳纸贵，名震一时。"

【出处】《晋书·左思传》："于是豪贵之家竞相传写，洛阳为之纸贵。"

木人石心

原比喻人不因外界诱惑而动心。后多比喻人冷酷无情。△宋·刘斧《青琐高议别集》二："张生乃木人石心也，使有情者见之，罪不容诛！"

【出处】《晋书·夏统传》："此吴儿是木人石心也。"

披榛采兰

披：拨开；榛：榛莽，丛生的野草。拨开丛生的野草，采摘兰花。比喻选拔优秀的人或事物。△清·谭献《唐诗录序》："及唐代之作者，导泾分渭，披榛采兰。"

【出处】《晋书·皇甫谧传》："陛下披榛采兰，并收蒿艾。"

皮里阳秋

阳秋：《春秋》，因避东晋简文帝母郑太后"阿春"之名而称《阳秋》，借指褒贬、批评。形容藏在内心而没有说出来的评论。△明·朱之瑜《答小宅生顺问》二一："愿无皮里阳秋，而直论其非。"

【出处】《晋书·褚裒传》："季野有皮里阳秋。"

骑虎难下

比喻事情进行到中途，迫于形势，欲罢不能。△阿英《晚清文学丛钞·近十年之怪现状》三："这件事都是仲英闹出来的，此刻骑虎难下。"

【出处】《晋书·温峤传》："骑猛兽，安可中下哉？"

【辨正】一说，语出唐·李白《留别广陵诸公》诗："骑虎不敢下，攀龙忽堕天。"温峤之语原为"骑猛虎，安可中下哉？"唐初房玄龄撰《晋书》时，避李渊之祖"李虎"讳而改称"骑猛兽"。当以温峤之语为源。

棋逢对手

原指下棋遇到与自己水平不相上下的人。后比喻双方本领不相上下。△明·吴承恩《西游记》四六："陛下，左右是'棋逢对手，将遇良材'。"

【出处】《晋书·谢安传》："安常棋劣于玄，是日玄惧，便为敌手。"敌手：互相匹敌的对手。

【辨正】一说，语出唐·杜荀鹤《观棋》诗："有时逢敌手，对局到深更。"《晋书》的作者是初唐房玄龄，早于杜荀鹤。当以《晋书》为源。

千载一时

载：年；时：时机。一千年才有一次时机。形容极难得的机会。△清·梁启超《变法通议·论金银涨落》："中国而犹欲富强也，此亦千载一时矣。"

【出处】《晋书·王羲之传》："比隆往代，况遇千载一时之运？"

青囊秘学

囊：口袋。装在青布口袋里的秘方。形容秘传的高明医术。△清·无名氏《春柳莺》二："久仰青囊秘学，未得识颜，今日贱恙得叨妙剂。"

【出处】《晋书·颜含传》："忽有一青衣童子年可十三四，持一青囊授含。"

青眼相看

正眼看人，黑眼珠在眼眶中间。形容尊重或喜爱的神态。△元·丁鹤年《奉寄武昌南山白云老人》诗："青眼相看如昔日，只有南山与故人。"

【出处】《晋书·阮籍传》："籍大悦，乃见青眼。"见：现。

轻裘缓带

裘：皮袍；缓：松。穿着轻暖的皮袍，系着宽松的衣带。后形容态度从容闲适。△元·揭傒斯《送彭仲宝赴水北巡检序》："善恶不掩乎耳，强弱不逃乎目，是非不惑乎心，轻裘缓带，足以坐镇之。"

【出处】《晋书·羊祜传》："在身常轻裘缓带，身不被甲。"被：披。

情深义重

形容情谊深厚。也形容恩情

中华成语探源　中华国学精粹　典藏珍本

深厚。△1.牛郎织女，情深义重。2.外祖母抚育我长大，对我情深义重。

【出处】《晋书·温峤传》："绸缪往来，情深义重。"

情随事迁

迁：变化。思想感情随着事情的变化而变化。△鲁迅《南腔北调集·为了忘却的纪念》："只是情随事迁，已没有翻译的意思了……"

【出处】《晋书·王羲之传》："情随事迁，感慨系之矣！"

趋炎附势

趋：趋附，趋向；炎：热，比喻有权势；附：归附。奉承、投靠有权势的人。△清·文康《儿女英雄传》一六："无奈他父亲又是个明道理尚气节的人，不同那趋炎附势的世俗庸流。"

【出处】《晋书·王沈传》："融融者皆趋热之士……谈名位者以谄媚附势。"趣：趋。

【辨正】一说，语出《宋史·李垂传》："焉能趋炎附势，看人眉睫。"《宋史》所记为宋代

历史，元人脱脱作，远在《晋书》之后。

人心所向

形容群众向往或拥护。△后晋·刘昫《旧唐书·李建成传》："秦王勋业克隆，威震四海，人心所向。"

【出处】《晋书·熊远传》："人心所归，惟道与义。"

日食万钱

每天的饮食花费上万的钱。形容生活极奢侈。△明·冯梦龙《警世通言》一七："僮仆千数，日食万钱，说不尽荣华富贵。"

【出处】《晋书·何曾传》："何曾食，日近万钱，犹曰无下箸处。"

如椽大笔

像房椽那样大的笔。比喻大家手笔。△清·钱谦益《致龚芝麓》："每有撰述，为之心悸手战，敢借重如椽大笔，略为扫除。"

【出处】《晋书·王珣传》："珣梦人以大笔如椽与之，既觉，语人曰：'此当有大手笔事。'"

如坐针毡

好像坐在有针的毡子上。比喻心神不宁。△明·罗贯中《三国演义》二三："王子服等四人面面相觑,如坐针毡。"

【出处】《晋书·杜锡传》:"置针著锡常所坐处毡中,刺之流血。"

少不更事

更:经历。年纪轻,没有经历世事。形容人年轻而阅历不多,缺乏经验。△清·文康《儿女英雄传》一○:"按这段评话的面子听起来,似乎纯是十三妹的少不更事,生做蛮来。"

【出处】《晋书·周顗传》:"君少年未更事。"

【辨正】一说,语出《隋书·李雄传》:"吾儿既少,更事未多。"《晋书》所记为晋代历史,《隋书》所记为隋代历史。应以前者为源。

生灵涂炭

涂:泥;炭:借指火。百姓陷入泥里,掉到火里。形容社会动荡时期百姓陷于极端困苦的境地。△明·罗贯中《三国演义》一○○:"免致生灵涂炭,汝等皆得全生!"

【出处】《晋书·苻丕载记》:"神州萧条,生灵涂炭。"

声泪俱下

形容边诉说,边哭泣。△清·赵翼《瓯北诗话》八:"此等感时触事,声泪俱下,千载后犹使读者低回不能置。"

【出处】《晋书·王彬传》:"音辞慷慨,声泪俱下。"

尸居余气

像尸体一样存在,只比尸体多一口气。原形容人将要死亡。后比喻人无所作为或文艺作品毫无生气。△阿英《晚清文学丛钞·冷眼观》一九:"听说这个人虽是没有什么大坏处,然而已成了衣架饭囊、尸居余气的废物了。"

【出处】《晋书·宣帝纪》:"司马公尸居余气,形神已离。"

虱处裈中

裈:裤子。虱子呆在裤子里。比喻庸人局促于世俗生活之中。△清·岐山左臣《女开科传》一:"当此春

中华成语探源

中华国学精粹

典藏珍本

光明媚之时，若只一味捻着这几本残书、几枝秃笔，终日如虱处裈中，忙忙碌碌过了日子，却不被这些多情的花鸟笑杀了吗。”

【出处】《晋书·阮籍传》：“君子之处域内，何异夫虱之处裈中乎？”

时来运转

时机到来，运气好转。△清·李汝珍《镜花缘》一二：“至境界不顺，希冀运转时来，偶一推算，此亦人情之常。”

【出处】《晋书·慕容暐载记》：“时来运集，天赞我也。”集：至。

始终不渝

渝：改变。自始至终不改变。形容感情、态度、意志、信仰等始终不变。△明·朱国祯《涌幢小品·调吏部》：“要之太保清约忠慎，始终不渝。”

【出处】《晋书·谢安传》：“恪勤贞固，始终不渝。”

势不可当

当：抵挡。势头凶猛，不可抵挡。△宋·李昉《太平广记》引《开天传信记》：“论难锋起，势不可当。”

【出处】《晋书·郗鉴传》：“群逆纵逸，其势不可当。”

势如破竹

情势好像劈竹子。比喻节节胜利，毫无阻碍。△明·施耐庵《水浒传》九九：“关胜等众，乘胜长驱，势如破竹……”

【出处】《晋书·杜预传》：“今兵威已振，势如破竹。”

束手就擒

束：捆。像捆住手一样无法抵抗而被捉住。比喻无法脱身或无力反抗。△清·吴敬梓《儒林外史》八：“宁王闹了两年，不想被新建伯王守仁一阵杀败，束手就擒。”

【出处】《晋书·段灼传》：“束身就缚，不敢顾望。”

束之高阁

束：捆；阁：放东西的架子。捆起来放在高架子上。比喻弃置不用。△毛泽东《实践论》：“如果有了正确的理论，只是把它空谈一阵，束之高阁，并不实行，那末，这种理论再好也是没有意义的。”

四时八节

四时：春、夏、秋、冬；八节：立春、春分、立夏、夏至、立秋、秋分、立冬、冬至。泛指各个节令。△唐·杜甫《狂歌行赠四兄》诗："四时八节还拘礼，女拜弟妻男拜弟。"

【出处】《晋书·律历志》下："积此以相通，四时八节无违，乃得成岁。"

泰山压卵

比喻力量相差悬殊，弱的一方无可幸免。△清·李汝珍《镜花缘》五九："一经领兵到此，岂非泰山压卵？"

【出处】《晋书·孙惠传》："猛兽吞狐，泰山压卵。"

铜驼荆棘

宫门口的铜驼周围长满了荆棘。形容国土沦丧后的残破景象。△宋·陆游《醉题》诗："只愁又踏关河路，荆棘铜驼使我悲！"

【出处】《晋书·索靖传》："知天下将乱，指洛阳宫门铜驼，

叹曰：'会见汝在荆棘中耳！'"

偷天换日

比喻玩弄手法，暗中改变事物真相。△清·李汝珍《镜花缘》七九："算家往往说大话，偷天换日，只怕未必。"

【出处】《晋书·齐王冏传》："赵庶人听任孙秀，移天易日。"

投鞭断流

兵众把马鞭子扔到长江里，可以把江水截断。形容人马众多，兵力强大。△清·薛时雨《铁六合歌》："投鞭断流已深入，背城借一将安逃？"

【出处】《晋书·苻坚载记》："以吾之众旅，投鞭于江，足断其流。"

徒乱人意

徒然扰乱人的心情。表示只会使人心烦意乱，没有别的作用。△宋·楼钥《亡姊安康郡太夫人行状》："外方传闻多过，徒乱人意。"

【出处】《晋书·苻坚载记》："群议纷纭，徒乱人意。"

中华成语探源

中华国学精粹

典藏珍本

闻鸡起舞

听见鸡鸣就起身舞剑。后比喻乘着某一时机及时奋起行动。△清·西周生《醒世姻缘传》七："闻鸡起舞，灭此朝食，正当其会。"

【出处】《晋书·祖逖传》："中夜闻荒鸡鸣……因起舞。"

握拳透爪

爪：指甲。紧握拳头，指甲穿透了手背。形容极度愤恨的样子。△清·沈德潜《济南双忠祠》："握拳透爪追英风，邦人立庙崇双忠。"

【出处】《晋书·卞壶传》："两手悉拳，爪甲穿达手背。"

【辨正】一说，语出《开天传信记》："颜真卿既死……握拳不开，爪透手背。"卞壶为晋代人，颜真卿为唐代人；《晋书》成书于唐初，《开天传信记》成书于开元、天宝年后。当以《晋书》为源。

羲皇上人

羲皇：伏羲氏。伏羲氏以前的人。指太古时代的人。比喻闲适质朴的人。△鲁迅《热风·〈随感录

五十八·人心很古〉》："他们和外界毫无交涉，也不受别民族的影响，还是原始的状态，真不愧所谓'羲皇上人'。"

【出处】《晋书·陶潜传》："自谓是羲皇上人。"

心慕手追

心里思慕，手中模仿。形容高度赞赏，竭力效法。△清·李崧《沈庄桥古隶歌》："一点一画无假借，心慕手追不轻下。"

【出处】《晋书·王羲之传》："玩之不觉为倦，览之莫识其端，心慕手追，此人而已。"

信口雌黄

信口：随口；雌黄：一种橙黄色矿物，古人用作涂改剂。形容不顾事实，随口乱说或妄作评论。△《鲁迅书信集·致李秉中》："近常从事于翻译，间有短评，涉及时事，而信口雌黄……"

【出处】《晋书·王衍传》："随便更改，世号口中雌黄。"

一觞一咏

觞：酒杯。喝一杯酒，咏一首诗。形容文人相聚饮酒赋诗的情

状。△清·黄景仁《和吴二江帆赠诗》："一觞一咏话绸缪，乐事都忘岁月遒。"

【出处】《晋书·王羲之传》："一觞一咏，亦足以畅叙幽情。"

一针见血

比喻简短的一句话就说中了要害。△郭沫若《少年时代·我的童年》："这真是一针见血之谈！"

【出处】《晋书·陶侃传》："侃以针决之见血。"

迎刃而解

解：分。原指竹子迎着刀刃裂开。比喻关键问题解决了，其他的有关问题就很容易解决。△毛泽东《矛盾论》："捉住了这个主要矛盾，一切问题就迎刃而解了。"

【出处】《晋书·杜预传》："数节之后，皆迎刃而解。"

游目骋怀

纵目四望，开阔胸怀。△朱自清《山野掇拾》："观得《水经注》所记奇山异水，或令我惊心动魄，或让我游目骋怀。"

【出处】《晋书·王羲之传》："所以游目骋怀，足以极视听之娱。"

知无不言

知道的，就毫无保留地说出来。△唐·陆贽《请数对群臣兼许令论事状》："夫知无不言之谓忠。"

【出处】《晋书·刘聪载记》："当念为知无不言，勿恨往日言不用也。"

中流击楫

楫：船桨。在水流中用桨划水。后比喻奋发图强的气概。△明·刘基《题陈大初画扇》诗："新亭满眼神州泪，未识中流击楫人！"

【出处】《晋书·祖逖传》："中流击楫而誓曰：'祖逖不能清中源而复济者，有如大江！'"

诸如此类

诸：众，多。像这一类的许多事物。△清·高鹗《红楼梦》一一〇："有在这里吃的，有要在家里吃的；请了这位太太，又是那位奶奶不来。诸如此类，那里能齐全？"

【出处】《晋书·刘颂传》："诸如此类，亦不得已已。"

自顾不暇

不暇：没有时间，表示忙不过来。原指自己连坚守都忙不过来。后形容连自己都顾不过来。△清·李汝珍《镜花缘》六〇："今虽略有生机，但自顾不暇，何能另有安顿哥哥之处。"

【出处】《晋书·刘聪载记》："彼方忧自固，何暇来邪！"固：顾。

自相残杀

自己人互相残杀。后比喻内部斗争。△鲁迅《二心集·"民族主义文学"的任务和命运》："可惜后来四种人不知'友谊'的要紧和'团结的力量'，自相残杀……"

【出处】《晋书·石季龙载记》下："季龙十三子，五人为冉闵所杀，八人自相残杀。"

自相鱼肉

鱼肉：宰割，屠杀。自己人互相屠杀。△宋·薛居正《旧五代史·唐庄宗记》："骨肉不可自相鱼肉。"

【出处】《晋书·刘元海载记》："今司马氏父子兄弟自相鱼肉。"

左辅右弼

辅、弼：古代辅助帝王或太子的官。左面是辅，右面是弼。比喻在旁辅助。△清·曾朴《孽海花》二七："以后还望中堂忍辱负重，化险为夷，两公左辅右弼，折冲御侮。"

【出处】《晋书·潘尼传》："左辅右弼，前疑后承。"

座无虚席

虚：空。没有空座位。原形容宾客多。后形容出席的人多。△宋·魏了翁《朝请大夫利州路提点刑狱主管冲佑观虞公墓志铭》："士之请益者肩摩袂属……坐无虚席，爨无停炊。"

【出处】《晋书·王浑传》："座无虚席，门不停宾。"

《宋书》

白面书生

面孔白白的读书人。形容阅历不多的读书人。△清·吴趼人《二十年目睹之怪现状》二一："其实是一个白面书生，干得了甚么事！"

【出处】《宋书·沈庆之传》："陛下今欲伐国，而与白面书生辈谋之，事何由济？"

乘风破浪

趁着风势，冲开波浪。比喻迎着艰难险阻，奋勇前进。后也形容船只在风浪中疾行。△1.宋·李洪《偶作》诗："乘风破浪非吾事。暂借僧窗永日眠。"2.茅盾《子夜》五："轮船在乘风破浪，汽车在驶过原野。"

【出处】《宋书·宗悫传》："愿乘长风破万里浪。"

出没无常

常：经常，不变的。出现和隐没没有一定的时候。△宋·刘克庄《乙酉答真侍郎书》："猛虎出没无常，所以可畏。"

【出处】《宋书·袁淑传》："若其伪遁瀛涨，出没无际。"瀛涨：大海；际：时候。

蜂屯蚁聚

屯：聚集。像蜜蜂和蚂蚁一样往一起聚集。比喻乱哄哄地聚集成群。△清·曾朴《孽海花》

三："这里雯青直到日落西山，才把那些蜂屯蚁聚的亲朋支使出了门……"

【出处】《宋书·索虏传》："狁徒……蜂屯蚁聚。"

浮声切响

浮声：指平声的轻清；切响：指仄声的重浊。后泛指音韵细微低沉与洪亮高亢铿锵交错。△元·袁桷《书汤西楼诗后》："然命意深切，用事精远，非止于浮声切响而已也。"

【出处】《宋书·谢灵运传》："若前有浮声，则后须切响。"

高义薄云

薄：迫近。义理高妙得都迫近云彩了。原指诗文义理高妙。后形容人讲义气。△宋·魏了翁《回生日启》："某官淡交如水，高义薄云。"

【出处】《宋书·谢灵运传》："英辞润金石，高义薄云天。"

顾盼自雄

顾盼：向四周看来看去；自雄：自视不凡。形容自以为了不起的样子。△清·蒲松龄《聊斋志异·仙人岛》：“王即慨然诵近体一作，顾盼自雄。”

【出处】《宋书·范晔传》："跃马顾盼，自以为一世之雄。"

可乘之机

乘：利用。可以利用的机会。△宋·袁燮《论重镇》："我有可乘之机，而犹未能以重兵压之。"

【出处】《宋书·刘勔传》："可乘之机，恐为艰险。"

聊以自况

聊：姑且；自况：以别人来比拟自己。姑且用来比拟自己。△明·何良俊《四友斋丛说》三三："备家之聊以自况，且以自警。"

【出处】《宋书·陶潜传》："尝著《五柳先生传》以自况。"

眉头不展

眉头不舒展。形容忧愁烦闷而紧皱眉头的样子。△明·冯梦龙《古今小说》三八："终日眉头不展，面带忧容。"

【出处】《宋书·王玄谟传》："玄谟性严，未尝妄笑，对人言玄谟眉头未曾伸。"

岂有此理

岂：哪。哪有这样的道理。表示不合情理。△清·曹雪芹《红楼梦》一七："众人道：'……方才这一联竟比"书成焦叶"尤觉幽雅活动。'贾政笑道：'岂有此理！'"

【出处】《宋书·休若传》："岂容有此理？"

气冲霄汉

霄：云霄，极高的天空；汉：银河。气概冲上极高的天空，直达银河。刑容气概豪迈。△现代京剧《智取威虎山》："穿林海，跨雪原，气冲霄汉。"

【出处】《宋书·武帝纪》中："公精贯朝日，气凌霄汉。"凌：上升。

人情世故

人情：人与人之间交往的习俗；世故：社会上的情况。形容为人处世的道理或经验。△明·冯梦龙《醒世恒言》二二："可惜你满腹文章，看不出人情世故。"

【出处】《宋书·赵伦之传》："性野拙，人情世务，多所不解。"

伤天害理

伤害天理。形容凶狠残忍，灭绝人性。△清·刘鹗《老残游记》六："只为过于要做官，且急于做大官，所以伤天害理的做到这样。"

【出处】《宋书·前废帝纪》："反天灭理，显暴万端。"

梯山航海

驾梯登山，行船渡海。比喻经历重重险阻的长途跋涉。△阿英《晚清文学丛钞·冷眼观》二八："梯山航海本属惯家，或可高兴前往。"

【出处】《宋书·明帝纪》："日月所照，梯山航海。"

天堂地狱

比喻安乐与痛苦两种不同的境遇。△清·李伯元《文明小史》八："我们现在只要有屋住，有饭吃，比起他们来，已经是天堂地狱，还可不知足么？"

【出处】《宋书·夷蛮传》："叙地狱则民惧其罪，敷天堂则物欢其福。"

万里长城

比喻保卫国家的将才。△宋·秦观《滕达道挽词》二："共惊万里长城坏，独把千金宝剑悬。"

【出处】《宋书·檀道济传》："乃复坏汝万里之长城！"

无隙可乘

乘：利用。没有空隙可以利用。△清·曹雪芹《红楼梦》七九："金桂知其不可犯，便欲寻隙，苦得无隙可乘……"

【出处】《宋书·律历志》下："咸始上元，无隙可乘。"

一世之雄

一个时代中的英雄。△宋·苏轼《赤壁赋》："酾酒临江，横槊赋诗，固一世之雄也。"

【出处】《宋书·武帝纪》上："刘裕足为一世之雄。"

【辨正】一说，语出宋·苏轼《赤壁赋》。《宋书》作者是南梁沈约，早于苏轼，当为其源。

应有尽有

尽：全。应该有的全有。表示什么也不短缺。△郭沫若《海涛集·我是中国人》："要看这一类的书，小石川区的东洋文库应有尽有。"

【出处】《宋书·江智渊传》："人所应有尽有，人所应无尽无者，其江智渊乎？"

再造之恩

重新塑造生命的恩德。多指救命之恩。△清·蒲松龄《聊斋志异·西湖主》："再造之恩，恨无所报。"

【出处】《宋书·王僧达传》："再造之恩，不可妄属。"

自始至终

从开始到终了。△宋·孙光宪《见马抚髀》："先皇帝与汴军校战，自始至终，马数才万。"

【出处】《宋书·谢灵运传》："晋氏一代，自始至终，竟无一家之史。"

坐视不救

坐着看别人的急难情况而不救助。形容对别人的急难漠不关心，不设法救助。△宋·洪迈《夷坚志补·褚大震死》："母尝堕水中，坐视不救，有他人援之，反加诟骂

而殴之。"

【出处】《宋书·自序》："岂可坐视危逼，不相拯救？"

《南齐书》

不可无一，不可有二

不能没有这一个，不可能有第二个。表示特别优秀。△明·张岱《周宛委墓志铭》："如此异才，求之天下，真不可无一，不能有二也。"

【出处】《南齐书·张融传》："此人不可无一，不可有二。"

令人齿冷

齿冷：牙齿因张口笑的时间长而感到寒冷。指被人耻笑。△《鲁迅书信集·致台静农》："北平诸公，真令人齿冷……"

【出处】《南齐书·乐预传》："人笑褚公，至今齿冷。"

前因后果

前因：起因；后果：结果。泛指事情的整个过程。△清·梁启超

《说常识》："网罗放矢旧闻，推求前因后果。"

【出处】《南齐书·高逸传论》："今树以前因，报以后果。"

日上三竿

太阳升到离地面有三根竹竿高的地方。形容时间不早。△明·冯梦龙《醒世恒言》八："直至日上三竿，方才起身，刘妈妈老生不乐。"

【出处】《南齐书·天文志》上："日出高三竿，朱色赤黄。"

三十六计，走为上计

原指无力拒敌时，以逃走为上策。后表示处境困难，无法摆脱，只好一走了之。△清·吴敬梓《儒林外史》五："'三十六计，走为上计'，卷卷行李，一溜烟走到省城去了。"

【出处】《南齐书·王敬则传》："檀公三十六策，走是上计。"

史无前例

历史上从来没有过。△毛泽东

《论联合政府》："解放区民主政府领导全体人民，有组织地克服了和正在克服着各种困难，灭蝗、治水、救灾的伟大群众运动，收到了史无前例的效果……"

【出处】《南齐书·陆慧晓传》："府公竟陵王子良谓王融曰：'我府二上佐，求之前世，谁可为比？'融曰：'两贤同时，便是未有前例。'"

随方就圆

随：随顺；就：就合。能随顺方形，也能就合圆形。比喻处事能顺应情势或待人随和不固执。△《全元散曲·归隐》："安吾分随方就圆，任他乖越后挣先。"

【出处】《南齐书·沈宪传》："此人方圆可施。"

天悬地隔

形容相差悬殊。△清·曹雪芹《红楼梦》五五："真真一个娘肚子里跑出这样天悬地隔的两个人来，我想到那里就不服！"

【出处】《南齐书·陆厥传》："一人之思，迟速天悬；一家之文，工拙壤隔。"壤：地。

《梁书》

草长莺飞

草长得很高，黄莺飞舞。形容江南暮春的景色。△清·黄景仁《将之京师杂别》一："江南草长莺飞日，游子离邦去里情。"

【出处】《梁书·陈伯之传》："暮春三月，江南草长，杂花生树，群莺乱飞。"

曾几何时

曾：古汉语中表示疑问、否定的副词；几何：多少。才多少时间。表示时间过去没有多久。△郭沫若《少年时代·反正前后》："他在去国之前不是再三叮咛过我，要学实业……曾几何时，他自己去做了一个小小的官儿回来，而他又劝我去学法政了。"

【出处】《梁书·刘孝绰传》："曾未几何，逢讥罹难。"讥：过失。

淡而无味

食物不够咸，没有滋味。比喻事物内容平淡，没有情趣。△唐·皎

然《诗式》二："情者，如康乐公'池塘生春草'是也，抑由情在言外，故其辞似淡而无味。"

【出处】《梁书·陆倕传》："既蕴蕴其有余，又淡然而无味。"

堕其术中

术：计谋。落入他的圈套中。△明·余继登《典故纪闻》三："人喜其媚己，以为贤，则堕其术中矣。"

【出处】《梁书·傅岐传》："今若许澄通好，正是堕其计中。"计：计策。

含冤抱恨

忍受冤屈，心怀怨恨。△明·余继登《典故纪闻》八："迎合朕意使人含冤抱恨者，朕之所恶。"

【出处】《梁书·武帝纪》上："含冤抱痛，嗷类靡余。"痛：痛恨。

金瓯无缺

金瓯：金质的酒杯，比喻国土。国土完整。△清·丘逢甲《拟杜诸将》一："金瓯无缺旧河山，难效前皇复闭关。"

【出处】《梁书·侯景传》：

"我家国犹若金瓯，无一伤缺。"

飘茵落溷

茵：垫子或褥子；溷：粪坑。同一棵树上的花，有的飘落在垫褥上，有的飘落在粪坑里。比喻偶然的机会造成人好坏不同的境遇。后多指女子落入风尘。又作"飞茵堕溷"或"坠茵落溷"。△清·王韬《淞隐漫录·玉箫再世》："妾亦良家女，岂飞茵堕溷者哉？"

【出处】《梁书·危缜传》："人之生譬如一树花……自有拂帘幌坠于茵席之上，自有关篱墙落于粪溷之侧。"

千军万马

形容兵马众多。后也比喻声势浩大。△1.明·施耐庵《水浒传》七："便是千军万马队中，俺敢直杀的入去出来。"2.清·李伯元《官场现形记》一二："一直等到下半夜，齐说潮水来了。……竟像千军万马一样，一冲冲了过来。"

【出处】《梁书·陈庆之传》："名师大将莫自牢，千兵万马避白袍。"

让枣推梨

让枣：南梁王泰，幼年时让兄弟们先吃枣；推梨：汉末孔融，幼年时把大个的梨让给哥哥们吃。泛指吃东西时互相推让。△清·朱用纯《孝悌》："只如晨省昏定、推梨让枣，有何难事，而今人甘心不为。"

【出处】《梁书·萧纪传》："让枣推梨，长罢欢愉之日。"

十八层地狱

指最阴惨的地狱。比喻最黑暗、最痛苦的境地。△1.清·吴敬梓《儒林外史》三："发在十八层地狱，永不得翻身。"2.阿英《晚清文学丛钞·新中国未来记》三："我中国前途，岂不是打落十八层阿鼻地狱，永远没有出头日子吗。"

【出处】《梁书·诸夷传》："至十八地狱，随报重轻，受诸楚毒。"

推襟送抱

襟、抱：心意。形容推诚相与。△清·曾朴《孽海花》一六："饭余灯背、送抱推襟，一种密切的意思，真是笔不能写，口不能言。"

【出处】《梁书·张充传》："所以通梦交魂，推襟送抱者，其惟丈人而已。"

威凤片羽

威凤：有威仪的凤凰。凤凰的一片羽毛。比喻卓越的人所表现出的某一方面的才德。后也比喻珍贵事物的零星部分。△清·平步青《费鹿峰诗笺》："威凤片羽，亦不可轻弃也。"

【出处】《梁书·刘遵传》："此亦威凤一羽，足以验其五德。"

形销骨立

形：身体；销：消瘦。身体消瘦，骨头都显出来了。形容瘦得只剩一把骨头。△清·蒲松龄《聊斋志异·叶生》："生嗒丧而归，愧负知己，形销骨立，痴若木偶。"

【出处】《梁书·武帝纪》下："及还至京都，销毁骨立。"

一代宗匠

宗匠：学问、技艺等被众人师法的人。一个时代中被人师法的

人。△清·朱庭珍《筱园诗话》四："独推崇冯氏诗为六百年所无，奉为一代宗匠。"

【出处】《梁书·任昉传》："沈约一代词宗。"宗：宗师，宗匠。

一目十行

形容读书极快。△清·曹雪芹《红楼梦》二三："你说你会'过目成诵'，难道我就不能'一目十行'了？"

【出处】《梁书·简文帝纪》："读书十行俱下。"

衣锦还乡

衣：穿。穿着锦绣衣裳回到故乡。原指回故乡做官。后形容富贵后回故乡。△明·冯梦龙《警世通言》三一："夫妻衣锦还乡。"

【出处】《梁书·柳庆远传》："卿衣锦还乡，朕无西顾之忧矣。"

【辨正】一说，语出《旧唐书·姜暮传》："衣锦还乡，古人所尚。"《梁书》所记为南梁历史，《旧唐书》所记为唐代历史。当以前者为源。

止谈风月

止：只。只谈清风和明月。原表示拒绝请托，为官公正无私。后表示闲谈中不涉及政事。△宋·朱弁《风月堂诗话·自序》："每客至，必戒之曰：'此间止可谈风月。'"

【出处】《梁书·徐勉传》："今夕止可谈风月，不宜及公事。"

《陈书》

出人意表

出乎人们意料之外。又作"出人意外"。△清·吴趼人《二十年目睹之怪现状》七二："我生平第一次进京，头一天出来闲逛，他却是甚么'许久不来'啊，'两个月没来'啊，拉拢得那么亲热，真是出人意外。"

【出处】《陈书·袁宪传》："每有新义，出人意表。"

【辨正】一说，语出宋·苏轼《举何去非换文资状》："其论历代所以废兴成败，皆出人意表。"《陈书》所记为南朝陈代史事，远在宋代之前，当为源。

名下无虚

指负有盛名的人一定有真才实学。后泛指名不虚传。△清·李汝珍《镜花缘》五二："妹子素日久仰姐姐大才……今得幸遇，真是名下无虚。"

【出处】《陈书·姚察传》："名下定无虚士。"

生离死别

形容极难再见的离别或永久的离别。△明·冯梦龙《古今小说》一九："李氏与杨公两个抱住，那里肯舍，真个是生离死别。"

【出处】《陈书·徐陵传》："况吾生离死别，多历暄寒。"

《魏书》

承颜候色

观察别人的脸色。△唐·魏征《陈书后主纪论》："佞谄之伦，承颜候色，因其所好，以悦导之。"

【出处】《魏书·寇治传》："承颜候色，不能有所执据。"

胆小如鼠

形容胆量非常小。△清·曾朴《孽海花》二四："就怕海军提督胆小如鼠，倒弄得画虎不成反类狗耳！"

【出处】《魏书·元天赐传》："言如百舌，胆若鼹鼠。"鼹鼠：小家鼠。

度日如年

过一天就像过一年那样长久。形容处境困窘，日子不好过。△明·施耐庵《水浒传》六二："感承众头领好意相留，只是小可度日如年，今日告辞。"

【出处】《魏书·苻生传》："得度一日如过十年。"

耳目一新

听到的和看到的使人感觉新鲜。△清·文康《儿女英雄传》二二："如今一上船，便觉得另是一般风味，耳目一新。"

【出处】《魏书·元鉴传》："齐人爱咏，咸曰耳目更新。"

分道扬镳

道：道路；扬镳：往上拉马嚼子，指驱马前进。原指把道路划分为左右两边，各自驱马走一边。后比喻志趣或目标不同而分手，各奔前程。△郭沫若《海涛集·涂家埠》："于是我们的交情便进了一境，由'貌合神离'，再变而为'分道扬镳'了。"

【出处】《魏书·元志传》："洛阳我之丰沛，自应分路扬镳。"

腹背受敌

前后都受到敌人攻击。△清·蔡元放《东周列国志》二一："吾腹背受敌，必致损折。"

【出处】《魏书·崔浩传》："裕西入函谷，则进退路穷，腹背受敌。"

【辨正】一说，语出宋·王明清《挥麈三录》二："今则脊尾俱摇，腹背受敌。"《魏书》成书于北齐，当为源。

毫发不爽

爽：差失。极细微的差错或失误也没有。△清·蒲松龄《聊斋志异·邑人》："言其片数、斤数，毫发不爽。"

【出处】《魏书·律历志》

下："至于夕伏晨见，纤毫无爽。"

击节叹赏

节：节拍。打着拍子感叹赞赏。△宋·吕本中《师友杂志》二一："汪信民尝言：'人常咬得菜根，则百事可做。'胡安国康侯闻之，击节叹赏。"

【出处】《魏书·高允传》："每至伶人弦歌鼓舞，常击节称善。"

锦衣玉食

比喻精美的衣着和饮食。形容生活豪华奢侈。△清·高鹗《红楼梦》一一五："世兄是锦衣玉食，无不遂心的……"

【出处】《魏书·常景传》："锦衣玉食，可颐其形。"

据理力争

依据事理，竭力争辩或尽力争取。△清·李伯元《文明小史》三八："外国人呢，固然得罪不得，实在下不去的地方，也该据理力争。"

【出处】《魏书·阳固传》："崇虽贵盛，固据理不挠。"

南面百城

南面：面向南而坐，指居于尊位；百城：拥有百城，指统治广大地区。原指身居高位。后形容藏书极多。△清·顾炎武《与人书》三："南面百城，兼有林泉之胜。"

【出处】《魏书·李谧传》："丈夫拥书万卷，何假南面百城？"假：凭借。

亲如手足

比喻兄弟或朋友之间的亲密关系。△《元曲选·张孔目智勘魔合罗》四："想兄弟情亲如手足，怎下的生心将兄命亏？"

【出处】《魏书·萧衍传》："引领思报，义如手足。"义：情谊。

深思熟虑

虑：思考。深入、反复地思考。△宋·欧阳修《辞免第二状》："苟非深思熟虑，理须避让。"

【出处】《魏书·程骏传》："不可不深思，不可不熟虑。"

师老兵疲

用兵时间太长，兵马疲劳不堪。△唐·郭湜《高力士传》：

"兵疲师老，众溃亲离。"

【出处】《魏书·许谦传》："慕容无道，侵我疆场，师老兵疲，天亡期至。"

违心之论

违背本意的言论。△清·李汝珍《镜花缘》一一："若说过多，不独太偏，竟是违心之论了。"

【出处】《魏书·高允传》："至于书朝廷起居之迹，言国家得失之事……违心苟免，非臣之意。"

胸有甲兵

甲兵：铠甲和兵器。比喻人有军事才能，善于用兵。△明·沈采《千金记·遇仙》："胸有甲兵，颇让孙吴之术。"

【出处】《魏书·崔浩传》："其胸中所怀，乃逾于甲兵。"

指腹为婚

在胎中就由双方父母订下婚约。△宋·洪皓《松漠纪闻》："金国旧俗多指腹为婚姻。"

【出处】《魏书·王宝兴传》："汝等将来所生，皆我之自出，可指腹为亲。"

《北齐书》

不修边幅

边幅：布幅的边缘，借指衣着。不修饰衣着。形容不注意外表整洁。△清·吴敬梓《儒林外史》五五："他又不修边幅，穿着一件稀烂的直裰，靸着一双破不过的蒲鞋。"

【出处】《北齐书·颜之推传》："好饮酒，多任纵，不修边幅。"

大有人在

形容某种人为数很多。△《鲁迅书信集·致李秉中》："出面的虽是章士钊，其实黑幕中大有人在。"

【出处】《北齐书·崔暹传》："冲锋陷阵，大有其人。"

飞扬跋扈

飞扬：放纵；跋扈：蛮横。形容骄横放肆，不循常轨，不受约束。△郭沫若《归去来·到浦东去来》："纵容军人，使他们跋扈飞扬，横暴无耻的，不正是日本的资本家吗！"

【出处】《北齐书·神武纪》下："景专制河南十四年矣，常有飞扬跋扈志。"

【辨正】一说，语出《北史·齐高祖纪》。《北齐书》作者是唐初李百药，《北史》作者是唐初李延寿；李百药年长而成名早，李延寿卒后《北史》才见称于世。当以《北齐书》为源。

风流蕴藉

风流：英俊文雅而不拘礼法；蕴藉：含蓄不露。形容人风度潇洒，气质含蓄。△清·蒲松龄《聊斋志异·念秧》："少年风流蕴藉，遂与吴大相爱悦。"

【出处】《北齐书·王昕传》："生九子，并风流蕴藉，世号王氏九龙。"

风流罪过

风流：风雅；罪过：做不适合的事。原指把风雅之事加于人，使人不愿承受。后指轻微而未触犯刑律的过错。也指因风流韵事而犯的过错。△1.明·罗贯中《三国演义》四六："公瑾教我十日完办，工匠料物，都不应手，将这一件风流罪过，明白要杀我。"2.《元曲选·酷寒亭》一："我若寻你些风流罪过，一顿拷下你下半截来。"

【出处】《北齐书·郎基传》："在官写书，亦是风流罪过。"

干啼湿哭

干啼：无泪的哭；湿哭：有泪的哭。形容哭哭啼啼。△《敦煌变文集·搜神记》八："你不须干啼湿哭，我明日共姊妹三人，更去游戏。"

【出处】《北齐书·尉景传》："何须干啼湿哭，不听打耶！"

惊惶失措

措：安排，处置。害怕、慌张得不知如何是好。△明·凌濛初《二刻拍案惊奇》一一："少卿虚心病，元有些怕见他的，亦且出于不意，不觉惊惶失措。"

【出处】《北齐书·元晖业传》："孝友临刑，惊惶失措。"

脑满肠肥

形容人吃得饱饱的，养得胖胖的。△清·吴趼人《痛史》二一："匹夫但知高官厚禄，养得你脑满肠肥，哪里懂得这些大义。"

【出处】《北齐书·琅玡王俨传》："琅玡王年少，肠肥脑满。"

宁为玉碎，不为瓦全

比喻宁愿坚持正义而死，不愿苟全性命。△姚雪垠《李自成》一卷一二章："咱们宁为玉碎，不为瓦全。能突围就突围，万一出不去，跟他们拼到底吧。"

【出处】《北齐书·元景安传》："大丈夫宁可玉碎，不能瓦全。"

声如洪钟

形容声音洪亮。△唐·颜真卿《郭公庙碑铭》："身长八尺二寸……声如洪钟。"

【出处】《北齐书·崔悛传》："謦欬为洪钟响。"謦欬：谈笑。

通宵达旦

宵：夜；旦：天亮。整整一夜，直到天亮。△明·冯梦龙《醒世恒言》二五："鼓乐笙箫，通宵达旦。"

【出处】《北齐书·文宣纪》："从旦通宵，以夜继昼。"

徒有虚名

徒：徒然。空有名义或名声，与实际不符合。△明·罗贯中《三国演义》九五："徒有虚名，乃庸才耳！"

【出处】《北齐书·李元忠传》："元忠以为万石给人，计一家不过升斗而已。徒有虚名，不救其弊。"

《周书》

背信弃义

信：信用；义：道义。不守信用，不讲道义。△郭沫若《天地玄黄·序〈苏德大战史〉》："当一九四一年六月尾德国挟其席卷了十六个国家的战胜的威力，背信弃义，向苏联发动了闪击战。"

【出处】《周书·武帝纪》下："背惠怒邻，弃信忘义。"

尽忠报国

竭尽忠诚，报效国家。△明·罗贯中《三国演义》一一〇："今吾既受丞相遗命，当尽忠报国以继其志，虽死而无恨也。"

【出处】《周书·颜之仪传》："公等备受朝恩，当思尽忠报国"。

【辨正】一说，语出《宋史·岳飞传》："飞裂裳以背示铸，有'尽忠报国'四大字，深入肤理。""岳母刺字"的故事虽脍炙人口，但北周早于宋，《周书》为其源。

目光如炬

目光像火炬一样明亮。原形容激愤时的目光锐利逼人。后多比喻见识远大。△阿英《晚清文学丛钞·大马扁》二："足下大著，真是眼光如炬！"

【出处】《周书·齐炀王宪传》："宪目光如炬，与智相质。"

无的放矢

的：箭靶；矢：箭。射箭而没有箭靶。比喻言行没有明确目的，或不看对象、不顾实际。△鲁迅《花边文学·玩笑只当它玩笑》上："他在他所反对的欧化文中也寻不出实例来，只好说是'子曰'终没有能欧化到'曰子'！那么，这不是'无的放矢'吗？"

【出处】《周书·苏绰传》："君行不能自修，而欲百姓修行者，是犹无的而责射中也。"

严阵以待

摆好严整的阵势，等待来犯的敌人。△清·蔡元放《东周列国志》一六："鲍叔牙闻鲁侯引兵而来，乃严阵以待。"

【出处】《周书·武帝纪》下："吾严军以待，击之必克。"

《隋书》

杯水之敬

用一杯水表示敬意。△清·李绿园《歧路灯》三八："今上学已经两月，弟尚无杯水之敬，所以并请三位陪光。"

【出处】《隋书·赵轨传》："公清若水，请酌一杯水奉饯。"

风云月露

形容诗文内容空虚，堆砌词藻而缺乏社会意义。△明·瞿式耜《端相本疏》："以风云月露之词，费精神于无用也。"

【出处】《隋书·李谔传》："连篇累牍，不出月露之形；积案盈箱，唯是风云之状。"

富贵逼人

逼：迫近。原指无意于富贵，富贵来找人。后形容富贵吸引人。△阿英《晚清文学丛钞·廿载繁华梦》二四："这时，港中绅商富户，差不多也到齐了。自古道'富贵逼人来'，倒也难怪。"

【出处】《隋书·杨素传》："臣但恐富贵来逼臣，臣无心图富贵。"

高视阔步

眼睛向上看，迈着大步走。形容气概不凡或傲慢得意的样子。△宋·陈鹄《米芾得能书之名》："高视阔步，气韵轩昂。"

【出处】《隋书·卢思道传》："俄而抵掌扬眉，高视阔步。"

骇人听闻

骇：惊吓。使人听了感到震惊。△清·李汝珍《镜花缘》六："任听部下逞艳于非时之候，献媚于世主之前，致令时序颠倒，骇人听闻。"

【出处】《隋书·王劭传》："或文词鄙野，或不轨不物，骇人视听。"

宽宏大量

形容度量大。△鲁迅《彷徨·祝福》："幸而府上是向来宽洪大量，不肯和小人计较的。"

【出处】《隋书·庾季才传》："季才局量宽弘，术业优博。"

连篇累牍

牍：古代写字用的木片。形容篇幅过多，文辞冗长。△明·汪砢玉《法书题跋》一一："虽连篇累幅，不厌其多。"

【出处】《隋书·李谔传》："连篇累牍，不出月露之形。"

舍生忘死

形容不顾危险，把生死置之度外。△明·吴承恩《西游记》二："是我等舍生忘死，与他争斗。"

【出处】《隋书·高祖纪》上："轻死忘生，转斗千里"。

身怀六甲

六甲：指甲子、甲寅、甲辰、甲午、甲申、甲戌等六天，古人认为是上天造物的日子。指妇女怀孕。△清·李汝珍《镜花缘》一〇："偏偏媳妇身怀六甲，好容易逃至海外，生下红蕖孙女……"

【出处】《隋书·经籍志》："六甲贯胎。"

十恶不赦

十恶：古代刑律中十种最严重的罪名；赦：赦免。犯有十恶大罪的，不能赦免。后泛指罪恶极大，不可宽恕。△《鲁迅书信集·致许寿裳》："其十恶不赦之思想，令人肉颤。"

【出处】《隋书·刑法志》："又置十恶之条……一曰谋反，二曰谋大逆，三曰谋叛，四曰恶逆，五曰不道，六曰大不敬，七曰不孝，八曰不睦，九曰不义，十曰内乱。犯十恶及故杀人狱成者，虽会赦，犹除名。"

水火无交

没有饮水、借火的交往。原指居官清廉。后形容相互之间没有任何联系。△清·赵吉《士囊底寄·警敏》："本院与属吏水火无交。"

【出处】《隋书·赵轨传》："别驾在官，水火不与百姓交。"

舞文弄墨

形容玩弄文字技巧。△明·罗贯中《三国演义》四三："岂亦效书生，区区于笔砚之间，数黑论黄，舞文弄墨而已乎？"

【出处】《隋书·王充传》："明习法律，而舞弄文墨，高下其心。"

一佛出世

比喻非常难得。也形容死去活来。△1.清·钱谦益《与周工部》二："德音仁声，宣布远迩，咸谓一佛出世。"2.明·施耐庵《水浒传》九："把林冲骂得一佛出世，那里敢抬头应答？"

【出处】《隋书·经籍志》四："每一小劫，则一佛出世。"劫：世界从生成到毁灭，有大劫、中劫、小劫之分，一小劫为1700万年。

中华成语探源

典藏珍本

中华国学精粹

一箭双雕

原形容射箭技术高明。后比喻一举两得。△清·李伯元《官场现形记》一二："胡统领早存了个得陇望蜀的心思，想慢慢施展他一箭双雕的手段。"

【出处】《隋书·长孙晟传》："尝有二雕飞而争肉……晟驰往，遇雕相攫，遂一发双贯焉。"

以勤补拙

拙：笨拙。用勤奋弥补笨拙。△唐·陈子昂《为金吾将军陈令英请免官表》："昼夜不息，以勤补拙。"

【出处】《隋书·李德林传》："或毕景忘餐，或连宵不寐，以勤补拙。"

《史记》

拔山扛鼎

形容力气极大。△阿英《晚清文学丛钞·黑籍冤魂》一："一个人被鸦片束缚住了，任你是拔山扛鼎的英雄……只要烟瘾一发，顿时骨软筋酥，连一些气力都没有。"

【出处】《史记·项羽本纪》："力能扛鼎，才气过人。""力拔山兮气盖世！"

拔帜易帜

易：变换。拔去对方的旗帜，换上己方的旗帜。后比喻取而代之。△清·蒲松龄《聊斋志异·大男》："文之变，则所谓拔赵帜易汉赤帜也。"

【出处】《史记·淮阴侯列传》："若疾入赵壁，拔赵帜立汉赤帜。"

白头如新

白头：借指年老。相交到老，还像刚认识一样。形容交往时间长而交情不深。△宋·陈亮《与应仲实》："而八年之间，话言不接，吉凶不相问吊，反有白头如新之嫌。"

【出处】《史记·邹阳传》："谚曰：'有白头如新，倾盖如故。'"

杯盘狼藉

狼藉：凌乱的样子。用过的

杯盘乱七八糟地放着。△宋·徐铉《赠浙西顾推官》诗："狼藉杯盘重会面，风流才调一如初。"

【出处】《史记·滑稽列传》："履舄交错，杯盘狼藉。"履、舄：鞋。

卑之无甚高论

卑：低。把调子降低，不要高谈远古之事。后表示见解一般，没有什么高明的论点。△清·王士禛《带经堂诗话》二："余见其兄弟所评《才调集》，亦卑之无甚高论。"

【出处】《史记·张释之传》："卑之，毋甚高论，令今可施行也。"

比权量力

原指比较权位衡量力量。后指衡量轻重。△清·刘熙载《艺概》二："诗无论五七言及句法倒顺，总须将上半句与下半句比权量力，使足相当。"

【出处】《史记·秦始皇本纪》："试使山东之国与陈涉度长絜大，比权量力，则不可同年而语矣。"

变心易虑

易：变。改变心意，另作打算。△晋·陈寿《三国志·张昭传》："若乃变心易虑，以偷荣取容，此臣所不能也。"

【出处】《史记·张仪列传》："乃且愿变心易虑，割地谢秦过以事秦。"

便宜行事

便：方便；宜：权宜。指可以根据实际情况处理事情，不必请示。△清·李伯元《官场现形记》一二："既然大权交代与你，你就得便宜行事。"

【出处】《史记·萧相国世家》："即不及奏上，辄以便宜施行。"

【辨正】一说，语出《汉书·魏相传》："数条汉兴已来国家便宜行事。"司马迁早于班固，应以《史记》为源。

薄物细故

薄、细：小；故：事。小东西，小事情。△宋·朱熹《与陈侍郎书》："呜呼！孰有大于祖宗陵庙之仇者，而忍以薄物细故捐之哉！"

【出处】《史记·匈奴列传》："朕追念前事，薄物细故，谋臣计失，皆不足以离兄弟之欢。"

【辨正】一说，语出《汉书·匈奴传》。这部分内容取材于《史记》，以《史记》为源。

不得要领

要领：古代长衣的腰和领，比喻事物的关键。原指没有抓住要害。后形容没有掌握要点或关键。△《鲁迅书信集·致台静农》："瞿氏之文，其弊在欲夸博，滥引古书，使其文浩浩洋洋，而无裁择，结果为不得要领。"

【出处】《史记·大宛列传》："骞从月氏至大夏，竟不能得月氏要领。"

不寒而栗

栗：发抖。不冷而发抖。形容非常恐惧。△郭沫若《少年时代·黑猫》："在夜空中突然听见了几声枪响，大家都有点不寒而栗。"

【出处】《史记·酷吏列传》："是日皆报杀四百余人，其后郡中不寒而栗。"

不计其数

无法计算数目。形容非常多。△明·罗贯中《三国演义》一："玄德挥军追赶，投降者不计其数，大胜而回。"

【出处】《史记·甘罗传》："武安君南挫强楚，北威燕赵，战胜攻取，破城堕邑，不知其数。"

不名一钱

名：占有。一个钱也没有。△茅盾《烟云》："从照相馆出来，陶祖泰已是不名一钱。"

【出处】《史记·邓通传》："竟不得名一钱，寄死人家。"

【辨正】一说，语出汉·王充《论衡·骨相》："寄死人家，不名一钱。"王充是东汉人，此事取材于《史记》。

不能赞一辞

提不出一点意见。△《鲁迅书信集·致台静农》："所以甚服此书之浩瀚，而不能赞一辞。"

【出处】《史记·孔子世家》："至于为《春秋》笔则笔，削则削，子夏之徒不能赞一辞。"

不能自拔

自己无法挣脱。△巴金《谈〈新生〉及其他》："我也是陷于矛盾而不能自拔的人，奈何。"

【出处】《史记·淮阴侯列传》："欲战恐久，力不能拔，情见势屈。"

【辨正】一说，语出《宋书·刘义恭传》："邵挟义恭出战，恒录在左右，故不能自拔。"这里，显然在使用故典。考其源，当为《史记》。

不识大体

大体：重要的道理。不懂得重要的道理。形容认不清大局，见识短浅。△晋·袁宏《后汉纪》一〇："臣愚浅，不识大体。"

【出处】《史记·平原君虞卿列传》："平原君，翩翩浊世之佳公子也。然未睹大体。"

【辨正】一说，语出《汉书·贾谊传》："俗吏之所务，在于刀笔筐箧，而不知大体。"《史记》作者司马迁是西汉人，《汉书》作者班固是东汉人，当以《史记》为源。

不约而同

原指未经约定而一齐会合。后形容没有经过约定而见解相同或行动一致。△鲁迅《彷徨·伤逝》："大家不约而同地伸直了腰肢……"

【出处】《史记·主父偃传》："不谋而俱起，不约而同会。"

不值一钱

形容毫无价值。又作"一钱不值"。△鲁迅《且介亭杂文二集·论人言可畏》："现在的报章的失了力量，却也是真的，不过我以为还没有到达如记者先生所自谦，竟至一钱不值，毫无责任的时候。"

【出处】《史记·灌夫传》："生平毁程不识不直一钱。"直：值。

不足齿数

齿：齿及，提到；数：列数。不值一提，数不上。△鲁迅《呐喊·阿正传》："从先前的阿看

中华成语探源

中华国学精粹

典藏珍本

来，小本来是不足齿数的。"

【出处】《史记·陈杞世家》："滕、薛、驺、夏、殷、周之间封也，小，不足齿列，弗论也。"

不足挂齿

挂齿：放在嘴边。不值得放在嘴边。形容不值一提。△清·曾朴《孽海花》三四："这种萌芽时代浅薄的思想，不足挂齿……"

【出处】《史记·叔孙通传》："此特群盗鼠窃狗盗耳，何足置之齿牙间？"

不足为奇

没有什么值得奇怪的。表示很平常。△《鲁迅书信集·致李霁野》："这些都是小事情，不足为奇，不过偶然想到，举例而已。"

【出处】《史记·律书》："同声相从，物之自然，何足怪哉？"

粲然可观

粲然：鲜明耀眼的样子。鲜明耀眼，值得一看。后形容文章、事业等辉煌灿烂，价值很高。△1.唐·卢藏用《陈伯玉文集

序》："乃删诗书，述易道，而作《春秋》，数千百年，文章粲然可观也。" 2.唐·吴兢《贞观政要》一〇："令数百年后读我国史，鸿勋茂叶粲然可观。"

【出处】《史记·三王世家》："然封立三王，天子恭让，群臣守义，文辞烂然，甚可观也。"

陈陈相因

陈：旧；因：沿袭。粮仓里的米谷，陈粮之上再加陈粮，一年年地堆积起来。后比喻沿袭旧的，没有创新。△郭沫若《在轰炸中来去》："这次抗战的结果，把我们民族精神振作了起来，把罩在我们民族头上的陈陈相因的耻辱、悲愁、焦躁、愤懑一扫而空了。"

【出处】《史记·平准书》："太仓之粟，陈陈相因。"

尺布斗粟

一尺布可以缝衣共穿，一斗粟可以舂米共食，广大的天下却容不下兄弟二人。指兄弟不和。△唐·魏征《隋书·文四子传论》："尺布斗粟，莫肯相容。"

【出处】《史记·淮南衡山列

传》："民有作歌歌淮南厉王曰：'一尺布，尚可缝；一斗粟，尚可春。兄弟二人不能相容！'"

赤县神州

中国的别称。△金·元好问《四哀诗》："赤县神州坐陆沉。金汤非粟祸侵寻。"

【出处】《史记·驺衍传》："中国名曰赤县神州。"

重足而立

后脚紧挨前脚站着，不敢迈步。形容非常恐惧的情态。△毛泽东《向国民党的十点要求》："使通国之人重足而立，侧目而视者，无过于此辈穷凶极恶之特务人员。"

【出处】《史记·秦始皇本纪》："故使天下之士，倾耳而听，重足而立，拑口而不言。"

崇论闳议

崇：崇高；闳：宏大。原指广开言路，博采众议。后形容高明的、卓越的议论。△宋·陆游《周益公文集序》："公在位久，崇论闳议，丰功伟绩，见于朝廷，传之夷狄者，何可胜数！"

【出处】《史记·司马相如列传》："且夫贤君之践位也……必将崇论闳议，创业垂统，为万世规。"

出言不逊

逊：谦让，客气。说话不客气，没有礼貌。△明·罗贯中《三国演义》二三："此人出言不逊，何不杀之？"

【出处】《史记·外戚世家》："栗姬怒，不肯应，言不逊。"

【辨正】一说，语出《三国志·张郃传》："郃快军败，出言不逊。"陈寿只是将三字格的"言不逊"变成了四字格的"出言不逊"。考其源，当为《史记》。

传檄而定

檄：檄文，以征召、晓谕、声讨等为内容；定：平定，安定。不必使用武力，只要发布一道檄文就可以平定。△明·罗贯中《三国演义》四一："获操则威震天下，中原虽广，可传檄而定。"

【出处】《史记·淮阴侯列传》："今大王举而东，三秦可传檄而定也。"

醇酒妇人

指酒色。△《鲁迅书信集·致许寿裳》："又翻类书，荟集古逸书数种，此非求学，以代醇酒妇人者也。"

【出处】《史记·魏公子列传》："饮醇酒，多近妇女。"

大失所望

非常失望。△清·曹雪芹《红楼梦》五二："宝玉听了，大失所望，便说：'没福见得这世面！'"

【出处】《史记·高祖本纪》："项羽遂西，屠烧咸阳秦宫室，所过无不残破。秦人大失望。"

大喜过望

过：超过。结果超过了原来的希望，因而特别高兴。△明·凌濛初《初刻拍案惊奇》一六："灿若灯下一看，正是前日相逢之人。不觉大喜过望……"

【出处】《史记·黥布传》："出就舍，帐御饮食从官如汉王居，布又大喜过望。"

【辨正】一说，语出《汉书·黥布传》。这里，班固取材于《史记》，以《史记》为源。

当断不断

断：决断。应当决断的时候不能决断。△唐·房玄龄《晋书·羊祜传》："天下不如意，恒十居七八，故有当断不断。"

【出处】《史记·齐悼惠王世家》："嗟乎！道家之言'当断不断，反受其乱'，及是也。"

倒行逆施

原指做事违反常理。现多指做事违背社会发展方向。△郭沫若《少年时代·反正前后》："对于立宪运动的迁延敷衍，对于请愿国会的重要人物的拿捕……这些都是封建势力的独裁专擅、倒行逆施的表现。"

【出处】《史记·伍子胥列传》："吾日莫途远，吾故倒行而逆施之。"莫：暮。

涤瑕荡秽

涤、荡：清洗，清除；瑕：玉上的斑点，借指缺点。清除弊病和恶习。△清·林则徐《会奏销化烟土一律完竣折》："业已销化全完，斯时荡秽涤瑕，幸免毒流于四海。"

【出处】《史记·乐书》："天子躬于明堂临视，而万民咸荡涤邪秽。"

【辨正】一说，语出汉·班固《东都赋》："于是百姓涤瑕荡秽，而镜至清。"班固晚于司马迁。考其源，当为《史记》。

地广人稀

土地宽广而人烟稀少。△明·冯梦龙《警世通言》二一："离此十五里之地，叫做介山，地旷人稀，都是绿林中好汉出没之地。"

【出处】《史记·货殖列传》："楚、越之地，地广人希。"希：稀。

【辨正】一说，语出《汉书·地理志》："习俗颇殊，地广民稀。"班固晚于司马迁，当以《史记》为源。

掉头不顾

顾：回顾。扭过头去，不往回看。形容不加理睬。△清·周亮工《书影》五："若庸夫俗子，用金帛相购请，虽穷饿，掉头弗顾也。"

【出处】《史记·孟尝君列传》："明旦，侧肩争门而入；日暮之后，过市朝者掉臂而不顾。"

鼎足之势

鼎：古代煮东西的器物，三足。指三个方面势均力敌的形势。△明·罗贯中《三国演义》三八："先取荆州为家，后即取西川建立基业，以成鼎足之势，然后可图中原也。"

【出处】《史记·淮阴侯列传》："三分天下，鼎足而居。"

定于一尊

尊：尊长，借指最有权威的人。指以一个最有权威的人为标准。△明·徐光启《刻紫阳朱子全集序》："今世名为崇孔氏，黜绝异学，而定于一尊耳。"

【出处】《史记·秦始皇本纪》："今皇帝并有天下，别黑白而定一尊。"

东市朝衣

原指汉代晁错身穿朝服在东市被斩。后泛指朝廷大臣被处死。△清·吴伟业《鸳湖曲》："东市朝衣一旦休，北邙抔土亦难留。"

【出处】《史记·晁错传》："上令晁错衣朝衣斩东市。"

洞见症结

洞：透彻；症结：腹中结块的病。能清楚地看到腹中结块的病。比喻能透彻地看到问题的关键。△清·纪昀《阅微草堂笔记》一〇："斯言洞见症结矣。"

【出处】《史记·扁鹊列传》："以此视病，尽见五藏症结。"藏：脏。

斗鸡走狗

泛指游手好闲，不务正业，做无聊的游戏。△清·曹雪芹《红楼梦》九："虽然应名来上学，亦不过虚掩眼目而已；仍是斗鸡走狗，赏花阅柳为事。"

【出处】《史记·袁盎传》："盎病免居家，与闾里浮沈，相随行，斗鸡走狗。"

独当一面

单独担当一个方面的重要任务。△清·曾朴《孽海花》五："庄寿香大刀阔斧，气象万千，将来可独当一面，只是嫌功名心重些。"

【出处】《史记·留侯世家》："而汉王之将独韩信可属大事，当一面。"

【辨正】一说，语出《汉书·张良传》。班固取材于《史记》，以《史记》为源。

妒贤嫉能

嫉：憎恨。忌妒和怨恨德才高于自己的人。△明·冯梦龙《古今小说》二一："近闻同伙兄弟钱镠出头做官，小人特往投奔，何期他妒贤嫉能，贵而忘贱，不相容纳……"

【出处】《史记·高祖本纪》："项羽妒贤嫉能，有功者害之，贤者疑之，战胜而不予人功，得地而不予人利。"

短小精悍

形容人身材矮小而精明强干。后也形容文章、言论等简短有力。△1.宋·叶绍翁《四朝闻见录》："再遇临安西溪人，淳熙间以勇名于军，精悍短小，盖骁将也。"2.朱自清《〈你我〉自序》："《你我》原想写一篇短小精悍的东西……"

【出处】《史记·游侠列传》："解为人短小精悍，不饮酒。"

多多益善

原指带兵越多，带得越好。后表示越多越好。△清·吴敬梓《儒林外史》一五："这位公子却有钱癖。思量多多益善，要学我这烧银之法。"

【出处】《史记·淮阴侯列传》："臣多多而益善耳。"

度长絜大

絜：用绳子量物体的周围长度。量量长短大小。比喻分析长处和短处。△元·脱脱《宋史·陈恕传》："卿等清而不通，专守绳墨，终不能为国家度长絜大，剖烦析滞。"

【出处】《史记·秦始皇本纪》："试使山东之国与陈涉度长絜大，比权量力，则不可同年而语矣。"

扼吭拊背

吭：咽喉。扼住咽喉，按住脊背。比喻控制要害，使对方无法反抗。△宋·魏了翁《贴黄》："贼虏日夜谋据襄阳，为扼吭拊背之计。"

【出处】《史记·刘敬传》："夫与人斗，不搤其亢，拊其背，未能全其胜也。"搤：扼；亢：吭。

耳食之谈

指传闻的、没有根据的话。△鲁迅《朝花夕拾·无常》："……但据耳食之谈，则在印度的佛经里，焰摩天是有的，牛首阿旁也有的，都在地狱里做主任。"

【出处】《史记·六国年表》："学者牵于所闻，见秦在帝位日浅，不察其终始，因举而笑之，不敢道，此与以耳食无异。"

发蒙振落

发蒙：把蒙在物体上的东西揭开；振落：把将要落的树叶摇掉。比喻开导启发容易进行，毫不费力。△宋·晁补之《鸡肋集》三八："发蒙振落以撼未悟者之疑。"

【出处】《史记·汲郑列传》："至于说丞相弘，如发蒙振落耳。"

发踪指示

原指发现野兽踪迹，指示猎狗追寻。后比喻指挥，调度。△《续孽海花》四五："不过是要小翁发踪指示，我们自然协力同心。"

【出处】《史记·萧相国世

中华成语探源　中华国学精粹　典藏珍本

家》："夫猎，追杀兽兔者狗也，而发踪指示兽处者人也。"

发指眦裂

眦：眼角。头发向上竖，眼角裂开了。形容非常愤怒。△明·冯梦龙《文明小史》五九："说到激烈之处，不觉发指眦裂。"

【出处】《史记·项羽本纪》："瞋目视项王，头发上指，目眦尽裂。"

反唇腹非

反唇：翻唇，要说话的样子；腹非：嘴里不说而心里反对。原指动动嘴唇却没有说话，心里不以为然。后形容有怨言而不敢说。△宋·孙奭《论天书》："上自朝廷，下及闾巷，靡不痛心疾首，反唇腹非而无敢言者。"

【出处】《史记·平准书》："异不应，微反唇。汤奏当异九卿见令不便，不入言而腹诽，论死。"

反其道而行

采取与对方相反的办法行事。△清·吴趼人《痛史》一四："只是宗兄劝你去做教习，你却去做学生，未免反其道而行了！"

【出处】《史记·淮阴侯列传》："今大王诚能反其道，任天下武勇，何所不诛！"

飞沙走石

沙土飞扬，石头滚动。形容风极大。△明·施耐庵《水浒传》五九："狂风四起，飞沙走石，天昏地暗，日色无光。"

【出处】《史记·项羽本纪》："于是大风从西北而起，折木发屋，扬沙石，窈冥昼晦。"

废书而叹

放下书而叹息。形容读书而产生了感慨。又作"废书长叹"。△1.《晋书·潘岳传》："岳读《汲黯传》……未曾不慨然废书而叹也。"2.元·王恽《上张右丞书》："仆每读至此，未尝不废书长叹，伤岁月不我与也。"

【出处】《史记·十二诸侯年表》："太史公读《春秋历谱谍》，至周厉王，未尝不废书而叹也。"

分我杯羹

羹：肉汁。分给我一杯肉汁。后比喻分享利益。又作"分我一杯羹"。△清·梁启超《中国外交方针和议》七："苟四国协商瓜分已决，斯必非一二国所能抗，刀俎既具，惟思分我一杯羹耳。"

【出处】《史记·项羽本纪》："吾翁即若翁，必欲烹而翁，则幸分我一杯羹。"

妇人之仁

女人的仁慈。比喻无关大体的仁慈与恩惠。△老舍《四世同堂》五○："我们必须放弃了那小小的人道主义，去消灭敌人，以便争取比妇人之仁更大的人道主义。"

【出处】《史记·淮阴侯列传》："项王见人恭敬慈爱，言语呕呕，人有疾病，涕泣分食饮，至使人有功当封爵者，印刓弊，忍不能予，此所谓妇人之仁也。"

负荆请罪

请罪：赔礼认错。背着荆条向对方赔礼认错，请对方责罚自己。后泛指主动赔礼认错，请求责罚。△清·曹雪芹《红楼梦》三○："宝钗……笑道：'我看的是李逵骂了宋江，后来又赔不是。'宝玉便笑道：'……这叫作"负荆请

罪"。'"

【出处】《史记·廉颇蔺相如列传》："廉颇闻之，肉袒负荆，因宾客至相如门谢罪。"

负弩前驱

背着弩矢在前面开道。形容迎接的礼节极为尊敬。△鲁迅《伪自由书·观斗》："我们的斗士，只有对于外敌却是两样的：近的，是'不抵抗'，远的，是'负弩前驱'云。"

【出处】《史记·司马相如列传》："至蜀，蜀太守以下郊迎，县令负弩矢先驱，蜀人以为宠。"

改过自新

改正错误，重新做人。△郭沫若《少年时代·我的童年》："我以为你们可以改过自新，啊，你们又再来和我作对。"

【出处】《史记·孝文本纪》："妾伤夫死者不可复生，刑者不可复属，虽复欲改过自新，其道无由也。"

改名换姓

改变原来的姓名。△曲波《林海雪原》三一："按侯殿坤的意

思，是要全部放下武器，把所有的人混进各大小城市，改名换姓，打入共产党的各要害部门……进行秘密活动。"

【出处】《史记·货殖列传》："乃乘扁舟浮于江湖，变名易姓。"

高才捷足

才能出众，做事敏捷。△清·曹雪芹《红楼梦》三七："有力量者十二首都做也可；不能的做一首也可。高才捷足者为尊。"

【出处】《史记·淮阴侯列传》："秦失其鹿，天下共逐之，于是高材疾足者先得焉。"

高屋建瓴

建：灌，覆水；瓴：盛水的瓶子。在屋顶上把瓶子里的水往下倒。比喻处于居高临下的形势。后也比喻毫无阻碍。△宋·曾极《天门山》诗："高屋建瓴无计取，二梁刚把当崤函。"

【出处】《史记·高祖本纪》："秦，形胜之国……地势便利，其以下兵于诸侯，譬犹居高屋之上建瓴水也。"

高阳酒徒

高阳：地名；徒：人。高阳的好饮酒的人。后泛指好饮酒而豪放不羁的人。△唐·李白《梁甫吟》诗："君不见高阳酒徒起草中，长揖山东隆准公。"

【出处】《史记·郦生传》："吾高阳酒徒也，非儒人也。"

攻城略地

略：夺取。攻占城池，夺取土地。△元·杨显之《酷寒亭》四折："四下里竟起干戈，其大者攻城略地，小可的各有巢窠。"

【出处】《史记·项羽本纪》："白起为秦将，南征鄢郢，北阬马服，攻城略地，不可胜计，而竟赐死。"

攻苦食淡

攻苦：致力于艰苦的事情；食淡：吃清淡寡味的食物。形容辛勤劳作，刻苦自励。△宋·路振《九国志》一一："攻苦食淡，以勤士卒。"

【出处】《史记·叔孙通传》："吕后与陛下攻苦食啖，其可背哉！"注："啖当作淡。淡谓

536

无味之食也。"

篝火狐鸣

篝：笼子。用篝子罩着火，发出磷火般隐隐约约的光，学狐狸的嗥叫声。后比喻策划起义。△清·许缵曾《睢阳行》诗："三吴今古如长夜，狐鸣篝火腾欺诈。"

【出处】《史记·陈涉世家》："又间令吴广之次所旁丛祠中，夜篝火，狐鸣呼曰：'大楚兴，陈胜王。'"

寡廉鲜耻

寡、鲜：少；廉：廉洁的操守。没有操守，不知羞耻。△老舍《四世同堂》六六："若不是你一家寡廉鲜耻，她或者还不至于去冒险。"

【出处】《史记·司马相如列传》："寡廉鲜耻，而俗不长厚也。"

管鲍之交

管：管仲，春秋初期政治家；鲍：鲍叔牙，管仲的朋友。管仲不得志时，鲍叔牙始终"知其贤"。泛指相知极深的交谊。又作"管鲍

之谊"。△清·李绿园《歧路灯》七〇："异姓相交，尚有管鲍之谊；同母而乳，岂乏祥览之情。"

【出处】《史记·管仲传》："管仲曰：'……生我者父母，知我者鲍子也。'"

裹足不前

裹足：停步。停住脚步，不再前进。多形容因有顾虑而不向前进。△明·罗贯中《三国演义》一六："天下智谋之士，闻而自疑，将裹足不前，主公谁与定天下乎？"

【出处】《史记·李斯列传》："使天下之士退而不敢西向，裹足不入秦。"

海市蜃楼

蜃：大蛤蜊。由于大气中光的折射作用，空中或地面显现远方景物的自然现象。古人认为是海里的蜃吐气而形成的。后比喻虚幻的事物。△清·蒲松龄《聊斋志异·罗刹海市》："呜呼！显荣富贵，当于蜃楼海市中龙之耳！"

【出处】《史记·天官书》："海旁蜃气象楼台。"

【辨正】一说，语出《隋唐遗

事》："此海市蜃楼比耳，岂长久耶？"说这句话的李湛，是武则天时人，比司马迁晚了八九百年。考其源，当为《史记》。

海誓山盟

原指分封功臣的盟誓，表示功臣爵位世代相传，如山河一样长久不变。后指男女相爱的誓言和约定，表示爱情像大海和高山一样永存。△清·曹雪芹《红楼梦》七二："初次入港，虽未成双，却也海誓山盟，私传表记，已有无限风情。"

【出处】《史记·高祖功臣侯者年表》唐·司马贞《索隐述赞》："纪勋书爵，河盟山誓。"

汗流浃背

浃：透，遍及。汗流满背。△清·曾朴《孽海花》一七："雯青正应酬得汗流浃背，哪里有工夫留心彩云的事情。"

【出处】《史记·陈丞相世家》："勃又谢不知，汗出沾背，愧不能对。"

河决鱼烂

河堤决口了，鱼的内脏腐烂

了。比喻内部问题严重，已无法挽救。△清·顾炎武《病起与蓟门当事书》："至于势穷理极，河决鱼烂之后，虽欲征其本色而有不可得者矣。"

【出处】《史记·秦始皇本纪》："河决不可复壅，鱼烂不可复全。"

河山带砺

河：黄河；山：泰山；砺：磨刀石。黄河变得细如衣带，泰山变得小如磨刀石。比喻经历的时间久远。△唐·张说《唐故凉州长史元君石柱铭序》："带砺山河，建王侯之国。"

【出处】《史记·高祖功臣侯者年表》："使河如带，泰山若厉，国以永宁，爰及苗裔。"厉：砺。

恨入骨髓

形容恨到极点。△清·李伯元《官场现形记》五九："有他一个清眼鬼……都不敢作什么弊了。然而大家一齐拿他恨入骨髓。"

【出处】《史记·秦本纪》："缪公之怨此三人入于骨髓，愿令此三人归，令我君得自快烹之。"

鸿鹄之志

鸿鹄:天鹅。天鹅的志向。比喻远大的志向。△唐·魏征《隋书·李圆通等传论》:"当其郁抑未遇,亦安知其有鸿鹄之志哉!"

【出处】《史记·陈涉世家》:"嗟乎!燕雀安知鸿鹄之志哉!"

豁达大度

豁达:开朗;大度:度量大。形容人性格开朗,能容人。△毛泽东《在扩大的中央工作会议上的讲话》:"刘邦是在封建时代被历史家称为'豁达大度,从谏如流'的英雄人物。"

【出处】《史记·高祖本纪》:"高祖为人……意豁如也,常有大度。"

【辨正】一说,语出晋·潘岳《西征赋》:"观夫汉高之兴也,非徒聪明神武、豁达大度而已也。"潘岳只是将"意豁如也,常有大度"变为四字格。考其源,当为《史记》。

鸡鸣狗盗

学公鸡鸣叫,学狗入室偷东西。比喻微不足道的技能。也形容偷偷摸摸的行为。△1.清·蔡元放《东周列国志》一〇〇:"他手下宾客,鸡鸣狗盗者甚多。" 2.清·文康《儿女英雄传》一七:"报仇的这桩事,是桩光明磊落,见得天地鬼神的事,何须这等狗盗鸡鸣,遮遮掩掩。"

【出处】《史记·孟尝君列传》:"最下坐有能为狗盗者……乃夜为狗,以入秦宫臧中,取所献狐白裘至……客之居下坐者有能为鸡鸣,而鸡齐鸣。"

积毁销骨

毁:毁谤;销:熔化。不断的毁谤能使人毁灭。△清·黄景仁《两当轩集》一二:"可怜一与人世事,积毁销骨忧殉身。"

【出处】《史记·张仪列传》:"臣闻之,积羽沉舟,群轻折轴,众口铄金,积毁销骨。"

及锋而试

锋:锋利;试:用。乘锋利时使用。原指乘士气旺盛时用兵。后比喻乘有利时机行动。△鲁迅《两地书》五:"此后自当避免些无须必践的荆棘,养精蓄锐,以待及锋

中华成语探源 典藏珍本 中华国学精粹

而试。"

【出处】《史记·高祖本纪》："及其锋而用之，可以有大功。"

【辨正】一说，语出《汉书·高帝纪》。这里，班固取材于《史记》，以《史记》为源。

计不旋踵

旋：转；踵：脚跟。不等把脚跟转过来，就算计完了。形容在极短的时间内打定主意，行动迅速。△后晋·刘昫《旧唐书·孙伏伽传》："陛下举晋阳，天下响应，计不旋踵，大位遂隆。"

【出处】《史记·司马相如列传》："义不反顾，计不旋踵，人怀怒心，如报私仇。"

家徒四壁

家里只有四堵墙。形容家里十分贫穷，一无所有。△清·曾朴《孽海花》三："那时正是家徒四壁，囊无一文，他脾气越发坏了……"

【出处】《史记·司马相如列传》："家居徒四壁立。"

兼容并包

兼：多方面；并：合。多方面包容。形容内容广泛或气度恢弘。△朱自清《新诗的进步》："那么何不将诗的定义放宽些，将两类兼容并包，放弃了正统意念，省了些无效果的争执呢？"

【出处】《史记·司马相如列传》："故驰骛乎兼容并包，而勤思乎参天二地。"

江东父老

江东：乌江以东，项羽的故乡；父老：辈分与年纪高的人。泛指故乡辈分与年纪高的人。△明·无名氏《鼓掌绝尘》三："只是今日束手空归故土，怎么重见江东父老？"

【出处】《史记·项羽本纪》："且籍与江东子弟八千人渡江而西，今无一人还，故江东父兄怜而王我，我何面目见之？"

揭竿而起

揭：高举。高举竹竿为旗帜，奋起反抗。△鲁迅《而已集·谈"激烈"》："愤激便有揭竿而起的可能……"

【出处】《史记·秦始皇本纪》："斩木为兵，揭竿为旗。"

节衣缩食

省吃省穿。形容生活节俭。△《鲁迅书信集·致赵家璧》："本来，有关本业的东西，是无论怎样节衣缩食也应该购买的……"

【出处】《史记·货殖列传》："能薄饮食，忍嗜欲，节衣服。"

结驷连骑

驷：四匹马拉的车；骑：一人一马。四匹马拉的车编成车队，一人骑一马列成马队。形容出行的排场阔绰。△汉·韩婴《韩诗外传》九："今如结驷连骑，所安不过容膝；食方丈于前，所甘不过一肉。"

【出处】《史记·仲尼弟子列传》："子贡相卫，而结驷连骑，排藜藿入穷阎，过谢原宪。"

捷足先登

走路快的人先得到。比喻行动迅速的人首先达到目的。△鲁迅《集外集·〈奔流〉编校后记》："有的说鲁迅译这书是不甘'落伍'，有的说画室居然捷足先登。"

【出处】《史记·淮阴侯列传》："秦失其鹿，天下共逐之，于是高材疾足者先得焉。"

解衣推食

解：脱；推：推让。脱下衣服给别人穿，让出食物给别人吃。形容慷慨地给人以物质帮助。△明·冯梦龙《古今小说》三九："解衣推食，人人愿出死力。"

【出处】《史记·淮阴侯列传》："汉王授我上将军印，予我数万众，解衣衣我，推食食我。"

借箸代筹

箸：筷子；筹：筹画。借过筷子，指画讲解，为对方分析形势。后比喻为人出主意。△清·刘鹗《老残游记》七："借箸代筹一县策，纳楹闲访百城书。"

【出处】《史记·留侯世家》："臣请藉前箸为大王筹之！"藉：借。

金章紫绶

金章：金印；紫绶：系金色的紫色丝带。借指高位重权。△唐·王昌龄《青楼曲》诗："金章紫绶千余骑，夫婿朝回初拜侯。"

541

【出处】《史记·蔡泽传》："怀黄金之印，绕紫缓于要，揖让人主之前。"

进退两难

前进和后退都困难。形容处于为难的困境。△清·李伯元《官场现形记》二二："傅抚院此时心挂两头，正在进退两难的时候，一见表嫂到来，便借此为由……到外边去了。"

【出处】《史记·淮阴侯列传》："彼前不得斗，退不得还。"

【辨正】一说，语出唐·李靖《卫公兵法》："前既不得上城，退则其师逼迫。"李靖晚于司马迁八百余年，应以《史记》为源。

九鼎大吕

九鼎：相传夏禹铸了九个鼎，象征九州，是传国之宝；大吕：周朝的大钟，传国重器。比喻非常宝贵或非常重要，可简作"鼎吕"。△宋·范成大《寄赠泉石使李元直入觐》诗："兹行公勿逊，安国如鼎吕。"

【出处】《史记·平原君虞卿列传》："毛先生一至楚，而使赵

重于九鼎大吕。"

酒池肉林

以酒为池，悬肉为林。原形容极端奢侈糜烂的生活。后也形容酒肉极多。△东汉·班固《汉书·张骞传》："行赏赐，酒池肉林，令外国客遍观各仓库府藏之积，欲以见汉广大。"

【出处】《史记·殷本纪》："以酒为池，县肉为林，使男女裸相逐其间，为长夜之饮。"县：悬。

举鼎绝膑

绝：断；膑：膝盖骨。举鼎而弄断了膝盖骨。比喻做力不胜任的事情。△清·梁启超《论教育当定宗旨》："然以一政府抗世界之大逆流，恐不免举鼎绝膑之惨。"

【出处】《史记·秦本纪》："王与孟说举鼎，绝膑。"

举足轻重

一举一动都关系到全局。指处于关键地位。△茅盾《子夜》一九："现在他和赵伯韬立在敌对的地位了！而且举足轻重的杜竹斋态度莫测。"

【出处】《史记·淮阴侯列传》："当今二王之事，权在足下。足下右投则汉王胜，左投则项王胜。"

【辨正】一说，语出《后汉书·窦融传》："举足左右，便有轻重。"《后汉书》成书于南朝，晚于司马迁；窦融是东汉人，晚于韩信。当以《史记》为源。

可操左券

操：拿；券：古代契约凭证，竹制，分左右两片，左券是偿的凭证。可以拿着左券要求对方兑现。比喻对成功有把握。△清·刘坤一《筹还通州纱厂机价官商合办折》："地利既宜，人工亦便，获利之厚，左券可操。"

【出处】《史记·田敬仲完世家》："公常执左券以责于秦、韩。"

口干舌燥

嘴里干巴巴的。△清·张南庄《何典》七："路虽不远，早已跑得口干舌燥。"

【出处】《史记·仲尼弟子列传》："困于会稽，痛入于骨髓，日夜焦唇干舌。"

胯下之辱

胯下：两腿之间。从两腿之间钻过去。后泛指不得志时所承受的屈辱。△宋·朱熹《次季通韵赠范康侯》诗："年来身老大，甘此胯下辱。"

【出处】《史记·淮阴侯列传》："淮阴屠中少年有侮信者……众辱之曰：'信能死，刺我；不能死，出我袴下'。于是信孰视之，俛出袴下，蒲伏。"俛：俯；袴：胯。

昆山之玉

昆仑山出产的美玉。比喻难得的人才。△唐·卢照邻《悲穷通》诗："已焉哉，已焉哉，昆山玉石忽摧颓。"

【出处】《史记·李斯列传》："今陛下致昆山之玉，有随和之宝。"

【辨正】一说，语出《晋书·郤诜传》："臣举贤良对策，为天下第一，犹桂林之一枝，昆山之片玉。"《晋书》晚于《史记》，当以《史记》为源。

中华成语探源

中华国学精粹

典藏珍本

劳苦功高

出大力，吃大苦，立了大功。△清剧本《缀白裘》五："圣上只为二位功高劳苦，故设此宴。"

【出处】《史记·项羽本纪》："劳苦而功高如此，未有封侯之赏。"

老奸巨猾

形容人老于世故，非常奸诈狡猾。△清·李伯元《官场现形记》三一："羊统领尚未答言，毕竟孙大胡子老奸巨猾，忙替羊统领出主意……"

【出处】《史记·灌夫传》："丞相亦言灌夫通奸猾，侵细民。"

乐而忘返

快乐得忘了回去。形容沉迷于某种场合，舍不得离开。△宋·邓牧《陶山游记》："是日觞咏，乐而忘返。"

【出处】《史记·秦本纪》："西巡狩乐而忘归。"

力能扛鼎

鼎：古代煮东西的器物，多用青铜制成。形容人力气极大。后也比喻笔力雄健。△清·顾复《平

生壮观》二："虎儿笔力能扛鼎，五百年来无此君。"

【出处】《史记·项羽本纪》："籍长八尺余，力能扛鼎，才气过人。"

利令智昏

智：理智。利益使人失去清醒的理智。△清·李伯元《官场现形记》四："他便利令智昏，叫他的幕友、官亲，四下里替他招揽买卖。"

【出处】《史记·平原君虞卿列传》："鄙语曰'利令智昏'。平原君贪冯亭邪说，使赵陷长平四十余万众，邯郸几亡。"

凌云之志

凌：升。直上云霄的志向。形容宏伟远大的志向。△南朝宋·范晔《后汉书·冯衍传》："不求苟得，常有陵云之志。"

【出处】《史记·司马相如列传》："天子大说，飘飘有凌云之气。"说：悦。

凌杂米盐

凌：凌乱；杂：错杂。原形容杂乱琐碎。后指杂乱琐碎的小事。△清·方苞《记梦》："其家居，

凌杂米盐不可解脱。"

【出处】《史记·天官书》："而皋、唐、甘、石因时务论其书传，故其占验凌杂米盐。"皋、唐、甘、石：尹皋、唐昧、甘德、石申，都是战国时代的星象家。

漏网之鱼

比喻侥幸脱逃的犯人。△《京本通俗小说》一六："承娘子志节自许，吾死亦瞑目，万一为漏网之鱼，苟延残喘，亦誓终身不娶，以答娘子今日之心。"

【出处】《史记·酷吏列传》："网漏于吞舟之鱼。"

履舄交错

履：单底鞋；舄：复底鞋。各种鞋错杂地放着。古代参加宴会要脱鞋入席。形容宾客很多。△清·蒲松龄《聊斋志异·凤阳士人》："主客笑言，履舄交错。"

【出处】《史记·滑稽列传》："日暮酒阑，合尊促坐，男女同席，履舄交错，杯盘狼藉。"

荦荦大者

荦荦：分明的样子。明显重大的方面。△鲁迅《坟·文化偏至论》："若所谓某世纪文明之特色何在者，持举荦荦大者而言耳。"

【出处】《史记·天官书》："此其荦荦大者。若至委曲小变，不可胜道。"

瞒上欺下

瞒哄上司，欺压下属。△丁玲《太阳照在桑干河上》："如今还不能替老百姓想，瞒上欺下，咱简直不是个人啦！"

【出处】《史记·范雎蔡泽列传》："妒贤嫉能，御下蔽上。"

【辨正】一说，语出《燕水滹谈录》九："卢相欺上罔下，倚势害物。"《燕水滹谈录》是宋人王辟之的笔记，当以《史记》为源。

毛遂自荐

毛遂：战国时代赵国人。赵相平原君去楚国求救兵抗秦时。毛遂自动请求一起前往。后泛指自告奋勇，自己推荐自己。△老舍《四世同堂》四四："所长，毛遂自荐，我当大媒好了！"

【出处】《史记·平原君虞卿列传》："门下有毛遂者，前，自赞于平原君……"

美如冠玉

美得像装饰在帽子上的玉。原比喻徒有其表。后比喻男子容貌美。△清·蒲松龄《聊斋志异·素秋》："时见对户一少年，美如冠玉。"

【出处】《史记·陈丞相世家》："平虽美丈夫，如冠玉耳，其中未必有也。"

每饭不忘

每顿饭都不忘记。表示时刻不忘。△明·陈文烛《重修瀼西草堂记》："忠君忧国，每饭不忘。"

【出处】《史记·冯唐传》："今吾每饭，意未尝不在巨鹿也。"

面无人色

形容极端恐惧的样子。后也形容因饥饿、病痛而十分虚弱的样子。△1.清·刘鹗《老残游记》四："那马兵押着车子已到。吴举人抢到面前，见他三人面无人色。"2.宋·朱熹《奏救荒事宜状》："其尤甚者，衣不盖形，面无人色。"

【出处】《史记·李将军

列传》："会日暮，吏士皆无人色。"

【辨正】一说，语出《汉书·李广传》。班固取材于《史记》，以《史记》为源。

民以食为天

百姓把粮食看成赖以生存的东西。形容粮食在生活中的重要性。△阿英《晚清文学丛钞·冷眼观》一九："现在各处的米贩子，都成船累载的将我们内地里食米，皆向外洋装运……民以食为天，他们简直把我们国民的生命都装了去。"

【出处】《史记·郦生传》："王者以民人为天，而民人以食为天。"

【辨正】一说，语出《汉书·郦食其传》。班固取材于《史记》，以《史记》为源。

名不虚传

名声与实际相符。△明·施耐庵《水浒传》五六："我见这厮们武艺精熟，原来却是杨制使鲁提辖，真名不虚传。"

【出处】《史记·孟尝君传》："世之传孟尝君好客自喜，名不虚矣。"

明目张胆

睁着眼睛，大着胆子。原形容人有胆略，敢作敢为。后形容公然放胆做坏事。△清·西周生《醒世姻缘传》三一："后来以强凌弱，以众暴寡，明目张胆的把那活人杀吃。"

【出处】《史记·张耳传》："将军瞋目张胆，出万死不顾一生之计，为天下除残也。"

明珠暗投

把明月般的珍珠在黑暗中投出去。比喻有才能的人用在不适当的地方。也比喻珍贵的东西落在不识货的人手里。△1.明·罗贯中《三国演义》五七："统曰：'吾欲投曹操去也。'肃曰：'此明珠暗投矣……'"2.清·蒲松龄《聊斋文集》五："老大人倘不惜明珠暗投，有谁赏鉴？幸惠教一册。"

【出处】《史记·邹阳传》："臣闻明月之珠，夜光之璧，以暗投人于道路，人无不按剑相眄者。"

莫敢谁何

谁何：是谁？是什么？表示过问。没有人敢过问。△明·陶宗仪《南村辍耕录》二四："杭州属邑有一巨室，怙财挟势，虐害良善，邑官贪墨，莫敢谁何。"

【出处】《史记·秦始皇本纪》："信臣精卒，陈利兵而谁何。"而：尔，你。

目不交睫

上下眼睫毛没有相交。指没有合眼。形容夜里没有睡觉。△清·吴趼人《二十年目睹之怪现状》八七："任凭少奶奶衣不解带，目不交睫，无奈大少爷寿元已尽，参术无灵，竟就呜呼哀哉了。"

【出处】《史记·袁盎传》："陛下居代时，太后尝病，三年，陛下不交睫，不解衣。"

目不窥园

窥：看。眼睛不看园圃。形容埋头读书，专心治学。△清·文康《儿女英雄传》三三："那公子却也真个足不出户，目不窥园……"

【出处】《史记·董仲舒传》："盖三年董仲舒不观于舍园。"

【辨正】一说，语出《汉

书·董仲舒传》："盖三年不窥园。"班固只将"不观于舍园"变为"不窥园"，其源为《史记》。

目挑心招

挑：挑逗；招：勾引。用目光挑逗，用情意勾引。△明·张岱《陶庵梦忆》四："美人数百人，目挑心招，视我如潘安。"

【出处】《史记·货殖列传》："今夫赵女郑姬……目挑心招，出不远千里，不择老少者，奔富厚也。"

沐猴而冠

沐猴：猕猴。猕猴戴帽子。比喻装扮像人，实际没有人性。后也比喻虚假不实。△晋·张载《榷论》："苟不能匡化辅政，佐时益也，而徒俯仰取容，要荣求利，厚自封之资，丰私家之积，此沐猴而冠耳，尚焉足道哉！"

【出处】《史记·项羽本纪》："人言楚人沐猴而冠耳，果然。"

内视反听

内视：省察自己；反听：听取别人意见。△晋·挚虞《泰始四年

举贤良方正对策》："其有日月之眚，水旱之灾，则反听内视，求其所由。"

【出处】《史记·商君列传》："反听之谓聪，内视之谓明。"

牛骥同皂

骥：好马；皂：牲畜棚子。牛和好马拴在一个棚子里。比喻贤愚混杂。△宋·文天祥《正气歌》："牛骥同一皂，鸡栖凤凰食。"

【出处】《史记·邹阳传》："使不羁之士与牛骥同皂。"

排闼直入

闼：门。推门就径直而入。指没有敲门、未经允许就进去。△唐·李观《代李图南上苏州韦使君论戴察书》："见有衣黄衣者排闼直入。"

【出处】《史记·樊哙传》："十余日，哙乃排闼直入，大臣随之。"

判若鸿沟

判：分明，显著；鸿沟：战国时代开凿的一条运河，楚汉相争时曾以鸿沟划界。后比喻界限分明，

区别显著。△鲁迅《伪自由书·后记》："从此以后，中国文坛新旧的界限，判若鸿沟。"

【出处】《史记·项羽本纪》："项王乃与汉约，中分天下，割鸿沟以西者为汉，鸿沟而东者为楚。"

旁若无人

旁边好像没有人。形容神态自如的样子。后也形容傲慢的样子。△1.明·罗贯中《三国演义》九五："城门内外，有二十余百姓，低头洒扫，旁若无人。"2.明·施耐庵《水浒传》七五："陈太尉初下船时，昂昂然，旁若无人，坐在中间。"

【出处】《史记·刺客列传》："高渐离击筑，荆轲和而歌于市中，相乐也，已而相泣，旁若无人者。"

捧腹大笑

形容放声大笑的情状。宋·费衮《梁溪漫志》四："至朝云乃云：'学士一肚皮不入时宜。'坡捧腹大笑。"

【出处】《史记·日者列传》："司马季主捧腹大笑。"

批亢捣虚

亢：吭，咽喉，借指要害。控制要害，攻击空虚薄弱的环节。△清·张延玉《明史·徐达传》："今乘敌不备，直捣太原，使进不得战，退无所守，所谓批亢捣虚也。"

【出处】《史记·孙子传》："批亢捣虚，形格势禁，则自为解耳。"

披肝沥胆

剖开肝，让胆汁滴下来。比喻极尽忠诚。△明·罗贯中《三国演义》六〇："今遇明公，不敢不披肝沥胆。"

【出处】《史记·邹阳传》："披心腹，见情素，堕肝胆，施德厚。"

飘飘欲仙

身体轻飘飘的，好像要升天。形容轻松爽快的感觉。△清·沈复《浮生六记》四："一路霜林，月下长空，万籁俱寂。星烂弹《梅花三弄》，飘飘欲仙。"

【出处】《史记·司马相如列传》："飘飘有凌云之气，似游天地之间意。"

平易近人

原指平和简易，接近百姓。后形容和蔼谦逊，使人乐于接近。也形容文字浅近易懂。△1.姚雪垠《李自成》二卷二八章："他留心观察，开始对闯王的平易近人，关心百姓疾苦，与部下同甘共苦——这三样长处感到惊奇。"2.郭沫若《洪波曲》一二："小说平易近人，杂文则陵劲淬砺。"

【出处】《史记·鲁周公世家》："平易近民，民必归之。"

破釜沉舟

釜：古代做饭的炊具。渡过河后，把锅砸破，把船沉掉。后表示断绝退路，决一死战。后比喻下决心不顾一切干到底。△清·文康《儿女英雄传》三〇："索性破釜沉舟，痛下一番针砭，你道如何？"

【出处】《史记·项羽本纪》："项羽乃悉引兵渡河，皆沉船，破釜甑，烧庐舍，持三日粮，以示士卒必死，无一还心。"

漆身吞炭

漆身：在身上涂漆，使皮肤长

癞；吞炭：吞烧红的炭，使声音变哑。指毁坏自己的音容，使人不能辨识，以图报仇。△清·文康《儿女英雄传》二五："我这番举动，也就如古人的卧薪尝胆、吞炭漆身一般。"

【出处】《史记·刺客列传》："又漆身为厉，吞炭为哑，使形状不可知。"厉：癞。

奇货可居

居：存。把稀少的货物囤积起来，等待高价出售。后也比喻把独特的条件作为取得名利地位的资本。△清·刘鹗《老残游记》一四："你过于爽快，他就觉得奇货可居了。"

【出处】《史记·吕不韦列传》："子楚，秦诸庶孽孙，质于诸侯……吕不韦贾邯郸，见而怜之，曰：'此奇货可居。'"

千门万户

户：窗。原指门窗多而密，形容屋宇广大。后形容住户极多。△清·蒲松龄《聊斋志异·金和尚》："楼阁房廊，连垣数十亩，千门万户，入迷者不可出。"

【出处】《史记·孝武本

纪》："于是作建章官，度为千门万户。"

浅见寡闻

见识浅薄狭窄。△宋·欧阳修《送方希则序》："夫恢识宇以见乎远，穷倚伏以至于命，此非可为浅见寡闻者道也。"

【出处】《史记·五帝本纪赞》："非好学深思，心知其意，固难为浅见寡闻道也。"

强干弱枝

加强树干，削弱枝叶。比喻加强中央权力，削弱地方势力。△《东观汉纪》一六："古帝王封诸侯不过百里……强干弱枝，所以为治也。"

【出处】《史记·汉兴以来诸侯王年表》："强本干，弱枝叶之势，尊卑明而万事各得其所矣。"

强弩之末

弩：一种用机械力量射箭的弓。弩所发射的有力的箭已飞行到最后。比喻原来很强的力量快要用尽，已经不能再起作用。△清·吴趼人《二十年目睹之怪现状》五〇："自从前两年开了这个山西赈

捐，到了此刻，已成了强弩之末，我看不到几时，就要停止的了。"

【出处】《史记·韩长孺传》："且强弩之极，矢不能穿鲁缟。"缟：古代一种白色的绢，以鲁地所产的最轻薄细软。

【辨正】一说，语出《汉书·韩安国传》："强弩之末，力不能入鲁缟。"班固取材于《史记》，以《史记》为源。

翘足而待

翘：抬起。一抬脚的工夫就等到了。表示很快就会发生或出现。△明·罗贯中《三国演义》九六："则事可定，贼可灭，功可翘足而待矣。"

【出处】《史记·高祖本纪》："大臣内叛，诸侯外反，亡可翘足而待也。"

巧发奇中

发：射。巧妙地射箭，神奇地命中。后比喻巧妙地发言，而能切中事实，迎合人意。△1.清·黄宗羲《高旦中墓志铭》："又工揣测人情于容动色理之间，巧发奇中。"2.清·方苞《汤文正公年谱序》："乘间抵隙，巧发奇中，必

欲挤之死地。"

【出处】《史记·孝武本纪》:"少君资好方,善为巧发奇中。"

青云直上

比喻直线上升到显要的地位。△清·文康《儿女英雄传》一九:"但我虽不曾中那进士,却也教育了无数英才,看将起来,大半都要青云直上。"

【出处】《史记·范雎传》:"贾不意君能自致于青云之上。"

情见势屈

见:现,显露;屈:尽。情况已经暴露,声势已经衰竭。又作"情见势竭"。△晋·陈寿《三国志·荀彧传》:"情见势竭,必将有变。"

【出处】《史记·淮阴侯列传》:"欲战恐久力不能拔,情见势屈,旷日粮竭。"

秋毫无犯

秋毫:鸟兽秋天时新长的细毛,比喻细微的事物。丝毫不侵犯群众利益。形容军队纪律严明。后也形容人正派清廉。△明·罗贯中《三国演义》二:"我与民秋毫无犯,那得财物与他?"2.元曲选·《吕洞宾度铁拐李岳》二:"老夫一生公廉正直,与人秋毫无犯。"

【出处】《史记·项羽本纪》:"吾入关,秋豪不敢有所近。"豪:毫。

趋之若鹜

趋:快走;鹜:鸭子。像鸭子一样跑过去。比喻争先恐后地追逐。△清·曾朴《孽海花》二七:"白云观就是他纳贿的机关,高道士就是他作恶的心腹,京外的官员那个不趋之若鹜呢?"

【出处】《史记·货殖列传》:"走死地如鹜者,其实皆为财用耳。"

曲终奏雅

乐曲将终结时奏出了雅正的音调。后比喻文艺作品的结尾处特别精彩。也比喻结局很好。△1.清·梁章钜《归田琐记》七:"有为作十字令者云……曲终奏雅,则非但雅谑,而官箴矣。"2.鲁迅《病后杂谈》:"这真是'曲终奏雅',令人如释重负,觉得天皇毕竟圣明，好人也终于得救。"

【出处】《史记·司马相如列传》："扬雄以为靡丽之赋，劝百风一，犹驰骋郑卫之声，曲终而奏雅，不已亏乎？"

【辨正】一说，语出《汉书·司马相如传》。班固取材于《史记》，以《史记》为源。

取而代之

夺取别人的权力、地位等，自己代替之。△鲁迅《集外集拾遗·新的世故》："无论其为老人或同是青年，'取而代之'本也无足怪的……"

【出处】《史记·项羽本纪》："秦始皇游会稽，渡浙江，梁与籍俱观。籍曰：'彼可取而代也！'"

犬马之劳

像狗和马一样奔走效劳。△明·施耐庵《水浒传》六三："无功报德，愿施犬马之劳……定令此贼片甲不回！"

【出处】《史记·三王世家》："臣窃不胜犬马心。"

犬牙相制

地界像狗牙一样交错，互相牵制。△明·冯梦龙《警世通言》二一："唐初府兵最盛，后变为藩镇，虽跋扈不臣，而犬牙相制，终藉其力。"

【出处】《史记·孝文本纪》："高帝封王子弟，地犬牙相制。"

人弃我取

别人扔掉的，我拿来。原指廉价收买别人不要的滞销物品，等别人需要时高价出售。后表示志趣、见解等与众不同。△元·袁桷《懑庵记》："人弃我取，自谦之道也。"

【出处】《史记·货殖列传》："当魏文侯时，李克务尽地力，而白圭乐观时变，故人弃我取，人取我与。"

人人自危

每个人都恐惧不安，觉得自己有危险。△阿英《晚清文学丛钞·扫迷帚》二四："却值时疫大行，居民人人自危。"

【出处】《史记·李斯列传》："法令诛罚日益深刻，群臣人人自危。"

人头畜鸣

长的是人头，却发出畜生的声音。原指人愚蠢无知。后比喻行为卑劣。△鲁迅《集外集拾遗·辨"文人无行"》："造谣卖友……近于古人之所谓'人头畜鸣'了。"

【出处】《史记·秦始皇本纪》："胡亥极愚……诛斯、去疾，任用赵高。痛哉言乎！人头畜鸣。"

人自为战

原指每个人都奋勇战斗。后也指每个人都能独立作战。△南朝宋·范晔《后汉书·吴汉传》："若能同心一力，人自为战，大功可立。"

【出处】《史记·淮阴侯列传》："此所谓驱市人而战之，其势非置之死地，使人人自为战。"

日不暇给

暇：空闲；给：充足。每天都没有空闲，时间不够用。△清·吴敬梓《儒林外史》四四："青田命

世大贤，敷布兵、农、礼、乐，日不暇给，何得有闲工夫做到这一件事？"

【出处】《史记·封禅书》："洽矣而日有不暇给，是以即事用希。"

【辨正】一说，语出《汉书·高帝纪》："虽日不暇给，规摹宏远矣。"《汉书》晚于《史记》，应以《史记》为源。

如狼牧羊

牧：放牧。好像狼放牧羊群。比喻官吏残暴地欺压百姓。又作"以狼牧羊"。△元·脱脱《辽史·萧岩寿传》："以狼牧羊，何能久长！"

【出处】《史记·酷吏列传》："宁成为济南都尉，其治如狼牧羊。"

孺子可教

孺子：小孩子。年轻人可以培养教育。△宋·楼钥《代毛崇夫贺妇翁黄圮老生朝》："孺子尚可教，愿受书一编。"

【出处】《史记·留侯世家》："孺子可教矣。"

锐不可当

税利得不可抵挡。形容气势旺盛，所向无敌。△明·凌濛初《初刻拍案惊奇》三一："侯元领了千余人，直突其阵，锐不可当。"

【出处】《史记·淮阴侯列传》："此乘胜而去国远斗，其锋不可当。"

三寸不烂之舌

比喻能言善辩的口才。△明·罗贯中《三国演义》三："某凭三寸不烂之舌，说吕布来降可乎？"

【出处】《史记·平原君虞卿列传》："毛先生以三寸之舌，强于百万之师。"

三令五申

申：申述，说明。再三命令，反复说明。△清·李伯元《官场现形记》四七："几次三番同他们三令五申，无奈这些人只有这个材料，总是这们不明不白的。"

【出处】《史记·孙子吴起列传》："约束既布，乃设铁钺，即三令五申之。"

丧家之狗

丧家：有丧事的人家。原指有丧事的人家得不到喂养的狗，比喻不得志而憔悴颓丧的人。后指无家可归的狗，比喻失去存身之所、无处投奔的人。△鲁迅《坟·论"费厄泼赖"应该缓行》："可是革命终于起来了，一群臭架子的绅士们，便立刻皇皇然若丧家之狗，将辫子盘在头上。"

【出处】《史记·孔子世家》："而谓似丧家之狗，然哉！然哉！"然：是这样。

杀人如麻

形容杀人多得数不清。△明·罗贯中《三国演义》二九："儿自幼随父出征，杀人如麻，何曾有为祸之理？"

【出处】《史记·天官书》："其后秦遂以兵灭六王，并中国，外攘四夷，死人如乱麻。"

【辨正】一说，语出《汉书·天文志》。班固取材于《史记》，以《史记》为源。

身先士卒

身：亲身。形容作战时将领

亲自冲在士兵前面。后也比喻领导带头，走在群众前面。△晋·刘琨《上愍帝请此伐表》："臣当首启戎行，身先士卒。"

【出处】《史记·黥布传》："项王伐齐，身负板筑，以为士卒先。"

深谋远虑

周密谋划，长远考虑。△明·吴承恩《西游记》二〇："大王深谋远虑，说得有理。"

【出处】《史记·秦始皇本纪》："深谋远虑，行军用兵之道，非及向时之士也。"

声名籍甚

籍甚：盛大。名声很大，受到的评价很高。△北周·庾信《周车骑大将军赠小司空宇文显和墓志铭序》："容止矜庄，声名籍甚。"

【出处】《史记·陆贾传》："陆生以此游汉廷公卿间，名声籍甚。"

声名狼藉

狼藉：杂乱不堪。形容人名声极坏。△阿英《晚清文学丛钞·廿载繁华梦》："因汪太守平日声名狼藉，最不见重于官场，日前新督

帅参劾劣绅十七名，实以汪某居首。"

【出处】《史记·蒙恬列传》："是以藉于诸侯。"索隐："言其恶声狼藉，布于诸国。"

绳之以法

绳：纠正，制裁。用法律来纠正或制裁。△南朝宋·何承天《丁况等久丧不葬议》："窃以为丁宝等同伍积年，未尝劝之以义，绳之以法。"

【出处】《史记·减宣传》："痛以重法绳之。"

【辨正】一说，语出《后汉书·冯衍传》："绳之以法则为罪。"《史记》在前，《后汉书》在后，当以《史记》为源。

胜任愉快

胜任：能承担；愉快：做事得心应手而感到舒畅快意。指有能力担任，而且可以轻松愉快地完成。△清·梁章钜《楹联丛话》："以吾子当此任，我必其胜任愉快也。"

【出处】《史记·酷吏列传》："非武健严酷，恶能胜其任而愉快乎？"恶：哪里，怎么。

时绌举赢

绌：不足；赢：多余。在困难之时做铺张奢侈之事。△清·吕留良《与董方白书》："度所费不下数千金，时绌举盈，极为民害。"

【出处】《史记·韩世家》："今年旱，昭侯不以此时卹民之急，而顾益奢，此谓'时绌举赢'。"

视同儿戏

看得像小孩闹着玩一样。形容对事情极不严肃认真。△清·李汝珍《镜花缘》二："但以瑶池清静之地，视同儿戏，任意喧哗，未免有失敬上之道。"

【出处】《史记·绛侯周勃世家》："曩者霸上、棘门军，若儿戏耳。"曩：从前。

舐糠及米

舐：舔。狗舔完糠，就吃到米了。比喻由外及内地蚕食，逐步进逼。△《续孽海花》三九："老弟遭了这种意外，难道我不知道'舐糠及米'的话么？"

【出处】《史记·吴王濞列传》："侵夺诸侯之地，征求滋多，诛罚良善，日以益甚。里语有之，'舐糠及米'。"

守经达权

经：原则；权：变通。一方面坚持原则，一方面灵活变通。△清·文康《儿女英雄传》一〇："我方才是一时迂执，守经而不能达权……"

【出处】《史记·太史公自序》："守经事而不知其宜，遭变事而不知其权。"

首鼠两端

首鼠：踌躇，进退不定；两端：两头。形容动摇不定或迟疑不决。△郭沫若《少年时代·反正前后》："我们拿着剪子去强迫一些怕事的学生和首鼠两端的老教员们，我们赶得他们鸡飞狗跳。"

【出处】《史记·魏其武安侯列传》："与长孺共一老秃翁，何为首鼠两端！"

鼠窃狗盗

形容小偷小摸。△清·吴趼人《发财秘诀》："因为遇了鼠窃狗盗的，若是送到巡防局惩办，不过打他几十小板子就放了。"

【出处】《史记·叔孙通传》："此特群盗鼠窃狗盗耳。"

爽然若失

爽然：茫然无主见的样子；若失：好像丢失了什么。形容心中无主、空虚怅惘的感觉。△鲁迅《朝花夕拾·琐记》："毕业，自然大家都盼望的，但一到毕业，却又有些爽然若失。"

【出处】《史记·屈原贾生列传》："读《鵩鸟赋》，同死生，轻去就，又爽然自失矣。"

数见不鲜

原指时常来见，一定用鲜美食物相待。后形容经常见到，不感觉新奇。△清·曾朴《孽海花》三五："这些叛党卖友的把戏，历史上数见不鲜。"

【出处】《史记·陆贾传》："一年中往来过他客，率不过再三过，数见不鲜。"

死灰复燃

已经冷了的灰又燃烧起来。比喻失势者重新得势。后也比喻已经停止活动的事物又重新活动起来。△阿英《晚清文学丛钞·官场维新记》五："要想把这案的人搜杀一空，免日后死灰复燃之患。"

【出处】《史记·韩长孺列传》："其后安国坐法抵罪，蒙狱吏田甲辱安国。安国曰：'死灰独不复然乎？'……居无何，梁内史缺，汉使使者拜安国为梁内史。"蒙：县名；然：燃。

死有余辜

辜：罪。即使死了，还有罪过。形容罪恶极大，即使处以死刑，也不能抵偿。△清·刘鹗《老残游记》五："这个玉贤真是死有余辜的人……"

【出处】《史记·吴王濞传》："如卬等死有余罪。"

【辨正】一说，语出《汉书·路温舒传》："虽咎繇听之，犹以为死有余辜。"《史记》是西汉司马迁写的一部通史，《汉书》是东汉班固写的西汉断代史。当然应以《史记》为源。

四海为家

四海：全国各地。把全国作为家。原指志在天下。后也形容漂泊不定，到处都是处身之处。△清·吴趼人《痛史》八："我此时是一无牵挂，四海为家，可以说得行无定踪的了。"

【出处】《史记·高祖本纪》："且夫天子以四海为家，非壮丽无以重威。"

四面楚歌

四面都是楚地的民歌声。后比喻四面受敌，孤立无援。△茅盾《子夜》一二："老赵的有计划的'经济封锁'已经成为事实；这种四面楚歌的境地，他想来当真没有多大把握能够冲得出去。"

【出处】《史记·项羽本纪》："夜闻汉军四面皆楚歌。"

四通八达

形容交通便利，四面八方都有道路。△北魏·崔鸿《十六国春秋》："滑台四通八达，非帝王之居。"

【出处】《史记·郦食其传》："夫陈留，天下之冲，四通五达之郊也。"

【辨正】一说，语出《子华子·晏子问党》："其途之所出，四通而八达。"子华子是战国时代人，但《子华子》是宋代人假诧子华子之名的伪作。

所向无敌

向：指向；敌：抵挡。所指向的地方，谁也抵挡不住。△南朝宋·范晔《后汉书·张意传》："意修水战之具，浮海就攻，一战大破，所向无敌。"

【出处】《史记·项羽本纪》："吾骑此马五岁，所当无敌。"

【辨正】一说，语出《三国志·周瑜传》注引《江表传》："士风劲勇，所向无敌。"《后汉书》已使用的成语，当然不可能以《三国志》为源。

贪赃枉法

赃：贿赂；枉：歪曲。贪受贿赂，破坏法律。△郭沫若《少年时代·反正前后》："一般的官府均以贪赃枉法为能……"

【出处】《史记·优孟传》："又恐受赇枉法为奸。"赇：贿赂。

谈言微中

指说话委婉而中肯。△清·吴敬梓《儒林外史》一〇："尊公说出何景明的一段话，真乃'谈言微中，名士风流'。"

中华成语探源

典藏珍本

中华国学精粹

【出处】《史记·滑稽列传》："谈言微中，亦可以解纷。"

桃李不言，下自成蹊

蹊：路。桃树、李树不会说话，但它们的花和果实吸引人，树下自然被踩出路来。比喻为人真诚，就会深得人心。△宋·辛弃疾《一剪梅》："多情山鸟不须啼，桃李无言，下自成蹊。"

【出处】《史记·李将军列传》："谚曰'桃李不言，下自成蹊'。此言虽小，可以谕大也。"

绨袍之义

绨：以丝为经、棉线为纬织成的纺织品。战国时，须贾曾送给范雎一件绨袍。比喻旧情。△清·蒲松龄《聊斋志异·阿霞》："且与君为故人，亦宜有绨袍之义。"

【出处】《史记·范雎传》："以绨袍恋恋，有故人之意。"

天下第一

指没有人比得上。△南朝宋·范晔《后汉书·胡广传》："既到京师，试以章奏，安帝以广为天下第一。"

【出处】《史记·贾谊传》："孝文皇帝初立，闻河南守吴公治平为天下第一……乃征为廷尉。"

天下无双

形容超群出众，独一无二。△郭沫若《虎符》一："太翁的那一手琴，真真是天下无双的绝技。"

【出处】《史记·魏公子列传》："始吾闻夫人弟公子天下无双。"

通都大邑

泛指大城市。△清·纪昀《阅微草堂笔记·如是我闻》："住荒村僻壤与通都大邑一也。"

【出处】《史记·货殖列传》："通邑大都，酤一岁千酿。"

【辨正】一说，语出宋·苏轼《民政策》下："盖今天下所谓通都大邑，十里之城，万户之郭。"这里只是规定通都大邑的标准，并非成语之源。

同明相照

一同放光，互相照亮。比喻品德高尚的人互为知己。△明·汤显祖《复瞿睿天》："凡有心者，谁不为恻？况如弟者，同明相照，情切自信。"

【出处】《史记·伯夷传》："同明相照，同类相求。"

同舟敌国

同船的人都成了自己的敌人。原比喻不得人心而陷于孤立。后多指同路者是自己的仇人。△明·冯梦龙《醒世恒言》三六："同舟敌国今相遇，又隔江山路几千。"

【出处】《史记·吴起传》："若君不修德，舟中之人尽为敌国也。"

土崩瓦解

比喻彻底崩溃。△鲁迅《集外集·这个与那个》："多有'不耻最后'的人的民族，无论什么事，怕总不会一下子就'土崩瓦解'的……"

【出处】《史记·秦始皇本纪》："秦之积衰，天下土崩瓦解。"

土壤细流

土壤：细小的土石；细流：细小的水流。比喻能逐渐积累的细小事物。△清·方苞《论九卿会议事宜札子》："土壤细流，或可裨山

海之崇深。"

【出处】《史记·李斯列传》："是以泰山不让土壤，故能成其大；河海不择细流，故能就其深。"

脱颖而出

颖：嵌锥针的两片铁。锥针穿透布袋，而且嵌锥针的铁片也显露出来。比喻人的才能充分显示出来。△清·曾朴《孽海花》一三："这日得了总裁之命，夹袋中许多人物，可以脱颖而出，欢喜自不待言。"

【出处】《史记·平原君虞卿列传》："使遂早得处囊中，乃颖脱而出，非特其末见而已。"

外宽内深

外表很宽厚，内心却深不可测。又作"外宽内刻"。△阿英《晚清文学丛钞·冷眼观》一："但我伯父的为人，外宽内刻……"

【出处】《史记·平津侯传》："弘为人意忌，外宽内深。"

完璧归赵

璧：古代一种玉器。把璧完整

地带回赵国。后比喻将原物完整无损地归还本人。△明·汪廷讷《种玉记·促晤》："便得个完璧归赵也，怕花貌老风霜。"

【出处】《史记·廉颇蔺相如列传》："城入赵而璧留秦，城不入，臣请完璧归赵。"

网漏吞舟

吞舟：可以吞下船的大鱼。渔网疏漏，可以吞下船的大鱼都被漏掉了。比喻法网疏漏，致使重大罪犯逍遥法外。△南朝宋·刘义庆《世说新语·规箴》："明公作辅，宁使网漏吞舟，何缘采听风闻，以为察察之政？"

【出处】《史记·酷吏列传》："网漏于吞舟之鱼。"

危若朝露

危险得好像早晨的露水，太阳一出就会消亡。比喻处境危险，存在的时间不长了。△清·江藩《汉学师承记》二："得虚损症，危若朝露。"

【出处】《史记·商君列传》："君之危若朝露，尚将欲延年益寿乎？"

韦编三绝

韦：皮绳，古代用以编联竹简。编联竹简的皮绳断了三次。原指孔子攻读《易》的情状。后泛指读书勤奋。△宋·陆九渊《与王顺伯书》："韦编三绝而后赞《易》，敢道尊兄未尝从事如此工夫。"

【出处】《史记·孔子世家》："孔子晚而喜《易》……读《易》，韦编三绝。"

围魏救赵

围攻魏国都城以解救赵国。后泛指攻打敌人后方而迫使敌人退兵的战策战术。△明·施耐庵《水浒传》六四："倘用围魏救赵之计，且不来解此处之危，反去取我梁山大寨，如之奈何？"

【出处】《史记·孙子吴起列传》："君不若引兵疾走大梁，据其街路，冲其方虚，彼必释赵而自救，是我一举解赵之围而收弊于魏也。"

文君新寡

文君：汉代卓王孙之女，寡后再嫁司马相如。泛指妇女死了丈夫不久。△明·汤显祖《紫钗记》四九："可便似文君新寡惹这闲车骑？"

【出处】《史记·司马相如列传》："是时卓王孙有女文君新寡，好音……夜亡奔相如。"

闻所未闻

听到从前没有听过的。形容事物非常新奇。△鲁迅《两地书》四八："此地的生活，就是如此散漫，真是闻所未闻。"

【出处】《史记·陆贾传》："越中无足与语，至生来，令我日闻所不闻。"

乌头白，马生角

乌鸦头变成白色的，马长出犄角。比喻不可能出现的事情。△阿英《晚清文学丛钞·轰天雷》七："照你的意思，便乌头白，马生角，也不能成功？"

【出处】《史记·刺客列传》：注引《燕丹子》："令乌头白，马生角，乃许耳。"

无出其右

右：古代以右为尊。没有能超过他的。形容才能出众。后泛指居领先地位。△清·李汝珍《镜花缘》四〇："我们前在东口游玩，小弟以为天下之山，无出其右。"

【出处】《史记·田叔传》："上尽召见，与语，汉廷臣毋能出其右者。"

【辨正】一说，语出《汉书·高帝纪》。班固取材于《史记》，以《史记》为源。

无面江东

江东：项羽的故乡。原指项羽没有脸面重见故乡人。后泛指没有脸面见故人。△阿英《晚清文学丛钞·发财秘诀》一〇："因闻得人言上海地方易于谋事，所以前年到此，以为比家乡略胜，谁知大失所望；欲要回去，又无面江东。"

【出处】《史记·项羽本纪》："纵江东父兄怜而王我，我何面目见之！"

无所事事

事事：做事。没有事情可做。形容闲散，什么事也不做。△清·李伯元《文明小史》四五："平日丰衣足食，无所事事，一个月难得上两趟洋务局。"

【出处】《史记·曹相国世

中华国学精粹

中华成语探源

典藏珍本

家》："卿大夫已下吏及宾客见参不事事，来者皆欲有言。"

武断乡曲

武断：凭借权势裁断；乡曲：乡僻的地方。凭借权势在乡僻的地方裁断是非曲直。形容凭借权势在民间横行霸道。△清·蒲松龄《上孙给谏书》："力之大者，则把持官府；力之小者，则武断乡曲。"

【出处】《史记·平准书》："或至兼并豪党之徒，以武断于乡曲。"

舞文弄法

玩弄文字技巧，歪曲法律条文。△南梁·沈约《授蔡法度廷尉制》："州郡奸吏，恣其取舍，舞文弄法，非止一涂。"

【出处】《史记·货殖列传》："吏士舞文弄法，刻章伪书。"

先声后实

声：声势；实：实力。先用声势挫伤敌方士气，然后以实力取胜。△明·陶宗仪《南村辍耕录》一："后实先声，易如破竹。"

【出处】《史记·淮阴侯列传》："兵固有先声而后实者。"

相提并论

把不同的人或事物混在一起谈论。△鲁迅《坟·论"费厄泼赖"应该缓行》："今之论者，常将'打死老虎'与'打落水狗'相提并论，以为都近于卑怯。"

【出处】《史记·魏其武安侯列传》："相提而论，是自明扬主上之过。"

相知恨晚

恨：遗憾。以相识太晚而遗憾。△南朝宋·范晔《后汉书·第五伦传》："临去，握伦臂，决曰：'恨相知晚。'"

【出处】《史记·灌夫传》："相得甚欢，无厌，恨相知晚也。"

项庄舞剑，意在沛公

项庄：项羽从弟；沛公：刘邦。鸿门宴上，项庄想借舞剑的名义，乘机杀死刘邦。后比喻说话或行动表面上另有名目，而真实意图却针对某人某事。△阿英《晚清文学丛钞·大马扁》四："在康有为之意，志在成各，如项庄舞剑，意在沛公，今见成各功动也不动，已自愧悔。"

【出处】《史记·项羽本纪》："今者项庄拔剑舞，其意常在沛公也。"

胁肩累足

胁肩：缩着肩膀；累足：并着两脚。形容恐惧的样子。△宋·司马光《资治通鉴·汉景帝前三年》："胁肩抵首，累足抚衿。"

【出处】《史记·吴王濞列传》："尝患见疑，无以自白，今胁肩累足，犹惧不见释。"

心向往之

形容希望得到或达到。△《鲁迅书信集·致章廷谦》："杭州芦花颇可观，心向往之……"

【出处】《史记·孔子世家》："虽不能至，然心向往之。"

形格势禁

格：阻碍，限制；禁：禁止。受形势的阻碍或限制。△清·孙嘉淦《南游记》："镇江古京口，四面阻山，形格势禁。"

【出处】《史记·孙子吴起列传》："批亢捣虚，形格势禁，则自为解耳。"

羞与为伍

为伍：做伙伴。羞于与某人做伙伴。形容把与某人在一起认为是羞耻之事。△鲁迅《且介亭杂文二集·逃名》："所谓'前辈作家'也者，有一批是盗名的，因此使别一批羞与为伍……"

【出处】《史记·淮阴侯列传》："生乃与哙等为伍！"

虚位以待

虚：空。空出位置等待。△宋·欧阳修《乞定两制员数札子》："遇有员阙，则精择贤材以充其选；苟无其人，尚可虚位以待。"

【出处】《史记·魏公子传》："公子从车骑，虚左，自迎夷门侯生。"

悬剑空垄

垄：坟。把剑悬挂在坟旁。春秋时，吴国公子季札出使鲁国，途经徐国时，觉出徐君喜爱自己的佩剑，打算回来时把剑送给他；回来时，徐君已死，季札就把剑挂在徐君坟旁的树上。后比喻对亡友的悼念。△梁·刘孝标《追答刘沼书》："但悬剑空垄,有恨如何!"

【出处】《史记·吴太伯世家》："还至徐,徐君已死,于是乃解其宝剑,系之徐君冢树而去。"

睚眦必报

睚眦:发怒时瞪眼睛,泛指极小的怨恨。极小的怨恨也一定要报复。△清·文康《儿女英雄传》一六:"久而久之,把那一团至性,一副奇才弄成一团雄心侠气,甚至睚眦必报,黑白必分。"

【出处】《史记·范雎传》:"一饭之德必偿,睚眦之怨必报。"

湮没无闻

湮没:埋没。名声和事迹被埋没,没有流传于世。△晋·习凿齿《襄阳耆旧记》:"有宇宙便有此山,由来贤达登此远望者多矣,皆湮灭无闻,不得而知。"

【出处】《史记·司马相如列传》:"埋灭而不称者,不可胜数也。"

言人人殊

殊:不同。每个人的说法都不相同。形容见解分歧。△阿英《晚清文学丛钞·冷眼观》五:"这件事,书上记的很多,但是言人人殊,都未免有传闻失实的地方。"

【出处】《史记·曹相国世家》:"参尽召长老诸生……言人人殊,参未知所定。"

言听计从

计:计策,主意。说的话,出的主意,全都听从。形容非常信任。△明·罗贯中《三国演义》八〇:"臣自出茅庐,得遇大王,相随至今,言听计从。"

【出处】《史记·淮阴侯列传》:"汉王授我上将军印,予我数万众……言听计用。"

【辨正】一说,语出《魏书·崔浩传》:"言听计从,宁廓区夏,遇既隆也。""从"即"用",听从,采用。考其源,为《史记》。

燕雀安知鸿鹄之志

鸿鹄:天鹅;安:哪里。燕子和麻雀哪里知道天鹅的志向。比喻凡庸的人理解不了英雄人物的远大志向。又作"燕雀不知鸿鹄之志"。△清剧本《缀白裘》九："前日哥哥冒雪而来，我父母白眼相看，真乃燕雀不知鸿鹄之志，使奴负罪多矣！"

【出处】《史记·陈涉世家》："嗟乎！燕雀安知鸿鹄之志哉！"

羊狠狼贪

像公羊一样凶狠，像豺狼一样贪婪。△唐·韩愈《郓州溪堂诗序》："羊狠狼贪，以口覆城。"

【出处】《史记·项羽本纪》："猛如虎，很如羊，贪如狼。"很：狠。

仰天大笑

脸朝天放声大笑。△唐·李白《南陵别儿童入京》诗："仰天大笑出门去，我辈岂是蓬蒿人。"

【出处】《史记·滑稽列传》："淳于髡仰天大笑，冠缨索绝。"

养虎遗患

患：祸患。喂养老虎，给自己留下祸患。比喻纵容敌人，给自己留下祸患。△清·夏敬渠《野叟曝言》八四："寡人久有此意，惟恐反得奸人党类，养虎贻患。"

【出处】《史记·项羽本纪》："今释弗击，此所谓'养虎自遗患'也。"

夜郎自大

夜郎：汉代西南的一个小国。夜郎侯以为自己的国家是大国。比喻妄自尊大。△清·袁枚《随园诗话》一："可见知足者，皆不学之人，无怪其夜郎自大也。"

【出处】《史记·西南夷列传》："滇王与汉使者言曰：'汉孰与我大？'及夜郎侯亦然。"

一败涂地

原指一旦失败，就会肝脑涂地。后形容败破得不可收拾。△清·曹雪芹《红楼梦》七四："必须先从家里自杀自灭起来，才能一败涂地呢。"

【出处】《史记·高祖本纪》："今置将不善，一败涂地。"

一寒如此

一：竟；寒：贫寒。竟贫寒到这地步。形容贫穷潦倒到极点。

△元·方回《次韵许大初见赠》诗："赖是同乡复同味，一寒如此遽春还。"

【出处】《史记·范雎传》："范叔一寒如此哉！"

一家之言

指有独特见解、自成体系的言论。△宋·陆游《贺黄枢密启》："凛然一家之言，发乎千载之闷。"

【出处】《史记·太史公自序》："以拾遗补艺，成一家之言。"

一决雌雄

雌：借指弱；雄：借指强。决一个胜败，比一比强弱。△明·罗贯中《三国演义》三一："汝等各回本营，誓与曹贼一决雌雄！"

【出处】《史记·项羽本纪》："愿与汉王挑战，决雌雄。"

一诺千金

一句诺言价值千金。形容说话算数，极有信用。△阿英《晚清文学丛钞·冷眼观》一八："他为人一诺千金，出言不苟……"

【出处】《史记·季布传》："楚人谚曰'得黄金百斤，不如得季布一诺'。"

一言半语

指很少的几句话。△明·施耐庵《水浒传》七五："他数内有几个性如烈火的汉子，倘或一言半语冲撞了他，反坏了大事。"

【出处】《史记·魏公子列传》："今吾且死，而侯生曾无一言半辞送我。"

一言九鼎

九鼎：夏禹所铸的九个鼎，象征九州，是传国之宝。一句话的分量有九鼎重。比喻说话的作用大。△姚雪垠《李自成》二卷四〇章："贤妹是他的救命恩人，一言九鼎。"

【出处】《史记·平原君虞卿列传》："毛先生一至楚，而使赵重于九鼎大吕。"

一意孤行

坚持按照自己的意见行事。△茅盾《子夜》一〇："说不定他一片好心劝杜竹斋抑制着吴荪甫的一意孤行那番话，杜竹斋竟也已经告诉了苏甫！"

【出处】《史记·酷吏列传》："公卿相造请禹，禹终不报谢，务在绝知友宾客之请，孤立行一意而已。"

一字千金

一个字价值千金。形容诗文、书法价值极高。△老舍《神拳》三："我的手笔，不敢说一字千金，大概也差不多！"

【出处】《史记·吕不韦列传》："吕不韦乃使其客人人著所闻，集论……号曰《吕氏春秋》，布咸阳市门，悬千金其上，延诸侯游士宾客有能增损一字者予千金。"

遗簪堕珥

珥：珠玉做的耳环。簪子和耳环都掉落了。形容妇女在游乐场合忘情地欢乐。△唐·袁不约《长安夜游》诗："长乐晓钟归骑后，遗簪堕珥满街中。"

【出处】《史记·淳于髡传》："前有堕珥，后有遗簪。"

以暴易暴

易：换。用凶暴的代替凶暴的。表示统治者换了，可是残暴的统治没有改变。也表示去掉一个祸害，换来另一个祸害。△清·蒲松龄《聊斋志异·周三》："去一狐，得一狐，是以暴易暴也。"

【出处】《史记·伯夷列传》："以暴易暴兮，不知其非矣。"

义无反顾

义：议，考虑，选择；反顾：回头看。连回头看的时间都用不了，就考虑好了。后形容出于道义勇往直前。△清·浴日生《海国英雄记》下："臣誓以身许国，义无反顾！"

【出处】《史记·司马相如列传》："义不反顾，计不旋踵。"

衣锦夜行

衣：穿。穿着锦绣衣服在夜里走路。比喻不能显示荣华富贵。△阿英《晚清文学丛钞·甘载繁华梦》二〇："古人说：'富贵不还乡，就如衣锦夜行。'那有知得？"

【出处】《史记·项羽本纪》："富贵不归故乡，如衣绣夜行，谁知之者！"

异军突起

突然出现一支特异的军队。

比喻与众不同的新派别、新事物突然出现。△柳亚子《燕子龛遗诗序》："武昌树帜，余在沪渎，值先烈陈英士先生异军突起。"

【出处】《史记·项羽本纪》："少年欲立婴为王，异军苍头持起。"

因人成事

因：凭借。凭借别人的力量办成事情。指人不能独立担当重任。△老舍《四世同堂》六八："因人成事的人禁不住狂风暴雨。"

【出处】《史记·平原君虞卿列传》："公等录录，所谓因人成事者也！"录录：碌碌，平庸。

因势利导

因：顺沿。顺着事物的发展趋势向好的方面引导。△郭沫若《学生时代·创造十年》："所以开明的行政者对于民意是因势利导的……"

【出处】《史记·孙子吴起列传》："善战者因其势而利导之。"

引绳排根

引：拉。拉直绳子把异己排斥在外。比喻互相勾结，设置防线，排斥异己。△清·李绿园《歧路灯》六四："若听管贻安的攀扯，——引绳排根，将来便成瓜藤大狱，怎生是妥？"

【出处】《史记·魏其武安侯列传》："及魏其侯失势，亦欲倚灌夫引绳批根生平慕之后弃之者。"批：排斥。

【辨正】一说，语出《汉书·灌夫传》。班固取材于《史记》，以《史记》为源。

优孟衣冠

优孟：春秋时楚国著名艺人。优孟穿戴孙叔敖的衣帽。孙叔敖是楚相，死后其子穷得打柴度日；优孟就装扮成孙叔敖，趁机规劝楚王。后比喻作戏。也比喻模仿他人。△1.清·文康《儿女英雄传》四〇："难道偌大的官场，真个便同优孟衣冠、傀儡儿戏一样？"2.清·叶燮《原诗》："窃之而似，则优孟衣冠；窃之而不似，则画虎不成矣。"

【出处】《史记·滑稽列传》："优孟……即为孙叔敖衣冠……岁余，象孙叔敖，楚王及左右不能别也。"

娱心悦目

观看美好的事物而心情愉快。△清·吴璿《飞龙全传》三："有的歌唱，有的舞蹈，真是娱心悦目，好看不过的。"

【出处】《史记·李斯列传》："所以饰后宫充下陈、娱心意悦耳目者，必出于秦然后可。"

羽翼已成

羽毛已经长全，翅膀已经长硬。比喻势力已经巩固。△明·罗贯中《三国演义》二四："备乃人杰也，今若不击，待其羽翼既成，急难图矣。"

【出处】《史记·留侯世家》："我欲易之，彼四人辅之，羽翼已成，难动矣。"

约法三章

法：法律。订立三条法律，相约遵守。后泛指订立简单的条款，相约遵守。△清·吴趼人《二十年目睹之怪现状》五一："成亲的第三天，便和督办约法三章，约定从此之后，不许再娶姨太太。"

【出处】《史记·高祖本纪》："与父老约法三章耳：杀人者死，伤人及盗抵罪。"

运筹帷幄

运筹：策划；帷幄：帐幕。在帐幕中策划军机大事。后泛指策划重要的事情。△鲁迅《两地书》一〇六："坚持对旧派学生不可宽容，总替革命派的学生运筹帷幄的人，却在说我是共产党了。"

【出处】《史记·高祖本纪》："夫运筹策帷帐之中，决胜于千里之外，吾不如子房。"

沾沾自喜

形容自以为很好而轻狂得意的样子。△宋·黄榦《与张敬父书》："稍足以异于流俗，便沾沾自喜，识者观之，证可一笑。"

【出处】《史记·魏其武安侯列传》："魏其者，沾沾自喜耳，多易。"注："沾沾，轻薄也。"

彰明较著

彰、明、较、著：都是明显的意思。形容非常明显。△鲁迅《花边文学·安贫乐道法》："事实是毫无情面的东西，它能将空言打得粉碎。有这么的彰明较著……"

【出处】《史记·伯夷列

传》："此其尤大彰明较著者也。"

招摇过市

招摇：故意张大声势，使人注意；市：集市。从集市经过时，故意张大声势，使人注意。泛指在大庭广众中炫耀。△阿英《晚清文学丛钞·冷眼观》："于夕阳西下，一个个招摇过市，问起来不是某督办的姨太太，就是某尚书的少奶奶。"

【出处】《史记·孔子世家》："灵公与夫人同车，宦者雍渠参乘，出，使孔子为次乘，招摇市过之。"

正襟危坐

危：端正。理好衣襟端正地坐着。形容严肃、恭敬或拘谨的样子。△郭沫若《学生时代·到宜兴去》："先生把我请在一把上位的太师椅上坐下，正襟危坐地和我对话起来。"

【出处】《史记·日者列传》："宋忠、贾谊瞿然而悟，猎缨正襟危坐。"猎：揽。

指挥若定

指挥起来如同胜利已成定局。

△清·梁章钜《楹联丛话》三："若定指挥，岂仅三分兴霸业。"

【出处】《史记·陈丞相世家》："诚各去其两短，袭其两长，天下指麾则定矣。"指麾：指挥。

【辨正】一说，语出唐·杜甫《咏怀古迹》诗："伯仲之间见伊吕，指挥若定失萧曹。"司马迁早于杜甫八百多年，应以《史记》为源。

智尽能索

索：尽。智慧和能力都用尽了。形容已经无计可施、无能为力。△蔡东藩《民国通俗演义》一〇三："中国专使陆征祥等，智尽能索，不得已再向和会中提出抗议，申明意见。"

【出处】《史记·货殖列传》："此有知尽能索耳，终不余力而让财矣。"知：智。

助桀为虐

桀：夏朝最后一个统治者，历史上著名的暴君；虐：暴虐。帮助桀做暴虐的事。比喻帮助坏人干坏事。△清·文康《儿女英雄传》一八："又加上他那次子纪成文，助桀为虐，作的那些侵冒贪黩，忌刻残忍的事，一时也道不尽许多。"

【出处】《史记·留侯世家》："今始入秦，即安其乐，此所谓'助桀为虐'。"

锥处囊中

囊：口袋。锥子放在口袋里，锥尖就会露出来。比喻有才能的人不会长久被埋没，终能显露头角。△清·李伯元《南亭笔记》四："此吾锥处囊中，脱颖而出之时世。"

【出处】《史记·平原君虞卿列传》："夫贤士之处世也，譬若锥之处囊中，其末立见。"见：现，显露。

擢发难数

擢：拔。原指拔完头发不足以赎罪。后形容多得像数不清的头发。△清·蒲松龄《聊斋志异·续黄粱》："可死之罪，擢发难数。"

【出处】《史记·范雎传》："擢贾之发以续贾之罪，尚未足。"续：赎。

兹事体大

兹：这。这件事关系重大。△《鲁迅书信集·致台静农》："我所藏德国版画，有四百余幅，颇欲选取百八十幅，印成三本以绍介于中国，然兹事体大，万一生意清淡，则影响于生计，故尚在彷徨中也。"

【出处】《史记·司马相如列传》："然斯事体大，固非观者之所觊也。"斯：此，这；觊：遇见。

子虚乌有

子虚、乌有：汉代司马相如虚构的人物。后比喻虚构的、不真实的事情。△清·陈康祺《郎潜纪闻二笔》一〇："罗贯中《三国演义》，多取材于陈寿、习凿齿之书，不尽子虚乌有也。"

【出处】《史记·司马相如列传》："相如以'子虚'，虚言也，为楚称；'乌有先生'者，乌有此事也，为齐难；'无是公'者，无是人也，明天子之义。"

坐观成败

坐着观望别人的成功与失败。

形容对于别人的成功或失败采取旁观态度，置身局外。△明·罗贯中《三国演义》九八："陆逊亦知其意，故假作兴兵之势以应之，实是坐观成败耳。"

【出处】《史记·田叔列传》："是老吏也，见兵事起，欲坐观成败。"

作壁上观

壁：古代军队营垒的围墙。从营垒的围墙上观看。比喻置身局外观看。△鲁迅《两地书》七："我以为对于校长主张去留的人，俱不免各有其复杂的背景，所以我是袖手作壁上观的。"

【出处】《史记·项羽本纪》："及楚击秦，诸将皆从壁上观。"

作法自毙

自己立法反而使自己受害。泛指自作自受。△清·吴趼人《二十年目睹之怪现状》一三："怎奈此时官场中人，十居其九是吃烟的，那一个肯建这个政策作法自毙呢？"

【出处】《史记·商君列传》："嗟乎，为法之敝，一至此哉！"

《资治通鉴》

重见天日

比喻摆脱黑暗、困苦的处境，重新见到光明。△明·冯梦龙《古今小说》一八："我等指望重见天日，不期老将军不行细审，一概捆吊。"

【出处】《资治通鉴·唐纪·唐中宗神龙元年》："异时幸复见天日，当惟卿所欲，不相禁制。"

丑态百出

做出各种丑陋的样子。△清·李汝珍《镜花缘》六六："得失心未免过重，以致弄的忽哭忽笑，丑态百出。"

【出处】《资治通鉴·唐纪·唐睿宗景云元年》："摇头转目，备诸丑态。"

吹唇沸地

吹唇：用嘴唇吹出哨声。吹一声口哨，大地就沸腾起来。形容声威极大。△清·查慎行《黔阳杂诗》四："吹唇沸地势纵横，约束人称峡路兵。"

釜中之鱼

釜：古代炊具。比喻处于危困中的人。△明·袁宏道《乞改稿》："职此时如釜中之鱼，欲活不能，欲死不可。"

【出处】《资治通鉴·晋纪·晋海西公太和五年》："击垂亡之虏，譬如釜中之鱼，何足虑也！"

膏粱子弟

膏粱：肥肉和细粮，泛指精美的饭菜。吃精美饭菜人家的子弟。指富贵人家的子弟。△明·罗贯中《三国演义》九二："夏侯楙乃膏粱子弟，懦弱无谋。"

【出处】《资治通鉴·齐纪·齐明帝建武三年》："未审上古以来，张官列位，为膏粱子弟乎，为致治乎？"

祸国殃民

使国家受损害，使百姓受灾难。△清·方东树《大意尊闻·立行》："古今堕名丧节，亡身赤族，祸国殃民，无不出于有过人之才智者。"

【出处】《资治通鉴·唐纪·唐太宗贞观十年》："道释异端之教，蠹国病民。"蠹：损害。

祸来神昧

神：心神；昧：糊涂。灾祸到来时，心思就糊涂了。△清·方东树《大意尊闻·立行》："若夫祸来神昧，虽亦有之，而不可藉口。"

【出处】《资治通鉴·汉纪·高祖天福十二年》注："鄙语有之：福至心灵，祸来神昧。"

佳儿佳妇

好儿子和好儿媳。△金庸《倚天屠龙记》三四："拜天地的礼堂设在濠州第一大富绅的厅上，悬灯结彩，装点得花团锦簇。张三丰那幅'佳儿佳妇'四字大立轴悬在居中。"

【出处】《资治通鉴·唐纪·唐高宗永徽六年》："朕佳儿佳妇，今以付卿。"

兼听则明，偏信则暗

多方面听取意见，就能明辨是

中华成语探源

中华国学精粹

典藏珍本

非；片面听信一方面的话，就弄不清真相。△毛泽东《矛盾论》："唐朝人魏征说过，'兼听则明，偏信则暗'，也懂得片面性的不对。"

【出处】《资治通鉴·唐纪·唐太宗贞观二年》："兼听则明，偏信则暗。"

口蜜腹剑

比喻为人阴险狠毒。△明·王世贞《鸣凤记》二五："这厮口蜜腹剑，正所谓匿怨而友者也。"

【出处】《资治通鉴·唐纪·唐玄宗天宝元年》："世谓李林甫'口有蜜，腹有剑'。"

怒不可遏

遏：遏止。怒气不可遏止。形容非常愤怒。△清·李伯元《官场现形记》二七："贾大少爷正在自己动手掀王师爷的铺盖，被王师爷回来从门缝里瞧见，顿时气愤填膺，怒不可遏。"

【出处】《资治通鉴·唐纪·明宗天成二年》："众怒不可遏也。"

取法乎上

取法：效法；乎：于。效法于

高超的学问、技艺等。表示用高标准要求。△明·朱之瑜《三皇虞诗序》："志士仁人当取法乎上，以期无负乎天之所以予我者。"

【出处】《资治通鉴·唐纪·太宗贞观二十一年》："夫取法于上，仅得其中；取法于中，不免为下。"

全军覆没

覆没：船倾翻而沉没，比喻被消灭。整个军队被消灭。后也比喻事情彻底失败。△清·吴趼人《二十年目睹之怪现状》八三："打了败仗，不失军火，总没甚大处分，较之全军覆没，总好得多。"

【出处】《资治通鉴·宋纪·文帝元嘉六年》："留其爱子，辅以良将，精兵数万，犹不能守，全军覆没。"

【辨正】一说，语出清·顾炎武《日知录》九："师无纪律，而宋濂朱冕全军覆没。"这里显然是流，不是源。

人间地狱

人世间的地狱。比喻极端黑暗悲惨的地方。△傅抱石《郑板桥集·前言》："他亲眼看见挣扎在水深火热人间地狱里的劳动人民，焉得不一掬同情之泪？"

【出处】《资治通鉴·汉纪·高祖天福二年》："作离宫千余间……设镬汤、铁床、刳剔等刑，号'生地狱'。"

声威大振

声望和威势大大地震动了人们。△清·赵翼《纪梦》诗："声威大振刀槊鸣，号令一施旗帜变。"

【出处】《资治通鉴·唐纪·高祖武德元年》注引《蒲山公传》："纵事不成，威声大振，足得官家胆慑，不敢轻相追讨。"

声罪致讨

声：宣布；致：给予。宣布罪状，给予讨伐。△宋·朱熹《答魏无履》："若声罪致讨，以义取之，乃是用权之善。"

【出处】《资治通鉴·晋纪·晋安帝义熙十二年》："若不受诏命，便当声其罪而讨之。"

望风而逃

远远看到对方来势很猛，就

吓得逃跑了。△清·陈忱《水浒后传》一九："聚兵五十万，抢掠子女玉帛，杀人放火，甚是猖獗，官兵望风而逃。"

【出处】《资治通鉴·梁纪·梁武帝天监四年》："渊藻安肯城中坐而受困，必将望风逃去。"

依违两可

依：依从；违：违背。依从或违背都可以。形容态度不明确，既不肯定，也不否定。△明·归有光《与傅体元书》："昨见子敬寄来丁田文字，不论文之工拙，但依违两可，主意不定。"

【出处】《资治通鉴·晋纪·齐王开运元年》："依违两可，无所操决。"

以手加额

把手放在额头上。表示庆幸、景仰、欢欣、称赏等。△明·罗贯中《三国演义》八九："孟获大喜，以手加额曰：'今日方有客身之地！'"

【出处】《资治通鉴·晋纪·晋成帝咸和三年》："勒见曜无守军，大悦，举手指天复加额曰

'天也！'"

有隙可乘

隙：空隙；乘：利用。有空子可以利用。△明·罗贯中《三国演义》——○："今魏有隙可乘，不就此时伐之，更待何时？"

【出处】《资治通鉴·唐纪·唐宪宗元和四年》："若物故之际，有间可乘，当临事图之。"

间：间隙。

铸成大错

错：锉刀。铸造成大锉刀。借指造成重大的错误。△姚雪垠《李自成》一卷一五章："倘若我晚回一步，岂不铸成大错！"

【出处】《资治通鉴·唐纪·唐昭宗帝天祐三年》："合六州四十三县铁，不能为此错也！"

第六部分
科学著作

《梦溪笔谈》

不露锋芒

锋芒：刀剑的尖端。不显露出刀剑的尖端。比喻不显露锐气。△宋·吕祖谦《杂说》："语有力而不露锋芒者，善言也。"

【出处】《梦溪笔谈·补笔谈》："有干将之器，不露锋芒。"干将：古代著名的宝剑。

生张熟魏

生疏的张八，熟识的魏三。后泛指认识的与不认识的人。△阿英《晚清文学丛钞·冷眼观》二四："从前有个人，极喜欢吃白食，而且不问生张熟魏，都是遇着了就吃，吃了就走。"

【出处】《梦溪笔谈·艺文》："君为北道生张八，我是西州熟魏三。"

无所不能

没有什么不会的。形容人在某一范围内有多方面的才能。△宋·释惠洪《石门题跋》二："临川谢无逸……于书无所不读，

于文无所不能，而尤工于诗。"

【出处】《梦溪笔谈·异事》："医卜无所不能。"

笑比河清

笑一次比黄河水清还难见。原形容神情严峻，极少有笑容。后借指为官刚正，执法严厉。又作"笑比黄河清"。△《宋史·包拯传》："拯立朝刚毅……人以包拯笑比黄河清。"

【出处】《梦溪笔谈·谬误》："天性峭严，未尝有笑容，人谓包希仁笑比黄河清。"

数学

二一添作五

打算盘时，遇到1÷2，在后一位拨出表示5的算盘珠。借指双方平分。△清·石玉昆《三侠五义》二："好好的二一添作五的家当，如今弄成三一三十一了。"

【出处】珠算除法口诀。

五雀六燕

古代著名算术题：五只雀和

六只燕，放在天平的两端，雀重燕轻；各取一雀一燕互换位置，两端相等。五雀六燕共重一斤，每只雀、燕各重多少？后比喻大致相等，差不多。△清·李伯元《南亭笔记》七："其所著《紫薇花馆集》中有三百余首之多，五雀六燕，铢两悉称，见者咸为叹赏。"

【出处】《九章算术·方程》："今有五雀六燕，集称之衡，雀俱重，燕俱轻；一雀一燕交而处，衡适平，并燕雀重一斤。问：燕雀一枚，各重几何？"

地理

壁立千仞

仞：古代长度单位，一仞为七尺或八尺。像墙壁一样耸立的山峰高达千仞。后也比喻人形象高大，巍然挺立。△南朝宋·刘义庆《世说新语·赏誉》："王公且太尉：岩岩清峙，壁立千仞。"

【出处】《水经注·河水》："其山惟石，壁立千仞。"

沸沸扬扬

像沸腾的水一样翻滚，水汽升腾。比喻议论纷纷。△明·施耐庵《水浒传》一八："后来听得沸沸扬扬地说道：'黄泥冈上一伙贩枣子的客人把蒙汗药麻翻了人，劫了生辰纲去。'"

【出处】《山海经·西山经》："其源沸沸汤汤。"

海外奇谈

海外：四境之外，古人认为国土四境是海。关于四境之外奇人异事的谈论。后比喻没有根据的、稀奇古怪的谈论或传说。△鲁迅《二心集·关于翻译的通信》："这明明白白的欺侮中国读者，信口开河的来乱讲海外奇谈。"

【出处】《山海经·海外南经》《山海经·海外西经》《山海经·海外北经》《山海经·海外东经》。

精卫填海

精卫：精卫鸟。传说炎帝的女儿游东海淹死，化为精卫鸟，每天衔西山的树枝石块来填东海。后比喻立志复仇。也比喻不畏艰难，奋斗不懈。△唐·聂夷中《客有追叹后时者，作诗勉之》："精卫一微物，犹恐填海平。"

【出处】《山海经·北山经》："有鸟焉……是炎帝之少女名曰女娃。女娃游于东海，溺而不返，故为精卫，常衔西山之木石，以堙于东海。"堙：堵塞。

夸父逐日

逐：追赶。传说有个叫夸父的人想追上太阳，干渴而死。后多比喻不自量力，做力所不及的事情。△清·贺裳《载酒园诗话·欧阳修》："此……以较李、杜，岂非夸父逐日乎！"

【出处】《山海经·海外北经》："夸父与日逐走，入日。渴欲得饮，饮于河、渭；河、渭不足，北饮大泽。未至，道渴而死。"

理屈词穷

屈：亏；穷：尽。道理缺少，言词穷尽。形容摆不出理由，无话可说。△清·高鹗《红楼梦》一一八："你既理屈词穷，我劝你从此把心收一收，好好的用用功。"

【出处】《大唐西域记·羯罗拏苏伐剌那国》："外道辞穷理屈，杜口不酬。"

弱水之隔

弱水：传说中不可渡越的水名。被弱水阻隔。比喻两地相隔，无法会合。△宋·胡继宗《书言故事·地理类》："远不能到，云如有弱水之隔。"

【出处】《十洲记》七："凤麟洲在西海之中央，四面有弱水绕之，鸿毛不浮，不可越也。"

【辨正】一说，语出《书言故事·地理类》。《十洲记》作者一般认为是汉代东方朔，《书言故事》作者是宋代胡继宗。当以前者为源。

望衡对宇

衡：作门的横木，借指门；宇：屋檐下面，借指房屋。屋门相对，可以互相望见。形容住处相距很近。△清·查慎行《秋怀诗》一二："望衡对宇雅相亲，南阮才高不讳贫。"

【出处】《不经注·沔水》："望衡对宇，欢情自接。"

依山傍水

依：依靠；傍：靠近。靠着山，临近水。指建筑物坐落在山脚下并临近溪流或湖泊。△清·沈复《浮生六记》四："信步至虞山书院。墙外仰瞩，见丛树交花，娇红稚绿，傍水依山，极饶幽趣。"

【出处】《水经注·江水》："依山傍江。"

遮天蔽日

蔽：挡住。遮住了天，挡住了日光。形容树木或虫鸟等又多又密。后也比喻操纵权势，欺蒙上下。△1.明·诸圣邻《大唐秦王词话》九："飞在半空，遮天蔽日；歇在殿上，不见片瓦。"2.清·天藏花主人《玉支玑》四："诡难穷，奸莫测，蔽日遮天。"

【出处】《水经注·江水》："重岩叠嶂，隐天蔽日。"

震天动地

震动了天和地。形容声音或声势极大。△明·罗贯中《三国演义》四一："二县百姓号哭之声，震天动地。"

【出处】《水经注·河水》："涛涌波襄，雷济电泄，震天动地。"

法律

不公不法

公：公道；法：法纪。不讲公道，不守法纪。△明·许仲琳《封神演义》二："平昔见稍有不公不法之事，便执法处分，不少假借。"

【出处】《元典章》五："不公不法的官吏每。"每：们。

骨肉未寒

骨肉：指尸体。尸体还没有完全凉。指人刚死不久。△明·罗贯中《三国演义》五四："中年丧妻，大不幸也。骨肉未寒，安忍便议亲？"

【出处】《元典章》一八："亡殁官员，骨肉未寒。"

买空卖空

价格将上涨时买进，上涨时卖出；价格将下跌时卖出，下跌时买进。买时不付款取货，卖时不交货收款，只是就进出间的差价结算盈余或亏损。后泛指投机倒把，招摇撞骗。△清·梁启超《实业与虚业》："纯粹买空卖空者，如各大通商口岸买卖金镑银条及他种货物之人，有滥发纸币省分卖买纸币之人是也。"

【出处】《十朝圣训·道光十五年十二月癸未》："邀群结伙，买空卖空。"

酌古准今

酌：考虑；准：依据。参考古代的成例，以现实情况为依据。△明·瞿式耜《佐边储疏》："务要酌古准今，求一确然可行之法。"

【出处】《元典章》四："体例酌古准今。"

生物

恭敬不如从命

恭敬对方，不如顺从对方的意见。表示接受对方意见的客套话。△清·文康《儿女英雄传》一四："姑奶奶，既老爷这等吩咐，恭敬不如从

命，毕竟侍候坐下好说话。"

【出处】《笋谱》下："恭敬不如从命，受训莫如从顺。"

引吭一鸣

引：拉开；吭：喉咙。拉开喉咙一声鸣叫。原形容鸟高声鸣叫。后比喻大声发表意见或放声发泄愤慨情绪。△宋·孙觌《上皇帝书》三："不避斧钺之诛，引吭一鸣，不能自已。"

【出处】《禽经》："博则利嘴，鸣则引吭。"

医学

临渴掘井

原比喻平时不防病，生病了才吃药治病。后比喻平时不准备，事到临头才想办法。△明·冯梦龙《古今小说》三九："这枢密院官都是怕事的，只晓得临渴掘井，那会得未焚徙薪？"

【出处】《素问·四气调神大论》："夫病已成而后药之，乱已成而后治之，譬犹渴而穿井，斗而铸锥，不亦晚乎！"

头痛医头，脚痛医脚

原指身体的哪个部位先发病，就先医治哪个部位。后多比喻不从根本上解决问题，只在枝节上应付。△清·赵翼《廿二史札记》三〇："徒年年修防，年年筑墙，正如头痛医头，脚痛医脚，病终不去。"

【出处】《素问·刺疟》："刺疟者必先问其病之所先发者先刺之。先头痛及头重者，先刺头及两额两眉间出血……先足胫酸痛者，先刺足阳明十指间出血。"

语言文字

暗箭伤人

暗箭：暗中发射的箭。暗中射箭伤害人。比喻暗地里用阴谋手段害人。△清·石玉昆《三侠五义》三一："你敢用暗箭伤人，万不能与你们干休。"

【出处】宋·刘炎《迩言》六："暗箭中人，其深次骨。"次骨：入骨。

蠢蠢欲动

蠢蠢：虫子蠕动的样子；欲：要。像虫子蠕动一样开始行动。多比喻敌人准备进犯或坏人准备活动。△明·张岱《金山竞渡》："金山上人团簇，隔江望之，蚁附蜂屯，蠢蠢欲动。"

【出处】汉·刘熙《释名》一："春，蠢也，物蠢动而生也。"

光彩夺目

夺目：耀眼。光泽和色彩耀眼。形容事物的色泽艳丽，引人注目。△清·刘鹗《老残游记续集》一："冤子前面放了一个宣德年制的香炉，光彩夺目，从金子里透出砑砂斑来。"

【出处】晋·崔豹《古今注·草木》："华似木槿，而光色夺目。"华：花。

金迷纸醉

器物上金纸的光彩使人迷醉。后比喻使人沉迷的奢侈豪华的环境。△清·李伯元《官场现形记》七："真正是翠绕珠围，金迷纸醉，说不尽温柔景象，旖旎风光。"

中华成语探源

中华国学精粹

典藏珍本

【出处】宋·陶谷《清异录·居室》："此室暂憩，令人金迷纸醉。"憩：休息。

南金东箭

金：铜；箭：可作箭杆的细竹。南方出产的铜，东南出产的细竹。后比喻优异的人才。△唐·房玄龄《晋书·顾荣等传论》："顾、纪、贺、薛等并南金东箭，世胄高门。"

【出处】《尔雅·释地》："东南之美者，有会稽之竹箭焉……西南之美者，有华山之金石焉。"

情人眼里出西施

西施：春秋时越国著名的美女。比喻由于爱情而觉得对方美。△清·曹雪芹《红楼梦》七九："一则是天缘，二来是'情人眼里出西施'。"

【出处】清·翟灏《通俗编·妇女》："情人眼里有西施，鄙语也。"

人心不足蛇吞象

形容人极贪心，不知满足。△明·冯梦龙《警世通言》二五："古人说得好，'人心不足蛇吞象。'当初贫困之日，低门扳高，求之不得，如今掘藏发迹了，反嫌好道歉起来。"

【出处】清·翟灏《通俗编·禽鱼》："人心不足蛇吞象，世事到头螳捕蝉。"

阮囊羞涩

阮：晋代阮孚；囊：口袋；羞涩：难为情。阮孚的钱口袋因只装了一个钱而感到难为情。后形容手中无钱，经济困难。△清·王韬《金玉蟾》："自此无日不往，两月余，阮囊羞涩，垂橐兴嗟。"

【出处】宋·阴时夫《韵府群玉》一〇："晋阮孚……日挑一皂囊游会稽。客问：'囊中何物？'孚曰：'俱无物，但一钱看囊，庶免羞涩尔。'"但：只。

微乎其微

形容极小或极少。△鲁迅《花边文学·法会和歌剧》："原人和现代人的心，也许很有些不同，倘相去不过几百年，那恐怕即使有些差异，也微乎其微的。"

【出处】《尔雅·释训》："式微式微者，微乎微者也。"

式：文言首助词。郭璞注："言至
微。"

向壁虚造

向：面向，面对；虚：空。面
对墙壁，凭空制造出来。后比喻没
有根据地凭空捏造。△清·谭嗣同
《致刘松芙》："彼国作者必考证
今古，然后下笔，非若今之向壁虚
造，苟然而已也。"

【出处】汉·许慎《说文解字
序》："乡壁虚造不可知之书。"
乡：向。

一传十，十传百

一个人传给十个人，十个人传给
一百个人。原形容疾病传染得极快。
后形容消息传播得极快。又作"一人
传十，十人传百"。△清·高鹗《红
楼梦》一○二："由是一人传十，
十人传百，都说大观园中有了妖
怪……"

【出处】宋·陶谷《清异
录·丧葬》："一传十，十传百，
展转无穷，故号义疾。"

撞倒南墙

比喻态度生硬。△清·西周生
《醒世姻缘传》八○："我看这位

老爷子也是年高有德的人，你两句
浊语丧的去了。你就撞倒南墙罢!"

【出处】宋·陶谷《清异
录》："予阳翟庄舍左右有田
老者……出言鲠直，浑名'撞倒
墙'。"

学术史

如数家珍

数：历数，一个一个地数说；
家珍：家里收藏的珍宝。好像历数
家里收藏的珍宝。比喻对于所叙述
的事物十分熟悉。△清·田雯《论
五言律诗》："放翁意摹香山，取
材甚广，作态更妍，读去历历落
落，如数家珍。"

【出处】《汉学师承记·凌延
堪》："有诘之者，从容应答，如
数家珍焉。"

同室操戈

操：拿起；戈：古代一种有长
柄的兵器。一间屋子里的人拿起兵
器打起来。比喻兄弟争吵或内部争
斗。△清·曾朴《孽海花》二九：
"现在黄族濒危，外忧内患，岂可

同室操戈，自相残杀乎？"

　　【出处】《宋学渊源记·序》："为宋学者，不第攻汉儒而已也，抑且同室操戈矣。"

第七部分

艺术著作

书法

婢作夫人

婢：婢女，丫环。婢女充作夫人。比喻刻意摹仿而不能神似。△清·吴趼人《二十年目睹之怪现状》四一："不过偶尔学着写，正是婢作夫人，那里及得到大哥什一。"

【出处】梁·袁昂《古今书评》："羊欣书如大家婢为夫人，虽处其位而举止羞涩，终不似真。"

不知所以

不知道究竟是怎么回事。指弄不清原因。后也形容处于昏迷状态。△清·石玉昆《三侠五义》八五："连连的咕嘟儿、咕嘟儿几声，登时把个邬泽呛的迷了，两手扎撒，乱抓乱挠，不知所以。"

【出处】唐·张彦远《法书要录》三引何延之《兰亭记》："遽见追呼，不知所以。"

沉着痛快

原形容书法沉稳而不拘泥。后也用于诗文。△1.宋·蔡绦《铁围山丛谈》四："及元祐末，厌传师，而从欧阳率更。由是字势豪健，痛快沉着。"2.宋·刘克庄《诗话后集》五："如《三大礼赋》，沉着痛快，非钩章棘句者所及。"

【出处】南朝宋·羊欣《采古来能书人名》："吴人皇象能草，也称沉着痛快。"

金题玉躞

题：卷轴上的题签；躞：卷轴上的插签（别子）。泥金书写的题签，玉制的插签。原形容书卷装潢精美。后泛指字画书籍装潢精美。△清·钱泳《收藏总论》："即爱之而不得其爱之之道，虽金题玉躞，插架盈箱，亦何异于市井中之骨董铺邪？"

【出处】唐·张彦远《法书要录》二引梁·虞龢《论书表》："皆互帙，金题玉躞，织成带。"帙：卷轴外面的布套。

惊蛇入草

比喻草书笔势矫健而放纵不羁。△宋《宣和书谱》一九："吾书不大不小，得其中道，若飞鸟出林，惊蛇入草。"

【出处】唐·韦续《墨薮》："钟繇弟子宋翼……作一放纵如惊蛇入草。"

力透纸背

形容书法刚健有力。后也比喻诗文深刻有力。△清·赵翼《瓯北诗话·陆放翁诗》："意在笔先，力透纸背。"

【出处】唐·颜真卿《张长史十二意笔法意记》："当其用锋，常欲使其透过纸背。"

龙跳虎卧

像龙跳跃，像虎横卧。比喻书法笔势纵横豪放。△清·李绿园《歧路灯》四："墨研成汁，纸粘成片，东宿取出素用的大霜毫，左右审量了形势，一挥一个，真正龙跳虎卧，岳峙渊渟。"

【出处】梁·袁昂《评书》："王右军书，字势雄强，如龙跳天门，虎卧凤阁。"

美女簪花

簪：插在头发上。美女的头发上插着花。比喻书法秀丽多姿。后也用于诗文。△1.清·文康《儿女英雄传》三三："先看那字，虽说不得卫夫人美女簪花格，却居然写得周正匀清。"2.清·王士禛《池北偶谈》一六："世论杨仲弘如百战健儿，德机如唐临晋帖，揭曼硕如美女簪花。"

【出处】梁·袁昂《古今书评》："卫常书，如插花美人，舞笑镜台。"

【辨正】一说，语出清·王昶《杨震碑跋》："昔人谓褚登善书，如美女簪花。"这里是流，不是源。

如鱼得水

原比喻用笔灵活自然。后比喻遇到与自己投合的人或适合于自己的环境。△郭沫若《革命春秋·北伐途次》："他俨然就像是邓演达的执掌鹅毛扇的军师，邓对于他也就和刘玄德之于诸葛孔明，如鱼得水了。"

【出处】秦·李斯《用笔法》："如游鱼得水，景山兴云。"

【辨正】一说，语出《三国志·诸葛亮传》："孤之有孔明，犹鱼之有水也。"《三国志》的作者是晋代陈寿，这里所记的是三国时代刘备的话，都大大晚于李斯，当以李斯言为源。

入木三分

晋代书法家王羲之在木板上写字，墨渗入木板三分深。形容书法笔力强劲。后也比喻议论深刻。△清·赵翼《杨云珊自长垣归出示近作叹赏不已，诗以志爱》："入木三分诗思锐，散霞五色物华新。"

【出处】唐·张怀瑾《书断·王羲之》："晋帝时，祭北郊，更祝版，工人削之，笔入木三分。"

天真烂漫

天真：单纯而不虚伪；烂漫：自然而不做作。原指书法不矫饰，不做作，纯真自然。后多形容儿童心地单纯，性情率真。△清·曹雪芹《红楼梦》二三："园中那些女孩子，正是混沌世界天真烂漫之时，坐卧不避，嬉笑无心。"

【出处】宋·岳珂《宝真斋法书赞》五："予按长史以草圣得名，盖其天真烂漫，妙入神品。"长史：指唐代书法家张旭，官金吾长史。

铁画银钩

画：字的横笔画。横如铁，钩如银。形容书法又刚健又柔媚。△清·文康《儿女英雄传》二九："只见那纵横波磔，一笔笔写的俨如铁画银钩，连那墨气都像堆起一层层似的。"

【出处】唐·欧阳询《用笔论》："刚则铁画，媚若银钩。"

惟妙惟肖

惟：语气助词；肖：相似。巧妙啊，相似啊。形容描绘或模仿得非常好，非常像。△清·冯镇峦《读聊斋杂说》："聊斋中间用字法，不过一二字，偶露句中，遂已绝妙，形容惟妙惟肖，仿佛《水经注》造语。"

【出处】宋·岳珂《英光堂帖赞》："彼妍我峭，惟妙惟肖。"

星罗棋布

罗：罗列；布：分布。像星星一样罗列，像棋子一样分布。形容又多又密。△明·黄福《答陈贰卿》："星罗棋布，务声势以相应拔。"

【出处】晋·成公绥《隶书体》："分白赋黑，棋布星列。"

【辨正】一说，语出北魏·阙名《中岳嵩阳寺碑》："塔殿宫堂，星罗棋布。"成公绥（公元231～公元273年）是西晋初年人，早于北魏一百五十余年，当以其文为源。

一波三折

写一捺，三次转换笔锋的方向。形容笔势曲折多姿。后也比喻诗文结构曲折跌宕或事情进行中曲折很多。△清·刘熙载《文概》一："余谓大苏文一泻千里，小苏文一波三折。"

【出处】晋·王羲之《题卫夫人〈笔阵图〉后》："每作一波，常三过折笔。"

【辨正】一说，语出《宣和书谱》五："然其一波三折笔之势，亦自不苟。"《宣和书谱》无著者名氏，内容是宋徽宗宣和内府所藏的法书墨迹，估计成书于宋朝，晚于王羲之（公元321～公元379年或公元303～公元361年）至少七百年。

意在笔先

原指写字之前先构思好了，然后下笔。后也用于绘画、写诗、作文。△清·陈廷焯《白雨斋词话》一："所谓沉郁者，意在笔先，神余言外。"

【出处】晋·王羲之《题卫夫人〈笔阵图〉后》："夫欲书者，先于研墨，凝神静思，预想字形大小、偃仰、平直、振动，令筋脉相连。意在笔前，然后作字。"

【辨正】一说，语出宋·徐度《却扫编》中："草书之法，当使意在笔先，笔绝意在为佳耳。"这里是流而不是源。

绘画

出尘之表

尘：尘世，尘俗；表：仪表。超越尘俗的仪表。形容人的外貌飘逸潇洒。△明·冯梦龙《醒世恒言》二九："生得丰姿潇洒，气宇轩昂，飘飘有出尘之表。"

【出处】宋·邓椿《画继》五："尝见《看云图》，画一高僧，抱膝而坐石岸，昂首伫目，萧然有出尘之姿。"

攒三聚五

攒：聚。形容人或事物三三五五地聚在一起。△1.清·陈森《品花宝鉴》三："不一会，就攒三聚五的上去请安。"2.清·曹雪芹《红楼梦》五二："因见暖阁之中有一玉石条盆，里面攒三聚五栽着一盆单瓣水仙。"

【出处】宋·邓椿《画继》四："然有愧宅相者，于攒三聚五太拘拘耳。"

古色古香

古色：因年代久远而形成的黑色或淡黑色；古香：因年代久远而具有的独特气味。形容古朴的色彩和情调。△鲁迅《且介亭杂文二集·"题未定"草》："不知怎么一来，他也忽然'雅'起来，买了一个鼎，真是土花斑驳，古色古香。"

【出处】宋·赵希鹄《洞天清录·古画辨》："古画色黑或淡黑，则积尘所成，自成一种古香可爱；若伪作者，多作黄色而鲜明，不尘暗。"

画龙点睛

点：用笔加上点。传说梁代画家张僧繇在金陵安乐寺壁上画了四条龙，不点眼睛，说点了龙就会飞掉。人们不信，偏要他点上。刚点了两条，就雷电大作，震破寺壁，这两条龙乘云上天，只剩下还没有点眼睛的两条龙。后比喻在文章的关键之处加上几个字，使文章更精彩生动。△清·杨伦《杜诗镜铨·凡例》："然画龙点睛，正使精神愈出。"

【出处】唐·张彦远《历代名画记·张僧繇》："金陵安乐寺四白龙不点眼睛，每云：'点睛即飞去。'人以为妄诞，固请点之。须臾，雷电破壁，两龙乘云腾去上天，二龙未点眼者现在。"

焕然一新

焕然：有光彩的样子；一：全。光彩耀眼，好像全是新的。后形容出现了崭新的面貌。△明·冯梦龙《警世通言》二五："到施家一看，只见焕然一新，比往日更自齐整。"

【出处】唐·张彦远《历代名画记·论鉴识收藏购求阅玩》："其有晋宋名迹，焕然如新。"

描头画角

原指绘画刻意描画局部和细节。后也用于写作。△清·王韬《瑶台小咏》上："绝无画角描头态，自有回肠荡气文。"

【出处】清·陶元藻《越画见闻·倪元路》："皴法喜用大小劈斧，总不屑描头画角。"皴：国画画山石的笔法。

神闲意定

精神悠闲，心意稳定。△没有了后顾之忧，他就神闲意定地出门了。

【出处】宋·郭若虚《图画见闻志·论用笔得失》："夫内自足，然后神闲意定；神闲意定，则思不竭而笔不困也。"

什袭珍藏

什袭：用布包了十层。把物品用布包了十层，珍重地收藏。形容极珍重地收藏。△明·凌濛初《二刻拍案惊奇》一九："把白金镶了外层，将锦绮做了包袱，什袭珍藏。"

【出处】《宣和画谱·孙知微》："蜀人尤加礼之，得画则珍藏什袭。"

食古不化

吃了古代的东西而不能消化。指学习古代文化知识而不能理解和运用。△阿英《晚清文学丛钞·中国现在记》三："我们这位朱老伯，一辈子就是误在这经书上头，以致到如今，还是食古不化。"

【出处】清·陈撰《玉几山房画外录》下引恽向《题自作画册》："可见定欲为古人而食古不化，画虎不成，刻舟求剑之类也。"

双管齐下

管：笔。两枝笔同时并用。比喻两件事同时进行。△阿英《晚清文学丛钞·扫迷帚》二四："原思双管齐下，一边将迷信关头重重戳破，一边大兴学堂，归重德育，使人格日益高贵。"

【出处】唐·朱景玄《唐朝名画录·神品》下："尝以手握双管，一时齐下，一为生枝，一为枯枝。"

【辨正】一说，语出宋·郭若虚《图画见闻志》五。这里是流，不是源。

水火无情

水和火不讲情面。形容水灾和火灾的可怕。△明·吴承恩《西游记》五一："套不去者唯水火最利，常言道'水火无情'。"

【出处】元·汤垕《画鉴·唐画》："世言孙位画水，张南本画火，水火本无情之物，二公深得其理。"

音乐戏曲

安营扎寨

安：安置；营、寨：古代驻兵的地方；扎：驻扎。安置营寨，驻扎下来。后也比喻建立住所。△清·李伯元《官场现形记》一四："什么地方可以安营扎寨，什么地方可以埋伏，指手画脚的讲了一遍。"

【出处】元曲《两军师隔江斗智》二："如今在柴桑渡口安营扎寨，其意非小。"

八拜之交

八拜：指朋友结为兄弟姊妹时的礼节，因其隆重，故称。经过八拜之礼的交情。形容结义为兄弟姊妹。△清·李绿园《歧路灯》一六："今日在圣贤炉前成了八拜之交，有福同享，有马同骑。"

【出处】元曲《西厢记》一："与小人同郡同学，当初为八拜之交。"

八面威风

形容威势、气派十足。△清·曾朴《孽海花》一二："年纪不到五十许，体态虽十分端丽，神情却八面威风。"

【出处】元曲《庞涓夜走马陵道》一："我若打了那阵呵，方显出大将军八面威风。"

【辨正】一说，语出明·董谷《碧里杂存》上："大将军八面威风。"明在元后，这里显然是流。

八仙过海，各显神通

八仙：神话中的八位散仙，汉钟离、张果老、韩湘子、铁拐李、吕洞宾、曹国舅、蓝采和、何仙姑；神通：佛教名词，指无所不能的力量。八仙过东海时，显示了各自的神通。后比喻各自施展本领。△清·李绿园《歧路灯》六八："我如今与舍弟分开，这弟兄们是八仙过海，各显神通。"

【出处】明杂剧《八仙过海》二："八仙各显神通过海。"

拔树寻根

比喻追根究底。△明·兰陵笑笑生《金瓶梅词话》二六："雪娥恐西门庆来家，拔树寻根，归罪于己……"

【出处】元曲《萨真人夜断碧桃花》一："你可也休将咱盘问，则管里絮叨叨拔树寻根。"

败子回头

败子：败家子，不务正业、挥霍家产的子弟；回头：悔改。败家子悔悟，痛改前非。△明·冯梦龙《警世通言》三一："败子回头便作家，你如今莫去花柳游荡，收心守分。"

【出处】元曲《东堂老劝破家子弟》二："败子不得回头，有负故人相托。"

搬弄是非

形容有意挑拨，制造矛盾，引起纠纷。△清·李汝珍《镜花缘》一二："况三姑六婆，里外搬弄是非，何能不生事端。"

【出处】元曲《说鱄诸伍员吹箫》一："他在平公面前，搬弄我许多的是非。"

半推半就

就：靠近。半是推托，半是靠近。形容内心愿意却假意推辞。△清·李汝珍《镜花缘》三〇："与其学那俗态，半推半就，耽误工夫；据俺主意，不如从实收了，倒也爽快。"

【出处】元曲《西厢记》四："半推半就，又惊又爱。"

笨鸟先飞

比喻能力差的人惟恐落后而提前行动。△清·郭小亭《济公全传》一三："我走的慢，笨鸟先飞，我头里走。"

【出处】元曲《状元堂陈母教子》一："我似那灵禽在后，你这等笨鸟先飞。"

闭月羞花

闭月：月亮掩蔽于云中，不好意思出来。形容女子容貌极美，使月亮和花朵都自愧不如。△清·吴敬梓《儒林外史》一〇："此时鲁小姐卸了浓装，换了几件雅淡衣服……真有沉鱼落雁之容，闭月羞花之貌。"

【出处】元曲《西厢记》一："为你闭月羞花相貌，少不得剪草除根大小。"

兵临城下

敌军来到城墙下面。形容城被围困，形势危急。△明·罗贯中《三国演义》三一："若候兵临城下，将至壕边，然后拒敌，事已迟矣。"

【出处】元曲《须贾大夫谇范叔》一："有一日兵临城下，将至濠边。"濠：护城河。

不容分说

不容许分辨、解释。△清·曹雪芹《红楼梦》一七："一个个都上来解荷包，解扇袋，不容分说，将宝玉所佩之物，尽行解去。"

【出处】元曲《救孝子贤母不认尸》四："官人行不容分诉。"诉：诉说。

不知高低

原指不懂得尊卑。后也形容不知深浅轻重或不知如何是好。△1.清·曹雪芹《红楼梦》三八："况且他又不是真不知高低的孩子。"2.明·冯梦龙《古今小说》一九："庞某不知高低，夜来冲激老爹，被老爹拿了，烦望开恩。"3.明·罗贯中《平妖传》二八："吴三郎、任迁，叫声苦，不知高低。"

【出处】元曲《江州司马青衫湿》二："过一边去，好不知高低!"

插科打诨

科：戏剧中角色的动作；打诨：开玩笑。在演出中，角色穿插一些滑稽的动作和谈话。后也泛指逗乐取笑。△明·高明《琵琶记》一："休论插科打诨，也不寻宫数调，只看子孝又妻贤。"

【出处】元曲《沙门岛张生煮海》一："舞地鬼，乔扮神，撒科打诨。"撒：施展。

姹紫嫣红

姹：美丽；嫣：鲜艳。美丽的紫花，鲜艳的红花。形容各种颜色艳丽的花。△清·钱泳《以人存诗》："嫣红姹紫弥天下。"

【出处】明杂剧《牡丹亭》一〇："原来姹紫嫣红开遍。"

长命百岁

寿命长，能活到一百岁。多用作祝人长寿之语。△清·曹雪芹《红楼梦》四二："天天给你们念佛，保佑你们长命百岁的，就算我的心了。"

【出处】元曲《汉钟离度脱蓝采和》四："这厮淡则淡，到长命百岁。"

称孤道寡

孤、寡：古代君主自称。自称为帝王。△明·冯梦龙《古今小说》二一："像钱王生于乱世，独霸一方，做了一十四州之王，称孤道寡非同小可。"

【出处】元曲《关大王独赴单刀会》三："俺哥哥称孤道寡世无双。"

成千累万

形容数量极多。△清·文康《儿女英雄传》三〇："他看着那乌克斋、邓九公这班人，一帮动辄就是成千累万，未免就把世路人情看得容易了。"

【出处】清剧《雪中人》二："积趱起来，成千累万。"趱：攒，积聚。

出头之日

形容从困苦中解脱出来的日子。△清·李伯元《官场现形记》二八："照此下去，我要躲到何年何月方有出头之日！"

【出处】元曲《庞涓夜走马陵道》三："不知几时才得个出头之日也呵！"

穿云裂石

穿过云霄，震裂石头。形容乐器声或歌声高亢嘹亮。△清·吴敬梓《儒林外史》二九："拍着手，唱李太白《清平调》，真乃穿云裂石之声，引商刻羽之奏。"

【出处】宋·苏轼《李委吹笛引》："既奏新曲，又快作数弄，嘹然有穿云裂石之声。"

捶胸顿足

顿足：跺脚。捶着胸口，跺着脚。形容十分悲痛或焦急、懊丧的情状。△明·罗贯中《三国演义》五〇："孔明说罢，触动玄德衷肠，真个捶胸顿足，放声大哭。"

【出处】元曲《杨氏女杀狗劝夫》二："奈天高，又不知，只落的捶胸跌足空流泪。"跌足：顿足。

撮盐入火

撮：用手指捏住细碎的东西拿起来。把盐捏起来放到火里，盐立刻就会炸响。比喻人性格急躁。后也比喻助长急躁情绪。△1.明·施耐庵《水浒传》一三："为是他性急，撮盐入火，为国家面上只要争气，当先厮杀，以此人都叫他做'急先锋'。"2.明·吴承恩《西游记》五九："那罗刹听见'孙悟空'三字，便似撮盐入火，火上浇油，骨都都红生脸上，恶狠狠怒发心头。"

【出处】元曲《西厢记》三："小姐性儿撮盐入火。"

【辨正】一说，语出《杀狗记》七："奈我官人心性急，似撮盐入火内。"《杀狗记》是明代杂剧。当以元曲为源。

措手不及

措手：应付。来不及应付。△明·罗贯中《三国演义》二五："关公赤兔马快，早已跑到面前；颜良措手不及，被云长手起一刀，刺于马下。"

【出处】金·董解元《西厢记诸官调》二："打脊的髡徒怎怎么，措手不及早撺过我。"

打家劫舍

打劫：抢夺财物。进入人家抢夺财物。△明·施耐庵《水浒传》六四："近年泊内是宋江一伙强人在那里打家劫舍。"

【出处】元曲《李素兰风月玉壶春》四："不弱如打家劫舍杀人贼。"

大彻大悟

形容彻底觉悟。△清·刘鹗《老残游记续集》四："到这时候，我仿佛大彻大悟了不是？"

【出处】元曲《立成汤伊尹耕莘》楔子："大彻大悟后，方得升九天朝真而观元始。"

大吹大擂

擂：敲打。使劲吹笙笛喇叭，使劲敲锣打鼓。原形容众乐齐奏。后多比喻大肆吹嘘或过分宣扬。△1.明·冯梦龙《古今小说》二七："是夜，转运司铺毡结彩，大吹大擂，等候新女婿上门。"2.鲁迅《热风·所谓"国学"》："遗老有钱，或者也不过聊以自娱罢了，而商人便大吹大擂的借此获利。"

【出处】元曲《四丞相高会丽春堂》四："就在丽春堂大吹大擂，做一个庆喜的筵席。"

600

担惊受怕

形容担心害怕。△明·施耐庵《水浒传》六一："撇下海阔一个家业,担惊受怕,去虎穴龙潭里做买卖。"

【出处】元曲《玎玎珰珰盆儿鬼》三："怎教俺担惊受怕着昏迷。"

掂斤播两

播:颠动。掂一掂,估量估量分量。比喻过分计较小事。△阿英《晚清文学丛钞·糊涂世界》一○："非但不能照办,还要掂斤颠两,说些不相干的话。"

【出处】元曲《西厢记》一:"尽着你说短论长,一任待掂斤播两。"

颠来倒去

翻过来倒过去。形容来回重复。△清·曹雪芹《红楼梦》五二:"要论起来,也强扭的出来,不过颠来倒去,弄些《易经》上的话生填,究竟有何趣味!"

【出处】元曲《西厢记》三:"开拆封皮孜孜看,颠来倒去不害心烦。"

调虎离山

比喻引诱对方离开原地,以便乘机行事。△郭沫若《海涛集·南昌之一夜》:"蒋要邓到南昌总司令行营代理参谋长……这自然是调虎离山之计,邓和武汉派都是不能同意的。"

【出处】元曲《刘玄德醉走黄鹤楼》一:"他则待赚虎离窝入地网。"赚:骗。

断子绝孙

指人没有儿孙后代。△鲁迅《呐喊·阿Q正传》:"这断子绝孙的阿!"

【出处】明杂剧《荆钗记》四三:"我只愁你断子绝孙谁拜坟?"

飞灾横祸

横:意外的。飞来的灾难,意外的祸患。形容猝然发生的意外的灾祸。△清·高鹗《红楼梦》九○:"家中又碰见这样飞灾横祸,不知何日了局?"

【出处】元曲《荆楚臣重对玉梳记》二:"俺这粉面油头,便是飞灾横祸。"

非同小可

小可：平常。不同平常。形容水平高。也形容事情重要或情况严重。△明·施耐庵《水浒传》二九："这是武松平生的真才实学，非同小可!"

【出处】金·董解元《西厢记》一："其间盖造的非小可。"

肺腑之言

形容出自内心的真诚的话。△明·冯梦龙《醒世恒言》二："下官……有句肺腑之言奉告。"

【出处】元曲《㑳梅香骗翰林风月》："只索将这肺腑之言，实诉与小娘子。"

奋勇当先

奋勇：鼓起勇气；当先：赶在最前面。鼓起勇气，赶到最前面。△清·玩花主人《缀白裘》八："大丈夫奋勇当先，一人拼命，万夫难当。"

【出处】元曲《邓夫人苦痛哭存孝》二："都要的奋勇当先。"

扶危济困

济：救助。扶助处境危难的，

救助生活困苦的。△明·施耐庵《水浒传》三八："多听的江湖上来往的人说兄长清德，扶危济困，仗义疏财。"

【出处】元曲《保成公径赴渑池会》四："丞相原来有济国安邦之策，扶危救困之忧。"

各奔前程

前程：前途。各自奔向各自的前途。△老舍《四世同堂》三四："三爷，年月不对了，我们应当各奔前程!"

【出处】元曲《争报恩三虎下山》楔子："也须各自奔前程。"

狗仗人势

仗：依仗。狗依仗人的势力。比喻奴才依仗主人的权势任意胡为。△清·曹雪芹《红楼梦》七四："我不过看着太太的面上……你就狗仗人势，天天作耗，在我们跟前逞脸。"

【出处】明杂剧《宝剑记》五："他怕我狗仗人势。"

官官相护

形容官吏们互相庇护。△明·冯梦龙《醒世恒言》一三："我只道官官相护，就了其事。"

【出处】元曲《包待制三勘蝴蝶梦》二："官官相为倚亲属。"

鬼使神差

受鬼神的差使。比喻事情出于意料或行动不由自主。△1.清·曹雪芹《红楼梦》四九："这是一高兴起社，鬼使神差来了这些人。"2.明·冯梦龙《醒世恒言》一："施复却如神差鬼使一般，便答应道：'待我去。'"

【出处】元曲《都孔目风雨还牢末》四："恰便似鬼使神差。"

呼风唤雨

原指施展法力，呼唤来风雨。后比喻能够支配自然或社会。△阿英《晚清文学丛钞·新中国未来记》三："天生成是呼风唤雨，搅得一国的原动力的了。"

【出处】元曲《刘玄德独赴襄阳会》三："怀揣日月，袖褪乾坤，呼风唤雨军兵败。"

狐群狗党

党：集团。狐狸结成群，狗结成集团。比喻勾结在一起的坏人。△清·高鹗《红楼梦》九〇："连一个正经的都没有，来一起子，都是些狐群狗党。"

【出处】元曲《汉高皇濯足气英布》四："逐着那狐群狗党。"

虎头蛇尾

比喻做事开头的声势或劲头很大，后面的声势或劲头很小，有始无终。后泛指前盛后衰。△明·冯梦龙《古今小说》三九："大抵朝廷之事，虎头蛇尾，且暂为逃难之计。"

【出处】元曲《梁山泊李逵负荆》二："这厮敢狗行狼心，虎头蛇尾。"

花容月貌

容貌像花一样娇艳，像明月一样皎洁。形容女子容貌美丽。△清·曹雪芹《红楼梦》六："刘姥姥见平儿一身绫罗，插金戴银，花容月貌，便当是凤姐儿了。"

【出处】明杂剧《春芜记》一一："聪明伶俐，月貌花容。"

欢天喜地

形容非常高兴，非常快乐。△清·曹雪芹《红楼梦》六七："刚才二奶奶从老太太屋里回来，不似往日欢天喜地的，叫了平儿去，唧唧咕咕的不知说了些什么。"

【出处】元散曲《商调集贤宾·七夕》："笑声举，欢天喜地。"

昏天黑地

原形容天色昏暗。后也比喻神志不清或荒唐混乱。△1.清·吴敬梓《儒林外史》八："真乃是慌不择路……昏天黑地，一直走到浙江乌镇地方。"2.清·吴趼人《二十年目睹之怪现状》九五："他却还是昏天黑地的，一天到晚，躲在赌场妓馆里胡闹。"

【出处】元曲《诈妮子调风月》一："直到个昏天黑地。"

魂飞天外

灵魂离开躯体飞到天空以外。形容极度惊恐。也形容受到刺激而失去主宰。△1.明·兰陵笑笑生《金瓶梅词话》九二："听见月娘告下状来，县中差公人发牌来拿他，唬得魂飞天外，魄丧九霄。"2.清·曹雪芹《红楼梦》六九："尤二姐露出脸来，胡君荣一见，早已魂飞天外，那里还能辨气色。"

【出处】元曲《张子房圯桥进履》二："听说罢，魂飞天外，好教我心惊失色。"

将计就计

计：计策；就：开始做。利用对方的计策施行自己的计策。△明·冯梦龙《古今小说》二一："钱镠已知刘汉宏掇赚之计，便将计就计，假意发怒。"

【出处】元曲《忠义士豫让吞炭》二："咱今将计就计。"

交头接耳

靠着头，贴着耳朵。形容彼此凑近耳朵低声说话。△清·高鹗《红楼梦》九三："门上那些人在那里交头接耳……只管咕咕唧唧的说话。"

【出处】元曲《关大王独赴单刀会》三："不许交头接耳。"

叫苦连天

形容不断地叫苦。△明·吴承恩《西游记》一六："你看那众和尚，搬箱抬笼，抢桌端锅，满院里叫苦连天。"

【出处】金·董解元《西厢记》二："马过处连天叫苦。"

借题发挥

借某件事为题目，发表自己真正的意思。△鲁迅《两地书》一〇："我疑心薛先生辞职的意思，恐怕还在先，现在不过借题发挥，自以为去得格外好看。"

【出处】明杂剧《郁轮袍》二："这个原是借题发挥。"

绝处逢生

形容在绝境中遇到了生路。△清·李伯元《官场现形记》二八："舒军门这日在监里足足等到二更多天，方见手下人拿了烟具、铺盖进来，犹如绝处逢生。"

【出处】元曲《钱大尹智勘绯衣梦》："李庆安绝处幸逢生。"

空口无凭

凭：凭证，凭据。光靠嘴说而没有凭证。△清·李伯元《官场现形记》二七："空口无凭的话，门生也不敢朝着老师来说。"

【出处】元曲《杜牧之诗酒扬州梦》四："咱两个口说无凭。"

来龙去脉

原是讲风水的话，指山水地形像龙一样连绵起伏，像脉络一样连接贯通。后比喻事情的发生和发展。也比喻人与物的来历。△1.老舍《四世同堂》二三："他已摸清了一点政局的来龙去脉。"2.清·刘熙载《诗概》二："律诗中二联必分宽紧远近……不省其来龙去脉，则宽紧远近为妄施矣。"

【出处】明杂剧《运甓记》一三："此间前冈有块好地，来龙去脉，靠岭朝山。"

狼吞虎咽

像狼和虎一样吞咽食物。比喻吃东西又急又猛的样子。△清·李伯元《官场现形记》三四："不上一刻工夫，狼吞虎咽，居然吃个精光。"

【出处】元曲《小尉迟将斗将认父归朝》二："将各样好下饭，狼餐虎噬。"餐：吃；噬：吞噬。

老羞成怒

形容羞愧到极点而变成了愤怒。又作"恼羞成怒"。△巴金《雪》："监工头把众人望了几眼，恼羞成怒地站在那里，心里在想报复的办法。"

【出处】清剧《桃花扇》一二："故此老羞变怒耳。"

离经叛道

经：儒家经学；叛：背叛；道：儒家道统。背离了儒家经学和道统。后泛指背离正统。△明·袁无涯《忠义水浒全书发凡》："今世小说家杂出，多离经叛道，不可为训。"

【出处】元曲《苏子瞻风雪贬黄州》一："志大言浮，离经畔道。"畔：叛。

里应外合

里外应合。里边的人和外边的人互相接应，一齐动手。△明·施耐庵《水浒传》四九："里应外合，必成大事。"

【出处】元曲《谢金吾诈拆清风府》三："与俺家做个里合外应。"

两面三刀

长两副不同的面孔，使三把不同的刀。指当面一套，背地一套，玩弄手法。△清·曹雪芹《红楼梦》六二："你这两面三刀的东西，我不希罕!"

【出处】元曲《包待制智赚灰阑记》二："倒说我两面三刀。"

伶牙俐齿

伶、俐：灵活；牙、齿：口齿。口齿灵活。形容能说会道。△明·冯梦龙《古今小说》一："这婆子俐齿伶牙，能言快语，又半痴不颠的惯与丫环们打诨。"

【出处】元曲《杨氏女杀狗劝夫》四："一任你百样儿伶牙俐齿。"

灵丹妙药

丹：颗粒状的中成药。灵验的、神妙的药。比喻能解决困难问题的有效办法。△毛泽东《整顿党的作风》："直到现在，还有不少的人，把马克思列宁主义书本上的某些个别字句看作现成的灵丹妙药。"

【出处】元曲《瘸李岳诗酒玩江亭》二："灵丹妙药都不用。"

留得青山在，不愁没柴烧

比喻只要生命或基础还存在，就有发展的机会。△毛泽东《论持久战》："'留得青山在，不愁没柴烧'，虽然丧失若干土地，还有广大的回旋余地，可以促进并等候国内的进步、国际的增援和敌人的内溃……"

【出处】明杂剧《三元记》一六："二叔，留得青山在，不怕没柴烧。"

露出马脚

比喻泄露了隐蔽的事实真相或内情。△明·施耐庵《水浒传》一〇四："倘或露出马脚来，你吾这场祸害，却是不小。"

【出处】元曲《包待制陈州粜米》二："这一来则怕我们露出马脚来了。"

落荒而走

走：跑。向荒僻之处跑。形容打了败仗后狼狈地逃跑。△明·罗贯中《三国演义》二："玄德望见'地公将军'旗号，飞马赶来，张宝落荒而走。"

【出处】元曲《小尉迟将斗将认父归朝》三："我诈败落荒的走，父亲必然赶将我来。"

马不停蹄

形容一刻不停地行进。后也泛指一刻不停地活动。△明·兰陵笑笑生《金瓶梅词话》二五："休放他在家里，使的他马不停蹄才

好。"

【出处】元曲《小尉迟将斗将认父归朝》三："今日个将遇敌头，直杀的他马不停蹄。"

马到成功

战马刚到就取得了胜利。比喻迅速地取得了成绩或成就。△清·曾朴《孽海花》二一："庄稚燕在路上说得这也是门，那也是户，好像可以马到成功，弄得阳伯心痒难搔。"

【出处】元曲《薛仁贵荣归故里》楔子："若在两阵之间，怕不马到成功。"

眉清目秀

眉目清秀。形容容貌清纯秀丽。△明·冯梦龙《古今小说》三四："眉清目秀，唇红齿白，飘飘然有凌云之气。"

【出处】元曲《包龙图智赚合同文字》一："生的眉清目秀。"

面不改色

脸色不变。形容从容镇静的样子。△明·罗贯中《三国演义》八一："宓面不改色，回顾先主而笑……"

【出处】元曲《宜秋山赵礼让肥》二："今朝拿住这厮，面不改色。"

面黄肌瘦

肌：肌体，即身体。脸色黄，身体瘦。△清·吴敬梓《儒林外史》一："只见许多男女啼啼哭哭，在街上过……一个个面黄肌瘦，衣裳褴褛。"

【出处】元曲《刘千病打独角牛》二："面黄肌瘦，眼嵌缩腮。"

明火执仗

仗：仪仗。点着火把，举着仪仗。比喻强盗公开抢劫。后也泛指公开地干坏事。△明·施耐庵《水浒传》一〇四："今日见他们明火执仗，又不知他们备细，都闭着门，那里有一个敢来拦当。"

【出处】元曲《玎玎珰珰盆儿鬼》二："何曾明火执仗。"

摩拳擦掌

形容精神振奋，准备动手干的样子。△清·高鹗《红楼梦》一〇五："喜得番役家人摩拳擦掌，就要往各处动手。"

【出处】元曲《梁山泊李逵负荆》二："我这里摩拳擦掌。"

谋财害命

谋：图谋。图谋钱财而害人性命。△鲁迅《且介亭杂文·门外文谈》："无端的空耗别人的时间，其实是无异于谋财害命的。"

【出处】元曲《吕洞宾度铁拐李岳》一："更狠似图财致命杀人刀。"致命：致使丧失生命。

怒气冲天

愤怒的情绪直冲上天。形容极为愤怒。△明·施耐庵《水浒传》三四："秦明怒气冲天，大驱兵马投西山边来。"

【出处】明杂剧《千金记》九："逢人羞道，怒气冲云。"

诺诺连声

诺：答应的声音。形容一声连一声地答应。△明·罗贯中《三国演义》六一："孙权诺诺连声，答曰：'老母之训，岂敢有违!'"

【出处】元曲《杜蕊娘智赏金线池》三："躬躬前来，喏喏连声。"喏：诺。

赔了夫人又折兵

三国时，周瑜策划把孙权的妹妹许配给刘备，要刘备到东吴成亲，趁机扣留他并夺回荆州；结果刘备婚后带孙夫人逃出东吴，周瑜的追兵又被诸葛亮的伏兵打败。折：损失。赔进去一个夫人，又损失了军队。后比喻没有占到便宜，反而吃了大亏。△老舍《四世同堂》四三："她想，方法想得不好，而自己'赔了夫人又折兵'，那才丢透了脸!"

【出处】元曲《两军师隔江斗智》二："只教你赔了夫人又折兵。"

【辨正】一说，语出《三国演义》五五："周郎妙计安天下，陪了夫人又折兵!"《两军师隔江斗智》是金元时代盛行的剧目，《三国演义》是元末明初罗贯中写的长篇小说，戏剧是他的材料来源之一。当以元曲为源，小说为流。

皮开肉绽

绽：裂开。皮肉裂开，外伤严重。△明·罗贯中《三国演义》四六："众官扶起黄盖，打得皮开肉绽，鲜血迸流，扶归本寨，昏绝几次。"

【出处】元曲《包待制三勘蝴蝶梦》二："打的来皮开肉绽损肌肤。"

屁滚尿流

形容过于惊恐或高兴，失去控制。△清·曹雪芹《红楼梦》二："封肃喜的屁滚尿流。"

【出处】元曲《梁山泊李逵负荆》四："直唬的你尿流屁滚!"

平铺直叙

铺叙：详细地叙述。平平淡淡的，直截了当地铺叙。△鲁迅《且介亭杂文二集·〈中国新文学大系〉小说二集序》："而且平铺直叙，一泻无余……"

【出处】明·祁彪佳《远山堂曲品·具品》："平铺直叙，详略尚未得法。"

欺软怕硬

软：软弱；硬：强硬。欺负软弱的，害怕强硬的。△清·曹雪芹《红楼梦》七："因趁着酒兴，先骂大总管赖大，说他'不公道，欺软怕硬'。"

【出处】元曲《鲁智深喜赏黄花峪》四："打个你软的欺硬的

怕镴枪头。"镴：焊锡，即锡铝合金，熔点、硬度都很低。

旗开得胜

军旗刚展开就打了胜仗。形容战斗刚开始就取得了胜利。后也比喻事情刚开始就取得了成功。△老舍《四世同堂》六九："招弟漂亮，有人缘儿，到处一奔走，必能旗开得胜。"

【出处】元曲《刘夫人庆赏五侯宴》楔子："人人奋勇，个个英雄，端的是旗开得胜，马到成功。"

弃暗投明

弃：背弃，背离。背弃黑暗，投向光明。比喻与坏人或黑暗势力断绝关系，走向光明的道路。△明·罗贯中《三国演义》一四："公何不弃暗投明，共成大业？"

【出处】元曲《尉迟恭三夺槊》一："陛下想当日背暗投明归大唐，却须是真栋梁。"背：背离。

千刀万剐

剐：割肉离骨。割一千刀，剐一万刀。原指古代的"凌迟"酷刑——将犯人先肢解再割喉处死。后咒人被剥皮割肉，不得好死。△1.清·钱谦益《礼部右侍郎……谥文毅郭公改葬墓志铭》："死则死耳，千刀万剐，我一身当之。"2.明·施耐庵《水浒传》三八："千刀万剐的黑杀才!老爷怕你的不算好汉!"

【出处】元曲《玎玎珰珰盆儿鬼》四："即日押赴市曹，将他万剐千刀，凌迟处死。"

千叮万嘱

叮咛一千次，嘱咐一万次。形容反复叮咛嘱咐。△清·陈忱《水浒后传》二四："二安人又千叮万嘱，洒泪而去。"

【出处】元曲《临江驿潇湘秋夜雨》四："我将你千叮万嘱，你偏放人长号短哭。"

前仰后合

形容身体前后晃动。多形容大笑或困倦的样子。△1.清·曹雪芹《红楼梦》四二："众人听了，越发哄然大笑的前仰后合。"2.清·西周生《醒世姻缘传》一九："方才困得我前仰后合的，只是不敢睡下。"

【出处】元曲《好酒赵元遇上

皇》一："东倒西歪，后合前仰。"

青红皂白

青：绿；皂：黑。绿或红，黑或白。比喻事情的始末情由或是非曲直。△清·曹雪芹《红楼梦》三四："妈妈和哥哥且别叫喊，消消停停的，就有个青红皂白了。"

【出处】明杂剧《梁山七虎闹铜台》三："也不管他青红皂白。"

屈打成招

指在严刑拷打下，含冤负屈，被迫招认被诬陷的罪名。△老舍《四世同堂》七六："他必须去捉几个学生，屈打成招的使他们承认'通敌'，而后把校长也拿下监去!"

【出处】元曲《包待制智赚灰阑记》："委实是屈打成招的。"

人命关天

形容人的性命关系重大。△清·高鹗《红楼梦》八六："你没有听见薛大爷相与这些混账人，所以闹到人命关天。"

【出处】元曲《包待制陈州粜米》四："人命事关连天大。"

三番两次

番：次，回。形容多次重复。△明·冯梦龙《古今小说》一九："知县相公虽不睬他，被他三番两次在面前如此侮弄。"

【出处】元曲《包待制陈州粜米》二："我两次三番与你陪话。"

三生有幸

三生：前生、今生、来生；幸：幸运。前生、今生和来生都有的幸运。形容非常幸运。△明·冯梦龙《古今小说》四○："小人渴欲一见，不意天遣相遇，三生有幸。"

【出处】元曲《西厢记》一："今能一见，是小生三生有幸矣。"

身不由己

身体不由自己支配。形容行动不由自主。△清·曹雪芹《红楼梦》四七："只觉得一阵黑，满眼金星乱迸，身不由己，就倒在地下了。"

【出处】元曲《陈巡检梅岭失妻》："身不由己，意冲冲。"

深仇大恨

形容极深极大的仇恨。△阿英《晚清文学丛钞·冷眼观》一〇："他既这样深仇大恨，怎样还说要请他吃大菜呢？"

【出处】元曲《郑孔目风雪酷寒亭》四："从今后深雠积恨都消解。"雠：仇；积：积久的。

生米煮成熟饭

比喻事情已经做成，无法改变。△清·曹雪芹《红楼梦》六四："就是婶子，见生米煮成熟饭，也只得罢了。"

【出处】明杂剧《三元记》一〇："如今生米做成熟饭了。"

失魂落魄

丢掉了魂魄。形容心慌意乱或心神不定的样子。△清·李伯元《官场现形记》五〇："八姨听了，真正急得失魂落魄，丝毫不得主意。"

【出处】元曲《宜秋山赵礼让肥》三："东倒西歪，失魂丧魄，北去南来。"

十拿九稳

十成里能稳拿九成。形容很有把握。△清·李伯元《官场现形记》二四："自来办大工的人都守着这个诀窍，所以这回贾大少爷的保举竟其十拿九稳。"

【出处】元曲《包待制智赚灰阑记》二："嫁良人十成九稳。"

手到病除

一经手就把病治好了。形容医术高明。后也比喻工作能力强，解决问题快。△1.明·施耐庵《水浒传》六五："百药不能得治，后请得建康府安道全，手到病除。"2.明·华阳散人《鸳鸯针》二："我去说这情面，包管你手到病除。"

【出处】元曲《萨真人夜断碧桃花》二："包的你手到病除。"

手到擒来

擒：捉拿。一伸手就把敌人捉拿来。比喻做事极有把握，不费什么力就能成功。△老舍《四世同堂》二一："那点病，我手到擒来，保管治好！"

【出处】元曲《梁山泊李逵负荆》四："瓮中捉鳖，手到拿来。"

手疾眼快

疾：急速。眼睛看见得早，手的动作急速。形容反应迅速，动作敏捷。△明·吴承恩《西游记》四："原来悟空手疾眼快……赶至哪吒脑后，着左膊一棒打来。"

【出处】金·董解元《西厢记·正宫》："不慌不紧不忙，果手疾眼辨。"辨：便，敏捷。

手无缚鸡之力

缚：捆绑。用手捆绑鸡的力气都没有。形容身体弱，力气小。△明·施耐庵《水浒传》三八："我两个手无缚鸡之力，只好吃饭。"

【出处】元曲《随何赚风魔蒯通》一："那韩信手无缚鸡之力。"

数一数二

数得上第一或第二。形容突出。△清·吴敬梓《儒林外史》二九："这人是有子建之才，潘安之貌，江南数一数二的才子。"

【出处】元曲《陶学士醉写风光好》三："此乃金陵数一数二的歌者。"

死无对证

当事人或知情人已死，无法对质证实。△明·杨尔曾《韩湘子全传》二三："汝说的都是死无对证的话，我也不信。"

【出处】元曲《金水桥陈琳抱妆盒》三："你做的个死无对证。"

死心塌地

形容心意已定，决不改变。△明·罗贯中《三国演义》八八："和丞相大战一场，那时擒得，方才死心塌地而降。"

【出处】元曲《玉清庵错送鸳鸯被》三："只要你还了时，方才死心塌地。"

四邻八舍

邻舍：邻居。指前后左右的邻居。△明·凌濛初《初刻拍案惊奇》一一："老爷若不信时，只须唤那四邻八舍到来，问去年某月日间，果然曾打死人否？"

【出处】元曲《感天动地窦娥冤》二："四邻八舍听着。"

贪官污吏

指有贪污行为的官吏。△清·黄宗羲《子刘子行状》上："最为民厉者，无如贪官污吏。"

【出处】元曲《玉清庵错送鸳鸯被》四："一应贪官污吏，准许先斩后闻。"

腾云驾雾

乘着云雾在空中飞行。后比喻奔驰迅速或头昏脑胀。△1.明·吴承恩《西游记》五九："原来是腾云驾雾的神人也！"2.清·蓬园《负曝闲谈》一九："马夫把鞭一晃，那车便如驾雾腾云一般的快。"

【出处】元曲《程咬金斧劈老君堂》二："恨不得驾雾腾云，臂生两翅，飞出狱院。"

天理难容

天理：天然的道理；容：容忍。天然的道理难以容忍。指行为不合道理。△清·蔡元放《东周列国志》四："我等背正从逆，天理难容。"

【出处】元曲《朱砂担滴水浮沤记》四："方信道天理难容。"

天缘凑巧

天意安排的缘分，正巧遇到了。形容正好遇到了机会。△清·李汝珍《镜花缘》八："小弟……正想到大洋看看海岛山水之胜，解解愁烦。舅兄恰有此行，真是天缘凑巧。"

【出处】元曲《秦修然竹坞听琴》四："这婚姻是天缘凑巧。"

天诛地灭

诛：杀。被天杀掉，被地消灭。指被天地不容而丧命。△明·施耐庵《水浒传》一四："我等六人中，但有私意者，天诛地灭。"

【出处】元曲《鲁大夫秋胡戏妻》三："怕不的地灭天诛。"

调三窝四

形容搬弄口舌，挑拨是非。△清·曹雪芹《红楼梦》六三："你如今也学坏了，专会调三窝四！"

【出处】元曲《张天师断风花雪月》三："调三斡四，说人好歹。"斡：窝。

通家之好

通家：两家亲密得如同一家；

好：交好，交谊。形容亲如一家的深厚交谊。△清·石玉昆《三侠五义》一五："你我乃年家弟兄，有通家之好。"

【出处】元曲《东堂老劝破家子弟》四："有西邻赵国器……与老夫三十载通家之好。"

铜墙铁壁

比喻十分坚固、不可摧毁的事物。△毛泽东《关心群众生活，注意工作方法》："真正的铜墙铁壁是什么？是群众，是千百万真心实意地拥护革命的群众。"

【出处】元曲《谢金吾诈拆清风府》楔子："随他铜墙铁壁，也不怕不拆倒了他的。"

头疼脑热

头疼，发烧。泛指轻微的病痛。△清·曹雪芹《红楼梦》五一："我离了这里，看你们这一辈子都别头疼脑热的。"

【出处】元曲《河南府张鼎勘头巾》三："员外但有头疼脑热，抓破小拇指头，也是小人认。"

望穿秋水

秋水：比喻眼睛。望穿了眼睛。形容盼望得十分急切。△清·蒲松龄《聊斋志异·凤阳士人》："望穿秋水，不见还家，潸潸泪似麻。"

【出处】元曲《西厢记》三："望穿他盈盈秋水。"

为非作歹

形容做坏事。△清·曹雪芹《红楼梦》五七："我说的是好话，不过叫你心里留神，并没叫你去为非作歹。"

【出处】元曲《张孔目智勘魔合罗》三："这生分女作歹为非。"

未卜先知

卜：占卜。没有占卜就预先知道。比喻有预见性。△清·高鹗《红楼梦》一一六："只做一个未卜先知的人，也省了多少闲想。"

【出处】元曲《桃花女破法嫁周公》三："还有个未卜先知意。"

无依无靠

没有可以依靠的人。△明·冯梦龙《醒世恒言》三五："遗下许多儿女，无依无靠。"

【出处】元曲《薛仁贵荣归故里》三："年高力弱，无靠无依。"

洗耳恭听

洗耳：洗净耳朵听，比喻专心地听；恭：恭敬。专心而恭敬地听。△清·吴趼人《二十年目睹之怪现状》一〇〇："总办说话时，他还垂着手，挺着腰，洗耳恭听。"

【出处】元曲《楚昭公疏者下船》四："容小官洗耳恭听。"

闲情逸致

致：兴致。闲散的心情，安逸的兴致。△鲁迅《华盖集·碰壁之后》："穷到透顶，愁得要死的人，那里还有这许多闲情逸致来著书？"

【出处】明散曲《商调黄莺儿》八："闲情逸兴吾何有？"兴：兴致。

心灰意懒

灰心丧气，意志消沉。△清·文康《儿女英雄传》一三："我平生天性恬淡，本就无意富贵功名；况经了这场宦海风波，益发心灰意懒。"

【出处】元散曲《南吕玉交枝·闲适》二："不是我心灰意懒。"

心惊肉跳

心里惊恐，肌肉颤抖。形容十分恐惧不安。多用于预感灾祸临头时的情状。△清·高鹗《红楼梦》一一二："今日回来，那蒲团再坐不稳，只觉肉跳心惊。"

【出处】元曲《争报恩三虎下山》三："这一会儿心惊肉战。"战：颤抖。

信口开河

信：随意；开河：开合，指说话。随口乱说。△鲁迅《故事新编·序言》："叙事有时也有一点旧书上的根据，有时却不过信口开河。"

【出处】元曲《争报恩三虎下山》三："只留支刺，信口开合。"

兴妖作怪

行妖魔之道，作鬼怪之事。后比喻坏人捣乱破坏。△毛泽东《在中国共产党第七届中央委员会第二次全体会议上的报告》："只要我们精神上有了充分的准备，我们就可以战胜任何兴妖作怪的孙行者。"

【出处】元曲《萨真人夜断碧桃花》三："你却这等兴妖作怪!"

惺惺惜惺惺

惺惺：聪明人。聪明人爱惜聪明人。泛指同类的人互相爱惜。△清·高鹗《红楼梦》八七："宝姐姐不寄与别人，单寄与我，也是惺惺惜惺惺的意思。"

【出处】元散曲《中吕普天乐·酬和情诗》："惺惺的偏惜惺惺。"

凶多吉少

凶险的成分多，吉祥的成分少。表示极可能向坏的方面发展，情况不妙。△清·曹雪芹《红楼梦》三三："那宝玉听见贾政吩咐他'不许动'，早知凶多吉少；那里知道贾环又添了许多的话!"

【出处】元曲《随何赚风魔蒯通》二："你去后多凶少吉。"

凶神恶煞

煞：凶神。凶恶的神。后比喻凶恶的人。△清·钱彩《说岳全传》二七："这几位凶神恶煞，引着那十万八百长胜军，蜂拥一般，杀入番阵内。"

【出处】元曲《桃花女破法嫁周公》三："遭这般凶神恶煞，必然板僵身死了也。"

秀才人情

秀才：才之秀者，泛指读书人；人情：礼物。贫穷的读书人送的礼物，多是自己手书的字画等。后泛指读书人赠送的薄礼。△清·李汝珍《镜花缘》三一："些须微物，不过略助雅兴，敝处历来猜谜都是如此，秀才人情，休要见笑。"

【出处】元曲《西厢记》一："旧秀才人情只是纸半张。"

虚情假意

虚假的情意。△明·兰陵笑笑生《金瓶梅词话》七六："我也见出你那心来了，一味在我面上虚情假意。"

【出处】元曲《李亚仙花酒曲江池》三："只为你虚心假意会劳承。"

悬崖勒马

比喻到了危险的边缘而醒悟。△清·纪昀《阅微草堂笔记·如是我闻》："此书生悬崖勒马，可谓大智慧矣。"

【出处】元曲《钟离春智勇定齐》三："临崖勒马才收骑。"崖：悬崖。

雅俗共赏

雅：指有文化的人；俗：指没有文化的人。有文化的人和没有文化的人都能够欣赏。△清·曹雪芹《红楼梦》六二："射覆……这里头倒有一半是不会的，不如毁了，另拈一个雅俗共赏的。"

【出处】明散曲《东郭记》八："绵驹善歌，雅俗共赏。"

眼明手快

眼光敏锐，动作迅速。△明·施耐庵《水浒传》五五："却被一丈青眼明手快，早起刀，只一隔，右手那口刀望上直飞起来。"

【出处】元曲《玎玎珰珰盆儿鬼》三："眼明手捷，体快身轻。"捷：快。

摇旗呐喊

呐喊：大声叫喊助威。摇着旗子，大声喊杀助威。比喻给人助长声势。△1.明·冯梦龙《古今小说》三九："筛锣擂鼓，摇旗呐喊而前。"2.老舍《四世同堂》

七三："他们……又似乎不好意思给别人摇旗呐喊，而减低了自家的威风。"

【出处】元曲《玉箫女两世姻缘》三："摇旗呐喊，簸土扬沙。"

咬文嚼字

比喻过分斟酌字句。△清·曹雪芹《红楼梦》二七："他们必定把一句话拉长了，作两三截儿，咬文嚼字，拿着腔儿，哼哼唧唧的，急的我冒火，他们那里知道？"

【出处】元散曲《越调小桃红》："含宫泛徵，咬文嚼字。"宫、徵：古代音阶名称。

一般见识

一般：一样。一样的见识。形容同样看待问题、对待事情。△清·曹雪芹《红楼梦》六〇："姨奶奶不必和他小孩子一般见识，等我们说他。"

【出处】元曲《河南府张鼎勘头巾》一："我若和你一般见识呵，敢拖到官中拷断你筋。"

一差二错

指可能发生的意外或差错。

△清·高鹗《红楼梦》一一七："倘若你父亲有个一差二错，又耽搁住了。"

【出处】元曲《郑孔目风雪酷寒亭》："恐一差二误怎支吾？"误：错误。

一家一计

原指一夫一妻组成的家庭。后泛指一家人。△明·兰陵笑笑生《金瓶梅词话》八七："早晚招个女婿，一家一计过日子，庶不教人笑话。"

【出处】元曲《望江亭中秋切鲙》二："把似你则着守一家一计，谁着你收拾下两妇三妻。"

一丝两气

呼气和吸气都细微得像一根线。形容呼吸微弱，几乎要断气。△清·吴敬梓《儒林外史》二〇："老和尚……见他一丝两气，甚不过意。"

【出处】元曲《吕洞宾度铁拐李岳》三："哭的你一丝两气。"

一言难尽

一句话难以说全。△清·刘鹗《老残游记》五："那人叹一口气道：'一言难尽。'就不往

下说了。"

【出处】元曲《鲁大夫秋胡戏妻》一："心间事着我一言难尽。"

倚老卖老

倚仗年纪老，卖弄老资格。△清·李伯元《官场现形记》五四："冯中书见他倚老卖老，竟把自己当作后辈看待，心上很不高兴。"

【出处】元曲《谢金吾诈拆清风府》一："管里倚老卖老，口里唠唠叨叨的说个不了。"

引狼入室

比喻把敌人或坏人引入内部。△茅盾《子夜》七："但中国方面是些什么人呢？干这引狼入室的勾当！"

【出处】元曲《荆楚臣重对玉梳记》二："引得狼来屋里窝。"

隐姓埋名

隐瞒真实姓名。△老舍《四世同堂》四五："有的虽然仍在北平，可是隐姓埋名的闭门读书，不肯附逆。"

【出处】元曲《刘晨阮肇误

入桃源》一："不事王侯，不求闻达，隐姓埋名，做庄家学耕稼。"

硬着头皮

比喻勉强支撑着去应付。△清·吴璿《飞龙全传》七："柴荣此时虽然惧怕，却也无奈，只得硬着头皮，强打精神，推上前去。"

【出处】元散曲《中吕迎仙客·风情》三："硬顶着头皮。"

油头粉面

头上抹油，脸上搽粉。形容打扮得妖艳粗俗。△清·吴敬梓《儒林外史》一四："马二先生正走着，见茶铺里一个油头粉面的女人招呼他吃茶。"

【出处】元曲《秦修然竹坞听琴》一："改换了油头粉面。"

冤家路窄

冤家：仇人；路窄：道路狭窄，指容易相逢。仇人容易相逢。也泛指遇到了不愿意见到的人。△清·李伯元《官场现形记》三："从前在江南揭参他的那个知府，现在正好做了江西藩司，冤家路窄，偏偏又碰在他手里。"

【出处】明杂剧《三度小桃红》三："冤家路窄，怎么在这里又撞着这风和尚。"风：疯。

原封不动

封：封起来的纸包或纸袋。没有打开原来的封口。比喻还是原来的样子，一点没有动。△《鲁迅书信集·致曹靖华》："木刻在下午也收到了，原封不动，毫无损坏，请勿念。"

【出处】元曲《救孝子贤母不认尸》四："我可也原封不动，送还你罢。"

仗义疏财

仗：倚仗，凭借；疏：疏散。凭借正义疏散钱财。多指拿出钱财来帮助有困难的人。△明·施耐庵《水浒传》一九："今有晁兄仗义疏财，智勇足备。"

【出处】元曲《张公义九世同居》二："此人平昔仗义疏财。"

转弯抹角

形容道路曲折或走曲折的道路。后也比喻说话绕弯子，不直截了当。△明·施耐庵《水浒传》二四："武大引着武松，转弯抹角，一径望紫石街来。"

【出处】元曲《东堂老劝破家子弟》一："转湾抹角，可早来到李家门首。"湾：弯。

装神弄鬼

原指扮演角色。后比喻玩弄虚假欺人的手段。△清·曹雪芹《红楼梦》三七："你们别和我装神弄鬼的，什么事我不知道!"

【出处】元曲《宦门子弟错立身》一二："折莫大装神弄鬼。"折莫：什么。

拙口钝腮

拙：笨；钝：不灵活。嘴笨，两腮不灵活。形容人不善于说话，没有口才。△明·吴承恩《西游记》八八："我等愚卤，拙口钝腮，不会说话。"

【出处】元曲《降桑葚蔡顺奉母》一："量您兄弟拙口钝腮。"

足智多谋

智慧高，计谋多。形容人善于料事和用计。△明·罗贯中《三国演义》九一："更兼诸葛亮足智多谋，深通韬略，不可轻敌。"

【出处】元曲《锦云堂暗定连环计》一："老夫遍观朝中，足智多谋，无如司徒者。"

左右开弓

原形容左右手都能拉弓射箭。后比喻两手交替动作或同时做两项工作。△清·曹雪芹《红楼梦》六七："那兴儿真个自己左右开弓，打了自己十几个嘴巴。"

【出处】元曲《唐明皇秋夜梧桐雨》楔子："臣左右开弓，一十八般武艺，无有不会。"

左右为难

这样做也为难，那样做也为难。形容怎样做都感到为难。△清·高鹗《红楼梦》一二〇："千思万想，左右为难。"

【出处】元曲《临江驿潇湘秋夜雨》一："着老夫左右两难。"

变文

狗急跳墙

比喻走投无路时不顾一切地采取极端行动。△清·曹雪芹《红楼梦》二七："今儿我听了他的短儿，人急造反，狗急跳墙，不但生

621

事，而且我还没趣。"

【出处】《燕子赋》："人急烧香，狗急蓦墙。"蓦：超越。

国泰民安

泰：平安。国家平安，百姓安宁。△老舍《龙须沟》一："沟不臭，水又清，国泰民安享太平。"

【出处】《捉季布传文》一："国泰人安喜气新。"

回嗔作喜

嗔：生气。由生气转为欢喜。△明·吴承恩《西游记》六七："老者闻言，回嗔作喜。"

【出处】《捉季布传文》一："皇帝登时闻此语，回嗔作喜却交存。"

弥天大罪

弥：满。罪恶大得充满天空。形容极大的罪恶。△清·曾朴《孽海花》二九："你自己犯了弥天大罪，私买军火，谋为不轨，还想赖么？"

【出处】《李陵变文》一："虞臣计有弥天大罪。"

面如土色

脸色像土一样。形容非常惊恐的样子。△明·罗贯中《三国演义》二一："操笑曰：'在家做得好大事！'唬得玄德面如土色。"

【出处】《捉季布传文》一："归到壁前看季布，面如土色结眉频。"

千方百计

方：方法；计：计谋。形容想尽或用尽种种方法、计谋。△清·曹雪芹《红楼梦》一〇："好容易我和你姑妈说了，你姑妈又千方百计的和他们西府里琏二奶奶跟前说了，你才得了这个念书的地方。"

【出处】《王昭君变文》一："百计寻方，千般求术。"千般：采用多种办法。

人多势众

原形容人手众多。后形容人多势力大。△清·曹雪芹《红楼梦》一〇："话说金荣因人多势众，又兼贾瑞勒令赔了不是，给秦钟磕了头，宝玉方才不吵闹了。"

【出处】《伍子胥变文》一："直为人多手众，至晓即至江西。"

蛇无头不行

行：行走。没有头的蛇不能行走。比喻一群人中没有领头的，就不能行动。△明·冯梦龙《警世通言》一二："百姓……禁受不过，三三两两，逃入山间，相聚为盗。蛇无头而不行，就有个草头天子出来，此人姓范名汝为……"

【出处】《李陵变文》一："蛇无头不行，鸟无翼不飏。"飏：飞。

兔死狐悲

比喻因同类的不幸而悲伤。△明·罗贯中《三国演义》八九："'兔死狐悲，物伤其类'。吾与汝皆是各洞之主，往日无冤，何故害我？"

【出处】《燕子赋》三："狐死兔悲，伤伤其类。"

【辨正】一说，语出明·田艺衡《玉笑零音》："鼋鸣而鳖应，兔死则狐悲。"变文是唐代的说唱文学，大大早于明代；而且，金元时代的词曲中，多有"兔死狐悲"之喻，亦早于明代。

无地自容

没有容纳自己的地方。形容十分羞愧窘迫。△清·高鹗《红楼梦》一〇七："老太太这么大年纪，儿孙们没点孝顺，承受老祖宗这样恩典，叫儿孙们更无地自容了。"

【出处】《唐太宗入冥记》二："皇帝闻此语，无地自容。"

喜从天降

喜事从天上落下来。指突然遇到意想不到的喜事，心情非常喜悦。△清·吴敬梓《儒林外史》三："老太太迎着出来，见儿子不疯，喜从天降。"

【出处】《韩擒虎话本》二："杨妃蒙问，喜从天降。"

心惊胆战

战：发抖。心惊慌，胆发抖。形容非常害怕。△明·施耐庵《水浒传》七九："只吓得高太尉心惊胆战，鼠窜狼奔，连夜收军回济州。"

【出处】《长兴四年中兴殿应圣节讲经文》五："仁者心惊胆

慑。"慑：害怕。

张牙舞爪

原形容猛兽凶恶可怕的姿态。后多比喻猖狂或凶恶的样子。△1.明·罗贯中《三国演义》九〇："峦洞真兽见蜀阵巨兽口吐火焰，鼻出黑烟，身摇铜铃，张牙舞爪而来。"2.清·李伯元《官场现形记》五五："见了州官，州判老爷胆子也壮了，张牙舞爪，有句没句，跟着教习说了一大泡。"

【出处】《新编小儿难孔子》："龙生三日，张牙舞爪。"

第八部分
笔记与小说

汉代著述

白日升天

白天腾空而起，飞上天。原指修炼成仙。后比喻骤然显贵。△宋·刘克庄《诗话》："白日升天易，清朝取士难。"

【出处】应劭《风俗通义·正失》："铸成黄白，白日升天。"

【辨正】一说，语出《魏书·释老志》："白日升天，长生世上。"《魏书》是北齐魏收写的史书，晚于汉，当以《风俗通义》为源。

比上不足，比下有余

表示处于中等地位。△清·沈复《浮生六记·养生记道》："古人云：比上不足，比下有余。此最是寻乐妙法也。"

【出处】赵岐《三辅决录》："上比崔、杜不足，下方罗、赵有余。"崔、杜、罗、赵：崔子玉、杜伯度、罗晖、赵袭，都是当时善草书的人；方：比拟。

【辨正】一说，语出晋·张华《鹪鹩赋》："将以上方不足而

下比有余。"晋代晚于汉代，当以《三辅决录》为源。

闭门却扫

却：止。关上门，停止打扫庭院和路径。表示谢绝客人，不与外界往来。△晋·司马彪《续汉书·赵典传》："典为大司农，闭门却扫，非德不交。"

【出处】应劭《风俗通义·十反》："去官在家，闭门却扫。"

【辨正】一说，语出南梁·江淹《恨赋》："闭关却扫，塞门不仕。"南梁晚于汉代，当以《风俗通义》为源。

不义之财

指不应当得到的或以不正当手段获得的钱财。△明·冯梦龙《古今小说》二二："这不义之财，犬豕不顾，谁人要你的！"

【出处】刘向《列女传·齐田稷母》："不义之财，非吾有也。"

【辨正】一说，语出明·陶宗仪《南村辍耕录》八："我岂取不义之财哉！"陶宗仪晚于刘向约一千四百年。当以《列女传》为源。

城门失火，殃及池鱼

池：护城河。城门着了火，人们用护城河的水救火；水用尽了，鱼就干死了。比喻受牵连而遭到损失或祸害。△清·吴趼人《二十年目睹之怪现状》八九："你们这件事闹翻了，他们穷了，又是终年的闹饥荒，连我养老的几吊棺材本，只怕从此拉倒了，这才是'城门失火，殃及池鱼'呢！"

【出处】应劭《风俗通义·佚文》："城门失火，祸及池中鱼。"

【辨正】一说，语出北齐·杜弼《为东魏檄梁文》："城门失火，殃及池鱼。"北齐晚于汉代，当以《风俗通义》为源。

冲锋陷阵

冲锋：作为先锋，冲在最前面；陷阵：深入敌人的阵地。形容英勇作战。△毛泽东《新民主主义论》："鲁迅是在文化战线上，代表全民族的大多数，向着敌人冲锋陷阵的最正确、最勇敢、最坚决、最忠实、最热忱的空前的民族英雄。"

【出处】应劭《风俗通义·佚文》："常为前锋，陷阵溃围。"

【辨正】一说，语出《北齐书·崔暹传》："冲锋陷阵，大有其人。"《北齐书》是唐代李百药写的史书，晚于汉代，当以《风俗通义》为源。

登高能赋

原指登到高处观赏景物，眼界开阔，能即兴赋诗，后形容有很高的才能。△晋·陈寿《三国志·武帝纪》注引《荐袁遗于太尉朱儁》："包罗载籍，管综百氏，登高能赋，赌物知名。"

【出处】韩婴《韩诗外传》七："君子登高必赋。"

东食西宿

食：吃；宿：住。东西两家同时向一个女子求婚，东家的人长得丑但家里富有，西家的人长得好但家里贫穷，女子想在东家吃而在西家住。后比喻贪婪，想得到各方面的好处。△清·蒲松龄《聊斋志异·黄英》："东食西宿，廉者当不如是。"

【出处】应劭《风俗通义·两祖》："齐人有女，二人求之。东家子丑而富，西家子好而贫，父母疑不能决，问其女。女……云："

'欲东家食，西家宿。'"

伐毛洗髓

伐毛：刮去毛发；洗髓：清洗骨髓。后比喻彻底清除陈腐污秽的东西。△阿英《晚清文学丛钞·中国现在记》三："如要去掉他这劣根性，竟非大大的伐毛洗髓，拿他重新做个人不成。"

【出处】郭宪《洞冥记》："三千年一返骨洗髓，二千年一剥皮伐毛。"

回天转日

回转天日。比喻扭转既成定局的形势。△后晋·刘昫《旧唐书·王义方传》："虽挟山超海之力，望此犹轻；回天转日之威，方斯更劣。"

【出处】应劭《风俗通义·佚文》："左回天，徐转日。"左、徐：左悺、徐璜，东汉桓帝延熹年间的两个中常侍，权势极大。

见微知著

微：微小，指事物的萌芽；著：显著，指事物发展起来以后的样子。看见事物的萌芽，就知道它发展起来以后的样子。△宋·洪迈《容斋续笔》一六："计然者……少而明，学阴阳，见微知著。"

【出处】袁康《越绝书·越绝德序外传记》："故圣人见微知著，睹始知终。"

【辨正】一说，语出宋·苏洵《辨奸论》："惟天下之静者乃能见微而知著。"苏洵晚于袁康一千余年，当以《越绝书》为源。

金石为开

为：被。铜铁和石头被分解开。表示意志坚决或态度真诚。△晋·葛洪《西京杂记》五："至诚则金石为开。"

【出处】韩婴《韩诗外传》六："熊渠子见其诚心，而金石为之开，而况人乎？"见：现。

金枝玉叶

原指象征帝王的五色云气的样子。后比喻帝王的子孙后代。△明·罗贯中《三国演义》一三："我哥哥是金枝玉叶，你是何等人，敢称我哥哥为贤弟？"

【出处】应劭《风俗通义·佚文》："常有五色云气，金枝玉叶，止于帝上，因作华盖。"

平心静气

心情平和，态度冷静。△鲁迅《两地书》一〇："此后只能平心静气，再看后来，随时用质直的方法对付。"

【出处】韩婴《韩诗外传》二："佚四肢，全耳目，平心气。"

千里之足

日行千里的脚力。后用作良马的代称。也比喻杰出的人才。△1.《乐府诗集·木兰诗》："愿驰千里足，送儿还故乡。"2.东汉·班固《后汉书·延笃传》："延叔坚有王佐之才，奈何屈千里之足乎！"

【出处】韩婴《韩诗外传》七："使骥不得伯乐，安得千里之足？"

却行求前

却：退。退着走，却想追上前面的人。比喻行动与愿望相反，不可能达到目的。△东汉·班固《后汉书·周举传》："陛下所行，但务其华，不寻其实，犹缘木希鱼，却行求前。"

【出处】韩婴《韩诗外传》五："夫知恶往古之危亡，而不袭蹈其所以安存者，则无以异乎却行而求逮于前人也。"逮：及，到。

如胶似漆

像胶和漆那样粘在一起。比喻感情深厚，难舍难分。△郭沫若《少年时代·我的童年》："他们结婚之后，伉俪之笃真真正正如胶似漆了。"

【出处】韩婴《韩诗外传》九："夫实之与实，如胶如漆。"

少年老成

形容人虽年轻却老练稳重。△《鲁迅书信集·致萧军、萧红》："但我觉得虽是青年，稚气和不安定的并不多，我所遇到的倒是十之八九是少年老成的，城府也深……"

【出处】赵岐《三辅决录》注："韦主簿虽少，有老成之风。"

死于非命

指遭受意外的灾祸而死亡。△明·凌濛初《初刻拍案惊奇》一五："我陈珩若再向花柳丛中着脚时。永远前程不吉，死于非命。"

【出处】韩婴《韩诗外传》一："人有三死而非命也者，自取之也。"三死：指病杀、刑杀、兵杀。

天地不容

天和地不能容纳。指人罪大恶极。△唐·骆宾王《代徐敬业传檄天下文》："近狎邪僻，残害忠良，杀姊屠兄，弑君酖母，人神之所同嫉，天地之所不容。"

【出处】袁康《越绝书·越绝篇叙外传记》："子谋父，臣杀主，天地所不容载。"

天衣无缝

原指天赐给的不经缝纫而成的衣服。后比喻诗文浑然天成，没有雕琢痕迹。也比喻没有破绽。△1.宋·周密《浩然斋雅谈》中："数联皆天衣无缝，妙合自然。"2.阿英《晚清文学丛钞·中国现在记》一〇："那钮道台是个老行家，自然办的是天衣无缝的了。"

【出处】佚名《神异经》："天赐其衣……皆无缝。"

【辨正】一说，语出蜀·牛峤《灵怪录》："视其衣并无缝……曰：'天衣本非针线为也。'"五代晚于汉代，当以《神异经》为源。

吐哺握发

哺：咀嚼的食物。把正在咀嚼的食物吐出来而来不及咽下去，把正在洗的头发握在手里而来不及梳理。指吃饭和梳洗被打断。形容公务极繁忙。△清·蔡元放《东周列国志》一八："周公在周盛时，天下太平，四夷宾服，犹且吐哺握发，以纳天下贤士。"

【出处】韩婴《韩诗外传》三："一沐三握发，一饭三吐哺。"沐：洗头发。

吴牛喘月

吴：指江浙一带。江浙一带的水牛怕热，看见月亮以为是太阳，喘起气来，后比喻因疑心而产生恐惧心理。也形容天气酷热。△1.宋·辛弃疾《雨中花慢》词："心似伤弓寒雁，身如喘月吴牛。"2.唐·李白《丁督护歌》诗："吴牛喘月时，拖船一何苦！"

【出处】应劭《风俗通义·佚文》："吴牛望月则喘。"

言过其实

言辞超过了实际。形容说话夸大。△清·刘鹗《老残游记续集》二："咱们在京里看御史们的折子，总觉言过其实，若像这样，还有天日吗？"

【出处】应劭《风俗通义·正失》："凡此十余事，皆俗人所妄传，言过其实。"

【辨正】一说，语出《三国志·马良传》："马谡言过其实。"《三国志》是晋代陈寿写的史书，晚于《风俗通义》。当以《风俗通义》为源。

一呼百诺

诺：答应的声音。一个人呼唤，一百个人答应。形容权势大，侍从多。△清·李伯元《官场现形记》一三："果然现任县太爷，一呼百诺，令出如山，只吩咐得一句，便有一个门上，带了好几个衙役，拿着铁链子，把这船上的老板、伙计一齐锁了带上岸去了。"

【出处】韩婴《韩诗外传》五："一呼再诺者，人隶也。"

以己度人

度：推测。用自己的心思推测别人的心思。△晋·陈寿《三国志·钟毓传》："夫论事料敌，当以己度人。"

【出处】韩婴《韩诗外传》三："圣人以己度人者也。"

尊师重道

尊敬老师，注重道德。△清·梁章钜《楹联丛话续》四："重道尊师大排场，看破世情都是戏。"

【出处】韩婴《韩诗外传》三："太学之礼，虽诏于天子，无北面，尊师尚道也。"尚：崇尚，注重。

631

晋代著述

残羹冷炙

炙：烤肉。剩余的羹汤和烤肉。指吃剩下的酒食。后也比喻别人施舍的东西。△1.清·李伯元《官场现形记》二四："乒乒乓乓，把吃剩的残羹冷炙翻的各处都是。"2.鲁迅《且介亭杂文·拿来

中华成语探源

中华国学精粹

典藏珍本

主义》："他们拿不出东西来，只好磕头贺喜，讨一点残羹冷炙做奖赏。"

【出处】郭澄之《郭子》："我尝在下得残盘冷炙。"

【辨正】一说，语出唐·杜甫《奉赠韦左丞丈》诗："残杯与冷炙，到处潜悲辛。"《郭子》早于唐诗，当为源。

肝肠寸断

肠子断成许多约一寸长的小段。形容极度悲伤。△《敦煌变文集·孝子传》八："其妻见儿被他卖去，随后连声唤住，肝肠寸断，割奶身亡。"

【出处】干宝《搜神记·猿母猿子》："临川东兴，有人入山，得猿子，便将归，猿母自后逐至家……此人既不能放，竟击杀之，猿母悲唤，自掷而死。此人破肠视之，寸寸断裂。"

高唱入云

高声歌唱的声音传入云霄。形容歌声嘹亮。也比喻文辞激越。△清·周生《扬州梦》一："曲师按拍，主人倚声，高唱入云，云为之停。"

【出处】葛洪《西京杂记》一："侍婢数百皆习之，后宫齐首高唱，声入云霄。"

吉光片羽

吉光：古代传说中的一种神兽，其毛入水不沉，入火不焦。吉光神兽的一片毛羽。比喻残存的十分珍贵的诗文字画等文物。△清·李绿园《歧路灯》九二："祖宗诗文，在旁人观之，不过行云流水，我们后辈视之，吉光片羽，皆金玉珠贝。"

【出处】葛洪《西京杂记》一："武帝时，西域献吉光裘，入水不濡。"

蒹葭倚玉

蒹葭：芦苇；倚：靠着。芦苇靠着美玉。原比喻丑人和美人坐在一起。后比喻平庸的人依附俊杰，地位低微的人依附贵人。△清·曾朴《孽海花》一二："太太如此见爱，妾非木石，那有不感激的哩？只是同太太并肩拍照，蒹葭倚玉，恐折薄福……"

【出处】郭澄之《郭子》："魏明帝使后弟毛曾与夏侯太初共坐，时人谓蒹葭倚玉树。"

632

【辨正】一说，语出《世说新语·容止》。《世说新语》是南朝宋人刘义庆编撰的古小说集，晚于晋代。当以《郭子》为源。

姜太公钓鱼，愿者上钩

传说姜太公用无饵钩钓鱼，五十六年一无所获。所比喻自愿上圈套。△明·叶良表《分金记》："自古道：'姜太公钓鱼，愿者上钩。'不愿，怎强得他？"

【出处】符朗《符子》："太公涓钓于隐溪，五十有六年矣，而未尝得一鱼……不饵而钓，仰咏俛吟，及暮而释竿。"俛：俯。

【辨正】一说，语出《武王伐纣平话》中："姜尚……直钩沟渭水之鱼，不用香饵之食，离水面三尺，尚自言曰：'负命者上钩来！'"《武王伐纣平话》是元代艺人的话本，晚于《符子》。当以《符子》为源。

借酒浇愁

形容用酒来排遣胸中的愁闷。△清·杨潮观《贺兰山谪仙赠带》："今日里，是借酒浇愁，还是个酒逢知己？"

【出处】郭澄之《郭子》：

"阮籍胸中垒块，故须酒浇之。"垒块：郁结在胸中的愁闷。

【辨正】一说，语出南朝宋·刘义庆《世说新语·任诞》。晋代早于南朝，当以《郭子》为源。

荆钗布裙

钗：女子插在发髻上的首饰。用荆枝做钗，用粗布做裙子。形容女子装束朴素。又作"钗荆裙布"。△1.蔡东藩《民国通俗演义》三七："余如箱栊物件，却尚简朴，荆钗布裙，想见高风。"2.清·曹雪芹《红楼梦》五七："薛姨妈看见邢岫烟生得端雅稳重，且家道贫寒，是个钗荆裙布的女儿，便欲说给薛蟠为妻。"

【出处】皇甫谧《列女传》："梁鸿妻孟光，荆钗布裙。"

惊心动魄

使人心神受到震动。△清·高鹗《红楼梦》八四："这里赵姨娘正说着，只听贾环在外间屋子里，更说出些惊心动魄的话来。"

【出处】王嘉《拾遗记·越谋灭吴》："越又有美女二人，一名夷光，一名修明……窃窥者莫不动心惊魄，谓之神人。"

【辨正】一说，语出南梁·钟嵘《诗品》上："文温以丽，意悲而远，惊心动魄。"晋代早于南朝，当以《拾遗记》为源。

龙生九子

古代传说，龙生的九个儿子有不同的形状和爱好。后比喻同胞兄弟的性格、爱好各不相同。△清·王夫之《广遣兴》诗："龙生九子余鸱吻，鲛泣千行对蛤魁。"

【出处】张华《博物志·逸篇》："龙生九子不成龙，各有所好，鸱吻、蝘蜡之类也。"鸱吻：龙子之一，性好望，立于屋上；蝘蜡：龙子之一，性好水，立于桥柱。

【辨正】一说，语出明·徐应秋《玉芝堂谈荟》引李东阳《怀麓堂集》："龙生九子不成龙，各有所好……"晋代早于明代，当以《博物志》为源。

明镜高悬

悬：悬挂。明亮的镜子高高地悬挂着。传说秦始皇有一面大镜子，能照出人的疾病和邪念。比喻目光敏锐，能洞察一切。也比喻断

案严明公正。△1.清·钱谦益《致龚芝麓》二："秉钧当国，正须料理人才，牛溲马渤亦是药笼中物，况有法眼天眼，明镜高悬。"2.《元曲选·望江亭中秋切鲙》四："今日个幸对清官，明镜高悬，似他这强夺人妻，公违律典，既然是体察端的，怎生发遣？"

【出处】葛洪《西京杂记》三："有方镜，广四尺，高五尺九寸……人有疾病……则知病之所在。又女子有邪心，则胆张心动。"

千里莼羹

千里：千里湖，在今江苏省溧阳县；莼：莼菜，一种水生植物。用千里湖的莼菜做的羹汤。后泛指有地方风味的食品。△宋·苏轼《忆江南寄纯如》二："若话三吴胜事，不惟千里莼羹。"

【出处】郭澄之《郭子》："陆机诣王武子，武子有数斛羊酪，指以示陆：'卿东吴何以敌此？'陆云：'有千里莼羹，未下盐豉。'"盐豉：泛指作料。

【辨正】一说，语出南朝宋·刘义庆《世说新语·言语》。晋代早于南朝，当以《郭子》为源。

声色俱厉

色：脸色；俱：全，都；厉：严厉。声音和脸色都很严厉。△郭沫若《学生时代·创造十年》："达夫更决绝地说了一句：'不停办我是不寄稿的！'说得有点声色俱厉。"

【出处】裴启《语林》："恺声色俱厉。"恺：王恺，司马昭妻弟。

【辨正】一说，语出南朝宋·刘义庆《世说新语·方正》："敦声色并厉。"晋代早于南朝，当以《语林》为源。

死马当活马医

比喻在已经绝望的情况下仍尽力挽救。△阿英《晚清文学丛钞·新中国未来记》三："哥哥所言，我也细细想过多次，但我的政策，全是俗话说的，死马当活马医！"

【出处】干宝《搜神记·郭璞》："赵固所乘马忽死，甚悲惜之，以问郭璞……果得一物，似猿，持归。入门见死马，跳梁走往死马头，嘘吸其鼻，顷之，马即能起，奋迅嘶鸣，饮食如常。"

【辨正】一说，语出宋·集成《宏智禅师广录》一："不免作死马医去也。"晋代早于宋代，当以《搜神记》为源。

响彻云霄

彻：通。声音响亮，能通到云霄。形容声音非常响亮。△明·申佳胤《端午日凤楼侍宴》诗："一声天语千官坐，响彻云霄瑞鸟翔。"

【出处】葛洪《西京杂记》一："后宫齐首高唱，声入云霄。"

行尸走肉

尸、肉：尸体。会行走的尸体。比喻无所作为，虽生犹死的人。△老舍《四世同堂》五七："以后的生活，将是只顾一日三餐，对付着活下去。他将变成行尸走肉……"

【出处】王嘉《拾遗记·任末》："不学者虽存，谓之行尸走肉耳！"

引人入胜

胜：胜地，美妙的境地。把人引进美妙的境地。△郭沫若《学生时代·我的学生时代》："细菌的实习、医化学和生理的实习，都是引人入胜的东西。"

【出处】郭澄之《郭子》："酒自引人入胜地耳。"

【辨正】一说，语出南朝宋·刘义庆《世说新语·任诞》："王卫军云，酒正自引人着胜地。"晋代早于南朝，当以《郭子》为源。

与狐谋皮

谋：商议，商量。跟狐狸商量，要剥下它的皮。比喻与对方谋求的事严重损害对方利益，绝对办不到。△清·魏源《上江苏巡抚陆公论海漕书》："如此时即奏筹散遣漕船水手之议，是为千金之裘而与狐谋皮，不惟无益而反有碍也。"

【出处】苻朗《苻子》："欲为千金之裘，而与狐谋其皮。"

芝兰玉树

芝兰：芝草和兰花，是气味芳香的花草；玉树：传说中的五彩玉树，借指美材。比喻优秀的子弟。后也泛指优秀的人。△1.明·陈继儒《太平清话》四："其仲季皆清

爽，真芝兰玉树，不下晋之王谢家也。"2.元·戴表元《子曰德不孤必有邻》："见一善人，如对芝兰玉树，惟恐不相入。"

【出处】裴启《语林》："譬如芝兰玉树，欲使其生于庭阶耳。"

【辨正】一说，语出《晋书·谢安传》。《晋书》是唐代房玄龄写的史书，晚于《语林》。当以《语林》为源。

南北朝著述

哀梨蒸食

哀梨：汉代秣陵哀仲家产的梨，大而汁多味美，入口即化。把哀梨蒸着吃。比喻不识货，糟蹋了好东西。△宋·陆游《齿痛有感》诗："暮年渐解人间事，蒸食哀梨亦自奇。"

【出处】《世说新语·轻诋》："君得哀家梨，当复不蒸食不？"

百感交集

各种感触交织在一起。△《鲁迅书信集·致曹靖华》："一到此

境，假好人露真相，代售处赖钱，真是百感交集。"

【出处】《世说新语·言语》："见此芒芒，不觉百端交集。"芒芒：茫茫。

标新立异

提出新颖的，树立奇异的。形容创立新意，与众不同。△鲁迅《且介亭杂文二集·"题未定"草》："有时也用几个音译字……但这也是向来用惯的话，并非标新立异，来表示自己的摩登的。"

【出处】《世说新语·文学》："支卓然标新理于二家之表，立异义于众贤之外。"支：东晋僧人支遁。

别无长物

长物：多余的东西。除此之外，没有多余的东西。△明·凌濛初《二刻拍案惊奇》三九："房内止有一张大几，四下一看，别无长物。"

【出处】《世说新语·德行》："恭作人无长物。"

别有会心

会心：领会。有独到的领会。

△清·陈森《品花宝鉴》四："此人议论虽偏，但他别有会心，不肯随人俯仰之意已见。"

【出处】《世说新语·言语》："会心处不必在远。"

不能忘怀

忘怀：忘记。不能忘记。形容时时挂在心上。△清·石玉昆《三侠五义》一："因此每日忧烦，闷闷不乐，竟是时刻不能忘怀。"

【出处】《世说新语·言语》："将不畏影者，未能忘怀。"

不能忘情

感情上不能忘记。△明·归有光《与赵子举书》："平生倔强……而不能忘情于兄者，思龙老不得见也。"

【出处】《世说新语·言语》："当由忘情故不泣，不能忘情故泣。"

不舞之鹤

不会跳舞的鹤。比喻无能的人。△清·蒲松龄《聊斋志异·折狱》："驽钝不才，竟以不舞之鹤为羊公辱。"

中华成语探源

中华国学精粹

典藏珍本

638

【出处】《世说新语·排调》："昔羊叔子有鹤善舞……客试使驱来，氄氄而不肯舞。"氄氄：羽毛松散的样子。

楚楚可怜

楚楚：鲜明的样子；可怜：可爱。原形容幼松枝叶鲜明可爱。后形容女子娇柔妩媚的姿态。△清·许豫《喜龄》："虽云鬓蓬松，而意态幽闲，大有楚楚可怜之致。"

【出处】《世说新语·言语》："松树子非不楚楚可怜，但永无栋梁之用耳。"

楚囚对泣

楚囚：春秋时被晋国俘虏的楚人钟仪，后比喻处于危难窘迫境地的人。处于危难窘迫境地中的人相对哭泣。△宋·杨万里《新亭送客》诗："拍壁置人添一笑，楚囚对泣后千年。"

【出处】《世说新语·言语》："当共戮力王室，克复神州，何至作楚囚相对？"

粗服乱头

粗劣的衣着，乱蓬蓬的头发。

原形容不修饰仪表。后也比喻诗文绘画等不求工细，自然本色。△清·盛大士《士大夫之画》："历观古名家，每有乱头粗服，不屑求工，而神致隽逸。"

【出处】《世说新语·容止》："裴令公有儁容仪，脱冠冕，粗服乱头，皆好。"

大才槃槃

槃槃：盛大的样子。形容极有才能。△清·袁枚《答芷塘太史》："以为太史槃槃大才，是前朝李西厓一流人物。"

【出处】《世说新语·赏誉》："大才槃槃谢家安，江东独步王文度，盛德日新郗嘉宾。"

大家闺秀

大家：世家望族。世家望族中的女子。△清·文康《儿女英雄传》八："姑娘既是位大家闺秀，怎生来得至此？"

【出处】《世说新语·贤媛》："顾家妇清心玉映，自是闺房之秀。"

登峰造极

登：攀登；峰：山顶；造：

达到；极：顶点。攀登至山顶，达到最高点。比喻学问、技艺等达到了极高的境界。△清·李伯元《官场现形记》五五："他的西学尚不能登峰造极，很有些翻不出来的地方。"

【出处】《世说新语·文学》："不知便可登峰造极不。"

【辨正】一说，语出清·顾炎武《与八书》一七："断不能登峰造极。"《世说新语》的作者是南朝宋人刘义庆（公元403～公元444年）早于顾炎武（公元1613～公元1682年）1200余年。当以《世说新语》为源。

东床娇客

娇客：女婿。晋代郗鉴，选中卧在东床的王羲之为女婿。△清·钱彩《说岳全传》三五："老夫意欲将两个小女，招赘二位为东床娇客；未知二位意下若何？"

【出处】《世说新语·雅量》："唯有一郎在东床上，坦腹卧，如不闻。鉴曰：'正此佳婿邪！'"

东山再起

从隐居的东山出来，再做官。

比喻失势后重新恢复地位或失败后重新恢复力量。△清·文康《儿女英雄传》三九："或者圣恩高厚，想起来还有东山再起之日，也未可知。"

【出处】《世说新语·排调》："谢公在东山……后出为桓宣武司马。"

【辨正】一说，语出《晋书·谢安传》。《世说新语》为南朝宋人刘义庆撰，《晋书》为唐代房玄龄撰。当以前者为源。

咄咄逼人

原形容说话尖刻，使人难堪。后形容气势汹汹，盛气凌人。△郭沫若《少年时代·反正前后》："他这一道命令真是咄咄逼人。"

【出处】《世说新话·排调》："殷有一参军在坐，云：'盲人骑瞎马，夜半临深池。'殷曰：'咄咄逼人！'仲堪眇目故也。"眇：瞎一只眼睛。

咄咄怪事

咄咄：表示惊讶的叹词。形容使人十分惊奇的事情。△阿英《晚清文学丛钞·扫迷帚》一七："如有小疾，则必举家皇皇，视为

中华成语探源

中华国学精粹

典藏珍本

危险，且聚讼纷纭，一若其必不得起，岂非咄咄怪事。"

【出处】《世说新语·黜免》："殷中军被废在信安，终日恒书空作字……唯作'咄咄怪事'四字而已。"

堕云雾中

堕：落。比喻陷入迷惑不解的境地。△清·徐增《而庵诗话》五九："须细心探讨，方不堕入云雾中。"

【出处】《世说新语·赏誉》："卿故堕其云雾中。"

干卿何事

卿：古代表示亲昵的称呼。跟你有什么相干？△宋·方岳《如梦令·春思》："春去，春去，且道干卿何事？"

【出处】《世说新语·任诞》："犯我家讳，何预卿事？"预：干涉。

【辨正】一说，语出《南唐书·冯延巳传》："吹皱一池春水，干卿何事？"《世说新语》为南朝宋人刘义庆作，《南唐书》为宋代马令作。当以前者为源。

高足弟子

指成绩优异的学生。△清·梁章钜《浪迹丛谈》二："汪氏懋麟，江都人……为渔洋山人高足弟子。"

【出处】《世说新语·文学》："郑玄在马融门下，三年不得相见，高足弟子传授而已。"

古往今来

从古代到现在。△清·高鹗《红楼梦》一一六："况且你女婿养下来就嘴里含着的。古往今来，你们听见过这么第二个么？"

【出处】《世说新语·排调》："天地四方曰宇，往古来今曰宙。"

【辨正】一说，语出唐·白居易《放言》诗："朝真暮伪何人辨，古往今来底事无！"这里的"古往今来"，只将《世说新语》中的"往古来今"词序调整一下。当以《世说新语》为源。

管中窥豹

从竹管里看豹子，只看见豹身上的一个花斑。原比喻不了解事物全貌，只有片面的了解。后也比喻从所见到的部分可以推测事物的全貌。△鲁迅《华盖集续编·有趣的消息》："幸而在《现代评论增刊》上提前发表了几节，所以我们竟还能'管中窥豹'似的，略见这一部新书的大概。"

【出处】《世说新语·方正》："此郎亦管中窥豹，时见一斑。"

【辨正】一说，语出《晋书·王献之传》。《世说新语》为南朝宋人刘义庆作，《晋书》为唐代房玄龄作。当以前者为源。

广陵散绝

《广陵散》：琴曲名。《广陵散》断绝失传。后泛指学问、技艺等失传。△清·曾朴《孽海花》二："从此以后，状元鼎甲，广陵散绝响于苏州。"

【出处】《世说新语·雅量》："《广陵散》于今绝矣！"

国破家亡

国土破裂，家庭也没有了。△清·钱彩《说岳全传》五五："只因奸臣献了地图册，被岳飞杀败，以至国破家亡。"

【出处】《世说新语·贤媛》注引《妒记》："国破家亡，无心

以至今日。"

好好先生

对什么都说好的人。指与人无争，不问是非曲直，只求相安无事的人。△清·吴敬梓《儒林外史》六："我们没来由今日为他得罪严老大，老虎头上扑苍蝇怎的？落得做好好先生。"

【出处】《世说新语·言语》注引陈录《善诱文》："后汉司马徽不谈人短，与人语美恶皆言好。"

鹤立鸡群

比喻一个人的仪表在众人中显得非常突出。后也比喻一个人的才能在众人中显得非常突出。△清·李汝珍《镜花缘》三九："谁知女儿国王忽见林之洋杂在众人中，如鹤立鸡群一般……"

【出处】《世说新语·容止》："嵇延祖卓卓如野鹤之在鸡群。"

后起之秀

原指后辈中的优秀人物。后形容后来出现的或新成长起来的优秀人物。△清·盛大士《溪山卧

游录》三："后起之秀，不乏其人。"

【出处】《世说新语·赏誉》："卿风流俊望，真后来之秀。"

【辨正】一说，语出《晋书·王忱传》。《世说新语》为南朝宋人刘义庆作。《晋书》为唐代房玄龄作。当以前者为源。

黄公酒垆

酒垆：酒肆安放酒瓮的土台子，借指酒肆。晋代王戎曾与嵇康、阮籍在黄公酒肆饮酒；嵇、阮死后，王戎又经过黄公酒肆。借指感怀旧友。△元·戴表元《题萧子西诗卷后》："山阳笛声之感，黄公酒垆之忆，为之悠然上心。"

【出处】《世说新语·伤逝》："王浚冲为尚书令……经黄公酒垆下过。"

会心处不在远

会心：领会。原指对于林泉佳景的领会不必到远处寻求。后也形容道理很容易领悟。△清·曹雪芹《红楼梦》四八："会心处不在远，听你说了这两句，可知三昧你已得了。"

【出处】《世说新语·言语》："会心处不必在远，翳然林水，便自有濠濮间想也。"

击碎唾壶

唾壶：古代的痰盂。晋代王敦听曹操的《乐府歌》时，随着节拍敲打唾壶。后形容对于豪放的文艺作品的赞赏。又作"敲碎唾壶"。△清·陈廷焯《白雨斋词话》六："刘潜夫《满江红》……沉痛激烈，几欲敲碎唾壶。"

【出处】《世说新语·豪爽》："以如意打唾壶，壶口尽缺。"

鸡骨支床

鸡骨：比喻瘦弱；支：支离，形容憔悴；床：卧床。瘦弱憔悴，卧床不起。△清·蒲松龄《聊斋志异·寄生》："积数日，鸡骨支床，较前尤甚。"

【出处】《世说新语·德行》："王鸡骨支床，和哭泣备礼。"

颊上添毫

在面颊上画出毫毛。后形容叙述、描摹得生动、逼真。△清·梁廷楠《曲话》三："《雪中人》一剧，写吴六奇，颊上添毫，栩栩欲活。"

【出处】《世说新语·巧艺》："顾长康画裴叔则，颊上益三毛。"益：加。

【辨正】一说，语出《晋书·顾恺之传》："尝图裴楷像，颊上加三毛。"《世说新语》为南朝宋人刘义庆作，《晋书》为唐代房玄龄作。当以前者为源。

渐入佳境

逐渐进入了美妙的境界。原指从上端往下端吃甘蔗，越吃越甜。后形容兴趣逐渐浓厚或境况逐渐好转。△明·吴承恩《西游记》八二："行过了许多亭阁，真个是渐入佳境。"

【出处】《世说新语·排调》："每食蔗，自尾至本。人或问，曰：'渐至佳境。'"

【辨正】一说，语出《晋书·顾恺之传》："人或怪之。云：'渐入佳境。'"《世说新语》为南朝宋人刘义庆作，《晋书》为唐代房玄龄作。当以前者为源。

金谷酒数

金谷：晋代石崇的花园。金谷园里罚酒的数量。指三大杯酒。△唐·李白《春夜宴从弟桃花园序》："如诗不成，罚依金谷酒数。"

【出处】《世说新语·品藻》："金谷中苏、绍最胜。"注引晋·石崇《金谷诗序》："遂各赋诗……或不能者，罚酒三斗。"

镜台自献

送镜台为聘礼。后借指求婚。△清·蒲松龄《聊斋志异·辛十四娘》："窃不自揣，愿以镜台自献。"

【出处】《世说新语·假谲》："公密有自婚意……因下玉镜台一枚。"

刻画无盐，唐突西子

无盐：古代著名的丑女；西子：西施，古代著名的美女；唐突：冒犯。精细地描摹无盐，冒犯西施。比喻以丑比美，比拟得不恰当。△清·陈森《品花宝鉴》一〇："我是要试试庾香的眼力，所以刻画无盐，唐突西子。"

【出处】《世说新语·轻诋》："何乃刻画无盐，以唐突西子也。"

643
中华成语探源

中华国学精粹
典藏珍本

【辨正】一说，语出《晋书·周颤传》："何乃刻画无盐，唐突西施也。"《世说新语》为南朝宋人刘义庆作，《晋书》为唐代房玄龄作。当以前者为源。

空洞无物

空旷，没有障碍物。形容胸怀宽阔。后也形容文章、言论等内容空虚。△朱自清《经典常谈·文第十三》："八股文里是空洞无物的。"

【出处】《世说新语·排调》："此中空洞无物，然容卿辈数百人。"

口若悬河

悬河：瀑布。说起话来像瀑布一样奔流倾泻，滔滔不绝。△清·吴敬梓《儒林外史》四："知县见他说的口若悬河，又是本朝确切典故，不由得不信。"

【出处】《世说新语·赏誉》："吐章陈文，如悬河泻水，注而不竭。"

【辨正】一说，语出唐·韩愈《石鼓歌》："安能以此上论列，愿借辩口如悬河。"韩氏的"口若悬河"显然源于《世说新语》的

"吐章陈文，如悬河泻水"。

兰摧玉折

摧：折断。兰花折了，美玉断了。比喻贤人早逝。△清·蒋士铨《为胡母甘淑人作》诗："三子两妇相继亡，兰摧玉折公心伤。"

【出处】《世说新语·言语》："宁为兰摧玉折，不作萧敷艾荣。"萧、艾：蒲草和艾蒿。

聊复尔耳

聊：姑且；尔：如此，这样；耳：而已，罢了。姑且也如此罢了。表示只不过表面应付一下。△清·文康《儿女英雄传》三九："老爷觉得只要有了他那寿酒寿文二色，其余也不过未能免俗，聊复尔尔而已。"

【出处】《世说新语·任诞》："未能免俗，聊复尔耳。"

【辨正】一说，语出《晋书·阮咸传》。《世说新语》为南朝宋人刘义庆作，《晋书》为唐代房玄龄作。当以前者为源。

林下风范

林下：竹林名士，指魏末的阮籍、嵇康、山涛、向秀、阮咸、王

戎、刘伶等"竹林七贤"，因常于竹林下宴饮，故称；风范：风度。竹林名士的风度。后多形容女子神态闲雅大方。△清·刘鹗《老残游记》八："这女子何以如此大方？岂古人所谓有林下风范的，就是这样吗？"

【出处】《世说新语·贤媛》："王夫人神情散朗，故有林下风气。"

琳琅满目

琳琅：美玉。美玉充满了视野。比喻美好的事物充满视野。△清·陆陇其《与陈蔼公书》："展卷一读，琳琅满目。"

【出处】《世说新语·容止》："今日之行，触目见琳琅珠玉。"

流芳百世

流：流传；芳：花香，比喻好名声；世：代。好名声流传一百代。形容好名声永远流传后世。△明·罗贯中《三国演义》九："将军若扶汉室，乃忠臣也，青史传名，流芳百世。"

【出处】《世说新语·尤悔》："既不能流芳百世，亦不足

复遗臭万载耶？"

龙章凤姿

章：花纹。龙的花纹，凤的姿态。比喻人仪表出众，神态非凡。后也比喻出身高贵。△后晋·刘昫《旧唐书·李揆传》："龙章凤姿之士不见用，獐头鼠目之子乃求官。"

【出处】《世说新语·容止》注引《康别传》："不加饰厉，而龙章凤姿，天质自然。"

盲人瞎马

原比喻境况十分危险。后多比喻乱闯乱撞。△鲁迅《两地书》四七："我初毕业，既无经验，且又无可借鉴……真是盲人瞎马，'害'字加了一目矣。"

【出处】《世说新语·排调》："盲人骑瞎马，夜半临深池。"

明月入怀

原比喻风度明快爽朗。后比喻心胸开朗。△唐·温庭筠《醉歌》："朔风绕指我先笑，明月入怀君先知。"

【出处】《世说新语·容

止》："时人目夏侯太初，朗朗如日月之入怀。"

耐人寻味

耐：经得起；寻味：仔细体会。经得起人仔细体会。形容意味深长。△清·余成教《石园诗话》一："趣远情深，尤耐人寻味。"

【出处】《世说新语·文学》："支卓然标新理于二家之表，立异义于众贤之外，皆是诸名贤寻味之所不得。"

难兄难弟

哥哥和弟弟难分高下。形容人或事物同样优秀。△后晋·刘昫《旧唐书·穆宁等传》："二李英英，四雀济济，薛氏三门，难兄难弟。"

【出处】《世说新语·德行》："元方难为兄，季方难为弟。"

披沙拣金

披：拨开。拨开沙子，挑拣金子。比喻从大量事物中挑选精华。△鲁迅《准风月谈·由聋而哑》："但那里面满架是薄薄的小本子，倘要寻一部巨册，真如披沙拣金之

难。"

【出处】《世说新语·文学》："陆文若排沙简金，往往见宝。"简：选。

【辨正】一说，语出《史通·获书》："披沙拣金，有时获宝。"《世说新语》为南朝宋人刘义庆作，《史通》为唐代刘知几作。当以前者为源。

蒲柳之质

蒲柳：一种刚一入秋就凋零的树木；质：体质。像蒲柳一样的体质。形容体质衰弱。△明·朱之瑜《答吉弦元常书》："仆……蒲柳之质，叹先秋而早零。"

【出处】《世说新语·言语》注引晋顾恺之《父悦传》："臣蒲柳之质，望秋先零。"

璞玉浑金

璞玉：没有经过雕琢的玉；浑金：没有经过冶炼的金。比喻人品单纯、质朴。后也比喻事物天然、质朴。△1.清·胡聘之《苏昱德政碑》："龙翰凤翼成其文，璞玉浑金比其德。"2.宋·魏庆之《诗人玉屑》一二："韦苏州诗如浑金璞玉，不假雕琢成妍。"

【出处】《世说新语·赏誉》："王戎目山巨源，如璞玉浑金。"

七步之才

没有走完七步就作出诗篇的才能。形容文思敏捷。△明·凌濛初《初刻拍案惊奇》九："真个七步之才也不过如此，待我再试他一试。"

【出处】《世说新语·文学》："文帝尝令东阿王七步中作诗，不成者，行大法。应声便为诗。"文帝：曹丕；东阿王：曹植。

千岩万壑

岩：岩石突起的山峰；壑：山谷。形容群山重谷。△清·李伯元《文明小史》五三："抬头一看，千岩万壑，上矗云宵，两旁古木丛生，浓阴夹道。"

【出处】《世说新语·言语》："千岩竞秀，万壑争流。"

【辨正】一说，语出唐·白居易《题岐王旧山池石壁》诗："况当霁景凉风后，如在千岩万壑间。"白氏只将"千岩竞秀，万壑争流"变成四字格，其源为《世说新语》。

强作解人

解人：通晓事理或旨趣的人。形容本不通晓事理或旨趣，却妄加议论。△清·贺裳《野客丛谈》："此言深得诗人之致，前说小儿强作解人耳。"

【出处】《世说新语·文学》："非但能言人不可得，正索解人亦不得。"

嵚崎磊落

嵚崎：高峻的样子；磊落：高大的样子。形容人杰出超群。△清·吴敬梓《儒林外史》一："元朝末年，也曾出了一个嵚崎磊落的人。这人姓王，名冕……"

【出处】《世说新语·容止》："嵚崎历落可笑人。"历落：磊落。

秦晋之好

春秋时，秦、晋两国几代通婚。形容两家联姻。△明·罗贯中《三国演义》五四："若两家共结秦晋之好，则曹贼不敢正视东南也。"

【出处】《世说新语·言语》

注引《玠别传》："妻父有冰清之资，婿有璧润之望，所谓秦晋之匹也。"

倾箱倒箧

箧：小箱子。把大小箱子里的东西都倾倒出来。原比喻尽其所有，全部拿出来。后多形容翻找东西。也比喻毫无保留地说出来。△1.明·冯梦龙《古今小说》一："急得陈大郎性发，倾箱倒箧的寻个遍……"2.阿英《晚清文学丛钞·扫迷帚》一八："难得你确凿指点，竟把这些迹状倾筐倒箧而出。"

【出处】《世说新语·贤媛》："王家见二谢，倾筐倒庋。"庋：放东西的架子。

清风明月

清凉的风，明朗的月。形容清幽宁静的夜色。后也比喻人清雅闲适。△1.唐·牟融《写意》一："高山流水琴三弄，明月清风酒一樽。"2.宋·许颛《彦周诗话》："金马玉堂三学士，清风明月两闲人。"

【出处】《世说新语·言语》："清风朗月，辄思玄度。"

朗：明朗。

【辨正】一说，语出《南史·谢谦传》："入吾室者但有清风，对吾饮者唯当明月。"《世说新语》为南朝宋人刘义庆作，所记为晋代刘惔之言；《南史》为唐代李延寿作，所记为南朝谢谦之言。当以前者为源。

清心寡欲

心地清净，减少欲念。△明·施耐庵《水浒传》六一："你且只在家里收拾别室，清心寡欲，高居静坐，自然无事。"

【出处】《世说新语·赏誉》："清真寡欲，万物不能移也。"真：质朴。

卿卿我我

卿：古代表示亲昵的称呼。你你我我地亲昵。形容男女之间十分亲昵。△鲁迅《准风月谈·男人进化论》："它们在青春发动期，雌的和雄的碰在一起，难免'卿卿我我'的来一阵。"

【出处】《世说新语·惑溺》："亲卿爱卿，是以卿卿，我不卿卿，谁当卿卿？"

情钟我辈

情钟：感情专注；我辈：我们。形容自己富于感情。△宋·苏轼《答参寥》一："虽来去本无，而情钟我辈，不免凄怆也。"

【出处】《世说新语·伤逝》："情之所钟，正在我辈。"

人琴俱亡

俱：都；亡：无。人和琴都没有了。泛指人死了，他生前喜爱的事物也不复存在了。△鲁迅《二心集·做古文和做好人的秘诀》："我想将全文补充，而终于做不到，刚要下笔，又立刻想到别的事情上去了。所谓'人琴俱亡'者大约也就是这模样的罢。"

【出处】《世说新语·伤逝》："子敬，子敬，人琴俱亡！"

【辨正】一说，语出《晋书·王徽之传》："呜呼子敬，人琴俱亡！"《世说新语》为南朝宋人刘义庆作，《晋书》为唐代房玄龄作。当以前者为源。

若有所失

好像丢失了什么东西似的。形容恍惚或怅惘的样子。△茅盾《一个理想碰了壁》："他有点如释重负的感觉，而同时也嗒然若有所失。"

【出处】《世说新语·德行》注引《典略》："怅然若有所失。"

山阴道上

山阴道：游览胜地，在今浙江绍兴西南郊。后泛指风景优美的地方。△唐·羊士谔《忆江南旧游》诗："山阴道上桂花初，王谢风流满晋书。"

【出处】《世说新语·言语》："从山阴道上行，山川自相映发。"

身无长物

长物：多余的东西。身上没有多余的东西。形容贫穷。△郭沫若《革命春秋·脱离蒋介石以后》："我身无长物，只有两部可以抽版税的书，每年可以抽得二三百块钱的样子。"

【出处】《世说新语·德行》："恭作人无长物。"

拾人牙慧

牙慧：别人说过的漂亮言辞。

中华成语探源

典藏珍本

中华国学精粹

拾取别人的漂亮言辞。形容拾取别人的只言片语，当作自己的话。△清·金埴《不下带编》一："其称诗也，一空前论，戒拾人牙慧。"

【出处】《世说新语·文学》："康伯未得我牙后慧。"

事出意外

事情出乎意料。△明·沈德符《安置二庶》："或有不逞之徒，事出意外，卒难防御。"

【出处】《世说新语·赏誉》："答对甚有音辞，出济意外。"济：王济。

树犹如此

犹：尚且。树尚且长得这么粗了，人怎能不老呢？后借指时光飞逝。△宋·辛弃疾《水龙吟》词："可惜流年，忧愁风雨，树犹如此！"

【出处】《世说新语·言语》："木犹如此，人何以堪？"堪：能忍受。

肃然起敬

肃然：十分恭敬的样子。形容产生了恭敬的心情，表现出恭敬

的神态。△清·李伯元《官场现形记》五六："他俩晓得是钦差大人的参赞，不觉肃然起敬。"

【出处】《世说新语·规箴》："高足之徒，皆肃然增敬。"

坦腹东床

坦：袒露。晋代郗鉴，选中袒露着肚子卧在东床上的王羲之为女婿。指做女婿。△明·高明《琵琶记》一四："书生愚见，忒不通变，不肯坦腹东床，谩自去哀求金殿。"

【出处】《世说新语·雅量》："唯有一郎在东床上，坦腹卧，如不闻。鉴曰：'正此佳婿邪！'"

天际真人

天上的神仙。△清·沈复《浮生六记·养生记逍》："睡足而起，神清气爽，真不啻天际真人也。"

【出处】《世说新语·容止》："仁祖企脚北窗下弹琵琶，故自有天际真人想。"

天壤王郎

壤：地。天地之间，竟有王郎这样的人！原形容被轻蔑的人。后

形容不可多得的人。△宋·刘克庄《满江红·送王实之》：“天壤王郎，数人物，方今第一。”

【出处】《世说新语·贤媛》：“不意天壤之中，乃有王郎！”乃：竟。

投梭之拒

把织布的梭子掷向男子，抗拒男子的挑逗。后泛指女子对男子挑逗的抗拒。△唐·元稹《莺莺传》：“儿女之情，不能自固。君子有援琴之挑，鄙人无投梭之拒。”

【出处】《世说新语·赏誉》注引《江左名士传》：“鲲通简……邻家有女，尝往挑之，女方织，以梭投。”

土木形骸

形骸：人的形体。形体如同泥土和木头。原比喻不加修饰的本来面貌。后多形容愚蠢迟钝的人。△清·李绿园《歧路灯》六三：“我岂土木形骸，不辨是非么？”

【出处】《世说新语·容止》：“悠悠忽忽，土木形骸。”

望梅止渴

看到梅子而流口水，不再渴了。后比喻用空想、空话安慰自己或别人。△清·李汝珍《镜花缘》六五：“春辉姐姐，你这话才叫‘望梅止渴’哩。”

【出处】《世说新语·假谲》：“魏武行役，失汲道，军皆渴。乃令曰：‘前有大梅林，饶子，甘酸可以解渴。’士卒闻之，口皆出水。”饶：多。

望秋先零

零：凋零。刚一入秋就凋零了。比喻未老先衰。△清·张集馨《张安保来函》：“孱躯衰惫，望秋先零。”

【出处】《世说新语·言语》注引晋·顾恺之《父悦传》：“臣蒲柳之质，望秋先零。”

我见犹怜

犹：尚且；怜：爱。我见了尚且怜爱。形容女子容貌美丽，动人心弦。△清·蒲松龄《聊斋志异·巧娘》：“此即吾家小主妇耶？我见犹怜，何怪公子魂思而梦绕之。”

【出处】《世说新语·贤媛》注引《妒记》：“阿子，我见汝亦怜，何况老奴！”

中华成语探源

典藏珍本

中华国学精粹

先我着鞭

着鞭：用鞭子驱马前进。比我先驱马前进。比喻领先一步。△清·曾朴《孽海花》一八："我国若不先自下手，自办银行，自筑铁路，必被外人先我着鞭，倒是心腹大患哩。"

【出处】《世说新语·赏誉》注引《晋阳秋》："常恐祖生先吾着鞭耳。"

萧敷艾荣

萧敷：蒲草长得铺了满地；艾荣：艾蒿长得很茂盛。比喻品格、才智低下的人得势于一时。△清·丘逢甲《采菊歌》："萧敷艾荣苦压迫，谁复过问荒丘旁。"

【出处】《世说新语·言语》："宁为兰催玉折，不作萧敷艾荣。"

小时了了

了了：聪明。幼年时很聪明。△宋·刘克庄《兑女余最小孙也，慧而夭，悼以六言》二："不合小时了了，可堪长夜茫茫。"

【出处】《世说新语·言语》："韪曰：'小时了了，大未必佳。'文举曰：'想君小时，必当了了。'"

新亭对泣

新亭：亭名，在今南京市南面。在新亭相对哭泣。后借指痛心国难而无可奈何的情怀。△宋·陆游《追感往事》诗（五首其一）："不望夷吾出江左，新亭对泣亦无人。"

【出处】《世说新语·言语》："过江诸人，每至美日，辄相邀新亭……皆相视流泪。"

胸无宿物

宿物：隔夜的东西，借指积压在心里的事情。没有积压在心里的事情。形容为人坦率，心里不存事或没有成见。△清·蒲松龄《聊斋志异·狐梦》："毕为人坦直，胸无宿物。"

【出处】《世说新语·赏誉》："庾赤玉胸中无宿物。"

雅人深致

雅：大雅，《诗经》的一部分。大雅的作者有深刻的见地。后形容人的言谈举止高雅不俗。△明·叶绍袁《亡室沈安人传》："然秀外惠中，盖亦雅人深致矣。"

【出处】《世说新语·文学》："公曰：'讦谟定命，远猷辰告。'谓此句偏有雅人深致。""讦谟定命，远猷辰告"，见《诗·大雅·抑》。

羊鹤不舞

羊：晋代人羊祜。羊祜的鹤当着客人不跳舞。后比喻人平日有训练，临场却表现得很无能。△清·金安清《洋务宜遵祖训安内攘外自有成效说》："制器则画虎不成，临阵则羊鹤不舞。"

【出处】《世说新语·排调》："昔羊叔子有鹤善舞……客试使驱来，氄氄而不肯舞。"氄氄：羽毛松散的样子。

一览无余

览：看。一眼就全都看尽了。△清·李绿园《歧路灯》九二："这十行俱下的眼睛，看那一览无余的诗文。"

【出处】《世说新语·言语》："若使阡陌条畅，则一览而尽。"

一恸几绝

恸：痛哭；几：几乎。一声痛

哭，几乎断气，形容极度悲痛。△明·归有光《与沈敬甫》六："沧浪生携阿郎影来，一恸几绝。"

【出处】《世说新语·伤逝》："公往临殡，一恸几绝。"

一往情深

往：向往。一心向往，感情深厚。△郭沫若《海涛集·南昌之一夜》："他对于蒋可谓一往情深。"

【出处】《世说新语·任诞》："子野可谓一往有深情。"

一语破的

的：箭靶，比喻要害。一句话就击中了要害。△清·赵翼《瓯北诗抄·关索插枪岩歌》李保泰评："结句千古名理，一语破的。"

【出处】《世说新语·品藻》："韶音令辞，不如我；往辄破的，胜我。"辄：就。

遗臭万年

臭：坏名声。留下一万年的坏名声。△明·罗贯中《三国演义》九："将军若助董卓，乃反臣也，载之史笔，遗臭万年。"

【出处】《世说新语·尤

悔》：“既不能流芳后世，亦不足复遗臭万载耶！”

【辨正】一说，语出《晋书·桓温传》："既不能流芳后世，不足复遗臭万载耶？"《世说新语》为南朝宋人刘义庆作，《晋书》为唐代房玄龄作。当以前者为源。

倚马可待

倚：靠。靠着马写文章，等一会儿就能写完。后形容文思敏捷，写文章很快。△明·冯梦龙《醒世恒言》二九："八岁即能属文，十岁便娴诗律，下笔千言，倚马可待。"

【出处】《世说新语·文学》："会须露布文，唤袁倚马前令作。手不辍笔，俄得七纸，殊可观。"

咏絮之才

歌咏柳絮的才能。后多形容女子的卓越文才。△清·袁枚《与汪顺哉世妹》："忽见世妹惊鸿飞下，对客挥毫，以咏絮之才，写簪花之格。"

【出处】《世说新语·言语》："谢太傅寒雪日内集，与儿女讲论文义。俄而雪骤，公欣然曰：'白雪纷纷何所似？'……兄女曰：'未若柳絮因风起。'"

云蒸霞蔚

彩云蒸腾，彩霞兴起。比喻景物绚丽多彩。后也比喻盛大丰富，颇为壮观。△1.宋·楼钥《兰亭别于果乡》："龙盘凤翥无奇画，霞蔚云蒸有旧山。"2.清·颜光敏《冯大傅溥》："海内文人，云蒸霞蔚，鳞集京师，真千古盛事。"

【出处】《世说新语·言语》："草木蒙茏其上，若云兴霞蔚。"

臧否人物

臧否：褒贬。评论人的好坏。△唐·李延寿《南史·谢晦传》："灵运好臧否人物。"

【出处】《世说新语·德行》："每与人言，言皆玄远，未尝臧否人物。"

【辨正】一说，语出《晋书·阮籍传》："发言玄远，口不臧否人物。"《世说新语》为南朝宋人刘义庆作，《晋书》为唐代房玄龄作。当以前者为源。

枕戈待旦

戈：古代一种长柄兵器；旦：天亮。枕着兵器等待天亮。形容时刻警惕，随时准备战斗。△鲁迅《准风月谈·冲》："我先前只知道武将大抵通文，当'枕戈待旦'的时候，就会做骈体电报……"

【出处】《世说新语·赏誉》注引《晋阳秋》："吾枕戈待旦，志枭逆虏。"

【辨正】一说，语出《晋书·刘琨传》。《世说新语》为南朝宋人刘义庆作，《晋书》为唐代房玄龄作。当以前者为源。

志大才疏

疏：空虚。志向大而才能薄弱。△《鲁迅书信集·致陈濬》："志大才疏，哀北海之终不免也。"

【出处】《世说新语·识鉴》："伯仁为人，志大而才短。"短：短少。

【辨正】一说，语出宋·陆游《大风登城》诗："才疏志大不自量。"《世说新语》为南朝宋人刘义庆作，所记为晋代周顗之言，大大早于宋代，当为源。

掷地金声

扔到地上，会发出金属的撞击声。形容文章声调铿锵，文辞优美。△宋·王十朋《望天台赤城山感而有作》诗："挥毫欲续孙公赋，愧无掷地金声才。"

【出处】《世说新语·文学》："孙兴公作《天台赋》成，以示范荣期，云：'卿试掷地，要作金石声。'"

【辨正】一说，语出《晋书·孙绰传》："卿试掷地，当作金石声也。"《世说新语》为南朝宋人刘义庆作，《晋书》为唐代房玄龄作。当以前者为源。

掷果潘安

潘安：晋代的美男子。潘安出行时，妇女总把水果抛到他的车里。后泛指被女子爱慕的美男子。△元·王实甫《西厢记》三："看你个离魂倩女，怎发付掷果潘安？"

【出处】《世说新语·容止》注引晋裴启《裴子语林》："潘安仁至美，每行，老姬以果掷之满车。"

竹头木屑

泛指细碎而可以利用的废物。△宋·楼钥《从兄楼府墓志铭》："兄虽出世家，辛苦自立，竹头木屑，未始轻弃。"

【出处】《世说新语·政事》："陶公性检厉，勤于事。作荆州时，敕船官悉录锯木屑……后正会，值积雪始晴，听事前除雪后犹湿，于是悉用木屑覆之，都无所妨。官用竹，皆令录厚头……后桓宣武伐蜀装船，悉以作钉。"

【辨正】一说，语出《晋书·陶侃传》："时造船，木屑及竹头，悉令举掌之。"《世说新语》为南朝宋人刘义庆作，《晋书》为唐代房玄龄作。当以前者为源。

煮豆燃萁

萁：豆茎、豆荚。烧豆茎、豆荚煮豆子。比喻兄弟自相残害。后也泛指内部自相熬煎。△宋·晁补之《阎子常携琴入村》诗："四体虽勤口铺众，煮豆然萁穷奈何！"

【出处】《世说新语·文学》："萁在釜下燃，豆在釜中泣，本是同根生，相煎何太急！"

自惭形秽

秽：丑陋。自己因形貌丑陋而感到惭愧。后泛指自愧不如别人。△清·李绿园《歧路灯》七二："绍闻在娄朴面前，不免自惭形秽。"

【出处】《世说新语·容止》："珠玉在侧，觉我形秽。"

自有公论

公众自然有评论。△宋·朱熹《答李晦叔》五："此事不敢自分疏，后世须自有公论也。"

【出处】《世说新语·品藻》："噫，其自有公论。"

不可偏废

偏：忽视；废：废弃。指对于几件事情或几个方面应同样重视，不能有所忽视、废弃。△毛泽东《关于健全党委制》："集体领导和个人负责。二者不可偏废。"

【出处】颜之推《颜氏家训·文章》："并须两存，不可偏弃也。"

承上启下

承：接；启：开始。承接上

面的，引出下面的。△唐·孔颖达《礼记注疏》："故，承上起下之辞。"起：启。

【出处】颜之推《颜氏家训·勉学》："但知承上接下，积财聚谷。"

床上安床

比喻不必要的重复。△鲁迅《热风·估〈学衡〉》："姑不论其'能''健''谈''称'，床上安床，'抉噬之状'终于未记，而'变色'的事……也可谓太远于事情。"

【出处】颜之推《颜氏家训·序致》："魏晋已来，所著诸子，理重事复，递相模效，犹屋下架屋，床上施床耳。"

寸步不离

寸步：极短的一步。极短的一步也不离开。形容紧紧相随。△明·兰陵笑笑生《金瓶梅词话》八一："他家女孩儿韩爱姐，日逐上去答应老太太，寸步不离，要一奉十。"

【出处】任昉《述异记》："夫妻相重，寸步不相离。"

【辨正】一说，语出清·翟灏《通俗编·行事》："海盐陆东与妻朱氏相重，寸步不相离。"任昉早于翟灏一千几百年，当以其文为源。

叠床架屋

比喻重复累赘。△清·恽敬《答顾研蘎》："如敬再作，是叠床架屋，深可不必。"

【出处】颜之推《颜氏家训·序致》："魏晋已来，所著诸子，理重事复，递相模效，犹屋下架屋，床上施床耳。"

刻骨铭心

铭：在器物上刻字。刻在骨头上和心上，比喻永远不会忘记。△清·李伯元《官场现形记》一六："大人吩咐的话，实在叫卑职刻骨铭心。"

【出处】颜之推《颜氏家训·序致》："追思平昔之指，铭肌镂骨。"镂：刻。

潜移默化

潜：隐藏；默：不出声。暗中悄悄地变化。形容人的思想，性格长期受到某种影响而不知不觉地发生了变化。△清·曾朴《孽海花》二七："识拔几个公忠体国的大臣……无事时固可借以潜移默化，一遇紧要，便可锄奸摘伏。"

【出处】颜之推《颜氏家训·慕贤》："人在年少，神情未定，所与款狎，熏渍陶染，言笑举动，无心于学，潜移暗化，自然似之。"

如燃犀烛

犀烛：以犀角为烛。好像点燃犀角为烛火。比喻洞见事物的内情。△清·张新之《〈红楼梦〉读法》："其铺叙人情世事，如燃犀烛，较诸小说，后来居上。"

【出处】刘敬叔《异苑》七："水深不可测，传言下多怪物，乃燃犀角而照之。"

三纸无驴

写买驴的事，写满了三张纸，还没有一个"驴"字。比喻写文章废话连篇，不得要领。△宋·陆游《题斋壁》诗："草赋万言那直水，属文三纸尚无驴。"

【出处】颜之推《颜氏家训·勉学》："邺下谚云：'博士买驴，书券三纸，未有驴字。'"

山鸡舞镜

山鸡对着镜子跳舞。比喻自我欣赏。△清·袁枚《答伊虞也侍郎》："忽遇垂青，敢不学齐女之自媒，山鸡之舞镜乎！"

【出处】刘敬叔《异苑》三："山鸡爱其毛……以大镜着其前，鸡鉴形而舞，不知止。"

师心自用

师心：以自己的心意为师，指按自己的心意行事，想怎么做就怎么做，想做什么就做什么；自用：采用自己的意见。形容固执己见，自以为是。△清·严复《救亡决论》："夫陆、王之学，质而言之，则直师心自用而已。"

【出处】颜之推《颜氏家训·勉学》："见有闭门读书，师心自是，稠人广坐，谬误差失者多矣。"自是：自以为是。

嗜痂之癖

嗜：嗜好；癖：癖性。嗜好吃疮痂的癖性。后比喻怪癖。△清·蒲松龄《聊斋志异·罗刹海市》："花面逢迎，世情如鬼。嗜痂之癖，举世一辙。"

【出处】刘敬叔《异苑》一〇："东莞刘邕性嗜食疮痂。"

【辨正】一说，语出《南

史·刘穆之传》："邕性嗜食疮痂。"《南史》是唐代李延寿写的史书，晚于南朝，当以《异苑》为源。

手无寸铁

寸铁：一寸长的兵刃。手里连一寸长的兵刃都没有。形容手里没有任何武器。△明·罗贯中《三国演义》一〇九："背后郭淮引兵赶来，见维手无寸铁，乃骤马挺枪追之。"

【出处】刘敬叔《异苑》一："手无寸刃，直扼虎颈。"刃：兵刃，武器。

妄下雌黄

雌黄：一种黄色的矿物，古人用来涂盖写错的字。胡乱地涂抹雌黄。形容乱改文字或乱发议论。△清·曾朴《孽海花》三："不是弟妄下雌黄，只怕唐兄印行的《不息斋稿》，虽然风行一时，决不能望《五丁阁稿》的项背哩！"

【出处】颜之推《颜氏家训·勉学》："观天下书未遍，不得妄下雌黄。"

腰缠万贯

贯：古代把铜钱用绳子串起来，每串一千个叫一贯，腰里缠着一万贯钱。后比喻钱财极多。△清·文康《儿女英雄传》五："不怕你腰缠万贯，落了店，都是店家的干系用不着客人自己费心。"

【出处】殷芸《小说·吴蜀人》："腰缠十万贯，骑鹤上扬州。"

杳如黄鹤

杳：远得不见踪影。好像飞走的黄鹤一样，再也不见踪影。比喻一去不返，下落不明。△郭沫若《少年时代·反正前后》："刘先生去了，但从此以后便杳如黄鹤……永久没有他的形迹了。"

【出处】任昉《述异记》："跨鹤腾空，眇然烟灭。"眇：渺，遥远。

锱铢必较

锱：古代重量单位，一两的四分之一；铢：古代重量单位，一两的二十四分之一；较：计较。对一锱一铢也一定要计较。泛指对于极少的钱财或极小的事情也要计较。△明·凌濛初《二刻拍案惊奇》三一："就是族中支派，不论亲疏，但与他财利交往，锱铢必较，一些情面也没有的。"

【出处】颜之推《颜氏家训·治家》："计较锱铢，责多还少。"

自高自大

自以为了不起。△《金元散曲·仙吕点绛唇》："自高自大，狂言诈语。"

【出处】颜之推《颜氏家训·勉学》："读数十卷书，便自高大，凌忽长者，轻慢同列。"

唐代著述

暗中摸索

在黑暗中摸着寻找。后也比喻在没有人指导的情况下寻求、探索。△1.清·纪昀《阅微草堂笔记·姑妄听之》："忽觉酒香触鼻，暗中摸索，有壶一、杯一、小盘四，横搁象箸二。"2.《鲁迅书信集·致沈振黄》："但访木刻家

是无益的，因为就是已有成绩的木刻家，也还在暗中摸索。"

【出处】刘𫗧《隋唐嘉话》中："若遇何、刘、沈、谢，暗中摸索著，亦可识。"何、刘、沈、谢：何逊、刘孝绰、沈约、谢朓，都是南朝著名文学家；著：着。

不衫不履

衫：单上衣；履：鞋。没穿上衣和鞋。后形容衣着不整。也比喻洒脱不羁。△1.清·沈复《浮生六记·浪游记快》："见余两人不衫不履，不甚接待。"2.清·刘鹗《老残游记》九："这个人也是个不衫不履的人，与家父最为相契。"

【出处】杜光庭《虬髯客传》："不衫不履，裼裘而来。"裼：脱去上衣，露出上体；裘：皮袍。

不相上下

分不出高低优劣。形容相当或相等。△郭沫若《革命春秋·北伐途次》："派遣到欧美去直接效法的人，我想那个总数和留日学生也会是不相上下的。"

【出处】李肇《唐国史补》中："杨氏、穆氏兄弟，人物气

概，不相上下。"

沉冤莫白

沉冤：长期蒙受的冤屈；白：辩白。长期蒙受的冤屈无处辩白。△阿英《晚清文学丛钞·中国现在记》——："仰再研询，务得确情，不得含糊了事，以致沉冤莫白。"

【出处】无名氏《灵应传》："潜循幽岩，沉冤莫雪。"雪：昭雪。

赤绳系足

赤：红。月下老人用红绳子把男女双方的脚系在一起。指命中注定的婚姻。△宋·王之道《胜胜慢》词："须信赤绳系足，朱衣点额终在。"

【出处】李复言《续玄怪录》四："斜月尚明，有老人倚布囊，坐于阶上，向月检书……问囊中何物，曰：'赤绳子耳，以系夫妻之足……'"

洞天福地

道教称神仙居住的地方。后比喻风景优美的胜地。△明·无名氏《白兔记·岳赘》："绣褥花裀，洞天福地，这好事今朝重见。"

【出处】李冲昭《南岳小录·叙录》："复有神仙圣境曰朱陵洞，洞天也……又有青玉坛、洞灵源、光天坛，悉是福地。"

睹物思人

睹：看。看到东西，怀念离去或死去的人。△清·曹雪芹《红楼梦》四四："俗语说：'睹物思人'，天下的水总归一源，不拘那里的水舀一碗，看着哭去，也就尽情了。"

【出处】裴铏《传奇·曾季衡》："望异目睹物思人，无以幽冥为隔。"

风平浪静

形容没有风浪。比喻平静无事。△1.清·刘鹗《老残游记》一："若遇风平浪静的时候，他驾驶的情状亦有操纵自如之妙……"2.鲁迅《且介亭杂文二集·序言》："我在前年的《自由谈》上发表时，曾大受傅公红蓼之流的攻击，今年又有人提出来，却是风平浪静。"

【出处】裴铏《传奇·郑德璘》："风恬浪静月光微。"恬：恬静，安静。

海阔从鱼跃，天空任鸟飞

形容天地广阔，可以自由自在地活动。后也比喻得到了充分施展抱负的机会。△明·吴承恩《西游记》八四："古人云：'海阔从鱼跃，天空任鸟飞。'怎么西进便没路了？"

【出处】殷成式《酉阳杂俎前集》一二："大海从鱼跃，长空任鸟飞。"

哄堂大笑

形容满屋子的人一齐大笑。△清·曹雪芹《红楼梦》四一："众人听了，哄堂大笑起来。"

【出处】李肇《唐国史补》下："合座皆笑，谓之烘堂。"合座：所有在座的；烘：哄。

户限为穿

户限：门槛；为：被；穿：破。门槛被踩破了。形容进出的人非常多。△清·王韬《淞隐漫录》七："远近闻名求字者，几于户限为穿。"

【出处】李绰《尚书故实》："人来觅书并请题额者如市，所居户限为穿穴。"

怀才抱器

才、器：才能。怀抱着才能。形容人有才能。△宋·李焘《续资治通鉴长编》七〇："其怀才抱器沦于下位及高年不仕、德行可称者，所在以闻。"

【出处】赵璘《因话录》四："德宗搜访怀才抱器、不求闻达者。"

黄粱一梦

黄粱：小米。传说有个卢生在旅店里遇到道士吕翁，自叹穷困，吕翁给他一个枕头让他睡觉。这时，店主人正在煮小米饭。卢生枕着吕翁的枕头进入梦乡，在梦中享尽荣华富贵。一觉醒来，店家的小米饭还没有煮熟。后比喻欲望完全破灭。也比喻不可能实现的梦想。△宋·苏轼《被命南迁途中寄定武同僚》诗："只知紫绶三公贵，不觉黄粱一梦游。"

【出处】沈既济《枕中记》。

家常便饭

家里日常的简单饭食。后也比喻极为常见的事情。△1.清·吴趼人《二十年目睹之怪现状》五六："虽然家常便饭，也没有背客自吃之理啊！"

【出处】宋若华、宋若昭《女论语·事夫章》："家常茶饭，供侍殷勤。"

【辨正】一说，语出宋·罗大经《鹤林玉露》四："常调官好做，家常饭好吃。"宋代晚于唐代，当以《女论语》为源。

举目无亲

举：抬。抬起眼睛看，没有亲人。形容孤独无依。△清·高鹗《红楼梦》一一九："今日各自进去，孤孤凄凄，举目无亲，须要自己保重。"

【出处】薛调《无双传》："四海至广，举目无亲戚。"

【辨正】一说，语出宋·苏轼《与康公操都官书》："乡人至此者绝少，举目无亲故。"宋代晚于唐代，当以《无双传》为源。

口吻生花

吻：嘴唇。嘴里长出花来。比喻口中出现了佳句。后也指笔下出现了佳句。△清·李汝珍《镜花缘》一〇〇："自家做来做去，原觉得口吻生花。"

【出处】冯贽《云仙杂记》

五："张祜苦吟，妻孥唤之不应。以责祜，祜曰：'吾方口吻生花，岂恤汝辈！'"恤：顾。

狼狈为奸

为奸：做坏事。狼和狈配合行动，后比喻互相勾结做坏事。△清·林则徐《审拟监利县粮书抗土闹局各情折》："又有库总六人，狼狈为奸，被控未结。"

【出处】段成式《酉阳杂俎前集》一六："狈前足绝短，每行常驾两狼，失狼则不能。"

驴鸣犬吠

比喻语言拙劣。△清·朱庭珍《筱园诗话》二："若李雨村调元……其俗鄙尤甚，是直犬吠驴鸣，不足以诗论矣。"

【出处】张鷟《朝野佥载》六："自余驴鸣犬吠，聒耳而已。"

妙手空空

原是传说中剑侠的名号。后借指小偷。也形容手中一无所有。△清·陈森《品花宝鉴》三二："家内有几件大事，急于要办，妙手空空的，亦殊难堪。"

【出处】裴铏《传奇·聂隐

娘》："后夜当使妙手空空儿继至。"

目瞪口呆

眼睛瞪着，嘴里说不出话来。形容因气愤或受惊吓而发呆的样子。△鲁迅《三闲集·方言》："我是在二七年被血吓得目瞪口呆，离开广东的……"

【出处】皇甫枚《三水小牍·夏侯祯》："目瞪口噤，不能言矣。"噤：闭口不出声。

南柯一梦

柯：树枝。在槐树南枝下做的一个梦。后比喻空欢喜一场。也泛指一场梦。△1.宋·李昉《太平广记》三五三引《陈璠》："五年荣贵今何在？不异南柯一梦中。"2.明·施耐庵《水浒传》四二："宋江大叫一声，却撞在神厨内，觉来乃是南柯一梦。"

【出处】李公佐《南柯太守传》：一个叫淳于棼的人梦中到了大槐安国，娶了公主，做了南柯太守，享尽荣华富贵。醒后一看，院子里的槐树下面有个蚁穴，槐树南枝下也有个蚁穴。

剖腹藏珠

剖开肚子收藏宝珠。比喻为物伤身，轻重倒置。△清·曹雪芹《红楼梦》四五："跌了灯值钱呢，是跌了人值钱？……怎么忽然又变出这剖腹藏珠的脾气来！"

【出处】王方庆《魏郑公谏录》三："朕闻西胡爱珠，若得好珠，劈身藏之。"

【辨正】一说，语出《资治通鉴·唐太宗贞观元年》："吾闻西域贾胡得美珠，剖身以藏之。"《资治通鉴》的作者是宋代司马光，晚于唐代，当以《魏郑公谏录》为源。

千锤百炼

锤炼千百次。比喻反复修改诗文，精益求精。后也比喻多次经历艰苦的磨炼。△1.清·颜光敏《颜氏家藏尺牍》二："昨见升六兄，极口吾兄新诗，以为无字不千锤百炼。"△2.清·纪昀《阅微草堂笔记·滦阳续录》："除夕前自题门联曰：'三间东倒西歪屋，一个千锤百炼人。'"

【出处】皮日休《皮子文薮》四："百锻为字，千炼成句。"

《瓯北诗话》一:"诗家好作奇句警语,必千锤百炼而后能成。"赵翼(公元1727~公元1814年)晚于皮日休(约公元834~公元883年)近九百年,当以《皮子文薮》为源。

千娇百媚

极娇媚。形容女子姿容极美好。△鲁迅《二心集·关于翻译的通信》:"这两部小说……实在够使描写多愁善病的才子和千娇百媚的佳人的所谓'美文',在这面前淡到毫无踪影。"

【出处】张文成《游仙窟》:"千娇百媚,造次无可比方。"方:比。

钱可通神

钱能够买通神。形容金钱的力量极大。△《元曲选·玉清庵错被鸳鸯被》四:"钱可通神,法难纵你!"

【出处】张固《幽闲鼓吹》五二:"钱至十万贯,通神矣。"

强词夺理

强:勉强,竭力;夺:失去。竭力措词,不顾道理。形容本来没有理,硬说成有理。△明·罗贯中《三国演义》四三:"孔明所言,皆强词夺理。"

【出处】神清《北山录》三:"皓强词昧理。"昧:掩蔽。

忍俊不禁

禁:忍耐,克制。形容忍不住笑。△清·曾朴《孽海花》六:"一会竖蜻蜓,一会翻筋斗……把个达小姐看得忍俊不禁。"

【出处】崔致远《桂苑笔耕录》一一:"忍隽不禁,求荣颇切。"隽:俊。

【辨正】一说,语出《五灯会元》一二:"僧问:'饮光正见,为什么见拈花却微笑?'师曰:'忍俊不禁。'"《五灯会元》是宋代佛书,晚于唐代,当以《桂苑笔耕录》为源。

若有所思

好像在想什么。△清·秦子忱《续红楼梦》二:"惟有黛玉眼圈儿一红,低头不语,默默若有所思。"

【出处】陈鸿《长恨歌传》:"玉妃茫然退立,若有所思。"

神清气爽

神气：精神；清爽：轻松爽快。精神轻松爽快。△清·曹雪芹《红楼梦》七六："微风一过，粼粼然池面绉碧叠纹，真令人神清气爽。"

【出处】牛僧孺《玄怪录》一："香风飒来，神清气爽。"

生吞活剥

比喻生硬地模仿或搬用。△鲁迅《花边文学·刀"式"辩》："因为生吞活剥的模样，实在太明显了。"

【出处】刘肃《大唐新语》一三："活剥张昌龄，生吞郭正一。"张昌龄、郭正一：唐代文学家。

适逢其会

适：恰好；会：机会。恰好遇到那个机会。△郭沫若《革命春秋·北伐途次》："适逢其会有好几盏马灯的洋油都点尽了，灯光幽幽地快要熄的神气。"

【出处】薛用弱《集异记·李子牟》："子牟客游荆门，适逢其会。"

双柑斗酒

斗：古代的盛酒器。两个柑橘，一杯酒。南朝戴颙春游时携带的物品。后借指春游。△明·刘泰《春游湖上》诗："明日重来春烂漫，双柑斗酒听黄鹂。"

【出处】冯贽《云仙杂记》二："戴颙春携双柑斗酒，人问何之，曰：往听黄鹂声。"

丝来线去

像丝线一样穿来穿去。原形容工艺精细微妙。后形容纠缠牵扯。也比喻呼吸微弱。△1.宋·黎靖德《朱子语类》九七："但颜子得圣人说一句，直是倾肠倒肚便都了，更无许多廉纤缠绕，丝来线去。"2.清·西周生《醒世姻缘传》九五："看那狄希陈躺在床上，只有一口油气，丝来线去的呼吸。"

【出处】张鷟《朝野佥载》三："丝来线去，鬼出神入。"

【辨正】一说，语出《朱子语类》九七。《朱子语类》所记，是宋代朱熹的讲学语录，晚于唐代。当以《朝野佥载》为源。

太岁头上动土

太岁：值岁的神名（即值岁干支）。迷信说法，掘地要避开太岁神所在的方位。在太岁神所在的方位掘地。比喻触犯有权势或强有力的人。△明·施耐庵《水浒传》一："你也须有耳朵！好大胆，直来太岁头上动土！"

【出处】段成式《酉阳杂俎续集》二："丰不信方位所忌，尝于太岁上掘坑。"

恬不知耻

恬：坦然，满不在乎。做了卑劣的或不光彩的事，却满不在乎，不知羞耻。△明·袁宏道《龚惟长先生》："托钵歌妓之院，分餐孤老之盘，往来乡亲，恬不知耻。"

【出处】冯贽《云仙杂记》八："倪之芳饮后，必有狂怪，恬然不耻。"

【辨正】一说，语出宋·钱时《两汉笔记》一二："缄默固位，恬不知耻。"宋代晚于唐代，当以《云仙杂记》为源。

万箭攒心

攒：聚。一万支箭都扎在心上。比喻万分悲痛。△清·曹雪芹《红楼梦》七七："宝玉……一只手攥着他的手，一只手轻轻的给他捶打着。又不敢大声的叫，真真万箭攒心。"

【出处】李冗《独异志》中："闻人一善，如万箭攒心。"

为虎作伥

伥：伥鬼。替老虎当伥鬼。传说被老虎吃掉的人变成伥鬼，专门给老虎带路找人吃。比喻给恶人做帮凶。△老舍《四世同堂》二〇："军人——一个只会为虎作伥的军人——急忙站立起来，躲在了一边。"

【出处】裴铏《传奇·马拯》："此是伥鬼，被虎所食之人也，为虎前喝道耳。"

污言秽语

污秽的言语。指粗俗不堪的脏话。△明·吴承恩《西游记》二四："指着唐僧，秃前秃后，秽

667

语污言，不绝口的乱骂。"

【出处】宋若华、宋若昭《女论语·和柔章》："秽言污语，触突尊贤。"

无计可施

计：计策；施：施展。没有计策可以施展。形容拿不出办法。△明·罗贯中《三国演义》八："贼臣董卓将欲篡位，朝中文武无计可施。"

【出处】薛用弱《集异记》二："曹进痛楚，计无所施。"

五角六张

角、张：二十八宿中的角宿和张宿。传说逢角宿、张宿值星的日子，做事多不成。五日逢角宿，六日逢张宿。比喻事不顺遂。△清·王韬《淞隐漫录》一一："已千悲万恨之难消，乃五角六张之齐至。"

【出处】郑綮《开天传信记》三二："今日是千年一遇，扣头莫五角六张。"扣头：叩头。

喜形于色

形：显露；色：脸色。喜悦显露在脸上。△清·高鹗《红楼梦》

一一九："见贾兰中了一百三十名，李纨心下自然喜欢，但因不见了宝玉，不敢喜形于色。"

【出处】裴庭裕《东观奏记》上："上悦安平不妒，喜形于色。"

心灵手巧

心思灵敏，手艺精巧。△清·孔尚任《桃花扇》三九："香姐心灵手巧，一捻针线，就是不同的。"

【出处】李绰《尚书故实》："心敏手疾，须臾立成。"敏：灵敏；疾：迅速。

虚有其表

虚：空。空有好的外表。形容外表不错，实际不行。△清·蒲松龄《聊斋志异·嘉平公子》："妾初以公子世家文人，故蒙羞自荐，不图虚有其表。"

【出处】郑处海《明皇杂录》下："上掷其草于地曰：'虚有其表耳！'"

言清行浊

言语清白，行为污浊。形容人说好话干坏事，表里不一。△明·沈受先《三元记》二〇："你行浊言清，人面谁知是兽心。"

【出处】李虚中《命书》中："言清行浊，执不通变。"

雁塔题名

雁塔：长安（今西安）慈恩寺中的大雁塔。在大雁塔写上名字留念。唐代的新科进士，在大雁塔题名。后借指考中进士。△元·王恽《余庆堂》诗："雁塔题名奕叶香，教开婉娩亦知方。"

【出处】韦绚《嘉话录》："慈恩寺题名，起于进士张莒，题姓名于雁塔下。"

【辨正】一说，语出《唐摭言》三："进士题名，自神龙之后，过关宴后，率皆期集于慈恩塔下题名。"《唐摭言》的作者王定保，是唐末五代初人，晚于韦绚约八十年。当以《嘉话录》为源。

一不做，二不休

休：止。第一是不要做，第二是既然做了，就不要休止。后表示不做则已，既然已经做了，就索性做到底。△明·施耐庵《水浒传》四〇："一不做，二不休！众好汉相助着晁某，直杀尽江州军马，方才回梁山泊去！"

【出处】赵元一《奉天录》四："传语后人，第一莫作，第二莫休。"

以毒攻毒

原指用毒药治疗毒疮等恶疾。后比喻用狠毒的手段来对付狠毒的人或利用不良事物本身存在的矛盾来反对不良事物。△鲁迅《且介亭杂文二集·从"别字"说开去》："对于这些打着古文旗子的敌军，是就用古书作'法宝'，这才打退的，以毒攻毒，反而证明了反对白话者自己不识字，不通文。"

【出处】神清《北山集》六："良医之家以毒止毒也。"

【辨正】一说，语出《南村辍耕录》二九："其性至毒，而能解毒，盖以毒攻毒也。"《南村辍耕录》的作者是元末明初的陶宗仪，晚于神清。当以《北山集》为源。

饮馉亦醉

馉：蒸饼；亦：也。吃蒸饼也会醉倒。唐代张四娘善歌舞，有人请她去酒宴助兴时，其夫苏五奴也跟着前往。人们嫌他碍事，频频劝酒，想把他灌醉了。他竟然说："只要多给我钱，吃蒸饼也会醉倒，用不着酒！"后借指贪图钱财而不顾羞耻。△清·蒲松龄《聊斋志异·潍水狐》："今虽俨然民上，乃饮馄而亦醉者也。"

【出处】崔令钦《教坊记》："苏五奴妻张四娘善歌舞……有邀迓者，五奴辄随之前。人欲得其速醉，多劝酒。五奴曰：'但多与我钱，吃馄子亦醉，不烦酒也！'"

迎风待月

迎着风，等待月亮升上来。借指男女秘密约会。△清·蒲松龄《聊斋志异·黄九郎》："迎风待月，尚有荡检之讥；断袖分桃，难免掩鼻之丑。"

【出处】元稹《会真记》："待月西厢下，迎风户半开。"

月下老人

在月光下翻检婚姻簿子的老人。后借指媒人。△清·曹雪芹《红楼梦》五七："若是月下老人不用红线拴的，再不能到一处。"

【出处】李复言《续玄怪录》四："斜月尚明，有老人倚布囊，坐于阶上，向月检书。"

阅人多矣

阅：看；矣：了。看到的人多了。形容阅历深。△清·蔡元放《东周列国志》九九："胜阅人多矣，乃今于毛先生而失之。"

【出处】杜光庭《虬髯客传》："阅天下之人多矣。"

张公吃酒李公醉

张公：武则天所宠幸的张易之、张昌宗兄弟；李公：李唐王室。原指张氏兄弟在实际上占了便宜，李唐王室徒负虚名。后泛指一方在实际上占了便宜，另一方却徒负虚名。也比喻由于误会，当事者置身事外，非当事者代为受过。△1.元·韦居安《梅涧诗话》上："亚登第，人皆贺其舅。亚有诗云：'张公吃酒李公醉，自古人言信有之。陈亚今年新及第，满城人贺李衔推。'"2.明·兰陵笑笑生《金瓶梅词话》七六："把何十开出来放了，另拿了弘化寺一名和尚顶缺，说是强盗在他寺内宿了一夜。世上有如此不公之事，正是张公吃酒李公醉，桑树上脱枝柳树上报。"

一：“天后时，谣言曰：‘张公吃酒李公醉。’张公者，斥易之兄弟也；李公者，言王室也。”

【辨正】一说，语出宋·范正敏《遁斋闲览》：“郭朏……夜出，为醉人所诬。太守诘问，朏笑曰：‘张公吃酒李公醉者，朏是也。’”宋代晚于唐代，当以《朝野佥载》为源。

竹报平安

报：告诉。告诉大家，竹子平稳安全地活着。后比喻平安家信。△宋·韩元吉《水调歌头》词：“无客问生死，有竹报平安。”

【出处】段成式《酉阳杂俎续集》一〇：“北都惟童子寺有竹一窠，才长数尺。相传其寺纲维每日报竹平安。”纲维：佛寺中管理总务的僧人。

五代著述

冰魂雪魄

比喻人的心灵高尚纯洁。△宋·范成大《林元复挽诗》：

“自从雪魄冰魂散，鲁国今谁更服儒？”

【出处】王定保《唐摭言·海叙不遇》：“忍苦为诗身到此，冰魂雪魄已难招。”

【辨正】一说，语出宋·陆游《北坡梅……忽放一枝，戏作》诗：“广寒宫里长生药，医得冰魂雪魄回。”宋代晚于五代，当以《唐摭言》为源。

粲花之舌

粲花：鲜明灿烂的春花，比喻优美精妙的言谈；舌：借指口才。言谈优美精妙，口才极好。△《反美华工禁约文集·黄金世界》一五：“有这两种议论，诸姊妹虽有粲花之舌，也不能轻下一辞。”

【出处】王仁裕《开元天宝遗事·粲花之论》：“李白有天才俊逸之誉。每与人谈论，皆成句读，如春葩丽藻，粲于齿牙之下。时人号曰‘李白粲花之论’。”

错认颜标

唐代郑薰主考，把考生颜标误认为颜鲁公（颜真卿）的后代，录取为状元。后泛指认错了人，张冠李戴。又作"误认颜标"。△清·纪昀《阅微草堂笔记》一三："他少年代为题扇，以此调之，妓家……遂误认颜标耳。"

【出处】王定保《唐摭言·误放》："郑侍郎薰主文，误谓颜标乃鲁公之后……即以标为状元。"

东涂西抹

原形容女子涂脂抹粉。后形容随意提笔写写或画画。△清·吴趼人《二十年目睹之怪现状》三七："我从前曾经要学画两笔山水，东涂西抹的，闹了多少时候，还学不会呢。"

【出处】王定保《唐摭言·慈恩寺题名游赏赋咏杂记》："阿婆三五少年时，也曾东涂西抹来。"

【辨正】一说，语出金·元好问《自题写真》诗："东涂西抹窃时名，一线微官误半生。"金代晚于五代，当以《唐摭言》为源。

冬烘头脑

冬烘：糊涂迂腐。头脑糊涂，不明事理。△清·查慎行《残冬展假病榻消寒聊当呻吟语无伦次录存》八："惨淡风云怜入彀，冬烘头脑怕当场。"

【出处】王定保《唐摭言·误放》："郑侍郎薰主文，误谓颜标乃鲁公之后……寻为无名子所嘲曰：'主司头脑太冬烘，错认颜标作鲁公。'"

贵人多忘事

原指地位高的人不念旧交，对人傲慢。后形容人健忘，记不得故人或旧事。△清·曹雪芹《红楼梦》四："你老是贵人多忘事了，那里还记得我们？"

【出处】王定保《唐摭言·恚恨》："倘也贵人多忘，国士难期，使仆一朝出其不意，与君并肩台阁，侧眼相视。"

梦笔生花

传说李白小时候曾梦见所用的笔上生出花来，以后以文才闻名天下。后比喻写作能力大有提高，文思敏捷，文笔生动。△清·得硕亭《草珠一串》："帝京景物大无边，梦笔生花写不全。"

【出处】王仁裕《开元天宝遗事·梦笔头上花》："李太白少时，梦所用之笔头上生花，后天才赡逸，名闻天下。"

入其彀中

彀：张满弓。进入我弓箭的射程之中。原指进入自己控制的范围中。后比喻落入圈套。△明·沈德符《万历野获编》一七："士大夫素以豪杰自命，不幸为此辈所羑诱，入其彀中。"

【出处】王定保《唐摭言·述进士》上："尝私幸端门，见新进士缀行而出，喜曰：'天下英雄入吾彀中矣！'"

向火乞儿

向：接近；乞儿：乞丐。凑到火旁边取暖的乞丐。比喻趋炎附势的人。△宋·显万《送炭与湘山西堂惠然师》诗："纷纷向火乞儿多，独有君如择乳鹅。"

【出处】王仁裕《开元天宝遗事·向火乞儿》："今时之朝彦，皆是向火乞儿，一旦火烬灰冷，暖气何在？"

压倒元白

元白：元稹和白居易，唐代两个时代相同、风格接近的著名诗人。超过了元稹和白居易。后泛指作品超过同时代的名家。△宋·刘几《花发状元红慢》词："绮筵开，会咏歌才子，压倒元白。"

【出处】王定保《唐摭言·慈恩寺题名游赏赋咏杂记》："汝士其日大醉，归谓子弟曰：'我今日压倒元白！'"

依靠冰山

冰山：比喻不能长久倚靠的权势者。依赖不能长久倚靠的权势者。又作"靠着冰山"。△鲁迅《坟·论"费厄泼赖"应该缓行》："坏人靠着冰山，恣行无忌……"

【出处】王仁裕《开元天宝遗事·依冰山》："尔辈以谓杨公之势，倚靠如泰山，以吾所见，乃冰山耳。"

缀玉联珠

把美玉和珍珠连缀在一起。比喻创作文辞优美的作品。后也比喻文辞优美的作品。△宋·杨万里《和李天麟秋怀》四："缀玉联珠辱见投，要知词客解悲秋。"

【出处】王定保《唐摭言·杂记》："缀玉联珠六十年，谁教冥路作诗仙？"

中华成语探源

中华国学精粹

典藏珍本

宋代著述

安分守己

安分：规矩老实，守本分；守己：不越轨，遵循自己的本分。形容规矩老实，没有非分之想，不做违法的事。△老舍《四世同堂》一："他是个安分守己的公民，只求消消停停的过着不至于愁吃愁穿的日子。"

【出处】袁文《瓮牖闲评》八："安分守己，恬于进取。"

不见经传

经：经典；传：解释经典的著作。经典以及解释经典的著作中没有记载。形容人或事物没有名气。也指某种说法缺乏文献方面的依据。△1.老舍《吐了一口气》："我们住的小胡同，连轿也进不来，一向不见经传。"2.明·冯梦龙《醒世恒言》四："那九州四海之中，目所未见，耳所未闻，不载史册，不见经传，奇奇怪怪，跷跷蹊蹊的事，不知有多多少少。"

【出处】洪迈《容斋随笔·三笔》一三："叔液之名不见于经传。"

不看僧面看佛面

比喻照顾与当事人有关的第三者的情面。△明·兰陵笑笑生《金瓶梅词话》二六："你不看僧面看佛面，我恁说着，你就不依依儿。"

【出处】邢居实《拊掌录》："赵阅道罢政闲居，每见僧，接之甚恭……阍者曰：'也半看佛面。'"阍者：看门的人。

不甚了了

了了：清楚，明白。不太清楚，不很明白。△清·李伯元《官场现形记》五六："一向于这公事上头却也不甚留心，不甚了了。"

【出处】叶梦得《避暑录话》上："唐人言冬烘是'不了了'之语。"冬烘：头脑糊涂。

不胜其烦

胜：能够承受；烦：烦琐。烦琐得使人承受不了。△鲁迅《二心集·现代电影与有产阶级》："许多反动底宣传影片，列举名目就不胜其烦。"

【出处】马永卿《元城语录》中："《春秋》之说，不胜其烦。"

不知进退

不知道应该前进还是后退。后比喻言行没有分寸。△清·曹雪芹《红楼梦》四五："他们已经多嫌着我呢！如今我还不知进退，何苦叫他们咒我？"

【出处】洪迈《容斋随笔·续笔》一一："围攻颍川，不知进退。"

成也萧何，败也萧何

萧何：汉高祖刘邦的丞相。原指荐举韩信的是萧何，杀死韩信的也是萧何。后比喻事情的成功与失败都是同一个人造成的。△明·冯梦龙《古今小说》三一："成也萧何，败也萧何，某心上至今不平。"

【出处】洪迈《容斋随笔·续笔》八："信之为大将军，实萧何所荐，今其死也，又出其谋。故俚语有'成也萧何，败也萧何'之语。"

痴人说梦

痴人：傻子。原指给傻子讲自己做的梦。后指傻子说梦话。比喻凭妄想说根本不可能的荒唐话。△清·李汝珍《镜花缘》三五：

"也不管事已八九，还要胡思乱想，可谓'痴人说梦'了。"

【出处】耐得翁《就日录》："陶渊明有云：'痴人前不可说梦，而达人前不可言命。'"

【辨正】一说，语出惠洪《冷斋夜话》九："僧伽龙朔中游江淮间……有问之曰：'汝何姓？'答曰：'姓何。'又问：'何国人？'答曰：'何国人。'唐李邕作碑，不晓其言，乃书传曰：'大师姓何，何国人。'此正所谓对痴人说梦耳。"《就日录》所记，是晋代陶渊明之言；《冷斋夜话》所记，是唐代之事。当以前者为源。

寸铁杀人

寸铁：一寸长的兵器。一寸长的兵器就可以杀人。比喻以少而精制胜。△清·法式善《读书》诗："寸铁能杀人，彼百我则一。"

【出处】罗大经《鹤林玉露·乙》一："我则只有寸铁，便可杀人。"

得饶人处且饶人

饶：让步，宽恕；且：姑且。原指能让人一步棋就姑且让一步。后表示能宽恕别人就姑且宽恕他。

△清·曹雪芹《红楼梦》五九："得饶人处且饶人，得将就的就省些事罢。"

【出处】俞文豹《唾玉集·常谈出处》："蔡州褒信县有道人工棋，常饶人先，其诗曰：'自出洞来无敌手，得饶人处且饶人。'"

反客为主

变客人为主人。比喻变被动为主动。△1.清·文康《儿女英雄传》四："只听得那女子反客为主，让着说道：'尊客，请屋里坐。'"2.明·罗贯中《三国演义》七一："拔寨前进，步步为营，诱渊来战而擒之：此乃反客为主之法。"

【出处】曾慥《类说》三九："因粮于敌，是变客为主也。"

盖棺论定

盖棺：借指死。人死了，才能对他的是非功过做出最后结论。△元·王恽《紫山先生易直解序》："盖棺论定，皆曰紫山旷达英迈士也。"

【出处】林逋《省心录》："盖棺始能定士之贤愚。"

甘心情愿

形容内心愿意，毫不勉强。△清·文康《儿女英雄传》九："莫讲三万金，便是三十万金他也甘心情愿，我也用得他的。"

【出处】王明清《摭青杂说》："此事儿甘心情愿也。"

高不成，低不就

高：条件好的；低：条件差的；就：迁就。条件好的成不了，条件差的又不肯迁就。△明·冯梦龙《警世通言》二三："那边顺娘……高不成，低不就，也不曾许得人家。"

【出处】洪迈《夷坚志·支志》丁："委是高来不可，低来不可。"

各人自扫门前雪，莫管他人瓦上霜

比喻各人顾各人。△鲁迅《南腔北调集·经验》："然而也有经过许多人经验之后，倒给了后人坏影响的，如俗语说'各人自扫门前雪，莫管他人瓦上霜'的便是其一。"

【出处】陈元靓《事林广记》

九："自家扫取门前雪，莫管他人屋上霜。"

官样文章

原指堂皇典雅的应制文章。后形容徒具形式的言辞。也比喻照例敷衍的措施。△1.《鲁迅书信集·致李小峰》："但此辈有运动而无文学，则亦殊令出版者为难，盖官样文章究不能令人自动购读也。"2.清·李伯元《官场现形记》一八："下来之后，便是同寅接风，僚属贺喜。过年之时，另有一番忙碌。官样文章，不必细述。"

【出处】吴处厚《青箱杂记》五："文章格调，须是官样。"

沆瀣一气

沆瀣：夜间的水汽。唐代，考官崔沆录取了老生崔瀣，人们嘲笑他俩都是一种水汽。后比喻臭味相投。△清·曾朴《孽海花》三四："两雄相遇，尤其沆瀣一气。"

【出处】钱易《南部新书》戊："崔沆放崔瀣，谭者称：'座主门生，沆瀣一气。'"谭：谈。

荒诞不经

荒：荒唐；诞：虚妄不实；

经：常。形容荒唐虚妄，不合常理。△阿英《晚清文学丛钞·冷眼观》一六："还有《隋唐佳话》上的《开河记》，那更是说得荒诞不经了。"

【出处】王楙《野客丛书》五："固无荒诞不经之说。"

恍如隔世

恍：仿佛；世：代。好像隔了一代。表示人事、景物的巨大变化引起感慨。△金庸《倚天屠龙记》二五："当日离谷时何等凄惶狼狈，今日归来却是云荼灿烂，风光无限，真是恍若隔世。"

【出处】陆游《剑南诗稿》一六："曳杖再游，恍如隔世矣。"

急流勇退

船在急流中果断地退回来。比喻顺利、得意之时果断地引退。△明·冯梦龙《警世通言》三一："常言'知足不辱'。官人宜急流勇退，为山林娱老之计。"

【出处】邵伯温《邵氏闻见录》七："急流中勇退人也。"

【辨正】一说，语出朱熹《五朝名臣言行录》二。邵伯温是北宋人，朱熹是南宋人，当以邵文为源。

孑然一身

孑然：孤独的样子；一身：一个人。形容孤孤单单的一个人。△明·冯梦龙《醒世恒言》二七："只是公子孑然一身，又没盘缠，怎能够装载回去？"

【出处】李昉《太平广记》二二二引《定命录》："柳子合无兄弟姊妹，无庄田资产，孑然一身。"

金刚怒目

金刚：佛教指佛的侍从力士，因手执金刚杵而得名；怒目：瞪着眼睛。金刚瞪着眼睛。比喻面目威猛。△鲁迅《且介亭杂文末编·我的第一个师父》："不料他竟一点不窘，立刻用'金刚怒目'式，向我大喝一声。"

【出处】庞元英《谈薮》："金刚努目，所以降伏四魔。"努目：瞪眼睛。

酒囊饭袋

囊：口袋。盛酒和饭的口袋。比喻只会吃喝、不会做事的人。△鲁迅《坟·论"他妈的！"》："晋朝……华胄世业，子弟便易于得官；即使是一个酒囊饭袋，也还是不失为清品。"

【出处】陶岳《荆湖近事》："文武之道，未尝留意，时人谓之酒囊饭袋。"

刻不容缓

刻：计时单位，古代一刻为14.4分钟，现在一刻为15分钟；容：容许；缓：延缓，推迟。一刻的时间也不容许延缓。形容事情紧迫，必须立即去做。△清·林则徐《亲勘海塘各工片》："所估各段，皆系刻不容缓之工。"

【出处】周密《齐东野语》三："事不容缓，宜亟行之。"亟：急迫地。

口口声声

形容一次又一次地说。△清·高鹗《红楼梦》九六："那人……口口声声只叫：'老太爷，别生气！是我一时穷极无奈，才想出这个没脸的营生来。'"

【出处】吴处厚《青箱杂记》一："令尹声声言有过，录公口口道无灾。"

老妪能解

老妪：老年妇女；解：理解，懂得。没有文化的老年妇女能理解。形容文字通俗易懂。△清·李绿园《歧路灯》五六："语质词俚，却是老妪能解。"

【出处】惠洪《冷斋夜话》一："白乐天每作诗，令一老妪解之……妪曰解则录之，不解则又易之。"易：改。

冷语冰人

形容用冷冰冰的话使人难堪。△清·蒲松龄《聊斋志异·侠女》："少游戏之，则冷语冰人。"

【出处】张唐英《外史梼杌》："但不欲其冷语冰人耳。"

卖国求荣

荣：荣华，指名利地位。出卖国家利益，谋求个人的名利地位。△清·钱彩《说岳全传》三三："你们父子卖国求荣，诈害良民，正要杀你！"

【出处】洪迈《容斋随笔·续笔》六："以其为唐邸枭，卖国求利。"

瞒上不瞒下

原指制鼓时只把皮革蒙住上面而空着下面。后指只把事情瞒着上面的人而不瞒着下面的人。△清·曹雪芹《红楼梦》七七："现在他的东西，是瞒上不瞒下，悄悄的送还他去。"

【出处】江万里《宣政杂录》："又谓制作之法曰漫上不漫下。"漫：蒙。

满腹珠玑

珠玑：圆的珠子和不圆的珠子，比喻才华。满腹才华。形容人极有才华。△明·冯梦龙《古今小说》一五："洪内翰珠玑满腹，锦绣盈肠，一只曲儿，有甚难处？"

【出处】吴处厚《青箱杂记》八："谁料满腹填珠玑。"

满载而归

载：装载。装得满满地回来。比喻收获非常丰富。△《鲁迅书信集·致母亲》："满载而归，他的孩子们一定很高兴的。"

【出处】倪思《经锄堂杂志》三："徒有而出，满载而归。"徒：空空的。

毛骨悚然

悚然：害怕的样子。从汗毛到骨头都感到害怕。形容十分害怕。△鲁迅《故事新编·铸剑》："低微的声音里，含着无限的悲哀，使他冷得毛骨悚然。"

【出处】洪迈《夷坚志》丁："毛骨凛然俱竦。"竦：悚。

名落孙山

孙山：宋代人，参加科举考试，名列最后。名字落在孙山后面。指考试不中。△清·李伯元《官场现形记》五四："等到出榜，名落孙山，心上好不懊恼。"

【出处】范公偁《过庭录》六九："乡人子失意，山缀榜末，先归。乡人问其子得失，山曰：'解名尽处是孙山，贤郎更在孙山外。'"

目不暇给

暇：空闲；给：供应。眼睛看不过来。△清·李汝珍《镜花缘》二一："唐敖此时如入山阴道上，目不暇给。"

【出处】周密《武林旧事》二："诸舞队次第簇拥前后，连亘十余里……耳目不暇给。"

菩萨低眉

比喻人面目慈善。△阿英《晚清文学丛钞·新中国未来记》五："结识得几位有体面的洋大人，那就任凭老佛爷见着你，也只好菩萨低眉了。"

【出处】庞元英《谈薮》："菩萨低眉，所以慈悲六道。"

期期艾艾

期期：汉代周昌口吃，一次与汉高祖争论废太子之事，说："臣口不能言，然臣期期知其不可；陛下虽欲废太子，臣期期不奉诏。"艾艾：晋代邓艾口吃，称自己为"艾艾"。形容口吃。也形容说话笨拙。△1.清·陈森《品花宝鉴》二："又犯了口吃的毛病，有时议论起来，期期艾艾，愈着急愈说不清楚。"2.清·李伯元《文明小史》四九："黄抚台先开口……劳航芥也期期艾艾的回答了一遍。"

【出处】吴曾《能改斋漫录》一四："周昌口吃，而言称期期；邓艾口吃，而言称艾艾。"

起死回生

使死人复活。形容医术高明。△鲁迅《朝花夕拾·父亲的病》："凡国手，都能够起死回生的，我们走过医生的门前，常可以看见这样的扁额。"

【出处】李昉《太平广记》五九引《女仙传》："起死回生，救人无数。"

牵强附会

牵强：勉强把没有关系或关系很远的事物拉扯在一起；附会：把没有关系的事物说成有关系，把没有某种意义的事物说成有某种意义。指把没有多少关系的事物勉强拉扯在一起。△清·曾朴《孽海花》一一："后儒牵强附会，费尽心思，不知都是古今学不分明的缘故。"

【出处】郑樵《通志·总序》："本于《春秋》，牵合附会。"

巧夺天工

夺：争先取得；天工：自然的创造。人工的精巧超过自然的创造。形容技艺精妙。△元·伊世珍《琅嬛记》上引《采兰杂志》："甄后既入魏宫，宫廷有一绿蛇……因效而为髻，巧夺天工。故后髻每日不同，号为'灵蛇髻'。"

【出处】袁褧《枫窗小牍》下："晶莹成形，巧绝天工。"绝：超过。

【辨正】一说，语出元·赵孟頫《赠放烟火者》诗："人间巧艺夺天工。"元代晚于宋代，当以《枫窗小牍》为源。

倾心吐胆

心、胆：比喻心里话。倾吐心里话。△明·施耐庵《水浒传》三八："戴宗也倾心吐胆，把和吴学究相交来往的事告诉了一遍。"

【出处】刘斧《青琐高议·别集》三："倾心吐肝犹不止。"

曲意逢迎

曲意：委曲自己的心意；逢迎：迎合别人的心意。形容违反自己本心去迎合别人。△明·罗贯中《三国演义》八："卓偶染小疾，貂蝉衣不解带，曲意逢迎。"

【出处】叶绍翁《四朝朝见录》戊："从而附合，曲意逢迎。"

如出一辙

辙：车轮印迹。好像出自同一种车轮印迹。比喻非常相似。△毛泽东《为什么要讨论白皮书》："他所说的和我们共产党人或其他先进人们所说的，就某些材料和某些结论来说，如出一辙。"

【出处】洪迈《容斋随笔·续笔》一一："此四人之过，如出一辙。"

三更半夜

更：时间单位，每夜五更，每更两个小时，三更为十一时至一时；半夜：夜之半，指十二时。形容深夜。△清·曹雪芹《红楼梦》二六："有事没事，跑了来坐着，叫我们三更半夜的不得睡觉。"

【出处】文莹《玉壶清话》五："五人者旦夕会饮于枢第……都人谚曰：'陈三更，董半夜。'"陈、董：陈象舆、董俨，宋人。

三教九流

三教：儒教、道教、佛教；九流：儒家、道家、阴阳家、法家、名家、墨家、纵横家、杂家、农家。泛指宗教界、学术界的各种流派。也形容社会上各行各业的人。△1.明·罗贯中《三国演义》二三："天文地理，无一不通；三教九流，无所不晓。"2.明·施耐庵《水浒传》七一："其人则有帝子神孙，富豪将吏，并三教九流，乃至猎户渔人，屠儿剑子，都一般儿哥弟称呼，不分贵贱。"

【出处】赵彦卫《云麓漫钞》六："帝问三教九流及汉朝旧事。"

山明水秀

明：明丽；秀：秀美。山明丽，水秀美。形容风景优美。△明·施耐庵《水浒传》五："贪看山明水秀，不觉天色已晚，赶不上宿头。"

【出处】岳珂《桯史》二："山明水秀无人会，五百年间出帝王。"

束手待毙

束：捆；毙：死。捆起手来等死。比喻在危险或困难面前，不积极想办法，却坐等死亡或失败。△明·罗贯中《三国演义》七："兵临城下，将至壕边，岂可束手待毙？"

树倒猢狲散

猢狲：生活在北方山林中的一种猕猴。比喻为首的人失势，跟随他的人就随之而散。△清·曹雪芹《红楼梦》一三："若应了那句'树倒猢狲散'的俗语，岂不虚称了一世诗书旧族了？"

【出处】庞元英《谈薮》："启封，乃《树倒猢狲散赋》一篇。"

他乡遇故知

他乡：远离家乡的地方；故知：老朋友。在远离家乡的地方遇见了老朋友。△清·李绿园《歧路灯》一〇："只见娄潜斋已进的房来。正是他乡遇故知，况且是心契意合的至交，更觉欢喜。"

【出处】洪迈《容斋随笔·四笔》八："久旱逢甘雨，他乡见故知，洞房花烛夜，金榜挂名时。"

涂脂抹粉

脂：胭脂。涂胭脂，搽白粉。泛指妇女梳妆打扮。后比喻对事物的外表进行粉饰美化（含贬义）。△明·凌濛初《二刻拍案惊奇》一四："其妻涂脂抹粉，惯卖风情，挑逗那富家郎君。"

【出处】刘斧《青琐高议·前集》一〇："涂脂抹粉，巧言令色。"

推陈出新

陈：旧。推开旧的，拿出新的。形容除旧更新。△清·方薰《山静居诗话》五："诗固病在寠臼，然须知推陈出新，不至流入下劣。"

【出处】费衮《梁溪漫志》九："吴子野劝食白粥，云能推陈致新，利膈养胃。"

惜墨如金

珍惜墨像珍惜金子一样。原形容作画时不轻易使用浓墨。后多形容作文力求凝练。△鲁迅《且介亭杂文二集·"题未定"草》："那些了不得的作家，谨严入骨，惜墨如金……"

【出处】费枢《钓矶立谈》："李营丘惜墨如金。"李营丘：宋初画家李成，字营丘。

【辨正】一说，语出陶宗仪《南村辍耕录》八："李成惜墨如金是也。"陶宗仪是元末明初人，晚于宋代，当以《钓矶立谈》为源。

细故末节

细故：小事情；末节：小节。形容无关紧要的小事情、小问题。△《反美华工禁约文学集·苦学生》三："并且细故末节，尽可各适其适，也就不肯十分深究了。"

【出处】韩淲《涧泉日记》中："颇切切于细故小节。"

一动不如一静

原指离去不如在此。后比喻多一事不如少一事。△明·冯梦龙《警世通言》二二："一动不如一静，劝你息了心罢！"

【出处】张端义《贵耳集》上："孝宗幸天竺及灵隐，有辉僧相随。见飞来峰，问辉曰：'既是飞来，如何不飞去？'对曰：'一动不如一静。'"

一呼而集

一声呼唤，就聚集起来。△明·冯梦龙《古今小说》三九："只有冶坊中大半是无赖之徒，一呼而集，约有三百余人。"

【出处】罗大经《鹤林玉露·甲》一："盖五代以前，兵寓于农，素习战斗，一呼而集。"

一脉相承

脉：血脉，血统。一个血统承传下来。比喻同一个系统或派别的承传。△清·李绿园《歧路灯》九二："虽分鸿胪，宜宾两派，毕竟一脉相承，所以一个模样。"

【出处】钱时《两汉笔记》一一："一脉相承，如薪传火。"

一年半载

载：年。一年或半年。泛指不很长的一段时间。△清·李伯元《官场现形记》四七："到处查查帐，筹筹款，总得有一年半载的耽搁。"

【出处】李昉《太平广记》二〇二引《玉堂闲话》："或一年半载，与妻子略相面焉。"

一网打尽

比喻全部抓获或消灭。△《鲁迅书信集·致刘炜明》："他们恨不得将他们的敌手一网打尽。"

【出处】魏泰《东轩笔录》四："聊为相公一网打尽。"

一线生路

一线：比喻狭窄；生路：生存的途径。极狭窄的一条生存途径。△明·华阳散人《鸳鸯针》一："求念乡情，开他一线生路。"

【出处】罗大经《鹤林玉露·甲》六："为小人开一线之路。"

一字之师

改正一个字而使全文生色的老师。又作"一字师"。△清·曹雪芹《红楼梦》一八："姐姐真是一字师了！从此只叫你师傅，再不叫姐姐了。"

【出处】陶岳《五代史补》三："齐己……有《早梅》诗曰：'前村深雪里，昨夜数枝开。'谷笑谓曰：'数枝非早，不若一枝则佳。'……自是士林以谷为齐己'一字之师'。"谷：唐代诗人郑谷。

衣冠禽兽

冠：帽子。穿着衣服、戴着帽子的禽兽。形容品质极恶劣、行为极卑劣的人。△明·陈汝元《金莲记》七："人人骂我做衣冠禽兽。"

【出处】孙光宪《北梦琐言》一七："河朔士人，目苏楷为衣冠枭獍。"枭：传说中的食母恶鸟；獍：传说中的食母恶兽。

依然故我

依然：依旧；故我：过去的我。依旧是过去的我。表示自己仍是从前的样子，情况依旧，没有变化。△清·陆陇其《答曹微之进士》："至于冷署萧条之况，依然故我。"

【出处】吴自牧《梦梁录·序》："及觉，则依然故吾。"吾：我。

依样葫芦

依：依照。依照葫芦的样子画葫芦。比喻单纯模仿而没有创见。△清·李汝珍《镜花缘》八："侄女既不认得，又不知从何下笔，只好依样葫芦，细细临写。"

【出处】魏泰《东轩笔录》一："此乃俗所谓依样画葫芦耳。"

以泪洗面

用眼泪洗脸。形容忧伤悲苦，眼泪不断。△清·张泓《滇南忆旧录》："舅氏婉劝之，复晓以生身

中华成语探源

典藏珍本

中华国学精粹

大义，始登舟回，然无日不以泪洗面也。"

【出处】王铚《默记》下："只以眼泪洗面。"

之乎者也

四个常用的文言虚词。形容说话咬文嚼字。也形容半文不白的话或文章。△1.清·吴敬梓《儒林外史》六："严贡生便走过来，见了王德、王仁，之乎者也了一顿。"2.鲁迅《呐喊·孔乙己》："他对人说话，总是满口之乎者也，教人半懂不懂的。"

【出处】文莹《湘山野录》中："之乎者也，助得甚事！"

只许州官放火，不许百姓点灯

宋代田登做州官，为避名讳，称"灯"为"火"。元宵节的放灯通告，就成了"本州依例放火三日"。后比喻有权势者为所欲为，普通人的正常活动却受到无理限制。△清·李伯元《官场现形记》三七："'只许州官放火，不许百姓点灯'，你卖缺卖差，也卖的不少了，也好分点生意我们做做。"

【出处】陆游《老学庵笔记》五："田登作郡，自讳其名……于是举州皆谓灯为火。上元放灯……吏人遂书榜揭于市曰：'本州依例放火三日。'"

捉贼捉赃

捉贼要有赃物为证据。比喻处理案件或问题要掌握真凭实据。△明·冯梦龙《古今小说》三五："捉贼捉赃，捉奸见双。又无证见，如何断得他罪。"

【出处】胡太初《昼帘绪论·治狱》："谚曰：'捉贼须捉赃，捉奸须捉双。'"

走马上任

走：跑；上任：就职。骑着马跑去就职。原指官吏就职。后比喻承担职务，接任工作。△1.明·冯梦龙《古今小说》三四："李元果中高科，初任江州金判，闾里作贺，走马上任。"2.郭沫若《少年时代·反正前后》："你看他那种走马上任的神气，你就可以知道他是一位全然不懂教育的外行乃至老腐败。"

【出处】孙光宪《北梦琐言》四："先以陈公走马赴任。"

元代著述

东窗事发

宋代秦桧曾与其妻王氏在东窗下密谋陷害岳飞。传说秦桧死后，在阴司受到审判，托方士转告王氏："东窗事发了。"后比喻阴谋败露或秘密泄露。△明·冯梦龙《警世通言》二〇："我早间见那做娘的打庆奴……莫是东窗事发？"

【出处】刘一清《钱塘遗事》二："方士……果见桧与万俟离俱荷铁枷，备受诸苦。桧曰：'可烦传语夫人，东窗事发矣。'"

【辨正】一说，语出明·田汝成《西湖游览志余》四。明代晚于元代，当以《钱塘遗事》为源。

怜香惜玉

怜：爱。爱惜香花、美玉。比喻男子疼爱意中人。△明·冯梦龙《醒世恒言》三："但知买笑追欢的乐意，那有怜香惜玉的真心。"

【出处】陶宗仪《南村辍耕录》一九："嘲风咏月，惜玉怜香。"

三姑六婆

三姑：尼姑（信奉佛教而出家修行的女子）、道姑（信奉道教而出家修行的女子）、卦姑（以占卦为业的妇女）；六婆：牙婆（以介绍人口买卖为业的妇女）、媒婆（以介绍婚姻为业的妇女）、师婆（女巫）、虔婆（开妓院的妇女）、药婆（以治病为业的妇女）、稳婆（以接生为业的妇女）。泛指走门串户、不务正业的妇女。△清·高鹗《红楼梦》一一二："我说那三姑六婆是再要不得的！"

【出处】陶宗仪《南村辍耕录》一〇："三姑者，尼姑、道姑、卦姑也；六婆者，牙婆、媒婆、师婆、虔婆、药婆、稳婆也。"

天罗地网

罗、网：捕鸟的罗和捕兽的网。在天空张的罗，在地面设的网。比喻严密的包围圈。△郭沫若《革命春秋·脱离蒋介石以后》："那时候上下行船都没有，真正是如像陷在天罗地网里面的一样。"

【出处】施惠《幽闺记》二〇："离天罗，入地网。"

痛改前非

痛：彻底地。彻底地改正过去的错误。△清·李绿园《歧路灯》四七："嗣后若痛改前非，立志奋读，图个上进，方可遮盖这场羞辱。"

【出处】无名氏《大宋宣和遗事》亨："信微臣之言，痛改前非。"

掩人耳目

比喻以假象蒙骗人。△明·吴承恩《西游记》一六："只说是他自己不小心，走了火，将我禅堂都烧了。那两个和尚，却不都烧死？又好掩人耳目。"

【出处】无名氏《大宋宣和遗事》亨："虽欲掩人之耳目，不可得也。"

一举一动

每一个举动。△明·朱之瑜《批新序》一一："居上位者，一举一动，诚不可不慎也。"

【出处】方回《桐江续集》三六："一举一动，无非义者。"

自得其乐

自己享受其中的乐趣。△亦舒《流金岁月》："家里不准赌博，蒋太太改在外头打牌，天天似上班，朝九晚五，自得其乐。"

【出处】陶宗仪《南村辍耕录》二〇："雌雄和鸣，自得其乐。"

明代著述

不白之冤

白：辩白，申诉。无法辩白、无处申诉的冤屈。△鲁迅《准风月谈·电影的教训》："一个大官蒙了不白之冤，非被杀不可了……"

【出处】余继登《典故纪闻》一八："人怀不白之冤。"

不郎不秀

郎、秀：元代平民子弟称"郎"，贵族子弟称"秀"。不像郎也不像秀。原形容不高不低，不上不下。后比喻人不成材。△明·毕魏《竹叶舟·收秀》："一身无室无家，半世不郎不秀。"

畅所欲言

畅：痛快，尽情；欲：想，要。痛痛快快地说出想要说的话。△鲁迅《而已集·读书杂谈》："教授有教授的架子，不能畅所欲言。"

【出处】李清《三垣笔记·崇祯》："开元不能畅所欲言。"

存亡未卜

卜：预料。或活着，或死了，无法预料。△清·李汝珍《镜花缘》一〇："孙儿跟在军前，存亡未卜。"

【出处】冯梦龙《古今小说》一七："况宗族远离，夫家存亡未卜。"

【辨正】一说，语出归庄《冬至祭祖文》："远游淮甸，未卜存亡。"归庄是清初人（公元1613～公元1673年），冯梦龙是明代人（公元1574～公元1646年），相差三四十年。

粗通文墨

形容略微懂得一些写作方面的学问。△明·冯梦龙《醒世恒言》六："有一少年姓王名臣，长安人氏，略知书史，粗通文墨。"

【出处】沈德符《万历野获编》一六："专与中贵游，亦粗通文艺。"文艺：写作技艺。

大快人心

快：痛快。使人心里非常痛快。△《鲁迅书信集·致胡适》："大稿已经读讫，警辟之至，大快人心！"

【出处】许三阶《节侠记》三〇："今日圣旨杀他，大快人心。"

大义凛然

大义：正义；凛然：严峻不可侵犯的样子。形容为了正义而坚强不屈。△清·吴趼人《痛史》二二："因想起文丞相和谢先生，一般的大义凛然，使宋室虽亡，犹有余荣。"

【出处】郑仲夔《耳新》二："夫人亦且大义凛然。"

【辨正】一说，语出清·顾炎

武《日知录》二○："唐人作书，无所回避……大义凛然。"清代晚于明代，当以《耳新》为源。

多此一举

举：举动。这一举动是多余的。指做不必要的事情。△《鲁迅书信集·致胡适》："问起北京人来，只知道《三侠五义》，而南方人却只见有曲园老人的改本，此老实在可谓多此一举。"

【出处】沈德符《万历野获编》一○："亦多此一事矣。"

法外施仁

施：给予；仁：仁慈。给予超越法律的仁慈。指宽大处理。△清·文康《儿女英雄传》一三："当朝的圣人最恼的贪官污吏，也还算法外施仁，止于把他革职，发往军台效力。"

【出处】李清《三垣笔记·崇祯》："乞皇上法外施仁，俯从部议。"

分门别类

门类：依照事物的特性把相同的集中在一起而形成的类。分成不同的门类。△明·冯梦龙《文明小史》三四："我只要现在的时务

书，分门别类的便好。"

【出处】朱国祯《涌幢小品》一八："分门别类，非全帙也。"帙：装套的线装书，泛指书。

改换门庭

门庭：大门和庭院，借指门第。改变门第。指提高家庭的社会地位。△清·石玉昆《三侠五义》二："得个一官半职，一来改换门庭，二来省受那赃官污吏的闷气。"

【出处】宋应星《野议·风俗议》："梦想科第，改换门楣。"楣：门框上边的横木。

过五关，斩六将

斩：砍。闯过五个关口，砍杀六员敌将。原指蜀汉关羽护送刘备家属的业绩。后比喻英雄业绩或光荣历史。△明·罗懋登《三宝太监西洋记通俗演义》七六："那一个不说道过五关斩六将、掀天揭地的好大丈夫？"

【出处】罗贯中《三国演义》二七："汉寿侯五关斩六将。"

横冲直撞

形容任意冲撞。△鲁迅《准

风月谈·推》："我们在上海路上走，时常会遇见两种横冲直撞，对于对面或前面的行人，决不稍让的人物。"

【出处】明·施耐庵《水浒传》五五："漫山遍野，横冲直闯将来。"

缓兵之计

使敌人延缓用兵的计策。后也比喻暂缓事态，拖延时日，侯机应付的策略。△清·林则徐《会奏谕办英夷情形折》："暂作缓兵之计，别生谲诈之策。"

【出处】罗贯中《三国演义》九九："孔明用缓兵之计。"

灰心丧气

灰心：意志消沉；丧气：情绪低落，形容意志消沉，情绪低落。△老舍《四世同堂》七八："他受尽了冷淡、污辱与饥渴，可是他并不灰心丧气……"

【出处】吕坤《呻吟语》下："辄灰心丧气，竟不卒功。"

慷他人之慨

慷慨：不吝惜财物。不吝惜别人的财物。形容用别人的财物做

人情或装饰场面。△清剧本《缀白裘》四："只说圣上命我二人同众官商议，各要捐金助饷，攒凑三五万银子进献，不免慷他人之慨罢了。"

【出处】李贽《焚书》四："慷他人之慨，费别姓之财。"

家传户诵

家家户户传诵。形容诗文深受众人喜爱。△清·蒲松龄《聊斋志异·郭生》："时叶、缪诸公稿，风雅艳丽，家传而户诵之。"

【出处】沈德符《万历野获编》二五："汤义仍《牡丹亭梦》一出，家传户诵。"

据为己有

据：占据。占据别人或公家的东西，作为自己的东西。△鲁迅《花边文学·略论梅兰芳及其他（上）》："老十三旦……没有被士大夫据为己有，罩进玻璃罩。"

【出处】李开先《宝剑记》二四："童贯占为己有，欺瞒皇上。"

令人神往

令：使；神往：心里向往。

使人一心向往。△郭沫若《海涛集·我是中国人》："那书……不仅内容充实，前所未有，而文笔美畅，声光烂然，真正是令人神往。"

【出处】胡应麟《少室山房笔丛》二七："令人神往不已。"已：止。

面有难色

难：为难；色：神色。脸上露出为难的神色。△清·李伯元《官场现形记》二五："贾大少爷因为奎官之事，面有难色，尚未回答得出。"

【出处】沈德符《万历野获编》一一："阍者微有难色。"阍者：看门的人。

名噪一时

噪：大声叫嚷。形容在一个时期之内名声很响。△清·余怀《板桥杂记》中："后携其妹曰嫩者游吴郡，卜居半塘，一时名噪。"

【出处】沈德符《万历野获编》一六："入都，名噪一时。"

囊空如洗

囊：口袋。口袋里空空的，好像用水冲洗过一样。形容身上一

个钱也没有。△清·吴趼人《二十年目睹之怪现状》五四："讲到钱呢，还是囊空如洗，一天停了差使，便一天停了饭碗。"

【出处】沈德符《万历野获编》二二："囊橐如洗。"橐：口袋。

平平无奇

平平：一般，平常；奇：特殊。很一般，很平常，没有特殊的地方。△清·顾复《平生壮观》五："西苑诗白纸行书一卷，曾勒之石，想其得意作也，亦平平无奇，他可存而不论矣。"

【出处】朱国祯《涌幢小品》二五："有戴元礼二方，平平无奇。"

潜滋暗长

潜：隐而不露。暗中滋生、发展。△清·黄宗羲《子刘子行状》上："猜忌之不已，积而为壅蔽，正人心之危所潜滋暗长而不自知者。"

【出处】何良俊《四友斋丛说》四："引申触类，潜滋暗长。"

人心不古

人的心思不如古代人。指人诡

诈刻薄，不像古人那样淳朴厚道。△《鲁迅书信集·致章廷谦》："人心不古，诚堪浩叹。"

【出处】宋应星《野议·风俗议》："且学问未大，功业未大，而只以名胜自大，亦人心不古之一端也。"

赏心悦目

目赏心悦。悦：愉快。形容欣赏美好的事物而心情愉快。△鲁迅《故事新编·采薇》："只见新叶嫩碧，土地金黄，野草里开着些红红白白的小花，真是连看着也赏心悦目。"

【出处】无名氏《人中画》："清新俊逸，赏心悦目。"

识时达务

识、达：懂得；时务：当时的重大事情或客观形势。懂得当时的情势。△清·高鹗《红楼梦》九九："他不多几年，已巴到极顶的分儿，也只为识时达务，能够上下和睦罢了。"

【出处】李贽《焚书》三："通达国体，识时知务。"

天下老鸹一般黑

老鸹：乌鸦。天下的乌鸦都是一样的黑色。比喻相同，一样（多用于贬义）。△清·曹雪芹《红楼梦》五七："天下老鸹一般黑，岂有两样的。"

【出处】袁宏道《锦帆集》三："俗语云：'鹄般白，鸦般黑。'"鹄：天鹅。

铁案如山

铁案：证据确凿的案件。证据确凿的案件，像山一样无法推翻。△清·蒲松龄《聊斋志异·胭脂》："铁案如山，宿遂延颈以待秋决矣。"

【出处】孟称舜《残唐再创》一："道不的铁案如山。"

徒劳往返

徒：白白地。白费力气跑来跑去。△阿英《晚清文学丛钞·冷眼观》二〇："至于往返徒劳，那都属小事。"

【出处】何良俊《四友斋丛说》六："倘至彼而虏已退，则徒劳往返耳。"

拖人下水

比喻拉着人做坏事。△清·黄宗羲《明儒学案》六："渠是拖人下水，我却是救人上岸。"

【出处】李素甫《元宵闹传奇》二五："这是娘子拖人下水。"

望而却步

却：退。看见了就向后退。形容在危险或力所不及的事情面前退缩。△秦牧《象和蚁的童话》："凡这一切，都很可能使某一部分有条件从事这种工作的人望而却步：'反正和那个最高水平比较起来相差太远，我写不了。'"

【出处】徐光启《复周无逸学宪》："思之痛心，望之却步。"

下不为例

下次不能以此为例。表示只通融这一次。△老舍《四世同堂》五二："假若老二没心没肺的赞同此意呢，她也会只去此一遭，下不为例。"

【出处】余继登《典故纪闻》一三："予之移封，后不为例。"

小题大做

小题：明清科举考试，以四书文句为八股文的题目叫"小题"，以五经文句为八股文的题目叫"大题"。用做"小题"的章法来做"大题"。后比喻把小事加以渲染扩大，当作大事办。△清·曹雪芹《红楼梦》七三："没有什么，左不过他们小题大做罢了，何必问他？"

【出处】杨聪《玉堂荟记》上："奏揭纷出，小题大做。"

言之凿凿

凿凿：确实的样子。说得很确实。△清·纪昀《阅微草堂笔记·姑妄听之》："此余乡近年事，婢媪辈言之凿凿。"

【出处】许元溥《吴乘窃笔·柳道传》："言之似凿凿可信矣。"

摇身一变

原指神怪等一晃身就变成另一种样子。后比喻人或事物改换面目出现（多为贬义）。△郭沫若《少年时代·反正前后》："铁路总公司的第七次股东大会，摇身一变就变成了川汉铁路的'保路同志会'。"

【出处】朱鼎臣《唐三藏西游释厄传》一："悟空……摇身一变，就变做一科松树。"科：棵。

摇摇欲坠

欲：要；坠：落。摇摇晃晃地要掉落或倾倒。后也比喻地位不稳固，很快就要垮台。△清·毛祥麟《甲子冬闱赴金陵书院》："一片瓦砾，剩有败屋危墙，皆摇摇欲坠。"

【出处】罗贯中《三国演义》一〇四："其色昏暗，摇摇欲坠。"

一笔抹煞

煞：消除。一笔涂抹掉。比喻全盘否定。△鲁迅《南腔北调集·"连环图画"辩护》："他以中立的文艺论者的立场，将'连环图画'一笔抹煞了。"

【出处】沈德符《万历野获编》一八："遂将前后爱书，一笔抹杀。"杀：煞。

一哄而散

形容乱哄哄的一下子散去。△明·凌濛初《初刻拍案惊奇》

一："看的人见没得买了，一哄而散。"

【出处】沈德符《万历野获编》一〇："于是一哄而散。"

一失足成千古恨

失足：行走时不慎跌倒，比喻犯严重错误；千古：长远的年代。一旦犯了严重错误，就成为终身的恨事。△清·吴趼人《二十年目睹之怪现状》八九："古人说的：'一失足成千古恨，再回头是百年身。'我也明知道对不住人，但是叫我也无法补救。"

【出处】杨仪《明良记》一一："一失脚成千古笑，再回头是百年人。"

艺高胆大

艺：技能，本领。本领高的人做事的胆量大。又作"艺高人胆大"。△清·石玉昆《三侠五义》八八："焉知他不是艺高人胆大，阳沟里会翻船，也是有的。"

【出处】戚继光《纪效新书》一："谚曰：艺高人胆大。"

有伤风化

风化：风俗教化。对风俗教

化有损害。指对社会风气有不良影响。△鲁迅《坟·坚壁清野主义》：“闺秀不出门，小家女也逛庙会，看祭赛，谁能说‘有伤风化’情事，比高门大族为多呢？”

【出处】杨仪《明良记》一四：“有伤风化，失文宗体。”

玉碎珠沉

美玉破碎，明珠沉没。比喻美女之死。△清·文康《儿女英雄传》一八：“拼这副月貌花容，作一团珠沉玉碎。”

【出处】瞿佑《剪灯新话》三：“甘心玉碎，决意珠沉。”

张冠李戴

冠：帽子。姓张的帽子戴到姓李的头上。比喻弄错了对象。△清·孙承泽《天府广记》三二：“以衙门为活计，惟知嗜利……甚至张冠李戴，增少为多。”

【出处】田艺蘅《留青日札摘抄》二二：“俗谬云：张公帽掇在李公头上。”

自鸣得意

鸣：表达，表示。自己表示很得意。△鲁迅《且介亭杂文末编·关于太炎先生二三事》：“近有文侩，勾结小报，竟也作文奚落先生以自鸣得意……”

【出处】沈德符《万历野获编》二五：“挥策四顾……自鸣得意。”

自讨苦吃

讨：招惹。自己招惹苦头吃。△清·李汝珍《镜花缘》一九：“我们见了，自然另有准备，岂肯冒昧，自讨苦吃？”

【出处】张岱《陶庵梦忆》二：“是无知老贼自讨苦吃者也。”

第九部分

诗词歌赋

楚辞

斑驳陆离

斑驳：一种颜色中夹杂着别的颜色；陆离：色彩纷繁的样子。形容色彩纷杂。△清·蒲松龄《聊斋志异·古瓶》："器大可合抱，重数十斤，侧有双环，不知何用，斑驳陆离。"

【出处】屈原《离骚》："纷总总其离合兮，斑陆离其上下。"

惩羹吹齑

羹：浓汤；齑：切碎的姜、蒜、韭菜等。被热汤烫过嘴而存了戒心，吃冷菜也要吹一吹。比喻吃过亏而存有戒心，遇事过分小心。△宋·陆游《谢梁右相启》："刻舟求剑，固非通材；惩羹吹齑，已消壮志。"

【出处】屈原《九章·惜诵》："惩于羹者而吹齑兮，何不变此之志也？"

尺短寸长

由于用处不同，一尺有时显得短，一寸有时显得长。比喻人

或事物各有长处，也各有短处。△宋·朱熹《答张敬夫》一："此辈之材，寸长尺短，亦无所不可用。"

【出处】屈原《卜居》："夫尺有所短，寸有所长。"

尺有所短

一尺有时显得短。比喻人或事物各有短处。△清·文康《儿女英雄传》三三："这桩事又苦于正是我的'尺有所短'，这些年就全仗太太。"

【出处】屈原《卜居》："夫尺有所短，寸有所长。"

吹气如兰

吹气：气息。气息像兰花一样芳香袭人（用于形容美女）。△汉·郭宪《洞冥记》："汉武帝所幸宫人，名曰丽娟，年始十四，玉肤柔软，吹气如兰。"

【出处】宋玉《神女赋》："陈嘉辞而云对兮，吐芳芳其若兰。"

【辨正】一说，语出曹植《美女篇》："顾盼遗光彩，长啸气若兰。"宋玉是战国时期楚人，曹植是三国时期魏人，当以楚辞为源。

春兰秋菊

春天的兰花，秋天的菊花。原指花只能艳于一时，不能永久开放。后比喻各有所长。△宋·李昉《太平广记》一八五："或问雍州长史陈崇业：'三人优劣孰先？'崇业曰：'譬之春兰秋菊，俱不可废。'"

【出处】屈原《九歌·礼魂》："春兰兮秋菊，长无绝兮终古。"

寸有所长

一寸有时显得长。比喻人或事物各有长处。△唐·刘知几《史通·书志》："袁山松、沈约、萧子显、魏收数家……凡所记录，多合事宜。寸有所长，贤于班、马远矣。"

【出处】屈原《卜居》："夫尺有所短，寸有所长。"

颠倒黑白

把黑的说成白的，白的说成黑的。比喻颠倒是非。△端木蕻良《曹雪芹》一三："你在尘世，每每以诗作敲门砖，颠倒黑白，全然不顾事实，致使贤奸不辨，害人匪浅。"

【出处】屈原《九章·怀沙》："变白而为黑兮，倒上以为下。"

短兵相接

兵：兵器；相接：交战。用刀剑等短兵器交战。指肉搏战。后也比喻面对面的斗争。△1.南梁·沈约《宋书·刘铄传》："贼之死者，尸与城等，遂登尸以陵城，短兵相接。"2.鲁迅《两地书》二："但恐怕也有时会遇到非短兵相接不可的，这时候，没有法子，就短兵相接。"

【出处】屈原《九歌·国殇》："操吴戈兮被犀甲，车错毂兮短兵接。"

傅粉施朱

傅：附着，加上；施：加上；朱：红，指胭脂。搽粉抹胭脂。指化妆打扮。△明·兰陵笑笑生《金瓶梅词话》一："描眉画眼，傅粉施朱。"

【出处】宋玉《登徒子好色赋》："着粉则太白，施朱则太赤。"

孤儿寡妇

死了父亲的孩子，死了丈夫的妇女。△元·张宪《咸淳师相》诗："十三万人齐解甲，寡妇孤儿俱北行。"

【出处】宋玉《高唐赋》："孤子寡妇，寒心酸鼻。"

淈泥扬波

搅浑泥水，激起波浪。比喻随俗浮沉。△明·朱之瑜《高枕亭志》："世方淈泥扬波，而公之志独洁。"

【出处】屈原《渔父》："世人皆浊，何不淈其泥而扬其波？"

呵壁问天

呵：呵斥。面对墙壁呵斥，仰望青天责问。形容因潦倒失意而发牢骚。△清·黄景仁《霜时飞·湘江夜泊》："又恐惹，冲冠发指，问天呵壁从头起。"

【出处】汉·王逸《楚辞·天问章句序》："嗟号昊旻，仰天叹息……因书其壁，呵而问之。"昊旻：天。

【辨正】一说，语出唐·李贺《公无出门》诗："分明犹惧公

不信，公看呵壁书问天。"李贺将王逸的"嗟号昊旻，仰天叹息"和"因书其壁，呵而问之"浓缩为"呵壁书问天"，其源流关系分明。

何去何从

去：离开；从：跟随。离开什么？跟随什么？表示对重大问题选定态度作出抉择。△晋·潘岳《夏侯常侍诔》："谁毁谁誉，何去何从？"

【出处】屈原《卜居》："此孰吉孰凶，何去何从。"孰：哪个。

怀瑾握瑜

瑾、瑜：美玉。怀里揣着美玉，手里拿着美玉。比喻人具有纯洁的品德、高尚的情操。△宋·晁补之《上杭州教官吕穆仲书》："士之怀瑾握瑜者，纷纷藉藉，云翔蜂起，奔走自效。"

【出处】屈原《九章·怀沙》："怀瑾握瑜兮，穷不得所示。"

黄钟瓦釜

黄钟：古乐十二律之一，音

调最高亢洪亮；瓦釜：陶制的锅，敲击起来音调低沉。比喻高雅优秀的人和庸俗低劣的人。又作"黄钟瓦缶"。缶：罐、盆一类的瓦器。△明·吕天成《曲品自序》："黄钟瓦缶，不容并陈；白雪巴人，奈何混进？"

【出处】屈原《卜居》："黄钟毁弃，瓦釜雷鸣。"

金相玉质

相：外貌，外观；质：本质，实质。黄金的外表，美玉的实质。比喻文章的形式和内容都十分完美。后也比喻人的外貌和实质都很完美。△1.明·祁彪佳《远山堂剧品·雅品》："《红线》……工美之至，已几于金相玉质矣。"2.梁·刘峻《辩命论》："昔之玉质金相，英髦秀达，皆摈斥于当年。"

【出处】汉·王逸《楚辞·离骚章句序》："所谓金相玉质，百世无匹，名垂罔极，永不刊灭者也。"

流金铄石

流、铄：熔化。金石都熔化了。形容天气酷热。△清·李伯元《文明小史》楔子："虽然烈日当空，流金铄石，全不觉半点歊热。"

【出处】宋玉《招魂》："十日代出，流金铄石些。"代：更替；些：语气词。

满腹狐疑

狐疑：怀疑。一肚子疑惑。形容心里充满疑惑。△清·文康《儿女英雄传》一三："公子听如此说，便不好问，只是未免满腹狐疑。"

【出处】屈原《离骚》："心犹豫而狐疑兮，欲自适而不可。"

美人迟暮

迟暮：年老。美女的年纪老了。原比喻有才德的人也会日趋衰老。后泛指人过了青壮年时期，进入垂暮之年。△清·丘逢甲《秋怀》诗："消尽美人迟暮感，素书一卷独编年。"

【出处】屈原《离骚》："惟草木之零落兮，恐美人之迟暮。"注："美人，谓怀王也……不建立道德，举贤用士，则年老暮晚而功不成。"

中华成语探源

中华国学精粹

典藏珍本

靡颜腻理

靡:美丽;颜:容颜,容貌;腻:细腻;理:肌肤上的纹理,借指肌肤。美丽的容貌,细腻的肌肤。△清·王韬《淞隐漫录·海外美人》:"香温柔滑,腻理靡颜,虽真者犹有所不及。"

【出处】宋玉《招魂》:"靡颜腻理,遗视矊些。"矊:眼珠黑,借指目光清澈;些:语气词。

怦然心动

怦然:心跳的样子。心怦怦地跳,思想感情产生了波动。△听了她声泪俱下的倾诉,人们难免怦然心动。

【出处】宋玉《九辩》:"心怦怦兮谅直。"

蓬头历齿

蓬头:头发蓬乱;历齿:牙齿稀疏。形容老年人的状貌。△北周·庾信《竹杖赋》:"噫,子老矣!鹤发鸡皮,蓬头历齿。"

【出处】宋玉《登徒子好色赋》:"其妻蓬头挛耳,龇唇历齿。"龇:牙齿外露的样子。

【辨正】一说,语出北周·庾信《竹杖赋》。庾信只是将宋玉的

"蓬头挛耳,龇唇历齿"变成了四字格的"蓬头历齿"。考其源,为《登徒子好色赋》。

曲高和寡

和:和谐地跟着唱;寡:少。曲调高深,能跟着唱的人就很少。原比喻高雅的人难得知音。后多比喻言论、作品等高雅深奥,难于被人接受。△三国·阮瑀《筝赋》:"曲高和寡,妙伎难工。"

【出处】宋玉《对楚王问》:"是其曲弥高,其和弥寡。"弥:更加,越来越。

瓦釜雷鸣

瓦釜:陶制的锅,敲击起来音调很低沉。陶锅被敲出打雷般的巨响。比喻平庸的人被重用或平庸的事物得到重视。又作"瓦缶雷鸣"。缶:罐、盆一类的瓦器。△清·李渔《与孙宇台、毛稚黄二好友》:"弟《一家言》之初集大噪海内,真是瓦缶雷鸣。"

【出处】屈原《卜居》:"黄钟毁弃,瓦釜雷鸣。"

下里巴人

《下里》、《巴人》,都是

战国时代楚国的民间歌曲。后泛指通俗的文艺作品。△元·载表元《古诗七言以界之范氏喜而索诗为赠》："有耳不听下里巴人，有手不写剧秦美新。"

【出处】宋玉《对楚王问》："客有歌于郢中者，其始曰下里巴人，国中属而和者数千人。"属：跟着。

先路之导

导：向导。在前面引路的人。△清·王韬《淞隐漫录》一："彼贵客耳，乃女君之所使也，特为先路之导耳。"

【出处】屈原《离骚》："乘骐骥以驰骋兮，来，吾导夫先路。"

心烦意乱

心情烦躁，思绪纷乱。△明·罗贯中《三国演义》三一："袁绍回冀州，心烦意乱，不理政事。"

【出处】屈原《卜居》："心烦意乱，不知所从。"

嫣然一笑

嫣然：美好的样子。样子很美地笑了一笑（用于女子）。△清·刘鹗《老残游记》九："那女子嫣然一笑，秋波流媚，向子平睇了一眼。"

【出处】宋玉《登徒子好色赋》："嫣然一笑，惑阳城，迷下蔡。"

延年益寿

益：加。延长年岁，增加寿命。△宋·李昉《太平御览》四引《龙鱼河图》："天有四表，月有三道，圣人知之，可以延年益寿。"

【出处】宋玉《高唐赋》："九窍通郁，精神察滞，延年益寿千万岁。"

阳春白雪

《阳春》、《白雪》，都是战国时代楚国的高深的歌曲。后泛指高深的文艺作品。△唐·薛用弱《集异记·王之涣》："所唱皆《下里》《巴人》之词耳，岂《阳春》《白雪》之曲，俗物敢近哉？"

【出处】宋玉《对楚王问》："客有歌于郢中者……其为阳春白雪，国中属而和者，不过数十人。"属：跟着。

中华成语探源

中华国学精粹

典藏珍本

引商刻羽

商、羽：古代五音（宫、商、角、徵、羽）中的两个音调。形容音律极讲究、曲调极高雅的音乐。△清·吴敬梓《儒林外史》二九："一个小小子……唱李太白《清平调》，真乃穿云裂石之声，引商刻羽之奏。"

【出处】宋玉《对楚王问》："引商刻羽，杂以流徵。"

远走高飞

远远地走开，高高地飞去。形容逃避到很远的地方去。△清·刘鹗《老残游记》一七："俺妈知道，今儿不让我在这儿，早晚要逼我回去，明儿就远走高飞了。"

【出处】屈原《九章·惜诵》："欲高飞而远集兮，君罔谓女何之？"女：汝，你。朱熹注："集……谓远遁也。"

【辨正】一说，语出《后汉书·卓茂传》："汝独不欲修之，宁能高飞远走，不在人间耶？"这里的"高飞远走"，以楚辞的"高飞远集"为源。

瞻前顾后

瞻：往前看；顾：回头看。看看前面，再看看后面。形容做事谨慎，考虑周到，后也形容顾虑很多。△1.清·曹雪芹《红楼梦》三七："虽然是个玩意儿，也要瞻前顾后；又要自己便宜，又要不得罪了人，然后方大家有趣。"2.《鲁迅书信集·致杨霁云》："为了防后方，我就得横站，不能正对敌人，而且瞻前顾后，格外费力。"

【出处】屈原《离骚》："瞻前而顾后兮，相观民之计极。"

珠宫贝阙

宫阙：宫殿。用珍珠宝贝建造的宫殿。原指神仙住的宫殿。后也泛指华丽的宫殿。△清·李伯元《文明小史》五一："厅上陈设的如珠宫贝阙一般，处处都夺睛耀目。"

【出处】屈原《九歌·河伯》："鱼鳞屋兮龙堂，紫贝阙兮珠宫。"

汉代诗赋

按部就班

部：部位；班：队列。按照部

位，归入队列。后比喻做事按照一定的条理，遵循一定的程序。△老舍《四世同堂》三一："只要国家一乱，他的生意就必然萧条，而他按部就班的老实计划与期望便全都完事。"

【出处】王粲《浮淮赋》："群师按部，左右就队。"

【辨正】一说，语出陆机《文赋》："选义按部，考辞就班。"王粲是东汉人（公元177～公元217年），陆机是晋代人（公元261～公元303年），陆机赋中的"就班"与王粲赋中的"就队"同义。当以《浮淮赋》为源。

擘肌分理

擘：分开；理：纹理。分解肌肤的纹理。比喻分析事理十分细密。△南齐·刘勰《文心雕龙·序志》："同之与异，不屑古今，擘肌分理，唯务所衷。"

【出处】张衡《西京赋》："剖析毫厘，擘肌分理。"

层峦叠嶂

峦：连绵的山；嶂：耸立如屏障的山。重重叠叠、连绵不断的山峰。△李健吾《雨中登泰山》："乌云四合，层峦叠嶂都成了水墨山水。"

【出处】刘胜《文木赋》："重山累嶂，连波叠浪。"

长枕大被

原表示夫妻恩爱和谐。后多形容兄弟之间亲密友爱。也形容朋友之间亲密友爱。△1.宋·司马光《资治通鉴·唐玄宗开元二年》："初即位，为长枕大被，与兄弟同寝。"2.清·阎尔梅《祝阳城郭母廉氏夫人序》："或身处贫贱而剪发以延过客，或制长枕大被以欢其交游。"

【出处】蔡邕《协和婚赋》："长枕横施，大被竟床。"竟：全，从头到尾。

【辨正】一说，语出《新唐书·让皇帝宪传》："玄宗为太子，尝制大衾长枕，将与诸王共之。"这显然是流，不是源。

持筹握算

筹、算：筹码，古代计数用的竹片或木片。手里拿着筹码摆弄。原指进行筹划，后表示管理财物。△清·蒲松龄《聊斋志异·云萝公主》："妇持筹握算，日致丰盈。"

【出处】枚乘《七发》："孟

子持筹而算之，万不失一。"

从中作梗

梗：阻塞，妨碍。在里面设置障碍。形容从中破坏、干扰，使事情不能顺利进行。△清·张集馨《道咸宦海见闻录》："粮道必应酬将军者，畏其从中作梗也。"

【出处】张衡《东京赋》："度朔作梗，守以郁垒，神荼副焉，对操索苇。"度朔：度朔山，借指山上百鬼。

殚见洽闻

殚：尽；洽：遍。什么都见过，什么都听过。形容见闻广博，学识丰富。△唐·刘知几《史通·采撰》："向使专凭鲁策，独询孔氏，何以能殚见洽闻，若斯之博也？"

【出处】班固《西都赋》："元元本本，殚见洽闻。"

蛾眉皓齿

蛾眉：像蛾须一样又长又弯的眉毛；皓齿：洁白的牙齿。形容女子的容貌美丽。也指容貌美丽的女子。△宋《宣和画谱》五："至于论美女，则蛾眉皓齿如东邻之女，

瑰姿艳逸如洛浦之神。"

【出处】司马相如《美人赋》："臣之东邻，有一女子，玄发丰艳，蛾眉皓齿。"

恩断义绝

恩爱与情义断绝。指双方关系破裂。△《元曲选·马丹阳三度任风子》："咱两个恩断义绝。"

【出处】班婕妤《怨歌行》："弃捐箧笥中，恩情中道绝。"

发矇振聩

矇：瞎，指瞎子；聩：聋，指聋子。使瞎子看见，使聋子听见。比喻使迷惑的人觉醒。△清·吴敬梓《儒林外史》四四："你这一番议论，真可谓之发蒙振聩。"蒙：矇。

【出处】枚乘《七发》："伸伛起躄，发矇披聋。"伛：驼背；躄：瘸子；披：开。

飞禽走兽

走：跑。天上飞的鸟，地上跑的野兽。泛指各种鸟兽。△宋·李昉《太平广记》四七五引《异闻录》："山阜峻秀，川泽广远，林树丰茂，飞禽走兽，无不蓄之。"

丰肌弱骨

丰满的肌肉，柔弱的骨骼。形容女子娇艳而有丰韵。后也比喻花朵娇艳。△1.晋·葛洪《西京杂记》一："昭仪弱骨丰肌，尤工笑语。"2.宋·范成大《园丁折花七品各赋一绝》诗："丰肌弱骨自喜，醉晕妆光总宜。独立风前雨里，嫣然不要人持。"

【出处】司马相如《美人赋》："皓体呈露，弱骨丰肌。"

风流云散

像风一样流动，像云一样飘散。比喻人漂泊离散。△清·曾朴《孽海花》一一："不上一年……苏州有名的几个京官也都风流云散。"

【出处】王粲《赠蔡子笃》诗："风流云散，一别如雨。"

高掌远蹠

掌：用手分开；蹠：用脚踏开。用手把山顶分开，用脚把山底踢开，辟出宽宽的河道。原形容河神开山引流的壮举。后比喻从事开辟与经营的巨大力量。△清·丘逢甲《思三友行》诗："凤凰如猛将，当关森严立甲仗；阴那如才相，高掌远蹠抱雄想。"

【出处】张衡《西京赋》："巨灵赑屃，高掌远蹠，以流河曲。"巨灵：河神名；赑屃：用力的样子。

根深叶茂

根子扎得深，叶子长得繁茂。后比喻基础牢固，事业兴旺。△宋·刘克庄《三月二十五日饮方校书园十绝》三："自古根深枝叶蕃，百年乔木到今存。"

【出处】刘安《屏风赋》："维斯屏风，出自幽谷，根深枝茂，号为乔木。"

孤苦伶仃

伶仃：孤单，没有依靠。孤独困苦，无依无靠。△清·高鹗《红楼梦》一一二："头里有老太太，到底还疼我些；如今也死了，留下我孤苦伶仃，如何了局？"

【出处】李陵《赠苏武诗》："远处天一隅，苦困独伶丁。"

【辨正】一说，语出晋·李密《陈情表》："零丁孤苦，至于成立。"李密只是将李陵的"苦困独伶丁"变成了四字格。考其源，是李陵的《赠苏武诗》。

顾盼生辉

顾盼：左右环视；辉：光彩。左右环视，眼睛里闪耀着光彩。形容目光灵活生动。△明·胡翰《越人对》："容貌瑰奇，顾盼生辉。"

【出处】班婕妤《捣素赋》："若乃盼睐生姿，动容多制。"

河梁之谊

河梁：河上的桥梁，借指送别之处。形容送别时依依不舍的情谊。△清·归庄《与朱宗远书》："匆匆言别，未及接杯酒之欢，并不得展河梁之谊，深以为愧！"

【出处】李陵《与苏武》诗："携手上河梁，游子暮何之？……行人难久留，各言长相思。"

魂飞魄散

魂魄飞散了。形容惊恐万分。△清·曹雪芹《红楼梦》一五："猛然间一个人从身后冒冒失失的按住，也不出声，二人唬的魂飞魄散。"

【出处】扬雄《羽猎赋》："蹙竦詟怖，魂亡魄失。"蹙：紧张；竦：害怕；詟：惧怕。

箭不虚发

虚：空；发：射。每支箭射出去都不落空。指每支箭都能射中目标。形容射箭技术高超。也比喻做事成功。△1.晋·陈寿《三国志·庞德传》："德被甲持弓，箭不虚发。"2.清·蒋士铨《香祖楼》一六："你说天下有这等得心应手，箭不虚发的美事！"

【出处】司马相如《子虚赋》："弓不虚发，中必决眦。"

结党连群

指气味相投的人聚在一起，结成集团。△宋·司马光《应诏言朝政阙失》："东西南北所在啸聚，连群结党，日滋月蔓，弥漫山泽。"

【出处】张衡《西京赋》："结党连群，实蕃有徒，其从如云。"

【辨正】一说，语出《三国志·魏书·董昭传》："合党连群，互相褒叹。"张衡是东汉人，而《三国志》是西晋陈寿撰写的史书。当以《西京赋》为源。

金蝉脱壳

蝉在生长过程中，要脱去外壳。比喻以模拟的物体为掩护，乘对方未发觉时逃脱。△明·兰陵笑笑生《金瓶梅词话》三五："那贲四巴不得要去，听见这一声，一个金蝉脱壳走了。"

【出处】仲长统《述志诗》一："飞鸟遗迹，蝉蜕亡壳。"

津津有味

津津：有滋味；有兴趣的样子。原形容酒味醇厚。后形容有浓厚的兴趣。△鲁迅《而已集·谈所谓"大内档案"》："奇怪之至，他竟也忽然变成考古家了，对此道津津有味。"

【出处】王褒《洞箫赋》："哀悁悁之可怀兮，良醰醰而有味。"

惊涛骇浪

骇：惊吓，震骇。令人震惊、害怕的浪涛。后也比喻险恶的环境。△1.清·李汝珍《镜花缘》六："走蛮烟瘴雨之乡，受骇浪惊涛之险，以应前誓，以赎前

愆。"2.宋·杜范《军器监丞轮对札子》："天下大势如寄扁舟于惊涛骇浪之上。"

【出处】王粲《浮淮赋》："凌惊波以高骛，驰骇浪而赴质。"

惊天动地

惊：震。震动天地。形容声音极大。后也比喻言行或事业的影响巨大。△清·高鹗《红楼梦》一〇六："满屋中哭声惊天动地，将外头上夜婆子吓慌，急报于贾政知道。"

【出处】司马相如《上林赋》："车骑雷起，殷天动地。"殷：震。

【辨正】一说，语出唐·白居易《李白墓》诗："可怜荒冢穷泉骨，曾有惊天动地文。"白氏将"殷天动地"变为"惊天动地"，并开比喻义之先河，但其源在汉赋。

拘文牵义

拘：拘泥；牵：牵制。拘泥于文法，被字面的意思牵制。后泛指拘泥刻板，不知变通。△1.清·杜纲《娱目醒心编》七："公子虽

习儒业，然不屑屑拘文牵义。"
2.清·李绿园《歧路灯》五五：
"我走了，你们便拘文牵义，做不
成一宗事儿。"

【出处】司马相如《难蜀父
老》："拘文牵俗，修诵习传。"
俗：流俗。

慷慨激昂

形容情绪或语调激动昂扬，
充满正气。△鲁迅《且介亭杂文二
集·杂谈小品文》："就是旧书店里
必讨大价的'禁书'，也并非都是
慷慨激昂，令人奋起的作品……"

【出处】李陵《录别诗》：
"悲意何慷慨，清歌正激扬。"

【辨正】一说，语出唐·柳
宗元《上权德舆补阙温卷决进退
启》："今将慷慨激昂，奋攘布
衣。"柳氏将李陵的诗句变成了四
字格，但其源毕竟是李陵诗。

岿然独存

岿然：高大独立的样子。原
指高大的建筑物经过重大变故而很
难得地保存下来。后泛指人或物经
过重大变故而很难得地保存下来。
△宋·李清照《金石录后序》：
"冬十二月，金寇陷洪州，遂尽委

弃……独余少轻小卷轴书帖……偶
病中把玩，搬在卧室内者，岿然独
存。"

【出处】王延寿《鲁灵光殿赋
序》："自西京未央、建章之殿，
皆见隳坏，而灵光岿然独存。"

流行坎止

流：气流，风；坎：险。乘
风而飞，遇险而止。形容鹏鸟飞翔
的情况。比喻顺利时就出来做官，
遇到坎坷时就辞官退隐。后泛指进
退不强求，看境况而定。△明·李
开先《知止》诗："坎止流行随所
遇，归途莫待草连天。"

【出处】贾谊《鹏鸟赋》：
"乘流则逝，得坎则止。"

龙飞凤舞

原比喻帝王兴起。后比喻山
蜿蜒起伏，气势雄壮。也比喻书
法笔势飘逸多姿。△1.明·凌濛初
《二刻拍案惊奇》一二："山明
水秀，龙飞凤舞，果然是一个好
去处。"2.清·刘鹗《老残游记》
九："抬头看见此墙上挂着四幅大
屏，草书写得龙飞凤舞，出色惊
人。"

【出处】张衡《东京赋》：

"我世祖忿之，乃龙飞自归，凤翔参墟。"翔：盘旋地飞。

【辨正】一说，语出宋·苏轼《表忠观碑》："天目之山，苕归出焉，龙飞凤舞，葬于临安。"从字面上看，"龙飞凤舞"即"龙飞凤翔"，从意义上看，古人认为天目山有帝王气象，而将汉赋本义引申。不论从哪个角度看，都应以《东京赋》为源。

龙盘虎踞

踞：蹲。龙盘曲着，虎蹲伏着。原形容木纹的样子。后比喻地势险要（多特指南京）。△明·冯梦龙《警世通言》四〇："有地名曰西山，龙盘虎踞，水绕山环，当出异人。"

【出处】刘胜《文木赋》："或如龙盘虎踞，复似鸾集凤翔。"

末学肤受

末：树梢；受：感受。树梢一般的学问，皮肤上的感受。形容肤浅的学识。△唐·颜师古《汉书叙倒》："古今异言，方俗殊语，末学肤受，或未能通。"

【出处】张衡《东京赋》："若客所谓，末学肤受，贵耳而贱目者也。"注："末学，谓不经根本，肤受，谓……不经于心胸。"

千变万化

形容变化极多。△清·吴趼人《二十年目睹之怪现状》七："官场中的事千变万化，那里说得定呢。"

【出处】贾谊《鵬鸟赋》："千变万化兮，未始有极。"

穷奢极侈

穷：极。极端奢侈。△清·吴趼人《九命奇冤》二八："这一天格外的山珍海错，穷奢极侈，作为庆贺筵席。"

【出处】班固《西都赋》："世增饰以崇丽，历十二之延祚，故穷奢而极侈。"

【辨正】一说，语出《后汉书·陆康传》："末世衰主，穷奢极侈。"《后汉书》的作者是南朝刘宋的范晔，晚于东汉班固，应以《西都赋》为源。

秋扇见捐

见：被；捐：弃。秋天凉快了，扇子就被扔在一边了。比喻妇女年长色衰而被遗弃。△清·蒲松龄《聊斋志异·黄九郎》："勿令秋扇见捐，则惟命是听。"

【出处】班婕妤《怨歌行》："常恐秋节至，凉风夺炎热，弃捐箧笥中，恩情中道绝。"箧笥：盛衣物的竹箱子。

人迹罕至

罕：稀少。人的足迹很少到达。形容荒凉偏僻。△唐·令狐德棻《周书·贺若敦传》："山路艰险，人迹罕至。"

【出处】马融《长笛赋》："间介无蹊，人迹罕到。"

日薄西山

薄：迫近。太阳快要落山。比喻人临近死亡或事物临近灭亡。△南梁·沈约《宋史·赵普传》："盖臣已日薄西山，余光无几。"

【出处】扬雄《反离骚》："临汨罗而自陨兮，恐日薄于西山。"

【辨正】一说，语出晋·李密《陈情表》："日薄西山，气息奄奄。"这里显然是流，而以汉赋为源。

色授魂与

授、与：给。她把美色交给

我，我把魂魄交给她。形容男女相爱。△清·蒲松龄《聊斋志异·娇娜》："时一宴谈，则色授魂与。"

【出处】司马相如《上林赋》："色授魂与，心愉于侧。"

贪饵吞钩

饵：钓饵，引鱼上钩的食物。鱼因贪吃钩饵而上钩。比喻贪图利益而落入圈套或身败名裂。△宋·李昉《太平御览》五〇三："且夫贪饵吞钩，岂我哉！"

【出处】张衡《归田赋》："触矢而毙，贪饵吞钩。"

天各一方

各在天的一方。形容相距遥远，难以相见。△唐·李朝威《柳毅》："天各一方，不能相问。"

【出处】苏武《诗四首》四："良友远离别，各在天一方。"

听天由命

由：顺随，听从。听从天意，顺随命运。指听凭事态自然发展。△郭沫若《少年时代·我的童年》："他完全没有主宰了。他只是听天由命。"

亭亭玉立

亭亭：直立的样子；玉：借指美。非常美地直立着。形容人身材苗条清秀。也形容花木挺拔多姿。△1.阿英《晚清文学丛钞·东欧女豪杰》二："生得杏脸蜂腰，修眉俊眼，亭亭玉立，顾盼神飞。"2.元·张养浩《咏玉簪》："谁似他幽闲洁白，亭亭玉立幽轩外。"

【出处】蔡邕《协初赋》："立若碧山亭亭竖，动若翡翠奋其羽。"

忘其所以

所以：根由。忘记了事情的根由。后指由于高兴、得意而忘记了一切。△1.明·冯梦龙《古今小说》一八："因事体年远，老王千户也忘其所以了，忙唤王兴，问其缘故。"2.清·李伯元《官场现形记》二九："不料余小观错会了宗旨，又吃了两杯酒，忘其所以，竟畅谈起国事来。"

【出处】张衡《东京赋》："忘其所以为谈，失其所以为夸。"

望风披靡

披靡：随风倒下。原形容草木随风倒伏。后形容军队丧失斗志，远远看见对方一点影子，不经战斗就溃散了。△毛泽东《中国人民解放军宣言》："我军所到之处，敌人望风披靡，人民欢声雷动。"

【出处】司马相如《上林赋》："应风披靡，吐芳扬烈。"

文不加点

点：删改涂抹。写文章不经删改涂抹。形容文思敏捷，写作速度极快。△明·兰陵笑笑生《金瓶梅词话》四九："这蔡御史，终是状元之才，拈笔在手，文不加点，字走龙蛇，灯下一挥而就。"

【出处】祢衡《鹦鹉赋序》："笔不停辍，文不加点。"

新陈代谢

陈：旧；代：更替；谢：序。新的和旧的，顺序互相更替。原指四时循环更替。后比喻新事物不断出现，取代旧事物。△郭沫若《少年时代·黑猫》："辛亥革命以后，因宦海中起了新陈代谢的宏波，于是法政风更成为了狂风。"

713

【出处】蔡邕《笔赋》："新故代谢，四时之次也。"

汹涌澎湃

汹涌：水猛烈地向上涌；澎湃：波浪互相撞击。形容水势浩大而凶猛。△宋·张世南《游宦纪闻》六："仰望瀑布……飞琼溅雪，汹涌澎湃，浩浩然，声若奔雷。"

【出处】司马相如《上林赋》："沸乎暴怒，汹涌澎湃。"

胸吞云梦

云梦：古泽名。胸怀可以包容云梦泽。形容心胸宽广。△元·周权《水调歌头·庆寿》："才压建安六七，胸吞云梦八九，余子笑谈间。"

【出处】司马相如《子虚赋》："吞若云梦者八九，其于胸中曾不蒂芥。"

一举手之劳

劳：动。举一下手。表示不费力。△《鲁迅书信集·致黄源》："他们一不高兴时，就可不说理由，只须一举手之劳，致出版事业的死命。"

【出处】邹阳《酒赋》："君王凭玉几，倚玉屏，举手一劳，四坐之士，皆若哺粱焉。"

仪态万方

仪：仪容；态：姿态；万方：多样。仪容、姿态的样子很多。原形容女子在君王面前的情状。后形容女子的仪容、姿态都很美。△清·纪昀《阅微草堂笔记·如是我闻》："脂香粉泽，彩服明珰，仪态万方。"

【出处】张衡《同声歌》："素女为我师，仪态盈万方。"

引吭高歌

引：拉；吭：喉咙。拉开嗓门，高声唱歌。△叶圣陶《醉后》："她们引吭高歌的时候，曳声很长，抑扬起落。"

【出处】傅毅《舞赋》："动朱唇，纤清扬，亢音高歌。"纤：曲折；亢：高。

盈盈一水

盈盈：水清而浅的样子。中间只隔着一条清澈的小河。后泛指相隔不远。△清·蒲松龄《聊斋志异·罗刹海市》："盈盈一水，青鸟难通。"

【出处】无名氏《古诗十九首》一〇："盈盈一水间，脉脉不得语。"间：间隔。

与世长辞

与人世永远告别。原指脱离俗世而过隐居生活。后指去世。△清·蒲松龄《聊斋志异·贾奉雄》："真无颜出见同人，行将遁迹山丘，与世长辞矣。"△佚名《一个真善的大哥形象》："傅彪与世长辞，真不愿意相信这是真的，彪哥在我的心目中一直是一位真善的大哥形象。"

【出处】张衡《归田赋》："追渔父与同嬉，超埃尘以遐逝，与世事乎长辞。"

云谲波诡

谲、诡：变幻莫测。像云彩和波浪那样变幻莫测。原比喻房屋的构造千姿百态。后比喻文笔巧妙多变。也比喻世事变幻莫测。△1.清·曾朴《孽海花》一二："崇楼杰阁，曲廊洞房，锦簇花团，云谲波诡。"2.清·钱谦益《列朝诗集小传》："天瑞之文赋，牢笼负涵，波谲云诡。"

3.清·李汝珍《镜花缘》一八："当日孔子既没，儒分为八，其他纵横捭阖，波谲云诡。"

【出处】扬雄《甘泉赋》："于是大厦云谲波诡，崔鬼而成观。"

支离破碎

支离：分散，残缺。分散残缺，不成整体。△明·何良俊《四友斋丛说》四："此解支离破碎，全失立言之意。"△佚名《一个高中生的日记》："自己没有了书读，一下子慌乱起来，心也就变得支离破碎。孤独的灵魂突然间没有了寄托。"

【出处】王延寿《鲁灵光殿赋》："捷猎鳞集，支离分赴。"

钟鸣鼎食

鼎：古代的炊具。吃饭时击钟列鼎。形容富贵人家豪华的排场。△清·曹雪芹《红楼梦》二："谁知这样钟鸣鼎食的人家儿，如今养的子孙竟一代不如一代了。"

【出处】张衡《西京赋》："击钟鼎食，连骑相过。"

【辨正】一说，语出唐·王勃《滕王阁序》："闾阎扑地，钟鸣鼎食之家。"这是流，不是源。

曹魏诗赋

沉吟不决

沉吟：迟疑不决，低声自语；决：决断。形容人遇到难题时，迟疑着自言自语，不能做出决断。△明·冯梦龙《醒世恒言》七："颜俊见他沉吟不决，便道：'贤弟，常言道：天摊下来，自有长的撑住。凡事有愚兄在前，贤弟休得过虑。'"

【出处】曹操《秋胡行》诗："沉吟不决，遂上升天。"

出水芙蓉

芙蓉：荷花。刚长出水面的荷花。比喻清秀艳丽的女子。后也比喻清新不俗的诗文字画等。△1.宋·王洋《明妃曲》："大明宫内宴呼韩，出水芙蓉鉴里看。"2.清·郎廷槐《师友诗传录》三："古之名篇，如出水芙蓉，天然艳丽，不假雕饰，皆偶然得之。"

【出处】曹植《洛神赋》：

"迫而察之，灼如芙蕖出绿波。"芙蕖：芙蓉；绿波：清澈的水波。

【辨正】一说，语出《诗品》中："谢诗如芙蓉出水。"《诗品》的作者是南梁钟嵘，晚于曹植，当以曹诗为源。

芙蓉出水

芙蓉：荷花。荷花露出水面。比喻容貌清秀艳丽。后也比喻诗文字画等清新不俗。△1.唐·李端《赠郭附马》诗："杨柳入楼吹玉笛，芙蓉出水妒花钿。"2.梁·钟嵘《诗品》中："谢诗如芙蓉出水。"

【出处】曹植《洛神赋》："迫而察之，灼若芙蕖出渌波。"芙蕖：芙蓉；渌波：清澈的水波。

回肠荡气

气流在肠子里回荡。形容诗文乐曲等婉转动人。△茅盾《没有结局的故事·序》："作为大风暴刚过去，万籁忽静，唯有阶前老树上水珠搭搭的往下滴，而无端惹人回肠荡气……"

【出处】曹丕《大墙上蒿行》诗："感心动耳，荡气回肠。"

举世无双

举：全。全世界没有第二个。△鲁迅《故事新编·铸剑》："他说善于玩把戏，空前绝后，举世无双，人们从来就没有看见过……"

【出处】杨修《神女赋》："详观玄妙，与世无双。"与：举。

老骥伏枥

骥：好马；枥：马槽。趴在马槽旁的好马虽然老了，却仍然想驰骋千里。比喻人虽年老，却仍然有雄心壮志。△清·丘逢甲《放歌与陈伯贞》："南飞乌鹊栖无枝，老骥伏枥悲鸣时。"

【出处】曹操《龟虽寿》诗："老骥伏枥，志在千里；烈士暮年，壮心不已。"已：止。

流风回雪

回：回旋。雪花在流荡的风中回旋。比喻飘逸旋转的舞姿。后也比喻飘逸曲折的文笔。△1.宋·乐史《杨太贞外传》上："妃醉中舞《霓裳羽衣》一曲，天颜大悦，方知回雪流风，可以回天转地。"2.梁·钟嵘《诗品》中："范诗清便宛转，如流风回雪。"

【出处】曹植《洛神赋》："飘飖兮若流风之回雪。"

明眸皓齿

眸：瞳仁，借指眼睛；皓：洁白。明亮的眼睛，洁白的牙齿。形容女子容貌美丽。也指容貌美丽的女子。△1.清·蒲松龄《聊斋志异·小谢》："一日晨兴，有少女搴帘入，明眸皓齿，光艳照人。"2.明·陶宗仪《南村辍耕录》一七："只知敬明眸皓齿，不想共肥马轻裘。"

【出处】曹植《洛神赋》："皓齿内鲜，明眸善睐。"睐：看，顾盼。

目送手挥

目送：眼睛看着远去的鸿雁；手挥：手弹奏着琴。形容手眼并用或得心应手。△茅盾《诗与散文》："现在他向大衣镜立正，对镜中人微微颔首一笑，便宛然是纵横捭阖，手挥目送的风云儿的姿势。"

【出处】嵇康《赠秀才入军》诗："目送归鸿，手挥五弦。"

翩若惊鸿

翩:很快地飞;惊:起。像鸿雁一样飞起来。比喻体态或动作轻盈。△清·赵翼《题唐明皇马上击球图》诗:"是时美人更逞姿,翩若惊鸿骛平陆。"

【出处】曹植《洛神赋》:"翩若惊鸿,婉若游龙。"

清尘浊水

清尘:路上飞扬的尘土;浊水:地上的污水。比喻相互隔绝,无从会面。△明·李昌祺《贾云华还魂记》:"云泥异路,浊水清尘。"

【出处】曹植《七哀诗》:"君若清路尘,妾若浊水泥;浮沉各异势,会合何时谐?"

人亡物在

人死了,遗物还存在。△清·曹雪芹《红楼梦》七八:"秋纹见这条红裤是晴雯针线,因叹道:'真是物在人亡了!'"

【出处】曹植《慰子赋》:"痛人亡而物在,心何忍而复观。"

如饥似渴

比喻欲望非常迫切。△郭沫若《学生时代·创造十年》:"我如饥似渴地把那二十几页的长文,一口气读下去。"

【出处】嵇康《赠秀才入军》诗:"思我良朋,如渴如饥。"

事与愿违

事情的实际情况与愿望相违背。△《鲁迅书信集·致李秉中》:"但居今之世,事与愿违者往往而有……"

【出处】嵇康《幽愤》诗:"事与愿违,遘兹淹留。"遘:遇;兹:此。

污泥浊水

原比喻地位卑微低下。后比喻落后、腐朽的东西。△毛泽东《在新政治协商会议筹备会上的讲话》:"迅速地荡涤反动政府留下来的污泥浊水,治好战争的创伤,建设起一个崭新的强盛的名副其实的人民共和国。"

【出处】曹植《七哀诗》:"君若清路尘,妾若浊水泥。"

笑靥承颧

靥:酒窝儿;承颧:颧骨下面,指两颊。微笑时,两颊上现出酒窝儿。△阿英《晚清文学丛钞·冷眼观》四："确是一位娇好的女子，长眉掩鬓，笑靥承颧，身上披了一领大红斗篷。"

【出处】曹植《洛神赋》："明眸善睐，靥辅承权。"辅：面颊；权：颧。

壮志凌云

凌：升。宏伟的志向升到云彩上。形容志向宏伟远大。△宋·京镗《定风波》词："莫道玉关人老矣，壮志凌云，依旧不惊秋。"

【出处】曹植《学官颂》诗："仁塞宇宙，志陵云霓。"霓：虹。

自投罗网

投：进入。自己钻进罗和网。比喻自己钻入别人设下的圈套。△清·曹雪芹《红楼梦》一二："凤姐因他自投罗网，少不得再寻别计令他知改。"

【出处】曹植《野田黄雀行》诗："不见篱间雀，见鹞自投罗。"

【辨正】一说，语出宋·苏轼《策别》一七："不待其自投于网罗而后取也。"这里是流，应以曹诗为源。

晋代诗赋

杯中之物

酒杯里的东西。指酒。△明·冯梦龙《古今小说》五："日常饭食，有一顿没一顿，都不计较，单少不得杯中之物。"

【出处】陶潜《责子》诗："天运苟如此，且进杯中物。"

缠绵悱恻

缠绵：情思纠缠不已；悱恻：心情悲苦。形容心情悲苦，难以排解。后也形容诗文情调哀婉凄苦。△清·王夫之《姜斋诗话》下："长言永叹，以写缠绵悱恻之情，诗本教也。"

【出处】潘岳《寡妇赋》："思缠绵以瞀乱兮，心摧伤以悱恻。"瞀乱：心绪纷乱。

触物伤情

受到物品的触动而引起伤感。△清·曹雪芹《红楼梦》六七："惟有黛玉看见他家乡之物，反自触物伤情。"

【出处】张载《七哀诗》二：

"哀人易感伤，触物增悲心。"

词不达意

形容词句不能确切地表达想要表达的意思。△清·吴趼人《二十年目睹之怪现状》三〇："大凡译技艺的书，必要是这门技艺出身的人去译，还要中西文字兼通的才行；不然，必有个词不达意的毛病。"

【出处】陆机《文赋》："意不称物，文不逮意。"文：文字；逮：及，达到。

多疑少决

疑虑多，决断少。形容遇事疑虑重重，不能当机立断。△南梁·沈约《宋书·武帝纪》上："循多疑少决，每欲以万全为虑。"

【出处】潘岳《射雉赋》："多疑少决，胆劣心狷。"狷：急躁。

顾影自怜

顾：看。看着自己的影子，怜惜自己。形容孤独失意的样子。△鲁迅《且介亭杂文二集·六论"文人相轻"——二卖》："有的就是衔烟斗，穿洋服，唉声叹气，顾影自怜……"

【出处】陆机《又赴洛道中》诗："伫立望故乡，顾影凄自怜。"

规行矩步

规：圆规；矩：直角尺。按照圆规和直角尺画出的标准走路。比喻一举一动都规规矩矩。也比喻拘泥成规，不知变通。△1.北齐·颜之推《颜氏家训·序致》："每从两兄，晓夕温情，规行矩步，安辞定色。"2.清·李伯元《官场维新记》三："若是规行矩步，倒反觉守旧了。"

【出处】陆机《长安有狭邪行》诗："规行无旷迹，矩步岂逮人。"

倦翼知还

还：回。翅膀疲倦了而知道飞回鸟巢。原比喻辞官归隐。后也比喻从旅居之地返回故乡。△明·张居正《与楚学宪胡庐山》："昔也倦翼知还，今也无心出岫。"

【出处】陶潜《归去来辞》诗："云无心以出岫，鸟倦飞而知还。"岫：山洞。

聊胜于无

聊：略微；胜：强。比没有略微强一些。△清·李伯元《官场现形记》四五："王二瞎子一听仍是衙门里的人，就是声光比帐房差些，尚属慰情聊胜于无。"

【出处】陶潜《和刘柴桑》诗："弱女虽非男，慰情良胜无。"

寥若晨星

寥：稀少。稀少得像早晨的星星。比喻为数极少。△《鲁迅书信集·致山本初枝》："漫谈的人材也寥若晨星，令人感到寂寞。"

【出处】张华《情诗》二："束带俟将朝，廓落晨星稀。"廓落：空阔冷落。

【辨正】一说，语出唐·韩愈《华山女》诗："座下蓼落如明星。"这里是流，当以晋诗为源。

鸾翔凤翥

翔：盘旋；翥：向上飞。像鸾盘旋，像凤向上飞。原比喻云的各种形状。后多比喻书法笔势飘逸多姿。△明·朱国祯《涌幢小品》二九："善草书，有鸾翔凤翥之势。"

【出处】陆机《浮云赋》："鸾翔凤翥，鸿惊鹤奋。"

【辨正】一说，语出唐·韩愈《石鼓歌》诗："鸾翔凤翥花仙下，珊瑚碧树交枝柯。"这里显然是流，而以陆赋为源。

妙不可言

妙：玄妙。原指事物的玄妙用言语无法表达完全。后指事物的美妙用言语无法形容。表示极美妙。△明·周楫《西湖二集》二七："况钱塘山水秀丽，妙不可言，可以开豁心胸。"

【出处】郭璞《江赋》："妙不可尽之于言。"

幕天席地

幕：帐篷；席：铺在地上的席子。把天当作帐篷，把地当作席子。原形容心胸旷达，放浪不羁。后形容在露天下活动。△明·吴承恩《西游记》六三："众兄弟在星月光前，幕天席地，举杯叙旧。"

【出处】刘伶《酒德颂》诗："幕天席地，纵意所如。"

穷形尽相

穷：尽。把形象描绘得非常

细致、逼真。后也比喻丑态毕露。△1.清·梁绍壬《咏物诗》："仁和周南卿茂才《咏钱》云：'眼孔小于穷措大，面形团似富家翁。'尽相穷形，嬉笑怒骂皆有。"2.阿英《晚清文学丛钞·扫迷帚》四："闻今岁苏州盂兰会较往年更胜，当必穷形尽相，能令人发一大噱。"

【出处】陆机《文赋》："虽离方而遁员，期穷形而尽相。"员：圆。

曲尽其妙

曲：委婉。委婉、充分地表达出其中的精妙。形容文笔高明。后也泛指技艺高超。△明·凌濛初《初刻拍案惊奇》三〇："至于击踘弹棋博弈诸戏，无不曲尽其妙。"

【出处】陆机《文赋·序》："因论作文之利害所由，他日殆可谓曲尽其妙。"殆：几乎。

若即若离

即：靠近。好像接近，又好像脱离。形容有的相合，有的不相合。后也形容对人的态度不近不远，保持一定距离。△鲁迅《彷徨·高老夫子》："他的书虽然和

《了凡纲鉴》也有些相合，但大段又很不相同，若即若离……"

【出处】成公绥《啸赋》："若离若合，将绝复续。"

赏奇析疑

欣赏奇文，分析疑难问题。形容彼此切磋，相互探讨。△清·王韬《十二花神》："喜与文士谈诗论字，赏奇析疑，娓娓不倦。"

【出处】陶潜《移居》诗："奇文共欣赏，疑义相与析。"

率尔操觚

率尔：轻率的样子；操觚：拿来写字用的木板，借指写字作文。不假思索，提笔就写。形容文思敏捷，后也形容未经慎重考虑而随随便便地写作。△1.清·章学诚《文史通义》："后代文无体要，职非校勘，皆能率尔操觚。"2.清·平步青《霞卜捃屑》七："叙事颇沿俗称，不免率尔操觚，以此为后人弹射。"

【出处】陆机《文赋》："或操觚以率尔，或含毫而邈然。"

吞云吐雾

原指湖泊的水蒸发或云雾，云

雾又凝聚成水。后比喻吸鸦片或吸烟。△阿英《晚清文学丛钞·里籍冤魂》一："那富贵的人家，依旧的吞云吐雾。"

【出处】张载《蒙汜池赋》："仰承河汉，吐纳云雾。"纳：入。

无奇不有

什么稀奇的事物都有。△清·吴趼人《二十年目睹之怪现状》九："上海地方，无奇不有，倘能在那里多盘桓些日子，新闻还多着呢。"

【出处】木华《海赋》："何奇不有，何怪不储。"

无心出岫

岫：山洞。原形容云雾在山洞里缭绕盘旋而不飘飞出来。后比喻无意做官。△明·张居正《与楚学宪胡庐山》："昔也倦翼知还，今也无心出岫。"

【出处】陶潜《归去来辞》诗："云无心以出岫，鸟倦飞而知还。"

息交绝游

息：止；绝：断。停止交游活动。△宋·王明清《挥麈录·后录》八："屏居东平，杜门却扫，息交绝游，人罕识其面。"

【出处】陶潜《归去来辞》诗："归去来兮，请息交以绝游。"

膝下承欢

膝下：借指在父母面前；承：侍奉。在父母面前侍奉，使他们欢喜。△清·无名氏《定情人》七："我老夫妇二人……惟有汝妹，承欢膝下，娱我二人之老。"

【出处】王氏《怀思赋》："想昔日之欢侍，奉膝下而怡裕。"

欣欣向荣

欣欣：茂盛的样子；荣：茂盛。形容草木茂盛。后也比喻繁荣兴旺，蓬勃发展。△1.老舍《女店员》四："小树枝繁叶茂，欣欣向荣。"2.清·梁章钜《归田琐记》四："今泉馆人皆欣欣向荣。"

【出处】陶潜《归去来辞》诗："木欣欣以向荣，泉涓涓而始流。"

秀色可餐

秀丽的姿色使人见而忘饥。形容姿色非常秀丽。△清·李汝珍

中华成语探源

中华国学精粹

典藏珍本

《镜花缘》六六："古人云：'秀色可餐。'观之真可忘饥。"

【出处】陆机《日出东南隅行》诗："鲜肤一何润，秀色若可餐。"

沿波讨源

波：水波，借指水流；讨：探索。沿着小流寻找源头。比喻探求事物的本源。△南梁·刘勰《文心雕龙》一〇："沿波讨源，虽幽必显。"

【出处】陆机《文赋》："或因枝以振叶，或沿波而讨源。"

抑扬顿挫

抑扬：高低起伏；顿挫：停顿转折。形容诗文、音乐等富于变化而有节奏。△1.鲁迅《且介亭杂文·〈集外集〉序》："但这是当时的风气，要激昂慷慨，顿挫抑扬才能被称为好文章。"2.清·刘鹗《老残游记》二："那抑扬顿挫，入耳动听，恍若有几十根弦，几百个指头在那里弹似的。"

【出处】陆机《遂志赋·序》："衍抑扬顿挫，怨之徒也。"

鹰瞵鹗视

瞵：瞪着眼睛看；鹗：鱼鹰。像鹰一样注视。原比喻目光锐利。后比喻目光凶狠。△郭沫若《学生时代·创造十年续篇》："其中最活跃的是有几位没有穿制服的外国巡捕，两手都握着手枪，鹰瞵鹗视地东奔西突。"

【出处】左思《吴都赋》："狂趭犷猱，鹰瞵鹗视。"狂趭犷猱：强悍勇壮的样子。

芝焚蕙叹

芝、蕙：两种香草。芝草被焚烧，蕙草叹息。比喻因同类的不幸遭遇而悲伤。△元·无名氏《赚蒯通》四折："今日油烹蒯彻，正所谓兔死狐悲，芝焚蕙叹，请丞相自思之。"

【出处】陆机《叹逝赋》："信松茂而柏悦，嗟芝焚而蕙叹。"

总而言之

总括起来说。△毛泽东《论反对日本帝国主义的策略》："总而言之，长征是以我们胜利、敌人失败的结果而告结束。"

【出处】仲长敖《覆性赋》："总而言之，少尧多桀。"

南北朝诗赋

黯然销魂

黯然：面色阴沉、情绪低落的样子；销魂：失掉了灵魂。形容非常悲伤或愁苦。△清·李汝珍《镜花缘》八六："岂不令人触动离别之感'黯然销魂'么？"

【出处】江淹《别赋》："黯然销魂者，惟别而已矣。"

悲愤填膺

膺：胸。悲痛和愤怒充满胸膛。△宋·朱熹《与向伯元书》："每视新衔，不胜悲愤之填膺也。"

【出处】江淹《恨赋》："置酒欲饮，悲来填膺。"

笔精墨妙

用笔精致，着墨巧妙。形容书法、绘画或诗文的技法高明巧妙。△宋《宣和画谱》二："非笔精墨妙，情高格逸，其能与于此耶？"

【出处】江淹《别赋》："渊、云之墨妙，严、乐之笔精。"渊：王褒（字子渊）；云：扬雄（字子云）；严：严安；乐：徐乐。

藏龙卧虎

树根盘曲，像藏头露尾的龙；石头像卧着的老虎。原描写景物。后比喻潜藏着人才。△清·郭小亭《济公全传》一六四："再说临安城乃藏龙卧虎之地。"

【出处】庾信《同会河阳公新造山池聊得寓目》诗："暗石疑藏虎，盘根似卧龙。"

鹑衣百结

鹑衣：像鹌鹑尾巴一样的衣裳，指补丁很多的衣服；百结：用很多破布头系在一起当衣服。形容衣服破烂不堪。△宋·李昉《太平广记》八六引《野人闲话》："时有一人，鹑衣百结，颜貌憔悴。"

【出处】庾信《拟连珠》诗："盖闻悬鹑百结，知命不忧。"

吊古伤今

吊：凭吊；伤：伤感。凭吊古迹，为现状伤感。△清·顾炎武《骊山行》诗："伤今吊古怀坎坷，呜呼其奈骊山何！"

【出处】萧纲《悔赋》："铺

究前史，吊古伤今。"

洞房花烛

洞房：新婚夫妇的房屋；花烛：新婚之夜的彩烛。后借指新婚。△宋·洪迈《容斋随笔·四笔》八："洞房花烛夜，金榜挂名时。"

【出处】庾信《和咏舞》诗："洞房花烛明，燕余双舞轻。"

反复无常

反复：颠过来倒过去；无常：不固定。形容一会儿这样，一会儿那样，变化不定。△清·曾朴《孽海花》一七："叫我怎么能赦你这反复无常的罪呢！"

【出处】费昶《行路难》诗："当年翻覆无常定。"

返老还童

由老年返回童年。△宋·张君房《云笈七签》六〇："日服千咽，不足为多，返老还童，渐从此矣。"

【出处】何逊《七召》诗："既变丑以成妍，亦反老而为少。"反：返。

芳兰竟体

竟：全。全身是兰花的芳香。后比喻超逸绝俗的仪态。△清·吴敬梓《儒林外史》三四："这两人面如傅粉，唇若涂朱，举止风流，芳兰竟体。"

【出处】鲍照《代挽歌》诗："生时芳兰体，小虫今为灾。"

风流儒雅

风流：英俊，洒脱；儒雅：富有才学，仪表文雅。形容人英俊文雅，性格洒脱，富有才学。△清·李汝珍《镜花缘》一九："而且无论男妇，都是满脸书卷秀气，那种风流儒雅光景，倒象都从这个黑气中透出来的。"

【出处】庾信《枯树赋》："殷仲文风流儒雅，海内知名。"

风云变幻

变幻：变化。风起云涌，变化不定。比喻局势动荡变化。△茅盾《"雾重庆"拾零》："'耶诞'前后，旧历新年首尾，风云变幻，疑雾漫漫……"

【出处】庾信《拟咏怀》诗：

"风云能变色，松竹且悲吟。"

瓜剖豆分

瓜被切开，豆子裂开。比喻国土被分割。又作"豆剖瓜分。"△清·梁启超《政策与政治机关》："坐待豆剖瓜分后受他族之统治。"

【出处】鲍照《芜城赋》："出入三代，五百余载，竟瓜剖而豆分。"

鹤发鸡皮

头发像鹤羽一样白，皮肤像鸡皮一样又干又皱。形容人衰老的相貌。△五代：吕岩《题广陵妓屏》诗："他年鹤发鸡皮媪，今日玉颜花貌人。"

【出处】庾信《竹杖赋》："鹤发鸡皮，蓬头历齿。"

【辨正】一说，语出唐玄宗《傀儡吟》诗："刻木牵丝作老翁，鸡皮鹤发与真同。"这里显然是流，不是源。

花朝月夕

鲜花开放的早晨，明月当空的夜晚。形容美好的时光和景物。△清·高鹗《红楼梦》一〇二：

"到了花朝月夕，依旧相约玩耍。"

【出处】萧绎《别诗》："花朝月夜动春心，谁忍相思今不见。"

【辨正】一说，语出《旧唐书·罗威传》："每花朝月夕，与宾佐赋咏，甚有情致。"写《旧唐书》的后晋刘昫等人，只将萧绎的"夜"字改成"夕"字。当以萧诗为源。

赍志而殁

赍：怀着；殁：死。怀着未遂之志而死。△宋·楼钥《余姚县海堤记》："司谏用不尽其才，赍志而殁。"

【出处】江淹《恨赋》："赍志没地，长怀不已。"

看朱成碧

朱：红色；碧：绿色。把红色看成绿色。形容眼睛昏花，视觉模糊。△宋·方岳《满江红·壬子生日》："放乾坤醉眼，看朱成碧。"

【出处】王僧孺《夜愁示诸宾》诗："谁知心眼乱，看朱忽成碧。"

【辨正】一说，语出唐·李白《前有樽酒行》诗："催弦拂柱与君饮，看朱成碧颜始红。"王僧孺是南梁人（公元465～公元522年），早于李白（公元701～公元762年）200余年，其诗当为源。

良辰美景

辰：时光。美好的时光，美好的景物。△鲁迅《华盖集续编的续编·厦门通信》："我对自然美，自恨并无敏感，所以即恭逢良辰美景，也不甚感动。"

【出处】谢灵运《拟魏太子邺中集诗序》："天下良辰、美景、赏心、乐事，四者难并。"

暮鼓晨钟

傍晚的鼓声，早晨的钟声。佛教规矩，寺院里傍晚敲鼓报时，早晨敲钟报时。后比喻使人警觉醒悟的话。△清·吾庐孺《京华慷慨竹枝词》："暮鼓晨钟不断敲，婆心苦口总徒劳。"

【出处】庾信《陪驾幸终南山和宇文内史》诗："戍楼鸣夕鼓，山寺响晨钟。"

【辨正】一说，语出唐·李咸用《山中》诗："朝钟暮鼓不到

耳，明月孤云长挂情。"庾信是北周人（公元513～公元581年），李咸用主要生活在唐懿宗、唐僖宗两朝（公元860～公元888年），相差约300年。当然应以庾诗为源。

情不自禁

禁：抑制。抑制不住自己的感情。△清·高鹗《红楼梦》八七："宝玉在旁，情不自禁，哈哈一笑。"

【出处】刘遵《七夕穿针》诗："步月如有意，情来不自禁。"

穷极无聊

无聊：无聊赖，无所凭借。原指极贫穷，没有赖以生活的凭借。后形容无事可做，精神无所寄托。△鲁迅《花边文学·正是时候》："如果是穷极无聊了，那就更要修破书……"

【出处】费昶《思公子》诗："虞卿亦何命，穷极苦无聊。"

秋高气爽

高：空气明净而显得天高。形容秋天天空明净，空气清爽。△鲁迅《两地书》七四："广州天气甚

佳，秋高气爽……"

【出处】慧令《和受戒诗》："沉寥秋气爽，摇落寒林疏。"沉寥：空旷的样子。

素昧平生

素：素来，向来；昧：暗，指不了解；平生：平素，一向。向来不了解。形容素不相识。△清·吴敬梓《儒林外史》一五："但与先生素昧平生，何以便知学生姓马？"

【出处】颜延之《秋胡行》诗："虽为五载别，相与昧平生。"

推波助澜

原指风掀起波澜。后比喻推动事物的发展，扩大它的影响。△鲁迅《准风月谈·由聋而哑》："有些青年更推波助澜，有一时期，还至于连人地名下注一原文，以便读者参考时，也就诋之曰'炫学'。"

【出处】鲍照《观漏赋》："既河源之莫壅，又吹波而助澜。"

五光十色

光：光彩。原指光彩夺目，颜色绚丽。形容美女艳丽多姿。后形容色彩纷繁鲜艳。△清·曾朴《孽海花》一〇："场上陈列着有锦绣的，有金银的，五光十色。"

【出处】江淹《丽色赋》："五光徘徊，十色陆离。"

舞衫歌扇

跳舞时穿的衣衫，唱歌时执的扇子。借指歌舞。△清·纪昀《阅微草堂笔记·如是我闻》："舞衫歌扇，耽玩忘归，耗其资十之九。"

【出处】徐陵《杂曲》诗："舞衫回袖胜春风，歌扇当窗似秋月。"

依依不舍

依依：留恋的样子。十分留恋，舍不得分离。△清·吴敬梓《儒林外史》一五："匡超人依依不舍，又急于要家去看父亲，只得洒泪告辞。"

【出处】江总《折杨柳》诗："共此依依情，无奈年年别。"

饮恨吞声

把怨恨咽下去，把哭泣声忍住。形容心中怨恨而无从发泄。

中华成语探源

中华国学精粹

典藏珍本

△宋·李昉《太平广记》二八〇引《纂异记》："一朝汉民没为虏，饮恨吞声空咽喔。"

【出处】江淹《恨赋》："自古皆有死，莫不饮恨而吞声。"

峥嵘岁月

峥嵘：高峻的样子，借指将到尽头。原形容一年时光将到尽头。后形容不平凡的岁月。△毛泽东《沁园春·长沙》词："携来百侣曾游，忆往昔峥嵘岁月稠。"

【出处】鲍照《舞鹤赋》："岁峥嵘而愁暮，心惆怅而哀离。"注："峥嵘，高貌。岁之将尽，犹物之高。"

隋代诗赋

浩如烟海

浩：多；烟海：烟雾弥漫的大海。形容数量极多。多指文献、资料等极其丰富。△宋·司马光《进书表》："遍阅旧史，旁采小说，简牍盈积，浩如烟海。"

【出处】真观《梦赋》："浩如沧海，郁如邓林。"沧海：大海。

【辨正】一说，语出《儒藏记》："古今载籍，浩如烟海。"《儒藏记》是清代周永年的著述。当以隋赋为源。

经年累月

形容经历了很长的岁月。△清·夏敬渠《野叟曝言》一〇八："何得先救皇上出险？不要说十日半月，即经年累月，也是烦难。"

【出处】薛道衡《豫章行》诗："丰城双剑昔曾离，经年累月复相随。"

聊以自慰

聊：姑且。姑且用来安慰自己。△鲁迅《集外集拾遗·文艺的大众化》："许多动听的话，不过文人的聊以自慰罢了。"

【出处】卢思道《孤鸿赋序》："乃为之赋，聊以自慰。"

唐诗

哀丝豪竹

丝：弦乐；竹：管乐。悲哀的

弦乐，豪迈的管乐。形容管弦乐声悲壮动人。△宋·陆游《剑南诗稿·长歌行》："哀丝豪竹助剧饮。"

【出处】杜甫《醉为马坠，群公携酒相看》诗："酒肉如山又一时，初筵哀丝动豪竹。"

八面玲珑

玲珑：器物精巧或人灵敏。八面精巧的窗户。原形容窗户多，房屋宽敞明亮。后形容人处世圆滑，面面俱到，不得罪任何人。△清·曾朴《孽海花》七："原来宝廷的为人，是八面玲珑，却十分落拓……"

【出处】卢纶《赋得彭祖楼送杨宗德归徐州幕》诗："四户八窗明，玲珑逼上清。"

白璧无瑕

璧：古代一种扁圆形中间有孔的玉饰，泛指美玉；瑕：玉上面的斑点。洁白的美玉上面没有斑点。比喻人或事物十分完美。△鲁迅《朝花夕拾·〈二十四孝图〉》："老莱子即是一例，道学先生以为他白璧无瑕时，他却已在孩子的心中死掉了。"

【出处】孟浩然《陪张丞相登荆州楼·因寄蓟州张使启及浪泊戍主刘家》诗："白璧无瑕玷，青松有岁寒。"

【辨正】一说，语出《景德传灯录》："师曰：'白玉无瑕，卞和刖足。'"《景德传灯录》是宋代佛书，当以孟氏诗句为源。

白云苍狗

白云变成黑狗般的乌云。比喻世事变化无常。△鲁迅《〈华盖集〉后记》："真是世事白云苍狗，不禁感慨系之矣！"

【出处】杜甫《可叹》诗："天上浮云如白衣，斯须改变如苍狗。"

百尺竿头

百尺高竿的顶端。古代一种杂技，在高竿顶端表演。后比喻学问、修养等达到了极高的境界。△宋·僧普济《五灯会元》一〇："百尺竿头不动人，虽然得入未为真。"

【出处】柳曾《险竿行》诗："奈何平地不肯立，走上百尺高竿头。"

【辨正】一说，语出《五灯会元》一〇："百尺竿头须进步。"《五灯会元》是宋代佛书，以唐诗为源。

饱经风霜

饱：充分。经受了很多风吹霜打。比喻经历了很多磨难。△明·袁宏道《监司周公实政录叙》："公之学如良金在治，久而弥精；又如深山松柏，饱历风霜，逾见遒古。"

【出处】杜甫《怀锦水居止》诗："层轩皆面水，老树饱风霜。"

笔力扛鼎

形容写作能力高超。△清·薛雪《一瓢诗话》六五："若七古则一韵为难，苟非笔力扛鼎，无不失之板腐。"

【出处】韩愈《病中赠张十八》诗："龙文百斛鼎，笔力可独扛。"

笔扫千军

形容草书纵横挥洒，气势豪放。后也形容诗文挥洒自如，气魄宏大。△元·李庭《吊郭器之》一："笔扫千军空自负，学传三箧竟何施？"

【出处】杜甫《醉歌行》诗："笔阵独扫千人军。"

笔走龙蛇

笔势如同奔走的龙和蛇。比喻书法笔势矫健生动有气势。△明·凌濛初《初刻拍案惊奇》二〇："秀才肖王宾胸藏锦绣，笔走龙蛇。"

【出处】李白《草书歌行》诗："恍恍如闻神鬼惊，时时只见龙蛇走。"

别开生面

生：有生气。另外开创有生气的面孔。原指已褪色的画像经过重画后，又显得有生气了。后比喻创立新形式、新风格或开创新局面。△清·曹雪芹《红楼梦》六四："今日林妹妹这五首诗，亦可谓命意新奇，别开生面了。"

【出处】杜甫《丹青引赠曹将军霸》诗："凌烟功臣少颜色，将军下笔开生面。"

别有天地

另有一种境界。形容风景幽雅，引人入胜。也比喻艺术创作意境优美，引人入胜。△清·李汝珍《镜花缘》六："二人出洞朝外一望，果然群花齐放，四处青红满目，艳丽非常，迥然别有天地。"

【出处】李白《山中问答》诗："桃花流水窅然去：别有天地非人间。"

冰雪聪明

形容聪明非凡。△《脂砚斋重评石头记》八："强词夺理，偏他说得如许，真冰雪聪明也。"

【出处】杜甫《送樊二十三侍御赴汉中判官》诗："冰雪净聪明，雷霆走精锐。"

兵荒马乱

兵、马：战争；荒：歉收。形容因战争引起的歉收和骚乱。△老舍《四世同堂》一："即使赶上兵荒马乱，他也自有办法：最值得说的是他的家里老存着全家够吃三个月的粮食与咸菜。"

【出处】戎昱《诗》诗："郡从兵乱年荒后，人似开元天宝时。"

波澜老成

波澜：指篇章结构。原指安排文章结构老练周到。后形容诗文或书法气势雄壮，功力深厚。△明·汪砢玉《法书题跋》八："此卷尤见其波澜老成。"

【出处】杜甫《敬赠郑谏议十韵》诗："毫发无遗憾，波澜独老成。"

不废江河

江河的奔流不能废止。比喻优异的文学艺术作品不容抹煞。△清·徐夔《大云庵访子美旧址》："宾客纵能齐摈斥，文章终不废江河。"

【出处】杜甫《戏为六绝句》诗："尔曹身与名俱灭，不废江河万古流。"尔曹：你们。

不甘寂寞

形容不甘心处于孤单冷清的境地。△清·吕留良《与高旦中书》："念头淡薄，自然删落，若不甘寂寞，虽外事清高，正是以退为进。"

【出处】朱庆馀《自述》诗："诗人甘寂寞，居处遍苍苔。"

不堪回首

不堪：不忍；回首：回头看，指回忆。不忍心去回忆。表示回忆起来就伤心。△阿英《晚清文学丛钞·瞎编奇闻》六："转眼已是十几年，你做了指日的老太爷，这可真是不堪回首了。"

【出处】戴叔伦《哭朱放》诗："最是不堪回首处，九泉烟冷树苍苍。"

【辨正】一说，语出李煜《虞美人》词："故国不堪回首月明中。"李煜即南唐李后主，南唐是五代时期十国之一，晚于唐。应以唐诗为源。

不欺暗室

暗室：比喻没有人看见的地方。在没有人看见的地方，也不做亏心事。△明·冯梦龙《醒世恒言》一三："知县生平不欺暗室，既读孔孟之书，怎敢行盗跖之事？"

【出处】骆宾王《萤火赋》诗："类君子之有道，入暗室而不欺。"

不知凡几

凡：总共。不知一共有多少。形容很多。△明·张岱《黄琢山》："人迹不到之处，名山胜景，弃置道旁，为村人俗子所埋没者，不知凡几矣！"

【出处】郭受《寄杜员外》诗："春兴不知凡几首，衡阳纸价顿能高。"

步履如飞

步履：行走。走路好像飞一样。形容脚步轻捷，走得极快。△清·昭梿《康方伯》："公素服海参丸，老年体力轻健，步履如飞，年九十余始卒。"

【出处】陈陶《悲哉行》诗："步履如风旋，天涯不赍粮。"

彩云易散

多比喻美满姻缘容易被拆散。也泛指好景不长久。△清·曹雪芹《红楼梦》五："霁月难逢，彩云易散。"

【出处】白居易《简简吟》诗："大都好物不坚牢，彩云易散琉璃脆！"

残花败柳

凋谢的花朵，枯槁的杨柳。后比喻淫荡的或被男人蹂躏过的女子。△元·王实甫《西厢记》三："他是个女孩子家……休猜做败柳残花。"

【出处】韩偓《再思》诗："流金铄石玉长润，败柳凋花松不知。"

残山剩水

原指人工堆砌的假山和开凿的池塘。后形容残破不全的国土江山。也泛指残缺或残余的事物。△1.鲁迅《且介亭杂文二集·田军作〈八月的乡村〉序》："然而南宋的小朝廷却仍旧向残山剩水间的黎民施威，在残山剩水间行乐……"2.鲁迅《且介亭杂文二集·后记》："他们虽然一定要把我的《契诃夫选集》做成'残山剩水'，我也还是谅解的。"

【出处】杜甫《陪郑广文游何将军山林》诗："剩水沧江破，残山碣石开。"注："言此间穿池垒石……"

惨淡经营

惨淡：费尽心思。费尽心思地谋划。原指苦心构思。后形容极其艰苦地从事某一事业。△清·吴趼人《二十年目睹之怪现状》七三："等官出了题目之后，他却偷了个空，惨淡经营，作了一篇文字……"

【出处】杜甫《丹青引赠曹将军霸》诗："诏谓将军拂绢素，意匠惨淡经营中。"

插翅难飞

插上翅膀也难以飞出去。比喻逃脱不了。△清·钱彩《说岳全传》二三："若在此处埋伏一枝人马，某家插翅也难飞了。"

【出处】韩愈《寄崔二十六立之》诗："安有巢中鷇，插翅飞天陲。"鷇：雏鸟。

馋涎欲滴

涎：口水。馋得要流出口水来。形容嘴馋或贪婪的样子。△鲁迅《且介亭杂文二集·弄堂生意古今谈》："一听到就有馋涎欲滴之概，'薏米杏仁'而又'莲心粥'，这是新鲜到连先前的梦里也没有想到的。"

【出处】皮日休《鲁望昨以五百言见贻……亦迭和之微旨也》诗："将来示时人，狻猊垂馋涎。"狻猊：古代传说中的食人猛兽。

长斋绣佛

终年吃素，供奉佛像。△清·余怀《板桥杂记》中："筑别馆以居，长斋绣佛，持戒律甚严。"

【出处】杜甫《饮中八仙歌》

诗："苏晋长斋绣佛前，醉中往往爱逃禅。"

沉鱼落雁

鱼见了沉入荷花下，鸟见了躲在松林里。形容女子容貌极美丽。△清·李伯元《官场现形记》一二："他二人长的一个是沉鱼落雁之容，一个是闭月羞花之貌。"

【出处】宋之问《赠陆上人》诗："鸟惊入松网，鱼畏沉荷花。"

撑肠拄肚

肚子里装满了食物。形容吃得非常饱。后也比喻容纳的事物过多。△1.明·凌濛初《二刻拍案惊奇》二二："这家子将酝下的杜茅酒不住的荡来，吃得东倒西歪，撑肠拄腹。"2.元·杜本《谷音》下："撑肠拄肚书万卷。"

【出处】卢仝《月蚀诗》诗："撑肠拄肚，礧傀如山丘。"

【辨正】一说，语出宋·苏轼《试院煎茶》诗："不用撑肠拄腹文字五千卷，但愿一瓯常及睡足日高时。"这显然是流，当以唐诗为源。

尺幅千里

一尺长的画幅，画进了千里远的景象。泛指文艺作品的外形虽小，而包含的内容广阔深远。△清·蒋士铨《〈红雪楼九种填词〉眉评》："此篇结构简洁，尺幅有千里之势。"

【出处】徐安贞《题襄阳图》诗："图书空咫尺，千里意悠悠。"

【辨正】一说，语出元·戴良《题何监丞画山水歌》："莫言短幅仅盈尺，远势固当论万里。"这里显然是流不是源。

愁肠百结

百：形容多。愁闷的心肠好像缩了很多疙瘩。形容心情忧愁郁闷，难以排解。△明·洪楩《风月相思》："愁肠百结如丝乱，珠泪千行似雨倾。"

【出处】聂夷中《饮酒乐》诗："草木犹须老，人生得无愁？一饮解百结，再饮破百忧。"

愁眉不展

展：舒展。形容心事重重、

眉头紧皱的样子。△清·李伯元《官场现形记》三〇：“后见统领端茶，只得退回家中，愁眉不展的终日在家里对了老婆孩子咳声叹气。”

【出处】姚鹄《随州献李侍御》诗：“旧陌每怀空竟夕，愁眉不展几经春。”

雏凤声清

小凤凰的鸣叫声格外清朗。原比喻子女极有才华，胜过了有才华的父母。后比喻青年人品出众，才华卓异。△清·玉魫生《海陬冶游录续录》下：“黄宝卿，雏凤声清，可人如玉。”

【出处】李商隐《韩冬郎即席为诗相送……因成二绝奇酬，兼呈畏之员外》诗：“桐花万里丹山路，雏凤清于老凤声。”

床头金尽

指钱用完了，陷入贫困境地。△清·蒲松龄《聊斋志异·翩翩》：“床头金尽，大为姊妹行齿冷。”

【出处】张籍《行路难》诗：“君不见床头黄金尽，壮士无颜色。”

炊金馔玉

炊、馔：做饭。把黄金和美玉做成饭食。比喻饮食极奢华。△清·施闰章《悲老牛》诗：“此邦百万多豪家，炊金馔玉纷如麻。”

【出处】骆宾王《帝京篇》诗：“平台戚里带崇墉，炊金馔玉待鸣钟。”

春风得意

原形容功名成就的兴奋心情。后泛指事情顺利，心情欢畅。△元·洪希文《满庭芳·送张驿史东州秩满归代方驿史作》：“料想春风得意，醉眠韦杜最高楼。”

【出处】孟郊《登科后》诗：“春风得意马蹄疾，一日看尽长安花。”

春花秋月

春天的鲜花，秋天的明月。泛指春秋佳景。△明·高明《琵琶记》二九：“只管待漏随朝，可不误了秋月春花也？”

【出处】鱼玄机《题隐雾亭》诗：“春花秋月入诗篇，白日清宵是散仙。”

春树暮云

自己在此地的春树前，朋友在彼地的暮云下。表示对远方朋友的思念。△龚未斋《雪鸿轩尺牍》二："从此暮云春树，乌丝写怀旧之篇。"

【出处】杜甫《春日忆李白》诗："渭北春天树，江东日暮云。"

粗中有细

形容人表面上粗鲁、随便的言行中包含有精细、审慎的用心。△明·吴承恩《西游记》五五："好，好，好! 正是粗中有细，果然急处从宽。"

【出处】一钵和尚《一钵歌》诗："莫怪狂言无次第，筛罗渐入粗中细。"

寸步千里

相距一寸之近，却如同千里之远。形容相见之难。△宋·苏轼《与朱康叔》："子由尚未到，真寸步千里也。"

【出处】卢照邻《狱中学骚体》诗："寸步千里兮不相闻，思公子兮日将曛。"曛：暮。

寸草春晖

寸草：小草；晖：阳光。小草沐浴着春天的阳光。比喻子女承受母亲的养育之恩，报答不尽。△清·黄景仁《题洪稚存机声灯影图》诗："未能一笑酬苦节，空此春晖寸草心。"

【出处】孟郊《游子吟》诗："谁言寸草心，报得三春晖。"

大张旗鼓

张：展开。高举战旗，擂响战鼓。原指军队大规模地摆开阵势。后比喻声势和规模很大。△《鲁迅书信集·致胡适》："至于那一部小说……若要大张旗鼓，颂为二十世纪的新作品，则小子不敏，实不敢也。"

【出处】崔融《塞桓行》诗："蔽山张旗鼓，间道潜锋镝。"

担雪填井

比喻徒劳无功。△明·凌濛初《二刻拍案惊奇》八："只是心心念念，记挂此事，一似担雪填井，再没个满的日子了。"

【出处】顾况《行路难》诗："君不见担雪塞井空用力，炊沙作饭岂堪食？"

单枪匹马

一支枪，一匹马。原形容只身上阵。后比喻单独行动。△1.明·罗贯中《三国演义》九二："赵云匹马单枪，往来冲突，如入无人之境。"2.清·吴趼人《二十年目睹之怪现状》二："我初次单人匹马的出门，就遇了这等事……"

【出处】张说《破阵乐词》："匹马城南挑战，单刀蓟山从军。"

【辨正】一说，语出《景德传灯录》："匹马单枪来时如何？"《景德传灯录》是宋代佛书，当以唐诗为源。

胆大包天

胆量大得可以把天包容起来。形容胆量极大。△清·杨潮观《吟凤阁杂剧·黄石婆授计逃关》："那张良，身长一丈，腰大十围，虎背熊肩，铜头铁额，有万夫不当之勇，因此上胆大包天。"

【出处】刘叉《自问》诗："酒肠宽似海，诗胆大于天。"

灯红酒绿

红亮的灯火，绿色的美酒。形容夜宴的欢乐情景。△清·吴趼人《近十年之怪现状》："一时管弦嘈杂，钏动钗飞，纸醉金迷，灯红酒绿，直到九点多钟，方才散席。"

【出处】白居易《东楼招客夜饮》诗："唯有绿樽红烛下，暂时不似在忠州。"

雕肝琢肾

用肝肾之力来雕琢。比喻用尽心力苦苦思索。后多形容写作时刻意锤炼，反复推敲。△宋·欧阳修《答圣俞莫饮酒》诗："朝吟摇头暮蹙眉，雕肝琢肾闻退之。"

【出处】韩愈《赠崔立之评事》诗："劝君韬养待征招，不用雕琢愁肝肾。"

东倒西歪

形容人站立不稳的样子。后也形容东西的位置不正或倾斜欲倒。△《元曲选·杨氏女杀狗劝夫》一："他两个把盏儿吞，直吃的醉醺醺，吃的来东倒西歪。"

【出处】李端《胡腾儿》诗："醉却东倾又西倒，双靴柔弱满灯前。"

中华成语探源

中华国学精粹

典藏珍本

东风浩荡

原形容东风劲吹。后比喻春回大地或万象更新。△宋·陆游《感兴》诗："一尊且作寻春计，又见东风浩荡时。"

【出处】李咸用《春日》诗："浩荡东风里，裴回无所亲。"

东风吹马耳

比喻拿别人的话当耳旁风。△阿英《晚清文学丛钞·廿载繁华梦》四〇："我当初劝谏你多少来，你就当东风吹马耳……"

【出处】李白《答王十二寒夜独酌有怀》诗："世人闻此皆掉头，有如东风射马耳。"射：入。

对床夜雨

在风雨之夜，坐卧床上，相对谈心。形容亲友相聚夜话。△清·张大受《答袁虎文》诗："归到江南最相忆，小园风雨对床时。"

【出处】韦应物《示全真无常》诗："宁知风雪夜，复此对床眠。"

【辨正】一说，语出白居易《雨中招张司业宿》诗："能来同宿否，听雨对床眠。"韦应物与白居易都是中唐诗人，韦应物（公元737～公元792年）略早于白居易（公元772～公元846年）。当以韦诗为源。

多愁多病

形容人感情脆弱，体质不好。△清·曹雪芹《红楼梦》二三："我就是个'多愁多病的身'，你就是那'倾国倾城的貌'。"

【出处】韦庄《遣兴》诗："如幻如泡世，多愁多病身。"

多事之秋

秋：借指某个时期。事故或事变很多的时期。形容动荡不安的政局。△清·刘鹗《老残游记》一二："现在国家正当多事之秋，那王公大臣只是恐怕耽处分，多一事不如少一事，弄得百事俱废。"

【出处】崔致远《前宣州当涂县令王翱摄扬子县令》诗："况逢多事之秋，而乃有令患风。"

鹅行鸭步

像鹅和鸭子那样走路。形容摇摇摆摆、慢慢吞吞地行走。△明·施耐庵《水浒传》三二："你两个闲常在镇上抬轿时，只是鹅行鸭步，如今却怎地这等走的快？"

【出处】石抱忠《始平谐诗》："一群县尉驴骡骡，数个参军鹅鸭行。"

恩怨分明

分明：清楚。恩惠与怨仇的界限清楚。△明·罗贯中《三国演义》五〇："恩怨分明，信义素著。"

【出处】韩愈《听颖师弹琴》诗："昵昵儿女语，恩怨相尔汝。"

发人深省

发：启发；省：省察，思考。启发人深刻地思考。△清·张潮《金忠洁公传评》："明末死于忠义者，较前代为独盛，特存此一编，以当清夜闻钟，发人深省。"

【出处】杜甫《游龙门奉先寺》诗："欲觉闻晨钟，令人发深省。"

翻江倒海

原形容波涛汹涌。后也比喻声势或力量非常大。△1.清·李汝珍《镜花缘》三九："顷刻狂风大作，波浪滔天……真是翻江搅海，十分利害。"2.清·高鹗《红楼梦》九〇："且说薛姨妈家中被金桂搅得翻江倒海……"

【出处】顾况《龙宫操》诗："鲛人织绡采藕丝，翻江倒海倾吴蜀。"

【辨正】一说，语出宋·陆游《夜宿阳山矶》诗："五更颠风吹急雨，倒海翻江洗残暑。"这显然是流，而应以唐诗为源。

翻云覆雨

比喻玩弄手段，反复无常。△清·纪昀《阅微草堂笔记·滦阳消夏录》："势孤则攀附以求援，力敌则排挤以互噬，翻云覆雨，倏忽万端。"

【出处】杜甫《贫交行》诗："翻手作云覆手雨，纷纷轻薄何须数。"

飞黄腾达

飞黄：传说中的神马；腾：腾空；达：高升。神马腾空奔驰。比喻地位上升得很快。△清·李伯元《官场现形记》五八："有如此才华，不等着中举人，中进士，飞黄腾达上去，却捐个官到外头去混，真正可惜！"

【出处】韩愈《符读书城南》诗："飞黄腾踏去，不能顾蟾蜍。"

非亲非故

故：故旧，老朋友。不是亲属，也不是朋友。表示彼此之间没有关系。△明·冯梦龙《警世通言》三四："虽承王翁盛意，非亲非故，难以打搅。"

【出处】马戴《寄贾岛》诗："佩玉与锵金，非亲亦非故。"

丰衣足食

丰足的衣服和食物。形容生活富裕。△毛泽东《组织起来》："我们用自己动手的方法，达到了丰衣足食的目的。"

【出处】齐己《病中勉送小师往清凉山礼大圣》诗："丰衣足食处莫住，圣迹灵踪好便寻。"

风吹雨打

原形容花木经受风雨。后比喻人经受恶势力的摧残。△宋·辛弃疾《浪淘沙·山寺夜半闻钟》："古来三五个英雄，雨打风吹何处是，汉殿秦宫。"

【出处】杜甫《三绝句》一："不如醉里风吹尽，可忍醒时雨打稀。"

风和日丽

风温暖和缓，阳光明丽灿烂。△清·龚炜《重过金山》："今日复过金山，风和日丽，欲一登览，为事所牵。"

【出处】无名氏《句》诗："风和日暖方开眼，雨润烟浓不举头。"

风花雪月

泛指自然景色。后比喻诗文堆砌词藻而内容贫乏。△宋·周行己《与佛月大师书》："昔齐己号诗僧，不过风花雪月巧句，而于格又颇俗。"

【出处】郑谷《府中遇止寄赵大谏》诗："风花雪月好，中夜便招延。"

风卷残云

风刮走了残存的云。比喻一下子消灭干净。△明·施耐庵《水浒传》四二："酒肉到口，只顾吃，正如这风卷残云、落花流水，一齐上来抢着吃了。"

【出处】戎昱《霁雪》诗："风卷残云暮雪晴，江烟洗尽柳条轻。"

风流自赏

风流：有才华而不拘礼法。以才华卓异、品格超俗而自我欣赏。△清·梁章钜《归田琐记》四："毅然以乡先达自居，勉之以修己之学，济物之功，而戒其毋以风流自赏。"

【出处】羊士谔《郡中玩月寄江南李少尹虞部孟员外》诗："会是风流赏，惟君内史贤。"

风云际会

风云：比喻虎和龙；际会：遇合。虎遇到了龙。原指贤臣遇到了明主。后也泛指遇到了施展才能的好时机。△清·李汝珍《镜花缘》五："圣上既奉天运承了大统，天下闺中自应广育英才，以为辅弼，亦如古之八元、八恺，风云际会。"

【出处】杜甫《夔府书怀四十韵》诗："社稷经纶地，风云际会期。"

峰回路转

山峰重叠环绕，山路蜿蜒曲折。△宋·欧阳修《醉翁亭记》："峰回路转，有亭翼然临于泉上者，醉翁亭也。"

【出处】陈子昂《入东阳峡与李明府舟前后不相及》诗："路转青山合，峰回白日曛。"曛：昏暗。

锋芒毕露

毕：全部。锋芒全部显露出来。比喻人的才干、锐气全部显露出来。△端木蕻良《曹雪芹》二三："在父亲面前，不可流露一丝儿夸耀神情，免得父亲斥骂他锋芒毕露。"

【出处】孟郊《遣兴联句》诗："慷慨丈夫志，可以曜锋铓。"曜：耀。

凤去台空

去：离去。凤凰飞去了，凤凰台空了。比喻往昔的风流人物已经不复存在，只留下了历史的遗迹。△清·丘逢甲《凤凰台放歌》诗："无端又共青莲愁，凤去台空怆今昔。"

【出处】李白《登金陵凤凰台》诗："凤凰台上凤凰游，凤去台空江自流。"

浮光掠影

浮光：水面浮动的光亮；掠影：一闪而过的影子。比喻印象不深刻。△清·李汝珍《镜花缘》一八："学问从实地上用功，议论自然有根据；若浮光掠影，中无或见，自然随波逐流，无所适从。"

【出处】褚亮《临高台》诗："浮光随日度，漾影逐波深。"

付之东流

付：交给。交给东去的流水。比喻完全落空或全部丧失。△明·凌濛初《二刻拍案惊奇》二〇："谁敢向他家道个'不'字：这件事只索付之东流了。"

【出处】高适《封丘作》诗："生事须依南亩田，世情尽付东流水。"

付之一笑

付：对待。用笑一笑对待。表示不当一回事，不计较。△清·吴敬梓《儒林外史》三三："王胡子在路见不是事，拐了二十两银子走了，杜少卿付之一笑，只带了加爵过江。"

【出处】牟融《有感》诗：

"何如日日长如醉，付与诗人一笑看。"

【辨正】一说，语出《南村辍耕录》一五："参政付之一笑而罢。"《南村辍耕录》是明代陶宗仪的著述。当以唐诗为源。

改头换面

改变容貌。原指新人换旧人。后比喻只改变形式，不改变内容。△《鲁迅书信集·致萧红、萧军》："今年要将'一·二八'、'九一八'的纪念取消，报上登载的减少学校假期，就是这件事，不过他们说话改头换面，使大家不觉得。"

【出处】寒山《诗三百三首》二一三："改头换面孔，不离旧时人。"

敢怒而不敢言

心里愤怒，但是嘴上不敢说。△明·施耐庵《水浒传》三："李忠见鲁达凶猛，敢怒而不敢言，只得陪笑道，好性急的人。"

【出处】杜牧《阿房宫赋》："使天下之人，不敢言而敢怒。"

感激涕零

涕：眼泪；零：落。感激得流

出眼泪。形容非常感激。△清·高鹗《红楼梦》一〇七："贾政听了，感激涕零，叩首不及。"

【出处】刘禹锡《平蔡州》诗："路傍老人忆旧事，相与感激皆涕零。"

高谈雄辩

形容豪放无羁，有说服力的谈论。△清·黄小配《廿载繁华梦》二八："周庸祐与各亲朋正自高谈雄辩，忽冯少伍走近身旁，附耳说了几句话，周庸祐登时面色变了。"

【出处】杜甫《饮中八仙歌》诗："焦遂五斗方卓然，高谈雄辩惊四筵。"

歌台舞榭

榭：建筑在高台上的宽敞房屋。为表演歌舞而建造的楼台。泛指供人寻欢作乐的歌舞表演场所。△明·冯梦龙《醒世恒言》一五："遇着花街柳巷，舞榭歌台，便留恋不舍，就当做家里一般，把老大一个家业，也弄去了十之三四。"

【出处】吕令问《云中古城赋》："歌台舞榭，月殿云堂。"

隔岸观火

原指隔着河看对岸热火朝天地忙碌，后指隔着河看对岸失火的情景，比喻置身事外而采取旁观的态度。△鲁迅《且介亭杂文·答〈戏〉周刊编者信》："假如写一篇暴露小说，指定事情是出在某处的罢，那么，某处人恨得不共戴天，非某些人却无异隔岸观火彼此都不反省。"

【出处】乾康《投谒齐己》诗："隔岸红尘忙似火，当轩青嶂冷如冰。"

更上一层楼

更：再。再上一层楼。比喻再提高一步。△清·个中生《吴门画舫续录·内编》三六："未及十载，鬒云居然光大门闾……直更上一层楼矣。"

【出处】王之涣《登鹳雀楼》诗："欲穷千里目，更上一层楼。"

钩心斗角

中心勾连，四角相抵。原指宫室建筑错综交叉，结构精巧工致。后比喻诗文的布局回环错落，结构精巧工致。也比喻人各用心机，明争暗斗。△1.清·袁绍壬《两般秋雨盒随笔》一："近时诗家咏物，钩心斗角，有突过前人者。"2.茅盾《一个女性》："她学习他们的思想方式，他们的言语举止，他们的小巧小智，他们的待人接物的勾心斗角。"

【出处】杜牧《阿房宫赋》："各抱地势，钩心斗角。"

孤云野鹤

孤高的云，野生的鹤。比喻清雅闲逸、超脱世俗的人。△清·蒲松龄《聊斋志异·成仙》："孤云野鹤，栖无定所。"

【出处】刘长卿《送方外上人》诗："孤云将野鹤，岂向人间住？"

古井无波

古井已干涸，不再有水波。比喻心境枯寂，情感不为外界事物所动。△金·元好问《超禅师晦寂庵》诗："无波古井静中天，三尺藜床坐欲穿。"

【出处】白居易《赠元稹》诗："无波古井水，有节秋竹竿。"

古貌古心

形容人的外貌和内心有古人的气度。△明·张岱《濮仲谦雕刻》："南京濮仲谦，古貌古心。"

【出处】韩愈《孟生》诗："孟生江海上，古貌又古心。"

故态复萌

故态：老样子；复：又；萌：萌发。指又恢复了老样子。△清·李伯元《官场现形记》一二："遇到抚台下来大阅，他便临时招募，暂时弥缝，只等抚台一走，依然是故态复萌。"

【出处】刘禹锡《砥石赋》："故态复还，宝心再起。"

挂一漏万

挂：记。记下来一个，遗漏一万个。形容列举不全，漏掉很多。△郭沫若《学生时代·到宜兴去》："单靠我们自己直接向乡间去探访观察，恐怕挂一漏万。"

【出处】韩愈《南山》诗："团辞试提挈，挂一念漏万。"

光风霁月

霁：雨过天晴。形容雨过天晴，风清月明的景象。后比喻心地坦白，心胸开阔。也比喻政治清明。△1.清·文康《儿女英雄传》四〇："听听她这段话，是何等的光风霁月。"2.《大宋宣和遗事·元集》："上下三千余年，兴废百千万事，大概风光霁月之时少，阴雨晦冥之时多。"

【出处】无名氏《楚泊亭》诗："天垂六幕水浮空，霁月光风上下同。"

【辨正】一说，语出宋·黄庭坚《濂溪诗序》："舂陵周茂叔人品甚高，胸中洒落，如光风霁月。"这里是流，不是源。

光芒万丈

形容光芒照射得极远。比喻事物灿烂辉煌。△宋·王十朋《登诗史堂观少陵画像》诗："万丈光芒笔有神，两眉犹带旧酸辛。"

【出处】韩愈《调张籍》诗："李杜文章在，光焰万丈长。"

光阴似箭

光阴：时间。形容时间过得极快。△明·冯梦龙《警世通言》三三："光阴似箭，日月如梭，不觉半年有余。"

【出处】韦庄《关河道中》诗："但见时光流似箭，岂知天道曲如云。"

鬼哭神号

形容大哭大叫，声音凄厉。也泛指凄厉吓人的声音。△1.清·陈忱《水浒后传》三三："夜间鬼哭神号，百般作怪，胆也吓破了。"2.明·冯梦龙《古今小说》一九："那浪掀天括地，鬼哭神号，惊怕杀人。"

【出处】吕岩《七言》诗："鬼哭神号金鼎结，鸡飞犬化玉炉空。"

衮衮诸公

衮衮：众多的样子。指众多身居高位而无所作为的官僚。△清·曾朴《孽海花》三二："我们这班附和的人，在衮衮诸公心目中，只怕寸磔不足蔽辜呢。"

【出处】杜甫《醉时歌》诗："诸公衮衮登台省，广文先生官独冷。"

国色天香

国色：倾倒全国的颜色；天香：来自天上的芳香。原形容色香俱佳的牡丹花。后也形容女子的艳丽。△明·冯梦龙《警世通言》三二："十娘梳洗方毕……粉容微露，却被孙富窥见了，果是国色天香。"

【出处】李正封《赏牡丹》诗："国色朝酣酒，天香夜染衣。"

海阔天空

阔：辽阔；空：空旷。像大海一样辽阔，像天空一样旷远。原形容大自然的广阔。后也比喻谈话或思维无边无际。△1.清·丘逢甲《凤凰台放歌》诗："我来登台揽八极，海阔天空足寒色。"2.清·李伯元《文明小史》一二："刘齐礼初入花丛，手舞足蹈，也不知如何是好，海阔天空，信口乱说。"

【出处】刘氏瑶《暗别离》诗："青鸾脉脉西飞去，海阔天高不知处。"

海中捞月

比喻白费气力，根本达不到目的。△明·凌濛初《初刻拍案惊奇》二七："先前的两个轿夫，却又不知姓名住址，有影无踪，海中捞月。"

【出处】李白《江上寄元六林

宗》诗："浦沙净如洗，海月明可掇。"掇：拾取。

毫发无憾

没有丝毫感到遗憾的地方。形容极完美。△明·胡应麟《少室山房笔丛》四〇："程泰之《演繁露》，证据精详，可谓毫发无憾矣。"

【出处】杜甫《敬赠郑谏议十韵》诗："毫发无遗憾，波澜独老成。"

河清海晏

晏：安。黄河的水清了，大海平静不起波浪了。比喻天下太平。△元·无名氏《孟母三移》一折："当时风调雨顺，国泰民安，河清海晏，偃武修文。"

【出处】郑锡《日中有王字赋》："河清海晏，时和丰年。"

鹤发童颜

颜：脸。头发像鹤羽一样白，脸色像儿童一样红润。形容老年人气色好。△清·李汝珍《镜花缘》：一一："只见路旁走过两个老者，都是鹤发童颜，满面春风，举止大雅。"

【出处】田颖《梦游罗浮》诗："自言非神亦非仙，鹤发童颜古无比。"

红豆相思

红豆：相思树结的籽，古人用作爱情的象征。形容男女相爱引起的思念。△清·吴焯《琵琶仙·补华楼听钱德协琵琶》："说甚红豆相思，故人轻别。"

【出处】王维《相思》诗："红豆生南国，春来发几枝。愿君多采撷，此物最相思。"

红羊劫年

红羊年：丁未年，丁属火而色红，未属羊；劫：劫数，灾难。容易发生灾难的丁未年。泛指国家遭受灾难的年份。△清·丘逢甲《题仲迟月中课读图》诗："一年几度见明月，况值红羊换劫年。"

【出处】殷尧藩《李节度平房诗》诗："太平从此销兵甲，记取红羊换劫年。"

侯门似海

形容公侯家的门禁森严。泛指旧相识因地位悬殊而疏远隔绝。△清·曹雪芹《红楼梦》六："可是说的了：'侯门似海'，我是个什么东西儿！他家人又不认得我，我去了也是白跑。"

【出处】崔郊《赠去婢》诗："侯门一入深如海，从此萧郎是路人。"

花红柳绿

原形容花木繁茂的明媚景色。也泛指色彩纷繁鲜艳。△1.明·兰陵笑笑生《金瓶梅词话》八九："只见那郊原野旷，景物芳菲，花红柳绿……"2.《红楼梦》七四："我看不上这浪样儿！谁许你这么花红柳绿的妆扮！"

【出处】薛稷《钱唐永昌》诗："更思明年桃李月，花红柳绿宴浮桥。"

花街柳巷

指寻欢作乐的地方。也特指妓女聚居的地方。△明·凌濛初《初刻拍案惊奇》一六："终日成群作队，诗歌啸傲，不时往花街柳陌，闲行遣兴。"

【出处】吕岩《敲爻歌》诗："酒是良朋花是伴，花街柳巷觅真人。"

火树银花

火树：缀满彩灯的树或木竿；银花：银白色的花灯。形容节日晚上灿烂多彩的灯火。后也形容节日焰火。△1.阿英《晚清文学丛钞·黑籍冤魂》一五："到了晚上，那电气灯……照耀得彻夜通明，光辉如同白昼，真是火树银花，城开不夜。"2.清·汪懋麟《无夜禁中观放烟火歌》诗："银花火树齐开张，珠斗明星尽奔放。"

【出处】苏味道《正月十五夜》诗："火树银花合，星桥铁锁开。"

饥焰中烧

饥饿像火焰一样在腹中燃烧。形容饥饿难忍。△清·王韬《王蟾香》："日既暮……饥焰中烧，无所为计。"

【出处】白居易《旱热》诗："壮者不耐饥，饥火烧其肠。"

鸡虫得失

比喻所得或所失很小，无关紧要。△宋·王安石《绝句九首》五："鸡虫得失何须算，鹏鷃逍遥各自知。"

【出处】杜甫《缚鸡行》诗："鸡虫得失无了时，注目寒江倚山阁。"

急中生智

在危急之中有了智谋。指在紧急关头想出了好办法。△清·石玉昆《三侠五义》二三："忽见猛虎衔一小孩，也是急中生智，将手中板斧照定虎头抛击下去……"

【出处】白居易《和微之诗二十三首序》："敌则气作，急则计生。"计：计谋。

拣佛烧香

拣：挑选。从很多佛里挑选一个，烧香供养。比喻看人行事或待人有厚有薄。△清·陈森《品花宝鉴》一八："应酬开了是不能拣佛烧香的。"

【出处】寒山《诗三百三首》一五九："择佛烧好香，拣僧归供养。"

将勤补拙

将：以，用。用勤奋来弥补拙笨。△宋·张栻《答郑仲礼》二："日夜黾勉，将勤补拙。"

【出处】白居易《自到郡斋仅经旬日，方专公务专及宴游，偷闲走笔题二十四韵……》诗："救烦无若静，补拙莫如勤。"

金乌玉兔

金乌：太阳，传说日中有三足乌；玉兔：月亮，传说月中有白兔。运转不停的太阳和月亮。指时光。△宋·张抡《阮郎归·咏夏》："金乌玉兔最无情，驱驰不暂停。"

【出处】韩琮《春愁》诗："金乌长飞玉兔走，青鬓长青古无有。"

锦囊妙计

囊：口袋。把巧妙的计策写在纸上，装在锦囊里。比喻预先安排好的巧妙办法。△清·文康《儿女英雄传》二六："她的那点聪明，本不在何玉凤姑娘以下，况又受了公婆的许多锦囊妙计，此时转比何玉凤来的气壮胆粗。"

【出处】李白《颍阳别元丹丘之淮阳》诗："我有锦囊诀，可以持君身。"诀：诀窍，妙计。

锦绣山河

锦绣：精美鲜艳的丝织品。像锦绣一般的山河。形容山河十分美好。△元·戴良《秋兴五首》二："王侯第宅苍茫外，锦绣山河感慨中。"

【出处】杜甫《清明》诗："秦城楼阁烟花里，汉主山河锦绣中。"

尽态极妍

态：姿态；妍：美丽。姿态容颜美好到极点。原形容女子的娇艳美丽。后泛指姿态美好。△清·沈复《浮生六记·浪游记快》："旭日将升，朝霞映于柳外，尽态极妍。"

【出处】杜牧《阿房宫赋》："一肌一容，尽态极妍，缦立远视，而望幸焉。"幸：皇帝来到。

荆棘满腹

腹中生满了荆棘。比喻心中有许多坏念头。△清·归庄《避乱》诗："世人读诗书，荆棘满胸腹。"

【出处】孟郊《择友》诗："面结口头交，肚里生荆棘。"

荆天棘地

天和地都长满了荆棘。比喻障碍极多，困难重重。△《鲁迅书信

751

集·致王冶秋》："出国有种种困难，国内呢，处处荆天棘地。"

【出处】白居易《伤唐衢》诗："天高未及闻，荆棘生满地。"

敬谢不敏

敬谢：态度恭敬地推辞；不敏：没有能力。表示因能力不够而推辞。△鲁迅《二心集·做古人和做好人的秘诀》："于满肚气闷中的滑稽之余，仍只好诚惶诚恐，特别脱帽鞠躬，敬谢不敏之至了。"

【出处】韩愈《寄卢仝》诗："买羊沽酒谢不敏，偶逢明月曜桃李。"

九霄云外

九霄：古代传说天有九层，九霄是最高的一层；云外：云的上面。原指极高的天空。后形容极远的地方。△清·曹雪芹《红楼梦》二八："黛玉听了这话，不觉将昨晚的事忘在九霄云外了。"

【出处】刘禹锡《同乐天登栖灵寺塔》诗："步步相携不觉难，九层云外倚阑干。"

酒肉朋友

指在一起吃喝玩乐而不务正业的朋友。△明·凌濛初《二刻拍案惊奇》二四："终日只是三街两市，和着酒肉朋友串哄。"

【出处】施肩吾《旅次文水县喜遇李少府》诗："为君三日废行程，一县官人是酒朋。"

居停主人

寄居之处的主人。△《宋史·丁谓传》：有人为寇准遭贬谪之事质问道州司马丁谓，因这个人曾将屋宅借给寇准，丁谓就斥道："居停主人勿复言！"

【出处】卢仝《月蚀诗》："月蚀乌官十三度，乌为居停主人不觉察，贪向何人家？"

卷土重来

卷起尘土，再一次扑过来。指兵败后重整人马再干。后泛指做事失败后重新恢复势力。△郭沫若《海涛集·流沙》："就让我回到湘西，我要卷土重来。"

【出处】杜牧《题乌江亭》诗："江东子弟多才俊，卷土重来未可知。"

开门见山

打开门就能看见山。原形容环境幽寂。后比喻写文章或说话一开头就接触本题。△1.明·张岱《快园记》："园在龙山后麓……开门见山，开牖见水。"2.老舍《四世同堂》四："为怕……忘了正事，他开门见山的说明了来意。"

【出处】刘得仁《青龙寺僧院》诗："此地堪终日，开门见数峰。"

【辨正】一说，语出《沧浪诗话·诗评》："太白发句，谓之开门见山。"《沧浪诗话》是宋人严羽的著作。当以唐诗为源。

口角垂涎

涎：口水。嘴边流下口水来。原指念书太多，累出了口水。后形容酣睡或贪馋的样子。△1.宋·释惠洪《石门文字禅》二六："学坐睡法，饱饭靠椅，口角流涎。"2.清·石玉昆《三侠五义》四三："众先生听说是新鲜河豚，一个个口角垂涎。"

【出处】李商隐《韩碑》诗："愿书万本诵万过，口角流沫右手胝。"

枯木逢春

木：树。干枯的树遇到了春天。比喻处于困境的人获得了良好的条件。△明·冯梦龙《古今小说》九："两口儿回到家乡，见了岳丈黄太学，好似枯木逢春，断弦再续，欢喜无限。"

【出处】耽章《辞南平钟王召》诗："摧残枯木倚寒林，几度逢春不变心。"

阑风长雨

阑：衰。无力的风，连绵的雨。△清·王韬《笙村灵梦记》："棠梨院落枇杷门，长雨阑风夜断魂。"

【出处】杜甫《秋雨叹》诗："阑风长雨秋纷纷，四海八荒同一云。"

老态龙钟

龙钟：行动不灵便的样子。形容年老体衰、行动不灵便的样子。△宋·陆游《听雨》诗："老态龙钟疾未平，更堪俗事败幽情。"

【出处】耿沣《登总持寺阁》诗："龙钟兼老病，更有重来期？"

泪如泉涌

眼泪像泉水一样涌出。形容眼泪流得多。△明·吴承恩《西游记》三八："那娘娘认得是当时国王之宝，止不住泪如泉涌。"

【出处】刘损《愤惋诗》三："莫道诗成无泪下，泪如泉滴亦涌干。"

冷眼旁观

冷眼：指冷静或冷淡的态度。冷静或冷淡地在旁边观看。多表示不愿介入。△明·冯惟敏《双调新水令·忆弟时在秦州》："总不如袖手高闲，闭口无言，冷眼傍观。"

【出处】徐夤《上卢三拾遗以言见黜》诗："冷眼静看真好笑，倾怀与说却为冤。"

历历在目

历历：清楚分明的样子。清清楚楚地呈现在眼前。△明·冯梦龙《醒世恒言》三八："一座青州城正临在北窗之下，见州里人家，历历在目。"

【出处】杜甫《历历》诗："历历开元事，分明在眼前。"

良工苦心

良工：技艺高明的人。技艺高明的人在创作过程中用尽心思。△明·张岱《吴中绝技》："张寄修之治琴，范昆白之治三弦子，俱可上下百年，保无敌手，但其良工苦心，亦技艺之能事。"

【出处】杜甫《题李尊师松树障子歌》诗："已知仙客意相亲，更觉良工心独苦。"

两世为人

在两个世界里做人。指从阴间回到人间。形容死里逃生，经历了巨大危险而幸存下来。△清·郭小亭《济公全传》一四四："只见这条大蟒一阵怪风竟自去了。雷鸣、陈亮说：'好险，好险，你我两世为人。'"

【出处】綦母潜《祇园寺》诗："两世分明见，余生复几哉！"

两小无猜

小：小孩子；无猜：不避嫌疑。男孩和女孩在一起天真地相处，没有避嫌疑的想法。△清·蒲松龄《聊斋志异·江城》："时皆八九岁，两小无猜，日共嬉戏。"

两袖清风

原形容喝茶或饮酒后清爽舒畅的感觉。后比喻为官廉洁。也形容潇洒飘逸、超脱凡俗的样子。△1.《元曲选外编·好酒赵元遇上皇》一："两袖清风和月偃，一壶春色透瓶香。"2.清·文康《儿女英雄传》三："计需五千余金，后任工员催逼得又紧，老爷两袖清风，一时那里交得上？"3.元·陈基《次韵吴江道中》诗："两袖清风身欲飘，杖藜随月步长桥。"

【出处】卢仝《走笔谢孟谏议寄新茶》诗："七碗吃不得也，唯觉两腋习习清风生。"

龙马精神

形容昂扬旺盛的精神状态。△清·陈森《品花宝鉴》四九："那年在京时是五十九了，须发光黑，那里象花甲之人，正是龙马精神……"

【出处】李郢《上裴晋公》诗："四朝忧国鬓如丝，龙马精神海鹤姿。"

龙潭虎穴

潭：深水池。龙藏身的深渊，虎居住的洞穴。比喻十分凶险的地方。△明·施耐庵《水浒传》六一："撇下海阔一个家业，耽惊受怕，去虎穴龙潭里去做买卖。"

【出处】林滋《望九华山》诗："龙潭万古喷飞溜，虎穴几人能得窥？"

漏泄春光

透露了春天到来的消息。指早春柳条发绿。后比喻泄露了男女私情。△元·王实甫《西厢记》一："本待要安排心事传幽容，我只怕漏泄春光与乃堂。"乃堂：你母亲。

【出处】杜甫《腊日》诗："侵陵雪色还萱草，漏泄春光有柳条。"

炉火纯青

青：蓝色。炉中的火焰呈现纯正的蓝色。原指炼丹成功时的情状。后比喻学问、技艺的功夫纯熟或时机已经成熟。△清·曾朴《孽海花》二五："到了现在，可已到了炉火纯青的气候，正是弟兄们各显身手的时期。"

【出处】孙思邈《四言诗》诗："洪炉烈火……焰不假碧。"碧：蓝色。

落花流水

原形容暮春的景象。后比喻狼狈不堪。△清·陈忱《水浒后传》二六："一个将官舞着双鞭杀人，把那游兵杀得落花流水，四散逃走了。"

【出处】李嘉佑《闻逝者自惊》诗："黄卷青琴总为累，落花流水共添愁。"

【辨正】一说，语出宋·赵长卿《鹧鸪天》词："落花流水一春休。"这是流。李嘉佑以后，中唐、晚唐以及五代时期，使用"落花流水"一语者甚多，都以李氏诗为其源。

落月屋梁

月亮就要落下，月光照在屋梁上。原指夜间思念朋友时所见的情状。后表示对朋友的怀念。△清·黄宗羲《寄周子佩》诗："落月屋梁长入梦，未知何日遂征帆。"

【出处】杜甫《梦李白》诗："落月满屋梁，犹疑照颜色。"

马牛襟裾

襟裾：衣服的前襟和后襟，指代衣服。马和牛穿着人的衣服。原比喻人不学无术。后比喻人行为卑劣，毫无人性。△《元曲选外编·好酒赵元遇上皇》二："他倚强拆散俺妻夫，真乃是马牛襟裾。"

【出处】韩愈《符读书城南》诗："人不通古今，马牛而襟裾。"

蛮烟瘴雨

瘴：瘴气，南方山林地带的湿热空气，古人认为会导致恶性疟疾等病症。蛮荒地方的云雾，瘴气形成的雨。后也借指南方荒凉的山林。△清·纪昀《阅微草堂笔记·姑妄听之》："此物想流落蛮烟瘴雨间矣。"

【出处】殷尧藩《九日》诗："瘴雨蛮烟朝暮景，平芜野草古今愁。"

【辨正】一说，语出宋·辛弃疾《满江红》词："瘴雨蛮烟，十年梦，尊前休说。"这是流，应以唐诗为源。

满城风雨

原形容秋天的风雨景象。后比喻到处议论纷纷。△1.宋·范成大《春晚》诗："手把青梅春已去，满城风雨怕黄昏。"2.茅盾《手的故事》："私货的事现在闹得满城风雨了。"

【出处】韦应物《同德寺雨后寄元侍御李博士》诗："川上风雨来，须臾满城阙。"

【辨正】一说，语出宋·潘大临题壁诗："满城风雨近重阳。"（见《冷斋夜话》四）潘氏将唐诗化为四字格。考其源，应为唐诗。

满目凄凉

看到的都是寂寞冷落的景象。△清·高鹗《红楼梦》一〇二："如今探春一去……觉得凄凉满目，台榭依然。"

【出处】张读《谢翱遇鬼诗》诗："空添满目凄凉事，不见三山缥缈人。"

磨牙吮血

比喻凶残地掠夺或压榨。△明·郑仲夔《经国》："夫矿场连三省，封禁若开，利不必归朝廷也，徒为吮血磨牙辈饱其欲耳。"

【出处】李白《蜀道难》诗："磨牙吮血，杀人如麻。"

年逾古稀

逾：超越；古稀：指七十岁。年龄已经超过了七十岁。△清·顾炎武《附与施愚山》："令叔老先生年逾古稀，康宁好德，萃于一门，此亦人生至乐。"

【出处】杜甫《曲江》诗："酒债寻常行处有，人生七十古来稀。"

藕断丝连

比喻表面上断了关系，实际上仍有牵连。△茅盾《子夜》一七："是干干脆脆的'出顶'好呢，还是藕断丝连的抵押！"

【出处】孟郊《去妇》诗："妾心藕中丝，虽断犹连牵。"

盘马弯弓

盘马：骑着马盘旋；弯弓：拉开弓摆出要发射的样子。比喻做出惊人的姿态而不立刻行动。△清·刘坤一《复郭善臣》："尽数聚歼，所伤实多，仁人所不忍出，是以盘马弯弓，虑胜后动。"

【出处】韩愈《雉带箭》诗："将军欲以巧伏人，盘马弯弓惜不发。"

烹龙炮凤

比喻名贵珍奇的菜肴。后也比喻高超的技巧。△1.明·施耐庵《水浒传》六七："虽无炮凤烹龙，端的肉山酒海。"2.宋·杨万里《西溪先生和陶诗序》："东坡以烹龙庖凤之手，而饮木兰之坠露，餐秋菊之落英者也。"

【出处】李贺《将进酒》诗："烹龙炮凤玉脂泣，罗帏绣幕围香风。"

蓬荜生辉

蓬荜：用柴草、荆条充当门户的简陋房屋。使自己的简陋房屋增添了光辉。表示由于客人来临或收到赠礼而感到荣耀。△明·冯梦龙《醒世恒言》一五："小尼僻居荒野，无德无能，谬承枉顾，蓬荜生辉。"

【出处】窦庠《酬谢韦卿二十五兄俯赠，辄敢书情》诗："大贤持赠一明珰，蓬荜初惊满室光。"

蚍蜉撼树

蚍蜉：一种体型较大的蚂蚁；

撼：摇。蚂蚁想摇动树。比喻力量很小却妄想摇动强大的事物，不自量力。△毛泽东《满江红·和郭沫若同志》："蚂蚁缘槐夸大国，蚍蜉撼树谈何易。"

【出处】韩愈《调张籍》诗："蚍蜉撼大树，可笑不自量。"

平步青云

从平地走上青云。比喻一下子达到了很高的地位。△阿英《晚清文学丛钞·情变》一："你们读书君子，有日平步青云，那才是前程万里呢。"

【出处】李频《自遣》诗："青云道是不平地，还有平人上得时。"

平地风波

比喻突然发生事端或变故。△清·李伯元《文明小史》六〇："此番上头发下这个折子来，叫他们奏议，正如青天霹雳，平地风波。"

【出处】刘禹锡《竹枝词》诗："常恨人心不如水，等闲平地起波澜。"

平地一声雷

比喻突然发生了一件大事。

△清·李伯元《文明小史》六〇："居然禹门三级浪，平地一声雷，外放了，放了陕西按察使。"

【出处】韦庄《喜迁莺》诗："凤衔金榜出云来，平地一声雷。"

平分秋色

把秋天的景色平均分开。原指中秋这一天。后比喻双方各占一半。△老舍《四世同堂》五八："他以为长顺既是个孩子，当然不能和一个成人，况且是世袭基督徒平分秋色。"

【出处】韩愈《题合江亭寄刺史邹君》诗："穷秋感平分，新月怜半破。"

奇形怪状

奇怪的形状。形容不同寻常的形状或姿态。△清·李汝珍《镜花缘》三八："头戴金冠，身穿黄袍，后面一条蛇尾，高盘在金冠上。殿上许多国王，都是奇形怪状。"

【出处】吴融《太湖石歌》诗："铁索千寻取得来，奇形怪状谁能识？"

琪花瑶草

琪、瑶：美玉。美玉般的花草。原指仙境中的花草。后指珍异美丽的花草。△清·陈忱《水浒后传》三六："有座天生石台，直靠在海外，如建康燕子矶一样，玲珑剔透，文采可观，遍生琪花瑶草。"

【出处】王毂《梦仙谣》诗："前程渐觉风光好，琪花片片沾瑶草。"

千村万落

千万个村落。形容许许多多村庄。△明·无名氏《三化邯郸》三折："黑风忽卷沧江立，没揣的云黯黯，倏忽的雪霏霏，千村万落门都闭。"

【出处】杜甫《兵车行》诗："君不闻，汉家山东二百州，千村万落生荆杞。"

千呼万唤

千万次呼唤。形容多次邀请或再三催促。△宋·范成大《戏题赵从善两画轴》诗："情知别有真真在，试与千呼万唤看。"

【出处】白居易《琵琶行》诗："千呼万唤始出来，犹抱琵琶半遮面。"

千山万水

隔着一千座山，一万条江河。形容道路遥远艰险。△明·罗贯中《三国演义》六〇："备闻蜀道崎岖，千山万水……"

【出处】宋之问《至端州驿见杜五审言……题壁，慨然成咏》诗："岂意南中歧路多，千山万水分乡县。"

千丝万缕

缕：线。千条丝，万条线。原比喻纷繁的杨柳枝条。后比喻纷繁的思绪或彼此之间难以割断的联系。△宋·袁去华《宴清都》词："又总生，说得愁肠，千丝万缕。"

【出处】刘禹锡《杨柳枝词》诗："御陌青门拂地垂，千条金缕万条丝。"

【辨正】一说，语出宋·戴石屏《怜薄命》词："道旁杨柳依依，千丝万缕。"这是流，以唐诗为源。

千言万语

千万句话。形容许许多多的话。△老舍《四世同堂》一二："他还有千言万语要嘱告弟弟，可是他已经不能再说出什么来。"

【出处】郑谷《燕》诗："千言万语无人会，又逐流莺过短墙。"

牵萝补屋

把藤萝的枝蔓拉到屋顶上，遮挡屋顶的缝隙。原形容生活贫困，居家破陋。后比喻生活贫困，挪东补西。△清·蒲松龄《聊斋志异·红玉》："牵萝补屋，日以为常。"

【出处】杜甫《佳人》诗："侍婢卖珠回，牵萝补茅屋。"

前程万里

原形容前面的路程很遥远。后比喻前途远大。△明·施耐庵《水浒传》二二："你两个前程万里，休得烦恼。"

【出处】戴叔伦《次下牢韵》诗："前程千万里，一夕宿巴东。"

前度刘郎

以前来过的刘郎。后泛指离去又返回的人。△清·文康《儿女英雄传》二九："安公子是前度刘郎，何小姐是司空见惯，倒也用不着十分羞涩……"

【出处】刘禹锡《再游玄都观》诗："种桃道士居何处？前度刘郎今又来。"

前人栽树，后人乘凉

比喻前人为后人造福。△阿英《晚清文学丛钞·黄绣球》一："俗语说得好：'前人栽树，后人乘凉。'我们守着祖宗的遗产，过了一生；后来儿孙，自有儿孙之福。"

【出处】耿沣《代园中老人》诗："林园手种唯吾事，桃李成阴归别人。"

前无古人

指以前的人从未做到或达到，空前未有。△宋·邵博《河南邵氏闻见后录》二七："国初，营丘李成画山水，前无古人。"

【出处】陈子昂《登幽州台歌》诗："前不见古人，后不见来者。"

窃窃私语

窃窃：声音细小的样子。背着人悄悄地谈话。△宋·苏舜钦《上范公参政书》："时尚窃窃私语，未敢公然言也。"

【出处】白居易《琵琶行》诗："大弦嘈嘈如急雨，小弦切切如私语。"

擒贼擒王

捉拿盗贼要先抓他们的首领。原比喻打仗时要先除掉敌军的统帅。后比喻做事要先抓住关键。△清·曾朴《孽海花》一九："他是个当今老名士……如今要收罗名士，收罗了他，就是擒贼擒王之意。"

【出处】杜甫《前出塞》诗："射人先射马，擒贼先擒王。"

青山绿水

青翠的山，碧绿的水。形容美好的山河。△明·吴承恩《西游记》二三："历遍了青山绿水，看不尽野草闲花。"

【出处】李嘉佑《晚登江楼有怀》诗："独坐南楼佳兴新，青山绿水共为邻。"

中华成语探源

中华国学精粹

典藏珍本

青天白日

青：蓝色。蓝色的天空，明朗的阳光。原形容天气晴朗。后指白天。也比喻显而易见。△1.清·高鹗《红楼梦》一〇八："青天白日怕什么？……那里就撞着什么了呢？"2.元·吴澂《陆象山语录序》："先生之道，如青天白日。"

【出处】韩愈《忆昨行和张十一》诗："青天白日花草丽，玉斝屡举倾金罍。"

青鞋布袜

形容山野之人的衣着。借指隐士生活。△清·王士禛《带经堂诗话》八："且此君青鞋布袜，由是而始。"

【出处】杜甫《奉先刘少府新画山水障歌》诗："若耶溪，云门寺，吾独何为在泥滓？青鞋布袜从此始。"

蜻蜓点水

原形容蜻蜓在水面产卵的情状。后比喻手法或笔触灵巧，稍一接触就迅速离开。也比喻浮泛肤浅，不深入。△1.清·李汝珍《镜

花缘》七三："左手按弦，不可过重，亦不可太轻，要如蜻蜓点水一般，再无不妙。"2.老舍《四世同堂》二八："他原谅了自己，那点悔意像蜻蜓点水似的，轻轻地一挨便飞走了。"

【出处】杜甫《曲江》诗："穿花蛱蝶深深见，点水蜻蜓款款飞。"

琼浆玉液

琼：美玉。美玉制的浆液。比喻美酒。△清·李绿园《歧路灯》一〇七："要知此等村酿，不减玉液琼浆。"

【出处】吕岩《赠刘方处士》诗："瑶琴宝瑟与君弹，琼浆玉液劝我醉。"

屈指可数

屈指：弯手指计数。弯手指就可以数过来。形容为数很少。△鲁迅《且介亭杂文末编·答徐懋庸关于抗日统一战线问题》："巴金是一个有热情的有进步思想的作家，在屈指可数的好作家之列的作家……"

【出处】白居易《和〈寄乐天〉》诗："然自古今来，几人号胶漆？近闻屈指数，元某与白乙。"

【辨正】一说，语出宋·欧阳修《唐安公美政颂》："今文儒之盛，其屈指可数者，无三四人。"欧阳子只将白居易三字格的"屈指数"变为四字格的"屈指可数"。考其源，为白诗。

泉石膏肓

泉石：山水；膏肓：我国古代医学把心尖脂肪称为膏，把心脏与膈膜之间称为肓，认为是药力达不到的地方，借指不治之症。形容爱好山水成癖。△宋《宣和画谱》一〇："昔人以泉石膏肓，烟霞痼疾，为幽人隐士之消。"

【出处】独孤均《题含虚洞》诗："泉石膏肓传亦久，神仙窟宅到何迟。"

群雌粥粥

粥粥：指鸟互相应和的声音。一群雌鸟互相应和着鸣叫。比喻平庸的妇女们聚在一起喊喊喳喳。△清·袁枚《与书巢》："群雌粥粥，而寸心许可者，卒无一人。"

【出处】韩愈《琴操·雉朝飞》诗："随飞随啄，群雌粥粥。"

人喊马嘶

嘶：马叫。形容人马的喧闹声。△明·罗贯中《三国演义》四〇："只听下流头人喊马嘶，急取起布袋，放水淹之。"

【出处】卢纶《送韦判官得雨中山》诗："人语马嘶听不得，更堪长路在云中。"

人面桃花

人的脸与桃花互相映衬。△清·王韬《淞滨琐话》："庚申自京师还，重往访之，人面桃花，已莫从问讯矣。"

【出处】崔护《题都城南庄》诗："去年今日此门中，人面桃花相映红。"

人情冷暖

指对人是冷淡还是亲热，随着失势与得势而变化。△清·吴趼人《二十年目睹之怪现状》六五："人情冷暖，说来实是可叹！"

【出处】刘得仁《送车涛罢举归山》诗："朝是暮还非，人情冷暖移。"

中华成语探源

中华国学精粹

典藏珍本

如雷贯耳

贯：通过。好像雷声从耳中通过。原形容雷声极响。后比喻人的名声极大。△明·罗贯中《三国演义》三六："久闻先生大名，如雷贯耳。"

【出处】权德舆《奉使宜春……路上遇风雨作》诗："震雷如在耳，飞电来照目。"

如履平地

履：行走。好像在平地上行走。比喻做事容易，畅通无阻。△明·李开先《老黄浑张二恶传》："他公门则如履平地，不知戒。"

【出处】陆畅《蜀道易》诗："蜀道易，易于覆平地。"

如醉如痴

痴：傻。好像喝醉了，好像傻了。比喻深深迷恋，不能控制。△《元曲选·破幽梦孤雁汉宫秋》三："得见了王昭君，使朕如痴如醉，久不临朝。"

【出处】韩愈《辞唱歌》诗："但令送君酒，如醉如憨痴。"

茹苦含辛

茹：吃；辛：辣。把苦的、辣的吃下去。比喻受尽辛苦。△《反美华工禁约文学集·海侨春传奇》四："你东流西荡，茹苦含辛，是为着什么来？"

【出处】施肩吾《下第春游》诗："羁情含檗复含辛，泪眼看花只似尘。"檗：一种植物，皮苦，可入药。

【辨正】一说，语出宋·苏轼《中和胜相院记》："无所不至，茹苦含辛，更百千万亿生而后成。"苏氏将唐诗中的"含檗复含辛"变成了四字格的"茹苦含辛"，其源为唐诗。

弱不禁风

柔弱得禁不住风吹。原形容薄云被风吹散。后形容花枝娇弱或人体虚弱。△1.宋·杨万里《水仙》诗："生来体弱不禁风，匹似苹花较小丰。"2.鲁迅《而已集·文学和出汗》："然而'弱不禁风'的小姐出的是香汗，'蠢笨如牛'的工人出的是臭汗。"

【出处】杜甫《江雨有怀郑典

设新》诗："乱波纷披已打岸，弱云狼藉不禁风。"

三年五载

载：年。三五年。形容不多的几年。△清·曹雪芹《红楼梦》四七："眼前我还要出门去走走，外头游逛三年五载再回来。"

【出处】白居易《有感》诗："三年五岁间，已闻换一主。"

杀气腾腾

腾腾：气盛的样子。形容充满了厮杀或杀人的气氛。△《前汉书平话》上："战尘郁郁，杀气腾腾。"

【出处】卢纶《腊日观咸宁王部曲娑勒擒豹歌》诗："传呼贺拜声相连，杀气腾凌阴满川。"腾凌：升腾。

杀人不见血

原指骂人的话十分恶毒，使人受到严重的中伤。后指谗言十分恶毒，使人受到严重的伤害。也比喻手段非常阴险，使人受到致命的伤害而一时觉察不出来。△1.宋·罗大经《鹤林玉露》丙："堂堂八尺躯，莫听三寸舌。舌上有龙泉，杀人不见血。"2.清·吴趼人《二十年目睹之怪现状》五〇："又要把良心搁过一边，放出那杀人不见血的手段，才弄得着钱。"

【出处】孟郊《秋怀》诗："詈言不见血，杀人何纷纷！"

山程水驿

程：行程；驿：驿站。山路的行程，水路的驿站。形容路程崎岖而遥远。△清·吴曹直《多丽·桂花下作》："知道明年，重逢此日，萍踪飘转在谁边？多应向，山程水驿，茸帽控丝鞭。"

【出处】姚合《送徐州韦仅行军》诗："山程度函谷，水驿到夷门。"

山高水长

原形容山峰高、流水长。后比喻高尚的人影响深远。也比喻情谊深厚悠久。△1.宋·范仲淹《桐庐郡严先生祠堂记》："先生之风，山高水长。"2.清·俞万春《荡寇志》七六："云威道：'……如今贤侄且将令爱送到令亲处安置了，自己再到这里来住几日何如？'希真道：'山高水长，有此一日。'"

【出处】刘禹锡《望赋》："龙门不见兮，云雾苍苍；乔木何许兮，山高水长。"

【辨正】一说，语出宋·范仲淹《桐庐郡严先生祠堂记》："先生之风，山高水长。"这是流，以唐诗为源。

山光水色

山的光彩，水的颜色。指山水的景色。△清·吴敬梓《儒林外史》一四："先生得闲来西湖上走走，那西湖山光水色，颇可以添文思。"

【出处】李白《鲁郡尧祠送窦明府薄华还西京》诗："笑夸故人指绝境，山光水色青于蓝。"

【辨正】一说，语出白居易《菩提寺上方晚眺》诗："楼阁高低树浅深，山光水色暝沉沉。"李白、白居易都是唐代著名诗人，李白（公元701～公元762年）早于白居易（公元772～公元846年），应以李诗为源。

山南海北

形容非常遥远的地方。△清·曹雪芹《红楼梦》五七："比如你姐妹两个的婚姻，此刻也不知在眼前，也不知在山南海北呢！"

【出处】刘长卿《会赦后酬主簿所向》诗："江南海北长相忆，浅水深山独掩扉。"

山情水意

意：意兴。山水使人产生的情感和意兴。泛指自然景色使人产生的情感和意兴。△明·袁宏道《策》五："流连光景，颓然自放于山情水意之间。"

【出处】司马逸客《雅琴篇》诗："山情水意君不知，拂匣调弦为谁理？"

山雨欲来

原指暴雨即将来临。后多比喻重大事变即将发生。△清·艾衲居士《豆棚闲话》二："抬头忽见天上乌云西坠，似有山雨欲来之状。"

【出处】许浑《咸阳城东楼》诗："溪云初起日沉阁，山雨欲来风满楼。"

山珍海味

山野和海里出产的珍贵的食品。泛指丰盛味美的菜肴。△清·曹雪芹《红楼梦》三九："姑娘们天天山珍海味的，也吃腻了，吃个野菜儿，也算我们的穷心。"

【出处】韦应物《长安道》诗："山珍海错弃藩篱，烹犊炮羔如折葵。"海错：错杂不一的海味。

上天入地

比喻到处都找遍了。△明·罗贯中《三国演义》四一："我上天入地，好歹寻主母与小主人来。"

【出处】白居易《长恨歌》诗："排空驭气奔如电，升天入地求之遍。"

舌底澜翻

舌头底下波澜翻涌。形容善于辞令，说话滔滔不绝。△清·王韬《姚云纤》："生因谈诗词兼及家乡风景，女舌底澜翻，妙绪泉涌。"

【出处】韩愈《记梦》诗："挈携陬维口澜翻，百二十刻须臾间。"

神机妙算

神奇的机谋，巧妙的筹划。形容运筹策划得十分高明，很有预见性。△明·罗贯中《三国演义》

四六："孔明神机妙算，吾不如也！"

【出处】刘知几《仪坤庙乐章》诗："妙算申帷幄，神谋出庙廷。"

生擒活捉

活着抓住。△《新编五代史平话》："今番定要生擒活捉来献军前。"

【出处】吕岩《敲爻歌》诗："生擒活捉蛟龙首，始知匠手不虚传。"

盛气凌人

盛：强烈；凌：欺凌。强烈的气势欺凌人。形容十分骄横，气势逼人。△老舍《四世同堂》六四："不错，大赤包有时候确是盛气凌人，使人难堪。"

【出处】孙元晏《谢澹云霞友》诗："仗气凌人岂可亲，只将范泰是知闻。"

十年窗下

在窗下埋没了十年。原形容长期被埋没。后形容多年埋头苦读。△宋·刘祁《归潜志》七："古人谓十年窗下无人问，一举成名天下知。"

【出处】赵搏《琴歌》诗："绿桐制自桐孙枝，十年窗下无人知。"

十指连心

比喻对与自己有极亲密关系的人关心备至。△明·冯惟敏《申盟》："常言道十指连心。"

【出处】刘商《胡笳十八拍》一四："手中十指有长短，截之痛惜皆相似。"

十字路口

两条道路纵横交叉的地方。后比喻需要对重大问题进行抉择的境地。△鲁迅《华盖集·北京通信》："但不幸我竟力不从心，因为我自己也正站在歧路上，——或者，说得较有希望些：站在十字路口。"

【出处】张祜《苏小小歌》诗："长怨十字街，使郎心四散。"

石破天惊

惊：震动。天受到震动，女娲炼石补过的地方破裂了。原形容箜篌的声音骤然高亢，响声震天。后泛指突发的声响使人震惊或突发的事件使人震惊。也比喻议论新奇惊人。△1.宋·范成大《知郡检计斋醮祷雨登时感通，辄赋古风以附舆颂》诗："风师避路雷车鸣，石破天惊檐溜倾。"2.清·黄宗羲《轮庵禅师语录序》："入室讲《论语》、《周易》，凿空新义，石破天惊。"

【出处】李贺《李凭箜篌引》诗："女娲炼石补天处，石破天惊逗秋雨。"

双宿双飞

形容鸳鸯成双作对。比喻夫妇或情侣亲密和谐。△金·元好问《鸳鸯扁头》诗："双宿双飞百自由，人间无物比风流。"

【出处】无名氏《杂诗》："不如池上鸳鸯鸟，双宿双飞过一生。"

双瞳剪水

瞳：瞳孔，指眼睛。两只眼睛明亮清澈。△清·蜀西樵也《品花后录》："刘喜儿……貌丰润，双瞳剪水，一顾撩人。"

【出处】李贺《唐儿歌》诗："骨重神寒天庙器，一双瞳人剪秋水。"

水流花谢

水流走了，花凋谢了。形容凋零残败的景色。后也比喻局面残破，无法挽回。△清·无名氏《定情人》一六："问盟则言犹在耳，问事则物是人非，问婚姻则水流花谢矣！"

【出处】崔涂《春夕》诗："水流花谢两无情，送尽东风过楚城。"

司空见惯

司空：官名。司空已经看惯了，不觉得有什么新奇之处。后泛指看惯了而不觉得新奇。△郭沫若《学生时代·创造十年续篇》："'帝国主义'字样，在现今已是司空见惯，但在当年却几乎是一种讳名。"

【出处】刘禹锡《赠李司空妓》诗："司空见惯浑闲事，断尽江南刺史肠！"

耸膊成山

膊：肩膀。肩膀高耸，与头构成了一个"山"字。形容瘦削。△宋·陆游《衰疾》诗："捉衿见肘贫无敌，耸膊成山瘦可知。"

【出处】长孙无忌《嘲欧阳询》诗："耸膊成山字，埋肩不出头。"

搜索枯肠

肠胃被搜刮干了。原形容饮茶以后肠胃感到空虚。后比喻费尽脑筋，竭力思索。△清·高鹗《红楼梦》八四："宝玉只得答应着，低头搜索枯肠。"

【出处】卢仝《走笔谢孟谏议寄新茶》诗："一碗喉吻润，两碗破孤闷，三碗搜枯肠。"

随行逐队

逐：追。追随着行列中的人行动。形容随着别人行动。△明·冯梦龙《古今小说》一八："杨八老虽然心中不愿，也不免随行逐队。"

【出处】罗隐《偶兴》诗："逐队随行二十春，曲江池畔避车尘。"

他生未卜

他生：指来生，下辈子；卜：预料。下一辈子的事无法预料。△清·杨揆《摸鱼儿》词："他生未卜，已把此生误。"

【出处】李商隐《马嵬》诗："海外徒闻更九州，他生未卜此生休。"

桃红柳绿

形容春天花木繁茂艳丽的美景。△《元曲选·㑇梅香骗翰林风月》一："看了这桃红柳绿，是好春光也呵！"

【出处】王维《田园乐》诗："桃花复含宿雨，柳绿更带春烟。"

桃花潭水

桃花潭：在今安徽省泾县西南，水极深。桃花潭深深的潭水。比喻深厚的情谊。△清·无名氏《春柳莺》七："去秋得瞻丰采，过蒙教言，并承惠受，桃花潭水俱深矣。"

【出处】李白《赠汪伦》诗："桃花潭水深千尺，不及汪伦送我情。"

啼笑皆非

啼：哭。哭也不是，笑也不是。形容既感到难堪，又觉得可笑。也形容处境尴尬。△1.《鲁迅书信集·致山本初枝》："连阿密基斯的《爱的教育》，国木田独步的小说选集也要没收，简直叫人啼笑皆非。"2.老舍《四世同堂》七三："欧洲的大战已经开始，北平的报纸都显出啼笑皆非，不知怎样报导西方的血光炮影才好。"

【出处】李商隐《槿花》诗："殷鲜一相杂，啼笑两难分。"

天长日久

原指白昼的时间长，日照的时间久。后形容时间长，日子久。△清·曹雪芹《红楼梦》二〇："要为这些事生气，这屋里一刻还住得了？但只是天长日久，尽着这么闹，可叫人怎么过呢？"

【出处】欧阳詹《早秋登慈恩寺塔》诗："地迥风弥紧，天长日久迟。"

天翻地覆

原比喻变化巨大。后也形容颠倒混乱，闹得很凶。又作"翻天覆地"。△清·高鹗《红楼梦》一〇五："那时，一屋子人，拉这个，扯那个，正闹得翻天覆地。"

【出处】刘商《胡笳十八拍》六："天翻地覆谁得知？如今正南看北斗。"

天荒地老

形容经历的时间极久远。△阿英《晚清文学丛钞·冷眼观》二："我猛被他这一问，倒把我四年前头海枯石烂、地老天荒都忘不了的一个人、一宗事，兜心底下翻了上来……"

【出处】李贺《致酒行》诗："吾闻马周昔作新丰客，天荒地老无人识。"

天昏地暗

天空和大地一片昏暗。原形容漫天风沙或密云浓雾的景象。后也形容气氛凄惨或比喻政治腐败，社会黑暗。△1.明·凌濛初《初刻拍案惊奇》八："海面忽地起一阵飓风，吹得天昏地暗，连东西南北都不见了。"2.清·吴敬梓《儒林外史》五："披头散发，满地打滚，哭的天昏地暗。"

【出处】韩愈《龙移》诗："天昏地黑蛟龙移，雷惊电激雄难随。"

天伦之乐

天伦：指父子、兄弟等天然的亲属关系。原指兄弟团聚的欢乐。后泛指家庭乐趣。△清·曹雪芹《红楼梦》七一："日间在里边，母子夫妻，共叙天伦之乐。"

【出处】李白《春夜宴从弟桃花园序》："会桃李之芳园，序天伦之乐事。"

天旋地转

天地旋转。原比喻时局的重大变化。后多形容眩晕时的感觉。△明·施耐庵《水浒传》二七："那两个公人只见天旋地转，噤了口，望后扑地便倒。"

【出处】元稹《望云骓马歌》诗："天旋地转日再中，天子却坐明光宫。"

天涯知己

天涯：天边，指极远的地方；知己：知心朋友。形容相隔很远而情谊深厚的朋友。△清·剧本《缀百裘》八："我谢琼仙与傅人龙为八拜之交，真是意气相投，可谓天涯知己。"

【出处】王勃《杜少府之任蜀州》诗："海内存知己，天涯若比邻。"

听见风就是雨

听见风声就认为是下雨了。

中华成语探源

典藏珍本

中华国学精粹

比喻听到一点并不准确的消息就当成大事。△清·曹雪芹《红楼梦》五七："也没见我们这位呆爷，听见风儿就是雨，往后怎么好！"

【出处】唐彦谦《咏竹》诗："月明午夜生虚籁，误听风声是雨声。"

停辛伫苦

伫：久立。长久地停留在辛苦上。形容经受了很多艰辛困苦。△《反美华工禁约文学集·美人禁工新约平议》："不能自活自存于己国，背乡井，抛妻孥，远涉重洋，伫苦停辛，十生九死，不得已而栖息异国。"

【出处】李商隐《河内诗》一："栀子交加香蓼繁，停辛伫苦留待君。"

挺身而出

形容勇敢地站出来承担责任或重任。△明·罗贯中《三国演义》七九："曹丕闻曹彰提兵而来，惊问众官；一人挺身而出，愿往折服之。"

【出处】岑参《送祁乐归河东》诗："祁乐后来秀，挺身出河东。"

剜肉补疮

疮：伤口。挖出身上的好肉来补伤口。比喻用有害的方法来救急，不顾以后。△茅盾《林家铺子》："为难的是人欠我欠之间尚差六百光景，那只有用剜肉补疮的方法拼命放盘卖贱货，且捞几个钱来渡过了眼前再说。"

【出处】聂夷中《伤田家》诗："二月卖新丝，五月粜新谷。医得眼前疮，剜却心头肉。"

万家灯火

形容城镇夜晚灯火通明的景象。△宋·王安石《上元戏呈贡父》诗："车马纷纷白昼同，万家灯火暖春风。"

【出处】张萧远《观灯》诗："十万人家火烛光，门门开处见红妆。"

万籁俱寂

籁：从孔穴里发出的声音，泛指声音。各种声音都静下来。形容周围的环境十分宁静，一点声音也没有。△清·吴敬梓《儒林外史》一二："当夜万籁俱寂，月色初上，照着阶下革囊里血淋淋的人头。"

万里长征

形容路程遥远的行军。后也比喻艰巨伟大的事业。△毛泽东《在中国共产党第七届中央委员会第二次全体会议上的报告》："夺取全国胜利，这只是万里长征走完了第一步。"

【出处】王昌龄《出塞》诗："秦时明月汉时关，万里长征人未还。"

万象更新

万象：宇宙间的一切事物和景象。原指一切景象都使人感到新鲜。后形容一切事物或景象都变得焕然一新。△端木蕻良《曹雪芹》一一："这就叫做：一元复始，万象更新。"

【出处】薛能《闲居新雪》诗："大雪满初晨，开门万象新。"

望眼欲穿

穿：破。极目远望，眼珠都要破了。形容盼望迫切。△清·王韬《瑶池游梦记》下："痴立门外，俟其回来，流连移晷，望眼欲穿，而竟杳然。"

【出处】杜甫《寄岳州贾司马六丈巴州严巴使君两阁老五十韵》诗："旧好肠堪断，新愁眼欲穿。"

【辨正】一说，语出宋·杨万里《晨炊横塘桥酒家小窗》诗："饥望炊烟眼欲穿，可人最是一青帘。"这里是流，应以唐诗为源。

为人作嫁

嫁：嫁衣。为别人缝制嫁衣。比喻白白地为别人辛苦忙碌。△清·高鹗《红楼梦》九五："妙玉叹道：'何必为人作嫁？但是我进京以来，素无人知，今日你来破例，恐将来缠绕不休。'"

【出处】秦韬玉《贫女》诗："苦恨年年压金线，为他人作嫁衣裳。"

未老先衰

年纪不算老，却已显出衰老之态。△宋·欧阳守道《逸仙堂纪》："以有限之精神没无穷之进取，则于是又有未老而先衰者矣。"

【出处】白居易《叹发落》诗："多病多愁心自知，行年未老发先衰。"

773

中华成语探源

中华国学精粹

典藏珍本

文章憎命

文章憎恶好的命运。指有文才的人遭遇不好，没有施展才能的机会。△清·蓬园《负曝闲谈》一三："他老人家是个饱学秀才，七上乡闱，文章憎命，遂改学了幕道。"

【出处】杜甫《天末怀李白》诗："文章憎命达，魑魅喜人过。"

问罪之师

问罪：宣布罪状，加以谴责；师：军队。以问罪为名进行讨伐的军队。后也比喻前来谴责的人。△亦舒《流金岁月》："既然一点损失也没有，何必大兴问罪之师？"

【出处】杜牧《和野人殷潜之题筹笔驿十四韵》诗："慷慨匡时略，从容问罪师。"

乌飞兔走

乌：传说日中有三足乌，借指日；兔：传说月中有玉兔，借指月；走：跑。日月飞跑。形容光阴迅速。△明·冯梦龙《警世通言》三四："天上乌飞兔走，人间古往今来。"

【出处】韩琼《春愁》诗："金乌长飞玉兔走，青鬓长青古无有。"

无边风月

风月：泛指美好的景色。形容景色无限美好。△元·白珽《西湖赋》："水竹院落，无边风月，见天地心以志之。"

【出处】詹敦仁《寄刘乙处士》诗："无穷风月随宜乐，有分溪山取次收。"

【辨正】一说，语出元·白珽《西湖赋》。这里是流，以唐诗为源。

无风起浪

原为写景。后比喻无事生非，制造事端。△明·凌濛初《初刻拍案惊奇》一七："在城赌棍无风起浪，无洞掘蟹。"

【出处】杨炯《巫峡》诗："入夜分明见，无风波浪狂。"

无理取闹

闹：纷扰，吵闹。没有什么理由地吵闹，制造纷扰。形容故意捣乱。△清·吴趼人《劫余灰》一六："李氏念子情切，动辄迁怒婉贞，三日五日，便无理取闹的哭一顿、骂一顿。"

【出处】韩愈《答柳柳州食虾蟆》诗:"鸣声相呼和,无理只取闹。"

物换星移

景物变换了,星辰的位置移动了。形容时序变迁。△清·梁启超《论专制政体有百害于君主而无一利》:"岂知曾不旋踵,物换星移,如风卷箨,一扫而空矣。"

【出处】王勃《滕王阁》诗:"闲云潭影日悠悠,物换星移几度秋。"

物以稀为贵

以:因。事物因稀少而珍贵。△清·刘鹗《老残游记》一三:"既是没才的这么少,俗话说得好,'物以稀为贵',岂不是没才的倒成了宝贝了吗?"

【出处】白居易《小岁日喜谈氏外孙女孩满月》诗:"物以稀为贵,情因老更慈。"

雾里看花

看花时像隔了一层雾。形容年老眼花,看东西模糊。后比喻看得不真切。△王国维《人间词话》

三九:"白石写景之作……虽格韵高绝,然如雾里看花,终隔一层。"

【出处】杜甫《小寒食舟中作》诗:"春水船如天上坐,老年花似雾中看。"

西窗剪烛

剪烛:蜡烛点燃后,要时时剪掉烛芯,烛光才明亮。在西窗下剪烛夜谈。形容好友相会时亲密交谈的情景。△清·尹会一《答查履方》:"接奉手翰,旧雨情深,不异西窗剪烛。"

【出处】李商隐《夜雨寄北》诗:"何当共剪西窗烛,却话巴山夜雨时。"

西风残照

西来的冷风,落日的余辉。形容衰败没落的景象。△元·王恽《望歌风台》诗:"西风残照旧山河,故国遗台忆独过。"

【出处】李白《忆秦娥》词:"音尘绝,西风残照,汉家陵阙。"

仙风道骨

骨:风骨,气概。仙人的风骨,道长的气概。形容人气度超逸不凡。也用于书法作品。△宋《宣和书谱》："工行书，得王羲之笔意，而清劲不堕世俗之习，飘然有仙风道骨，可以想见其人。"

【出处】李白《大鹏赋序》："余昔于江陵见天台司马子微，谓余有仙风道骨，可与神游八极之表。"

逍遥自在

形容无拘无束，自由自在。△清·曹雪芹《红楼梦》四六："平儿听说，照样传给婆子们，便逍遥自在的到园子里来。"

【出处】白居易《菩提寺上方晚眺》诗："谁知不离簪缨内，长得逍遥自在心。"

【辨正】一说，语出《五灯会元》："二十四腊，逍遥自在，逢人则喜，见佛不拜。"《五灯会元》是宋代佛书，所记为僧人性空在南宋建炎初年所作的自祭文，晚于唐代，以唐诗为源。

晓风残月

拂晓时的凉风，快要隐没的月亮。形容冷寂凄清的景象。△清·王夫之《金明池·新柳》："对残月晓风，翠眉难展。"

【出处】杜常《华清宫》诗："行尽江南数十程，晓风残月入华清。"

心急如焚

焚：火烧。心里急得像火烧一样。形容非常着急。△清·吴趼人《二十年目睹之怪现状》一七："我托他打听几时有船，他查了一查，说道：'要等三四天呢。'我越发觉得心急如焚。"

【出处】韦庄《秋日早行》诗："行人自是心如火，兔走乌飞不觉长。"

心口如一

心里想的与嘴里说的一样。形容诚实坦率。△鲁迅《花边文学·看书琐记（二）》："只要什么地方有些不同，又得心口如一，就往往免不了彼此无话可说。"

【出处】李咸用《和友人喜相遇》诗："人生心口宜相副，莫使尧阶草势斜。"副：符合。

心乱如麻

心里像一团乱麻一样。形容心绪烦乱。△清·吴趼人《痛史》一五："做皇帝的，一日万机，加以邻兵压境，正是心乱如麻的时候。"

【出处】杨炯《送丰城王少府》诗："愁结乱如麻，长天照落霞。"

行色匆匆

行色：出发前后的神态、情景。形容出发时匆匆忙忙的样子。△明·汤显祖《紫钗记·折柳阳关》："妻，你听笳鼓喧鸣，催我行色匆匆，密意非言所尽，只索拜别也。"

【出处】牟融《送客之杭》诗："西风吹冷透貂裘，行色匆匆不暂留。"

胸有丘壑

丘：小土山；壑：山沟。心里有了山丘与沟壑的样子。原指构思图画或文章的布局时，心中把握了深远的意境。后形容深远独到的构思。也比喻思虑深远，心中有数。△1.清·曹雪芹《红楼梦》一七："贾政道：'非此一山，一进来园中所有之景悉入目中，更有何趣？'众人都道：'极是。非胸中大有丘壑，焉能想到这里。'"2.清·李伯元《官场现形记》

一一："毕竟戴大理胸有丘壑，听了此言，恍然大悟道：'是了，是了！'"

【出处】厉霆《大有堂诗》诗："胸中元自有丘壑，盏里何妨对圣贤。"

虚无缥缈

缥缈：隐隐约约，若有若无的样子。形容空虚渺茫。△清·吴趼人《九命奇冤》五："其实风水一节，虚无缥渺，不足凭信，何必如此搅心呢！"

【出处】白居易《长恨歌》诗："忽闻海上有仙山，山在虚无缥缈间。"

轩然大波

轩：古代一种高顶车，借指高。高高涌起的巨大波浪。后比喻大的纠纷或风潮。△清·梁启超《将来百论》九："此实最近外交界之轩然大波也。"

【出处】韩愈《岳阳楼别窦司直》诗："轩然大波起，宇宙隘而妨。"

悬崖绝壁

形容又高又陡的山崖。△清·朱

中华成语探源

中华国学精粹

典藏珍本

彝尊《王学士西征草序》："虽悬崖绝壁，亦必有磴道可寻。"

【出处】刘长卿《望龙山怀道士许法棱》诗："悬崖绝壁几千丈，绿萝袅袅不可攀。"

血雨腥风

流血如雨，风里有血腥味。形容残酷的屠杀。△《晚清文学丛钞·新中国未来记》四："血雨腥风里，更谁信，太平歌舞，今番如此！"

【出处】卢纶《送颜推官游银夏谒韩大夫》诗："猎声云外响，战血雨中腥。"

寻花问柳

原形容玩赏春天明媚的景色。后也比喻嫖妓宿娼。△1.清·吴敬梓《儒林外史》一七："这样好天气，他先生正好到六桥探春光，寻花问柳，做西湖上的诗。"2.明·兰陵笑笑生《金瓶梅词话》八一："韩道国与来宝两个且不置货，成日寻花问柳，饮酒取乐。"

【出处】杜甫《严中丞枉驾见过》诗："元戎小队出郊坰，问柳寻花到野亭。"

哑口无言

像哑巴一样，一句话也说不出来。△明·冯梦龙《醒世恒言》八："一番言语，说得张六嫂哑口无言。"

【出处】吕岩《寄百龙洞刘道人》诗："问他金木是何般，噤口不言如害哑。"噤口：闭口不做声。

烟波浩渺

烟波：烟雾笼罩的水波；浩渺：形容水面辽阔。烟雾笼罩的水面非常辽阔。后也比喻诗文的意境开阔。△明·朱之瑜《批古文奇赏四十九条·曾巩〈墨池记〉》："文止二百七十四字，而句句灵，句句转，便有层峦叠嶂、烟波浩渺之致。"

【出处】崔致远《将归海乐巘山春望》诗："目极烟波浩渺间，晓鸟飞处认乡关。"

眼泪汪汪

形容眼眶中满含泪水的样子。△清·曹雪芹《红楼梦》三六："那湘云只是眼泪汪汪的，见有他家的人在跟前，又不敢十分委屈。"

【出处】卢纶《与张擢对酌诗》诗："张老闻此词，汪汪泪盈目。"

眼意心期

期：期许。以眼睛表达情意，以心互相期许。△明·兰陵笑笑生《金瓶梅词话》一三："两个眼意心期，已在不言之表。"

【出处】韩偓《青春》诗："眼意心期卒未休，暗中终拟约秦楼。"

燕语莺啼

燕子和黄莺交相鸣叫。原形容春天生机盎然的景象。后多比喻女子婉转流利的说话声。△清·曾朴《孽海花》三一："一时粉白黛绿，燕语莺啼，顿把餐室客厅，化作碧城锦谷。"

【出处】孟郊《伤春》诗："千里无人旋风起，莺啼燕语荒城里。"

阳关大道

阳关：古代重要关口，在今甘肃省敦煌县西南。原指经过阳关通往西域的道路。后泛指通行便利的宽阔道路。也比喻光明的前途。△《元曲选外编·邓夫人苦痛哭存孝》四："存孝也，则你这一灵儿休忘了阳关大道。"

【出处】王维《送刘司直赴安西》诗："绝域阳关道，胡沙与塞尘。"

遥遥无期

期：日期。时间还很遥远，不知道哪一天才能实现或达到。△清·李伯元《官场现形记》二七："存在黄胖姑那里的银子渐渐化完，只剩得千把两银子，而放缺又遥遥无期。"

【出处】骆宾王《代女道士王灵妃赠道士李荣》诗："讵可匆匆共百年，谁使遥遥期七夕。"

冶叶倡条

冶：艳丽；倡：旺盛。艳丽的绿叶，旺盛的枝条。原形容婀娜多姿的杨柳枝条。后比喻妖冶放荡的女子。△清·毛先舒《诗辩坻·词曲》："倡条冶叶之气，大家非宜。"

【出处】李商隐《燕春台》诗："蜜房羽客类芳心，冶叶倡条遍相识。"

野草闲花

野生的花草。后比喻男子在妻

子之外占有的女子。△明·冯梦龙《警世通言》二四："今番作急回家，休再惹闲花野草。"

【出处】顾云《咏柳》诗："闲花野草总争新，眉皱丝干独不匀。"

一场春梦

春夜做的一场好梦。比喻世事虚幻不实，转眼成空。△清·李汝珍《镜花缘》一六："这才晓得从前各事都是枉费心机，不过做了一场春梦。"

【出处】卢延让《哭李郢端公》诗："诗侣酒徒消散尽，一场春梦越王城。"

【辨正】一说，语出《侯鲭录》七："内翰昔日富贵，一场春梦。"《侯鲭录》是宋人赵令畤的著述，所记为苏轼的故事，作者与内容都晚于唐代。

一串骊珠

骊珠：古代传说，有人从深水中骊龙的下巴底下得到一颗宝珠，后借指贵重的宝珠。一串宝珠。比喻歌声宛转动听。△明·陶宗仪《南村辍耕录》二七："有字多声少，有声少字多，所谓一串骊珠也。"

【出处】白居易《寄明州于驸马使君三绝句》三："何郎小妓歌喉好，严老呼为一串珠。"

一刀两断

原比喻坚决果断，干脆利索。后也比喻彻底断绝关系。△1.明·凌濛初《二刻拍案惊奇》三二："男子汉做事，一刀两段，有何烦难。"2.清·李伯元《官场现形记》四四："彼此一刀两断，永远不准进我的大门。"

【出处】寒山《诗三百三首》："男儿大丈夫，一刀两断截。"

【辨正】一说，语出《朱子语类》："克己者是从根源上一刀两断。"又一说，语出《五灯会元》："一刀两段，未称宗师。"《朱子语类》是宋代理学家朱熹的讲学语录，《五灯会元》是宋代佛书，都晚于唐代，应以唐诗为源。

一落千丈

原形容琴声陡然降低。后形容景况、地位、情绪等急剧下降。△《鲁迅书信集·致姚克》："而其大作无人过问，所以要存此老招牌来发表一番，然而不久是要被读者发见，依然一落千丈的。"

【出处】韩愈《听颖师弹琴》诗："跻攀分寸不可上，失势一落千丈强。"

一年一度

每年有一次。△毛泽东《采桑子·重阳》词："一年一度秋风劲，不似春光。"

【出处】施肩吾《古别离》诗："所嗟不及牛女星，一年一度得相见。"

一片冰心

形容不求名利，纯洁无瑕。△清·杨潮观《吟风阁杂剧·东莱郡暮夜却金》："岂不知大人一片冰心？但行李往来，用犒从者，亦属交际常情。"

【出处】王昌龄《芙蓉楼送辛渐》诗："洛阳亲友如相问，一片冰心在玉壶。"

一扫而空

一下子扫除得干干净净。形容彻底清除。△鲁迅《呐喊·故乡》："待到傍晚我们上船的时候，这老屋里的所有破旧大小粗细的东西，已经一扫而空了。"

【出处】吕从庆《观野烧》诗："烈烈西风里，蓬芜一扫空。"

一事无成

一件事情没有做成。形容没有一点成就或成绩。△老舍《茶馆》三："凭良心干了一辈子啊，我一事无成！"

【出处】白居易《除夜寄微之》诗："鬓毛不觉白毵毵，一事无成百不堪！"

一榻横陈

榻：窄而较矮的床；横陈：横卧。在床上横躺着。△阿英《晚清文学丛钞·黑籍冤魂》一六："一日之中，除去干事游玩的时候，无非一榻横陈。"

【出处】李商隐《北齐》诗："小莲玉体横陈时，已报周师入晋阳。"

一弹指顷

顷：顷刻，极短的时间。弹一下手指的极短的时间。形容时间极短暂。△清·纪昀《阅微草堂笔记·滦阳消夏录》："奋然鼓楫，横冲白浪而行，一弹指顷，已抵东岸。"

【出处】白居易《禽虫十二章》诗："何异浮生临老日，一弹指顷报恩仇。"

【辨正】一说，语出《翻译名义集》二："壮士一弹指顷六十五刹那。"《翻译名义集》的作者是宋代僧人法云，晚于白居易。当从唐诗为源。

一望无际

际：边际。一眼看不到边。形容十分辽阔。△清·刘鹗《老残游记》一："只见海中白浪如山，一望无际。"

【出处】权德舆《早发杭州泛富春江，寄陆三十一公佐》诗："四望浩无际，沉忧将此同。"

一无所知

什么也不知道。△鲁迅《而已集·写在（劳动问题）之前》："我是不善于作序，也不赞成作序的；况且对于劳动问题，一无所知。"

【出处】白居易《悲哉行》诗："声色狗马外，其余一无知。"

一泻千里

泻：很快地流。一下子快速地流出千里之远。原形容江河奔腾直下，流得又快又远。后多比喻文笔流畅，气势奔放。△清·赵翼《瓯北诗话》五："坡诗放笔快意，一泻千里，不甚锻炼。"

【出处】李白《赠从弟宣州长史昭》诗："长川豁中流，千里泻吴会。"

【辨正】一说，语出宋·陈亮《与辛幼安殿撰书》："大江大河，一泻千里。"这是流，以唐诗为其源。

一心一意

形容心思专一，没有别的想法。△清·李伯元《官场现形记》二三："他一心一意，却想靠老人家的面子弄一个河工上总办当当。"

【出处】骆宾王《代女道士王灵妃赠道士李荣》诗："一心一意无穷已，投漆投胶非足拟。"

一言不合

一句话说得不投合。△清·五色石主人《八洞天》二："及至父子之间，偶有一言不合，动不动道听了继母。"

【出处】李颀《别梁锽》诗：

"一言不合龙额侯，击剑拂衣从此弃。"

一字一珠

每个字都是一颗珍珠。原比喻歌喉圆润悦耳。后比喻诗文或书法优美精妙。△清·吴敬梓《儒林外史》三："这样文字，连我一两遍也不能解，直到三遍之后，才晓得是天地间之至文，真乃一字一珠！"

【出处】薛能《赠歌者》诗："一字新声一颗珠，转喉疑是击珊瑚。"

义愤填膺

膺：胸。正义的愤怒充满胸中。△鲁迅《且介亭杂文·病后杂谈之余》："俞正燮看过野史，正是一个因此觉得义愤填膺的人……"

【出处】高适《钱宋八充彭中丞判官之岭南》诗："睹君济时略，使我气填膺。"

意气相投

投：投合。形容志趣、性格互相投合。△清·曾朴《孽海花》三四："有暇时，便研究学问，讨论讨论政治，彼此都意气相投，脱略形迹。"

【出处】杜甫《赠王二十四侍御契四十韵》诗："由来意气合，直取性情真。"

饮冰茹檗

冰：冷水；茹：吃；檗：黄檗，一种植物，可入药，味苦。喝冷水，吃苦味的东西。比喻清贫、艰苦。多形容安于清苦的生活，坚守节操。△元·戴表元《送程敬叔谕赴建平》诗："饮冰茹檗善自爱，岁晚相期钓沧州。"

【出处】白居易《三年为刺史》诗："三年为刺史，饮冰复食檗。"

英姿飒爽

飒爽：豪迈而矫健。英俊的姿态豪迈而矫健。△元·王恽《张九元帅哀辞》："英姿飒爽战酣来，梦里神交一噱开。"

【出处】杜甫《赠曹将军霸》诗："褒公鄂公毛发动，英姿飒爽犹酣战。"

莺歌燕舞

黄莺宛转地鸣叫，燕子轻快地飞

中华成语探源

中华国学精粹

典藏珍本

来飞去。形容春光美好。△明·冯惟敏《正宫端正好》词："空孤负，莺歌燕舞，檀板绣甀甀。"

【出处】郑谷《春阴》诗："舞燕歌莺莫相认，老郎心是老僧心。"

有朝一日

将来有一天。指某种情况将在某一天实现。△元·严忠济《天净沙》曲："宁可少活十年，休得一日无权。大丈夫时乖命塞。有朝一日天随人愿，赛田文养客三千。"

【出处】坎曼尔《诉豺狼》诗："有朝一日天崩地裂豺狼死，吾却云开复见天。"

鱼龙混杂

比喻坏人和好人混在一起。△清·高鹗《红楼梦》九四："现在人多手乱，鱼龙混杂；倒是这么着，他们也洗洗清。"

【出处】阙名《和渔父词》一三："风搅长空浪搅风，鱼龙混杂一川中。"

鱼米之乡

原指以鱼为米的富饶地方。后形容盛产鱼、米的富饶地方。

△明·施耐庵《水浒传》三六："我知江州是个好地面，鱼米之乡，特地使钱买将那里去。"

【出处】田澄《成都为客作》诗："地富鱼为米，山芳桂是樵。"

玉尺量才

玉尺：玉制的尺，比喻公正的标准。用公正的标准来衡量人的才能。△清·李汝珍《镜花缘》四二："玉尺量才，女相如岂遗苑外？"

【出处】李白《上清宝鼎》诗："仙人持玉尺，度君多少才。"度：量。

玉树临风

临风：迎风。比喻人潇洒俊美。后也比喻诗文风格洒脱，词藻华丽。△1.金·元好问《寿张复从道》诗："齿如编贝发抹漆，玉树临风未二十。"2.明·朱权《太和正音谱》上："张云庄之词，如玉树临风。"

【出处】杜甫《饮中八仙歌》诗："宗之萧洒美少年，举觞白眼望青天，皎如玉树临风前。"萧：潇。

源远流长

源头远，水流长。比喻历史悠久。△上海教育出版社《成语里的知识》："成语有好多特点，主要有两点：一、源远流长，二、定型不变。"

【出处】李百药《王师渡汉水经襄阳》诗："导漾疏源远，归海会流长。"

怨气冲天

形容怨恨情绪极大。△《元曲选·感天动地窦娥冤》三："婆婆也，再也不要啼啼哭哭，烦烦恼恼，怨气冲天。"

【出处】孟郊《赠崔纯亮》诗："况是儿女怨，怨气凌彼苍。"苍：苍天。

月缺花残

月亮缺损了，花朵残败了。比喻美女死去。△清·无名氏《定情人》一五："不料别来遭变，月缺花残。"

【出处】温庭筠《和友人伤歌姬》诗："月缺花残莫怆然，花须终发月须圆。"

月下花前

原指游乐休息的幽雅环境。后多指谈情说爱的地方。△宋·梅尧臣《花娘歌》诗："月下花前不暂离，暂离已抵银河远。"

【出处】白居易《老病》诗："昼听笙歌夜醉眠，若非月下即花前。"

云霞满纸

云霞：比喻精彩的文句。满篇都是精彩的文句。形容诗文的文笔精彩。△明·袁宏道《锦帆集》四："《金瓶梅》从何得来？伏枕略观，云霞满纸，胜于枚生《七发》多矣。"

【出处】孟郊《上包祭酒》诗："春云生纸上，秋涛起胸中。"

再接再厉

接：交锋；厉：砺，磨刀石，借指磨。再一次交锋，再一次磨嘴。原形容公鸡相斗，一次又一次磨它们的嘴，一次又一次让它们交锋。后比喻奋斗不懈，鼓足劲头接着干。△清·刘坤一《禀两省部院》："贼却而复前，我勇再接再厉，贼遂披靡。"

【出处】孟郊《斗鸡联句》诗："一喷一醒然，再接再砺乃。"乃：语气助词。

摘艳熏香

摘取艳丽的花朵，熏染鲜花的香气。原比喻从前人的诗文中寻取华丽的词藻、浓郁的笔触。后泛指以华美的文词写作。△清·玉鱿生《海陬冶游录序》："悟文章于大块，摘艳熏香。"

【出处】杜牧《冬至日寄小侄阿宜诗》诗："高摘屈宋艳，浓熏班马香。"屈：屈原；宋：宋玉；班：班固；马：司马迁。

折戟沉沙

戟：古代一种长柄的兵器。折断的戟沉没在泥沙里。指惨败后留下的历史遗迹。△清·查慎行《公安道中》诗："折戟沉沙极望中，勿论猿鹤与沙虫。"

【出处】杜牧《赤壁》诗："折戟沉沙铁未销，自将磨洗认前朝。"

肘腋之患

隐藏在胳膊肘和腋下的祸患。形容近在身边的祸患。△清·陈忱《水浒后传》五："这是肘腋之患，不若我们先下手驱除了他。"

【出处】杜甫《草堂》诗："焉知肘腋祸，自及枭獍徒。"

朱陈之好

朱家和陈家结成姻亲。后泛指两家结成姻亲。△清·随缘下士《林兰香》三："男家是衣冠望族，女家是列宿名卿，既无齐郑之嫌，必契朱陈之好。"

【出处】白居易《朱陈村》诗："徐州古丰县，有村曰朱陈……一村唯两姓，世世为婚姻。"

珠圆玉润

像珠子那样浑圆，像玉那样光润。原比喻水流轻快，水波闪光。后比喻歌声宛转优美。也比喻诗文流畅明快。△1.明·祁彪佳《远山堂剧品·烟花梦》："一剧中境界凡十余转，境本平常，词则珠圆玉润，咀之而味愈长。"2.明·汪珂玉《名画题跋》一一："黄鹤仙翁寄余诗画，两学贤友俱有和章，明窗展玩，珠圆玉润，照耀后先。"

【出处】张文琮《咏水》诗："方流涵玉润，圆折动珠光。"

竹篮打水

比喻徒劳无功的行为，所得为空。△明·刘效祖《锁南枝》五："想着你要和我分离，平白地上起个孤堆，用了场心，竹篮儿打水。"

【出处】寒山《诗三百三首》二〇八："我见瞒人汉，如篮盛水走，一气将归家，篮里何曾有？"

转悲为喜

由悲伤变成喜悦。△清·曹雪芹《红楼梦》三："熙凤听了，忙转悲为喜道：'正是呢！我一见了妹妹，一心都在他身上，又是喜欢，又是伤心，竟忘了老祖宗了，该打，该打！'"

【出处】白居易《贺雨》诗："人变愁为喜，岁易俭为丰。"

壮志未酬

酬：实现。伟大的志向还没有实现。△明·尹耕《白杨口》诗："壮志未酬人欲老，寒林落雾心茫然。"

【出处】李颀《春日思归》诗："壮志未酬三尺剑，故乡空隔万重山。"

着手成春

一动手，就成为春天的景象。比喻绘画或写作的手法高明，一动手就使作品呈现出清新的意境。△清·钱泳《画中人》："千枝万蕊，著手成春，大小幅俱臻绝妙。"

【出处】徐延寿《人日剪彩》诗："叶催情缀色，花寄手成春。"

自生自灭

自：自然。自然地生长，自然地消灭。指听其自然，不加干预，不予过问。△鲁迅《华盖集·并非闲话（三）》："这两三年来，无名作家何尝没有胜于较有名的作者的作品，只是谁也不去理会他，一任自生自灭。"

【出处】白居易《岭上云》诗："自生自灭成何事，能逐东风作雨无？"

走马看花

走：跑。骑在飞跑的马上观看花草。原形容得意愉快的情状。后比喻粗略地看一看，不仔细，不深入。△清·吴乔《围炉诗话》三：

"若走马看花，同于不读。"

【出处】孟郊《登科后》诗："春风得意马蹄疾，一日看尽长安花。"

罪恶滔天

滔天：连天的波涛。罪恶像连天的波涛。比喻罪恶极大。△明·施耐庵《水浒传》七五："此贼累辱朝廷，罪恶滔天。"

【出处】清远居士《题透明岩安禄山题记后》诗："妖胡作逆罪滔天，翠辇仓皇幸蜀川。"

坐卧不宁

坐着躺着都不安宁。形容心慌意乱，烦躁不安。△清·曹雪芹《红楼梦》一四："各事冗杂，亦难尽述。因此忙的凤姐茶饭无心，坐卧不宁。"

【出处】王建《赠王侍御》诗："彻晏听苦辛，坐卧身不宁。"

五代诗词

闭口藏舌

闭上嘴，把舌头藏起来。形容

轻易不说话。△宋·楼钥《跋徐神翁真迹》："闭口藏舌，何用管人间如许闲事？"

【出处】冯道《舌》诗："闭口深藏舌，安身处处牢。"

冰肌玉骨

形容女子的肌肤洁白细腻。△琼瑶《月朦胧鸟朦胧》八："我用哪一点去和她比？既不像花蕊夫人，更没有冰肌玉骨！"

【出处】孟昶《避暑摩诃池上作》诗："冰肌玉骨清无汗，水殿风来暗香暖。"

【辨正】一说，语出宋·苏轼《洞仙歌》词："冰肌玉骨，自清凉无汗。"这里显然是流，不是源。

疮痍满目

疮痍：创伤。看到的都是创伤。比喻看到的都是遭到破坏或遇到灾害后的景象。△清·李渔《风筝误传奇》："征鼙聒耳乡音杳，疮痍满目亲人少。"

【出处】贯休《士马后见赤松道士》诗："满眼尽疮痍，相逢相对悲。"

雕栏玉砌

雕绘的栏杆，玉砌的石阶。形容富丽堂皇的建筑物。△清·蒲松龄《聊斋志异·白于玉》："玉砌雕阑，殆疑桂阙。"

【出处】李煜《虞美人》词："雕阑玉砌应犹在，只是朱颜改。"阑：栏。

孤芳自赏

孤：少；芳：香花。把自己当作少见的香花而自我欣赏。比喻自命清高，自命不凡。△清·蒋士铨《香生》："兰生，你孤芳自赏，小劫乍经，此去尘寰，须索珍重！"

【出处】徐铉《赠泰州掾令狐克己》诗："孤芳自爱凌霜处，咏取文公白菊诗。"

横眉怒目

形容强横或强硬的神态。△鲁迅《故事新编·非攻》："墨子拍着红铜的兽环，当当的敲了几个，不料开门出来的却是一个横眉怒目的门丁。"

【出处】何光远《攻杂咏》诗："横眉努目强干嗔，便作阎浮有力神。"努目：瞪着眼睛。

良工巧匠

良：精良；巧：精巧。手艺精良、技艺精巧的工匠。△宋·邵博《河南邵氏闻见后录》二五："今洛阳良工巧匠，批红判白，接以他木，与造化争妙。"

【出处】《观山水障歌》诗："良工巧匠多分布，笔头写出江山头。"

宋代诗词

八面见光

原形容面面都有光亮。后形容世故圆滑，各方面都应付得很周到。△清·文康《儿女英雄传》一〇："张姑娘这几句话说得软中带硬，八面儿见光，包罗万象。"

【出处】李处全《西江月》词："南国一分春色，东窗八面光风。"

百无是处

形容有很多不称心的事情。△元·王氏《寄情人》："每日价茶不茶，饭不饭，百无是处。"

【出处】辛弃疾《浣溪沙》词："百无是处老形骸，也曾头上戴花来。"

半壁江山

指国土的一部分。形容残存的或丧失的部分国土。△清·潘耒《韩蕲王墓碑歌》："麾日之戈射潮弩，半壁江山留宋土。"

【出处】吕颐浩《送张德远宣抚川陕》诗："每愤中原沦半壁，拟将孤剑斩长鲸。"

饱经忧患

经历过很多困苦患难。△巴金《房东太太》："不过她底深陷的眼睛和额上的皱纹却说明她是个饱经忧患的人了。"

【出处】刘子翚《途中》诗："急流归亦好，忧患饱曾经。"

笔底春风

春风到了笔底下。形容绘画或诗文栩栩如生。后也比喻能使人受益的文字。△1.元·黄溍《瑶池春宴图》诗："笔底春风殊未老，蟠桃积核已如山。"2.清·钱谦益《致倪制台》："君笔底春风，知不难嘘枯吹生也。"

【出处】王庭珪《题宣和御画》诗："当时妙手貌不成，君王笔下春风生。"

弊绝风清

弊：弊端，毛病。弊端绝迹，风气清廉。形容社会风气好。△毛泽东《湖南农民运动考察报告》："从前的'赌痞'，现在自己在那里禁赌了，农会势盛的地方和牌一样弊绝风清。"

【出处】周敦颐《拙赋》："上安下顺，弊绝风清。"

壁垒森严

壁垒：古代军营的围墙，借指防御工事；森严：严密。形容防守严密。也比喻文章布局严密。△清·陈鸿墀《全唐文纪事》："《兴州江运记》叙述议论……可谓壁垒森严，神采焕发。"

【出处】范成大《次韵郊祀庆成》诗："百神森壁垒，万卫密钩陈。"

别开世界

开：开辟。另外开辟一个天地。△清·冯镇峦《读聊斋杂说》："排山倒海，一笔数行；福地洞天，别开世界。"

【出处】孔平仲《小庵初成奉

酬元帅》诗："自有琴书增道气，别开世界在仙壶。"

冰壶秋月

比喻心地洁白明净。△元·脱脱《宋史·李侗传》："愿中冰壶秋月，莹彻无瑕。"

【出处】苏轼《赠潘谷》诗："布衫如漆手如龟，未窘冰壶贮秋月。"

冰天雪地

形容冰雪漫天盖地，气候极寒冷。△老舍《骆驼祥子》一二："你就在这儿吧，冰天雪地的上哪儿去？"

【出处】曾巩《忆越中梅》诗："今日旧林冰雪地，冷香幽艳向谁开？"

不时之需

不时：随时。随时的需要。形容说不定什么时候就有的需要。△清·李伯元《文明小史》五一："赶着写信到家里汇出二万银子，以备路上不时之需。"

【出处】苏轼《后赤壁赋》："我有斗酒，藏之久矣，以待子不时之需。"

才子佳人

有才学的男子和美貌的女子。△清·吴敬梓《儒林外史》一一："门户又相称，才貌又相当，真个是才子佳人，一双两好。"

【出处】晁补之《鹧鸪天》词："夕阳芳草本无恨，才子佳人自多愁。"

长吁短叹

吁：叹气。长一声短一声地不住地叹气。△清·曹雪芹《红楼梦》七七："只听宝玉在枕上长吁短叹，复来翻去。直至三更以后，方渐渐安顿了。"

【出处】袁去华《金蕉叶》词："不觉长吁叹息，便直怎下得！"

橙黄橘绿

橙子是黄的，橘子是绿的。形容南方的秋景。△金·元好问《洞仙歌》："千崖滴翠，正秋高时候，橘绿橙黄又重九。"

【出处】苏轼《赠刘景文》诗："一年好景君须记，最是橙黄橘绿时。"

中华成语探源

中华国学精粹

典藏珍本

齿颊生香

清香的饮食味道，留在牙齿和两颊上。后比喻朗读诗文或谈论美好的事物，感到津津有味。△清·吴敬梓《儒林外史》三四："我只爱驮夫家的双红姐，说着还齿颊生香。"

【出处】章甫《谢张倅惠茶》诗："世间万事不挂口，齿颊尽日留甘香。"

唇红齿白

形容容貌俊美。△明·施耐庵《水浒传》二〇："那厮唤做'小张三'，生得眉清目秀，齿白唇红。"

【出处】韩驹《善相陈君持介甫子瞻手字示予，戏赠短歌》诗："唇红齿白痴小儿，不羞障面欺群丑。"

聪明反被聪明误

自作聪明，反而吃了亏。△明·王九思《园亭避暑有感，因劝少年》："神仙止许神仙做，家人还以家人顾，有多少聪明反被聪明误。"

【出处】苏轼《洗儿戏作》诗："人皆养子望聪明，我被聪明

误一生。"

大江东去

大江：长江。长江的水向东奔流而去。后比喻陈迹消逝，去而不返。△元·冯子振《赤壁怀古》："叹西风卷尽豪华，往事大江东去。"

【出处】苏轼《念奴娇》词："大江东去，浪淘尽，千古风流人物。"

大杀风景

杀：损坏。美好的风景受到很大损坏。比喻使人非常扫兴。△《鲁迅书信集·致山本初枝》："龙华的桃花虽已开，但警备司令部占据了那里，大杀风景，游人似乎也少了。"

【出处】苏轼《次韵林子中春日新堤书事》诗："为报年春杀风景，连江梦雨不知春。"

淡妆浓抹

妆、抹：妆饰。淡雅的妆饰和浓艳的妆饰。比喻素淡的景色和艳丽的景色。也作"淡抹浓妆"。△1.《晚清文学丛钞·黑籍冤魂》一八："头梳得也时，衣裳

着得也俏，淡妆浓抹，总称他的高兴。"2.明·李开先《烟楼记》："先与客登而乐之，争睹飞烟直出，淡抹浓妆，散彩霞，笼残月，逗寒云……"

【出处】苏轼《饮湖上初晴后雨》诗："若把西湖比西子，淡妆浓抹总相宜。"

得过且过

且：姑且。能过得去就姑且过去。形容过一天算一天，不做长远打算。也形容敷衍塞责。△明剧《小孙屠》四："怕家中得过且过，出去做甚的？"

【出处】陆游《杂咏》诗："得过一日且一日，安知今吾非故吾？"

【辨正】一说，语出《南村辍耕录》一五："寒号虫……遂自鸣曰：'得过且过。'"《南村辍耕录》的作者是明代陶宗仪，晚于南宋陆游。当以陆诗为源。

德才兼备

品德与才能同时具备。也作"才德兼备"。△明·陆采《怀香记·明雪宴》："这女子呵，不惟才德兼备，抑且年貌相当。"

【出处】许月卿《入邑道中》诗："天涵地育王公旦，德全才全范仲淹。"

斗转参横

斗：北斗星；参：二十八宿之一。北斗星转了方向，参星横了过来。指夜深之时。△清·吴趼人《痛史》一〇："二人坐了许久，看看斗转参横，大约已是半夜光景。"

【出处】苏轼《六月二十日夜渡海》诗："参横斗转欲三更，苦雨终风也解晴。"

断梗飘蓬

梗：植物的枝茎；蓬：飞蓬。折断的枝茎，飘荡的飞蓬。比喻到处漂泊，行无定所。△清·文康《儿女英雄传》二二："一个世家千金小姐，弄得一生伶仃孤苦，有如断梗飘蓬。"

【出处】石孝友《清平乐》词："自怜俗状尘容，几年断梗飘蓬。"

恩山义海

恩爱像山一样重，情义像海一样深。△明·凌濛初《初刻拍案惊奇》三二："两人恩山义海，要做到头夫妻。"

【出处】晁端礼《卜算子》词："恩义重如山，情意深如海。"

耳根清净

耳根：耳边；清净：没有事物打扰。形容听不到嘈杂的声音，没有人絮叨、打扰。△明·冯梦龙《醒世恒言》九："朱世远与陈青肺腑之交，原不肯退亲。只为浑家絮聒不过，所以巴不得撒开，落得耳边清净。"

【出处】贺铸《阳羡歌》词："元龙非复少时豪，耳根清净功名话。"

翻来覆去

形容来回翻动身体。后也形容一次又一次．△1.清·高鹗《红楼梦》九五："翻来覆去，直到五更后才睡着了。"2.宋·刘克庄《读本朝事有感》九："翻来覆去几枰棋，靖国崇宁各一时。"

【出处】杨万里《不寐》诗："翻来覆去体都痛，乍暗忽明灯为谁？"

风餐露宿

在风中吃饭，在露天睡觉。

形容野外或旅途生活的艰苦。△清·刘鹗《老残游记》一："顷刻之间便上了车，无非风餐露宿，不久便到了登州。"

【出处】苏轼《游山呈通判承议写寄参寥师》诗："遇胜即徜徉，风餐兼露宿。"胜：胜景；徜徉：闲游。

风流人物

形容有文采、有功绩、有影响的人。也形容仪表不俗、举止潇洒、放荡不羁的人。△明·施耐庵《水浒传》七："妇人家水性，见了衙内这般风流人物，再着些甜话儿调和他，不由他不肯。"

【出处】苏轼《念奴娇》词："大江东去，浪淘尽，千古风流人物。"

蜂媒蝶使

媒：媒人；使：使者。蜂是媒人，蝶是使者。原指蜂和蝶为花授粉。后比喻在男女之间进行撮合或传递消息的人。△清·王韬《小云轶事》："有陈媪者，为女中表戚，素作蜂媒蝶使，往来于秦楼楚馆间。"

【出处】周邦彦《六丑》词：

"但蜂媒蝶使，时叩窗隔。"

付之一炬

付：交给；炬：火把。交给一把火。形容一把火烧光。△清·李伯元《文明小史》四二："所有搜出来的各书……付之一炬，通统销毁。"

【出处】苏轼《仆曩于长安陈汉卿家见吴道子画佛……子骏以见遗，作诗谢之》诗："不须更用博麻缕，付与一炬随飞烟。"

肝胆照人

肝和胆能被照出来。比喻心地坦白，忠诚无私。△清·梁章钜《许小琴分司》："小琴遇事则挺身直前，期于必成而后已……肝胆照人者也。"

【出处】叶茵《饯友归侍》诗："闽江闽山相对青，照人肝胆寒如冰。"

个中滋味

个中：其中。其中的滋味。指切身体会到的感觉。△明·王衡《郁轮袍》七："我哥哥参透了个中滋味，便弃了官也，回这辋川来。"

【出处】向子湮《西江月》词："个中真味少知音，不是清狂太甚。"

鬼火狐鸣

鬼火：磷火。磷火闪烁，狐狸嗥叫。形容荒野夜晚阴森可怖的景象。△清·蒲松龄《聊斋志异·公孙九娘》："但见坟兆万接，迷目榛荒，鬼火狐鸣，骇人心目。"

【出处】黄庭坚《追忆余泊舟西江事次韵》诗："人烟犬吠西山麓，鬼火狐鸣春竹丛。"

海枯石烂

大海干了，石头朽了。形容经历的时间极长久。后以历时长表示心意永不改变或事迹永不磨灭。△明·罗贯中《三国演义》四七："汝要说我降，除非海枯石烂。"

【出处】王奕《法曲献仙音》词："老我重来，海干石烂，那复断碑残础。"

【辨正】一说，语出明·瞿佑《绿衣人传》："海枯石烂，此恨难消。"瞿氏仅将宋词中的"干"字换成"枯"字，其源为宋词。

好事多磨

好事情成功前，往往有许多波折。△清·曾朴《孽海花》一六："哪知好事多磨，情澜忽起。"

【出处】晁端礼《安公子》词："从来好事多磨难。"

河东狮吼

河东：古代郡名，因柳姓是该郡的显贵望族，借指姓柳的人；狮吼：佛教比喻威严，借指令人生畏的大吵大闹。宋代陈慥，字季常，好谈佛。其妻柳氏性情暴躁，陈慥宴客时有歌伎，她醋性大发，用木杖敲墙壁，并大声叫喊，陈慥很怕她。苏轼曾写诗嘲笑这件事。后泛指悍妒的妻子对丈夫大吵大闹。△清·李伯元《官场现形记》三九："无奈瞿老爷一来怕有玷官箴，二来怕河东狮吼，足足坐了一夜，爱珠也就陪了一夜。"

【出处】苏轼《寄吴德仁兼简陈季常》诗："忽闻河东狮子吼，拄杖落手心茫然。"

黑甜一觉

形容酣畅地睡一大觉。△清·曹雪芹《红楼梦》六三："大家黑甜一觉，不知所之。"

【出处】苏轼《发广州》诗："三杯软饱后，一枕黑甜余。"

横峰侧岭

横着的山峰，斜着的山岭。形容山势重叠起伏，纵横交错。△清·陶元藻《越画见闻》上："尝作《云山图》，峭壁圆峥，横峰侧岭，备极隐现浮沉之妙。"

【出处】范成大《太行》诗："横峰侧岭知多少，行到燕山翠未休。"

轰轰烈烈

轰轰：形容众多车马行进的声音；烈烈：形容火焰很盛的样子。形容声势和气魄很大。△鲁迅《两地书》六二："好像独立之初，本就灰色似的，并不如外间所传的轰轰烈烈。"

【出处】文天祥《沁园春》词："好烈烈轰轰做一场。"

红颜薄命

红颜：美女；薄命：命运不好，福气不大。形容女子容貌美丽而遭遇不好。△明·冯梦龙《醒世恒言》三："自古红颜薄命，亦未必如我之甚。"

【出处】苏轼《薄命佳人》诗："自古佳人多命薄，闭门春尽杨花落。"佳人：美女。

呼卢喝雉

卢、雉：古代一种赌博中，获彩最高的两种情况。希望掷出卢而高声呼"卢"，希望掷出雉而大声喊"雉"。后泛指起劲地呼喊着赌博。△阿英《晚清文学丛钞·冷眼观》一二："只为那好赌的臭脾气改不掉，终日在衙署里公然的呼卢喝雉。"

【出处】陆游《风顺舟行甚急戏书》诗："呼卢喝雉连暮夜，击兔伐狐穷岁年。"

呼朋引类

呼叫朋友，招引同类。形容把气味相投的人招引到一起。△《鲁迅书信集·致章廷谦》："我一去，一定又有几个学生要同去，这是我力所不及的，别人容易误会为我专是呼朋引类。"

【出处】欧阳修《憎苍蝇赋》："奈何引类呼朋，摇头鼓翼。"

花花世界

指繁华的地方。△清·李汝珍《镜花缘》四："只见满园青翠紫目，红紫迎人，真是锦绣乾坤，花花世界。"

【出处】文及翁《贺新郎》词："回首洛阳花世界。"

花样翻新

花样：式样；翻新：从旧的之中变出新的。从旧的式样中变出新的式样。△清·孙道乾《小螺庵病榻忆语》附录："天吴紫凤绣垂绶，花样翻新新色嵌。"

【出处】韩维《展江亭海棠》诗："谁将法锦翻花样，红绿装成遍地花。"

化为乌有

乌：无。变得什么也没有。形容全部丧失或完全落空。△明·罗贯中《三国演义》一七："向为汉臣，今乃为逆贼之臣，使昔日关中保驾之功，化为乌有。"

【出处】苏轼《章质夫送酒六壶书至而酒不达，戏作小诗问之》诗："岂意青州六从事，化为乌有一先生。"青州从事：好酒的代称。

环肥燕瘦

环：杨玉环，唐玄宗的贵妃；燕：赵飞燕，汉成帝的皇后。杨玉环丰满，赵飞燕苗条。泛指美女的形貌不同而各有风韵。比喻文艺作品的风格不同而各有所长。△1.清·李伯元《文明小史》四〇："对面河房，尽是人家的眷属……有的妆台倚镜，有的翠袖凭栏，说不尽燕瘦环肥。"2.清·丘逢甲《题张仙根历代宫闱杂事诗卷》三："燕瘦环肥笔底来，重翻古案隶新裁。"

【出处】苏轼《孙莘老求墨妙亭诗》："短长肥瘦各有志，玉环飞燕谁敢憎。"

昏昏欲睡

昏昏：形容头脑迷糊的样子。头脑迷迷糊糊的，只想睡觉。△清·归庄《许更生诗序》："顾览他人诗，昏昏欲睡又何也？"

【出处】王阮《代胡仓进圣德惠民诗》："袅袅浑无力，昏昏只欲眠。"

机关算尽

机关：周密而巧妙的计谋。筹划了各种周密、巧妙的计谋。形容绞尽脑汁，费尽心机。△清·曹雪芹《红楼梦》五："机关算尽太聪明，反算了卿卿性命！"

【出处】黄庭坚《牧童》诗："多少长安名利客，机关用尽不如君。"

将心比心

比：比照，比较，对照。用自己的心比照别人的心。形容设身处地地理解别人的心情。△明·汤显祖《紫钗记·计哨讹传》："太尉不将心比心，小子待将计就计。"

【出处】范成大《偶至东堂》诗："饥时吃饭慵时睡，何暇将心更觅心。"

津津乐道

津津：形容趣味浓厚的样子。形容很有兴味地谈论。△清·申颋《耐俗轩新乐府》："儿辈列之座右，相与流连咏歌，津津乐道。"

【出处】葛胜仲《南乡子》词："谈麈生风霏玉屑，津津。"

襟怀坦白

襟怀：胸怀；坦白：坦率，纯洁。形容胸怀坦荡，心地纯洁。

△清·吴骞《先行考略》："襟怀坦白，不设城府。"

【出处】王禹偶《谪居感事》诗："迁谪独熙熙，襟怀自坦夷。"夷：平，平静。

锦天绣地

比喻华丽的环境。△明·李翠微《元宵艳曲》："灯如昼，人如蚁，总为赏元宵，妆点出锦天绣地。"

【出处】范成大《清明日试新火作牡丹会》诗："锦地绣天春不散，任教檐雨卷泥沙。"

惊鸿艳影

惊：起；鸿：鸿雁。飞起的鸿雁映照在水中的美丽的倒影。后比喻美女轻盈艳丽的身影。△清·王韬《鹃红女史》："遥见楼头有一女子凭栏临波凝睇，素妆淡服，丰神绝世，惊鸿艳影。"

【出处】陆游《沈园》诗："伤心桥下春波绿，曾是惊鸿照影来。"

来日方长

来日：未来的日子；方：正当。未来的日子还很长。△《鲁迅书信集·致楼炜春》："来日方长，无期与否实不关宏旨，但目前则未必能有法想耳。"

【出处】叶梦得《水调歌头》词："雅志真无负，来日故应长。"

兰心蕙性

兰、蕙：两种气味芳香的花草。形容女子心地纯洁，性格温柔。△清·文康《儿女英雄传》八："虽说是个乡村女子，外面生得一副月貌花容，心里藏着一副兰心蕙性。"

【出处】柳永《玉女摇仙佩》词："愿奶奶，兰心蕙性。"

利欲熏心

熏：醺，酒醉，借指沉迷。贪财图利的欲望迷住了心窍。△清·李汝珍《镜花缘》一〇〇："若稍操持不定，利欲熏心，无不心荡神迷，因而失据。"

【出处】黄庭坚《赠别李次翁》诗："利欲熏心，随人翕张。"

龙蛇飞动

比喻草书的笔势曲折多变，

奔放潇洒。后也比喻字迹潦草。△宋·邢居实《拊掌录》："张丞相好草圣而不工……一日得句，索笔绝书，满纸龙蛇飞动。"

【出处】苏轼《西江月》词："十年不见老仙翁，壁上龙蛇飞动。"

庐山真面

比喻事物的本来面目或真相。△清·杨伦《杜诗镜铨·自序》："今之杜诗，汩于谬解……不见庐山真面。"

【出处】苏轼《题西林壁》诗："不识庐山真面目，只缘身在此山中。"

满面春风

比喻满脸都是和蔼喜悦的神色。△老舍《四世同堂》三："他一手轻轻拉了蓝纱大衫的底襟一下，一手伸出来，满面春风的想和钱先生拉手。"

【出处】程节斋《沁园春》词："满面春风，一团和气。"

忙中有错

忙乱中容易出差错。△清·无名氏《粉妆楼》一一："一者章大娘同夫人面貌相仿；二者一个个魂不附体，那里还有心认人？这便是忙中有错。"

【出处】戴复古《处世》诗："万事尽从忙里错，一心须向静中安。"

眉来眼去

形容以眉目传情。△明·施耐庵《水浒传》四五："两个处处眉来眼去，以目送情。"

【出处】虞某《江神子》词："常是眉来眼去，惹猜疑。"

名缰利索

指名和利像缰绳和锁链一样把人束缚住。△清·李汝珍《镜花缘》四〇："岂非看破红尘，顿开名缰利索么？"

【出处】柳永《夏云峰》词："向此免，名缰利索，虚费光阴。"

明日黄花

明日：重阳节以后；黄花：菊花。重阳节以后的菊花。指错过节令的菊花。原比喻迟暮不遇。后比喻过时的事物。△鲁迅《两地书》七："拟先呈先生批阅，则恐久稽时日，将成明日黄花，因此急急付邮。"

【出处】苏轼《九日次韵王巩》诗："休休，明日黄花蝶也愁。"

目光炯炯

炯炯：明亮的样子。形容目光明亮有神。△清·蒋士铨《赵秀才·平冤狱也》："倅州者谁张传心，目光炯炯秦镜临。"

【出处】陆游《醉题》诗："目光炯炯射车牛，何至随人作浪愁。"

目空一切

一切都不放在眼里。形容自视极高，狂妄自大。△清·李伯元《官场现形记》三三："蔡智庵自以为曾经拿过印把子的人，自然目空一切。"

【出处】苏轼《书丹元子所示李太白真》诗："西望太白横峨岷，眼高四海空无人。"

目无余子

余子：某种范围以外的人。不把旁人放在眼里。形容自视甚高，骄傲自大。△蔡东藩《民国通俗演义》八："听他口气，已是目无余

子。"

【出处】张孝祥《和何子应赋不欺暗室韵》："魏公眼力无余子，与公周旋岂其死。"

目中无人

眼里没有人。形容狂妄自大，看不起人。△清·曹雪芹《红楼梦》一〇："秦钟……仗着宝玉和他相好，就目中无人。"

【出处】苏轼《古缠头曲》诗："一生喙硬眼无人，坐此困穷今白首。"

鸟语花香

鸟的鸣叫声和花的芳香。形容春天的美好景象。△清·李汝珍《镜花缘》九八："四面也有人烟来往，各处花香鸟语，颇可盘桓。"

【出处】吕本中《庵居》诗："鸟语花香变夕阴，稍闲复恐病相寻。"

喷薄欲出

喷薄：喷涌上升。形容水喷涌而出。后多形容太阳离开地平线上升的景象。△毛泽东《星星之火，可以燎原》："它是立于高山之巅

中华成语探源

中华国学精粹

典藏珍本

远看东方已见光芒四射喷薄欲出的一轮朝日……"

【出处】张载《叙行赋》："实公旦之所卜，曷斯水之喷薄欲出。"

萍踪浪迹

踪迹像浮萍一样飘荡，像波浪一样流荡。比喻行踪不定，到处飘泊。△清·曹雪芹《红楼梦》六六："你是萍踪浪迹，倘然去了不来，岂不误了人家一辈子的大事？"

【出处】杨万里《杨花》诗："浮踪浪迹无拘束，飞到蛛丝也不飞。"浮：浮动，飘荡。

气势磅礴

磅礴：盛大的样子。形容气势雄壮盛大。△清·归庄《自订时文序》："大抵议论激昂，气势磅礴，纵横驰骤，不拘绳墨之作也。"

【出处】文天祥《正气歌》诗："是气所磅礴，凛冽万古存。"

气味相投

投：投合。形容性格、志趣相

同，合得来。△清·吴趼人《二十年目睹之怪现状》六九："我同他一相识之后，便气味相投，彼此换了帖，无话不谈的。"

【出处】葛长庚《水调歌头》词："天下云游客，气味偶相投。"

气焰熏天

气势极盛，如同燃烧正旺的火焰。形容人威势盛大。△清·李伯元《官场现形记》三七："他此时正是气焰熏天，没有人敢违拗的。"

【出处】陆游《追感往事》诗："太平翁翁十九年，父子气焰可熏天。"

器宇轩昂

器宇：仪表，风度；轩昂：精神饱满，气度不凡。形容人精神饱满，气度不凡的样子。△清·吴敬梓《儒林外史》三四："庄绍光见萧昊气宇轩昂，不同流俗，也就着实亲近。"

【出处】刘弇《赠贾仲武》诗："贾侯器宇何轩昂，不视觑觑真秕糠。"

千里鹅毛

从一千里远的地方寄一根鹅

毛。表示礼物轻微而情意深重。△明·兰陵笑笑生《金瓶梅词话》五五："今日华诞，家里备的几件菲仪，聊表千里鹅毛之意。"

【出处】苏轼《扬州以土物寄少游》诗："且同千里寄鹅毛，何用孜孜饮麋鹿。"

千难万险

形容重重的困难和危险。△明·吴承恩《西游记杂剧》五："火焰山千难万险。"

【出处】郑侠《出御史台》诗："万险千艰六出身，如今也得避嚣尘。"

浅斟低唱

慢慢地饮酒，低声唱歌。形容闲适享乐的情状。△《苏东坡续集》二："但能于销金暖帐下，浅斟低唱，吃羊羔儿酒。"

【出处】柳永《鹤冲天》词："忍把浮名，换了浅斟低唱。"

巧取豪夺

巧取：耍花招骗取；豪夺：用强力夺取。形容谋取别人财物的各种手段。△鲁迅《而已集·魏晋风度及文章与药及酒之关系》："天

位从禅让，即巧取豪夺而来，若主张以忠治天下，他们的立脚点便不稳……"

【出处】苏轼《次韵米黻二王书跋尾》诗："巧取豪夺古来有，一笑谁似痴虎头。"

青灯黄卷

青灯：油灯，灯光多呈青黄色，故名；黄卷：书卷，古代纸张用黄檗涂染以防虫蛀，故名。在油灯下读书。形容苦读。△《元曲选·李素兰风月玉壶春》一："赴琼林饮宴，不枉了青灯黄卷二十年。"

【出处】陆游《客愁》诗："苍颜白发入衰境，黄卷青灯空苦心。"

青天霹雳

青天：晴朗的天；霹雳：暴雷。晴朗的天，突然响起暴雷。比喻突然发生的令人震惊的事情。△清·李伯元《官场现形记》二一："他得了这个札子，犹如青天霹雳一般……"

【出处】陆游《四日夜鸡未鸣起作》诗："正如久蛰龙，青天飞霹雳。"

轻怜痛惜

怜：爱怜；惜：爱惜。形容十分疼爱。△清·曹雪芹《红楼梦》三四："那一种软怯娇羞、轻怜痛惜之情，竟难以言语形容。"

【出处】袁去华《金蕉叶》词："旧日轻怜痛惜，却如今，怨深恨极。"

琼楼玉宇

琼：美玉；宇：房屋。美玉建造的楼台房屋。原指仙界的宫殿。后也比喻富丽堂皇的建筑物。△清·秦子忱《续红楼梦》一："四面玉宇琼楼，高插九霄云汉。"

【出处】苏轼《水调歌头》词："我欲乘风归去，又恐琼楼玉宇，高处不胜寒。"

柔情密意

密：细密，细腻。温柔的情感，细腻的心意。△清·高鹗《红楼梦》———："如今空悬在宝玉屋内，虽说宝玉仍是柔情密意，究竟算不得什么。"

【出处】王灼《七娘子》词："情柔意密愁千缕，想一声鸡唱东

城路。"

三言两语

形容很少的几句话。△清·李伯元《官场现形记》五三："若不是我这老手三言两语拿他降伏住，还不晓得闹点什么事情出来哩。"

【出处】吴潜《望江南》词："六字五胡生口面，三言两语费颜情。"

山眉水眼

山峰长了眉毛，流水长了眼睛。原形容山水充满生机。后形容人眉目清秀。△清·张春帆《九尾龟》八四："他衙门里头有个通房的丫环，年纪止得十八岁，却生得山眉水眼，皓腕纤腰"

【出处】王观《卜算子》词："水是眼波横，山是眉峰聚。"

失惊打怪

形容惊怪失声。△明·施耐庵《水浒传》六九："你家莫不有甚事，这般失惊打怪？"

【出处】张抡《鹊桥仙》词："后人多少继遗踪，到我便失惊打怪。"

时乖命蹇

乖：背而不顺；蹇：跛，借指不顺利。形容时运不顺，命运不佳。△元·严忠济《天净沙》："大丈夫时乖命蹇。有朝一日天随人愿，赛田文养客三千。"

【出处】杨万里《相王才臣再病》诗："诗瘦如春瘦，时乖抑命乖。"抑：或是，还是。

首屈一指

屈：弯。计数时，首先弯下的一个手指。表示第一。△清·文康《儿女英雄传》二九："千古首屈一指的孔圣人，便是一位有号的……"

【出处】高斯得《次韵不浮弟自金陵相过》诗："此花当屈第一指，徐娘风情犹可喜。"

水落石出

水落下去，石头露出来。后比喻真相大白。△清·曹雪芹《红楼梦》六一："如今这事八下里水落石出了，连前日太太屋里丢的，也有了主儿。"

【出处】苏轼《后赤壁赋》："山高月小，水落石出。"

瞬息万变

瞬息：眨一下眼睛或呼吸一次所用的时间，指极短的时间。形容极短的时间内千变万化。△《鲁迅书信集·致章廷谦》："世事瞬息万变，我辈消息不灵，所以也莫名其妙。"

【出处】胡宏《题上封寺》诗："风云万变一瞬息，红尘奔走真徒劳。"

似曾相识

识：见。好像曾经见过。形容对所见的人或事物感觉熟悉，但印象不真切。△清·吴趼人《二十年目睹之怪现状》六四："走到路上，看见各种店铺、各种招牌，以及路旁摆的小摊，都是似曾相识……"

【出处】晏殊《浣溪沙》词："无可奈何花落去，似曾相识燕归来。"

随风转舵

比喻顺着情势的变化而改变主张或态度（含贬义）。△清·陈忱《水浒全传》九八："眼见得城池不济事了，各人自思随风转舵。"

中华成语探源

中华国学精粹

典藏珍本

【出处】朱敦儒《忆帝京》词：“第一随风便倒拖，第二君言亦大好。”倒：转；拖：柁，舵。

随乡入乡

到了一个地方，就遵循这个地方的习俗。△清·曹雪芹《红楼梦》四一：“随乡入乡，到了你这里，自然把这金珠玉宝一概贬为俗器了。”

【出处】范成大《秋雨快晴静胜堂席上》诗：“天涯节物遮愁眼，且复随乡便入乡。”

泰山压顶

比喻遇到极大的压力或打击。△清·文康《儿女英雄传》六：“一个棍起处似泰山压顶打下来。”

【出处】袁甫《跋慈湖先生广居赋》：“泰山压前，目不为瞬。”

贪多嚼不烂

比喻追求多得，反而达不到目的。△清·曹雪芹《红楼梦》九：“虽说是奋志要强，那功课宁可少些：一则贪多嚼不烂，二则身子也要保重。”

【出处】沈瀛《减字木兰花》词：“莫笑予何，空恁贪多嚼不多。”

天南地北

形容相隔遥远。△老舍《女店员》二：“一想起到天南地北去的姑娘们哪，我的心里就开了电门，亮了！”

【出处】朱江《念奴娇》词：“天南地北，问乾坤何处，可容狂客？”

铁树开花

铁树：原产热带的常绿灌木，移植北方后很多年才开一次花。比喻极为罕见或极难实现。△明·僧居顶《续传灯录》三一：“铁树开花，雄鸡生卵。”

【出处】黄庭坚《采桑子》词：“铁树枝头花也开。”

【辨正】一说，语出《君子堂日询手镜》：“见事难成，则云须铁树开花。”《君子堂日询手镜》为明代王济作，晚于宋代，应以宋词为源。

痛下针砭

痛：深切地；针砭：以金属针或石针治病，比喻指出缺点错误。

形容深刻而中肯地指出缺点错误。△清·胡达源《弟子箴言》："此张子为子弟痛下针砭。"

【出处】范成大《晞真阁留别方道士宾实》诗："时时苦语见针砭。"

万马奔腾

一万匹马奔跑跳跃。比喻声势浩大猛烈。△巴金《家》一三："外面万马奔腾似的爆竹声送进他的耳里。"

【出处】刘一止《水邨一首示友人》诗："秋光有尽意无尽，万马奔腾山作阵。"

万念俱灰

念：念头，想法。各种想法都像灰一样冷了下来。形容意志消沉，心灰意冷。△阿英《晚清文学丛钞·中国现在记》三："大家见抚台不理，谁还来理我呢？想到这里，万念俱灰。"

【出处】欧阳伯威《绝句》一："年来百念成灰冷，无语送春春自归。"

万人空巷

万人：指家家户户的人；巷：街巷。家家户户的人都奔向一个地方，以至街巷空荡荡的。形容庆祝、欢迎或看热闹的盛况。△清·吴趼人《二十年目睹之怪现状》七九："此时路旁看的人，几于万人空巷。"

【出处】苏轼《八月十七日复登观海楼》诗："赖有明朝看潮在，万人空巷斗新妆。"

威风凛凛

凛凛：可敬畏的样子。威武的气派使人敬畏。△明·吴承恩《西游记》七五："一个个全装披挂，介胄整齐，威风凛凛，杀气腾腾。"

【出处】刘子翚《双庙》诗："无复连云战鼓悲，英风凛凛在双祠。"英：英武。

文房四宝

文房：书房。书房中的四种宝物。指纸、墨、笔、砚。△明·汤显祖《牡丹亭·写真》："摆列着昭容阁文房四宝，待画出西子湖眉月双高。"

【出处】梅尧臣《九月六日登舟再和潘歙州纸砚》诗："文房四宝出二郡，迩来赏玩君与予。"

文风不动

文风：微风。原指湖水在微风下不波动。后形容保持原样，一点不动。△清·曹雪芹《红楼梦》二九："偏生那玉坚硬非常，摔了一下，竟文风不动。"

【出处】范成大《云间湖光亭》诗："微风不动敛涛湍，组练晶晶色界寒。"

蜗角虚名

蜗角：蜗牛的触角，比喻微小。微小而没有用的名声。△明·凌濛初《初刻拍案惊奇》一六："我多因这蜗角虚名，赚得我连理枝分，同心结解。"

【出处】苏轼《满庭芳》词："蜗角虚名，蝇头微利，算来着甚干忙？"

无病呻吟

比喻没有值得忧虑的事情而长吁短叹。后也比喻矫揉做作地感慨、议论。△清·文康《儿女英雄传》三〇："一个孤女儿，受上天的厚恩，成全到这步田地，再要感慨牢骚，那便叫无病呻吟，无福消受了。"

【出处】辛弃疾《临江仙》词："更欢须叹息，无病也呻吟。"

无官一身轻

形容官吏卸任后感到全身轻松。△清·吴趼人《二十年目睹之怪现状》六〇："从此之后，我无官一身轻，咱们三个痛痛快快的叙他几天。"

【出处】苏轼《贺子由生第四孙》诗："无官一身轻，有子万事足。"

无拘无束

形容自由自在，没有拘束。△明·吴承恩《西游记》四四："出家人无拘无束，自由自在，有甚公事？"

【出处】朱敦儒《西江月》词："自歌自舞自开怀，且喜无拘无碍。"碍：牵挂。

降龙伏虎

降伏龙和虎。后比喻战胜强大的敌对势力。△明·诸圣邻《大唐秦王词话》四八："秦琼、尉迟恭投唐之时，费尽降龙伏虎之心，方才得他归顺，如今岂就容易反唐？"

小巧玲珑

玲珑：精巧细致。形容形体小而精致。△郭沫若《学生时代·创造十年》："西湖的好处是在它的小巧玲珑，就像规模放大了的庭园……"

【出处】辛弃疾《临江仙》词："有心雄泰华，无意巧玲珑。"

泄漏天机

天机：神秘的天意。向人透露了神秘的天意。比喻泄露机密。△清·曹雪芹《红楼梦》五："宝玉看了仍不解，待要问时，知他必不肯泄漏天机……"

【出处】陆游《醉中草书因戏作此诗》诗："稚子问翁新悟处，欲言直恐泄天机。"

心胆俱裂

心和胆都破裂了。形容惊恐到极点。△清·高鹗《红楼梦》一一一："唬得惜春彩屏等心胆俱裂，听见外头上夜的男人便声喊起来。"

【出处】刘克庄《贺新郎》词："应笑书生心胆怯。"

心平气和

心情平和，不急躁，不生气。△《鲁迅书信集·致章廷谦》："到上海恐亦须挤在小屋中，不会更好，所以也就心平气和，'听其自然'……"

【出处】苏轼《菜羹赋》："先生心平而气和，故虽老而体胖。"

雪泥鸿爪

鸿：大雁。大雁在融化着雪水的泥土上留下的爪印。比喻往事遗留的痕迹。△阿英《晚清文学丛钞·冷眼观》："实因从前孔子的坟墓，是子贡一手组织的，所以这个碑，也就断定了是他的雪泥鸿爪。"

【出处】苏轼《和子由渑池怀旧》诗："人生到处知何似？应似飞鸿踏雪泥。泥上偶然留指爪，鸿飞那复计东西。"

眼花缭乱

眼花：视线模糊迷乱；缭乱：

纷乱。形容看到纷繁的事物感到视线模糊迷乱。△鲁迅《故事新编·理水》："舱里铺着熊皮、豹皮，还挂着几副弩箭，摆着许多瓶罐，弄得他眼花缭乱。"

【出处】向子諲《点绛唇》词："眼昏花乱，不见书空雁。"

杳无音信

杳：远得没有踪影。形容没有一点消息。△明·施耐庵《水浒传》四四："公孙胜先生回蓟州去，杳无音信。"

【出处】黄孝迈《水龙吟》词："惊鸿去后，轻抛素袜，杳无音信。"

夜长梦多

比喻时间拖长了，事情可能发生不利的变化。△清·文康《儿女英雄传》二三："这事须得如此如此办法，才免得她夜长梦多，又生枝叶。"

【出处】王令《客次寄王正叔》诗："夜长梦反复，百暝百到家。"

【辨正】一说，语出清·吕留良《家训真迹》："荐举事近复纷纭，夜长梦多。"这里的"夜长梦多"即宋诗中的"夜长梦反复"。

当以宋诗为源。

一帆风顺

比喻非常顺利。△清·李伯元《官场现形记》一九："从中进士至今，不上二三十年，就做到副宪，也算得是一帆风顺了。"

【出处】杨万里《晓出洪泽，霜晴风顺》诗："明早都梁各分手，顺风便借一帆回。"

一刻千金

刻：古代计时单位，一昼夜为一百刻。一刻时间价值千金。形容时间的宝贵。△茅盾《子夜》一〇："他连鼻烟也不嗅了……他不能延误一刻千金的光阴。"

【出处】苏轼《春夜》诗："春宵一刻值千金。"

一念之差

一个念头的差错。△明·冯梦龙《警世通言》三五："当初是我一念之差，堕在这光棍术中，今已悔之无及。"

【出处】苏轼《次韵致政张朝奉仍招晚饮》诗："我本三生人，畴昔一念差。"

一贫如洗

一：语音助词，表示加强语气。贫穷得像水洗过一样。形容贫穷得一无所有。△明·兰陵笑笑生《金瓶梅词话》九三："家伙桌椅都变卖了，只落得一贫如洗。"

【出处】王镃《月洞吟》诗："虽是一贫清似水，定无徭役到山中。"

一时半晌

晌：一天之内的一段时间。形容很短的时间。△清·曹雪芹《红楼梦》七三："我只说他悄悄的拿了出去，不过一时半晌，仍旧悄悄的放在里头。"

【出处】杨无咎《眼儿媚》词："千娇百媚，一时半霎，不离心头。"霎：一会儿。

一双两好

形容夫妻二人才貌相称。△明·冯梦龙《醒世恒言》二五："那娟娟小姐……与遏叔正是一双两好。"

【出处】史浩《如梦令》词："忒杀，忒杀，真个一双两好。"

一天星斗

满天的星星。比喻纷乱。也比喻丰富的学识。△1.清·李伯元《官场现形记》五六："抚台一时未及查问明白，闹得一天星斗，一时不好收篷。"2.明·冯梦龙《双雄记》二："幼好读书，腹里一天星斗。"

【出处】孔平仲《十二月二十五日大雪》诗："半夜一天星斗白，漫漫玉琢人世界。"

移花接木

把一种花枝嫁接到另一种树上。比喻暗中使用手段，更换人或事物。△鲁迅《且介亭杂文·病后杂谈》："中国的一些士大夫，总爱无中生有，移花接木的造出故事来，他们不但歌颂升平，还粉饰黑暗。"

【出处】叶适《月波楼》诗："此村风景淳且鲁，接树移花今复古。"

遗世独立

超脱世俗，独自生活。原形容摆脱尘世的束缚。后形容不与人往来。△明·鲁可藻《岭表纪年》四："与人不往来，不交际……亦若遗世独立者。"

【出处】苏轼《前赤壁赋》："飘飘乎如遗世独立，羽化而登仙。"

蝇头微利

蝇头：借指很小。形容微薄的利润。△清·李伯元《文明小史》三四："因为书院改掉了，没有膏火钱应用，想步他们维新的后尘，觅些蝇头微利度日。"

【出处】苏轼《满庭芳》词："蜗角虚名，蝇头微利，算来着甚干忙？"

有口难言

有嘴而难于把话说出来。形容有话不便说或不敢说。△《元曲选·感天动地窦娥冤》三："这都是官吏每（们）无心正法，使百姓有口难言。"

【出处】苏轼《醉睡者》诗："有道难行不如醉，有口难言不如睡。"

余音袅袅

袅袅：声音宛转悠扬。音乐演奏后，宛转悠扬的声音好像还在耳边回响。△清·田雯《论七言绝句》："义山佳处不可思议，实为唐人之冠。一唱三弄，余音袅袅，绝句之神境也。"

【出处】苏轼《前赤壁赋》："客有吹洞箫者……其声呜呜然，如怨如慕，如泣如诉，余音袅袅，不绝如缕。"

羽扇纶巾

纶巾：配有青丝带的头巾。拿着羽毛扇，戴着配有青丝带的头巾。形容谋士、儒将风雅潇洒的样子。△明·罗贯中《三国演义》七三："孔明端坐车中，纶巾羽扇，素衣皂绦，飘然而出。"

【出处】苏轼《念奴娇》词："羽扇纶巾，谈笑间，樯橹灰飞烟灭。"

张灯结彩

张：陈设。挂上灯笼，系上彩绸。形容喜庆场面或节日的景象。△清·吴敬梓《儒林外史》一〇："到了十二月初八，娄府张灯结彩，先请两位月老吃了一日。"

【出处】贺铸《木兰花》词："张灯结绮笼驰道，六六洞天连夜到。"绮：有花纹的丝织品。

瘴雨蛮烟

瘴：瘴气，热带或亚热带山林中的湿热空气，从前认为是恶性疟疾的病原；蛮：蛮荒，南方的荒凉地方；烟：雾。形容南方荒凉地方有瘴气的雨水和雾气。△清·纪昀《阅微草堂笔记·姑妄听之》："此物想流落蛮烟瘴雨间矣。"

【出处】辛弃疾《满江红》词："瘴雨蛮烟，十年梦，尊前休说。"

朝秦暮楚

秦、楚：战国时代的两大强国。早晨在秦国做事，晚上在楚国做事。比喻行踪无定或反复无常。△1.明·张岱《明末五王世家·总论》："只图身享旦夕之乐，东奔西走，暮楚朝秦。"2.清·李汝珍《镜花缘》一〇〇："此时四处兵荒马乱，朝秦暮楚。"

【出处】晁补之《北渚亭赋》："托生理于四方，固朝秦而暮楚。"

朝思暮想

朝：早晨；暮：晚上。早晨

晚上都在想。△清·李伯元《文明小史》四〇："学生为此事朝思暮想，废寝忘餐，恨无良策。"

【出处】柳永《大石调》词："朝思暮想，自家空恁添清瘦。"

纸上谈兵

用文字谈论用兵之道。比喻脱离实际，空发议论。△清·曾朴《孽海花》二五："人人欢喜纸上谈兵，成了一种风尚。"

【出处】刘过《多景楼醉歌》诗："不随举子纸上学《六韬》。"《六韬》：古代兵书。

指不胜屈

屈指：弯手指计数。弯手指数，却数不过来。形容数量很多。△清·曾朴《孽海花》三四："像这样的，指不胜屈。"

【出处】刘攽《王四十处见舅氏所录外祖与日本国僧诗并此僧诗书，作五言》诗："俯仰六十年，举指不任屈。"

置身事外

置：放。原指把自身放在人世之外。后指把自身放在事情之外。形容对事情不参与、不过问、不关心。△鲁迅《准风月谈·"中国文坛的悲观"》："悲观的由来，是在置身事外不辨是非，而偏关心于文坛，或者竟是自己坐在没落的营盘里。"

【出处】陈师道《八月十日二首》诗："更欲置身须世外，世间无自不关人。"

钟灵毓秀

钟：集中；毓：孕育。指孕育了优秀人物。△清·曹雪芹《红楼梦》三六："琼闺绣阁中亦染此风，真真有负天地钟灵毓秀之德了！"

【出处】张明中《贺新郎》词："卓荦欧阳子，是江山毓秀钟灵，异才问世。"卓荦：卓越。

金元诗词

白日做梦

比喻妄想实现根本不可能实现的事情。△谌容《万年青》五七："明摆着的，是你抠三县白日做梦。"

【出处】白朴《沁园春》词："白日青天梦一场。"

碧血丹心

碧血：为正义事业而流洒的血；丹心：赤心。指为国死难的志士。△清·丘逢甲《和平里行》诗："南来未尽支天策，碧血丹心留片石。"

【出处】郑元佑《汝阳张御史死节歌》诗："孤臣既足明丹心，三年犹须化碧血。"

唇枪舌剑

嘴唇是枪，舌头是剑。比喻言辞锋利，争辩激烈。△鲁迅《且介亭杂文二集·"京派"和"海派"》："在许多唇枪舌剑中，以为那时我发表的所说，倒也不算怎么分析错了的。"

【出处】丘处机《神光灿》词："不在唇枪舌剑，人前斗，惺惺广学多知。"

大限临头

大限：生命的极限，死期；临头：当头，落到头上。死期落到头上。表示寿数已尽。△《元曲选外编·施仁义刘弘嫁婢》三："有一日大限临头，那时若你个小解元为官，将你这双老爷娘放心死。"

【出处】无名氏《南乡子》词："劝君休要苦张罗，大限临头怎躲？"

颠鸾倒凤

原比喻顺序颠倒。后比喻男女交欢。△元·王实甫《西厢记》二："小生得到卧房内，和小姐解带脱衣，颠鸾倒凤。"

【出处】元好问《促拍丑奴儿》词："无情六合乾坤里，颠鸾倒凤，撑霆裂月，直被消磨。"

东奔西走

形容到处奔走。△明·张岱《四书遇序》："余遭乱离两载，东奔西走，身无长物。"

【出处】魏初《沁园春》词："东奔西走，水送山迎。"

分门别户

门、户：门，比喻派别。划分派别。△明·朱之瑜《答安东守约书》三："即嘉、隆、万历年间，聚徒讲学，各创书院，名为道学，分门别户，各是其师。"

【出处】尹志平《巫山一段云》词："不认忘名默悟，只解分门别户。"

衡阳雁断

衡：衡山；阳：山的南面。衡山极高，北归的鸿雁飞不过去。比喻音信断绝。△明·高明《琵琶记》二四："湘浦鱼沉，衡阳雁断，音书要寄无方便。"

【出处】陈益稷《鹦馆书怀》诗："衡阳雁断三千路，巫峡猿啼十二峰。"

洪福齐天

洪：大。福气大得与天一样高。形容福气极大。△鲁迅《集外集拾遗·我的种痘》："我居然逃过了这一关，真是洪福齐天，就是每年开一次庆祝会也不算过分。"

【出处】无名氏《齐天乐》词："性本玄虚，君临社稷，洪福齐天康济。"

呼幺喝六

幺、六：赌博所掷骰子的点数。形容掷骰子时希望得胜而呼喊。后也形容粗暴地呵斥。△1.清·陈忱《水浒后传》一〇四："那些掷色的，在那里呼幺喝六。"2.清·李伯元《官场现形记》三七："每逢出门，一样是戈什亲兵呼幺喝六，看了好不眼热！"

【出处】张宪《咏双陆》诗："牙骰宛转两叫喧，喝六呼幺破颜面。"

花花绿绿

原形容花木鲜艳多彩。后泛指色彩纷繁。△明·无名氏《人中画》："将篇篇横一竖，又直一竖，都涂得花花绿绿。"

【出处】元好问《又解嘲》诗："凭君细数东州客，谁在花花绿绿间？"

欢喜冤家

冤家：仇人。非常喜爱的仇人。指情人、儿女等非常喜爱但往往给自己增添苦恼的人。△《元曲选·王月英元夜留鞋记》三："这一场风流话靶，也是个欢喜冤家。"

【出处】马珏《满庭芳》词："欢喜冤家，惹得一向愚痴。"

口角春风

比喻替人说好话。△清·李绿园《歧路灯》九六："你近日与道台好相与，万望口角春风，我就一

步升天……"

【出处】曹伯启《清平乐》词："指日云泥超异，重占口角春风。"

六街三市

六街：唐代长安街中的六条大街；三市：古代早晨、下午、晚上进行交易的三种集市。泛指大街小巷。△明·施耐庵《水浒传》六六："未到黄昏，一轮明月却涌上来，照得六街三市，熔得金银一片。"

【出处】郑玉《元宵诗》："六街三市浑如昼，寄语金吾莫夜巡。"金吾：古代掌管京城治安的官。

瞒心昧己

即昧心瞒己。指昧着良心，欺骗自己。△明·凌濛初《初刻拍案惊奇》一五："僧家四大俱空，反要瞒心昧己，图人财利。"

【出处】马钰《孤鹰》词："为酒色财气，一向粘惹，瞒心昧己。"

泥塑木雕

用泥土塑造的和用木头雕刻

的偶像。原比喻不为外界所动，不被外界诱惑。后比喻呆板，呆滞。△清·曹雪芹《红楼梦》二七："那黛玉倚着床栏杆，两手抱膝，眼睛含着泪，好似木雕泥塑一般，直坐到二更多天，方才睡了。"

【出处】马钰《满庭芳》词："身心木雕泥塑，遇千魔万难不采。"

千愁万绪

形容极其纷乱的忧愁情绪。△清·高鹗《红楼梦》八二："当此黄昏人静，千愁万绪，堆上心来。"

【出处】张之翰《念奴娇》词："鸿雁来时秋最好，底用千愁万绪？"

琴心剑胆

以琴为心，以剑为胆。比喻既有情致，又有胆识。△清·子山《乙亥冬日重抵白下集听春楼有怀亡弟子固》诗："剑胆琴心狂似昔，花魂月魄艳犹新。"

【出处】吴莱《去岁留杭兴傅子建梦得句……寄董与几》诗："小榻琴心展，长缨剑胆舒。"

人云亦云

云：说；亦：也。人家怎么说，自己也跟着怎么说。形容随声附和，没有主见。△郭沫若《少年时代·我的童年》："其实实业的概念是怎样，我当时是很模糊；就是我们大哥恐怕也是人云亦云罢。"

【出处】蔡松年《槽声同彦高赋》："他日人云吾亦云。"

三长两短

原指说长道短。后指意外的灾祸或变故。常特指死亡。△1.明·冯梦龙《醒世恒言》八："倘有三长两短，你取出道袍穿上，竟自走回，那个扯得你住！"2.明·罗贯中《平妖传》五："万一此后再有三长两短，终不然靠着太医活命。"

【出处】无名氏《蓦山溪》词："著甚来由，惹别人，三长两短。"

通天彻地

彻：通。上通天，下通地。比喻本领极大，无所不能。△清·西周生《醒世姻缘传》八四："夸得自家的本事通天彻底，倒吊了两三日，要点墨水儿也没有哩！"

【出处】马钰《巫山一段云》词："通天彻地月明中，显现至真功。"

无影无踪

没有影子，没有踪迹。形容完全消失，不知去向。△清·曹雪芹《红楼梦》二四："那贾芸早说了几个'不用费事'，去的无影无踪了。"

【出处】无名氏《浪淘沙》词："无形无影亦无踪。"

物离乡贵

东西离产地越远越珍贵。△清·曹雪芹《红楼梦》六七："黛玉道：'这些东西，我们小时候倒不理会，如今看见，真是新鲜物儿了。'宝钗因笑道：'妹妹知道，这就是俗语说的'物离乡贵'，其实可算什么呢？'"

【出处】王恽《番禺杖》诗："物眇离乡贵，材稀审实讹。"眇：渺小，微小。

祥麟威凤

麟：麒麟，古代传说中的神兽，被视为祥瑞的象征；威：有威仪；凤：凤凰，古代传说中的神鸟，被视为和谐的象征。吉祥的麒麟，有威仪的凤凰。比喻卓越难得的人才。△清·曾朴《续孽海花》三五："长安人海之中，欲求几个热心为国的人物，真似祥麟威凤。"

【出处】许有壬《摸鱼子》词："人间世，何处祥麟威凤？"

心慌意乱

心神惊慌，意念纷乱。△清·文康《儿女英雄传》二六："姑娘此时心慌意乱，如生芒刺，如坐针毡。"

【出处】《全金诗》六一注引《道书全集》："心清意净天堂路，意乱心荒地狱门。"荒：慌。

一般无二

完全相同，没有两样。△明·吴承恩《西游记》三五："纵是一根藤上结的，也有个大小不同，偏正不一，却怎么一般无二？"

【出处】高道宽《逍遥令》词："两个一般无二样。"

一语道破

道：说。一句话就说穿了。

多形容一句话就击中了要害。△清·文康《儿女英雄传》二二："此刻要一语道破，必弄到满盘皆空……"

【出处】李道纯《满庭芳》词："一言明说破。"

有天无日

有天，可是没有太阳。原比喻没有公理，一片黑暗。后比喻言行放肆，没有顾忌。又作"有天没日"。△1.清·李玉《清忠谱》一一："当今魏太监弄权，有天无日。"2.清·曹雪芹《红楼梦》三："他嘴里一时甜言蜜语，一时有天没日，一时又疯疯傻傻。"

【出处】祖柏《赋盖》诗："一朝撑出马前去，真个有天无日头。"

招灾惹祸

招来灾害，惹出祸患。△明·冯梦龙《醒世恒言》六："劝列位须学杨宝这等好善行仁，莫效那少年招灾惹祸。"

【出处】马钰《战掉丑奴儿》词："不义之财，休要贪来。那底招殃惹祸灾。"

忠心耿耿

耿耿：忠诚的样子。形容非常忠诚。△清·李汝珍《镜花缘》五七："虽大事未成，然忠心耿耿，自能名垂不朽。"

【出处】蔡珪《葵花》诗："小智区区能卫足，孤忠耿耿衹倾心。"衹：恭敬。

珠围翠绕

形容妇女妆饰华丽。也形容随侍的女子众多。△清·曹雪芹《红楼梦》三九："刘姥姥进去，只见满屋里珠围翠绕，花枝招展的，并不知都系何人。"

【出处】元好问《书贴第三女珍》诗："珠围翠绕三花树，李白桃红一捻春。"

明代诗词

百折千回

回：曲折环绕。形容蜿蜒曲折。△1.清·韩邦庆《海上花列传》四六："那山势千回百折，如游龙一般。"2.清·刘鹗《老残游记》二："那王小玉唱到极高的三四叠后，陡然一落，又极力骋其千回百折的精神。"

【出处】杨基《长江万里图》诗："三巴春霁雪初消，百折千回向东去。"

大张挞伐

张：展开；挞伐：讨伐。展开大规模的讨伐。△清·曾朴《孽海花》一四："我国若不大张挞伐，一奋神威，靠着各国的公文劝阻，他那里肯甘心就范呢！"

【出处】范景文《送鹿伯顺年兄》诗："王师张挞伐，四处大征兵。"

烽火连天

烽火：古代报警的烟火，比喻战火或战争；连天：与天空相接。形容战争遍及各地。△清·曾朴《孽海花》三二："倘使相遇在烽火连天之下，便不欢乐了。"

【出处】姜曰广《闻广陵陷，志感》诗："烽火连天羽檄驰，中朝也尽解忧危。"

官逼民反

逼：逼迫。在官府逼迫下，百姓走投无路而奋起反抗。△清·李伯元《官场现形记》二八："广西事情一半亦是官逼民反。"

【出处】周岐《官兵行》诗："痛哉良民至死不为非，无如官兵势逼民为贼。"

七嘴八舌

形容众人纷纷谈论。△清·高鹗《红楼梦》九〇："送点子东西没要紧，倒没的惹人七嘴八舌的讲究。"

【出处】冯惟敏《仙桂引》词："收拾起万绪千头，脱离了七嘴八舌。"

前怕狼，后怕虎

比喻胆小怕事，顾虑重重。△老舍《四世同堂》二六："假若他们也都像他的祖父那样萎缩，或者像他自己这样前怕狼后怕虎的不敢勇往直前，岂不就是表示着民族的血已经涸竭衰老了么？"

【出处】冯惟敏《清江引》词："恶狠狠虎巴心，饿刺刺狼掏肚，俺如今前怕狼后怕虎。"

有口无心

比喻嘴上说了，心里却没有什

么。后也形容心直口快。△1.鲁迅《热风·随感录》四〇："写的说的，既然有口无心，看的听的，也便毫无所感了。"2.清·文康《儿女英雄传》一五："邓九公是个重交尚义，有口无心，年高好胜的人。"

【出处】于谦《拟吴侬曲》诗："刻木为鸡啼不得，元来有口却无心。"

清代诗词

大有可为

为：做。比喻事情非常值得做，很有发展前途。△陶菊隐《北洋军阀统治时期史话》七七："这时，奉系军阀认为南方弱点日益暴露，前途大有可为。"

【出处】王图炳《咏史》诗："吾道大可为，斯人讵可避？"

粉妆玉琢

白粉妆饰的，白玉雕琢的。比喻白净而细腻。△清·曹雪芹《红楼梦》一："士隐见女儿越发生得粉妆玉琢，乖觉可喜，便伸手接来，抱在怀中。"

【出处】方子云《长干寺见隔院玉兰》诗："粉装玉琢素衣裳，拂面风来特地香。"

风雨交加

交加：同时出现。风和雨同时到来。△清·梁章钜《浪迹丛谈·续》五："冬至前后，则连日阴曀，风雨交加，逾月不止。"

【出处】方薰《踏塘车》诗："去年一旱三五月，今年风雨横交加。"

虎背熊腰

比喻人体格魁梧健壮。△清·李汝珍《镜花缘》九五："一个面如重枣，一个脸似黄金；都是虎背熊腰，相貌非凡。"

【出处】宫鸿历《李木庵先生壁上观李松岚画松歌》诗："瘦蛟蟠纸多棱节，虎背熊腰姿态绝。"

苦口婆心

苦口：原指药物使嘴里有苦味，后指不辞烦劳地再三规劝；婆心：老婆婆的心肠，比喻好心肠。形容好心好意地再三规劝。△老舍《四世同堂》六二："'唉，唉，年轻轻的，可不能不讲信义！'亦陀差不多是苦口婆心的讲道了。"

【出处】吾庐孺《钟鼓楼》诗："暮鼓晨钟不断敲，婆心苦口总徒劳。"

苦心孤诣

苦心：费尽心思；孤诣：别人达不到。形容费尽心思去做，其努力程度是别人所达不到的。△《鲁迅书信集·致章廷谦》："但要我苦心孤诣，先搬往番鬼所管之香港以上邮船，则委实懒于奋发耳。"

【出处】屈复《论诗绝句》一三："苦将心力成孤诣，不敢随风薄宋元。"

屡试不爽

爽：差失。屡次试验都没有差错。△阿英《晚清文学丛钞·发财秘诀》一："发泄之时，其气上冲，故作兵嘣响，屡试不爽。"

【出处】杨锡恒《纪异》诗："屡试不可爽，历久信有征。"

第十部分
历代散文

汉代散文

百折不挠

挠：弯曲。折一百次也不弯曲。比喻意志坚强，不论受多少挫折，也不退缩或屈服。△鲁迅《华盖集续编·记念刘和珍君》："我目睹中国女子的办事……看那干练坚决，百折不回的气概，曾经屡次为之感叹。"

【出处】蔡邕《太尉桥公碑》："有百折而不挠、临大节而不可夺之风。"

冰清玉洁

像冰一样清净，像玉一样洁白。比喻人品纯洁清白。△明·冯梦龙《警世通言》二一："赵公玩其诗意，方知女儿冰清玉洁，把儿子痛骂一顿。"

【出处】司马迁《与挚伯陵书》："高上其志，以善厥身，冰清玉洁。"

【辨正】一说，语出唐·徐坚《初学记》一二引《晋中兴书》："循冰清玉洁，行为俗表。"《晋中兴书》的作者是南朝刘宋何法

盛，晚于司马迁五六百年。当以汉文为源。

冰消瓦解

消：消融；解：分解，分裂。像冰一样消融，像瓦一样分裂。比喻彻底崩溃或完全消释。△清·李伯元《官场现形记》三三："凡有被参的人，又私底下托人到京打点，省得都老爷再说闲话。一天大事，竟如此瓦解冰消。"

【出处】陈琳《檄吴将校部曲文》："七国之军，瓦解冰泮。"泮：分，散。

不得其详

不清楚人或事物的详细情况。△明·冯梦龙《醒世恒言》七："只有颜俊兀自扭住钱青，高赞兀自扭住尤辰；纷纷告诉，一时不得其详。"

【出处】蔡邕《玄文先生李子材铭》："不可得而详也。"

不胫而走

胫：小腿；走：跑。没有腿却能跑。比喻迅速地传播、流行。△清·曾朴《孽海花》三："从此，含英社稿不胫而走，风行天

下，和柳屯田的词一般。"

【出处】孔融《论盛孝章书》："珠玉无胫而自至者，以人好之也。"

不刊之论

刊：削除，修改。古代在竹简上刻字，出现错字就削掉重写。不能修改的言论。形容不能更改的或不可磨灭的言论。△宋·郭若虚《图画见闻志》一："显释寡要之谈，乱爱宾不刊之论。"

【出处】扬雄《答刘歆书》："是县诸日月不刊之书也。"县：悬。

不识进退

不懂得应该前进还是后退。指不懂得尊卑大小。后形容言行没有分寸。△明·冯梦龙《古今小说》二二："下官有句不识进退的言语，未知可否？"

【出处】王闳《谏尊宠董贤书》："贤有小人不识进退之祸。"

【辨正】一说，语出宋·洪迈《容斋续笔》一一："不知进退，赴水而死。"这里显然是流，当以汉文为源。

臭味相投

臭味：原指气味，后指臭的气味；投：投合。原指因思想作风、兴趣爱好一致而相互交往的人。后形容因思想作风、兴趣爱好一致而互相投合（贬义）。△清·李伯元《官场现形记》二九："一经拉拢，彼此亦就要好起来。所谓'臭味相投'，正是这个道理。"

【出处】蔡邕《玄文先生李休碑》："亲昭朋徒，臭味相与。"与：交往。

椎心泣血

椎心：用手捶打胸口；泣血：哭得眼睛流出血来。形容极度悲痛。△唐·李商隐《祭裴氏姨文》："椎心泣血，孰知所诉！"

【出处】李陵《答苏武书》："此陵所以仰天椎心而泣血也。"

大雅君子

大雅：品德高尚，才学优异；君子：人格高尚的人。形容品德高尚、才学优异的人。△后晋·刘昫《旧唐书·郭子仪传》："晏然效忠，有死无二，诚大雅君子，社稷纯臣。"

【出处】 陈琳《檄吴将校部曲文》："是以大雅君子，于安思危，以远咎悔。"

当机立断

原指立即迎着剑锋断开。形容宝剑锋利。后比喻抓住时机，立即决断。△清·朱琦《读王子寿论史诗，广其义》四："汉高落落英雄姿，当机立断不复疑。"

【出处】 陈琳《答东阿王笺》："秉青萍干将之器，拂钟无声，应机立断。"应：顺应。

砥节砺行

砥、砺：磨刀石，引申为磨炼；节：节操；行：品行。磨炼节操和品行。△唐·刘知几《史通·品藻》："纪僧珍砥节砺行，终始无瑕。"

【出处】 蔡邕《郭有道林宗碑》："砥节砺行，直道正辞。"

改邪归正

归：趋向。改变邪恶，趋向正路。指改正错误，走上正路。△清·曾朴《孽海花》二一："若说要我改邪归正，阿呀！江山可改，本性难移。"

【出处】 应劭《汉官仪》："当背邪向正，彰有道德。"

金科玉律

科、律：法律条文。金玉一样的法律条文。形容完美的法律条文。后比喻必须信守的准则或不可变更的信条。△清·李伯元《官场现形记》四三："老伯大人的议论，真是我们佐班中的金科玉律。"

【出处】 扬雄《剧秦美新》："懿律嘉量，金科玉条。"

窥间伺隙

窥伺：暗中观望，等待机会；间、隙：空隙。暗中观望，以发现空隙而乘机行动。△明·朱之瑜《与佐滕弥四郎书》："彼谓衅皆由我，窥间伺隙，造此纷纭，亦理所应有也。"

【出处】 吾丘寿王《骠骑论功论》："窥间伺隙，既并海内。"

命世之才

顺应天命来到世间的人才。指能拨乱反正的杰出人才。△晋·陈寿《三国志·武帝纪》："天下将乱，非命世之才不能济也。"

"信命世之才，抱将相之具。"

说长道短

说自己的长处、别人的短处。后形容议论别人的好坏是非。△明·冯梦龙《古今小说》三八："兀谁在你面前说长道短来？"

【出处】崔瑗《座右铭》："无道人之短，无说己之长。"

随波逐流

随着波浪起伏，跟着流水漂浮。比喻没有主见，跟着别人行动。△鲁迅《两地书》九四："一作校长，非随波逐流，即自己吃苦。"

【出处】陈琳《檄吴将校部曲文》："泥滞苟且，没而不觉，随波漂流，与㰐俱灭。"

【辨正】一说，语出《五灯会元》一六："看风使舵，正是随波逐流。"《五灯会元》是宋代僧人普济编撰的灯录体佛书，晚于东汉一千年。当以汉文为源。

心如刀割

比喻内心极度痛苦。△《元曲选·宜秋山赵礼让肥》一："眼睁睁俺子母各天涯，想起来我心如刀割，题起来我泪似悬麻。"

【出处】蔡邕《太傅胡公碑》："感悼伤怀，心肝若割。"

耀武扬威

耀：炫耀；扬：张扬，显示。炫耀武力，显示威风。△明·罗贯中《三国演义》七四："德奋然趱军前往樊城，耀武扬威，鸣锣击鼓。"

【出处】士孙瑞《剑铭》："昭威耀武，震动遐荒。"昭：显示。

一面之交

只见过一次面的交情。形容交情很浅。△明·罗贯中《三国演义》二四："某与关公有一面之交，愿往说之。"

【出处】崔寔《本论》；"徒以一面之交，定臧否之决。"

移山填海

移动山，填平海。比喻巨大的力量和伟大的气魄。△清·梁启超《保教非所以尊孔论》："故不复权利害，不复揣力量，而欲出移山填海之精神以保之。"

【出处】吾丘寿王《骠骑论功论》："虽拔泰山填沧海可也。"

永垂不朽

垂：流传；朽：腐烂。永远流传，不会腐烂。形容永不磨灭，传于后世。△郭沫若《献身精神的榜样》："毫无疑问，约里奥居里教授在人类文化史上是会永垂不朽的。"

【出处】蔡邕《太傅胡公碑》："扬景烈，垂不朽。"

勇冠三军

冠：居第一位；三军：军队的统称。勇敢在全军居第一位。△晋·陈寿《三国志·刘晔传》："诸葛亮明于治而为相，关羽、张飞勇冠三军而为将。"

【出处】李陵《答苏武书》："功略盖天地，义勇冠三军。"

振臂一呼

振：挥动。挥动手臂，一声呼喊。用于发号召。△鲁迅《呐喊·自序》："我决不是一个振臂一呼应者云集的英雄。"

【出处】李陵《答苏武书》："陵振臂一呼，创病皆起。"创

病：伤员和病号。

知人善任

任：任用，使用。了解人，并善于使用人。△唐·房玄龄《晋书·郑冲传》："昔汉祖以知人善任，克平宇宙，推述勋劳，归美三俊。"（三俊：张良、萧何、韩信。）

【出处】班彪《王命论》："其兴也有五……五曰知人善任使。"

钟鸣漏尽

漏：漏壶，古代计时器，昼漏尽时敲钟，夜漏尽时击鼓。暮钟敲响了，昼漏的水滴尽了。表示白天已经过去。后比喻年老力衰。也指深夜。△1.唐·魏征《隋书·柳彧传》："其人年垂八十，钟鸣漏尽。"2.清·曾朴《孽海花》四："直到钟鸣漏尽，方始酒阑人散。"

【出处】崔寔《政论》："永宁诏曰：钟鸣漏尽，洛阳城中不得有行者。"

三国散文

哀感顽艳

哀：凄切；感：感动；顽：愚蠢的人；艳：聪慧的人。凄切的歌声使愚蠢的人和聪慧的人都受到感动。后形容文艺作品哀怨、感伤而绮丽。△清·吴趼人《二十年目睹之怪现状》七一："这封信却是骈四骊六的，足有三千多字，写得异常的哀感顽艳。"

【出处】繁钦《与魏文帝笺》："凄入肝脾，哀感顽艳。"

半信半疑

一半相信，一半怀疑。指对于真假是非不能肯定。△清·高鹗《红楼梦》九四："众人听了，也都半信半疑。"

【出处】嵇康《答释难宅无吉凶摄生论》："何为半信半不信耶？"

【辨正】一说，语出清·成鹫《罗浮采药歌》："予心半信还半疑。"这里显然是流，不是源。

不知深浅

指不懂得事情的复杂性。也指言行没有分寸。△1.明·吴承恩《西游记》七四："这和尚不知深浅！那三个魔头，神通广大得紧哩！"2.清·文康《儿女英雄传》二六："这里头万一有一半句不知深浅的话，还得求姐姐原谅妹子个糊涂。"

【出处】吴质《在元城与魏太子笺》："初至承前，未知深浅。"

步人后尘

后尘：走路时身后扬起的尘土。跟着别人身后扬起的尘土走。指跟在别人后面走。比喻追随或模仿。又作"步后尘"。△明·屠隆《昙花记·讨贼立功》："副帅好当前队，老夫愿步后尘"。

【出处】应璩《与桓元则书》："敢不策驰，敬寻后尘。"

长林丰草

深深的树林，茂密的青草。指荒野。多形容隐居的地方。△清·吴敬梓《儒林外史》八："所以在风尘劳攘的时候，每怀长林丰草之思，而今却可赋《遂初》了。"

【出处】嵇康《与山巨源绝交书》："逾思长林而志在丰草也。"

中华成语探源

中华国学精粹

典藏珍本

堆案盈几

案、几：桌子；盈：满。堆满了桌子。原指积压了很多等待处理的信件。后形容书籍或文字材料非常多。△宋·刘克庄《再宣索文集回奏状》："史稿堆案盈几，以夜继日，仅了公家文书。"

【出处】嵇康《与山巨源绝交书》："素不便书，又不喜作书，而人间多事，堆案盈机。"书：信；机：几。

恩重如山

恩情像山一样重。形容恩情极深厚。△清·高鹗《红楼梦》一一八："林姑娘待我，也是太太们知道的，实在恩重如山，无以可报。"

【出处】曹植《表遗句》："身轻蝉翼，恩重如山。"

浮瓜沉李

浮在水面上的瓜，沉在水底的李子。泛指浸在凉水里的瓜果。△明·凌濛初《初刻拍案惊奇》二〇："这样时候，多少王孙公子雪藕调冰、浮瓜沉李也不为过。"

【出处】曹丕《与朝歌令吴质书》："浮甘瓜于清泉，沉朱李于寒水。"

公诸同好

公：公开；诸：之于；同好：有同样爱好的人。向有同样爱好的人公开展示。△清·赵翼《瓯北诗话·小引》："爱就鄙见所及，略为标准，以公诸同好焉。"爱：于是。

【出处】曹植《与杨德祖书》："成一家之言，虽未能藏之于名山，将以传之于同好。"

器小易盈

器：器皿；盈：满。器皿小，容易盛满。原比喻酒量小，容易醉。后比喻气量小，容易自满。△清·李汝珍《镜花缘》一二："如此谦恭和蔼，可谓脱尽仕途习气。若令器小易盈、妄自尊大那些骄傲俗吏看见，真要愧死！"

【出处】吴质《在元城与魏太子笺》："小器易盈，先取沈顿。"沈：沉。

千头万绪

形容头绪极多，纷繁复杂。△鲁迅《两地书》五一："训育一方，则千头万绪……往往一波未平，一波又起，校务舍务，俱不能脱开。"

【出处】曹植《黄初六年令》："机等吹毛求瑕，千端万绪，然终无可言者。"端：开端，开头。

如虎添翼

好像老虎添上了翅膀。比喻力量强大的人增加了新的力量，更加强大。又作"如虎生翼"，"如虎得翼"。△明·罗贯中《三国演义》三九："今玄德得诸葛亮为辅，如虎生翼矣。"

【出处】诸葛亮《将苑·兵权》："譬如猛虎，加之羽翼。"

适得其反

适：恰好。得到的结果恰好与愿望相反。△鲁迅《华盖集·北京通信》："以中国古训中教人苟活的格言如此之多，而中国人偏多死亡，外族偏多侵入，结果适得其反，可见我们蔑弃古训，是刻不容缓的了。"

【出处】无名氏《释难宅无吉凶摄生论》："时名虽同，其用适反。"

疏懒成性

疏：散；性：习性。散漫懒惰成了习性。△宋·陆九渊《与陈倅》："平日疏懒成性，投之应酬之中，良乖所好。"

【出处】嵇康《与山巨源绝交书》："性复疏懒，筋驽肉缓。"

树大招风

比喻名声大、地位高的人容易惹人注意而担风险。△明·冯惟敏《五岳游囊杂咏》："单守着门清似水居颜巷，休靠那树大招风恼许由。"

【出处】李康《运命论》："木秀于林，风必摧之。"秀：高出。

思如涌泉

形容人的文思充沛，源源不绝。△宋·程颐《河南程氏遗书》二四："人思如涌泉，浚之愈新。"

【出处】曹植《王仲宣诔》："文若春华，思若涌泉。"

【辨正】一说，语出《旧唐书·苏颋传》："舍人思如涌泉。"唐代远在三国之后，当以曹植文为源。

算无遗策

算、策：策划；遗：失。形容策划得周密准确，没有失算之处。△清·纪昀《阅微草堂笔记·如是我闻》："然此奴亦无大恶，不过务求自利，算无遗策耳。"

【出处】曹植《王仲宣诔》："算无遗策，画无失理。"

一行作吏

一经做了官。△阿英《晚清文字丛钞·冷眼观》一："张令半世青灯，一行作吏，到任后吏治过于勤劳，偶染痰疾。"

【出处】嵇康《与山巨源绝交书》："一行作吏，此事便废。"

以功补过

用功绩弥补过失。△晋·王敦《上疏言王导》："当令任不过分，役其所长，以功补过，要之将来。"

【出处】程晓《女典篇》："丈夫百行，以功补过。"

左顾右盼

顾、盼：看。左边看看，右边看看。形容左右打量、察看的样子。△清·曾朴《孽海花》一二："两人左顾右盼，俨然自命一对画中人了。"

【出处】曹植《与吴季重书》："左顾右眄，谓若无人。"眄：看。

晋代散文

不攻自破

不用攻击，自己就崩溃了。后多比喻言论不用批驳，就站不住脚了。△阿英《晚清文字丛钞·扫迷帚》三："长生不死，是有理乎？明此而祈禳之说，不攻自破。"

【出处】刘粲《请杀愍帝表》："子业若死，民无所望，则不为李矩、赵固之用，不攻而自破矣。"

不经之谈

经：正常；谈：话。不正常的话。指荒诞的、没有根据的话。△清·曹雪芹《红楼梦》三："这和尚疯疯癫癫，说了这些不经之谈，也没人理他。"

【出处】羊祜《戒子书》："无传不经之谈，无听毁誉之语。"

处之泰然

处：处置，对待；之：这；泰然：若无其事的样子。若无其事地对待这样的境况。△老舍《四世同堂》四八："大赤包听出瑞宣的讽刺，而处之泰然。"

【出处】袁宏《三国名臣序赞》："神情玄定，处之弥泰。"弥：更加。

感今怀昔

感：感触；怀：怀念；昔：从前。对当前的事物有所感触而怀念从前。△南朝宋·颜延文《宋文皇帝元皇后哀策文》："抚存悼亡，感今怀昔。"

【出处】潘岳《为诸妇祭庾新妇文》："伏膺饮泪，感今怀昔。"

厚此薄彼

原指给自己盖厚被，给别人盖薄被。后比喻厚待这一方，慢待那一方。△明·袁宏道《广庄·养生主》："皆吾生即皆吾养，不宜厚此薄彼。"

【出处】傅玄《被铭》："无厚于己，无薄于人。"

祸从口出

灾祸是从嘴里出来的。指说话不谨慎容易惹祸。△鲁迅《华盖集·续编》："在这样'祸从口出'之秋，给自己也辩护得周到一点罢。"

【出处】傅玄《口铭》："病从口入，祸从口出。"

豁然开朗

豁然：开阔或通达的样子。形容突然出现了开阔明朗的境界。后也比喻感觉突然开朗，一下子明白了。△清·高鹗《红楼梦》九一："宝玉豁然开朗，笑道：'很是，很是。你的性灵，比我竟强远了。'"

【出处】陶潜《桃花源记》："复行数十步，豁然开朗。"

近朱者赤，近墨者黑

朱：硃砂，红色的颜料；赤：红。靠近硃砂的红，靠近墨汁的黑。比喻接近好人学好，接近坏人变坏。也泛指环境对人的影响。△明·周楫《西湖二集》二七："原来近朱者赤，近墨者黑，朱樱日日服侍小姐，绣床之暇，读书识字，此窍颇通。"

【出处】傅玄《太子少傅箴》："习以性成，故近朱者赤，近墨者黑。"

可望不可即

即：靠近，接触。可以从远处看见，却靠近不了，接触不到。△梁实秋《雅舍小品·书房》："书房是可望而不可即的豪华神仙世界。"

【出处】葛洪《军术》："夫良将刚则法天，可望而不可干。"干：接触。

力所能及

及：达到。力量能够达到。指根据能力，能够做到。△清·刘坤一《复程从周》："至加拨二万金一节，力所能及，不敢不勉。"

【出处】羊祜《戒子书》："今之职位，谬恩之加耳，非吾力所能致也。"致：做到。

目不转睛

不转眼珠。形容看的时候注意力高度集中。△清·曾朴《孽海花》二四："一见彩云，就目不转睛的看她。"

【出处】杨泉《物理论》："目不转睛，膝不移处。"

牛刀割鸡

用宰牛的刀杀鸡。比喻大材小用。△宋·朱熹《答蔡季通》："小试参同之万一，当如牛刀割鸡也。"

【出处】杨泉《物理论》："夫解小而引大，了浅而伸深，犹以牛刀割鸡，长殳刈荠。"殳：兵器；刈：割；荠：草。

片言只字

片言：简短的几句话；只字：一个字。形容很少的几句话或几个字。△巴金《光明集·一封信》："我寄了那么多的画片和信函给你，总不曾接到你片言只字的回答。"

【出处】陆机《谢平原内史表》："片言只字，不关其间。"

破涕为笑

涕：眼泪，借指哭泣。停止哭泣，露出笑容。△老舍《四世同堂》四四："给她买件衣料什么的，她就破涕为笑了！"

【出处】刘琨《答卢谌书》："时复相与举觞对膝，破涕为笑。"觞：一种酒杯。

乞浆得酒

乞：乞讨；浆：水。讨水喝，却得到了酒。比喻所得超过所求。△金·元好问《戏题新居二十韵》诗："乞浆得酒过初望，曲突徙薪忘后虑。"

【出处】袁准《正书》："太岁在酉，乞浆得酒。"

【辨正】一说，语出《续博物志》一："太岁在丑，乞浆得酒。"《续博物志》的作者是宋代李石，晚于袁准至少七百年。当以晋文为源。

上梁不正下梁歪

比喻上面的人不正派，下面的人就会跟着做坏事。△清剧本《缀白裘》七："丑：'我们这些兵马那里去了？怎不与他厮杀？'外：'不要怪他，这叫做上梁不正下梁歪。'"

【出处】杨泉《物理论》："上不正，下参差。"参差：不齐。

世外桃源

桃源：晋代陶渊明虚构的没有战乱，安乐美好，丰衣足食的地方。与世隔绝的桃花源。后泛指摆脱了纷争混乱的安乐地方。也指幻想中的美好世界。△鲁迅《两地书》一二二："为安闲计，往北平是不坏的，但因为和南方太不同了，所以几乎有'世外桃源'之感。"

【出处】陶潜《桃花源记》："土地平旷，屋舍俨然，有良田、美池、桑竹之属，阡陌交通，鸡犬相闻。其中往来种作……并怡然自乐……自云先世避秦时乱，率妻子邑人来此绝境，不复出焉，遂与外人间隔。"

熟视无睹

熟视：经常看到；睹：看。经常看到，却跟没看到一样。形容漠不关心或漫不经心。△宋·林正大《沁园春》："静听无闻，熟视无睹，以醉为乡约性真。"

【出处】刘伶《酒德颂》："熟视不睹泰山之形。"

【辨正】一说，语出唐·韩愈《应科目与时人书》："熟视之若无睹也。"韩愈晚于刘伶约五百年，当以晋文为源。

未能免俗

没有能够摆脱习俗。△清·吴趼人《二十年目睹之怪现状》九五："只有一样未能免俗之处，是最相信的菩萨。"

【出处】戴逵《竹林七贤论》："未能免俗，聊复尔尔。"

无所不有

没有什么没有的。指什么都有。△鲁迅《两地书》四："社会上千奇百怪，无所不有……"

【出处】陆云《答车茂安书》："四方奇丽，天下珍玩，无所不有。"

应接不暇

暇：空闲。原指景物繁多，看不过来。后也形容来人或事情太多，应付不过来。△1.清·李汝珍《镜花缘》七二："只见各处花光笑日，蝶意依人，四壁厢娇红姹紫，应接不暇。"2.清·吴趼人《二十年目睹之怪现状》四三："起先不过几十本……到后来越看越多，大有应接不暇之势。"

【出处】王献之《镜湖帖》："山川之美，使人应接不暇。"

【辨正】一说，语出《世说新语·言语》："山川自相映发，使人应接不暇。"《世说新语》的作者是南朝宋人刘义庆，所记即王献之之言。

有钱能使鬼推磨

比喻金钱的力量极大，能买通一切。△明·兰陵笑笑生《金瓶梅词话》五四："有钱能使鬼推磨，方才他说先送煎药，如今都送来了。"

【出处】鲁褒《钱神论》："有钱可使鬼。而况于人乎！"

南北朝散文

爱不释手

释：放。喜爱得不愿放手。形容极其喜爱。△清·文康《儿女英雄传》三五："虽是不合他的路数，可奈文有定评，他看了也知道爱不释手。"

【出处】萧统《陶渊明集序》："余爱嗜其文，不能释手。"

拔山超海

拔起山，超越海。形容威力极大。△唐·杨炯《唐右将军魏哲神道碑》："拨乱反正之君，资拔山超海之力。"

【出处】魏收《为侯景叛移梁朝文》："持秋霜夏震之威，以拔山超海之力。"

白璧微瑕

璧：古人佩带在身上的一种玉饰，扁圆形，中间有孔，泛指美玉；瑕：玉上面的斑点。洁白的美玉上面有微小的斑点。比喻人或事物大体很好，有些小缺点。△明·李开先《田间四时行乐诗次韵一百首》一六："莫为微瑕捐白璧，长因无事读《黄庭》。"

【出处】萧统《陶渊明集序》："白璧微瑕者，惟在《闲情》一赋。"

波澜壮阔

波澜：波浪；壮阔：雄壮广阔。广阔的水面上巨浪翻滚。比喻气势雄壮或规模宏大。△清·郎廷槐《师友诗传续录》二："七言诗须波澜壮阔，顿挫激昂，大开大阖

耳。"

【出处】鲍照《登大雷岸与妹书》："旅客贫辛，波路壮阔。"波路：波浪翻滚的水路。

残编断简

编、简：串联竹简的绳子和写字用的竹简，借指书籍或文章。形容残缺不全的书籍或文章。△宋·张耒《评书》："往时苏子美兄弟，皆以行草见称于时，至今残编断简，人间藏以为宝。"

【出处】庾信《谢滕王集序启》："至如残编落简，并入尘埃。"落：散落，零落。

【辨正】一说，语出《宋史·欧阳修传》："金石遗文，断编残简，一切掇拾。"《宋史》的作者是元代脱脱（公元1314～公元1355年），晚于北周庾信（公元513～公元581年）八百年。当以庾信文为源。

成群结队

形容一群一群地凑在一起。△清·文康《儿女英雄传》三二："料着安老爷办过喜事，一定人人歇乏，不加防范，便成群结队而来。"

中华成语探源

典藏珍本

中华国学精粹

【出处】沈炯《为王僧辩等劝进梁元帝第三表》：“结队千群，持载百万。”

出尘之想

尘：尘世。超出尘世之外的思想境界。△清·周亮工《读画录》二：“王子京……不以画名，偶然落笔，便有出尘之想。”

【出处】孔稚珪《北山移文》：“耿介拔俗之标，萧洒出尘之想。”萧：潇。

触目惊心

触目：目光接触到。目光接触到就使内心感到震惊。△老舍《四世同堂》四一：“最触目惊心的是那些在亡城以前就是公子哥儿，在亡城以后，还无动于衷的青年，还携带着爱人，划着船，或搂着腰，口中唱着情歌。”

【出处】任昉《为武帝追封丞相长沙王诏》：“感惟永远，触目崩心。”崩：震动。

荡然无存

荡然：原有的事物完全消失。形容原有的事物完全消失，不复存在。△清·蒲松龄《聊斋志异·王者》：“天明，视所解金，荡然无存。”

【出处】任昉《为梁武帝集坟籍令》：“青编素简，一同煨烬，湘囊缃帙，荡然无余。”

恩同再造

再造：给予第二次生命。恩情极大，如同给了第二次生命。△清·李汝珍《镜花缘》二五：“倘出此关，不啻恩同再造。”

【出处】任昉《到大司马记室笺》：“千载一逢，再造难答。”李善注：“言王者之恩，同于上帝，故云再造也。”

方便之门

形容给人便利的门路。△清剧本《缀白裘》三：“今有庞居士广放来生债，大开方便之门，我们前去求他周济周济，有何不可？”

【出处】王僧孺《中寺碑》：“开方便门，示真实相。”

【辨正】一说，语出唐·王勃《广州宝庄严寺舍利塔碑》：“维摩见柄，盖申方便之门。”王僧孺是南梁人（公元465～公元522年），早于王勃（公元650～公元676年）一百几十年，当以其文为源。

光前绝后

光：没有；绝：完全没有。以前没有，今后也没有。原形容言行优异或事物完美。后也比喻做事干净利索，不留痕迹。△1.宋·僧普济《五灯会元》四："承闻和尚昨日答南泉迁化一则语，可谓光前绝后，今古罕闻。"2.明·施耐庵《水浒传》六二："小人的事都在节级肚里，今夜晚间只要光前绝后。"

【出处】萧纲《善觉寺碑》："光前绝后，建兹福地。"

含英咀华

英、华：花；咀：咀嚼。把花放在嘴里咀嚼。比喻细细体会和玩味诗文字画蕴含的精华。△清·梁启超《论中国学术思想变迁之大势》："庄生本南派巨子，而复北学于中国，含英咀华，所得独涤。"

【出处】刘峻《答刘之遴借〈类苑〉书》："唱饫膏液，咀嚼英华。"

厚颜无耻

颜：脸。脸皮厚，不知羞耻。

△鲁迅《伪自由书·战略关系》引周敬侪《奇文共赏》："此种自私自利完全蔑视国家利益之理由，北平各团体竟敢说出，吾人殊服其厚颜无耻。"

【出处】孔稚珪《北山移文》："岂可使芳杜厚颜，薜荔无耻。"

九牛二虎之力

原作"九牛五虎之力"。比喻极大的力量。△清·李伯元《官场现形记》二一："后来又费了九牛二虎之力，把个戒烟令保住，依旧做他的买卖。"

【出处】沈骥士《沈氏述祖德碑》："有五虎之威，九牛之力。"

抗尘走俗

抗尘：呈现庸俗的姿态；走俗：奔走于俗世之中。形容热中于功名利禄，到处奔走钻营。△宋《宣和画谱》一〇："使其见者悠然如在灞桥风雪中，三峡闻猿时，不复有市朝抗尘走俗之状。"

【出处】孔稚珪《北山移文》："抗尘容而走俗状。"

连枝同气

连枝：相连的树枝；同气：同一股气息。指兄弟情谊。△金·元好问《别纬文兄》诗："异县他乡千里梦，连枝同气百年心。"

【出处】庾信《周大将军赵公墓志铭》："抚养遗孤，连枝同气。"

攀辕卧辙

辕：车前驾牲畜的两根直木；辙：车轮印迹，借指道路。拉住辕木，躺在道路上，不让车走。形容百姓挽留好官吏的情况。△明·冯梦龙《警世通言》三一："上司见其恳切求去，只得准了。百姓攀辕卧辙者数千人。"

【出处】沈约《齐故安陆昭王碑文》："行悲道泣，攀车卧辙之恋。"

【辨正】一说，语出唐·白居易《白氏六帖》二一："百姓攀辕卧辙不许去。"沈约是南梁人（公元441～公元513年），早于白居易（公元772～公元846年）三百余年，当以其文为源。

忍气吞声

形容受了气而勉强忍耐，不敢

做声。△明·兰陵笑笑生《金瓶梅词话》二："武大忍气吞声，由他自骂。"

【出处】任孝恭《为汝南王檄魏文》："饮气吞声，志申仇怨。"饮气：把气压在心里。

山穷水尽

穷、尽：完。山路和水路都没有了。形容无路通行。后多比喻陷入绝境。△1.宋·洪咨夔《龙州免运粮夫碑跋》："山穷水尽之邦，刀耕火种之俗。"2.郭沫若《少年时代·反正前后》："弄到后来实在是山穷水尽，才把政权交卸了出来。"

【出处】庾信《周兖州刺史广饶公宇文公神道碑》："山穷水断，马束桥飞。"

身经百战

亲身经历了很多次战斗。后也泛指阅历丰富。△明·冯梦龙《古今小说》六："方才要说的正是梁朝中一员虎将，姓葛名周，生来胸襟海阔，志量山高；力敌万夫，身经百战。"

【出处】庾信《周大将军司马裔神道碑》："在朝四十一年，身经一百余战。"

滔滔不绝

滔滔：形容大水滚滚的样子。大水滚滚奔流，永不止息。后也泛指连续不断。△清·李汝珍《镜花缘》四四："多九公本是久惯江湖，见多识广，每逢谈到海外风景，竟是滔滔不绝。"

【出处】鲍照《登大雷岸与妹书》："滔滔何穷，漫漫安竭。"

天涯海角

涯：边际。天的边际，海的角落。比喻极远的地方。△清·文康《儿女英雄传》一六："她不日就要天涯海角，远走高飞，你见她不着了。"

【出处】徐陵《答族人梁东海太守长孺书》："燕南赵北，地角天涯。"

【辨正】一说，语出宋·张世南《游宦纪闻》六："今之远宦及远服贾者，皆曰'天涯海角'。""天涯海角"以"天涯地角"为源，其意义完全相同。在唐诗中，就时而用"天涯地角"，时而用"天涯海角"；以后，"地角"渐微，"海角"渐盛。

销声匿迹

销：消失；匿：隐藏；迹：踪迹。声音消失，踪迹也隐藏起来。原指隐居。后泛指不再出头露面。△清·李伯元《官场现形记》二九："从此这时筱仁赛如拨云雾而见青天，在京城里面着实有点声光，不像从前的销声匿迹了。"

【出处】庾信《五月披裘负薪画赞》："消声灭迹，何必山林。"

纡尊降贵

纡：屈曲。委曲和降低尊贵的身份。指地位高的人做低下的事情或俯就地位低的人。△清·文康《儿女英雄传》四〇："礼制所在，也不便过于和他两个纡尊降贵，只含笑拱了拱手……"

【出处】萧纲《昭明太子集序》："未有降贵纡尊，躬刊手掇。"

折冲御侮

折冲：击退敌军的冲锋。指克敌取胜。克敌取胜，抵御外侮。△明·余继登《典故纪闻》一："折冲御侮，将帅之职。"

【出处】任昉《初封诸功臣诏》："或股肱爪牙，折冲御侮。"

知其然，不知其所以然

然：这样。知道情况是这样，却不知道为什么是这样。△唐·李节《送潭州道林疏言禅师太原取经诗序》："论者之言粗矣……能知其然不知其所以然也。"

【出处】刘峻《辩命论》："物见其然，不知所以然。"

字里行间

文章的字句中间。形容文章没有明说而含蓄地流露。△鲁迅《伪自由书·文学上的折扣》："刊物上登载一篇俨乎其然的像煞有介事的文章，我们就知道字里行间还有看不见的鬼把戏。"

【出处】萧纲《答新渝侯和诗书》："风云吐于行间，珠玉生于字里。"

隋代散文

子午卯酉

十二地支中的四个，子为夜半，午为正午，卯为日出时分，酉为日落时分。表示事情从头到尾的经过。△清·李绿园《歧路灯》一〇八："父子到了大厅，把进京以至出京，子午卯酉细陈一遍。"

【出处】萧吉《五行大义序》："子午卯酉为经纬。"

唐代散文

百孔千疮

原指漏洞和弊病很多。后形容损坏严重或负债累累。△清·吴趼人《二十年目睹之怪现状》八八："此刻没了差使，才得几个月，已经弄得百孔千疮，背了一身亏累。"

【出处】韩愈《与孟尚书书》："汉氏以来，群儒区区修补，百孔千疮，随乱随失。"

百无一二

一百个里面没有一两个。指所占比例极小。△清·王夫之《姜斋诗话》二一："唐人不寻出处，不夸字学，而犯此者百无一二。"

【出处】韩愈《送权秀才

序》；"若权生者，百无一二焉。"

悲天悯人

天：天命；悯：怜悯。悲叹时世的艰难，怜悯人们的困苦。△茅盾《惊蛰》："他竭力想恢复他那惯有的颇能动人的悲天悯人的调子，然而不知怎的，屡试都不太像。"

【出处】韩愈《争臣论》："若果贤，则固畏天命而闵人穷也。"

鼻息如雷

鼻息：鼾声。鼾声像打雷一样。△宋·沈括《梦溪笔谈》九："准方酣寝于中书，鼻息如雷。"

【出处】韩愈《石鼎联句诗序》："道士倚墙睡，鼻息如雷鸣。"

补苴罅漏

补苴：弥补；罅：缝隙。补好缝隙，堵住漏洞。△明·胡应麟《诗薮·外编》一："区区补苴罅漏，何救齐亡？"

【出处】韩愈《进学解》："补苴罅漏，张皇幽眇。"

不动声色

声：言语；色：表情。不从言语和表情上流露内心的情感和想法。形容沉着、镇静。△清·李伯元《官场现形记》一二："他也不动声色，勤勤慎慎办他的公事，一句话也不多说，一步路也不多走。"

【出处】韩愈《司徒兼侍中书令赠太尉许国公神道碑》："其罪杀人，不发声色。"

不假绳削

假：借；绳：纠正；削：改正。用不着纠正和改正。△金·赵秉文《答李天英书》："足下天才英逸，不假绳削，岂复老夫所可拟议？"

【出处】韩愈《南阳樊绍述墓志铭》："不烦于绳削而自合也。"

不平则鸣

平：公平。遇到不公平的事，就发出不满的呼声。△清·曹雪芹《红楼梦》五八："自古说：'物不平则鸣。'他失亲少眷的在这里，没人照看；赚了他的钱，又作

843

践他！如何怪得！"

【出处】韩愈《送孟东野序》："太凡物不得其平则鸣。"

不塞不流，不止不行

原指不限制道教和佛教，就不能顺利推行儒教。后指不破除旧的、坏的，就不能建立新的、好的。△宋·黄庭坚《再和元礼春怀十首序》："夫不塞不流，不止不行，此物之情也。"

【出处】韩愈《原道》："曰：不塞不流，不止不行。"

层见叠出

见：现。一次又一次出现。△宋·徐鹿卿《都城灾应诏上封事》："曾未几时，而群妖众异层见叠出。"

【出处】韩愈《贞曜先生墓志铭》："神施鬼设，间见层出。"间：迭，屡次。

垂头丧气

耷拉着脑袋，神气沮丧。形容失意、懊丧的样子。△清·曾朴《孽海花》二："会试已毕，出了金榜。不第的自然垂头丧气……"

【出处】韩愈《送穷文》：

"主人于是垂头丧气，上手称谢。"

踔厉风发

形容精神振作，意气风发。△鲁迅《两地书》一二："逐渐的做一点，总不肯休，不至于比'踔厉风发'无效的。"

【出处】韩愈《柳子厚墓志铭》："议论证据今古，出入经史百子，踔厉风发，率常屈其座人。"

刺刺不休

刺刺：多话的样子；休：止。形容唠唠叨叨，说个没完没了。△清·李汝珍《镜花缘》八四："也不怕人厌，刺刺不休……"

【出处】韩愈《送殷员外序》："丁宁顾婢子，语刺刺不能休。"

大醇小疵

醇：纯正；疵：毛病。大体很好，只有一些小毛病。△宋·姜夔《白石道人诗说》："名家者各有一病，大醇小疵，差可耳。"

【出处】韩愈《读荀子》："荀与扬，大醇而小疵。"扬：扬雄。

大放厥词

厥：其。原指使用了很多优美的辞藻。后形容大发议论（含贬义）。△茅盾《清明前后》："一位似疯不疯的'预言家'趁势大放厥词，说铃木内阁就是准备投降的。"

【出处】韩愈《祭柳子厚文》："玉佩琼琚，大放厥辞。"

大声疾呼

疾：急速。大声急促地呼喊。指发出呼吁，引起人们注意。△清·魏裔介《顾瑞文先生罪言序》："顾瑞文先生乃于群言淆乱之时，大声疾呼，力辨其讹。"

【出处】韩愈《后十九日复上宰相书》："其既危且亟矣，大其声而疾呼矣，阁下其亦闻而见之矣。"

大书特书

书：写。着重地写，郑重地写。清·曾朴《孽海花》三四："这几句话，非常奇特，《传》上大书特书。"

【出处】韩愈《答元侍御书》："将大书特书，屡书不一书

而已也。"

低首下心

下心：心服。形容屈服顺从。△清·文康《儿女英雄传》："就照在青云山口似悬河的那派谈锋，也不愁姑娘不低首下心的诚服首肯。"

【出处】韩愈《祭鳄鱼文》："刺史虽驽弱，亦安肯为鳄鱼低首下心。"

地大物博

博：多。地域广大，物产丰富。△清·李伯元《官场现形记》二九："又因江南地大物博，差使很多，大非别省可比。"

【出处】韩愈《平淮西碑》："至于玄宗，受报收功，极炽而丰，物众地大，孽牙其间。"

动辄得咎

辄：就；咎：罪过。动不动就获罪。指动不动就受到指责。△《清史稿·徐继畲传》："尝见各直省州县有莅任不及一年，而罚俸至数年十数年者，左牵右掣，动辄得咎。"。

【出处】韩愈《进学解》：

"跋前踬后，动辄得咎。"

耳濡目染

濡、染：沾染。形容听多了、看多了，无形中受到了影响。△郭沫若《少年时代·我的童年》："她完全没有读过书，但她单凭耳濡目染，也认得一些字，而且能够暗诵得好些唐诗。"

【出处】韩愈《清河郡公房公墓碣铭》："目擩耳染，不学以能。"擩：濡。

翻然悔悟

翻然：很快而彻底地。很快地觉悟过来，彻底地改悔。△宋·朱熹《答袁机仲》："若能于此翻然悔悟，先取旧图分明改正。"

【出处】韩愈《与陈给事书》："今则释然悟翻然悔。"

反眼不识

反：翻。一翻眼睛就不认识了。形容不顾交情，不讲情面，翻脸不认人。△宋·洪遵《烈士》："反眼如不识，怨深恩更深。"

【出处】韩愈《柳子厚墓志铭》："一旦临小利害，仅如毛发比，反眼若不相识。"

焚膏继晷

膏：油脂，指油灯或蜡烛；晷：日影，指日光。点燃灯烛接替日光。形容夜以继日。△清·纪昀《阅微草堂笔记·滦阳消夏录》一："世儒于此十三部，或焚膏继晷，钻仰终身或锻炼苛求，百端掊击。"

【出处】韩愈《进学解》："焚膏油以继晷，恒兀兀以穷年。"

粉白黛绿

黛：画眉用的黛石；绿：青黑色。用粉把脸搽白，用黛石把眉描成青黑色。形容女子修饰打扮。也指经过修饰打扮的女子。△清·曾朴《孽海花》三一："一时粉白黛绿，燕语莺啼，顿时把餐室客厅，化做碧城锦谷。"

【出处】韩愈《送李愿归盘谷序》："飘轻裾，翳长袖，粉白黛绿者，列屋而闲居。"

愤世嫉俗

嫉：憎恶。愤恨不合理的社会，憎恶邪恶的习俗。△茅盾《陀螺》："逢到这一套愤世嫉俗的大议论时，徐女士总是沉默地恭听，至多回答几个微笑。"

【出处】韩愈《杂说》三："将愤世嫉邪，长往而不来者之所为乎？"

俯首帖耳

形容狗在主人面前的样子。比喻驯服恭顺。△郭沫若《少年时代·反正前后》："他们习惯于猛于虎的官威，以为老百姓只要一加威吓，便自会俯首帖耳。"

【出处】韩愈《应科目时与人书》："若俯首帖耳，摇尾而乞怜者，非我之志也。"

钩玄提要

探索玄妙，提示要点。△明·邵亨贞《南村辍耕录疏》："钩玄提要，匪按图索骥之空言。"

【出处】韩愈《进学解》："记事者必提其要，纂言者必钩其玄。"

钩章棘句

文章好像有钩，文句好像有刺。原指写文章时字斟句酌，艰难困苦。后形容文辞艰涩拗口。△清·袁枚《小仓山房尺牍》三：

"古文有十弊……钩章棘句，以艰深文其浅陋，十弊也。"

【出处】韩愈《贞曜先生墓志铭》："钩章棘句，掐擢胃肾。"

刮垢磨光

刮掉污垢，磨出光亮。原比喻磨砺人才。后比喻使诗文、学业等精益求精。△清·赵翼《陆放翁诗》四："至近体之刮垢磨光，字字稳惬，要无论矣。"

【出处】韩愈《进学解》："爬罗剔抉，辞垢磨光。"

互通有无

相互之间拿出多余的东西进行交换，补充自己所缺乏的东西。又作"有无相通"。△宋·陈亮《送丘秀州宗卿序》："休戚相同，有无相通。"

【出处】韩愈《原道》："为之贾，以通其有无。"

浑然天成

浑然：完整不可分割；天成：天然生成。形容诗文结构严密而自然。△宋·严羽《沧浪诗话·诗评》："《胡笳十八拍》，混然天成，绝无痕迹。"混：浑。

【出处】韩愈《上襄阳于相公书》："浑然天成，无有畔岸。"

混为一谈

原指合并为一种言论。后指把不同的事物混同在一起，作为相同的事物谈论。△《鲁迅书信集·致王志之》："'通信从缓'，和'地址不随便告诉'，是两件事，不知兄何以混为一谈而至于'难受'，我是毫不含有什么言外之意的。"

【出处】韩愈《平淮西碑》："万口和附，并为一谈。"

佶屈聱牙

佶屈：曲折；聱牙：拗口。形容文句艰涩，读起来不顺口。△鲁迅《集外集拾遗·破恶声论》："中之文词，虽诘诎聱牙，难于尽晓，顾究亦输入文明之利器也。"

【出处】韩愈《进学解》："周《诰》殷《盘》，佶屈聱牙。"

驾轻就熟

驾着轻便的车在熟悉的路上走。比喻对事情熟悉，做起来轻松便捷。△清·李绿园《歧路灯》一〇二："到了场期日迫，只得把

功令所有条件略为照顾，以求风檐寸晷，有驾轻就熟之乐。"

【出处】韩愈《送石处士序》："若驷马驾轻车，就熟路。"

兼收并蓄

都吸收进来，都蓄藏起来。形容吸收、包罗多方面的人才或事物。△清·汪中《明堂通释》："儒墨刑名兼收并蓄，实为后世类书之祖。"

【出处】韩愈《进学解》："牛溲马勃，败鼓之皮，俱收并蓄。"

交口称誉

交口：众口同声。众口同声地称颂赞誉。△宋·李纲《宋故安人刘氏墓志铭》："承事柔声怡色，曲尽礼意，两堂交口称誉。"

【出处】韩愈《柳子厚墓志铭》："诸公要人争欲令出我门下，交口荐誉之。"荐：推举。

较短量长

比一比短长。原指比较人才优劣。后形容斤斤计较。△宋·朱熹《答王才臣》："较短量长、非人

是己之意实多。"

【出处】韩愈《进学解》："校短量长，惟器是适者，宰相之方也。"校：较。

酒食征逐

征：召集；逐：追赶。用酒和饭来召集、追赶。形容互相邀请，频繁聚会，在一起吃吃喝喝。△清·张集馨《道咸宦海见闻录》："结拜弟兄，酒食征逐，醉后谩骂，毫无局面。"

【出处】韩愈《柳子厚墓志铭》："今夫平居里巷相慕悦，酒食游戏相征逐。"

口讲指画

一面用嘴讲解，一面用手势比画。△明·宋濂《元史·韩择传》："有质问者，口讲指画无倦容。"

【出处】韩愈《柳子厚墓志铭》："其经承子厚口讲指画，为文词者，悉有法度可观。"

夸多斗靡

夸：夸耀；斗：争胜；靡：华丽。以读书多夸耀，以写文章词藻华丽争胜。后也指以生活豪华奢侈夸耀争胜。△宋·杨时《与陈传道序》："甚者广记闻，工言辞，欲夸多斗靡而已。"

【出处】韩愈《送陈秀才彤序》："读书以为学，缵言以为文，非以夸多而斗靡也。"

牢不可破

非常牢固，不能打破。△郭沫若《少年时代·反正前后》："清室二百七十余年间的统治，在官场中已经凝集成了一个牢不可破的贪婪恶习。"

【出处】韩愈《平淮西碑》："并为一谈，牢不可破。"

力挽狂澜

努力挽回巨大的波浪。原比喻竭力控制异端邪说。后比喻竭力挽救险恶的局势或衰颓的风气。△清·丘逢甲《村居书感次崧甫韵》二："乾坤苍莽正风尘，力挽狂澜仗要人。"

【出处】韩愈《进学解》："障百川而东之，回狂澜于既倒。"

面目可憎

面貌令人憎恶。△清·文康《儿女英雄传》七："那穿红的女

849

子见他这等的语言无味，面目可憎，那怒气已是按纳不住。"

【出处】韩愈《送穷文》："凡所以使吾面目可憎，语言无味者，皆子之志也。"

冥顽不灵

冥顽：糊涂顽固。糊涂顽固，不明事理。△郭沫若《少年时代·反正前后》："他现在带领大兵前来，假使川人还是冥顽不灵，敢于上抗王命，他要剿灭四川。"

【出处】韩愈《祭鳄鱼文》："不然则是鳄鱼冥顽不灵，刺史虽有言，不闻不知也。"

默默无闻

默默：无声无息的样子；无闻：不为人所知。形容人没有名气。△《鲁迅书信集·致章廷谦》："鼻公近来颇默默无闻，然而无闻，则教授做稳矣。"

【出处】韩愈《与祠部陆员书》："自后主司不能信人，人亦无足信者，故蔑蔑无闻。"蔑蔑：隐而不露的样子。

牛溲马勃

牛溲：车前草；马勃：一种菌类植物。泛指微贱而有用的东西。△清·曾朴《续孽海花》四二："人参甘草未必一定能去病，到是牛溲马勃，有时可以收效。"

【出处】韩愈《进学解》："牛溲马勃，败鼓之皮，俱收并蓄。"

呕出心肝

把心、肝都吐了出来。形容费尽心思。△明·黄淳耀《哭闵裴村》："一卷残诗终在手，心肝呕出欲遗谁？"

【出处】韩愈《送穷文》："磨肌戛骨，吐出心肝。"

铺张扬厉

铺张：铺叙渲染；扬厉：宣扬扩大。原形容张大其事，竭力宣扬。后形容过分铺张，讲究排场。△1.清·曾朴《孽海花》二四："上回南北会操的时候，威毅伯的奏报也算得铺张扬厉了……"2.清·吴趼人《二十年目睹之怪现状》二一："你看他一到任时，便铺张扬厉的，要办这个，办那个……"

【出处】韩愈《潮州刺史谢上表》："铺张对天之闳休，扬厉无前之伟绩。"

弃旧图新

图：图谋。抛弃旧的，谋求新的。△毛泽东《中国共产党在民族战争中的地位》："共产党员对于在工作中犯过错误的人们，除了不可救药者外，不是采取排斥态度，而是采取规劝态度，使之翻然改进，弃旧图新。"

【出处】韩愈《上宰相书》："忽将弃旧而新是图。"

敲金戛玉

戛：轻轻地敲打。敲打金、玉。比喻诗文音调铿锵，节奏和谐。△清·蒲松龄《聊斋志异·八大王》："雅谑则飞花粲齿，高吟则戛玉敲金。"

【出处】韩愈《代张籍与李浙东书》："阁下凭几而听之，未必不如听吹竹弹丝，敲金击石也。"

秦越肥瘠

秦：春秋时代的秦国，在今陕西；越：春秋时代的越国，在今浙江；瘠：瘦弱。秦国人是胖是瘦，与越国人无关。比喻疏远隔绝，各不相关。△清·李绿园《歧路灯》

八九："兄弟伯侄，真成了秦越肥瘠，何以对叔大人于幽冥？"

【出处】韩愈《争臣论》："视政之得失，若越人视秦人之肥瘠，忽焉不加喜戚于其心。"

群空冀北

冀北的马群，被伯乐挑选一空。比喻人才被选拔一空。△清·查慎行《周策铭前辈雪后……奉酬》三："地异终南非捷径，群空冀北已多时。"

【出处】韩愈《送温处士赴河阳军序》："伯乐一过冀北之野，而马群遂空。"

如愿以偿

偿：满足。像自己所希望的那样得到了满足。形容愿望得到实现。△清·李伯元《官场现形记》四六："后来巴祥甫竟其如愿以偿，补授临清州缺。"

【出处】韩愈《新修滕王阁记》："倘得一至其处，窃寄目偿所愿焉。"

入主出奴

以崇信的学说为主人，以排斥的学说为奴才。形容学术上的宗派主义。△清·章学诚《文史通义·知难》："有殊致，则入主出奴，党同伐异之弊出矣。"

【出处】《原道》："入者主之，出者奴之。"

弱肉强食

动物中，弱者的肉是强者的食物。后比喻弱者被强者欺压、吞并。△老舍《四世同堂》七九："假若被侵略的不去抵抗，不去打死侵略者，岂不就证明弱肉强食的道理是可以畅行无阻，而世界上再没有什么正义可言了么？"

【出处】韩愈《送浮屠文畅师序》："弱之肉，强之食。"

【辨正】一说，语出明·刘基《秦女休行》："有生不幸遭乱世，弱肉强食宜无诛。"这里是流，不是源。

丧心病狂

丧心：丧失正常心理；病狂：疯病。形容人丧失理智，像发了疯一样。△宋·谢采伯《密斋笔记》一引《国史·秦桧传》："公不丧心病狂，奈何一旦为此！"

【出处】韩愈《释言》："狂惑丧心之人，蹈河而入火，妄言而詈骂。"

深居简出

简：少。原指野兽住在深密的地方，很少外出。后形容人经常呆在家里，很少出门。△清·李伯元《文明小史》五七："这位制台……平时没有紧要公事不轻易见人，而况病了这一场，更是深居简出。"

【出处】韩愈《送浮屠文畅师序》："夫兽深居而简出。"

神施鬼设

神和鬼放置的。比喻技巧精妙。△宋·胡仔《苕溪渔隐丛话前集》一一："细味杜诗，皆于古人语句补缀为诗，平稳妥帖，若神施鬼设。"

【出处】韩愈《贞曜先生墓志铭》："神施鬼设，间见层出。"

圣经贤传

圣经：圣人写的书；贤传：贤人阐释圣经的书。后泛指儒家的代表性著作。△宋·杨万里《题临川李子经文稿》："圣经贤传紧关津，骚客诗人妙斧斤。"

【出处】韩愈《答殷侍御书》："圣经贤传，屏而不省。"

食不下咽

吃不下东西。多形容心事沉重，没有食欲。△宋·张九成《辛未闰四月即事》一："如闻失一士，每食不下咽。"

【出处】韩愈《张中丞传后叙》："虽食，且不下咽。"

手不停挥

不停地挥笔书写。△明·冯梦龙《警世通言》九："李白……向五花笺上，手不停挥，须臾草就吓蛮书。"

【出处】韩愈《进学解》："手不停披于百家之编。"披：翻阅。

耸肩缩背

耸着肩膀，弯着脊背。形容恐惧的情状。后也形容怕冷的样子。△明·兰陵笑笑生《金瓶梅词话》九三："冻得耸肩缩背，战战兢兢。"

【出处】韩愈《送穷文》："毛发尽竖，竦肩缩颈。"

啼饥号寒

因饥饿、寒冷而哭叫。形容生活极贫困。△清·王晫《今世说·七贤媛》："值岁凶，啼饥号寒。"

【出处】韩愈《进学解》："冬暖而儿号寒，年丰而妻啼饥。"

痛定思痛

定：平定。悲痛的心情平定之后，回想当时的痛苦。△清·高鹗《红楼梦》八二："一时痛定思痛，神魂俱乱。"

【出处】韩愈《与李翱书》："如痛定之人，思当痛之时。"

头童齿豁

童：秃。头顶秃了，牙齿缺了。形容衰老的样子。△清·曾朴《孽海花》二〇："你们想本朝的宰相，就是军机大臣，做到军机的，谁不是头童齿豁？那有少年当国的理！"

【出处】韩愈《进学解》："头童齿豁，竟死何裨？"

投闲置散

置：放。投放到闲散的位置上。指安排无关紧要的职务或有职无权的工作。△清·吴趼人《痛史》一："不比那失位的昏君……不过封他一个归命侯，将他投闲置散罢了。"

【出处】韩愈《进学解》："投闲置散，乃分之宜。"

文从字顺

文字通顺。△《鲁迅书信集·致姚克》："词、曲之始，也都文从字顺，并不艰难，到后来，可就实在难读了。"

【出处】韩愈《南阳樊绍述墓志铭》："文从字顺各识职。"

文恬武嬉

恬：恬适；嬉：嬉戏。文官恬适，武官嬉戏。形容官吏偷安享乐，不关心国事。△宋·宗泽《乞回銮疏》："太平之久，文武恬嬉，狃于骄淫矜夸，忘战守之备。"

【出处】韩愈《平淮西碑》："相臣将臣，文恬武嬉，习熟见闻，以为当然。"

问道于盲

向盲人问路。比喻向无知的人请教。△清·吴敬梓《儒林外史》八："但只问着晚生，便是'问道于盲'了。"

【出处】韩愈《答陈生书》："借听于聋，求道于盲。"

细大不捐

细：小；捐：舍弃。小的大的都不舍弃。形容内容详尽，没有遗漏。△元·王恽《胙城县庙学记》："本末具备，细大不捐。"

【出处】韩愈《进学解》："贪多务得，细大不捐。"

下井投石

见人掉到井里，不但不搭救，反而向井里扔石头。比喻乘人之危，打击陷害。△清·李伯元《官场现形记》一二："他一见宪眷比从前差了许多，晓得其中一定有人下井投石，说他的坏话。"

【出处】韩愈《柳子厚墓志铭》："落陷阱，不一引手救，反挤之，又下石焉者，皆是也。"

先睹为快

以先看到为愉快。△《鲁迅书信集·致曹靖华》："木刻望即寄下，因为弟亦先睹为快也。"

【出处】韩愈《与少室李拾遗书》："若景星凤皇之始见也，争先睹之为快。"

形单影只

只：独。一个形体，一个影子。形容孤独，没有伴侣。△明·范受益《寻亲记·遣役》："形单影只，凄凉已极。"

【出处】韩愈《祭十二郎文》："两世一身，形单影只。"

休养生息

休养：恢复并发展国力、民力；生息：繁殖人口。指在动乱之后发展生产和增加人口。△明·归有光《送同年李观甫之任江浦序》："如江浦者，尤宜休养生息之者也。"

【出处】韩愈《平淮西碑》："高宗中睿，休养生息。"

秀出班行

班行：同辈人。才识或品貌优秀，超出了同辈人。△清·袁枚《答梁瑶峰司农》："常州新拔贡生殷杰，少年好学，秀出班行，受业于枚久矣。"

【出处】韩愈《唐故江南西道观察使赠左散骑常侍太原王公神道碑铭》："秀出班行，乃动帝目。"

秀外慧中

外貌秀丽，内心聪慧。△清·蒲松龄《聊斋志异·香玉》："卿秀外慧中，令人爱而忘死。"

【出处】韩愈《送李愿归盘谷序》："曲眉丰颊，清声而便体，秀外而惠中。"

袖手旁观

把手笼在袖子里，在一旁观看。比喻置身事外，不加过问。△明·罗贯中《三国演义》四六："我等皆是他部下，不敢犯颜苦谏：先生是客，何故袖手旁观，不发一语？"

【出处】韩愈《祭柳子厚文》："巧匠旁观，缩手袖间。"

【辨正】一说，语出宋·苏轼《朝辞赴定州论事状》："弈棋者胜负之形，虽国工有所不尽，而袖手旁观者常尽之。"这里是流，只把韩文的"巧匠旁观，缩手袖间"变成了四字格。

虚张声势

张扬虚假的声威和气势。△明·罗贯中《三国演义》四九："他见烟起，将谓虚张声势，必然

中华成语探源

中华国学精粹

典藏珍本

投这条路来。"

【出处】韩愈《论淮西事宜状》："自保无暇，虚张声势，则必有之。"

旋乾转坤

乾、坤：在八卦中代表天、地。扭转天地的位置。比喻根本改变局面。也形容人的魄力极大。△清·曾朴《续孽海花》四三："只有请小翁于暗中指挥，吾辈合力听从进行，或可旋乾转坤。"

【出处】韩愈《潮州刺史谢上表》："陛下即位以来，躬亲听断，旋乾转坤。"

雪虐风饕

虐：残暴；饕：贪婪。形容雪大风狂。△宋·陆游《雪中寻梅》诗："幽香淡淡影疏疏，雪虐风饕亦自如。"

【出处】韩愈《祭河南张员外文》："岁弊寒凶，雪虐风饕。"

摇尾乞怜

形容狗摇着尾巴讨主人喜欢的样子。比喻人用卑贱的态度讨取别人的欢心。△明·施耐庵《水浒传》七〇："你等造下弥天大罪……今日却来摇尾乞怜，希图逃脱刀斧。"

【出处】韩愈《应科目时与人书》："若俯首帖耳，摇尾而乞怜者，非我之志也。"

一举成名

一举：一次行动。一次行动就成了名。△明·冯梦龙《醒世恒言》二八："候至开科，至京应试，一举成名，中了进士。"

【出处】韩愈《唐故国子司业窦公墓志铭》："公一举成名而东。"

一视同仁

以同样的仁爱之心，一律看待。后形容不分厚薄，同样看待。△明·冯梦龙《警世通言》一八："只是有件毛病，爱少贱老，不肯一视同仁。"

【出处】韩愈《原人》："是故圣人一视而同仁。"

异曲同工

工：工巧。曲调不同，却同样工巧。原比喻风格情调不同，却都有高深的造诣。后多比喻不同的说法或做法，收到了同样的效果。

△清·冯镇峦《〈聊斋志异·蛇人〉评》："此等题……与柳州《捕蛇者说》异曲同工。"

【出处】韩愈《进学解》："子云、相如，同工异曲。"

蝇营狗苟

像苍蝇一样钻营，像狗一样苟且求活。比喻人不顾廉耻地到处钻营。△鲁迅《华盖集·十四年的"读经"》："无论怎样……蝇营狗苟，都不要紧，经过若干时候，自然被忘得干干净净……"

【出处】韩愈《送穷文》："蝇营狗苟，驱去复还。"

语焉不详

说得不详细。△鲁迅《准风月谈·野兽训练法》："施威德讲演之后，听说还有余兴，如'东方大乐'及'踢毽子'等，极上语焉不详，无从知道底细了……"

【出处】《原道》："荀与扬也，择焉而不精，语焉而不详。"

杂乱无章

章：条理。又杂又乱，没有条理。△《鲁迅书信集·致杨霁云》："前见其所刻书目，真是'杂乱无章'，有用书亦不多……"

【出处】韩愈《送孟东野序》："其为言也，杂乱而无章。"

崭露头角

崭：高峻。高高地显露出头和角。比喻突出地显示出非凡的气概和才华。△茅盾《"战时景气"的宠儿——宝鸡》："宝鸡，陕西省的一个不甚重要的小县，战争使它崭露头角。"

【出处】韩愈《柳子厚墓志铭》："能取进士第，崭然见头角。"

朝齑暮盐

齑：腌菜。早晨用咸菜下饭，晚上用盐下饭。形容饮食简单、生活清苦。△清·钱谦益《秦母钱太宜人墓志铭》："太宜人朝齑暮盐，黾勉佽助。"

【出处】韩愈《送穷文》："太学四年，朝齑暮盐。"

众目睽睽

睽睽：睁大眼睛注视。大家都睁大眼睛注视着。形容群众关切地期待着或严密地监视着。△朱自清

中华成语探源

中华国学精粹

典藏珍本

《桨声灯影里的秦淮河》："在众目睽睽之下，这两种思想在我心里最为旺盛。"

【出处】韩愈《郓州溪堂诗》："公私扫地赤立，新旧不相保持，万目睽睽。"

自以为得计

自己以为计谋得逞了。△鲁迅《南腔北调集·辱骂和恐吓决不是战斗》："当时曾有人评我为'封建余孽'，其实捧住了这样的题材，欣欣然自以为得计者，倒是十分'封建的'的。"

【出处】韩愈《柳子厚墓志铭》："此宜禽兽夷狄所不忍为，而其人自视以为得计。"

坐井观天

坐在井底看天。比喻眼界狭窄，见识不广。△明·吴承恩《西游记》一六："我弟子虚度一生，山门也不曾出去，诚所谓'坐井观天'，樗朽之辈。"

【出处】韩愈《原道》："坐井而观天，曰天小者，非天小也。"

班门弄斧

班：鲁班，我国古代著名的木匠；弄：摆弄。在鲁班门前摆弄斧头。比喻在行家面前卖弄本领。△明·罗贯中《三国演义》一一三："吾受武侯所传密书……今搠吾斗阵法，乃'班门弄斧'耳。"

【出处】柳宗元《王氏伯仲唱和诗序》："操斧于班、郢之门。"

背道而驰

朝相反的方向奔驰。比喻方向、目标完全相反。△毛泽东《新民主主义的宪政》："这个宪政运动的方向，决不会依照顽固派所规定的路线走去，一定和他们的愿望背道而驰……"

【出处】柳宗元《杨评事文集后序》："其余各探一隅，相与背驰于道者，其去弥远。"

掉以轻心

以轻率的态度对待。形容漫不经心，不当一回事。△清·刘坤一《奏疏》三〇："臣受恩深重，职守攸关，断不敢掉以轻心，稍存大意。"

【出处】柳宗元《答韦中立论师道书》："故吾每为文章，未尝敢以轻心掉之。"

汗牛充栋

汗牛：用牛运送时，牛累得出了汗；充栋：堆满了屋子。形容书极多。△郭沫若《沸羹集·谢陈代新》："世间人存心歪曲历史，存心歪曲别人的思想和著作的所谓著作正是汗牛充栋。"

【出处】柳宗元《唐故给事中皇太子侍读陆文通先生墓表》："其为书，处则充栋宇，出则汗牛马。"

好事之徒

徒：对人的蔑称。喜欢多事的人。△鲁迅《伪自由书·后记》："可是中国真也还有好事之徒，竟有人不怕中暑的跑到真茹的'望岁小农居'这洋楼底下去请教他了。"

【出处】柳宗元《三戒·黔之驴》："黔无驴，有好事者船载以入。"

鸡犬不宁

连鸡和狗都得不到安宁。形容骚扰得十分厉害。△清·曾朴《孽海花》二六："不放她出去，她又闹得你天翻地覆，鸡犬不宁，真叫我为难。"

【出处】柳宗元《捕蛇者说》："哗然而骇者，虽鸡狗不得宁焉。"

锦心绣口

比喻文思优美，辞藻华丽。△清·曹雪芹《红楼梦》四九："我们这会子腥的膻的大吃大嚼，回来却是锦心绣口。"

【出处】柳宗元《乞巧文》："骈四骊六，锦心绣口。"

林林总总

形容众多的样子。△明·朱之瑜《忠孝辩》："举天下林林总总，夫非尽人之子与？然何以孝子如晨星，不可多得也？"

【出处】柳宗元《贞符》："惟人之初，总总而生，林林而群。"

南征北战

形容转战南北，经历了不少战斗。△宋·李焘《续资治通鉴长编·太祖开宝元年》："南征北战，今其时也，愿闻成算所向。"

【出处】柳宗元《封建论》："雄南征北伐之威。"

庞然大物

庞然：大的样子。原指体形很大的动物。后泛指体积或规模很大的东西。△曹禺《日出》："潘月亭——一块庞然大物，裹着一身绸缎。"

【出处】柳宗元《三戒·黔之驴》："虎见之，庞然大物也，以为神。"

黔驴技穷

黔：贵州；穷：尽。运到黔的驴，只会用蹄子踢，这仅有的一点本领用尽了。比喻仅有的本领用尽了。△明·朱之瑜《答王师吉书》："特恐黔驴技尽，为诸亲幺羞耳。"

【出处】柳宗元《三戒·黔之驴》："驴不胜怒，蹄之。虎因喜，曰：'技止此耳！'"

蜀犬吠日

蜀地多阴雨，狗很少见到太阳，出太阳就叫。比喻少见多怪。△清·程允升《幼学琼林》一："蜀犬吠日，比人所见甚稀。"

【出处】柳宗元《答韦中立论

师道书》："仆往闻庸蜀之南，恒雨少日，日出则犬吠。"

以售其奸

售：施展。用来施展他的奸计。△清·青山山农《红楼梦广义》："袭人善事宝玉，宝钗善结袭人，同恶相济，以售其奸。"

【出处】柳宗元《送娄图南秀才游淮南将入道序》："偷一旦之容以售其伎。"伎：伎俩。

避重就轻

指避开繁重任务而挑选轻松任务。也指回避重要问题，只谈无关紧要的事情。△清·高鹗《红楼梦》一〇二："恐怕将来弄出大祸，所以借了一件失察的事情参的，倒是避重就轻的意思，也未可知。"

【出处】陆贽《论情不替凤翔节度使李楚琳状》："其远疑也，则就轻而避重。"

促膝谈心

促膝：膝盖靠着膝盖，形容坐得很近，坐在一起谈知心话。△清·吴敬梓《儒林外史》一〇：

"意欲借尊斋，只须一席酒，我四人促膝谈心，方才畅快。"

【出处】田颖《揽云台记》："不过十余知音之侣，来则促膝谈心。"

繁文缛节

繁、缛：烦琐；文：仪式；节：礼节。烦琐的仪式和礼节。也比喻烦琐多余的事情。△鲁迅《坟·看镜有感》："不知道南宋比现今如何，但对外敌，却明明已经称臣，惟独在国内特多繁文缛节以及唠叨的碎话。"

【出处】元稹《王永太常博士制》："繁文缛礼，予心懵然。"礼：礼节。

风樯阵马

樯：桅杆，借指船只。乘风疾驶的船只，冲锋陷阵的战马。比喻气势雄壮豪迈。△清·钱谦益《杜弢武全集序》："军书羽檄，汗简错互，风樯阵马，笔墨横飞。"

【出处】杜牧《李贺集序》："风樯阵马，不足为其勇也。"

改弦易辙

易：改变；辙：车轮印迹，借指行车的道路。更换乐器上的弦，改变行车的道路。比喻改变做法或态度。△清·李伯元《官场维新记》一："其平日轻量外国人的识见，变做了崇拜外国人的热诚，想要从此改弦易辙，真心实意的做一番维新事业。"

【出处】白居易《王公亮可商州刺史制》："不宜改弦而易辙。"

【辨正】一说，语出《野客丛书·张杜皆有后》："使其子孙改弦易辙。"《野客丛书》是宋代王楙的著作，晚于唐代。当以唐文为源。

感人肺腑

肺腑：比喻内心。使人内心受到感动。△清·李伯元《官场现形记》一八："过道台……又想起刚才相待的情形，竟是感深肺腑，一心一意想要竭力报效。"

【出处】刘禹锡《唐故相国李公集纪》："感人肺肝，毛发皆耸。"

各抒己见

抒：发表。每个人都发表自己的意见。△清·李汝珍《镜花缘》

七四：“据我主意，何不各抒己见，出个式子，岂不新鲜些？”

【出处】李翱《陵庙日时朔祭议》：“先儒……各伸己见。”伸：申述。

沽名钓誉

沽：买，借指谋取；钓：借指猎取。谋取名声，猎取荣誉。形容使用手段取得名誉。△清·李伯元《官场现形记》四一：“该绅等率为禀请保留原任，无非出自该牧贿属，以为沽名钓誉地步。”

【出处】孙樵《逐痁鬼文》：“克己沽名，饰情钓声。”声：声誉。

化险为夷

夷：平。原指把险阻变为平坦的道路。后形容变危险为平安。△郭沫若《革命春秋·南昌之一夜》：“但我们这一次是化险为夷了，虽然费了一些周折。”

【出处】韩云卿《平蛮颂序》：“化险阻为夷途。”

欢声雷动

欢呼的声音像打雷一样。形容热烈欢呼的场面。△清·吴敬梓《儒林外史》三七：“见两边百姓，扶老携幼，挨挤着来看，欢声雷动。”

【出处】令狐楚《贺赦表》：“欢声雷动，喜气云腾。”

积劳成疾

由于长期劳累而得了病。△清·李汝珍《镜花缘》五：“昨在剑南剿灭倭寇，颇为出力，现在积劳成疾。”

【出处】陆贽《李澄赠司空制》：“带甲临戎，连年野处，积劳而瘁。”瘁：病。

锦囊佳句

囊：口袋。唐代诗人李贺，每天清晨背着一只锦囊出门，想到好诗句，就写下来放到锦囊里面。后形容诗文做得极好。△清·沈复《游生六记·闺房记乐》：“索观诗稿，有仅一联，或三四句，多未成篇者……余戏题其签曰：‘锦囊佳句’。”

【出处】李商隐《李贺小传》：“每旦日出……背一古破锦囊，遇有所得，即书投囊中。”

经文纬武

以文为经，以武为纬。形容文才武功齐备。△清·蔡元放《东周列国志》二四："谷于菟既长，有安民治国之才，经文纬武之略。"

【出处】许敬宗《定宗庙乐议》："经文纬武，敢有寄于名言。"

脍炙人口

脍：细切的肉；炙：烤肉。人人爱吃美味的肉。比喻人人称赞好的诗文。后也泛指人人称赞美好的事物。△1.鲁迅《热风·高老夫子》："但自从他在《大中日报》上发表了《论中华国民皆有整理国史之义务》这一篇脍炙人口的名文……之后，就觉得黄三一无所长，总有些下等相了。"2.郭沫若《学生时代·到宜兴去》："我可以去看看热闹过的痕迹，也可以观赏些脍炙人口的江南风光……"

【出处】林嵩《周朴诗集序》："一篇一咏，鲙炙人口。"鲙：脍。

【辨正】一说，语出《唐摭言》一〇："李涛篇咏甚著……皆脍炙人口。"《唐摭言》的作者是唐末五代之际的王定保，成书于五代，略晚于晚唐的林嵩。当以林嵩文为源。

老成持重

老成：阅历多，做事稳重；持重：谨慎、稳重。形容人阅历丰富，举止稳重。△清·刘鹗《老残游记》一："幸而尚有几个老成持重的人，不然，这船覆的更快了。"

【出处】常衮《授郭晞左散骑常侍制》："以少年之才雄，有老成之持重。"

【辨正】一说，语出清·魏善伯《留侯论》："老成持重，坐靡岁月。"这里显然是流，不是源。

雷厉风行

厉：猛烈；行：流动。像打雷一样猛烈，像刮风一样流动。比喻声势猛烈，行动迅速。△明·凌濛初《二刻拍案惊奇》二六："且说李御史到了福建，巡行地方，祛蠹除奸，雷厉风行，且是做得利害。"

【出处】李观《古受降城铭序》："云挠雷厉，风行川浮。"

【辨正】一说，语出《新唐

中华成语探源

中华国学精粹

典藏珍本

书·韩愈传》："关机阖开，雷厉风飞。"《新唐书》的作者是宋代欧阳修。当以唐文为源。

鳞集麇至

鳞：借指鱼；麇：獐子。像鱼一样聚集，像獐子一样到来。比喻成群结队地到来。△清·李来泰《宋泰伯公文集原叙》："远近生徒聚而讲贯者，几于鳞集麇至。"

【出处】贾至《旌儒庙颂》："怀书捧檄者鳞集麇至。"

六月飞霜

指上天被感动，在炎热的农历六月下了霜。冤狱的代称。△清·陈森《品花宝鉴》四四："这一哭真有三年不雨之冤，六月飞霜之惨。"

【出处】张说《狱箴》："匹夫结愤，六月飞霜。"

扪心自问

扪：摸。摸着胸口问自己。表示自我反省。△宋·宋祁《学舍昼上》诗："扪心自问何功德，五管支离治缮人。"

【出处】钱珝《为王相公让加司空表》："扪心自省，沾背不遑。"省：反省。

牛鬼蛇神

牛鬼：地狱里的牛头鬼；蛇神：古代传说中的蛇精。原比喻虚幻怪诞。后多比喻丑恶的人或事物。△1.清·高鹗《红楼梦》八二："肚子里原没有什么，东拉西扯，弄的牛鬼蛇神，还自以为奥博。"2.清·刘鹗《老残游记续集》二："倒是做生意的人还顾点体面，若官幕两途，牛鬼蛇神，无所不有！"

【出处】杜牧《李贺集序》："鲸呿鳌掷，牛鬼蛇神，不足为其虚荒诞幻也。"鲸呿：鲸鱼张嘴；鳌掷：海龟跳跃。

拍案叫绝

案：桌子；绝：绝妙，奇妙。拍着桌子叫好。△清·曾朴《孽海花》一三："拜读一遍，真大大吃惊……于是就拍案叫绝起来。"

【出处】田颖《博浪沙行序》："不禁拍案呼奇。"奇：奇妙。

萍水相逢

萍：浮萍。浮萍随水漂动，偶然聚在一起。比喻素不相识的人偶然相遇。△明·冯梦龙《警世通言》二一："俺与你萍水相逢，出身相救，实出恻隐之心，非贪美丽之貌。"侧：恻。

【出处】王勃《秋日登洪府滕王阁饯别序》："萍水相逢，尽是他乡之客。"

气冲牛斗

牛斗：二十八宿中的牛宿和斗宿，借指夜空。光气冲上夜空。原形容宝剑的光华。后比喻豪气昂扬。也比喻怒气冲天。△1.元·李俊明《瑞鹤仙》词："功名落谁后，醉归来马上，气冲牛斗。"2.明·罗贯中《三国演义》八三："兴见马忠是害父仇人，气冲牛斗，举青龙刀望忠便砍。"

【出处】杨炯《杜袁州墓志铭》："宝剑之沉，夜气冲于牛斗。"

气壮山河

气：气概；壮：雄壮豪迈。气概像高山大河那样雄壮豪迈。△清·顾亭林《文武臣死节纪》："或慷慨捐躯，或从容就义，此皆忠并日月，气壮山河。"

【出处】张说《洛州张司马集序》："族高辰象，气壮河山。"

前仆后继

仆：向前跌倒。原指前后相继跌倒。后形容前面的人倒下了，后面的人跟着冲上去，英勇奋斗，不怕牺牲。△清·秋瑾《吊吴烈士樾》诗："前仆后继人应在，如君不愧轩辕孙！"

【出处】孙樵《祭梓潼帝君文》："跛马愠仆，前仆后踣。"踣：跌倒。

人杰地灵

人物杰出，地方灵秀。指杰出人物出生或到过的地方成为名胜之地。△清·李汝珍《镜花缘》七一："古人云：'人杰地灵。'人不杰，地安得灵？"

【出处】王勃《秋日登洪府滕王阁饯别序》："人杰地灵，徐孺下陈蕃之榻。"

忍辱偷生

偷生：苟且地活着。忍受着耻辱，苟且地活着。△明·罗贯中《三国演义》八："妾恨不即死，止只未与将军一诀，故且忍辱偷生。"

【出处】陈子昂《为人谢放

父罪表》：“忍垢偷生，克躬自励。”垢：耻辱。

如水赴壑

赴：到……去；壑：山沟。好像水往山沟里流。比喻向所景仰的人或所向往的目标靠近。△宋·袁甫《论流民札子》：“斩木揭竿，皆劲兵也；群起附和，如水赴壑。”

【出处】李观《与处州李使君书》：“开阁延士，如水赴壑。”

伤心惨目

形容所看见的情景凄惨，使人心里悲伤。△《鲁迅书信集·致曹白》：“可惜我也无处可走，到处是伤心惨目，走起来并不使我愉快。”

【出处】李华《吊古战场文》：“伤心惨目，有如是耶！”

审时度势

审：仔细观察；时：时局；度：估计；势：形势。仔细观察时局，估计形势的发展变化。△毛泽东《论持久战》八七：“灵活，是聪明的指挥员，基于客观情况，‘审时度势’……而采取及时的和

恰当的处置方法的一种才能，即是所谓‘运用之妙’。”

【出处】吕温《诸葛武侯庙记》：“未能审时定势，大顺人心。”定：判断。

盛筵难再

筵：古人铺在地上的坐席，借指宴会。盛大的宴会很难再有。后比喻美好的光景不可多得。△清·吴曹直《多丽》词：“花如识，盛筵难再，也合潸然。”

【出处】王勃《秋日登洪府滕王阁饯别序》：“胜地不常，盛筵难再。”

耸人听闻

耸：使人吃惊。使人听了吃惊。△清·汪师韩《诗学纂闻》：“闲官之挫折，无足重轻，不足耸人听闻。”

【出处】白居易《田布赠右仆射制》：“耸动人听，蠹伤我怀。”蠹：伤痛的样子。

天造地设

天制造的，地设置的。形容自然形成而又合乎理想。也形容配合得当。△1.宋·陆游《南园记》：

"西湖之水汇于其下，天造地设，极山湖之美。"2.清·曾朴《孽海花》七："怎么这个天造地设、门当户对的女貌郎才，你们倒想不到？"

【出处】田颖《向道堂后园记》："几若天造地设。"

【辨正】一说，语出宋徽宗《艮岳记》："真天造地设，神谋化力。"宋代晚于唐代，当以唐文为源。

通情达理

通、达：懂得。懂得人情事理。△明·董说《后西游记》一二："还是这位师兄通情达理，请坐奉茶。"

【出处】白居易《为人上宰相书》："则天下通情达识之士，得不比肩而至乎？"达识：有见识。

同归于尽

归：返回；尽：完，没有。一同化为乌有。形容一同死亡，一同消灭。△老舍《四世同堂》八四："我是视死如归，只求快快的与敌人同归于尽。"

【出处】独孤及《祭吏部元郎中文》："夫彭祖、殇子，同归于尽。"

投笔从戎

投：扔；从：参加；戎：军队。扔下笔，参加军队。指文人从军。△清·曾朴《孽海花》二五："你道珏斋为何安安稳稳的抚台不要做，要自告奋勇去打仗呢？虽出于书生投笔从戎的素志……还有一段小小的考古轶史。"

【出处】陈子昂《为金吾将军陈令英请免官表》："始年十八，投笔从戎。"

喜新厌旧

喜欢新的，厌弃旧的。多指爱情不专一。也指对事物的好恶态度不同。△清·文康《儿女英雄传》二七："不怕你有喜新厌旧的心肠，我自有换斗移星的手段。"

【出处】陆贽《论朝官阙员及刺史等改转伦序状》："时俗常情，乐新厌旧。"

心旷神怡

旷：开阔；怡：愉快。心境开阔，精神愉快。△清·吴敬梓《儒林外史》一四："马二先生心旷神怡，只管走了上去。"

【出处】田颖《博浪沙行

序》："已为心旷神怡。"

【辨正】一说，语出宋·范仲淹《岳阳楼记》："登斯楼也，则有心旷神怡。"宋代晚于唐代，当以唐文为源。

心领神会

心神领会。形容不待明说而心里领会。△清·李伯元《官场现形记》一七："正钦差听了，别的还不在意，倒于这个'只拉弓不放箭'两句话，着实心领神会。"

【出处】田颖《游雁荡山记》："彼已心领神会。"

循环往复

循环：周而复始。形容周而复始，反复不断。△清·章学诚《文史通义·说林》："风尚所趋，循环往复，不可力胜。"

【出处】李华《祭亡友故扬州功曹萧公文》："循环往复，何日忘此。"

牙牙学语

牙牙：象声词。形容婴儿学说话。△亦舒《流金岁月》："孩子正牙牙学语，打扮得似洋娃娃，见了南孙叫妈妈妈妈。"

【出处】司空图《障车文》："二女则牙牙学语，五男则雁雁成行。"

扬眉吐气

扬起眉毛，吐出积在胸中的郁闷之气。形容被压抑的心情得到舒展而感到畅快。△老舍《四世同堂》六四："即使她死不了，他们也必弄掉她的所长，使她不再扬眉吐气。"

【出处】李白《与韩荆州书》："不使白扬眉吐气、激昂青云耶？"

养精蓄锐

锐：锐气。养足精神，积蓄锐气。指休息保养，积蓄力量。△明·罗贯中《三国演义》三四："且待半年，养精蓄锐，刘表、孙权可一鼓而下也。"

【出处】符载《上已日陪刘尚书宴集北池序》："观夫水嬉之伦，储精蓄锐。"储：积蓄。

一碧万顷

碧：碧绿；顷：地积单位，一百亩为一顷。一片碧绿，有万顷之多。形容碧绿的水面非常广阔。

△宋·范仲淹《岳阳楼记》："上下天光，一碧万顷。"

【出处】田颖《浩然台诗序》："北望可见长江一碧万顷。"

一挥而就

就：完成。原指一挥动工具，工程就完成了。后形容一动笔就完成了。△明·罗贯中《三国演义》七一："时邯郸淳年方十三岁，文不加点，一挥而就，立石墓侧。"

【出处】杜牧《浙江西道观察使崔郾行状》："云锸雨杵，一挥立就。"立：立刻。

义不容辞

义：道义；容：容许；辞：推辞。从道义上不容许推辞。△老舍《四世同堂》三五："常二爷正在地里忙着，可是救命的事是义不容辞的。"

【出处】岑文本《唐故特进尚书右仆射上柱国虞恭公温公碑》："夫显微阐幽，义不容辞，功高德盛。"

阴错阳差

阴与阳错乱颠倒。原指人伦混乱，道德失常。后形容由于偶然因素造成了差错。△老舍《全家福》三："不管以前的事是怎么阴错阳差，我们今天都要欢天喜地。"

【出处】苏安恒《为魏元忠疏》："神怨鬼怒，阴错阳乱。"乱：错乱。

吟风弄月

弄：玩。吟咏、玩弄以风月等自然景物为题材的诗作。指以风月为题材作诗，抒发闲情逸致。△鲁迅《小品文的危机》："明末的作品虽然比较的颓放，却并非全是吟风弄月，其中有不平，有讽刺，有攻击，有破坏。"

【出处】范传正《唐左拾遗翰林学士李公新墓碑铭》："吟风咏月，席地幕天。"

直抒胸臆

直：直率；抒：表达；胸臆：心里的想法。直率地表达心里的想法。△清·归庄《张公路先生诗集序》："诗诸体皆备，合计千余首，大抵豪迈放逸，一往奔注，直抒胸臆。"

【出处】吕温《道州刺史厅壁后记》："直举胸臆，用为鉴戒。"举：展示。

中华成语探源　典藏珍本　中华国学精粹

众口一词

众多的人说一样的话。形容大家的说法一致。△明·吕坤《呻吟语》下："公论非众口一词之谓也。满朝皆非，而一人是，则公论在一人矣。"

【出处】令狐楚《谢赐冬衣状》三："自臣而下，万口一声。"声：借指言语。

著书立说

从事写作，建立学说。△清·吴敬梓《儒林外史》三五："赐内帑银五百两，将南京元武湖赐与庄尚志著书立说，鼓吹休明。"

【出处】陈黯《诘凤》："以著书立言为事。"言：言论，学说。

走投无路

没有路可逃跑。后形容陷入绝境，找不到出路。△鲁迅《彷徨·祝福》："她真是走投无路了，只好来求老主人。"

【出处】杨谭《兵部奏桂州破西原贼露布》："左右夹攻，飞走无路。"

宋代散文

傲睨一世

睨：斜着眼睛看；世：代。高傲地斜着眼睛观看当代的一切。形容傲慢自负，目空一切。△元·黄溍《跋米南宫帖》："元章负其才气，傲睨一世。"

【出处】高斯得《留赵给事奏札》："傲睨一世，自以人莫能及。"

百口莫辩

莫：不；辩：辩白。即使有一百张嘴也不能辩白。△阿英《晚清文学丛钞·近十年之怪现状》九："牛性此时百口莫辩，坐在那里目定口呆。"

【出处】刘过《建康狱中上吴居父》："虽有百口而莫辨其辜。"辨：辩。

稗官野史

稗官：古代给帝王述说街谈巷议、风俗故事等的官；野史：私家编撰的史书。指记载逸闻琐事的文字。△清·李汝珍《镜花缘》

七〇：“如今我要将这碑记付给文人墨士，作为稗官野史，流传海内。”

【出处】陆游《贺施知院启》：“文辞自力，尚能助稗官野史之传。”

抱恨终天

抱恨：心存恨事；终天：终身，一生。终身心存恨事。△明·罗贯中《三国演义》四一：“今老母已丧，抱恨终天，身虽在彼，誓不为说一谋。”

【出处】洪咨夔《谢庙堂启》：“遽终天而抱恨。”

比比皆是

比比：到处；皆：都；是：这。到处都这样。形容同类事物或情况很多。后泛指为数极多。△清·曹雪芹《红楼梦》二：“上自朝廷，下至草野，比比皆是。”

【出处】包拯《请救济江淮饥民》：“流亡者比比皆是。”

不乏其人

乏：缺少。不缺少这样的人。指有很多这样的人。△鲁迅《朝花夕拾·后记》：“但这种意见，恐怕是怀抱者不乏其人，而且由来已久的……”

【出处】曾协《上张同知书》：“某不敢先，且意阁下之不乏斯人也。”斯：此，这。

不费之惠

惠：恩惠，好处。不用花费就能给人的好处。△清·李汝珍《镜花缘》六三：“如此现成美举，真是不费之惠。”

【出处】刘克庄《兴化军创平粜仓记》：“有常平不费之惠，无社仓取息之谤。”

不分彼此

彼：那。不分那一方和这一方。原指不分亲疏厚薄，视同一律。后多形容关系密切。△清·吕留良《与陈执斋书》：“在某亲疏之谊，亦无分彼此也。”

【出处】陈亮《谢安比王导论》：“号令无所变更，而任用不分彼此。”

不期而然

期：期待；然：这样。没有期待而竟这样。形容出于自然，不待勉强。△清·李伯元《官场现形

871

记》五九："甄学忠此时念到他平日相待情形，不期而然地从天性中流出几点眼泪。"

【出处】郑樵《与景韦兄投宇文枢密书》："以气相合，固有不期然而然者。"

不省人事

省：明白。不明白人事。指失去知觉。后也形容不懂人情世故。△1.清·吴敬梓《儒林外史》三："忽然痰涌上来，不省人事。" 2.明·施耐庵《水浒传》五〇："小妹一时粗卤，年幼不省人事，误犯威颜。"

【出处】汪应辰《与朱元晦》："曰'无事，无事'，寻即不省人事。"

不虚此行

虚：徒然，白白地。没有白走这一趟。指这一趟有所收获。△清·李汝珍《镜花缘》三二："今日又识一字，却是女儿国长的学问，也不虚此一行了。"

【出处】魏了翁《答林知录书》："自谓庶几不虚是行矣。"是：此，这。

不厌其烦

厌：嫌；烦：麻烦。不嫌麻烦。△清·陈确《与吴仲木书》："连日念尊体，复寄此字，求便邮寄慰，想不厌其烦渎也。"

【出处】袁燮《陆宣公论》："贽之告君，不惮其烦。"惮：怕。

不置可否

不说可以，也不说不可以。指不表明态度。△郭沫若《革命春秋·北伐途次》："我……征求德谟的同意，他黑着一个面孔不置可否。"

【出处】汪藻《尚书礼部侍郎致仕赠大中大夫卫公墓志铭》："于政事无所可否。"

不足为凭

凭：凭据。不能够作为凭据。△清·李伯元《官场现形记》五："他的话不足为凭。"

【出处】刘安世《论蔡确作诗讥讪事》六："开具乃委曲苟免之词，不足为凭。"

残圭断璧

圭：一种上尖下方的玉器，古

代王侯举行礼仪时持在手里；璧：一种扁圆形中间有孔的玉器，古人佩带在身上。残破的圭，断裂的璧。比喻虽然残缺却仍很珍贵的东西。又作"残圭断璧"。△元·戴表元《代祭王右军祠堂文》："造意成书，纵言为文，残珪断璧，千古难群。"珪：圭。

【出处】楼钥《跋傅梦良所藏山谷书渔父诗》："此虽仅得三分之一，残圭断璧，要自可宝。"

层出不穷

层出：接连出现；穷：穷尽。接连出现，没有穷尽。形容接连不断地出现。△《鲁迅书信集·致台静农》："此后类此之事，则将层出不穷。"

【出处】叶适《兵权》上："百出而不穷。"

尺椽片瓦

一尺长的椽子，一片瓦。形容建筑物遭受破坏后所剩无几的木料砖瓦。△明·王守仁《地方紧急用人疏》："荒村僻坞，不遗片瓦尺椽。"

【出处】陈亮《重建紫霄观记》："无尺椽片瓦可为庇依，道士结茅以居。"

赤手空拳

赤手：徒手；空拳：原作"空弮"，有弓而无箭。形容手中没有武器。后也形容一无所有。△1.老舍《四世同堂》三五："老人没了主意，日本兵有枪，他自己赤手空拳。"2.《元曲选外编·董秀英花月东墙记》楔子："我如今赤手空拳百事无，父丧家贫不似初，囊箧尽消疏。"

【出处】魏了翁《缴奏奉使复命十事》九"防秋在即，赤手空弮何以应敌？"

从容不迫

从容：镇静，沉着；迫：急促。形容镇静沉着，不慌不忙。△清·曾朴《孽海花》三四："在台上整刷了一下衣服，从容不迫的迈下台来。"

【出处】张守《再论守御并乞豫措置六宫百司府库札子》："庶几简易而不烦，从容而不迫矣。"

从长计议

从长：用较长的时间；计议：商议。用较长的时间商议。表示要慎重考虑，不急于作决定。

△明·施耐庵《水浒传》八九：
"你且与他馆驿内权时安歇，待俺
这里从长计议。"

【出处】蔡襄《请改军法
疏》："并令钤辖都监都同巡检等
司，共从长商量。"

粗茶淡饭

粗茶：粗劣的饮料；淡饭：没
有多少菜肴的饭食。形容粗劣、
简单的饮食。△清·李伯元《官
场现形记》三四："我公公手里
是什么光景？连顿粗茶淡饭也吃
不饱。"

【出处】黄庭坚《四休居士诗
序》："粗茶淡饭饱即休。"

寸草不留

寸草：小草。一根小草也没
留下。原形容遭受天灾的景象。
后比喻斩尽杀绝或焚烧、抢劫一
空。△1.明·冯梦龙《醒世恒言》
二〇："谁想这年一秋无雨，作了
个旱荒，寸草不留。"2.明·凌濛
初《二刻拍案惊奇》六："若不随
顺，将他家寸草不留。"

【出处】楼钥《英老真赞》：
"大地一变，直教寸草不留。"

打破沙锅问到底

问："璺"的谐音，原指陶
瓷器皿的裂痕，借指询问。形容
究根问底。△清·文康《儿女英
雄传》二六："我可也是'打破
沙锅璺到底'，问明白了，我好
去回公婆的话。"

【出处】黄庭坚《拙轩颂》：
"打破沙盆一问。"

大权旁落

重大的权力落到旁人手里。
指有职名的人被架空。△清·李伯
元《官场现形记》五八："现在京
里，很有人说亲家的闲话，说亲家
请了一位洋人做老夫子，大权旁
落，自己一点事不问。"

【出处】高斯得《轮对奏札》：
"遂使众臣争衡，大权旁落。"

大势所趋

大势：整个局势；趋：趋向。
整个局势发展的趋向。△老舍《四
世同堂》九："我这几天不断出
去，真实的消息虽然很少，可是大
致的我已经清楚了大势所趋。"

【出处】陈亮《上孝宗皇帝第
三书》："天下大势之所趋，非人

力之所能移也。"

大势已去

势：局势；去：失去。指有利的形势已经失去，大局已经无可挽回。△清·顾炎武《蒋山佣都督吴公死事略》："所不克者，大势已去，公固无如之何耳。"

【出处】李新《武侯论》："先主失荆州，天下之大势已去矣。"

殚精竭虑

殚、竭：尽。用尽了精力，费尽了心思。△鲁迅《花边文学·商贾的批评》："但这'殚精竭虑用苦工夫去认真创作'出来的学说，和我们只有常识的见解是很不一样的。"

【出处】楼钥《乞东宫官进嘉言善行》："思欲殚智竭虑，以称陛下任使之意。"

洞见底蕴

洞见：清楚地看到；底蕴：详细的内情。清楚地看到事物的详细内情。△元·脱脱《宋史·范祖禹传》："其开陈治道，区别邪正，辨释事宜，平易明白，洞见底蕴。"

【出处】刘克庄《待制徐侍郎神道碑》："拘摧检核，洞见底蕴。"

方兴未艾

方：正；兴：兴盛；艾：停止。正在兴盛阶段，还没有终止。△宋·陈亮《戊申再上孝宗皇帝书》："天下非有豪猾不可制之奸，虏人非有方兴未艾之势。"

【出处】陆佃《太学案问》："太学之道，方兴未艾也。"

丰功伟绩

丰：大。伟大的功勋和业绩。△元·王磐《中书右丞相史公神道碑》："身经百战，伟绩丰功，不可胜纪。"

【出处】包拯《天章阁对策》："睿谋神断，丰功伟绩。"

肝胆相照

把肝和胆拿出来给人看。比喻待人真心诚意。△清·文康《儿女英雄传》一六："我两个一见，气味相投，肝胆相照。"

【出处】文天祥《与陈察院文龙书》："所恃知己，肝胆相照。"

苟且偷安

苟且：得过且过；偷安：只顾眼前的安逸。形容只顾眼前，得过且过。△老舍《四世同堂》四一："难道他就真的在日本人鼻子底下苟且偷安一辈子吗？"

【出处】汪应辰《廷试策》："苟且偷安，昧于远图。"

姑息养奸

姑息：无原则地宽容；养奸：扶植奸邪。无原则地宽容，等于扶植奸邪，助长坏人坏事的发展。△清·昭梿《啸亭杂录》七："深文伤和，姑息养奸，戒之哉！"

【出处】王岩叟《请诏执政裁抑三省人吏侥幸》："容侥幸以养蠹，尚姑息以惠奸。"惠奸：对奸邪有好处。

孤注一掷

孤注：把所有的钱都拿来做赌注；一掷：最后一次掷骰子，以决输赢。指赌徒输急了时拿出所有的钱投注，作最后一搏。比喻危急之时拿出全部力量作最后一次冒险。△清·曾朴《孽海花》三二："无如他被全台的公愤逼迫得没有回旋余地，只好挺身而出，作孤注一掷了。"

【出处】辛弃疾《九议》："'为国生事'之说起焉，'孤注一掷'之喻出焉。"

【辨正】一说，语出《元史·伯颜传》："我宋天下，犹赌博孤注，输赢在此一掷耳。"《元史》的作者是明代宋濂等人。晚于宋代；《伯颜传》所记，为南宋末年至元初之史事，《九议》为南宋初年之文。当以辛文为源。

骨鲠在喉

鲠：鱼骨。鱼骨卡在喉咙里。比喻心里有话没说出来，非常难受。△《鲁迅书信集·致黎烈文》："但近来作文，避忌已甚，有时如骨鲠在喉，不得不吐，遂亦不免为人所憎。"

【出处】李新《上皇帝万言书》："进不得吐，退复鲠其喉而不得下。"

国计民生

计、生：生计。国家和百姓的生计。指国家经济和百姓生活。△清·李伯元《官场现形记》五六："科甲人员文理虽通，但是他们从前中举人，中进士，都是仗着八股、试帖骗得来的，于国计民生毫无关系。"

【出处】郑兴裔《请罢建康行官疏》："国计民生幸甚！"

含糊其辞

含糊：不清楚，不明确；辞：言语。话说得不清楚，意思不明确。△老舍《四世同堂》五五："大家不肯出卖朋友，又不敢替别人担保忠心耿耿，于是只好含糊其辞。"

【出处】袁燮《侍御史赠通议大夫汪公墓志铭》："是非予夺，多含糊其辞。"

挥金如土

挥：散出。花钱像撒泥土一样。原形容极慷慨大方。后形容极挥霍浪费。△清·李伯元《官场现形记》三〇："无奈彼时心高气傲，挥金如土，直把钱财看得不当东西。"

【出处】毛滂《祭郑庭海文》："挥金如土，结客如市。"

回心向善

改变心意，归向善良。△清·李汝珍《镜花缘》一〇："九公此言，真可令人回心向善，警戒不小。"

【出处】任伯雨《论章惇蔡卞》："如卞在朝，人人惴恐，不敢回心向善。"

混淆黑白

混淆：使界限模糊。把黑的和白的混在一起，使人分辨不清。比喻故意制造混乱，使人分辨不清是非。△鲁迅《且介亭杂文二集·再论"文人相轻"》："今年的所谓'文人相轻'，不但是混淆黑白的口号，掩护着文坛的昏暗，也在给有一些人'挂着羊头卖狗肉'的。"

【出处】刘安世《乞罢李常盛陶中丞侍御史之职》："黑白混淆，是非杂糅。"

急起直追

急：速度快。马上行动起来，一直向前追赶。△清·梁启超《说国风》上："日本人最长于模仿性，常以不若人为耻，人之有善，则急起直追之若不及。"

【出处】孙觌《与范丞相书》："急起而趋之，如拯焚救溺。"趋：赶，追。

夹道欢呼

夹道：许多人排列在道路两边。许多人排列在道路两边，欢乐地呼喊。形容欢迎场面。△画面上，李自成骑着高头大马，四周挤满了夹道欢呼的老百姓。

【出处】张守《谢除知福州到任表》："望云仰戴，夹道欢呼。"

家喻户晓

喻：了解，明白；晓：知道。每家都了解，每户都知道。△清·李汝珍《镜花缘》八一："今日之下，其所以家喻户晓，知他为忠臣烈士，名垂千古者，皆由无心而传。"

【出处】楼钥《缴郑熙等免罪》："不可以家喻户晓。"

假仁假义

假：借。假借仁义的名义。后指虚假的仁义。形容伪装的仁慈善良。△明·冯梦龙《新灌园》二六："要感动民心，似草随风，须知汤武可追踪，假仁假义成何用？"

【出处】陈亮《又乙巳春书之二》："必谓其假仁借义以行之。"

假以辞色

假：借；辞色：言辞和神色。借用言辞和神色。形容用好言好语、和颜悦色来对待。△清·吴趼人《二十年目睹之怪现状》四六："不比馆子里当跑堂的，还可以去上馆子，假以辞色，问他底细。"

【出处】陈亮《与章德茂侍郎书》四："门下岂亦以此假之辞色耶！"

今非昔比

昔：从前。现在不是从前所能相比的。形容变化极大，完全改观。△清·李伯元《官场现形记》三五："他总觉得你太尊上海地方面子大……那里晓得今非昔比，呼应不灵。"

【出处】汪应辰《与张魏公》二："今日居外，尤非昔比。"

矜奇炫博

矜：自大；炫：夸耀。以奇异自负，以渊博自夸。△清·王士禛《带经堂诗话》一四："壬子年著书皆杜撰，韩、马特引此以矜奇炫博，非事实也。"

【出处】魏了翁《黄侍郎定胜堂文集序》："虽世之矜奇衒博者，反若有所弗逮。"衒：炫；弗逮：不及。

尽如人意

尽：完全；如：适合。完全合人的心意。△明·海瑞《复毕松坡》："生以五月初四之夕抵上新河，公先月二十六日北上，事之不能尽如人意，恰又如此。"

【出处】刘克庄《李艮翁礼部墓志铭》："安得尽如人意。"安：哪里。

惊魂甫定

魂：心神；甫：刚刚；定：平定。受到惊吓的心神刚刚平定下来。又作"惊魂稍定"。稍：略微。△清·归庄《上吴鹿友阁老书》："逃常久之乃免，迨惊魂稍定，欲求所以全身济世之策。"

【出处】魏了翁《辞免召赴行在状》："今惊魂甫定。"

九死一生

形容经历极大危险而幸存下来。也形容处在危急关头，生命危险。△1.清·曹雪芹《红楼梦》七："你祖宗九死一生挣下这个家业，到如今不但不报我的恩，反和我充起主子来了。"2.清·李汝珍《镜花缘》三六："被国王……毒打、倒吊，种种辱没，九死一生。"

【出处】真德秀《再守泉州劝谕文》："妊娠将免，九死一生。"免：娩。

就事论事

指按照事情本身的情况来评论这件事情。表示撇开根源、后果、影响等因素，只评论事情本身。△老舍《四世同堂》八〇："她不会自动的成为勇敢的、陷阵杀敌的女豪杰……可是就事论事，瑞宣没法不承认她在今天的价值。"

【出处】杨时《荆州所闻》："不止就事论事。"

口诛笔伐

诛：谴责，处罚；伐：讨伐。用嘴和笔进行谴责讨伐。指用言语和文字宣布罪状，进行声讨。△鲁迅《坟·我之节烈观》："于是造出了许多光荣的烈女，和许多被人口诛笔伐的不烈女……"

【出处】陈亮《畏羞于君子》："免笔诛口伐于荜门圭窦之间。"

揆情度理

揆、度：揣测，估量。按照情理揣测估量。△清·张集馨《道咸宦海见闻录》："汝总要揆情度理，巡抚言是则遵之，言不是则不遵。"

【出处】彭龟年《祭陈克斋先生文》："揆情度事，如鉴之明。"事：事理。

狼奔豕突

豕：猪；突：猛冲。像狼一样奔跑，像猪一样冲撞。比喻坏人乱跑乱撞。△清·归庄《击筑余音·重调》："有几个狼奔豕突的燕和赵，有几个狗屠驴贩的奴和盗。"

【出处】吴泳《盖天祐赠成忠郎制》："豕突兽奔，罔有当其锋者。"罔：无。

老气横秋

老气：苍劲的气概；横秋：来势凌厉的秋天。苍劲的气概好像来势凌厉的秋天。原形容老练而自负

的神态。后形容暮气沉沉的样子。△清·吴趼人《二十年目睹之怪现状》七〇："众人……见新人老气横秋的那个样子，便纷纷散去。"

【出处】楼钥《题杨子元琪所藏东坡古木》："槎牙老气横秋。"

老于世故

老：老练；世故：处世经验。在处世经验方面很老练。指富有处世经验。△明·商辂《玺书录序》："熟于政体，老于世故，廉公有为。"

【出处】楼钥《杨惠懿公偶覆谥议》："类老于世故者。"

立功自赎

赎：抵消，弥补。建立功绩来抵消自己的罪过。△明·张岱《马士英传》："大铖……命士英说降方国安，同破金华，立功自赎。"

【出处】石介《上范经略书》："效用以自补，立功以自赎。"

恋恋不舍

恋恋：依恋的样子。形容十分依恋，舍不得离开。△清·曹雪芹

《红楼梦》三〇："宝玉见了他，就有些恋恋不舍的。"

【出处】李之仪《代人与薛金陵小纸二》："恋恋不忍舍去。"

两全其美

全：顾全；美：好。两方面都能顾全的好事。△清·李伯元《官场现形记》五："叫打杂的替他送去，他也乐得省钱，岂不是两全其美？"

【出处】王珪《论苏颂等封还李定辞头札子》："恢天地之度，而与两全之美。"

漫不经心

漫：随便；经心：留心，在意。形容随随便便，不留心，不在意。△鲁迅《两地书·序言》："直到事实给了我教训，我才分明省悟了做今人也和做古人一样难。然而我还是漫不经心，随随便便。"

【出处】陈亮《与徐彦才大谏》："乌能漫不经意于其间！"

美不胜收

胜：能够承受；收：接受。美好的事物多得不能接受。形容美好的事物太多，来不及一一欣赏。△清·曾朴《孽海花》九："还有

一班名士……寄来送行诗词，清词丽句，觉得美不胜收。"

【出处】郑兴裔《请起居重华宫疏》："自古圣帝贤王，史策所载，美不胜书。"

莫名其妙

名：说出；妙：奥妙。无法说出它的奥妙。表示事情很奇怪，使人弄不明白。△《鲁迅书信集·致李霁野》："他们忽云不销，忽云行，莫名其妙。"

【出处】秦观《贺吕相公启》："鉴识莫名其器。"器：器物，东西。

漠然置之

漠然：冷淡的样子；置：放。冷淡地把它放在一边。形容不关心，不重视。△清·钱泳《会稽郡王墓》："故国家有祀祭之典，官吏有防护之册，而为之子孙者岂忍听其荒废不治而漠然置之耶！"

【出处】高斯得《直前奏事》："安可漠然视之。"安：哪；视：看待。

逆来顺受

原指对于逆境坦然承受。后

form容对于粗暴恶劣的待遇顺从、忍受。△清·吴趼人《二十年目睹之怪现状》九三："从前受了主人的骂，无非逆来顺受，此时受骂，未免就有点退有后言了。"

【出处】陈录《善诱文》："逆境常当顺受，动静常付无心。"

气象万千

原形容景色千变万化。后也形容事物千变万化。△清·赵翼《瓯北诗话》五："以十字写塔之高，而气象万千。"

【出处】范仲淹《岳阳楼记》："朝晖夕阴，气象万千。"

恰到好处

形容说话或做事恰好达到最合适的地步。△清·朱庭珍《筱园诗话》一："若真诗，则宜刚宜柔，或大或小，清奇浓淡，因题而施，自无不合乎分际，恰到好处者。"

【出处】何基《与门人张润之书》二："理者，乃事物恰好处而已。"

人才辈出

辈出：成批地连续出现。人才一批又一批地接连出现。△《元史·崔彧传》："得如左丞许衡教国子学，则人才辈出矣。"

【出处】张栻《西汉儒者名节何以不竟》："中世以后，人才辈出。"

人心惶惶

惶惶：恐惧不安的样子。形容人们提心吊胆，恐惧不安。△清·孔尚任《桃花扇》三六："目下围住扬州，史可法连夜告急，人心皇皇，都无守志。"皇：惶。

【出处】楼钥《雷雪应诏条具封事》："乃者水旱连年，人心惶惶。"

日月如梭

梭：织布机上牵引纬线的梭子。太阳和月亮像梭子一样来回不停。形容时光流逝很快。△清·李伯元《官场现形记》二一："正是光阴如水，日月如梭，弹指间已过半载。"

【出处】高登《朱黄双砚》："日月如梭，文籍如海。"

如获至宝

至宝：最珍贵的宝物。好像

得到了最珍贵的宝物。△清·李伯元《官场现形记》三四："王慕善钱既到手，如获至宝，便也不肯久坐，随意敷衍了几句，一溜烟辞了出来。"

【出处】李光《与胡邦衡书》："忽蜀僧行密至，袖出'寂照庵'三字，如获至宝。"

如临大敌

临：面对着。好像面对着强大的敌人。形容戒备森严。△郭沫若《学生时代·创造十年续篇》："走到浙江路的路口时，已经有外国兵如临大敌地在那儿站岗了。"

【出处】洪遵《广东秋教致语》："歌南风而竞北风，如临大敌。"

如梦初醒

好像刚从梦中醒来。比喻刚从迷惑中醒悟过来。△茅盾《一个理想碰了壁》："东战场百万'中央军'仓皇撤退，老百姓这才如梦初醒……"

【出处】王之道《上侍郎魏矼书》："之道闻此言，如醉而醒，如梦而觉。"

丧尽天良

天良：良心。良心完全丧失了。形容恶毒残忍，毫无人性。△清·吴趼人《痛史》四："我不懂中国人与你有何仇何怨，鞑子与你有何恩何德，你便丧尽天良，至此地步。"

【出处】周必大《跋汪圣锡家藏三帖》："岂尽丧其天良哉！"

山陬海澨

山陬：山脚；海澨：海边。泛指偏僻荒远的地方。△清·冯镇峦《读〈聊斋〉杂说》："《聊斋》独以此一书传，海澨山陬，雅俗共赏。"

【出处】刘跂《上文潞公书》："武夫孺子，山陬海澨之徒。"

伤筋动骨

筋骨受到损伤。比喻事物受到严重损害。△1.清·曹雪芹《红楼梦》四七："脸上身上虽见伤痕，并未伤筋动骨。"2.明·张岱《西施山书舍记》："后之造园者，见脚有石，加意搜剔，未免伤筋动骨。"

【出处】吕祖谦《与潘侍

郎》："若至伤筋犯骨。"

深孚众望

孚：使人信服；望：威望。很使众人信服，很有威望。△清·刘坤一《提臣应行陛见暂请展缓折》："该提督老于戎事，忠爱性成……深孚众望。"

【出处】洪咨夔《谢贾制置特荐启》："大孚众望，弘济中兴。"

神采奕奕

奕奕：精神饱满的样子。形容人或艺术作品非常有神气，有风采。△清·吴趼人《二十年目睹之怪现状》三七："又央德泉上梯子上去，帮他把画钉起来。我在底下看着，果然神采奕奕。"

【出处】刘克庄《宝学颜尚书神道碑》："童颜秀眉，精采奕奕。"

视同陌路

陌路：陌生的过路人。把亲或熟人看得像陌生的过路人一样。形容人势利无情。△清·杜纲《娱目醒心编》一二："至亲骨肉，视同陌路。"

【出处】魏了翁《朝奉郎新知邛州何君墓志铭》："宗族兄弟甲富乙贫相视如路人。"

束手无策

束：捆；策：计谋、办法。像手被捆住一样，没有办法应付。△清·吴敬梓《儒林外史》四三："那船上管船的舵工，押船的朝奉，面面相觑，束手无策。"

【出处】王柏《书先君遗独善注公帖后》："一旦事变之来，莫不束手无策。"

私智小慧

私智：个人的智慧；小慧：小聪明。形容很有局限的小聪明。△清·章学诚《文史通义·答问》："小慧私智，一知半解，未必不可攻古人之间，拾前人之遗。"

【出处】赵鼎臣《杂著》三二："庸人之私智小慧。"

肆行无忌

肆：不顾一切，任意妄为；忌：顾忌。形容毫无顾忌地胡作非为。△《明史·石亨传》："因劝亨招权纳贿，肆行无忌，与术士邹叔彝等私讲天文，妄谈休咎，宜置重典。"

【出处】楼钥《集英殿修撰致仕赠光禄大夫曾公神道碑》："旁征巧取，肆行无忌。"

俗不可耐

俗：庸俗。庸俗得使人无法忍耐。形容十分庸俗。△郭沫若《少年时代·我的童年》："我们在家塾里写的是董其昌的《灵飞经》，还有那俗不可耐的甚么王状元的《文昌帝君阴骘文》。"

【出处】黄庭坚《书缯卷后》："唯不可俗，俗便不可医。"医：医治，矫正。

随声附和

附和：言行追随别人。别人说什么，自己也跟着说什么。△鲁迅《呐喊·端午节》："他两颊都鼓起来了，仿佛气恼这答案正和他的议论'差不多'，近乎随声附和模样……"

【出处】魏了翁《直前奏六未喻及邪正二论》："岂肯随声附和。"

所剩无几

剩下的没有多少。△清·李汝珍《镜花缘》九〇："好在所剩无几，待我念完，诸位才女再去慢慢参详。"

【出处】赵普《雍熙三年请班师》："暮景残光，所余无几。"余：剩余。

谈笑风生

形容谈话时又说又笑，风趣生动。△清·夏敬渠《野叟曝言》一〇："一路觥筹交错，谈笑风生，直到姑苏关上，方才过船别去。"

【出处】汪藻《鲍吏部集序》："谈笑风生，坐者皆屈。"

【辨正】一说，语出辛弃疾《念奴娇》词："谈笑风生颊。"辛弃疾（公元1140～公元1207年）晚于汪藻（公元1079～公元1154年）六十年，当以汪文为源。

听其自便

听凭他自己的方便。表示不加干预。△明·罗贯中《三国演义》三三："韩珩既有志如此，听其自便。"

【出处】楼钥《论流民》："如其已有所依，未能自还者，听其自便。"

痛不欲生

痛：悲痛；欲：想，要。悲痛得不想活下去。形容极悲痛。△清·钱谦益《刘氏两节妇墓表》："自伤为子无状，痛不欲生。"

【出处】吕大钧《吊说》："其恻怛之心、痛疾之意不欲生。"

痛痒相关

比喻利害一致，关系密切。△清·文康《儿女英雄传》三三："凡是国家利弊所在，彼此痛痒相关。"

【出处】真德秀《再守泉州劝谕文》："痛痒相关，实同一体。"

委曲详尽

委曲：事物的原委、经过。事情的原委、经过叙述得详细而周到。△明·李开先《荆川唐都御史传》："透彻光明，委曲详尽，虽从笔底写成，却自胸中流出。"

【出处】杨时《曾文昭公行述》："委曲详尽，有人所难言者，不可缕载也。"

萎靡不振

萎靡：衰颓，消沉；振：振作。形容衰颓消沉，精神不振作。△鲁迅《且介亭杂文二集·徐懋庸作（打杂集）序》："孙桂云是赛跑的好手，一过上海，不知怎的就萎靡不振，待到到得日本，不能跑了……"

【出处】刘挚《论监司奏》："事之委靡不振。"委：萎。

无济于事

济：补益。对事情没有补益。△清·李伯元《官场现形记》三二："无奈薪水不多，无济于事。"

【出处】刘挚《论分析助役》："岂其言皆无补于事欤！"

无所作为

原指没有不好的行为。后指没有好的行为。形容没有做出成绩。△周恩来《在第三届全国人民代表大会第一次会议上的政府工作报告》："停止的论点，悲观的论点，无所作为和骄傲自满的论点，都是错误的。"

【出处】黄庭坚《书韦深道诸

帖》："垂衣拱手、无所作为，天下晏然者乎！"晏然：宴然，安乐的样子。

无微不至

至：周到。没有一处细微的地方不关照周到。形容非常关心，精心照顾。△郭沫若《海涛集·我是中国人》："晚上他又关心到我的睡眠，替我铺毯子，盖毯子，差不多是无微不至的。"

【出处】魏了翁《辞免督视军马乞以参赞军事从丞相行奏札》："凡所以为速发之计者，靡微不周。"

嬉笑怒骂

嬉：游戏，玩闹。笑闹和怒骂。指嘲讽和痛斥。△朱自清《诗第十二》："另一派出于元、白，作诗如说话，嬉笑怒骂，兼而有之，又时时杂用俗语。"

【出处】黄庭坚《东坡先生真赞》一："嬉笑怒骂，皆成文章。"

相安无事

形容和平相处，没有争执或冲突。△明·袁宏道《乞归稿》一：

"然职一念自守之心，未尝不画日自矢，而士民亦幸相安无事。"

【出处】楼钥《汪义端知舒州》："其与斯民相安于无事。"

小丑跳梁

小：小人；丑：类；跳梁：乱蹦乱跳。小人之类乱蹦乱跳。形容微不足道的坏人闹事作乱。△清·张廷玉《明史·杨嗣昌传》："小丑跳梁，不能伸大司马九伐之法。"

【出处】王子俊《谢李宪特荐》："寻小丑跳梁之因，正坐平时姑息之故。"

887

笑面夜叉

面：脸；夜叉：佛教指恶鬼。面带笑容的恶鬼。比喻面容和蔼而心地狠毒的人。△宋·陆游《老学庵续笔记》："蔡元庆对客喜笑，溢于颜面，虽见所甚憎者，亦亲厚无问，人莫能测，谓之笑面夜叉。"

【出处】陈次升《弹蔡京第三状》："时人目之为笑面夜叉。"

心满意足

形容满意。△鲁迅《呐喊·阿

正传》："阿站了一刻，心里想，'我总算被儿子打了，现在的世界真不像样……'于是也心满意足的得胜的走了。"

【出处】刘克庄《答欧阳秘书书》二："读之使人心满意足。"

心直口快

形容性格直爽，有话就说。△清·李伯元《官场现形记》二七："王博高是个心直口快的，劈口就问：'你有什么心事，一个人在街上乱碰？'"

【出处】文天祥《纪事诗四首序》："文丞相心直口快。"

兴味索然

兴味：兴趣；索然：没有兴趣的样子。形容没有兴趣，情绪低落。△清·王韬《瀛壖杂志》一："卓午来游者络绎不绝，溽暑蒸郁，看花之兴味索然矣。"

【出处】袁甫《华亭县修复经界记》："余而必尽，意味索然。"意味：趣味。

胸无城府

城府：城郭和府第，比喻心机。胸怀坦白，没有心机。△阿英

《晚清文学丛钞·近十年之怪现状》一二："原来陈雨堂是一个胸无城府的人，心口率直。"

【出处】汪藻《朝请大夫直秘阁致仕吴君墓志铭》："然胸次实洞然无城府关键。"

【辨正】一说，语出《宋史·傅尧俞传》："遇人不设城府。"《宋史》的作者是元代脱脱，晚于宋代，当以汪藻文为源。

循途守辙

循：沿袭；途：路；辙：车轮印迹，借指路。沿袭和固守前人走过的路。比喻沿袭旧规，固守先例。△清·归庄《顾天石诗序》："仅仅循途守辙，不能大振风雅，服文人才士之心。"

【出处】楼钥《参议方君墓志铭》："然惟循涂守辙而已。"涂：途。

一臂之力

一只胳膊的力量。指从旁协助的不大的力量。△明·罗贯中《三国演义》四四："望孔明助一臂之力，同破曹贼。"

【出处】黄庭坚《代人求知人书》："捐一臂之力。"捐：助。

以讹传讹

讹：错误。把错误的东西传出去，结果越传越错。△清·曹雪芹《红楼梦》五一："古往今来，以讹传讹，好事者竟故意的弄出这些古迹来以愚人。"

【出处】王柏《跋成定武兰亭记》："讹以传讹，仅同儿戏。"

隐忍不发

隐忍：把事情藏在内心，勉强忍耐；发：流露。把事物藏在内心，克制忍耐，不向人发泄、透露。△清·归庄《与季沧苇侍御书》："仆之受侮而隐忍不发者，以为将来且有德于我，有不可忘者在也。"

【出处】秦观《石庆论》："特以太后之故，隐忍而不发。"

庸夫俗子

夫、子：泛指人。庸俗的人。△明·袁宏道《兰亭记》："独庸夫俗子，耽心势利。"

【出处】王应麟《庆元路建医学记》："岂庸夫俗子可与知！"

有声有色

原指有名声，有光彩。形容显赫荣耀。后指有声音，有颜色。形容描摹得生动精彩。△1.清·刘鹗《老残游记》七："若求在上官面上讨好，做得烈烈轰轰，有声有色，则只有依玉公办法……"2.清·阎尔梅《知人论》："其言之出入风雅，有声有色者，其人必强记博闻，善属文，堪备顾问者也。"

【出处】汪藻《翠微堂记》："世之有声有色者，未有不争而得，亦未有不终磨灭者。"

与日俱增

与时日一起增长。指随着时间的推移而增长。△茅盾《过年》："半个月过去了，风平浪静，然而老赵心里的愁闷却与日俱增了。"

【出处】吕祖谦《为梁参政作乞解罢政事表》二："疾疹交作……涉冬浸剧，与日俱增。"

在天之灵

在天上的灵魂。指死者的灵魂。△鲁迅《而已集·黄花节的杂感》："我并非说，大家都须天天去痛哭流涕，以凭吊先烈的'在天之灵'，一年中有一天记起他们就可以了。"

【出处】 陆游《湖州常照院记》："群臣皆当追慕号泣，思所以报在天之灵。"

赞不绝口

绝口：住口。不住口地称赞。△清·曹雪芹《红楼梦》六四："宝玉看了，赞不绝口。"

【出处】 楼钥《送制帅林和叔归》："称赞不容口。"容口：住口。

招降纳叛

纳：接受。招收和接受敌方投降、叛变过来的人。现多指结党营私，网罗坏人。△清·曾异撰《与卓珂月》："所记载交籍，不啻招降纳叛，而世之附名其中者，虽不尽弭耳乞盟，然意已近之。"

【出处】 何坦《明道》："岂非招降纳款。"款：投诚，服罪。

朝夷暮跖

夷：伯夷，商末人，武王灭商后，不食周粟而死，在封建社会被视为高尚守节的典范；跖：柳下跖，春秋末年奴隶起义的领袖，在封建社会被视为强盗。早晨像伯夷，晚上像柳下跖。比喻人品变化极大（多用于由好变坏）。△明·沈德符《邵上葵工部》："然一人之身，朝夷暮跖，亦可以观世变矣。"

【出处】 陈亮《与应仲实》："朝可夷而暮可跖也。"

真才实学

真正的才能和学识。也泛指真正的本领，扎实的功夫。△明·施耐庵《水浒传》二九："这是武松平生的真才实学，非同小可。"

【出处】 王十朋《与王运使》："知其所得必真才实学。"

真知灼见

灼：明亮，透彻。正确、透彻的认识和见解。△清·李伯元《官场现形记》五七："凡是日与考各员，苟有真知灼见，确能指出枪替实据者，务各密告首府。"

【出处】 魏了翁《跋杨司理德辅之父纪向辩历》："无以发其思，而进于真知实见之地。"

争长竞短

争、竞：争论，计较；长短：是非，好坏。争论谁是谁非，计较谁好谁坏。△明·刘效祖《沉醉东风》六："识破人情袖手观，再不去争长竞短。"

【出处】柳开《穆夫人墓志铭序》："因娶妇入门，异姓相聚，争长竞短。"

争先恐后

争着向前，惟恐落后。△郭沫若《少年时代·黑猫》："在船离岸还有二三尺远时，他们便争先恐后地跳上了船来……"

【出处】吴孝宗《与张江东论事书》："争先为之，惟恐在后。"

指日可待

指日：可以指明日子，表示用不了多久。用不了多久就可以等得到。指不久就可以实现或看到。△清·梁启超《日俄战役关于国际法上中国之地位及各种问题》："近数年来，留学欧美、日本者渐多，斐然成章，指日可待。"

【出处】曾肇《论内批直付有司》："太平之功指日可待。"

罪恶昭著

昭著：明显。罪恶明显。形容罪恶极大。△毛泽东《湖南农民运动考察报告》："土豪劣绅中罪恶昭著的，农民不是要驱逐，而是要捉他们，或杀他们。"

【出处】赵善括《严赏罚奏议》："罪恶昭著，无人上达。"

元代散文

不胜枚举

枚举：一个一个地列举。不能一个一个地列举。形容为数很多。△《鲁迅书信集·致章廷谦》："真是钉子之多，不胜枚举。"

【出处】王恽《紫山先生易直解序》："其至公正大之论，卓异特达之举，固不可枚举。"

承先启后

承：继承；启：开。继承以前的，开创以后的。△清·文康《儿女英雄传》三六："此后这副承先启后的千斤担儿，好不轻松爽快呀！"

【出处】熊禾《重建建阳书坊同文书院疏》："承先启后之动，洵哉不小！"洵：诚然，实在。

躬逢其盛

躬：亲自。亲身经历了那种盛况。△清·李汝珍《镜花缘》九〇："妹子素日虽有好茶之癖，可惜前者未得躬逢其盛，至今犹觉耿耿。"

【出处】归有光《隆庆元年浙江程策》二："诸生幸得躬逢其盛。"

进身之阶

阶：阶梯。向上爬的阶梯。比喻升迁或谋求官位的凭借、途径。△清·张澍《人才论》下："其人而不才也，则作时艺为进身之阶，讲性理为护身之符，言考据为猎名之具耳。"

【出处】胡祗遹《礼论》："适足以为口舌者进身之阶。"

徇情枉法

徇：曲从；枉：歪曲。曲从私情，歪曲法律。指为私人感情或情面而破坏法纪。△清·曹雪芹《红楼梦》四："雨村便徇情枉法，胡乱判断了此案。"

【出处】王磐《中书右丞相史公神道碑》："不敢为徇情枉法之私。"

一目了然

了然：清楚，明白。一眼就看得清清楚楚、明明白白。△清·曾朴《孽海花》一九："四扇大窗洞开，场上的事一目了然。"

【出处】戴表元《读易癸测序》："他人经年历纪而未喻者，一目即了。"即：就。

明代散文

百弊丛生

弊：弊病。形容很多弊病同时出现。△清·赵翼《廿二史札记》二六："古来未尝无良法，一经不肖官吏，辄百弊丛生。"

【出处】徐光启《丑虏暂东绸缪宜亟谨述初言以备战守疏》："百弊丛生，莫之究诘。"

不堪入耳

不堪：不可。不可进入耳朵。形容声音难听或言辞粗俗，使人听不进去。△清·李伯元《文明小史》一六："姚老夫子见他们所说的都是一派污秽之言，不堪入耳。"

【出处】李开先《市井艳词序》："淫艳亵狎，不堪入耳。"

草草了事

草草：匆忙草率；了事：使事情结束。形容匆忙草率地把事情处理完毕。△清·高鹗《红楼梦》一一〇："终是银钱吝啬，谁肯踊跃，不过草草了事。"

【出处】张居正《答山东巡抚何来山》二："务为一了百当，若但草草了事。"

丑态毕露

态：状态，样子；毕：完全。丑陋的样子完全暴露出来。△清·钱泳《履园丛话》二三："妇女之足，无论大小……若行步蹒跚，丑态毕露，虽小亦奚以为！"

【出处】唐顺之《答茅鹿门知县》二："极力装做，丑态尽露。"

大有作为

作为：做出成绩。形容能充分发挥作用，做出重大贡献。△鲁迅《且介亭杂文末编·关于太炎先生二三事》："民国元年革命后，先生的所志已达，该可以大有作为了，然而还是不得志。"

【出处】海瑞《治安疏》："天下忻忻然以大有作为仰之。"忻：欣。

得天独厚

独自得到上天的厚待。形容独具优异的素质或优越的条件。△清·洪亮吉《三月十五日在舍间看牡丹》诗："得天独厚开盈尺，与月同圆到十分。"

【出处】张居正《答宗伯董浔阳》："何得天之厚如是哉！"

东挪西借

形容各处借钱。△清·李伯元《官场现形记》三四："都像这样东挪西借起来，那里还能撑得起这个局面？"

【出处】袁宏道《录遗佚疏》："贫儿排当，东那西贷。"那：挪；贷：借入。

粉墨登场

粉墨：涂抹白色和黑色，指化妆；登场：登上舞台。化妆登上舞台。原指登台演戏。后比喻坏人登上政治舞台。△1.清·梁绍壬《京师梨园》："其间粉墨登场，丹青变相，铜琶铁板，大江东高调凌云。"2.老舍《四世同堂》一："这些地痞流氓自然没有粉墨登场的资格与本领……"

【出处】张岱《祭义伶文》："傅粉登场，弩眼张舌，喜笑鬼诨。"傅：涂抹。

抚今追昔

抚：轻轻地触摸；追：追思，回想；昔：过去。接触当前的事物而回想过去。△清·徐釚《词苑丛谈》九："别五年，复至湖头……元礼抚今追昔，情不自禁，援笔赋《浣溪沙》四阕。"

【出处】袁宏道《书念公碑文后》："抚今思昔，泪与之俱。"

覆盆之冤

覆盆：翻过来扣着的盆，阳光照不到盆里。见不到阳光的冤屈。比喻无处申诉的冤屈。△清·鲍桂星《雀角》诗："就中岂无覆盆冤，冤者不如伪者繁。"

【出处】张居正《答应天张按院》："覆盆之冤谁与雪之？"

过街老鼠

比喻人人痛恨的人。△明·方汝浩《禅真逸史》四："前村后舍，人人怨恶，故取他一个绰号，叫做'过街老鼠'。"

【出处】徐学谟《归有园尘谈》："吝者自能致富，然一有事则为过街之鼠。"

和蔼可亲

和蔼：态度温和；亲：亲近。形容态度温和，使人愿意亲近。△老舍《四世同堂》二："假若有人愿意来看他，他是个顶和蔼可亲的人。"

【出处】李开先《贺邑令贺洪滨奖异序》："虽若凛不可犯，而实蔼然可亲。"蔼然：和气的样子。

浑然一体

浑然：完整而不可分割的样子。不可分割的一个整体。△清·黄宗羲《答董吴仲论学书》："操功只有一意破除拦截，方言前后内外浑然一体也。"

【出处】李开先《原性堂记》："其本形也，固浑然而一体。"

金玉其外，败絮其中

败絮：破棉絮。外面如金似玉，里面像破棉絮。原形容储存过久的柑橘。后比喻人外表华美而实质糟糕。△明·海瑞《主簿参评》："苟不尽分称职，金玉其外而败絮其内也。"

【出处】刘基《卖柑者言》："出之烨然，玉质而金色……视其中，则干若败絮……观其坐高堂，骑大马，醉醇醲而饫肥鲜者，孰不巍巍乎可畏，赫赫乎可象也，又何往而不金玉其外，败絮其中也哉！"

句栉字比

栉：梳理；比：比较。一句一句地梳理，一字一字地比较。形容细致认真地校对。△清·李渔《复尤展先》三："既委校雠，不敢以不敏二字塞责，即当句栉字比，瑜中索瑕，以报台命。"

【出处】朱之瑜《答奥村庸礼书》一一："不须句栉字比。"

冷嘲热讽

形容尖锐、辛辣的嘲笑与讽刺。△老舍《四世同堂》："他能用隐语和冷嘲热讽，引起听众的共鸣。"

【出处】张岱《周宛委墓志铭》："洗垢吹毛，寻其瘢痣，热唱冷嘲。"

冷水浇背

原比喻受到意外的刺激或打击。后比喻希望破灭。△清·吴趼人《九命奇冤》二五："天来听了，如冷水浇背一般，退了出来。"

【出处】徐渭《答许北口》："如冷水浇背，陡然一惊。"

历历可数

历历：一个个清清楚楚的样子。一个个清清楚楚的，可以数得出来。形容所见的事物真切分明。△清·吴敬梓《儒林外史》五五："望着隔江的山色，岚翠鲜明，那江中来往的船只，帆樯历历可数……"

【出处】朱之瑜《中原阳九述略》："人马旌旗，历历可数。"

临阵脱逃

阵：上阵，上战场打仗。临上战场打仗时逃跑。后也比喻事到

中华成语探源

典藏珍本

中华国学精粹

临头而退缩躲避。△清·李伯元《官场维新记》四："你们……的兵勇，一到有起事来，不是半途溃散，便是临阵脱逃。"

【出处】徐光启《疏辩》："临阵脱逃，初次即斩矣。"

麻木不仁

麻木：肢体的某一部分发麻发木；不仁：肢体的某一部位失去知觉。比喻对外界事物反应迟钝或无动于衷。△清·文康《儿女英雄传》二七："天下作女孩儿的，除了那班天日不懂、麻木不仁的姑娘外，是个女儿便有个女儿情态。"

【出处】周顺昌《与文湛持考廉书》："结成一个麻木不仁病证。"证：症。

民穷财尽

民财穷尽。百姓的财物被搜刮一空。△明·凌濛初《二刻拍案惊奇》一："民穷财尽，饿莩盈途，盗贼充斥，募化无路。"

【出处】归有光《上总制书》："民穷财尽，已非一日。"

【辨正】一说，语出清·顾炎武《日知录》一二："有民穷财尽而人主独拥多藏于上者乎？"清代

晚于明代，当以归文为源。

漠不关心

漠：冷淡。态度冷淡，不关心。△琼瑶《心有千千结》三："他低下头去，用脚踢着地上的一块石子，竭力做出一股漠不关心的神态来……"

【出处】朱之瑜《与冈崎昌纯书》二："至于一身之荣瘁，禄食之厚薄，则漠不关心。"

巧立名目

立：制定；名目：名义条目。巧妙地制定名义条目。形容编造理由，制定名义条目。△清·昭梿《朱白泉狱中上百朱二公书》："乃星使临工，以为巧立名目，不容申辩。"

【出处】李开先《白云湖子粒考》："巧立名色，作为册外，私自收受。"名色：名目，称号。

燃眉之急

像火烧眉毛那样急迫。比喻非常急迫。△清·李绿园《歧路灯》四〇："一心要将银子撒出来，送还家中抵债，以解胞兄燃眉之急。"

【出处】李开先《亡妹卢氏妇墓志铭》："吾所手制，将鬻之以救燃眉之急。"鬻：卖。

身家性命

自身和全家人的性命。△清·吴敬梓《儒林外史》二五："凡事不可坏了太老爷清名，也要各人保着自己的身家性命。"

【出处】朱之瑜《答安东守约问》五："不顾身家性命而力辞之。"

寿终正寝

寿终：年老而死；正寝：原指天子、诸侯治事的地方，后泛指旧式住宅的正屋。形容人年老死在家里。后也比喻事物消亡。△1.鲁迅《坟·我们现在怎样做父亲》："瓦特早没有子女，也居然'寿终正寝'，何况在将来，更何况有儿女的人呢？"2.《鲁迅书信集·致姚克》："大约出至二卷六期后，便当寿终正寝了。"

【出处】海瑞《龙南令雁峰吴公墓志铭》："遂起离榻，考终正寝。"考：年老。

玩世不恭

玩世：以轻蔑的态度对待社会；不恭：不严肃。形容蔑视社会，以不严肃的态度对待社会。△鲁迅《两地书》二："醒的时候要免去若干苦痛，中国的老法子是'骄傲'与'玩世不恭'。"

【出处】李开先《雪蓑道人传》："只是玩世不恭，人难亲近耳。"

万不得已

不得已：不能不如此。实在不能不如此。△鲁迅《彷徨·孤独者》："这种本子，在他算作贵重的善本，非万不得已，不肯轻易变卖的。"

【出处】袁宏道《徐少府》："弟有至情万不得已者。"

阳奉阴违

奉：接受，遵从；违：违背，不遵从。表面上遵从，暗地里不遵从。△清·李伯元《官场现形记》三三："只见上面写的无非是劝戒属员嗣后不准再到秦淮河吃酒住宿，倘若阳奉阴违，定行参办不贷等语。"

【出处】范景文《革大户行召募疏》："阳奉阴违，名去实存。"

一筹莫展

筹：计策；莫：不；展：施展。一个计策也不能施展。形容想不出一点办法。△清·李伯元《官场现形记》四八："自己恼悔的了不得，然而又是一筹莫展。"

【出处】于谦《覆教习功臣子孙疏》："张惶失措，一筹莫展。"

一面之词

单方面的话。△清·高鹗《红楼梦》一一九："据媒人一面之辞，所以派人相看。"

【出处】梁材《驳议差官采矿疏》："但恐一面之词，难以尽信。"

一无所长

长：长处。一点长处也没有。△清·吴趼人《二十年目睹之怪现状》九〇："说他年轻而纨绔习气太重，除应酬外，乃一无所长。"

【出处】朱之瑜《答安东守约书》一："不肖性行质直，一无所长。"

寅吃卯粮

寅、卯：地支的第三位和第四位。寅年吃了卯年的粮食。比喻入不敷出，财物亏空。△清·李伯元《官场现形记》一五："就是我们总爷，也是寅吃卯粮，先缺后空。"

【出处】毕自严《蠲钱粮疏》："寅支卯粮，则卯年之逋，势也。"支：预支；逋：拖欠。

仗马寒蝉

仗马：宫廷仪仗中的马；寒蝉：秋寒中的蝉。比喻一句话也不敢说。也比喻一句话也不敢说的人。△《庚子事变演义》："这时只有许景澄、袁昶等数人，尚敢拼死谏言，以外诸大臣明知说出是祸，都作了仗马寒蝉。"

【出处】瞿式耜《言官直气宜伸疏》："不效寒蝉仗马之习耶？"

仗义执言

仗：凭借；执：坚持。凭着正义而坚持说话。形容主持正义，说公道话。△鲁迅《华盖集续编·马上日记》："自从西医割掉了梁启超的一个腰子以后，责难之声就风起云涌了，连对于腰子不很有研究的文学家也都'仗义执言'。"

【出处】归有光《昆山县倭

寇始末书》：“挺身冒险，仗义执言。”

置若罔闻

置：放；罔：无，没有。放在一边，好像没听见一样。形容不关心，不理会。△清·曹雪芹《红楼梦》一六：“宁荣两府上下内外人等，莫不欢天喜地，独有宝玉置若罔闻。”

【出处】周顺昌《福州高珰纪事》：“竟置罔闻。”

众擎易举

擎：举。大家一齐举，就容易把东西举起来。比喻大家齐心合力，容易把事情办成。△清·文康《儿女英雄传》一三：“现在我们大家替他打算，众擎易举，已有个成数了，不日便可奉请开复。”

【出处】张岱《募修岳鄂王祠墓疏》：“盖众擎易举，独力难支。”

凿凿有据

凿凿：确实的样子；据：根据。形容确确实实，有根有据。△清·方苞《与顾用方论治浑河事宜书》：“昨见吾友与直督李合奏河道事宜，源流利病，凿凿有据。”

【出处】明·朱之瑜《答野传问》：“是凿凿有据也。”

清代散文

不拘一格

格：风格，形式。不拘泥于一种风格，一种形式。△《鲁迅书信集·致赵家璧》：“‘此公’稿二篇呈上，颇有佛气，但《自由谈》本不拘一格，或无妨乎？”

【出处】汤斌《拔贡彦公赵君墓志铭》：“为诗自出杼轴，不拘一格。”

【辨正】一说，语出龚自珍《己亥杂诗》：“不拘一格降人材。”龚自珍（公元1792～公元1841年）晚于汤斌（公元1627～公元1687年）一百五六十年，当以汤文为源。

长篇累牍

牍：古代写字的木简。长长的篇幅，连续的木简。形容篇幅冗长。△清·吴敬梓《儒林外史》

五一："本府亲自看过，长篇累牍，后面还有你的名姓图书。"

【出处】黄宗羲《谈孺木墓表》："公然长篇累牍。"

呼吸相通

比喻利害相关。△毛泽东《关心群众生活，注意工作方法》："要使广大群众认识我们是代表他们的利益的，是和他们呼吸相通的。"

【出处】方苞《都察院副都御史巡抚贵州刘公墓表》："与院司家仆，胥吏交结，呼吸相通。"

空前绝后

以前没有，以后也不会有。形容极不平凡。△郭沫若《少年时代·初出夔门》："接着又说到他也有一位兄弟……真真是他们一县的'空前绝后'的人才。"

【出处】陈廷机《聊斋志异序》："空前绝后之作。"

门户之见

门户：借指派别；见：见解，看法。形容由于派别不同而产生的偏见。△郭沫若《王安石的〈明妃曲〉》："这是应该怪宋代，尤其是司马光及程朱之徒的门户之

见。"

【出处】顾炎武《复陈蔼公书》："未敢存门户方隅之见也。"

清夜扪心

清：静；扪：摸。寂静的夜里摸着胸口。指夜深人静时自我反省。△清·朱庭珍《筱园诗话》四："清夜扪心，良知如动，应自忸怩，不待非议及矣。"

【出处】王夫之《陈言疏》："德复清夜扪心。"

人怕出名猪怕壮

指人的名气大了容易引人注意，惹来麻烦。△清·高鹗《红楼梦》八三："俗语儿说的，人怕出名猪怕壮，况且又是个虚名儿。"

【出处】方苞《跋先君子遗诗》："且谚曰：'人惧名，豕惧壮。'"豕：猪。

闪烁其词

闪烁：光线忽明忽暗，比喻说话吞吞吐吐，遮遮掩掩。形容说话吞吞吐吐，稍微露出一点意思，但不肯说明确。△清·吴趼人《痛史》二五："或者定伯故意闪烁其

词，更未可定。"

【出处】吕留良《与吴玉章第一书》："言词闪烁，不可谓信。"

深文周纳

深文：苛刻地制定或援用法律条文；周：周密；纳：使陷入。苛刻地制定或援用法律条文，周密地罗织罪状，使人陷入罪名。形容想尽办法定人罪名。△鲁迅《华盖集续编·可惨与可笑》："去年有些'正人君子'们称别人为'学棍''学匪'的时候，就有杀机存在……但这也许是'刀笔吏'式的深文周纳。"

【出处】方苞《结感录》："于余独深文周内。"内：纳。

丝丝入扣

扣：筘，织布机上固定纱线的机件。每根线都穿过筘。原形容织布技术熟练。后比喻准确缜密。△朱自清《经典常谈·战国策第八》："而那些曲折微妙的声口，也丝丝入扣，千载如生。"

【出处】张潮《讨蜘蛛檄》："亦且丝丝入扣。"

无伤大雅

大雅：雅正，指合乎规范。原指幽默而不影响雅正（多用于文艺作品）。后形容对主要方面没有妨害。△清·吴趼人《二十年目睹之怪现状》二五："像这种当个顽意儿，不必问他真的假的，倒也无伤大雅……"

【出处】毛际可《今世说序》："要无伤于大雅。"

无缘一面

面：会面，见面。连见一次面的缘分都没有。△清·名教中人《好逑传》五："闻长兄高名，如雷灌耳，但恨无缘一面。"

【出处】归庄《与陈言夏书》："无缘一面，怅惘何如！"

意气用事

意气：由于主观或偏激而产生的情绪；用事：行事。凭意气行事。形容缺乏理智，凭一时的情绪冲动办事。△郭沫若《少年时代·我的童年》："我现在除我自己甘愿认错之外，觉得你意气用事的丁先生也未免错了。"

【出处】陈确《寄吴裒仲

中华成语探源

典藏珍本

中华国学精粹

书》：“仍是意气用事。”

责无旁贷

贷：推卸。不能把责任推卸给别人。△毛泽东《中国共产党在抗日时期的任务》：“抗日救国的总参谋部的职务，共产党是责无旁贷和义不容辞的。”

【出处】林则徐《覆奏稽查防范回空粮船折》：“各督抚亦属责无旁贷。”

振振有词

振振：理直气壮的样子。形容理直气壮地说个不停。△老舍《四世同堂》八：“小顺儿的妈的北平话，遇到理直气壮振振有辞的时候，是词汇丰富，而语调轻脆，像清夜的小梆子似的。”

【出处】梁启超《锦爱铁路问题》五：“彼两国方振振有词。”

直截了当

形容言行简单爽快。△巴金《旅途通讯》：“主人幸灾乐祸地在旁边望着，要我们直捷了当地回答他。”

【出处】汤斌《答耿亦巚》："言下直截了当。”

众矢之的

矢：箭；的：箭靶的中心。众多箭所射的靶心。比喻众多的人攻击的目标。△《鲁迅书信集·致许寿裳》：“语堂为提倡语录体，在此几成众矢之的……”

【出处】李渔《富人行乐之法》：“以一身而为众射之的。”

ISBN 978-7-5113-6648-1

9 787511 366481 >

定价：68.00元